英藏西夏文文獻整理與研究

第五册

北方民族大學西夏研究所
英國國家圖書館國際敦煌項目
寧夏回族自治區檔案館
編著

国家出版基金项目
NATIONAL PUBLICATION FOUNDATION

黄河出版傳媒集團
寧夏人民出版社
中華書局

圖書在版編目（CIP）數據

英藏西夏文文獻整理與研究. 第五册 / 北方民族大學西夏研究所，英國國家圖書館國際敦煌項目，寧夏回族自治區檔案館編著. -- 銀川：寧夏人民出版社；北京：中華書局，2022. 5

ISBN 978-7-227-07705-3

I. ①英… II. ①北… ②英… ③寧… III. ①西夏-文獻-研究 IV. ①K246. 306

中國國家版本館 CIP 數據核字(2023)第 001498 號

英藏西夏文文獻整理與研究
（第五册）

北方民族大學西夏研究所
英國國家圖書館國際敦煌項目　編著
寧夏回族自治區檔案館

責任編輯　管世獻　楊敏媛　姚小雲
責任校對　陳　晶
封面設計　沈家菡
責任印制　侯　俊

黄河出版傳媒集團
寧夏人民出版社　中華書局　出版發行

出 版 人　薛文斌
地　　址　寧夏銀川市北京東路 139 號出版大厦（750001）
網　　址　http://www.yrpubm.com
網上書店　http://www.hh-book.com
電子信箱　nxrmcbs@126.com
郵購電話　0951-5052104　5052106
經　　銷　全國新華書店
印刷裝訂　寧夏鳳鳴彩印廣告有限公司
印刷委托書號　（寧）0025403

開本　787 mm × 1092 mm　1/16
印張　37.5
字數　440 千字
版次　2022 年 5 月第 1 版
印次　2022 年 5 月第 1 次印刷
書號　ISBN　978-7-227-07705-3
定價　1000.00 元

序一

聶鴻音◎

1914 年初夏，斯坦因率領第三次中亞探險隊進入額濟納地區（今内蒙古自治區阿拉善盟西北端），在黑水城（哈拉浩特）及周邊的額濟納河三角洲發掘了幾處古代遺址[①]，獲得了漢、藏、西夏、蒙古等多種文字寫成的文獻數千件[②]。這些文獻現在分别收藏在倫敦的英國國家圖書館和新德里的印度事務部圖書檔案館，本書即是對英國國家圖書館所藏全部西夏文資料的整理研究。

斯坦因的考古發掘是黑水城及周邊地區經歷的第二次。在那之前的 1908 年至 1909 年，科兹洛夫率領俄羅斯皇家蒙古四川地理考察隊在當地取得了不亞於敦煌藏經洞的巨大收穫，其紙質文獻現藏俄羅斯科學院東方文獻研究所，藝術品現藏聖彼得堡的艾爾米塔什博物館，原件照片於 1996 年開始陸續集中出版[③]。在斯坦因考古之後的 1927 年，斯文赫定和徐炳昶率領中國瑞典西北科學考察團途經額濟納，所獲文獻收藏在中國社會科學院考古研究所，其中一部分與半世紀後内蒙古自治區文物考古研究所、額濟納旗文物管理所的零星收集品一并於 2006 年出版[④]。較之以俄國藏品爲基礎的豐富研究成果，斯坦因收集品雖然在數量上遠遜於科兹洛夫所得，且在 1928 年就有少量照片公布[⑤]，但系統的整理工作却顯得遲滯。20 世紀針對這批資料發表的

①這次探險的詳情見 M. A. Stein, *Innermost Asia: Detailed Report of Explorations in Central Asia, Kan-su and Eastern Iran*, vol. 1, Oxford: The Clarendon Press, 1928。簡要介紹見向達《斯坦因黑水獲古紀略》,《國立北平圖書館館刊》，4：3(1930)。

②漢文文獻詳情見 Henri Maspéro, *Les documents chinois de la troisième expédition de Sir Aural Stein en Asie centrale*, London: Trustees of the British Museum, 1953；藏文文獻詳情見 Tsuguhito Takeuchi, Maho Iuchi, *Tibetan Texts from Khara-khoto in The Stein Collection of the British Library*, Tokyo: The Toyo Bunko, 2016。

③俄羅斯科學院東方研究所聖彼得堡分所、中國社會科學院民族研究所、上海古籍出版社編《俄藏黑水城文獻》，上海：上海古籍出版社，1996— 。俄羅斯國立艾爾米塔什博物館、西北民族大學、上海古籍出版社編《俄藏黑水城藝術品》，上海：上海古籍出版社，2008—2012。

④寧夏大學西夏學研究中心、中國國家圖書館、甘肅五涼古籍整理研究中心編《中國藏西夏文獻》，第 12、17 册，蘭州：甘肅人民出版社，敦煌文藝出版社，2006。

⑤M. A. Stein, *Innermost Asia*, pl. CXXXI–CXXXVII.

解讀成果很少，除去格林斯蒂德寫下過一篇藏品概述之外①，涉及的具體文獻大抵只有《大般若波羅蜜多經》②《將苑》③和《佛説海龍王經》④，而完整的目錄則始終没有面世。直到2005年以後，英國國家圖書館的這批藏品大部編入《英藏黑水城文獻》在中國出版⑤，原來的沉寂局面才得以改觀。

上海古籍出版社推出的《英藏黑水城文獻》凡五册，裏面包含了西夏學界感興趣的大量原始資料，中國學者在此基礎上做出的研究成果引人注目。然而同時也不得不承認，《英藏黑水城文獻》刊登的照片不够清晰也不够齊全，原有編號的文獻有所遺漏，還有些未經修復的殘片不在其中。尤其遺憾的是，與中國近年來的其他同類出版物一樣，編者的目的僅在儘快發表原件照片，并没有投入足够的時間和精力去逐一解讀殘片上的文字，這直接阻礙了編者精準地判定文獻内容。在文獻陸續出版前後人們曾嘗試對定題作出刊正，但有的只是針對少數佛經考訂其題目和來源⑥，并没有打算編寫文獻的總目，有的更是摘取少量圖版間的隻言片字而隨意命題，并没有在翻譯全文的基礎上耐心地查證相關文獻⑦，而“佛經”之類的籠統結論顯然不能令人滿意。相比之下，胡若飛的考訂所涉文獻種類最多⑧，可惜記錄的只是中國方面的臨時掃描編號而非正式的出土編號和館藏號，令人使用起來頗感不便。爲了給西夏學者貢獻一套切實可用的研究資料，也爲了方便西夏學領域以外的讀者參考，北方民族大學西夏研究所、英國國家圖書館和寧夏回族自治區檔案館決定在《英藏黑水城文獻》的原有基礎上合作編刊現在這套《英藏西夏文文獻整理與研究》，爲學界提供全部藏品的高清圖片和儘可能詳細的内容解讀⑨。

---

①E. D. Grinstead, “Tangut fragments in the British Museum”, *The British Museum Quarterly* 26.2–4 (1961).

②陳寅恪《斯坦因 Khara–Khoto 所獲西夏文大般若經考》，王静如《斯坦因 Khara–Khoto 所獲大般若經殘卷譯釋》，均載王静如《西夏研究（第一輯）》，中央研究院歷史語言研究所單刊甲種之八，1932。

③E. D. Grinstead, “The general's garden: A 12th century military work”, *The British Museum Quarterly* 26:2 (1963). K. B. Kepping, “Zhuge Liang's *The general's garden* in the Mi–nia translation”, *Б. Александров сост., Ксения Кепинг, Последние статьи и документы*, Санкт–Петербург: Омега, 2003. Imre Galambos, “The Tangut translation of the General's garden by Zhuge Liang”, *Письменные памятники Востока* 14 (2011).

④E. D. Grinstead, “The Dragon King of the Sea”, *The British Museum Quarterly* 31 (1966–1967).

⑤西北第二民族學院、上海古籍出版社、英國國家圖書館編《英藏黑水城文獻》，上海：上海古籍出版社，2005—2010。需要指出的是該書的命題有些寬泛，因爲裏面收錄的并不是英國國家圖書館收藏的全部黑水城出土文獻，而只是其中西夏文的那一部分。

⑥例如段玉泉《西夏文〈聖勝慧到彼岸功德寶集偈〉考論》，《西夏學（第四輯）》，2009；崔紅芬《英藏西夏文〈華嚴經普賢行願品〉殘葉釋讀》，《文獻》2009年第2期；楊志高《中英兩國的西夏文〈慈悲道場懺罪法〉藏卷叙考》，《寧夏師範學院學報》2010年第1期；文志勇、崔紅芬《英藏西夏文殘葉考補》，《寧夏社會科學》2011年第2期。這些考據都能以漢文和西夏文本對勘，因而準確無誤。

⑦史金波《〈英藏黑水城文獻〉定名芻議及補正》，《西夏學（第五輯）》2005年第5期，上海：上海古籍出版社，2010。

⑧胡若飛《英藏黑水城文獻概略》，《固原師專學報》2005年第5期。

⑨本書的編寫分工是：英國國家圖書館國際敦煌項目負責掃描件的製作并校訂原始資料，寧夏回族自治區檔案館負責掃描件的技術加工，北方民族大學西夏研究所負責文獻的鑒定和翻譯。

英國國家圖書館的這套藏品總編號爲“Or.12380”，分别出土於黑水城内外的幾處遺址，其中包括被科兹洛夫稱爲“書庫”的那座佛塔（K.K. II）。另有些殘片來自距城較遠的額濟納河沿岸地區，可惜出土時斯坦因本人并不在場，所以没有留下任何發掘記録。不過考慮到斯坦因所獲絶大多數都是當年科兹洛夫的劫餘，當可相信這批文獻與俄藏科兹洛夫收集品的産生時代相同，也就是不出 11 世紀下半葉至 14 世紀之間①。事實上英國有些殘片正是科兹洛夫當年未能取走的，可以用來補充俄藏本的缺失。例如 Or.12380/2484 號恰爲俄藏 4153 號字書所缺頁面②，Or.12380/660 至 664 號以及 3841、3842 號恰爲俄藏《孫子兵法三家注》所缺頁面③，Or. 12380/3919 號的 220 枚碎片綴合起來恰爲俄藏《貞觀政要》所缺頁面④。

英國藏品的書籍形式不出俄藏品範圍，其寫本、刻本行格及梵夾、經折、蝴蝶、册葉之類裝式爲俄藏本中常見。書籍内容亦多爲漢文或藏文佛教著作的西夏文譯本，且多係最通行的經書。就目前所知，不見於俄藏品的中原經典譯本除了著名的《將苑》之外，引人關注的只有《百喻經》（Or.12380/260、534）⑤，此外還有《天盛律令》紙背抄寫的一行笛譜（Or.12380/21V）⑥，以及幾紙夾注藏文的西夏佛經殘片⑦。後者的藏文爲了解西夏字的音讀提供了直觀的信息。

經過幾代學者的努力，辨識西夏文字在目前已經不是太大的難題，不過那僅僅是滿足了解讀文獻最起碼的要求，距離學術界的最終理想還差得很遠。如果要對包括衆多殘片在内的現有文獻作出令人信服的解讀，研究者不但需要熟悉西夏詞語和表達法在各種不同類型文獻中與漢、藏詞語的對當關係，而且需要具備中原和吐蕃等各方面傳統文化的充足知識積累，而這必須通過大量閱讀不同語種的文獻才能獲得。毫無疑問，這在學科劃分日趨苛細的今天是很難達到的目標。儘管我們手邊至少有兩部大型的現代字典可供參考⑧，但這些字典中搜集的基礎語

①科兹洛夫在那座佛塔裏所獲唐卡的最晚時代可以確定爲 14 世紀下半葉的北元，參看 К.Ф. Самосюк, “Датировка живописи из Хара-Хото”, *Памяти Б. Б. Пиотровского*, Санкт-Петербург: Эрмитажные чтения, 2004。另外，斯坦因在額濟納河三角洲所獲文獻中還有兩件藏文寫本可以確定爲 19 世紀至 20 世紀初的作品，參看 Tsuguhito Takeuchi, Maho Iuchi, *Tibetan Texts from Khara-khoto in The Stein Collection of the British Library*, p. 10。不過這大約屬於例外現象。

②韓小忙《〈同音文海寶韻合編〉整理與研究》，北京：中國社會科學出版社，2008，第 5 頁。

③李曉明《英藏夏譯〈孫子兵法〉考釋》，“黑水城民族文獻學術研討會”論文，石家莊：河北省社會科學院，2013 年 7 月。

④王榮飛、戴羽《英藏西夏文譯〈貞觀政要〉的整理與研究》，《西夏學（第十一輯）》，2015。

⑤孫飛鵬《西夏文〈佛説百喻經〉殘片考釋》，《寧夏社會科學》2014 年第 3 期。

⑥A. West, “Musical notation for flute in Tangut manuscripts”, И.Ф. Попова сост., *Тангуты в Центральной Азии: сборник статей в честь 80-летия проф. Е.И. Кычанова*, Москва: Издательская фирма《Восточная литература》, 2012.

⑦荒川慎太郎，“大英図書館所藏夏藏對音資料 Or.12380/3495 について”，《京都大學言語學研究》27（2008）；戴忠沛《藏文注音西夏文殘片的分類和來源》，《民族研究》2009 年第 6 期；池田巧《英國收藏的藏文注音夏文佛經殘片 Or.12380-3911 試釋》，“第二届中國少數民族古籍文獻國際學術研討會”論文，成都：西南民族大學，2012 年 7 月。

⑧李範文《夏漢字典》，北京：中國社會科學出版社，1997（修訂版 2008）；Е.И. Кычанов, *Словарь тангутского (Си Ся) языка: тангутско-русско-англо-китайский словарь*, Kyoto: Faculty of Letters, Tokyo University, 2006。

料很少涉及党項原創的文史作品和夏譯吐蕃撰述，這導致研究者處理後者的難度遠大於有相應原本可資參證的夏譯漢籍。正是出於這個原因，本書對夏譯漢籍和藏傳佛教著作的鑒定質量有高低之分，即解讀夏譯漢籍時大都有能力提供精準的詞語對譯和原文出處，而解讀藏傳佛教著作時則一般僅能提供原文的逐字對譯和大致的擬題。至於那些書寫過於潦草的經文或者簿籍契約之類社會文書，研究者會面臨文字識別和内容查證這兩方面的困難，所以連全文對譯都暫時無力給出。不過儘管如此，我們仍然相信這套書可以爲學者今後的研究打下有益的基礎，至少可以讓後人在閲讀文獻時多少省却一些翻檢字典的氣力。

可以預料，今後的進一步研究將主要集中於鑒定和翻譯藏傳佛教寫本，依據的關鍵資料是俄羅斯所藏的科兹洛夫收集品。科兹洛夫收集品中的藏傳佛教資料有近百種，曾先後由西田龍雄和克恰諾夫嘗試鑒定[①]，但他們的一些結論僅滿足於西夏文與藏文作品題目的相似，并没有逐一取兩種文本進行仔細的對勘，因此在利用前還須詳加校核。20 世紀以後，西夏學者開始嘗試參照藏文佛教作品來解讀西夏文本[②]，這無疑是一個頗爲值得關注的良好開端，可是當今畢竟缺乏同時精通西夏和漢藏傳統文化的人才，所以這條道路肯定是漫長而艱辛的。不過初步的探索已經表明，藏傳佛教進入西夏以後似乎形成了當地的傳承體系，有些篇幅短小的作品實際上出自西夏藏族僧官的口述而非傳世的經典文本[③]。由此看來，我們如果執意要從藏文大藏經裏找出全部作品的來源，或許會是徒勞，但如果希望在保存相對完整的俄藏文獻裏找到相應作品的題目，則肯定會多少有所收穫。例如 Or.12380/331 號佛教寫本首尾皆殘，且内容不能與已知的任何一部藏文作品勘同，所幸在俄藏文獻裏却可以找到内容相同且首尾完整的另一個寫本（инв. № 801），題爲“[illegible]”（菩提心及常所作法事），這樣，我們儘管不知道英藏 331 號作品的來歷，但畢竟可以給出準確的定名。毫無疑問，一旦對俄藏西夏文藏傳佛教文獻的研究工作基本完成，英國這批藏品的鑒定難題將會得到部分的解决。

進一步研究的另一個關注點應當是解讀簿籍契約之類社會文書。這批資料大都用草體字寫成，而且其中出現的大量普通百姓人名得不到其他文獻的佐證，因此不能指望其解讀質量達到解讀佛教著作的水平。例如 Or.12380/316 號殘片來自一本軍籍簿，上面逐一登録了西夏軍隊中最小作戰單位——“抄”（[illegible]）的組成人員，其中除了“正軍”（[illegible]）、“負贍”（[illegible]）這幾個軍職以外大都是無可查考的人名如“嵬狄小狗山”（[illegible]）之類，顯然，即使把這些人名全部譯出也無助於深入研究，何况我們還不敢保證對每個草體字都能辨認正確。當前的任務應該是結合黑水城出土的漢文文書，首先整理出各類西夏文書的行文格式模板，再在這個模板基

①西田龍雄《西夏文華嚴經》III，京都：京都大學文學部，1977，第 13–59 頁；Е.И. Кычанов, *Каталог тангутских буддийских памятников*, Киото: Университет Киото, 1999.

②近年來這方面的代表作品有段玉泉《西夏〈功德寶集偈〉跨語言對勘研究》，上海：上海古籍出版社，2014；孫昌盛《西夏文〈吉祥遍至口合本續〉整理研究》，北京：社會科學文獻出版社，2015。

③索羅寧《西夏文“大手印”文獻雜考》，沈衛榮主編《漢藏佛學研究：文本、人物、圖像和歷史》，北京：中國藏學出版社，2013。

礎上鑒定和解讀西夏文的簿籍契約，這樣儘管仍然不能避免對党項人名的硬譯，但至少有助於我們正確把握文書的主旨與文字表達方式。

與上面兩項工作相比，嘗試進行殘片的拼配要容易一些。拼配後的殘片可以最大限度地展示文獻的整體面貌，如果得到的恰是不見於他處收藏的孤本，則更可凸顯其學術價值。斯坦因的西夏收集品中有不少相對完整的葉面甚至書籍，只因紙張斷裂而被賦予了不同的文獻編號。零散編號的殘片若出自同一葉面，則可以參照其形狀和殘餘筆畫拼合起來，若出自不同葉面，也可以參照其紙質、行格、字體和内容配成同一種書的同一個寫本或者印本。用來拼配的殘片可能出自英國藏品，也可能出自俄國藏品和中國藏品。當然，有出土地點提示并且有既定文獻目標的少量殘片拼配不妨由學者獨力承擔，但整體完成則有待多方面人員的長期合作。

參與本課題資料徵集的有王耘、張玉琴、金春寶、聶鴻音、孫伯君、景永時，參加原始文獻解讀和鑒定的有聶鴻音、孫伯君、孫穎新、段玉泉、王榮飛、李若愚、К.Ю. Солонин、С.Х. Шомахмадов，景永時負責組織協調。我們共同感到，本書的出版絕不意味着英國國家圖書館藏西夏文文獻研究工作的結束，而僅僅是一個新的起點。如果能看到後世的研究者編寫出一部英國國家圖書館乃至世界各地所藏西夏文獻的總目，我們將感到無比的欣慰。

我們特別感謝北方民族大學和寧夏回族自治區檔案館對本課題的支持。

序二

杜美樂◎

英國國家圖書館中國部(斯坦因收集品)負責人

英國國家圖書館擁有僅次於聖彼得堡東方文獻研究所的世界第二大西夏文獻特藏。這些藏品主要是英籍匈牙利考古學家斯坦因（1862—1943）於 1913—1916 年從事第三次中亞探險時在黑水城故城得到的寫本和殘葉，現在編爲 Or.12380 系列的一部分。

黑水城位於今内蒙古西部的額濟納河下游，由党項人於 1032 年建立，後來在 12 世紀成爲西夏王朝的邊境重鎮。該城於 1226 年被成吉思汗攻陷，其後一直在蒙古帝国和元朝统治下，后又归明朝统治。19 世紀末，俄羅斯探險家們開始報道一則傳聞，説是在阿拉善沙漠裏有一座"死城"，可是確定死城遺址的嘗試直到 1907 年也未獲成功。1908 年，俄羅斯探險家科兹洛夫到了那裏，并且於 1909 年又再次前往，他發掘出了幾千種西夏文和漢文殘卷，以及一些絹畫和塑像，這些東西大多出自城牆外一座神聖的佛塔。

斯坦因爵士此前已經兩次率隊進入中亞，并且成了見到莫高窟第 17 窟的首個西方人。他在敦煌附近聽到了科兹洛夫發現"死城"的消息，於是在 6 年之後的 1914 年 5 月到達了黑水城，將那裏描述爲："一個令人震驚的地方，這也許是我在真正沙漠地表上見過的給人印象最深的地方……巨大的城牆和馬面絕大部分保存完好，從一直延展到河岸的裸露戈壁灘上拔地而起。死城周邊空空蕩蕩，没有任何東西可以減弱壯麗的城牆及其映襯出的荒涼視覺效果。"[①] 儘管經過了科兹洛夫的發掘，黑水城畢竟還留下了爲數众多的文物。

斯坦因在城内發掘了幾處遺址，并且還重點發掘了俄羅斯同行發現大量文物的那座佛塔。他的發掘方法極爲專業，他把絕大多數所得都按照特定的出土地點給予了標號：標號始於代表黑水城的字母 K.K，然後是一個羅馬數字（I、II 等），用以指明出土地的詳情。另外，斯坦因還繪製了一些詳細的地圖，刊於其旅行報告《亞洲腹地考古圖記》的最末一卷。若要了解他第三次探險在黑水城所獲文物的早期社會歷史背景，關於這些地點的記載同樣是無價之寶。

斯坦因盡力收集了絹畫、版畫和陶器，也收集了幾千件寫本和刻本的殘葉。所有這些

①M. Aurel Stein, *Innermost Asia, detailed report of explorations in Central Asia, Kan-su and Eastern Iran.* Volume I. Oxford: Clarendon Press, 1928: 437.

都運到英國進行了粗略的分揀。前一部分送給了印度政府，今藏新德里的印度國家博物館，後一部分歸入英國國家博物館，後來在 1972 年轉到了英國國家圖書館。1959 年，寫本前綴 Or.12380 被分配給了黑水城的西夏文獻。肯定是在前後那段時間，近半數的殘片被保存在了玻璃夾裏（Or.12380/1 到 Or.12380/1839）。略有不同的是，從 Or.12380/1840 以後的多數殘片在最近采用了聚酯膜保存，其餘的準備裝到塑膠套筒裏，以備將來處理并重新收藏。

斯坦因和科兹洛夫所獲開拓了一個全新的研究領域——西夏學。在此之前，人們對消亡的党項文明和党項民族幾乎一無所知，而党項的語言和文字也久已湮没。斯坦因從黑水城攜回的寫本和印本也許在完好程度上不及東方文獻研究所和艾爾米塔什收藏品，但儘管如此，他們對於研究者來説仍然極爲重要。作爲虔誠的佛教信徒，党項人把大藏經裏的許多著作譯成了西夏文，因此在存世的資料中有大量的佛經以及與佛教相關的著作。英國國家圖書館的藏品也同樣引人注目，因爲其間包括各種不同的世俗作品，例如法典、官府和歷史文書、醫方、占卜書，以及西夏語和夏漢雙語的字典、詩歌等。

英國國家圖書館的任務是把我們管理的精神遺產向每個人開放，特别是向那些文化與此密切相關卻不能來到我們閱覽室的人們開放。與此同時，我們會提供照片或者數字圖像作爲研究參考的替代品，這對我們而言是確保這些珍稀藏品不因頻繁翻動而致損傷的最好方式。至關重要的是我們要想個辦法，借此讓世界各地的研究者和廣大受众得以方便地分享這批藏品，因此我們特别高興能與寧夏回族自治區的同行合作。銀川市曾名“興慶府”，當初是西夏國的都城。

2015 年以來，我們與寧夏回族自治區檔案館和北方民族大學密切合作，對屬於 Or.12380 系列的大量藏品進行維護、編目和數字化。當前這套書含有全部彩圖、文獻鑒定和盡可能的漢文翻譯，也包括在每張殘片下所附的高廣尺寸及斯坦因發掘地點的獨立編號。另外，數字圖像及所附的編目元數據采自目前已經上網的“國際敦煌學項目”（IDP）。我們相信這套書能通過更廣泛的傳播促進新的探索，引領西夏語言文字研究更上一層樓，引領我們在了解党項歷史文化方面有所突破。

我要感謝英國國家圖書館裏參加這一項目并促成這套書出版的同事：國際敦煌學項目的前負責人 Susan Whitfield 博士最先與我們的中國同事聯繫并設立了這一項目，國際敦煌學項目的製作經理 Josef Konczak 領導了我們的拍攝和圖像設計團隊，國際敦煌學項目的維修員 Vania Assis 以及不列顛圖書館維修中心的其他紙張維修人員都對殘片做了孜孜不倦的工作。最後還要特别感謝的是 Emma Harrison（née Goodliffe）和近來謝函霖忠於職守的支持。

Preface

The British Library possesses the world's second largest collection of Tangut written material after that of St Petersburg's Institute of Oriental Manuscripts (IOM). It is mainly constituted of manuscript and paper fragments that were found in the city of Kharakhoto by the British-Hungarian archaeologist Marc Aurel Stein in the course of his Third Expedition to Central Asia, between 1913 and 1916. They are now catalogued as part of the Or.12380 sequence.

Kharakhoto is located in present-day Western Inner Mongolia, downstream of the Ejin River. It was founded in 1032 by the Tanguts and became an important borderland city of their kingdom — known as Western Xia or Xixia 西夏 in Chinese — in the twelfth century. In 1226, the city was overthrown by Genghis Khan and remained under Mongol rule until the Chinese retook it after the Yuan Dynasty. At the end of the nineteenth century, Russian explorers began to report rumours of a 'dead city' in the Alashan desert, but attempts made to locate its ruins remained unsuccessful until 1907. The Russian explorer Pyotr Kuzmich Kozlov reached the site in 1908 and returned in 1909. He unearthed thousands of books and fragments written in Tangut and Chinese, paintings and statues, most of which came from a suburgan, a stupa-shrine located outside the city walls.

Sir Marc Aurel Stein (1862 -1943), who had already led two missions to Central Asia and became the first Westerner to see Mogao Cave 17, near Dunhuang, heard news of Kozlov's discoveries. He arrived at Kharakhoto six years later, in May 1914 and described it as "a striking site, the most impressive perhaps that I had seen on true desert ground, ... with massive walls and bastions for the most part still in fair preservation, rising above the bare gravel flat which stretches towards it from the river bank. There was nothing in the surroundings of the dead town to impair the imposing effect created by the massive strength of the town walls and the utter desolation which reigned within." [①] Despite Kozlov's thorough excavations, Kharakhoto still yielded a significant amount of material.

Stein, M. Aurel. *Innermost Asia detailed report of explorations in Central Asia, Kan-su and Eastern Iran*. Volume I. Oxford: Clarendon Press, 1928: 437.

Stein excavated several ruins within the ancient city walls and also focused on the stupa where his Russian counterpart had found so many items. He was extremely methodical and assigned a specific site number to most of his finds: it starts with the letters K.K. for Kharakhoto and is followed by a Roman numeral (I, II, etc.), referring to the structure they were removed from. In addition, Stein compiled some detailed maps of the site that were published in the last volume of his travel report, Innermost Asia. This location documentation has also been invaluable in our understanding of the original socio-historical context of the items that he recovered from Kharakhoto during his Third expedition.

Stein managed to collect paintings, woodblock illustrations and stucco pieces, as well as thousands of fragments of manuscript and printed books. All were sent to England, where they were broadly sorted. The former were given to the Government of India and are now held at the National Museum in New Delhi, India; the latter joined the collections of the British Museum before being transferred to the British Library in 1972. In 1959, the manuscript prefix Or.12380 was assigned to the Tangut material from Kharakhoto. It must have been around the same time that almost half of the fragments were conserved and encapsulated within glass (Or.12380/1 to Or.12380/1839).? With a few exceptions, from Or.12380/1840 onwards, most of the items that have been recently conserved are kept in MelinexTM sheets, while the rest tend to be stored in Mylar sleeves and need both further treatment and rehousing.

Stein and Kozlov's troves opened up an entire new field of studies: Tangutology. Before this, little was known of the lost Tangut civilisation and its people, and the Tangut language and script had fallen into oblivion. The manuscript and printed fragments that Stein brought back from Kharakhoto may not be as fine and complete as the ones that are housed at the IOM or at the Hermitage, but they are nonetheless of tremendous importance for researchers. Being fervent Buddhists, the Tanguts translated many works from the Buddhist canon into Tangut. Among the surviving corpus of material, there is therefore a majority of sutras or texts relating to Buddhism. The British Library's Tangut collection is also fascinating for it includes a wide range of secular texts such as legal codes, administrative and historical documents, medical treaties, astrological charts, monolingual and bilingual dictionaries, poems, etc.

The mission of the British Library is to make the intellectual heritage under our custodianship available to everyone, especially to those to whose culture it is particularly relevant and who may not be able to come to our reading rooms. At the same time, offering surrogate forms of reference such as photographs or digital images remains the best way for us to ensure the preservation of these precious items by limiting the damage caused by physical consultation. For these reasons, it is of paramount importance for us to find ways whereby the collections are accessible, shared and fully discoverable both by researchers and wider audiences across the world. We are therefore particularly happy with our collaboration with partners in Yinchuan, in Ningxia Hui Province, a city that was once named Xingqing and was the capital of the Tangut State.

Since 2015, we have been working closely with the Ningxia Provincial Archives and Beifang Minzu University to conserve, catalogue and digitise a large number of the items belonging to the Or.12380 sequence. The present volumes, complete with colours photographs, identification of the text and transcription into Chinese whenever possible, will also include the measurements and the individual Stein site numbers associated to each fragment. Moreover, the digital images and accompanying cataloguing metadata that have been obtained during the project are now available through the website of the International Dunhuang Project (IDP). We believe that this work will contribute to new research through the wider dissemination of these items, leading to further progress in the study of the Tangut script and language, and to breakthroughs in our understanding of Tangut history and culture.

I would like to thank all the British Library colleagues who have been involved in the project and have made the publication of the first five volumes of this series possible: Dr. Susan Whitfield, former director of IDP, for starting initial conversations with our Chinese partners and setting up the project; Josef Konczak, IDP studio manager, for managing our team of photographers and graphic designers; and Vania Assis, IDP conservator, as well as other paper conservators in the British Library Conservation Centre for their indefatigable work on the fragments. Last but not least, I am also grateful to Emma Harrison (née Goodliffe), and more recently Han-Lin Hsieh 謝函霖, for their curatorial support.

Mélodie Doumy
Curator, Chinese Collections (Stein Collections)

凡 例

一　本書整理刊布斯坦因 1914 年於額濟納地區所獲全部西夏文字文獻。其間雜有少量其他文字的殘片亦予收錄，以展現英國國家圖書館本套藏品全貌。

二　所刊照片均爲紙面存有墨跡者，無字紙背及空白紙面不予刊布以節省篇幅。有獨立編號而無墨跡者於每册之末列入“空白殘片數據表”，提供原件出土地點編號及高廣數據。

三　本書所收原件照片依英國國家圖書館文獻編號次第排列，同一編號含多件殘片者，以 A、B、C、D 等標識。英國國家圖書館於日前對文獻編號略有校核調整，本書以最新所定爲據。

四　同一編號含多件殘片且不屬同一文獻者一般以文獻歸類排列，原字母編號排列次序亦相應改變。

五　殘紙兩面有字者或難判定正背，故本書不再逐一標出“Recto”及“Verso”。

六　每件文獻均爲之定題。定題方式有三：有他本可證者以書名加卷次定題，如“金光明最勝王經卷三”；未尋得他本可證者據内容擬題，如“供養儀軌殘片”；存字過少及文字潦草漫漶致内容難以驟定者僅以“殘片”命題。

七　少數殘紙兩面有字且不屬同一文獻，擇其要者别爲命題。

八　殘片圖版以下提供英國國家圖書館藏品編號，并括注出土地點編號。每種文獻在流水號前統一冠以“Or.12380”，所注原件出土地點多在黑水城内外，分别標以“K.K. I”（城内）、“K.K. II”（城西門四百米外佛塔）、“K.K. III”（城東北角九十米外塔基）、“K.K. V”（城西北角附近塔群），出土地點編號存疑者附以問號。另有部分文獻出自距城較遠的額濟納河沿岸地區，因出土時未有詳細地點記錄，故括注“none”。

九　編號以下提供原件紙幅高廣，單位爲釐米。

十　夏譯漢籍殘片有他本可證者提供所存西夏字的漢文逐字對譯，并附存世漢文原本段落以備覆核，相應詞語在漢本中以粗體字突出顯示。

十一　存世漢文佛典多據中華電子佛典協會（CBETA）制作的《大正藏》電子版，并改正句讀及個别訛字，改動之處不再另予説明。不見於《大正藏》者另注參考文獻出處。

十二　夏譯漢籍殘片無他本可證者、存字過少不敷考核者及夏譯藏傳佛教作品來源難以驟定者，僅提供所存西夏字的漢字對譯。對譯以詞爲單位，不拘西夏詞素順序及詞素意義，如“𗾞𗌮”譯“有情”不譯“情有”，“𗴂𗤶”譯“比丘”不譯“善起”。

十三　西夏本土原創書籍提供漢譯文。若此前另有同書别本，則附注别本相應段落出處。

十四　殘片文字有殘存筆畫者參酌文意譯出。無殘存筆畫或文字漫漶而字數可知者代以“□”號，殘佚字數不可知者標以省略號。

十五　寫本西夏文字點畫有誤者徑依正字譯出，不再加注説明。

十六　藏文等其他文字提供拉丁轉寫。漢文文獻不再重複録文。

十七　文獻版緣、行間夾註及簿籍、契約等社會文書大多字跡潦草漫漶，以當前學識尚無力提供全文逐字翻譯。譯出隻言片語不能展示詳情，無助讀者理解，故不再提供解讀以免誤導學人。

十八　全書最後一册附有文獻分類索引，并提供每種文獻的研究參考資料目録。

目錄

第五册

2001　佛書殘片

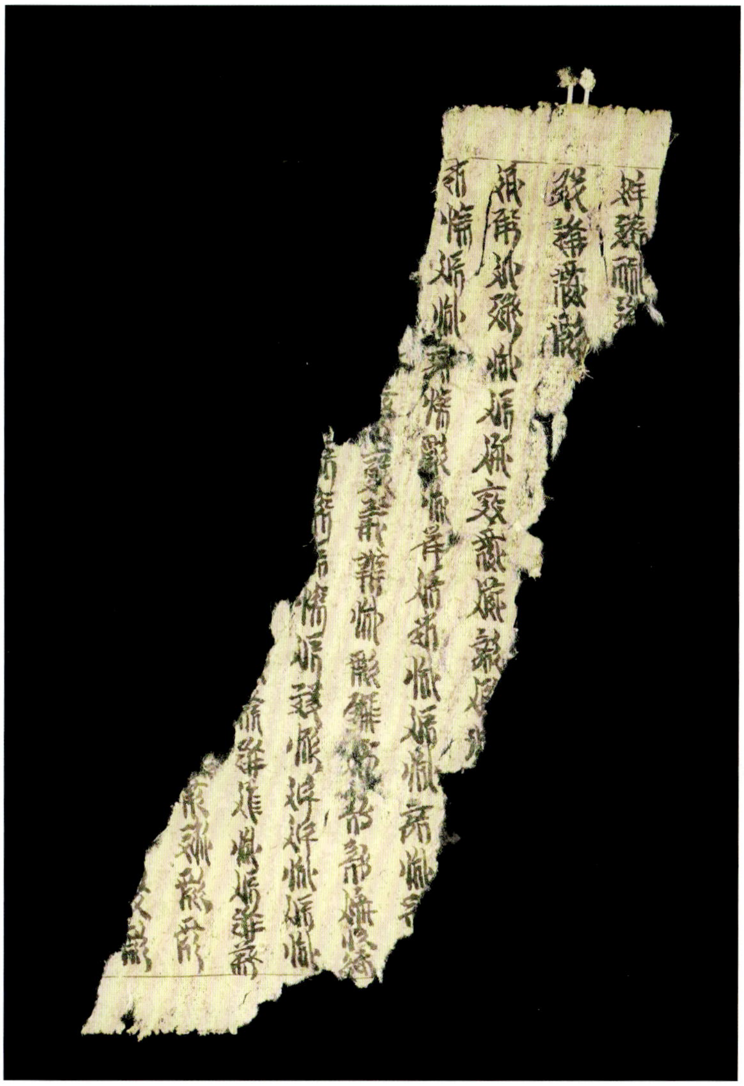

Or.12380/2001
（K.K.II.0279.vvv.32?）
22.5 釐米 × 14 釐米

心閑令……

等則道是

問曰第九知無解脱道者何云……

而無念知即念是知應無而無知知即知也……

……迷忘執知是源□特殊覺背及

……無念無念可議心心知無知

……有則虚知無則真

……隱法是見

……是

2002　大般若波羅蜜多經卷五十一

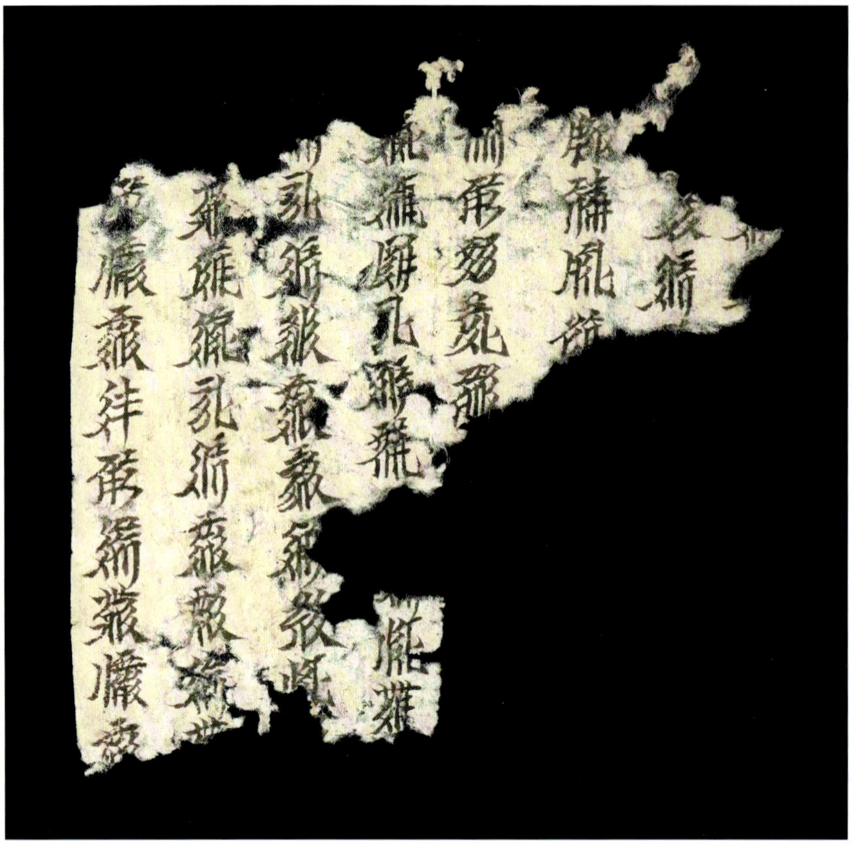

Or.12380/2002（K.K.V.b.05.r）
14.5 釐米 × 14.3 釐米

……可無……
……壞本性是……
……之白言世尊……
……者初後際無得□及往……
……際無由空何云也不……
……現是者無際空是善……
……雲散空佛言善現散……

畢竟謂諸法究竟**不可**得，此畢竟由畢竟空。何以故？非常非**壞本性爾故**。善現！是爲畢竟空。善現**白**佛**言**：**世尊**！云何無際空？佛言：善現！無際謂**無初**中**後際**可**得及**無**往**來際可得，此無際**由無際空**。**何**以**故**？**非常非**壞本性爾故。善**現**！**是爲無際空**。**善現**白佛言：世尊！云何**散**空？**佛言**：**善現**！**散**謂有放有弃有捨可得。（《大正藏》T05，p0291a–0291b）

2003 大般若波羅蜜多經卷二百三十一

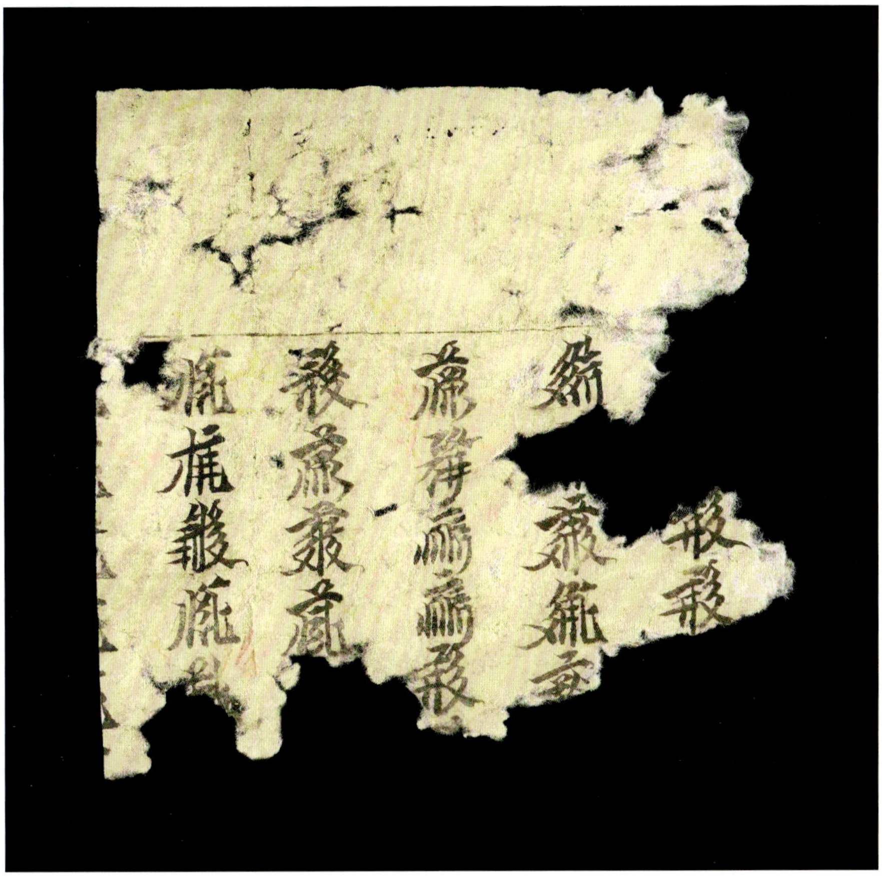

Or.12380/2003（K.K.V.b.05.q）
11.3 釐米 × 11.8 釐米

□□智智……
善□空解脱……
淨故一切智……
清淨若眼……
不二分不……

若一切**智智**清淨，無二無二分無別無斷故。**善**現！**空解脱**門清淨故眼處清淨，眼處清**淨故一切智**智清淨。何以故？若空解脫門**清淨，若眼**處清淨，若一切智智清淨，無二**無二分無**別無斷故。（《大正藏》T06，p0163c）

2004 大般若波羅蜜多經殘片

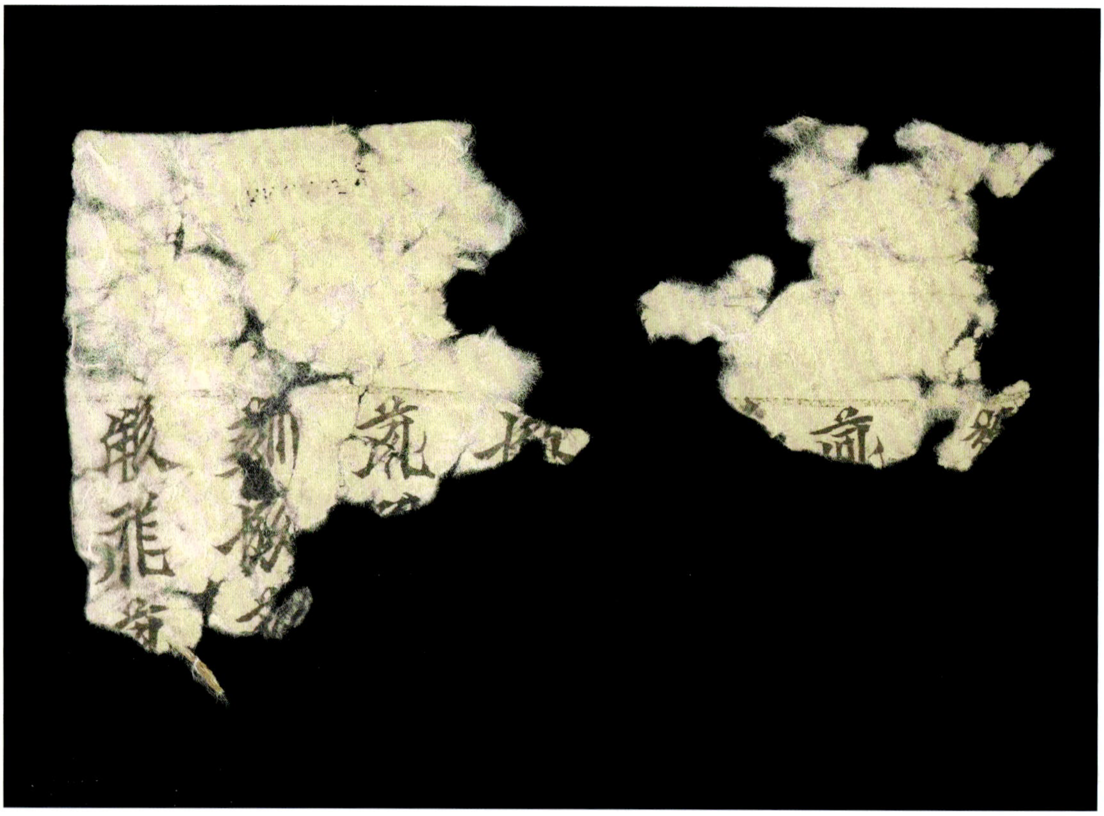

Or.12380/2004(K.K.V.b.05.y)
8.1 釐米 × 14.2 釐米

耳……
……
界……
菩薩……
信聲界……

2005　大般若波羅蜜多經卷三百九十四

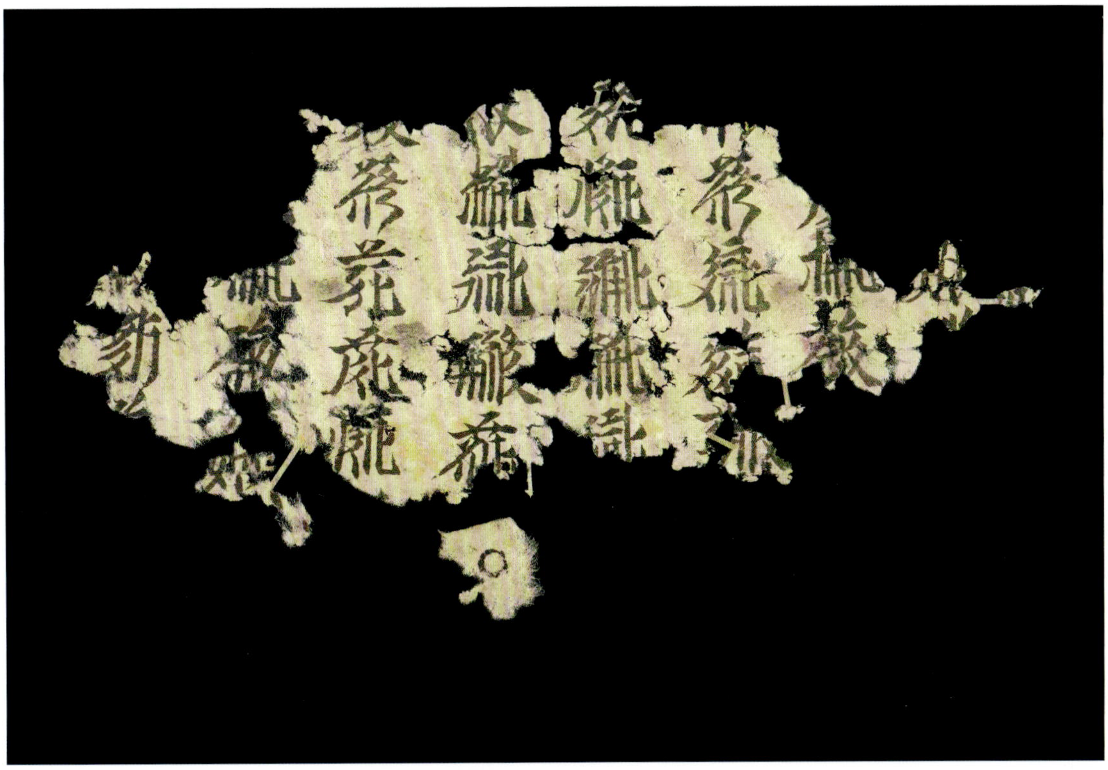

Or.12380/2005（K.K.V.b.05.w）
8 釐米 × 15.3 釐米

……汝等……
……爲應善現……
……懈怠有情……
……有情精進……
……爲爾諸懈……
……汝等……
……故……

汝等今者**應**起慈心，展轉相緣**作**饒益事。**善現**！是菩薩摩訶薩於十方界若見**有情**懶惰**懈怠**，深生憐愍，説如是法。汝等**有情**當勤**精進**，勿於善法懶惰懈怠。**諸懈**怠者於諸善法及諸勝事皆不能成，**汝等**由斯當墮地獄傍生鬼界受無量苦，是**故**汝等不應容納此懈怠心經剎那頃，何况令其長時相續？（《大正藏》T06，p1041a）

2006 大般若波羅蜜多經殘片

Or.12380/2006（K.K.V.b.05.x）
15.8 釐米 × 5.9 釐米

……空……

界眼識界及眼觸眼觸……

2007　大般若波羅蜜多經卷六十

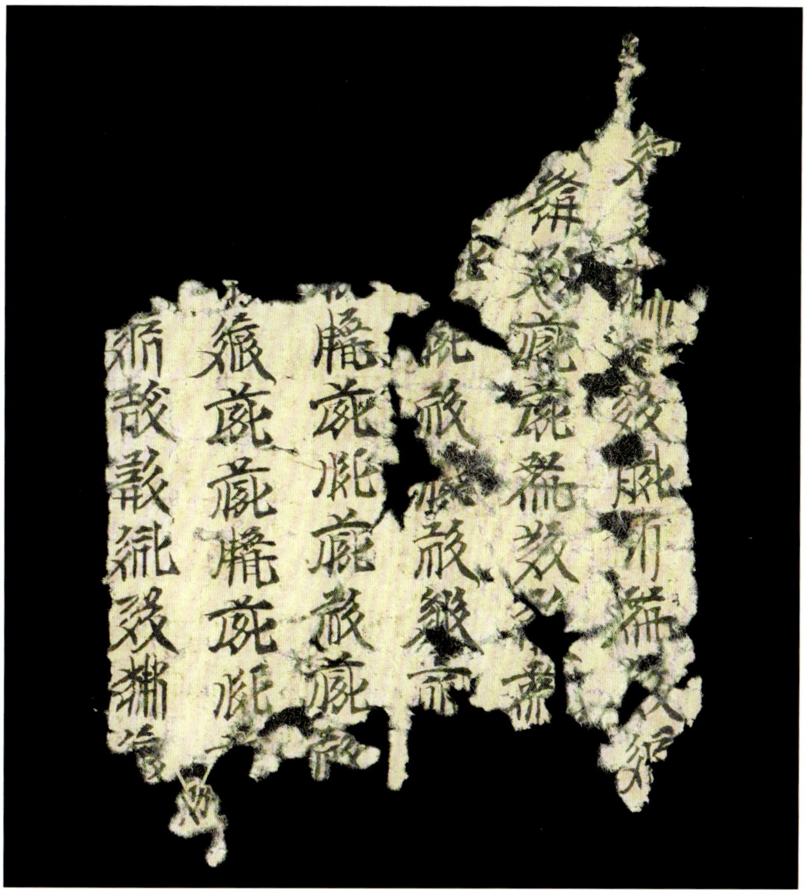

Or.12380/2007（K.K.V.b.05.u）
15.7 釐米 × 11.6 釐米

……等性亦得可無……
……現在眼界得可豈有……
……眼觸□觸緣生……
……識界及眼觸眼觸……
……色界眼識界及……
……無三世平等中色……

平等中平**等性尚不可得，何况**平等中有過去未來**現在眼界可得**？善現！前際色界眼識界及**眼觸**眼**觸爲緣所生**諸受不可得，後際色界眼**識界及眼觸眼觸**爲緣所生諸受不可得，中際**色界眼識界及**眼觸眼觸爲緣所生諸受**不可得，三世平等中色**界眼識界及眼觸眼觸爲緣所生諸受亦不可得。（《大正藏》T05，p0340c）

2008　大般若波羅蜜多經卷三百七十五

Or.12380/2008（K.K.V.b.05.m）
10.4 釐米 × 16 釐米

……性
……一切智道相智
……法修三十二大
……失忘法修是因
……摩訶薩般若
……圓滿欲因恒捨
……靜慮般若波羅
……四不

攝受一切無忘失法恒住捨**性**而修無忘失法。攝受一切**一切智道相智**一切相智而**修**無忘失**法**。攝受一切**三十二大**士相八十隨好而**修**無**忘失法**。由**是因**緣而無二想。

善現。菩薩**摩訶薩**修行**般若**波羅蜜多時。爲**欲圓滿恒**住**捨**性故。即於恒住捨性中。攝受一切布施淨戒安忍精進**靜慮般若波羅**蜜多而修恒住捨性。攝受一切四靜慮**四無**量四無色定而修恒住捨性。（《大正藏》T06，p0937a）

2009　大般若波羅蜜多經卷三百十六

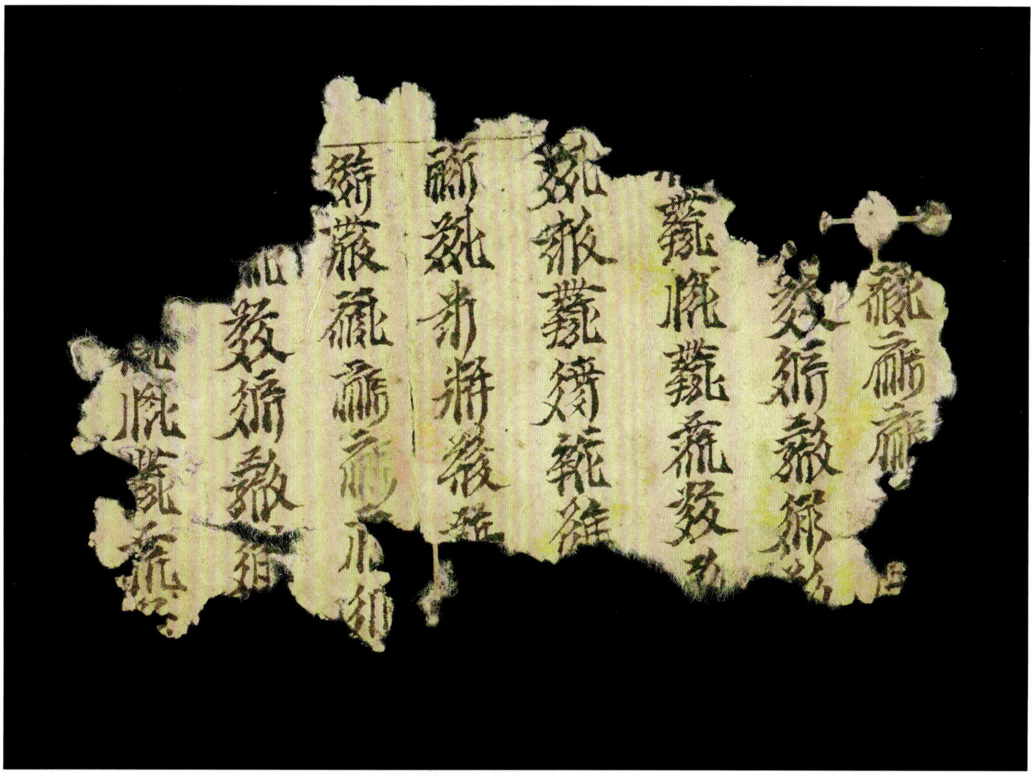

Or.12380/2009（K.K.V.b.015.k）
10.2 釐米 × 16.2 釐米

□□法一切……
□□可無何云也……
□趣不趣有可……
處以趣爲彼是……
勝處亦畢竟得……
善現法一切皆九……
□□可無何云……
□□趣不趣有。

善現！一切法皆以八解脱爲趣，彼於是趣不可超越。何以故？八解脱尚畢竟不可得，况有趣非趣？善現！一切法皆以八勝處爲趣，彼於是趣不可超越。何以故？八勝處尚畢竟不可得，况有趣非趣？善現！一切法皆以九次第定爲趣，彼於是趣不可超越。何以故？九次第定尚畢竟不可得，况有趣非趣？（《大正藏》T06，p0613b-0613c）

2010　大般若波羅蜜多經卷三百十六

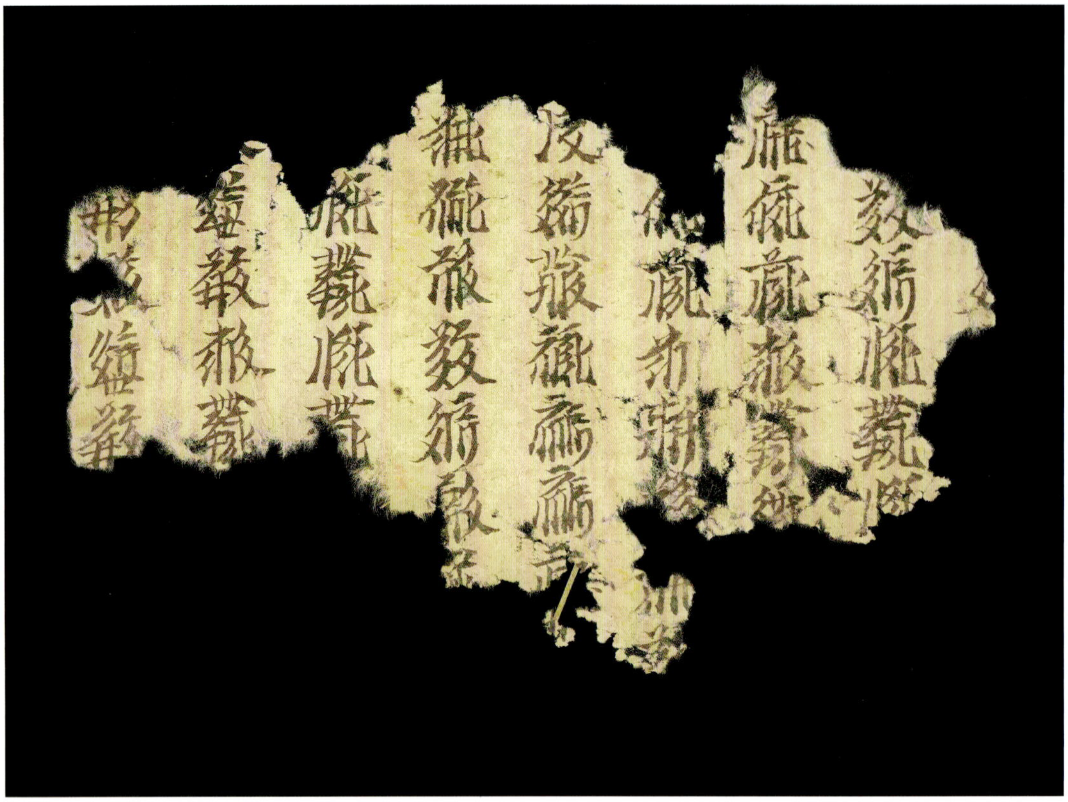

Or.12380/2010(K.K.V.b.015.o)
10.4 釐米 × 16.4 釐米

……可無况趣不……
……皆五眼以趣爲……
……眼亦畢竟得……
……有善現法一切皆……
……於超越可無何……
……况趣不趣……
……地門以趣……
……三摩地門……

無相無願解脱門尚畢竟**不可得**，**况有趣非趣**？善現！一切法**皆以五眼爲趣**，彼於是趣不可超越。何以故？五**眼尚畢竟**不可得，况有趣非趣？**善現！一切法皆**以六神通爲趣，彼**於**是趣**不可超越**。**何以故**？六神通尚畢竟不可得，**况有趣非趣**？善現！一切法皆**以**三摩**地門**爲**趣**，彼於是趣不可超越。何以故？**三摩地門**尚畢竟不可得，况有趣非趣？（《大正藏》T06，p0613c）

2011　大般若波羅蜜多經卷三百二十一

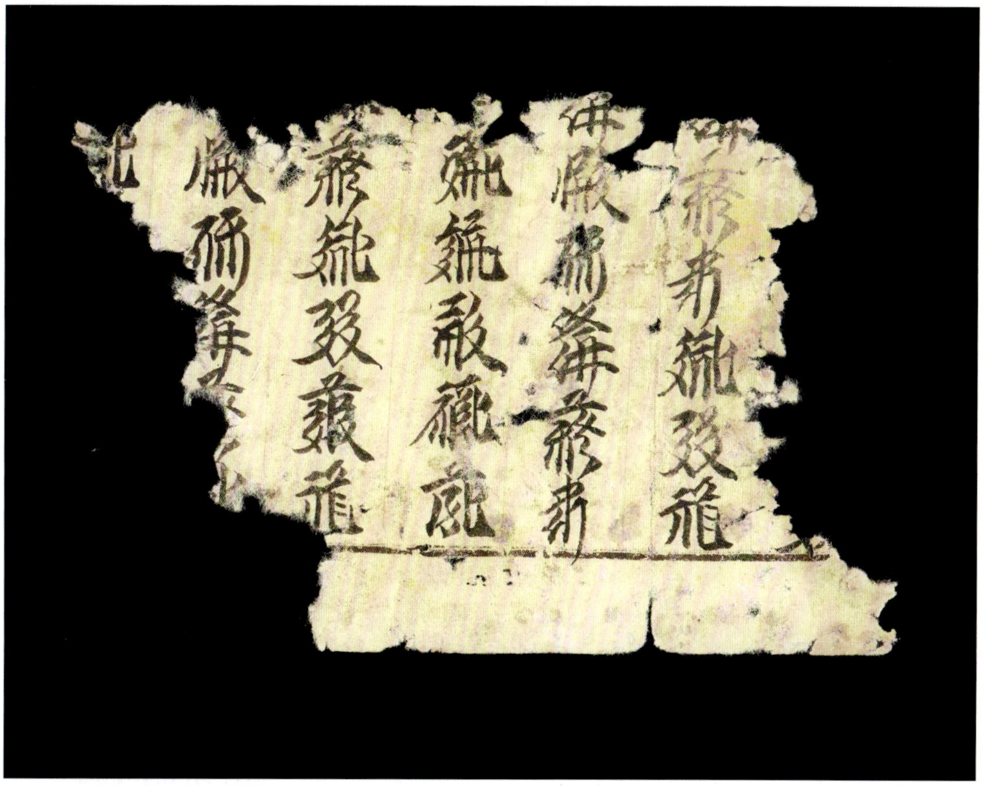

Or.12380/2011（K.K.V.b.015.n）
8.6 釐米 × 13.3 釐米

……真亦平等聲
……如來之真如亦
……香味觸法界
……真平等若聲
……如來之如

如來真如平等故色處真如平等。聲香味觸法處真如平等故如來真如平等。如來真如平等故聲香味觸法處真如平等。如是若色處真如平等。若聲香味觸法處真如平等。若如來真如平等。同一真如平等無二無別。（《大正藏》T06，p0641a）

2012　大般若波羅蜜多經卷二百五十三

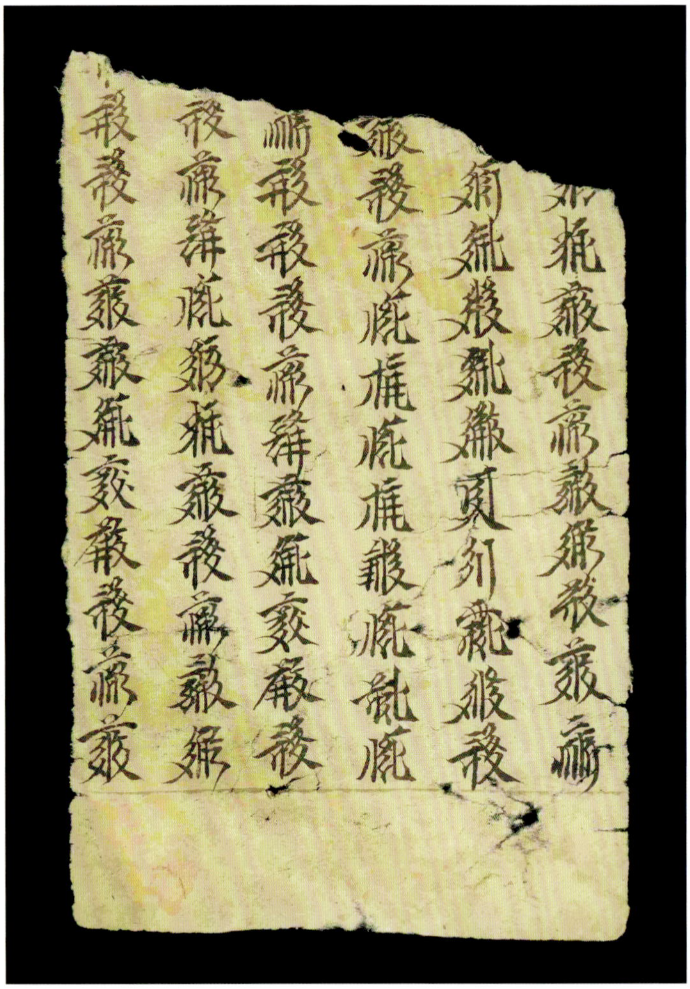

Or.12380/2012
（K.K.V.b.019.d）
17.8 釐米 × 11.7 釐米

……變异空清淨何云也若一
……四正斷乃至八聖道支清
……空清淨不二不二分不別不
……切智智清淨故空解脱門清
……清淨故不變异空清淨何云
……智清淨若空解脱門清淨若

四正斷乃至八聖道支清淨故無**變異空清淨。何以故**？**若一切**智智清淨，若**四正斷乃至八聖道支**清淨，若無**變异空清淨，無二無二分無別無**斷故。善現！**一切智智清淨故空解脱門**清淨，空解脱門**清淨故無變異空清淨。何以故**？若一切**智智清淨，若空解脱門清淨，若**無變异空清淨，無二無二分無別無斷故。（《大正藏》T06，p0280b）

2013　大般若波羅蜜多經卷三百二十一

Or.12380/2013(K.K.V.b.015.t)
8.5 釐米 × 20.5 釐米

……四靜慮
……一是平等不
……故如來
……八解
……遍處
……來之
……處如
……來

若**四靜慮**真如平等，若四無量四無色定真如平等，若如來真如平等，同一真如**平等無**二無别。復次八解脱真如平等**故如來**真如平等，如來真如平等故**八解**脱真如平等。八勝處九次第定十**遍處**真如平等故如來真如平等，如**來**真如平等故八勝處九次第定十遍**處**真**如**平等。如是若八解脱真如平等，若八勝處九次第定十遍處真如平等，若如**來**真如平等，同一真如平等無二無别。（《大正藏》T06，p0642a）

2014　大般若波羅蜜多經卷十

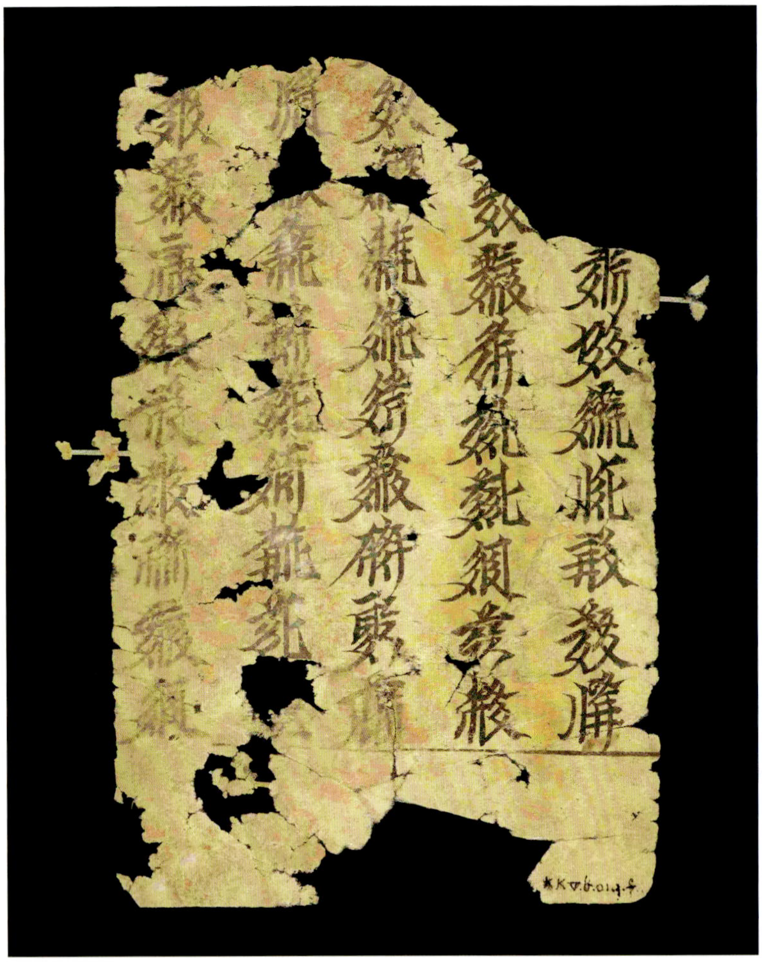

Or.12380/2014
（K.K.V.b.019.f）
14.5 釐米 × 9.7 釐米

……訶薩衆及餘無量
……幢幡蓋珍瓔妙樂種
……神力以上踴空中合臺
……土□覆臺頂四角各□
……寶幡皆瓔珞垂勝幡妙

爾時十方諸來菩薩摩**訶薩衆及餘無量**欲色界天所獻種種寶**幢幡蓋**，**珍瓔妙樂**，**種**種香華，以佛**神力上踴空中**，**合**成**臺**蓋，遍**覆**三千大千佛**土**。**臺頂四角各**有寶幢，臺蓋**寶幡皆垂瓔珞**，**勝幡妙**綵，珍异華鬘，種種莊嚴，甚可愛樂。（《大正藏》T05，p0056a）

2015　大般若波羅蜜多經卷八十七

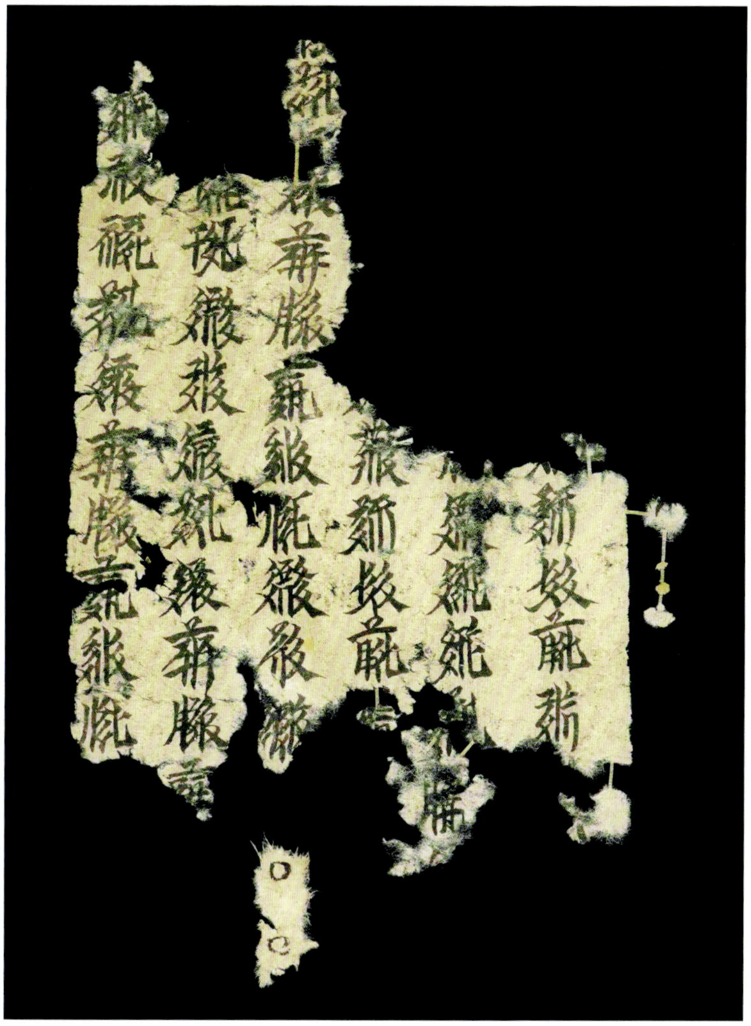

Or.12380/2015
（K.K.V.b.015.w）
19 釐米 × 12.5 釐米

……菩薩摩訶……
……學受想□識……
……現菩薩摩……
……處攝受壞滅故不學也乎……
……是如學時色處攝受壞滅……
……味觸法處攝受壞滅故不……

善現。**菩薩摩訶**薩如是學時。不爲色攝受壞滅故**學**。不爲**受想**行**識**攝受壞滅故學耶。善**現**。**菩薩摩**訶薩如是學時。不爲眼處攝受壞滅故學。不爲耳鼻舌身意**處攝受壞滅故學耶**。善現。菩薩摩訶薩**如是學時**。不爲**色處攝受壞滅**故學。不爲聲香**味觸法處攝受壞滅故**學耶。（《大正藏》T05，p0488a）

2016　大般若波羅蜜多經卷九十

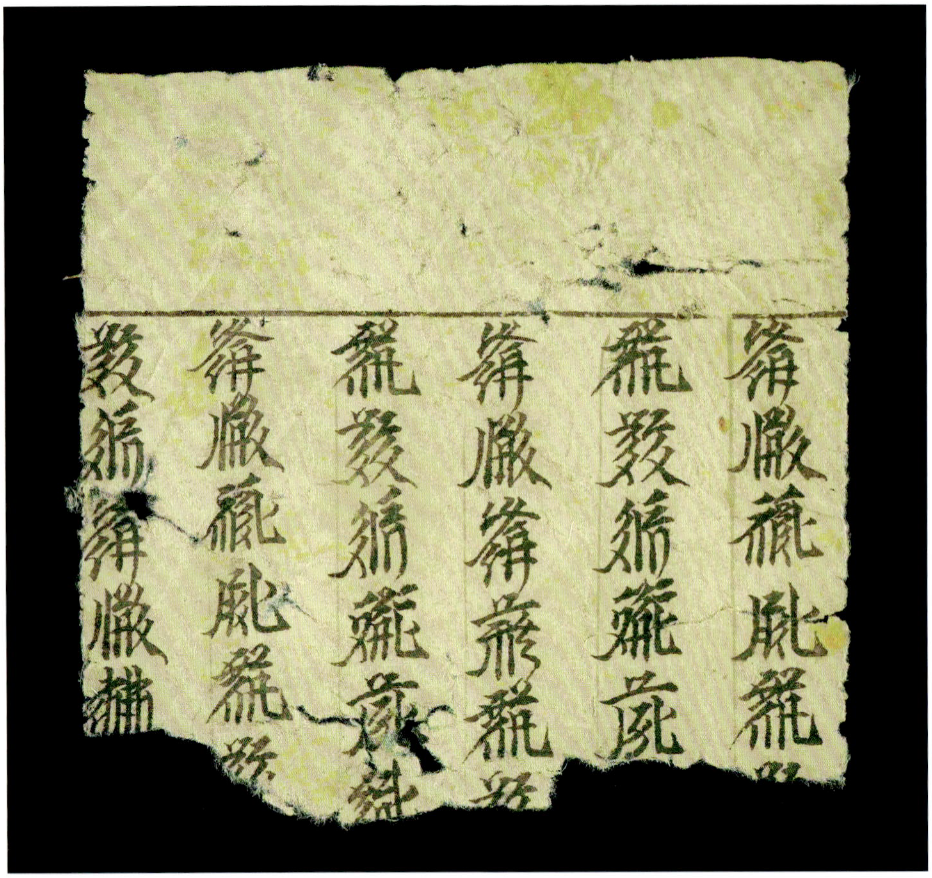

Or.12380/2016(K.K.V.b.019.o)
11.1 釐米 × 11.7 釐米

如來法性得……
得可無香界……
如來真如得可……
得可無香界乃……
如來法性得可……
可無如來中……

非離香界乃至鼻觸爲緣所生諸受**如來法性**可得，**非離**鼻界真如如來真如**可得**，非離**香界**乃至鼻觸爲緣所生諸受真如**如來真如可得**，**非離**鼻界法性如來法性**可得**，非離**香界乃**至鼻觸爲緣所生諸受法性**如來法性可得**。憍尸迦！**非**鼻界中如來**可**得，非**如來中**鼻界可得。（《大正藏》T05，p0500a）

2017　大般若波羅蜜多經卷三十五

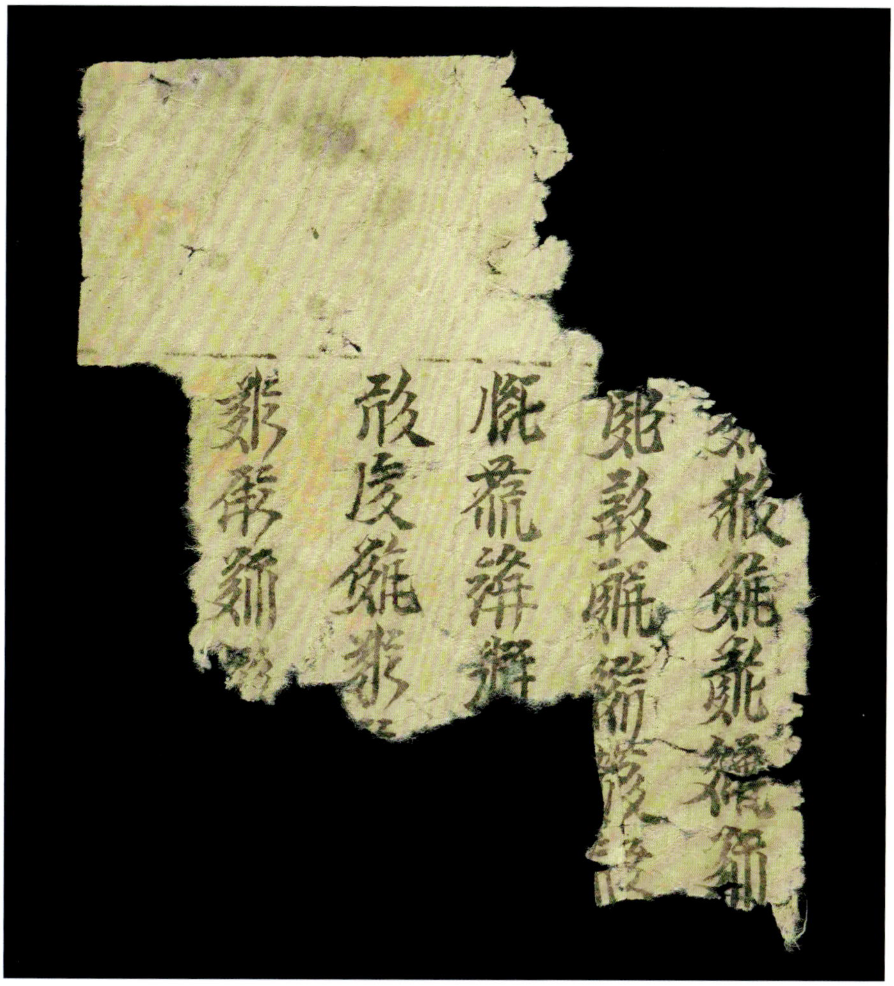

Or.12380/2017(K.K.V.b.019.g)
13 釐米 × 11 釐米

□以獨覺菩……
汝具壽善現答……
不有故畢……
豈有此增……
增語菩……

汝觀何義言，即**獨覺菩**提增語非菩薩摩訶薩耶？**具壽善現答**言：世尊！獨覺菩提尚**畢**竟不可得，性**非有**故，**况有**獨覺菩提增語？**此增**語既非有，如何可言？即獨覺菩提**增語**是**菩**薩摩訶薩。（《大正藏》T05，p0194c）

2018 大般若波羅蜜多經卷七十二

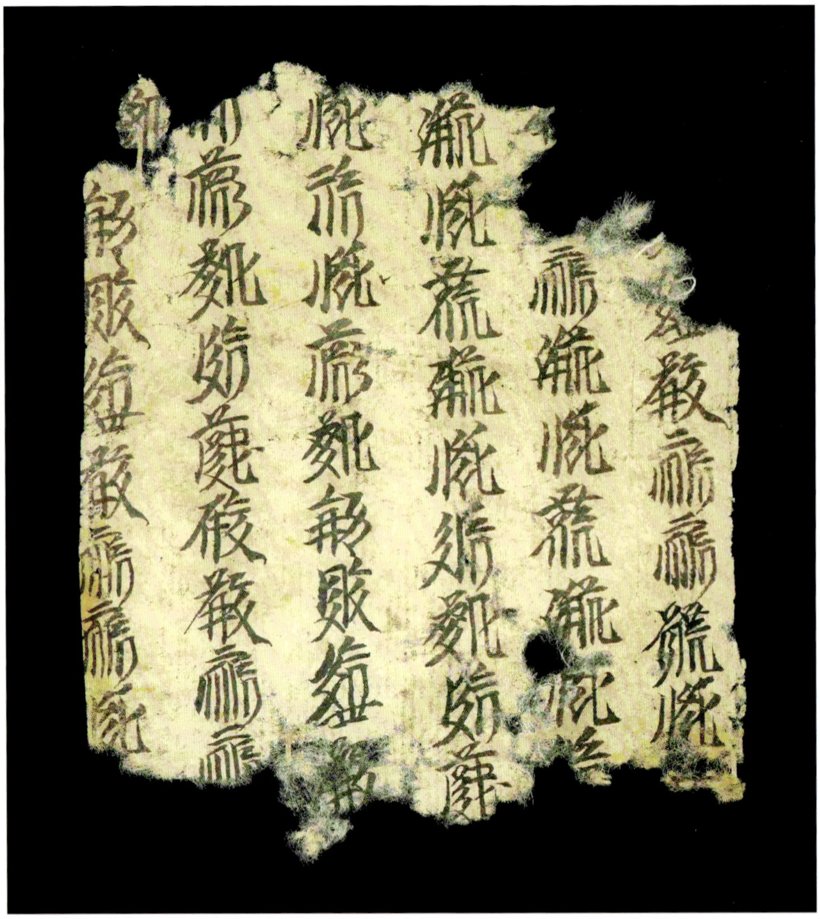

Or.12380/2018（K.K.V.b.014.o）
13.1 釐米 × 11.2 釐米

……地門一切相不……
……切願不有願不無……
……願不有願不無觀陀羅……
……不不寂淨觀三摩地門……
……淨觀陀羅尼門一切……
……三摩地門一切不……

觀一切三摩地門非有相非無相。觀一切陀羅尼門非有願非無願。觀一切三摩地門非有願非無願。觀一切陀羅尼門非寂靜非不寂靜。觀一切三摩地門非寂靜非不寂靜。觀一切陀羅尼門非遠離非不遠離。觀一切三摩地門非遠離非不遠離。（《大正藏》T05，p0410b）

2019 大般若波羅蜜多經卷七十二

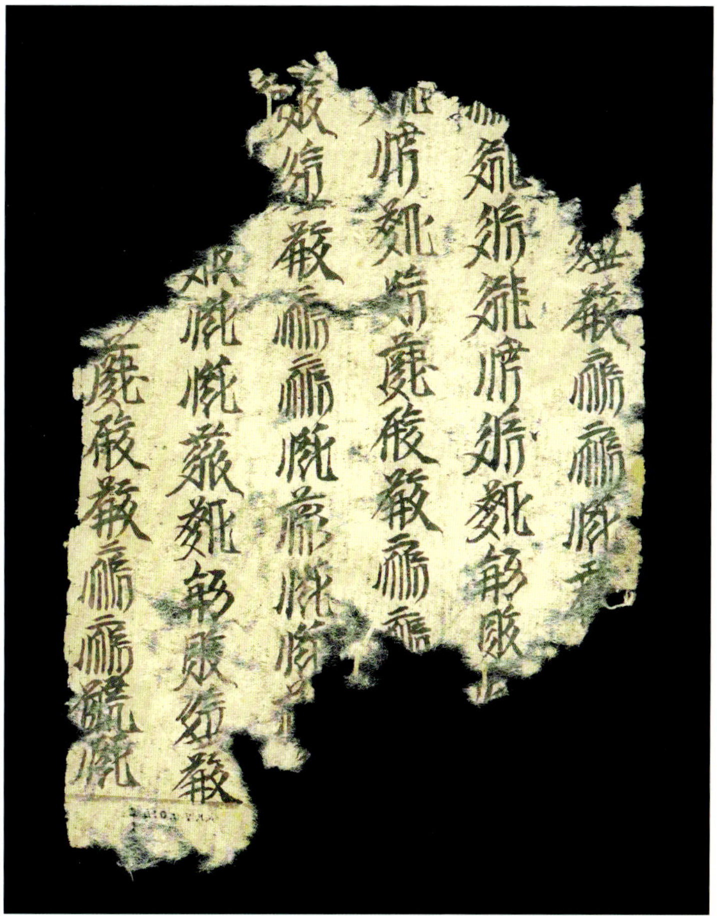

Or.12380/2019(K.K.V.b.014.f)
16.3 釐米 × 11.7 釐米

……地門一切不樂……
……我無我非無觀三摩……
……非觀陀羅尼門一切……
……摩地門一切不淨不不……
……不不空觀三摩地門……
……羅尼門一切相不……

觀**一切**三摩**地門非樂**非苦。**觀**一切陀羅尼門**非我非無我**。**觀**一切**三摩**地門非我**非**無我。觀**一切**
陀羅尼門非淨非不淨。觀**一切三摩地門非淨非不淨**。**觀**一切陀羅尼門非空**非不空**。觀一切**三摩地門**
非空非不空。觀**一切**陀**羅尼門非有相**非無相。（《大正藏》T05，p0410a）

2020　大般若波羅蜜多經卷七十二

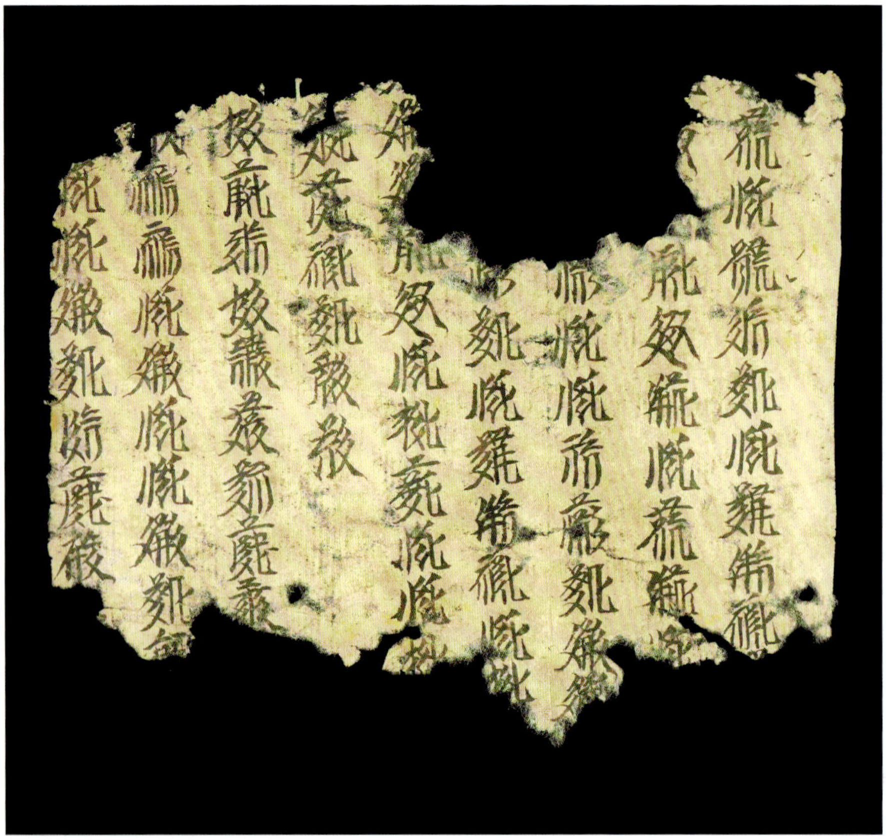

Or.12380/2020A
（K.K.V.b.014.g.1）
15 釐米 × 17.9 釐米

……有不相無觀不失忘法……
……性住願不有願不……
……淨不不寂淨觀恒捨……
……淨觀不失忘法不遠……
……恒捨性住非不遠離不不遠……
……者諸法觀是也
……薩摩訶薩般若波羅蜜……
……一切陀羅尼門不常不不常觀……
……不不常觀陀羅尼……

觀恒住捨性非**有相非無相**，觀**無忘失法**非有願非無願，觀恒**住**捨**性非有願非**無**願**，**觀**無忘失法非寂**靜非不寂靜**，**觀恒**住**捨**性非寂靜非不寂**靜**，觀**無忘失法非遠**離非不遠離，觀**恒住捨性非遠離非不遠離**。舍利子！**是謂觀諸法**。舍利子！諸菩**薩摩訶薩**修行**般若波羅蜜**多時，**觀一切陀羅尼門非常非無常**，**觀**一切三摩地門非常**非無常**，觀一切**陀羅尼**門非樂非苦，觀一切三摩地門非樂非苦。（《大正藏》T05，p0410a）

2021　大般若波羅蜜多經卷二百十七

Or.12380/2021A（K.K.V.b.026.e）
8.9 釐米 × 27 釐米

相智清淨……
性空清淨……
智智清淨不……
無自性空清……
尼門一切……
性無自性……
一切……
無自……
地門一切……
無自性空……
切智智清淨……
性無自性空清……
故一切智……

道相智一切**相智清淨**故一切智智清淨。何以故？若無性自**性空清淨**，若道相智一切相智清淨，若一切**智智清淨**，**無**二無二分無別無斷故。善現！**無性自性空清**淨故一切陀羅尼門清淨，**一切**陀羅**尼門**清淨故一切智智清淨。何以故？若**無性自性**空清淨，若一切陀羅尼門清淨，若**一切**智智清淨，無二無二分無別無斷故。**無性自**性空清淨故一切三摩地門清淨，**一切**三摩**地門**清淨故一切智智清淨。何以故？若**無性自性空**清淨，若一切三摩地門清淨，若**一切智智清淨**，無二無二分無別無斷故。善現！**無性自性空清**淨故預流果清淨，預流果清淨**故一切智**智清淨。（《大正藏》T06，p0087a）

Or.12380/2021B
9 釐米 × 23 釐米

淨若預流……
二分不別不……
不還阿羅漢……
淨故一切……
清淨若一……
智清淨……
自性空……
淨故一切……
清淨若獨覺……
不二分不別……
菩薩摩訶薩……
清淨故一……

若無性自性空清**淨，若預流**果清淨，若一切智智清淨，無二無**二分無別無**斷故。無性自性空清淨故一來**不還阿羅漢**果清淨，一來不還阿羅漢果清**淨故一切**智智清淨。何以故？若無性自性空**清淨，若一**來不還阿羅漢果清淨，若一切智**智清淨**，無二無二分無別無斷故。善現！無性**自性空**清淨故獨覺菩提清淨，獨覺菩提清**淨故一切**智智清淨。何以故？若無性自性空**清淨，若獨覺**菩提清淨，若一切智智清淨，無二**無二分無別**無斷故。善現！無性自性空清淨故一切**菩薩摩訶薩**行清淨，一切菩薩摩訶薩行**清淨故**一切智智清淨。（《大正藏》T06，p0087a–0087b）

2022 大般若波羅蜜多經卷二十五

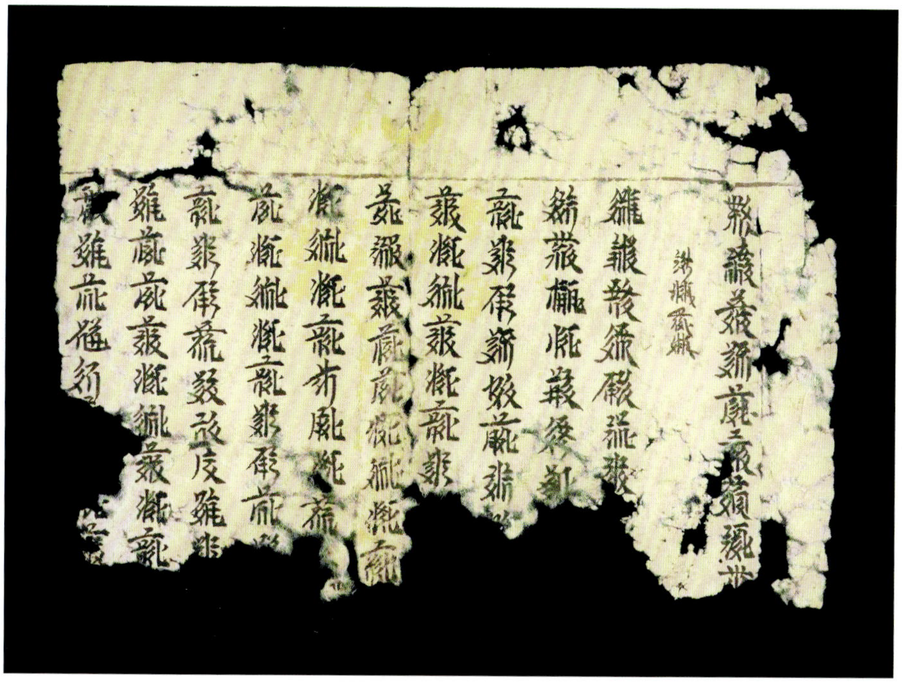

Or.12380/2022
(K.K.V.b.026.j)
17 釐米 × 25.5 釐米

大般若波羅蜜多契經

天奉道显

初分教誡教授品

善現汝復何義觀……

無增語菩薩摩訶……

若爲有若爲無增……

世尊若眼界爲有爲無……

爲有爲無亦性不有……

界爲有爲無增語耳……

無增語有可豈有此……

此眼界若爲有若爲無……

是此耳鼻舌……

大般若波羅蜜多經卷第二十五

初分教誡教授品第七之十五

善現！汝復觀何義言，即眼界若有爲若**無**爲**增語**非**菩薩摩訶**薩，即耳鼻舌身意界**若有爲若無爲增語**非菩薩摩訶薩耶？**世尊！若眼界有爲無爲**，若耳鼻舌身意界**有爲無爲尚**畢竟不可得，**性非有**故，況有眼**界有爲無爲增語**及**耳**鼻舌身意界有爲**無**爲增語？此**增語既非有**，如何可言？**即眼界若有爲若無爲**增語**是**菩薩摩訶薩，**即耳鼻舌**身意界若有爲若無爲增語是菩薩摩訶薩。（《大正藏》T05，p0136c）

2023 大方廣佛華嚴經卷七十一

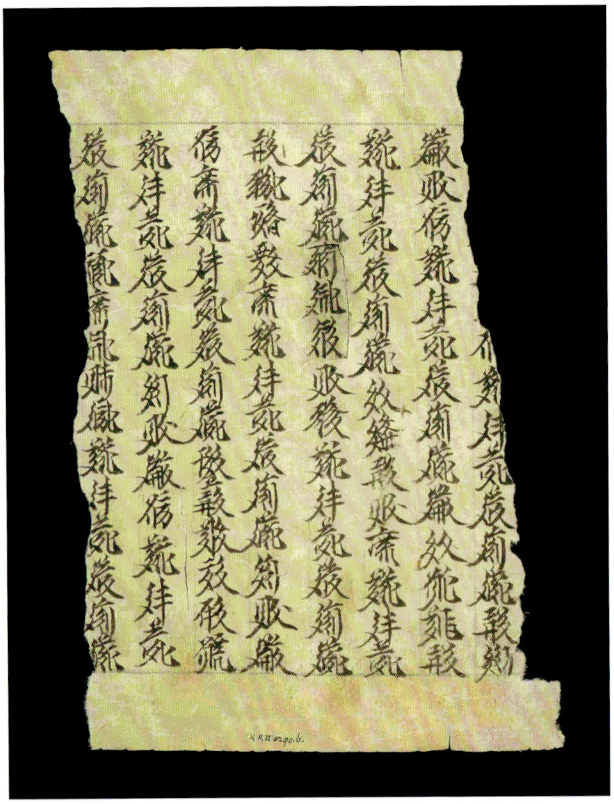

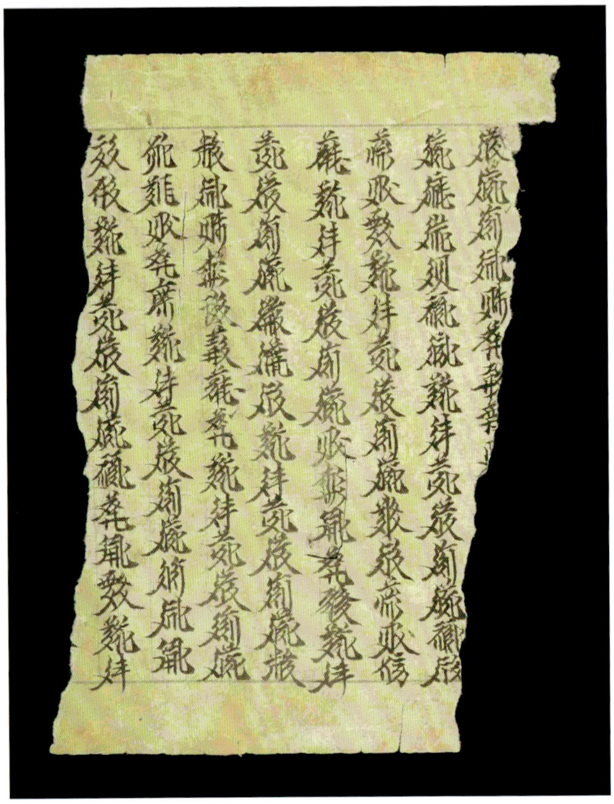

Or.12380/2023（K.K.II.0290.b）

20.7 釐米 × 15.5 釐米

……海次佛世出名者智日
普光明次佛世出名者普賢圓滿智
次佛世出名者神通智光王次佛世
出名者福德華光燈次佛世出名者
智師子幢王次佛世出名者日光普
照王次佛世出名者須彌寶莊嚴相
次佛世出名者日光普照次佛世
出名者法王功德月次佛世出名者

出名者功德山智慧……
者無上妙法月次佛世出名者法華
淨光幢次佛世出名者寶蓮華光明
藏次佛世出名者光焰雲山燈次佛
世出名者普覺華次佛世出名者種
種功德焰須彌山藏次佛世出名者
圓滿光山王次佛世出名者福德雲
莊嚴次佛世出名者法山雲幢次佛

次有佛興，名功德焰海。次有佛興，名智日普光明。次有佛興，名普賢圓滿智。次有佛興，名神通智光王。次有佛興，名福德華光燈。次有佛興，名智師子幢王。次有佛興，名日光普照王。次有佛興，名須彌寶莊嚴相。次有佛興，名日光普照。次有佛興，名法王功德月。次有佛興，名開敷蓮華妙音雲。……次有佛興，名功德山智慧光。次有佛興，名無上妙法月。次有佛興，名法蓮華淨光幢。次有佛興，名寶蓮華光明藏。次有佛興，名光焰雲山燈。次有佛興，名普覺華。次有佛興，名種種功德焰須彌藏。次有佛興，名圓滿光山王。次有佛興，名福德雲莊嚴。次有佛興，名法山雲幢。次有佛興，名功德山光明。（《大正藏》T10，p0389b–0389c）

2024 佛書殘片

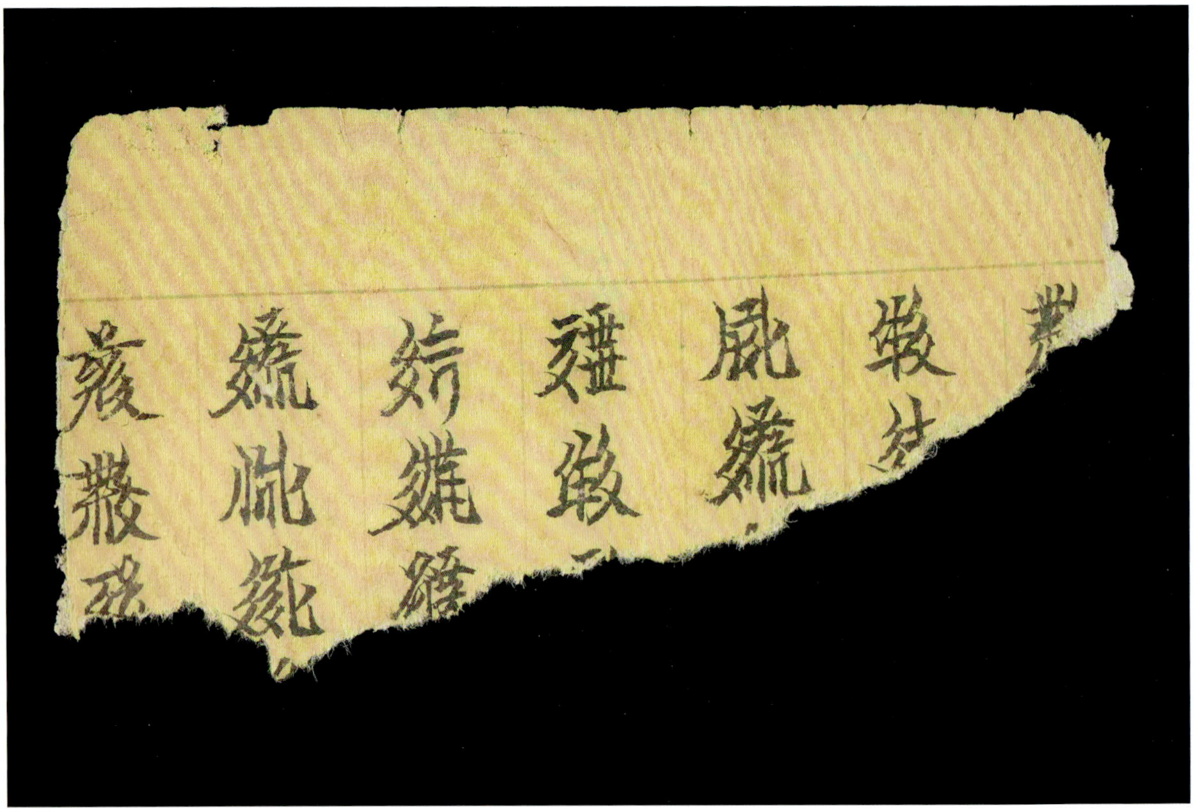

Or.12380/2024（K.K.II.0295.k）
7.2 釐米 × 14 釐米

大……
人佛……
性有……
女人……
男子相……
有知能……
乘大……

2025 大方廣佛華嚴經卷七十一

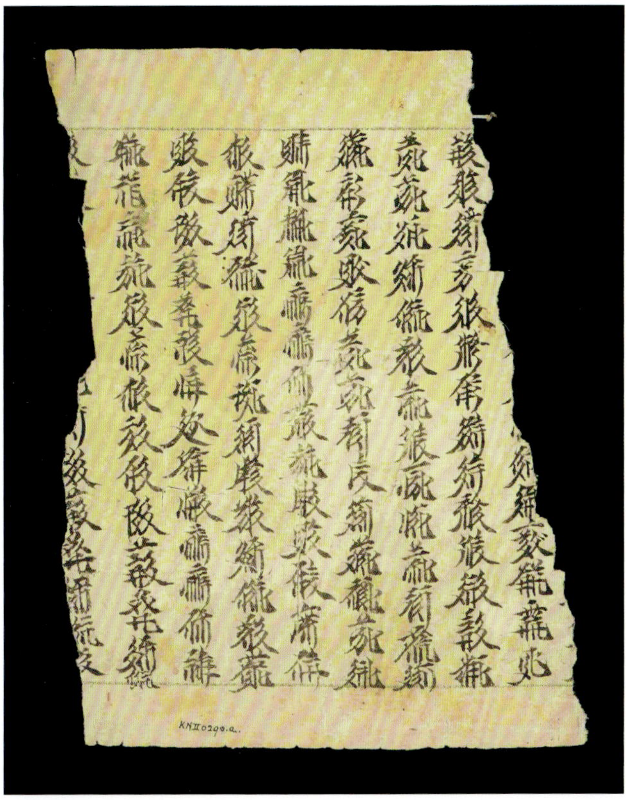

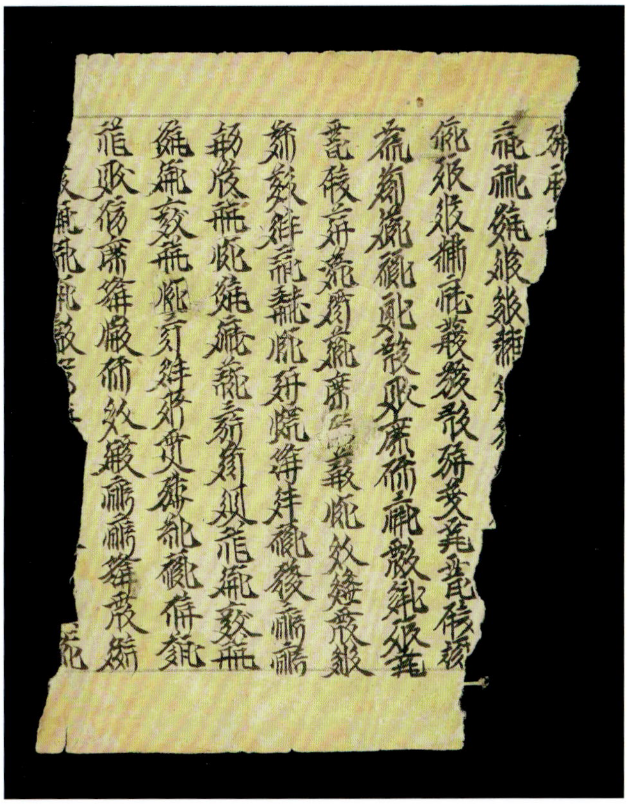

Or.12380/2025（K.K.II.0290.a）
20.6 釐米 × 16 釐米

……此解脱證得汝
何時爲夜神答言善男子過去世上
世界轉微塵數劫已過後劫一有名
者垢離光明世界一有名者法界德
功雲衆生一切之現能業摩尼王海
以體爲形蓮華如四天下微塵數香
摩尼須彌山網中住如來一切之本
願音發能蓮華以莊嚴須彌山微塵
……須彌山微塵

煩惱……
發令是因緣以……
五千歲中皆已興盛爾時比丘尼一
有名者法輪化光王之女是百千比
丘尼眷屬爲父王語聞及神力見故
菩提心發永不退轉則佛教燈一切
三昧得又此甚深自在妙音解脱得
此解脱得後身心柔軟迅即法海雷
音光明王如來之神力一切現見善
□□汝意於云何……

奇哉天神！此解脱門如是希有，聖者證得，其已久如。夜神言：善男子！乃往古世，過世界轉微塵數劫，有劫名離垢光明，有世界名法界功德雲，以現一切衆生業摩尼王海爲體，形如蓮華，住四天下微塵數香摩尼須彌山網中，以出一切如來本願音蓮華而爲莊嚴，須彌山微塵數蓮華而爲眷屬，須彌山微塵數香摩尼以爲間錯。……令無量衆生除煩惱熱，令無量衆生發菩提心。以是因緣，彼如來教復於六萬五千歲中而得興盛。時有比丘尼，名法輪化光，是此王女，百千比丘尼而爲眷屬，聞父王語及見神力，發菩提心永不退轉得三昧名一切佛教燈，又得此甚深自在妙音解脱。得已，身心柔軟，即得現見法海雷音光明王如來一切神力。善男子。於汝意云何？（《大正藏》T10，p0389a–0389b）

2026　佛書殘片

Or.12380/2026（K.K.II.0295.l）
7.5 釐米 × 22.1 釐米

以是……
尊是……
謀……
之……
闔……
說迦……
迦捨……
知難事……
與一并……
之皆……

2027　殘片

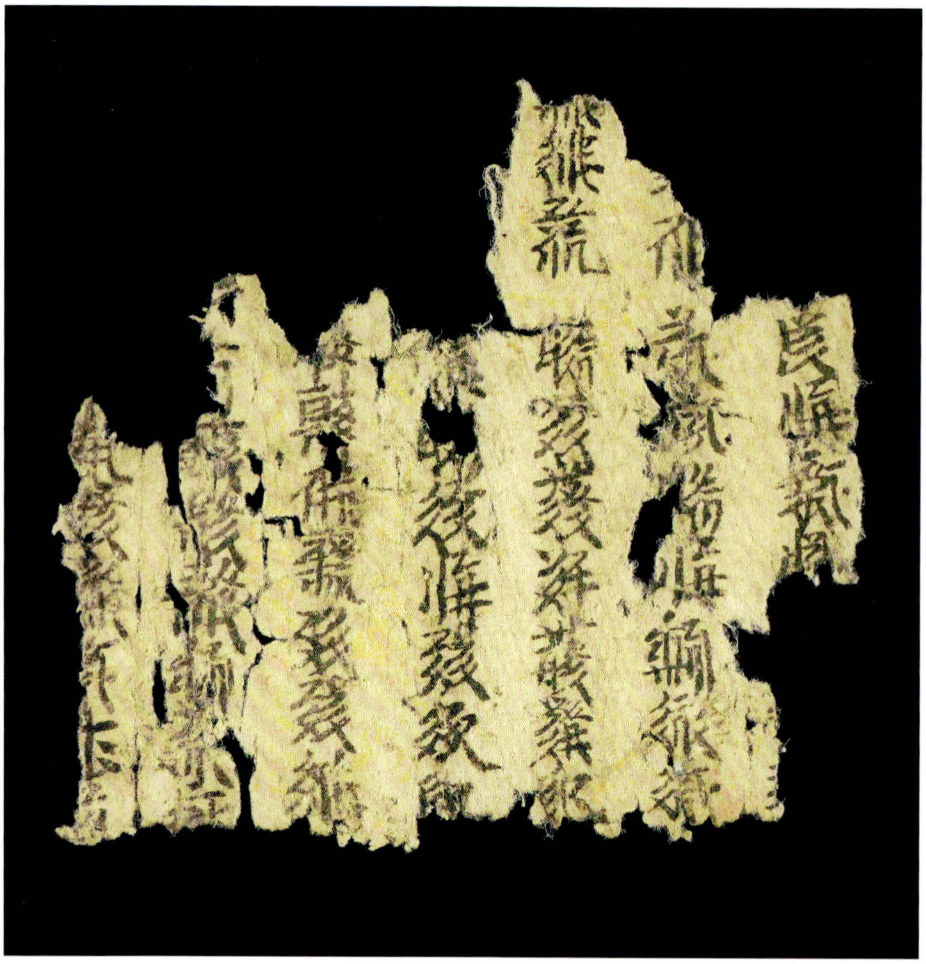

Or.12380/2027（K.K.II.0281.z）
12.5 釐米 × 13.8 釐米

……手内劍利……
……京師帳内速過應
……病有　帳已染著乃弃汝
……色内勿住汝
……親戚畜財留勿□
……弟子速以□
……上所至不生□

2028　佛書殘片

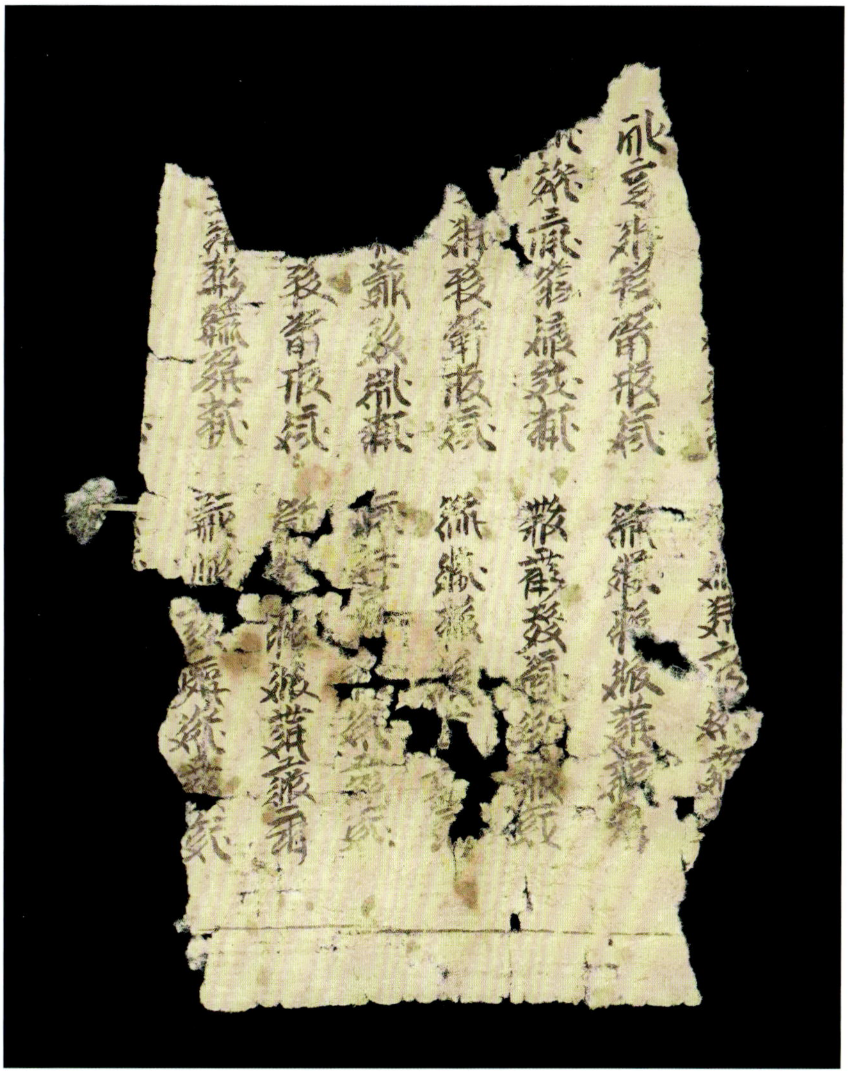

Or.12380/2028（K.K.II.0295.x）
18 釐米 × 13.5 釐米

……者億空□
今夜怨主降服可　今時損傷殺戮求
□就嗔變色紅上　大樂事做億空行
□□怨主降服可　今時損傷□□□
□□□滴人頭上　五佛□□億空行
□□□主降服可　今時損傷殺戮求
□□□焰燒盛上　妄議□燃億空行

2029　大般若波羅蜜多經卷一百十一、卷一百十

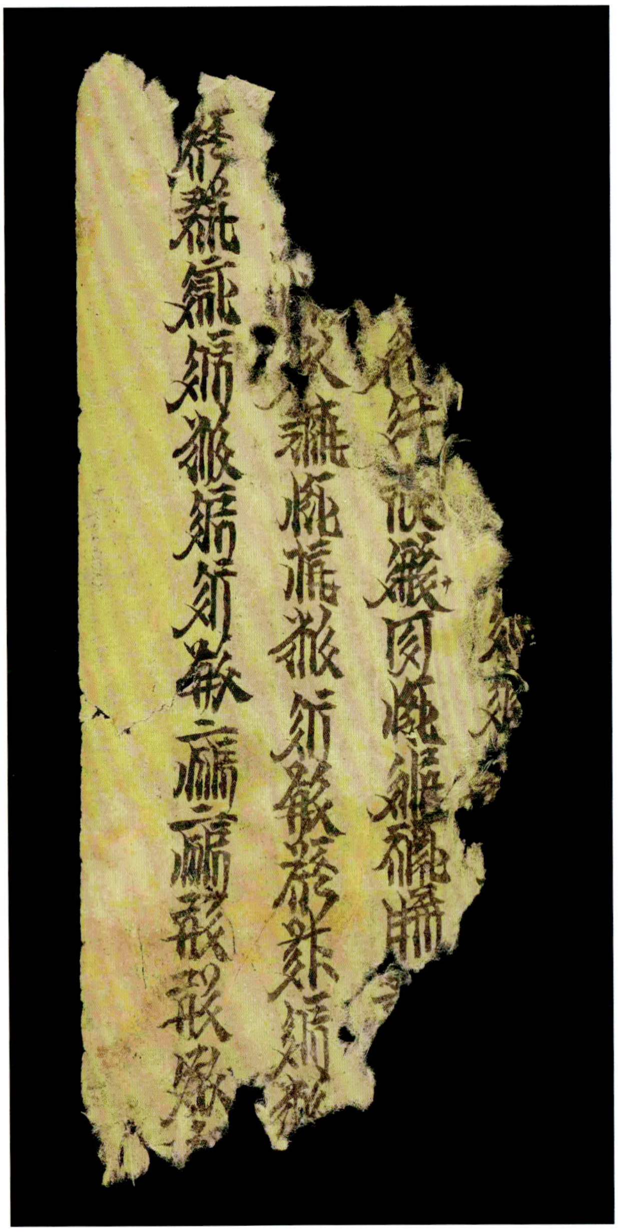

Or.12380/2029A（K.K.II.0297.d）
大般若波羅蜜多經卷一百十一
19.5 釐米 × 8 釐米

……佛十八不共法修……
……住以不二以方便爲生無以……
……爲得所無以無方便一切智智方……

修習佛十力四無所畏四無礙解大慈大悲大喜大捨十八佛不共法，以恒住捨性無二爲方便，無生爲方便，無所得爲方便，回向一切智智。（《大正藏》T05，p0612a）

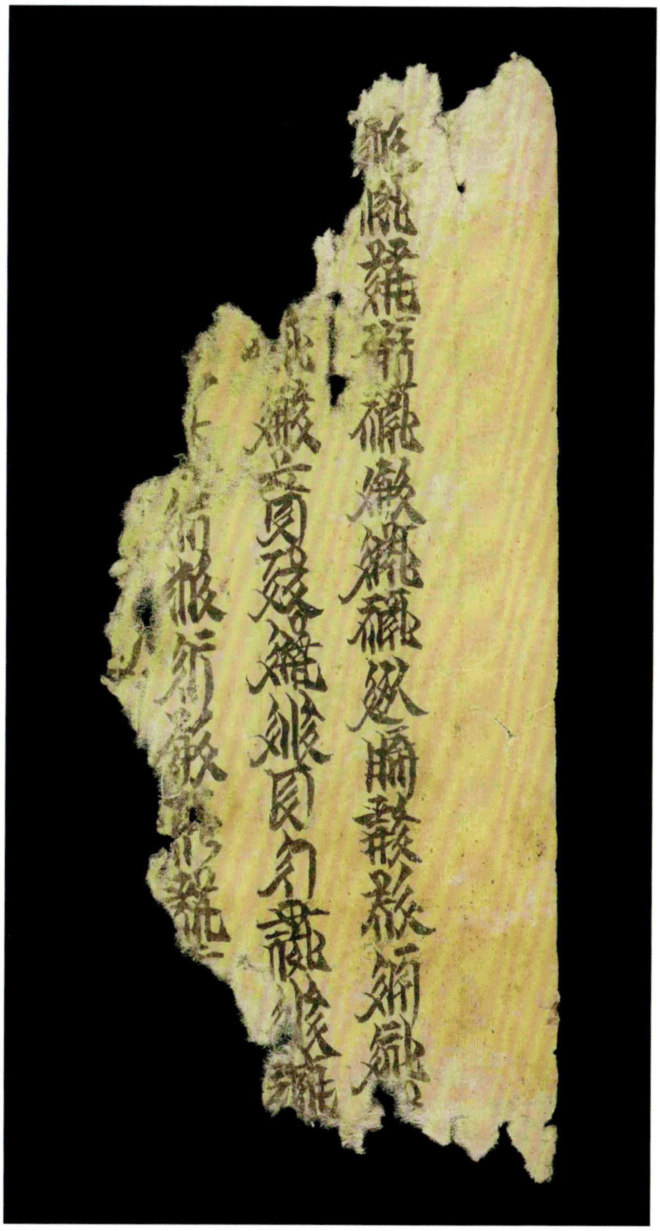

Or.12380/2029B
大般若波羅蜜多經卷一百十
19.5 釐米 × 8 釐米

而不失忘法恒捨性住修習也四正……
……力七等覺支八聖道支以……
……無以方便爲得……

修習無忘失法恒住捨性，**以四正**斷四神足五根五**力七等覺支八聖道**支無二爲方便，**無**生**爲方便**，**無**所**得**爲方便。（《大正藏》T05，p0608a）

2030 金光明最勝王經卷九

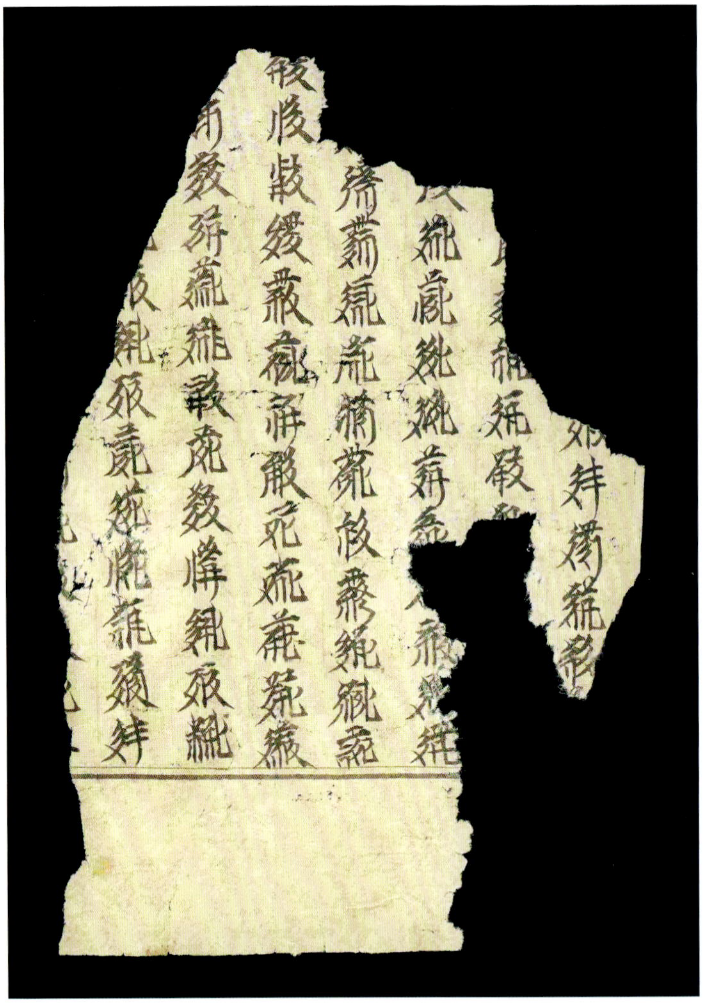

Or.12380/2030
（K.K.II.0281.dd）
19.7 釐米 × 13.1 釐米

……佛得爲也……
……行難苦……
……頭目骨髓眷屬□子妻室
……婢使所宫殿園林金銀琉璃
……珊瑚琥珀珠玉珂貝食飲衣服卧
……亦未曾聞我餘世無量百千菩
……百千萬億那庾多佛

云何如來便與授記，當**得成佛**？世尊，我**未曾聞**是諸天子，具足修習六波羅蜜多**難行苦**行，捨於手足**頭目髓腦**，**眷屬妻子**，象馬車乘，奴**婢僕使**，**宫殿園林**，**金銀琉璃**，車磲瑪瑙，**珊瑚琥珀**，**璧玉珂貝**，**飲食衣服**，**卧**具醫藥，如**餘無量百千菩**薩以諸供具，供養過去無數**百千萬億那庾多佛**。（《大正藏》T16，p0447b）

2031 佛書殘片

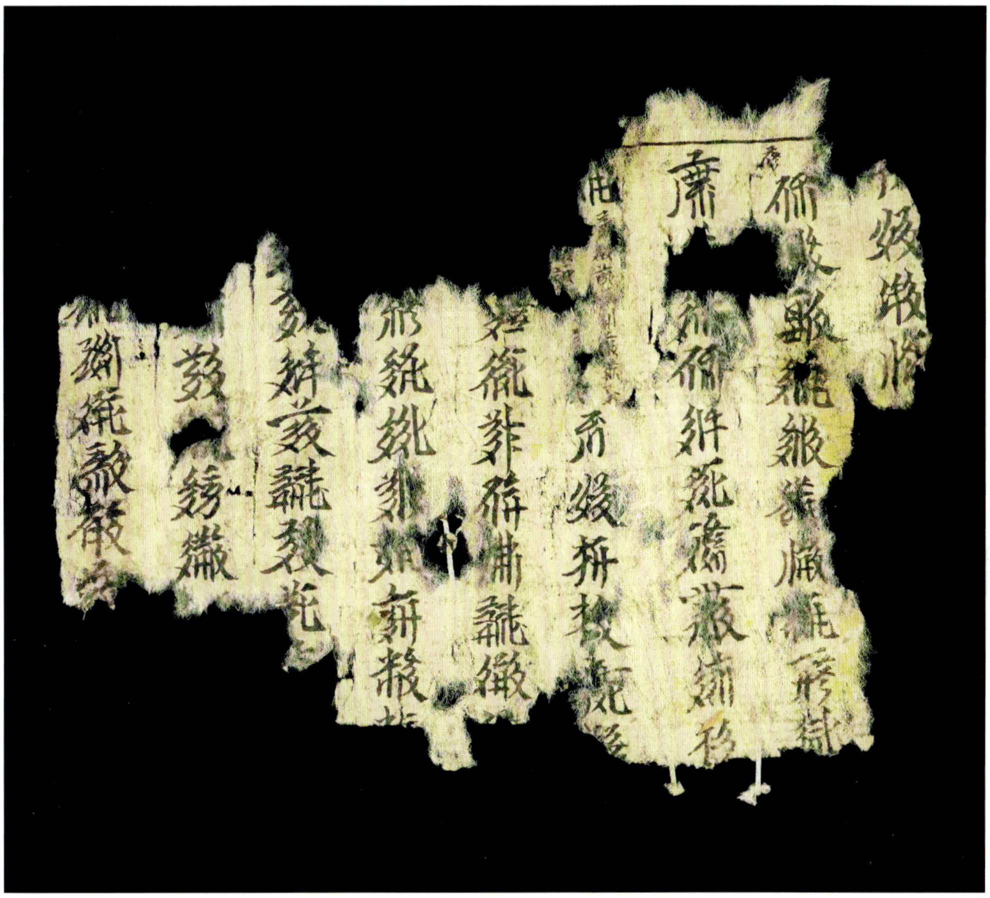

Or.12380/2031（K.K.II.0281.cc）
12.6 釐米 × 15.6 釐米

□農人不……

由之□利□故如來應供正……

王□□之恭敬贊嘆名誦……

□十方界□□□衆生……牧農買賣諸……

……死生海中壽常……

……金銀珍寶□器種……

……提心與壽勿……

……提□乃至……

……熱彼逼苦……

2032 佛書殘片

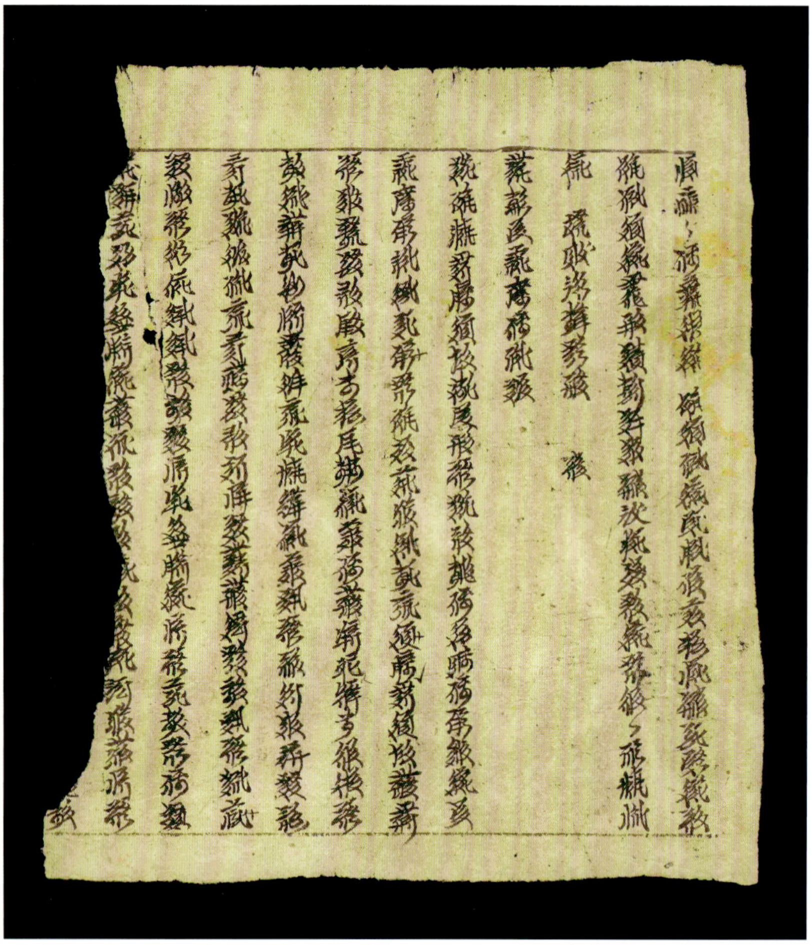

Or.12380/2032
（K.K.II.0225.b）
19.5 釐米 × 17.8 釐米

法一切之鋸斷能　此咒明者射巧箭與一并發處著能也
此明咒者魅制監管有怨發投做事等者師陸續言依知
應　迦彌止波師傳　竟
火焰手金剛之敬禮
次此依求修咒誦法手舉爲次十卷之功德之言因者手
金剛言納羅巴師此要門已受上始求修咒誦乃成
爲財寶茂盛爵位亦上高中法護之乃念食施亦續斷爲
及我執上住貪吝心生彼依現法護行爲損害與爾乃入
身上傷害多始身體茂盛舌内未容已爲弟子行爲乃
輕賤爲再五百百弟子乃集彼坐帳者壞爲我及師之敕
□悟我謂彼坐帳者已轉弟子□□□□□一已現壞爲
……以

2033　文契殘片

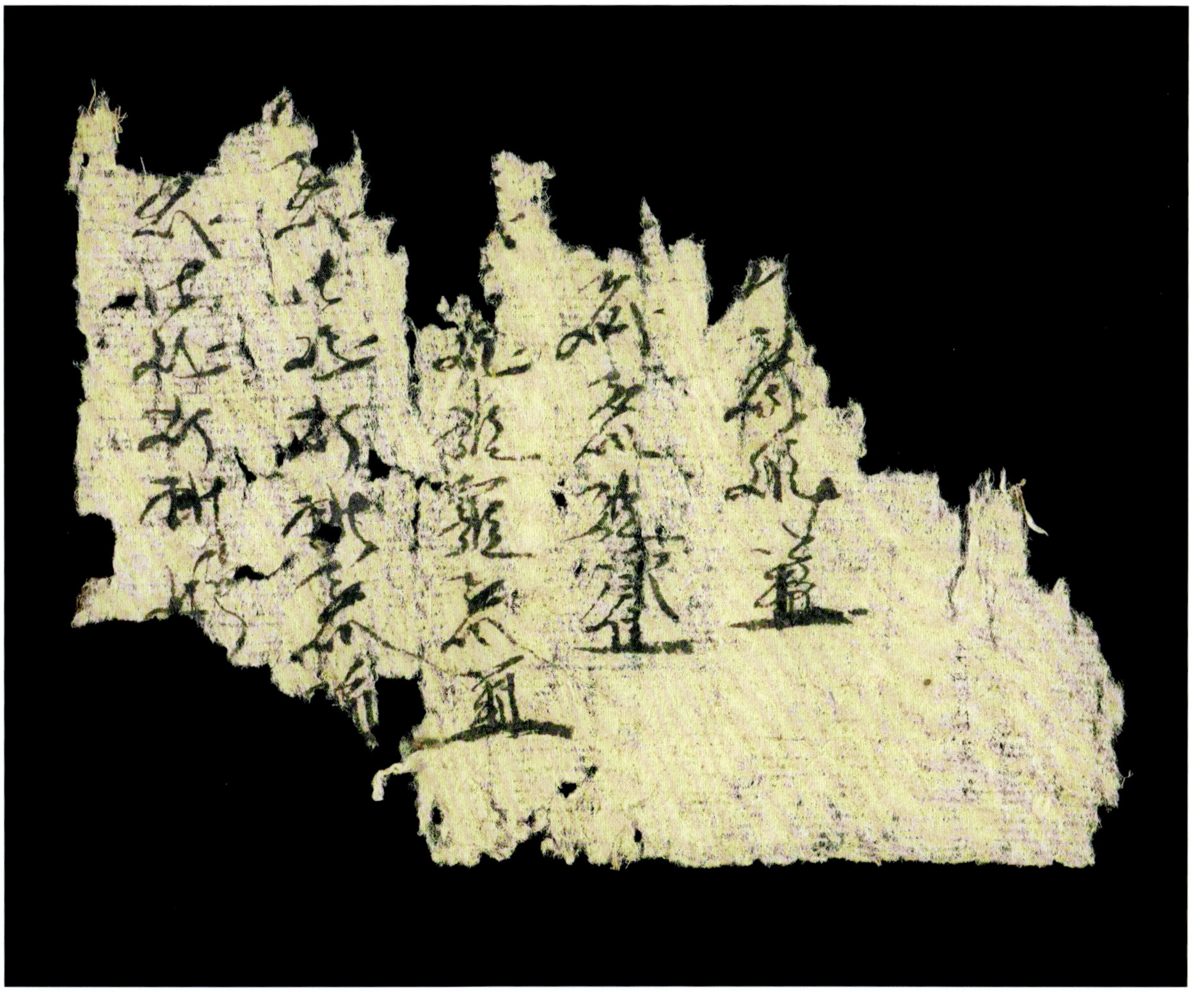

Or.12380/2033（K.K.II.0228.n）
12.2 釐米 × 17 釐米

2034 佛書殘片

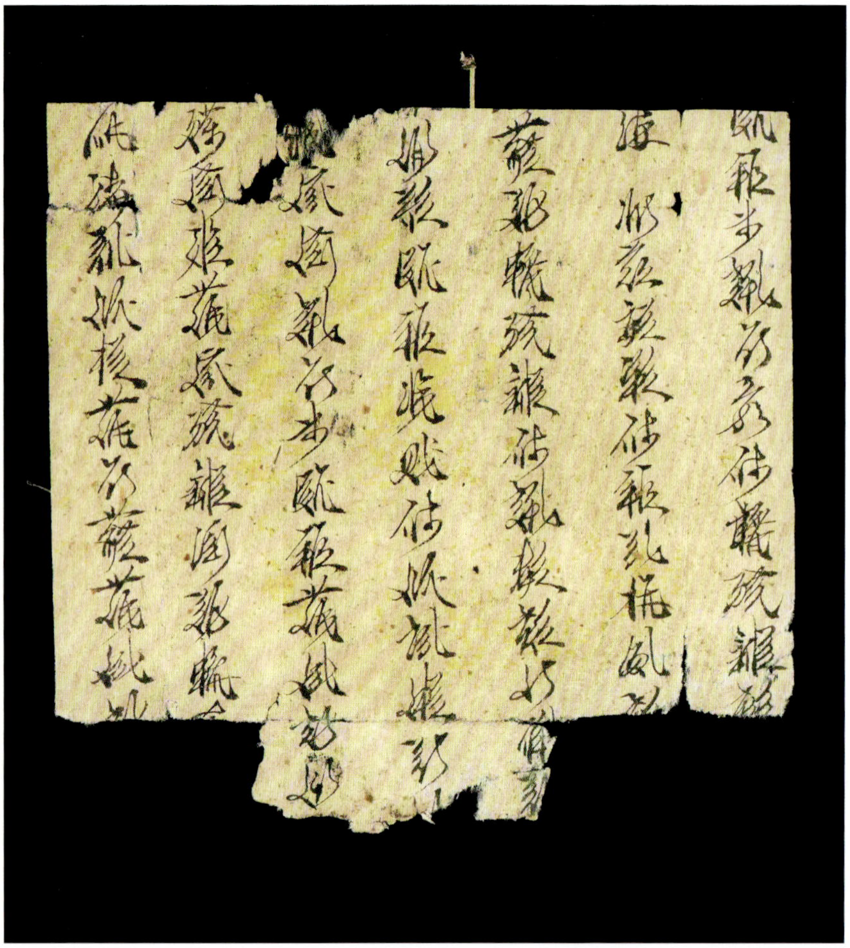

Or.12380/2034A
（K.K.II.0245.j.(iv)）
11.4 釐米 × 11.3 釐米

Or.12380/2034B
0.6 釐米 × 1.6 釐米

Or.12380/2034C
4.7 釐米 × 1.7 釐米

Or.12380/2034D
1.6 釐米 × 4.6 釐米

2035　簿籍殘片

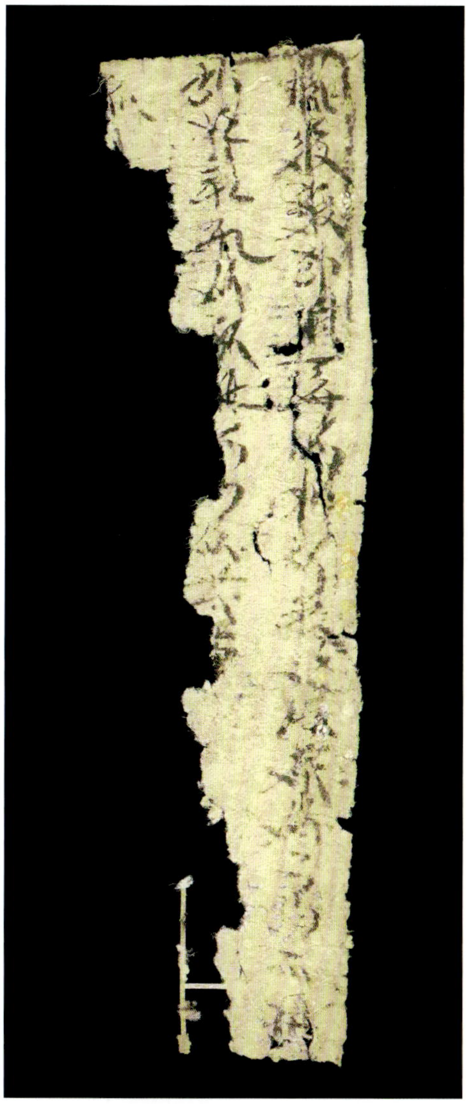

Or.12380/2035A（K.K.II.0236.p）
19.9 釐米 × 5.4 釐米

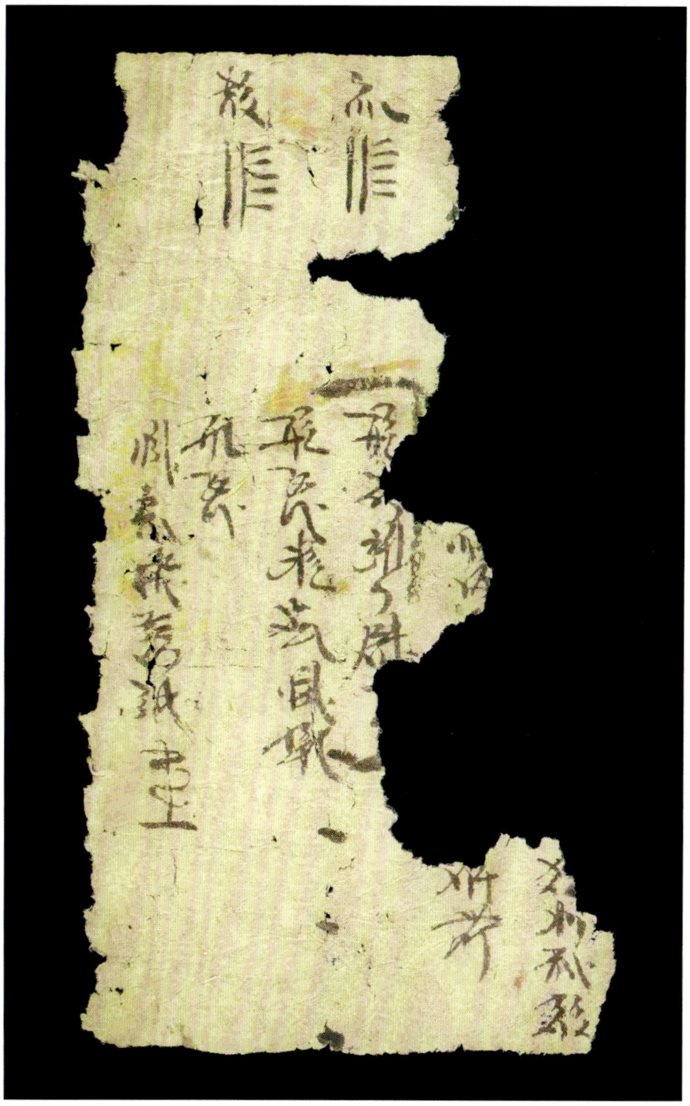

Or.12380/2035B
19.2 釐米 × 10.9 釐米

2036 佛書殘片

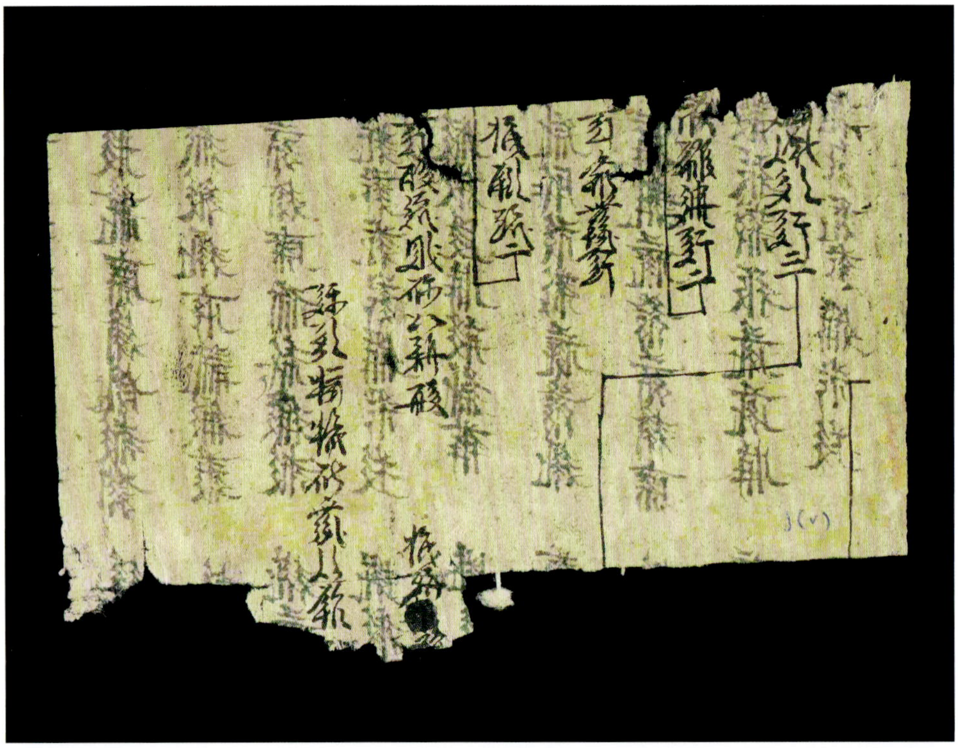

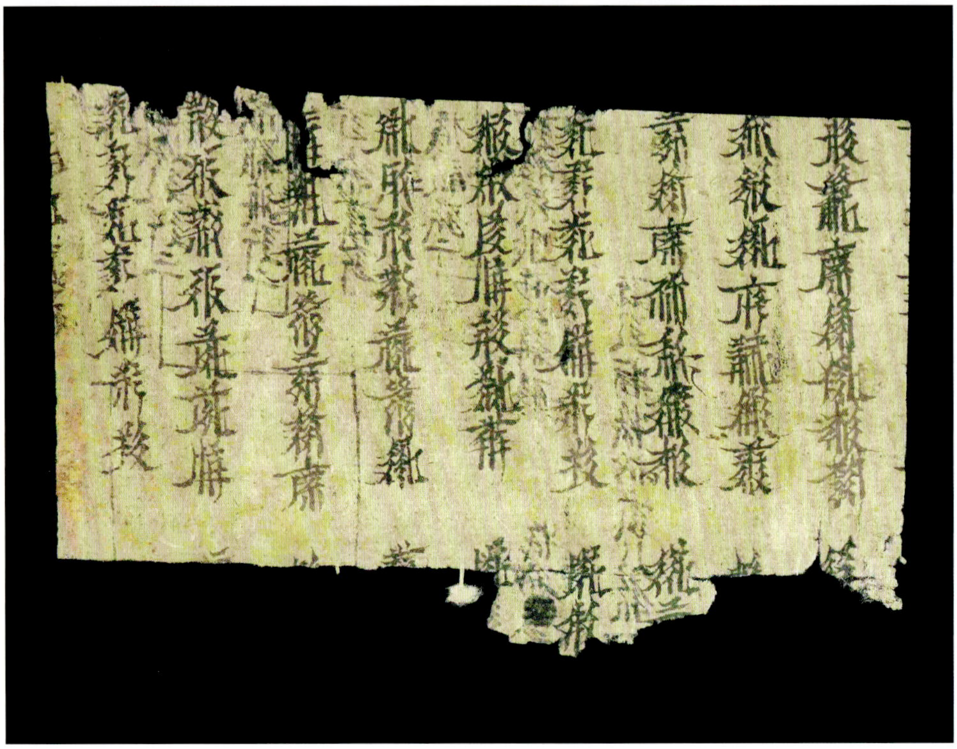

Or.12380/2036A［K.K.II.0245.j.(v)］
11 釐米 × 17.4 釐米

獸類王主足以鎮……
上戒持者恒常護　種……
自在王之威力以　億……
計隸計隸摩囉野　左方……
右方手内智劍執　指……
圍繞十大嗔變持……
勇行嗔變自在王……
三千大千世界内……
計隸計隸摩囉野……

Or.12380/2036B
4.5 釐米 × 1.5 釐米

……死生濟拔……

2037 禮佛文殘片

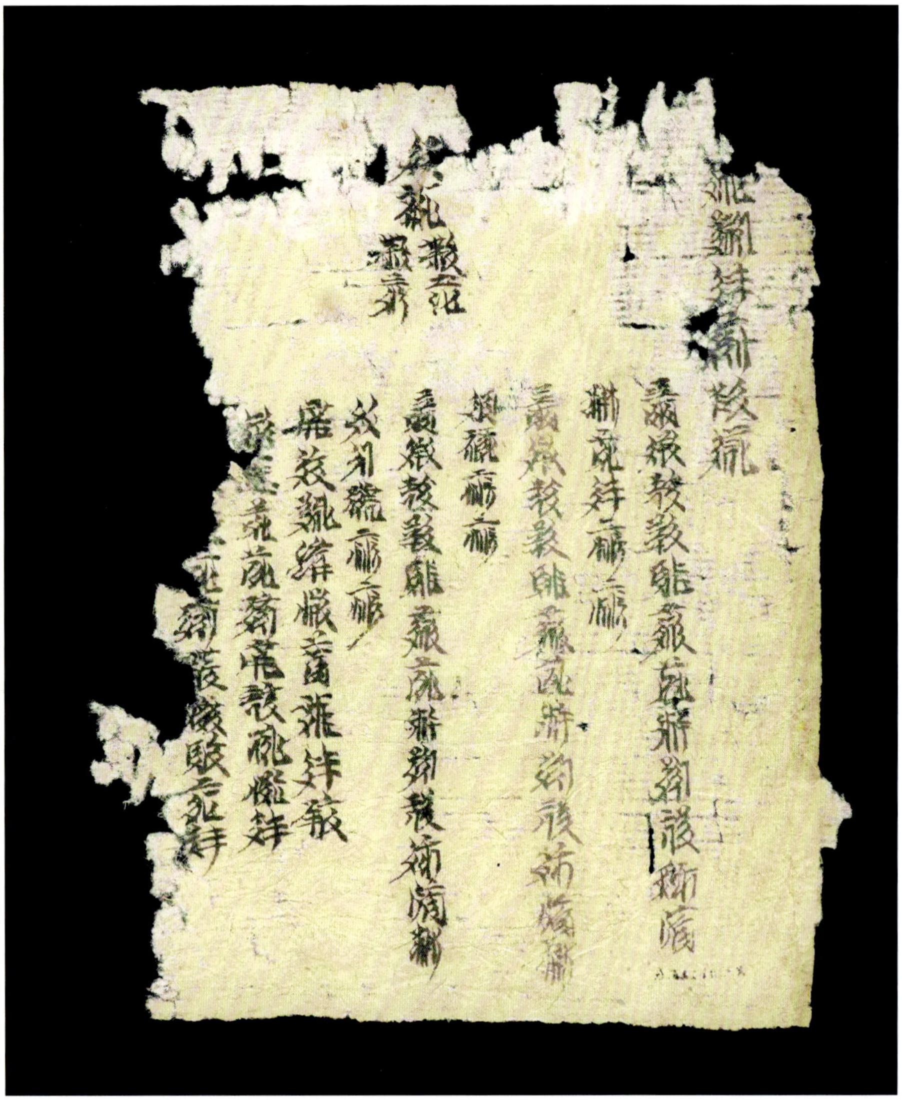

Or.12380/2037
（K.K.II.0245.b）
19 釐米 × 15.9 釐米

上卷佛號念應

十方三世盡虛空界帝網塵剎

中一切諸佛

十方三世盡虛空界帝網塵剎中

一切妙法

南無大慈大悲 十方三世盡虛空界帝網塵剎中

一切聖賢僧

毗婆尸如來七佛祖等

華藏世界主毗盧舍那佛

……界主釋迦牟尼佛

2038　簿籍殘片

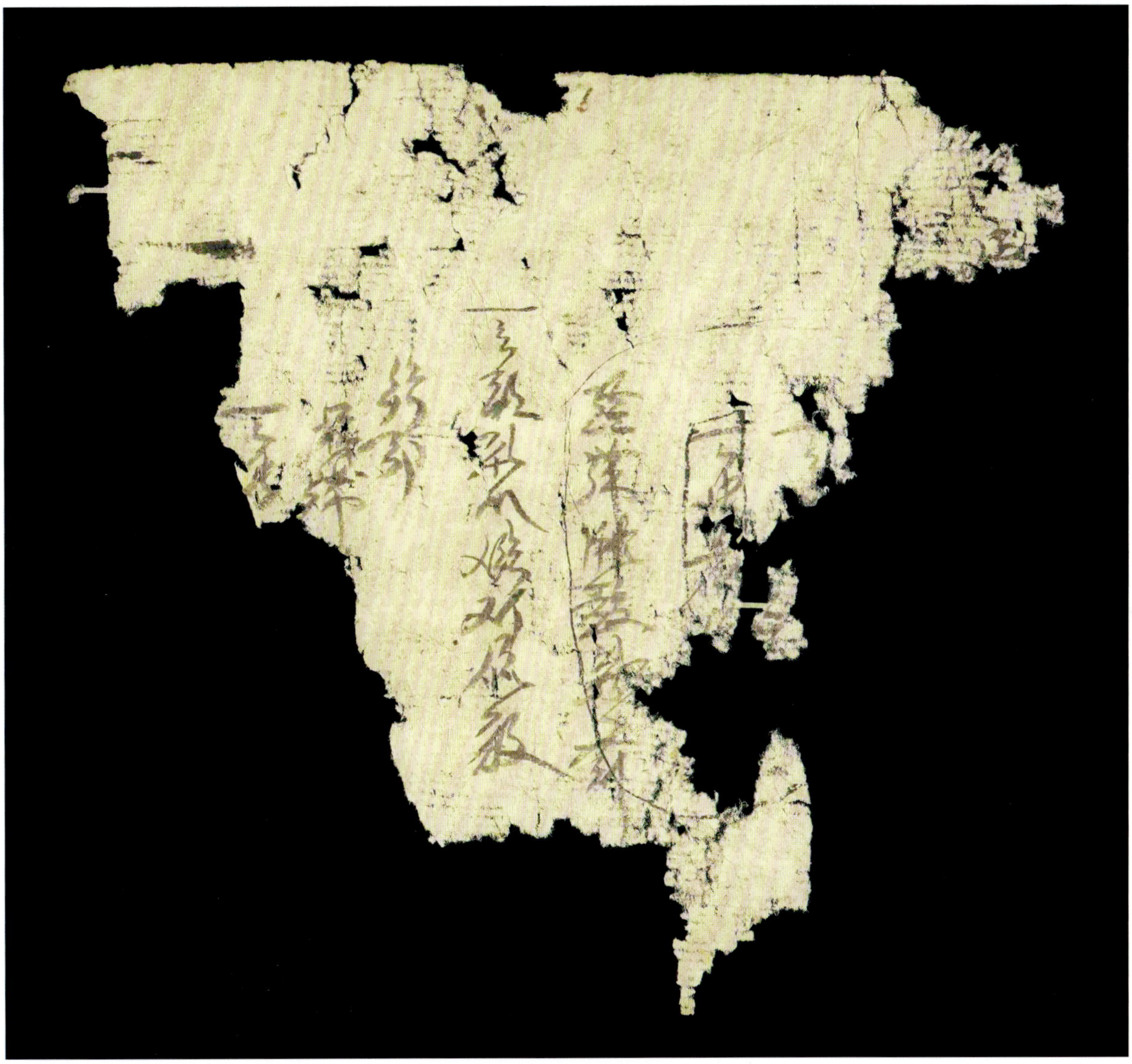

Or.12380/2038（K.K.II.0236.w）
19.5 釐米 × 21.3 釐米

2039 殘片

Or.12380/2039A
（K.K.II.0249.g.iii）
8 釐米 × 11.1 釐米

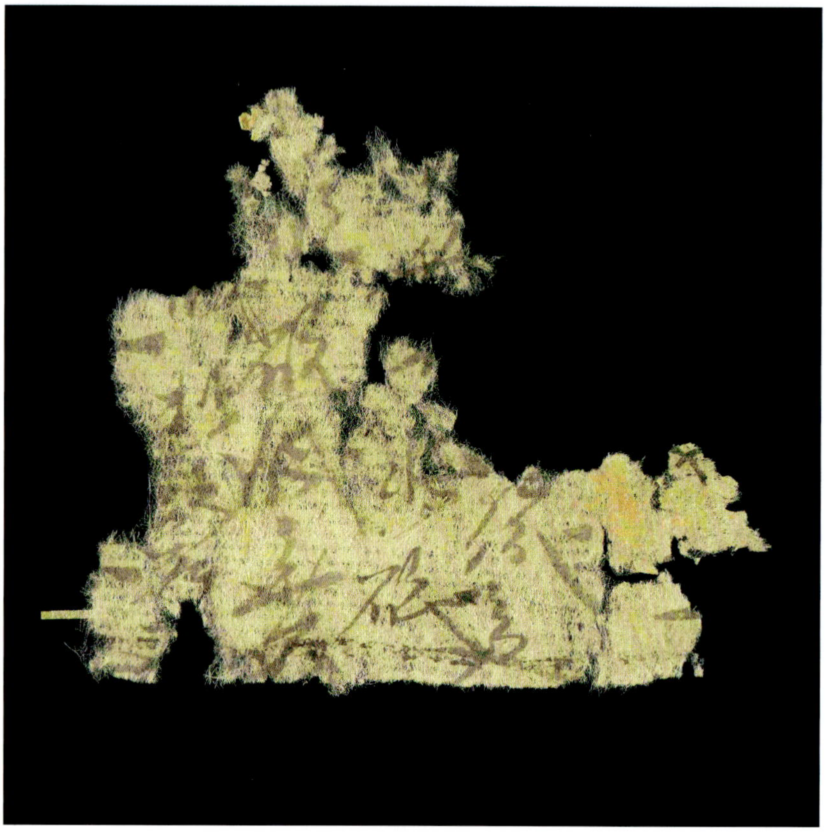

Or.12380/2039B
7 釐米 × 8.3 釐米

2040　殘片

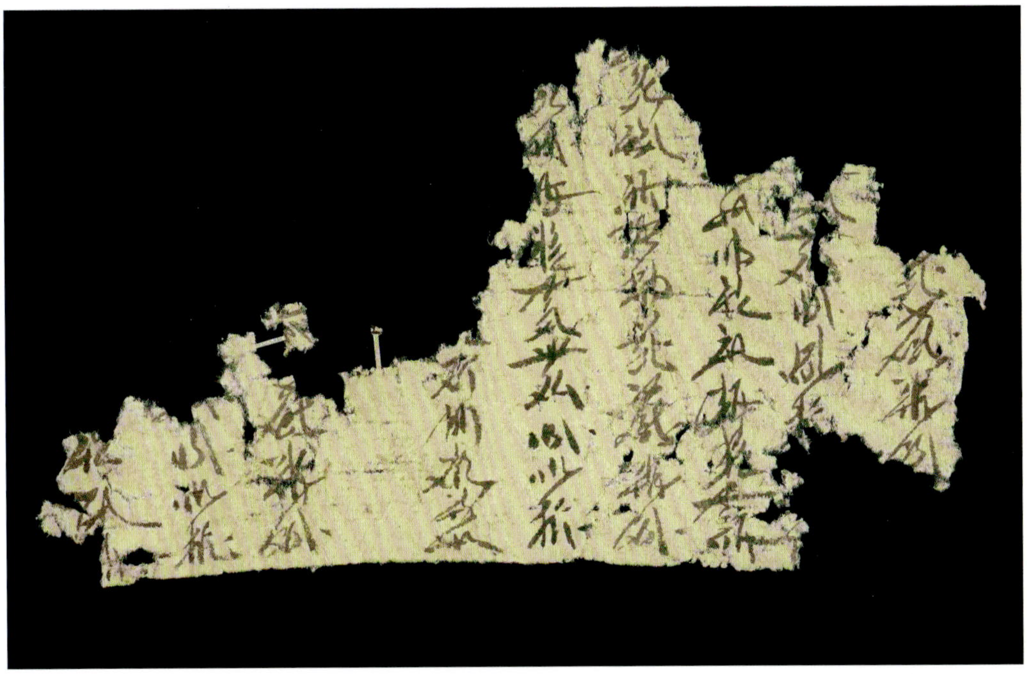

Or.12380/2040（K.K.II.0236.jj）
11 釐米 × 19.6 釐米

2041　殘片

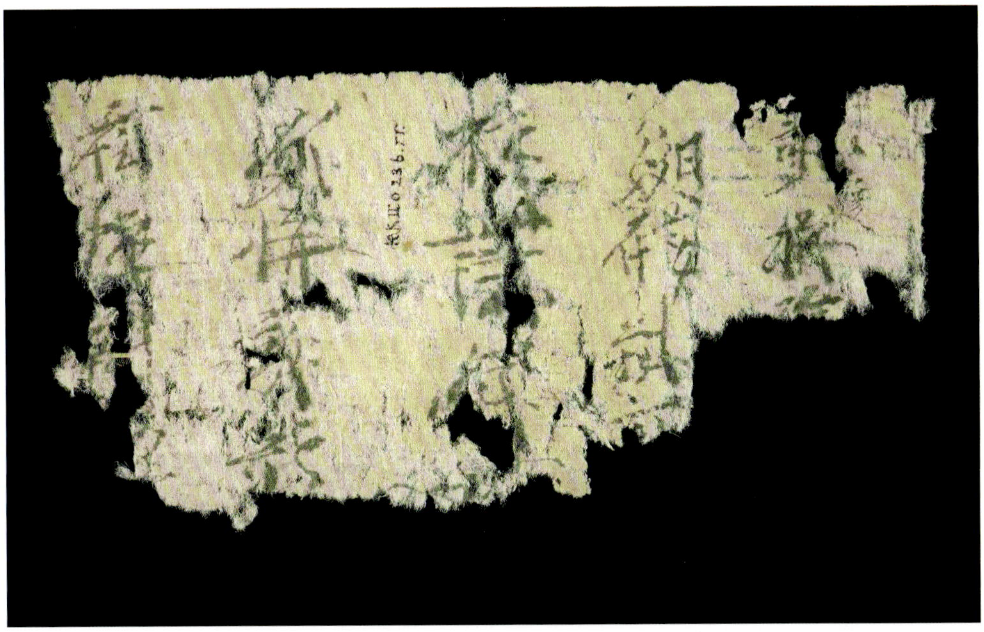

Or.12380/2041A（K.K.II.0236.rr）
7.5 釐米 × 15 釐米

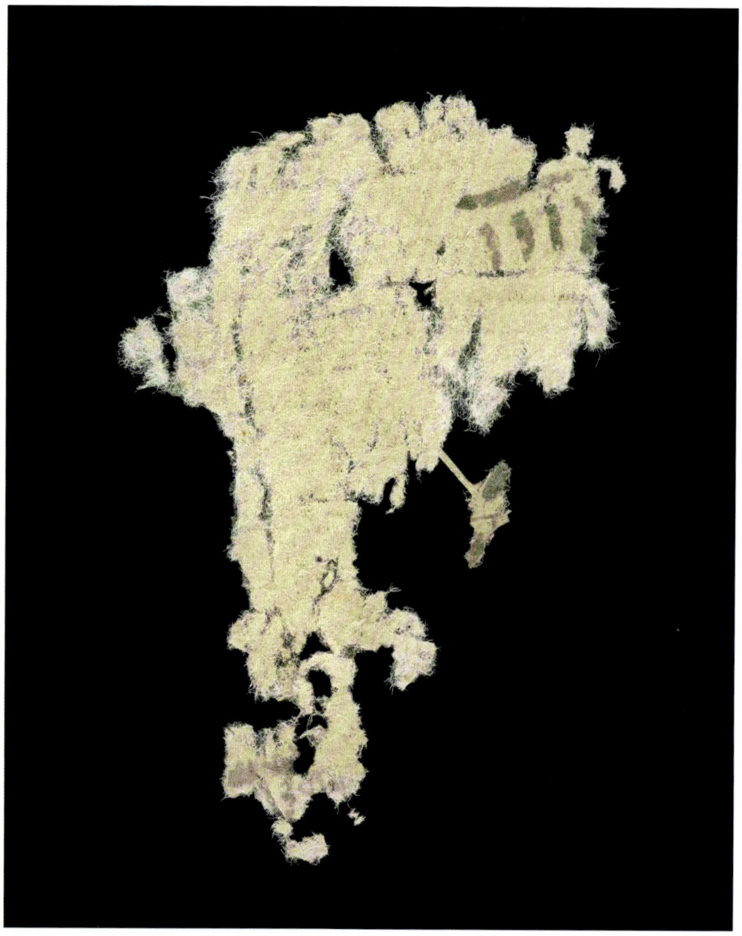

Or.12380/2041B
（K.K.II.0236.rr?）
7.7 釐米 × 5.2 釐米

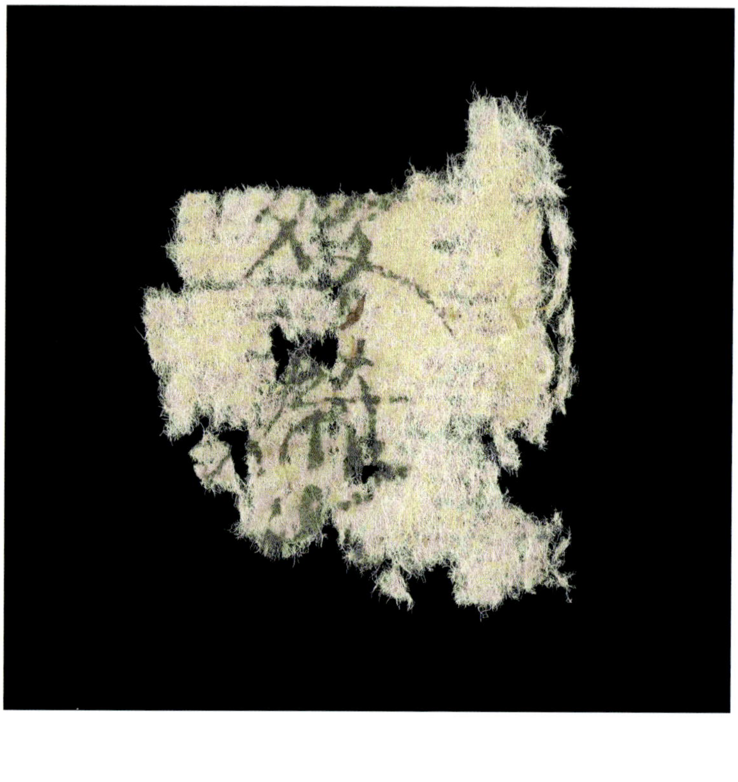

Or.12380/2041C
（K.K.II.0236.rr?）
4.4 釐米 × 3.8 釐米

2042 殘片

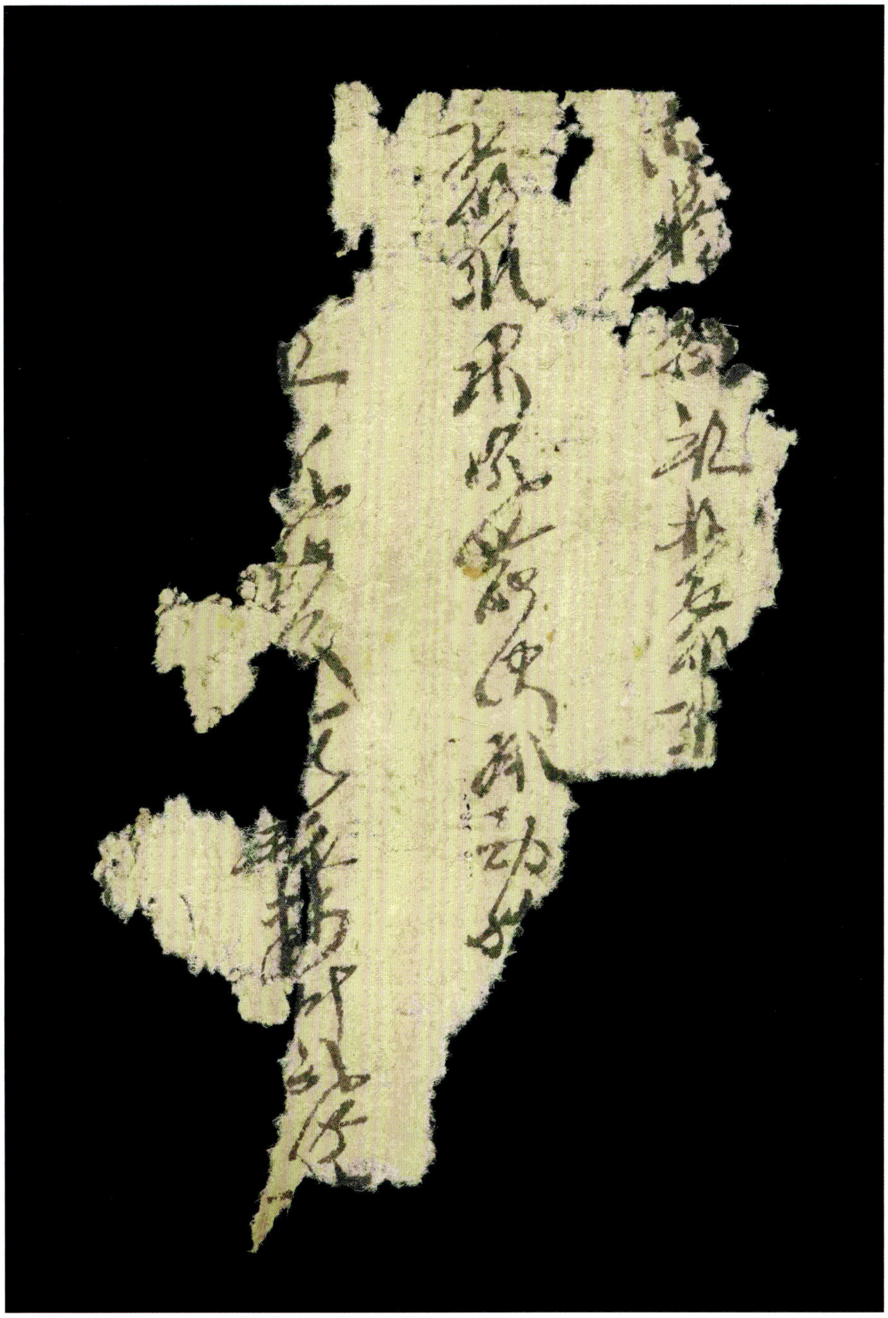

Or.12380/2042（K.K.II.0280.oo）
17 釐米 × 10.6 釐米

2043 殘片

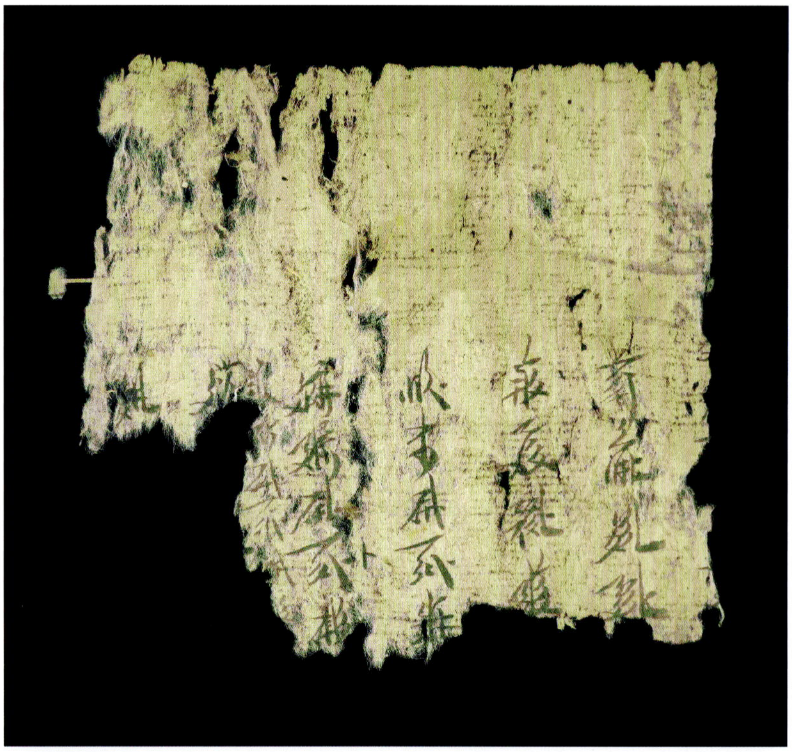

Or.12380/2043（K.K.II.0280.ii）
11.8 釐米 × 13.4 釐米

2044　佛書殘片

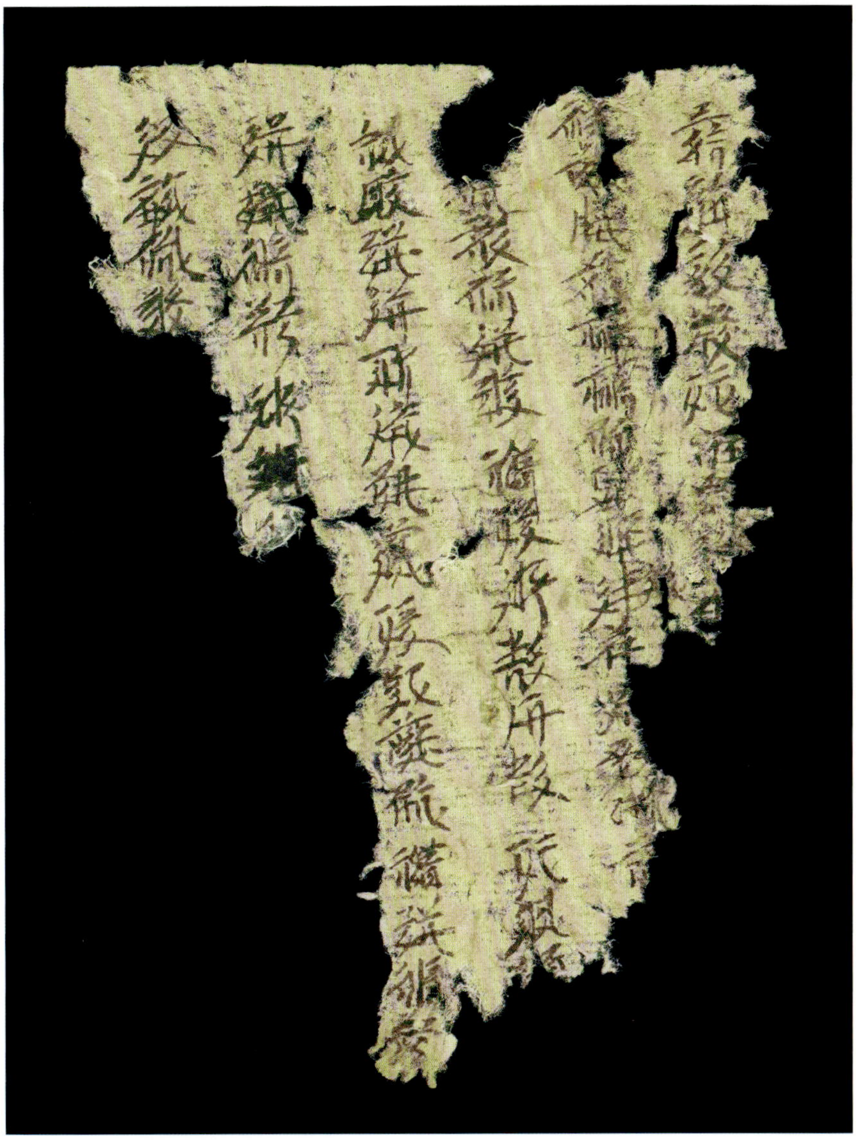

Or.12380/2044A（K.K.II.0280.xx）
19 釐米 × 8.1 釐米

自面前水食施……

法諸有情一切之利益佛當……

□□等之請時　唵啊吽三遍誦　食奉咒……

曩謨薩嚩怛他俄多　阿嚩羅底　唵薩跋囉……

薩他跋囉　吽……

南無多寶……

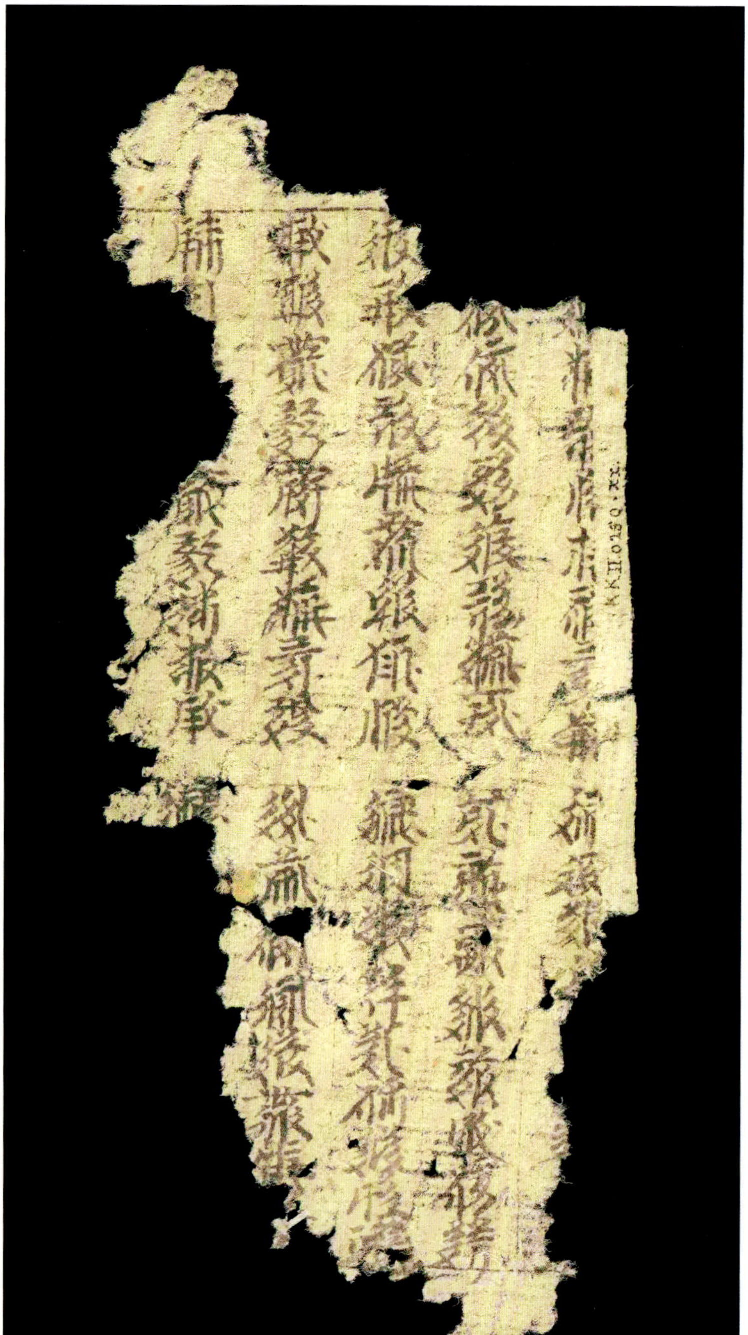

Or.12380/2044B
18.5 釐米 × 13.3 釐米

……上習不二法身證　最妙寶……
□月五日涅槃入時上　巡行利故時光明放
夜制明亮有情信根盛　最妙寶龍嚩之禮贊嘆
圍焚舍利頂門兼身變　骨節□字出現顯……
魔□□□舍利小以繞……

2045　殘片

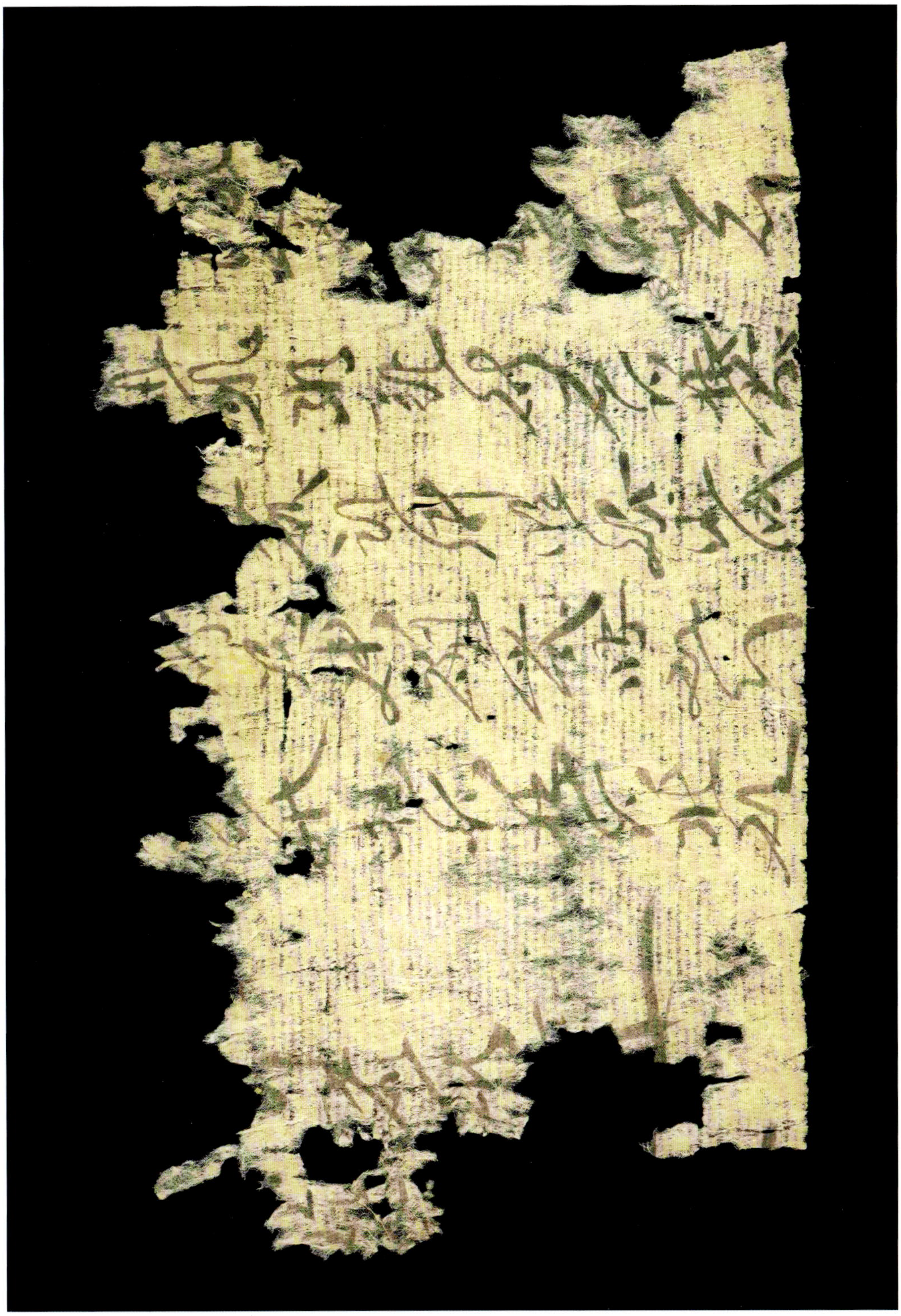

Or.12380/2045（K.K.II.0280.mm）
11.7 釐米 × 19.8 釐米

2046　殘片

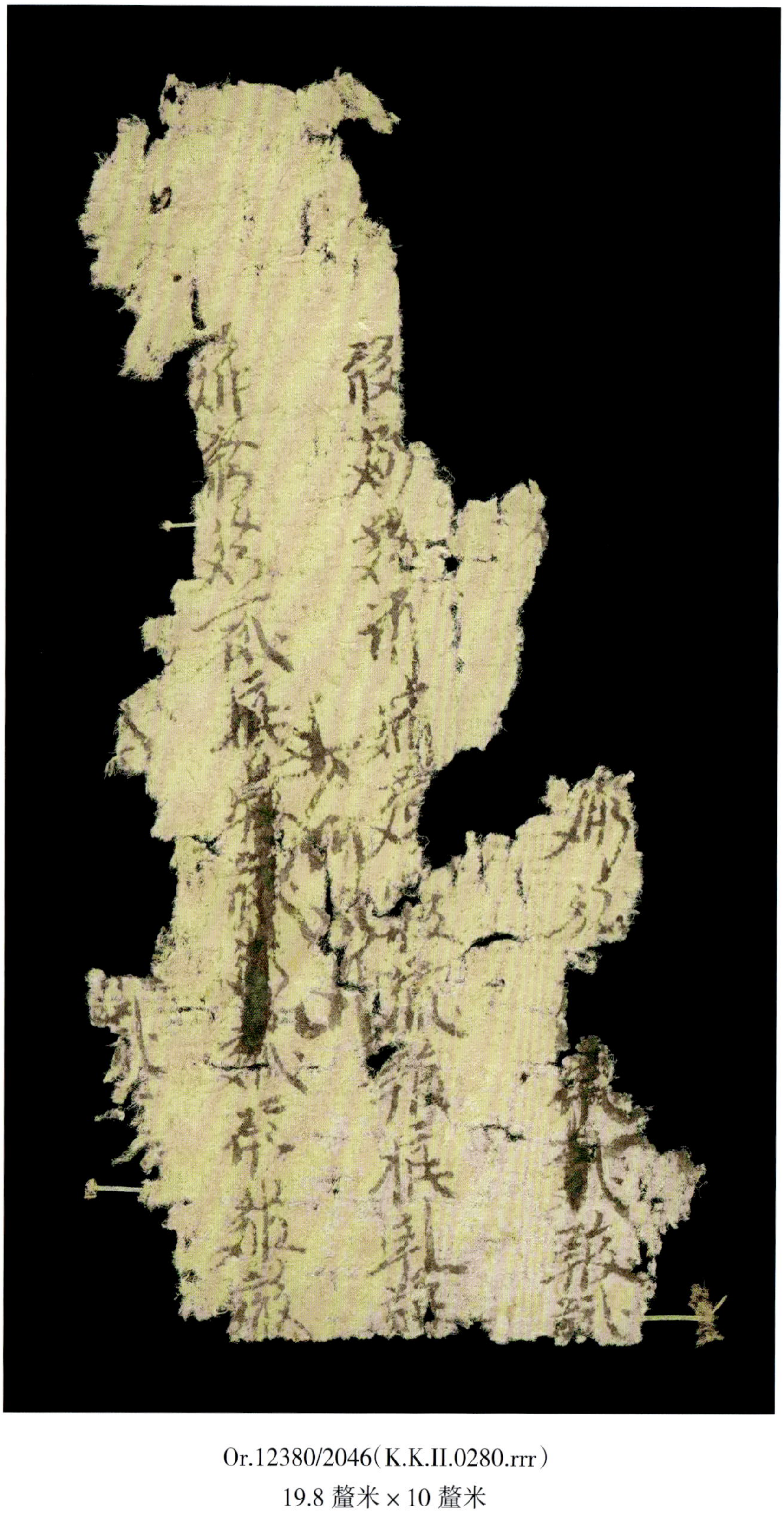

Or.12380/2046（K.K.II.0280.rrr）
19.8 釐米 × 10 釐米

2047　殘片

Or.12380/2047（K.K.II.0280.yy）
19.7 釐米 × 7 釐米

2048 佛書殘片

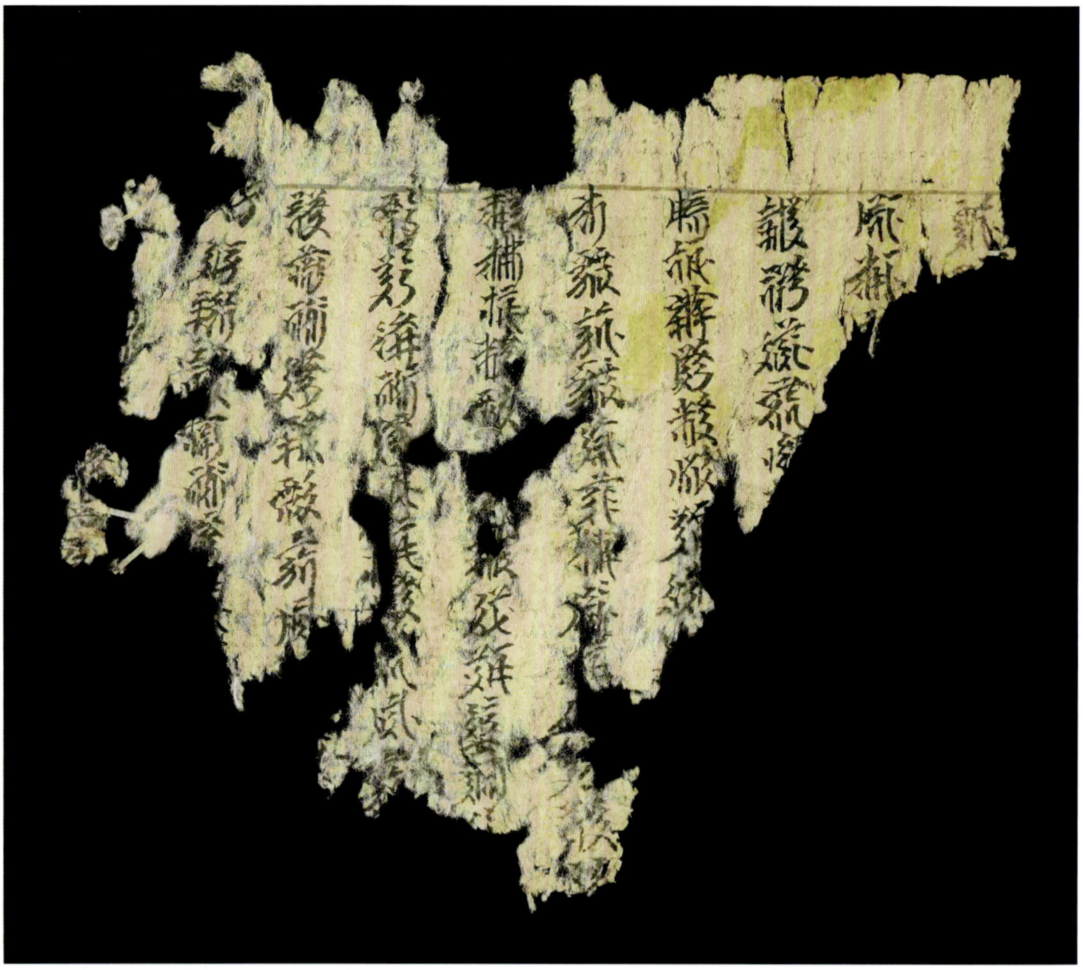

Or.12380/2048（K.K.II.0280.ooo）
14 釐米 × 16.4 釐米

倒……
捨上……
分許者有不……
修行執著種議失者……
亦能見所見求依……
論中二種是……但他蘗多……
師説則勝□□二種□性……
清淨勝義等是自性……
□幻術清淨勝義……

2049 殘片

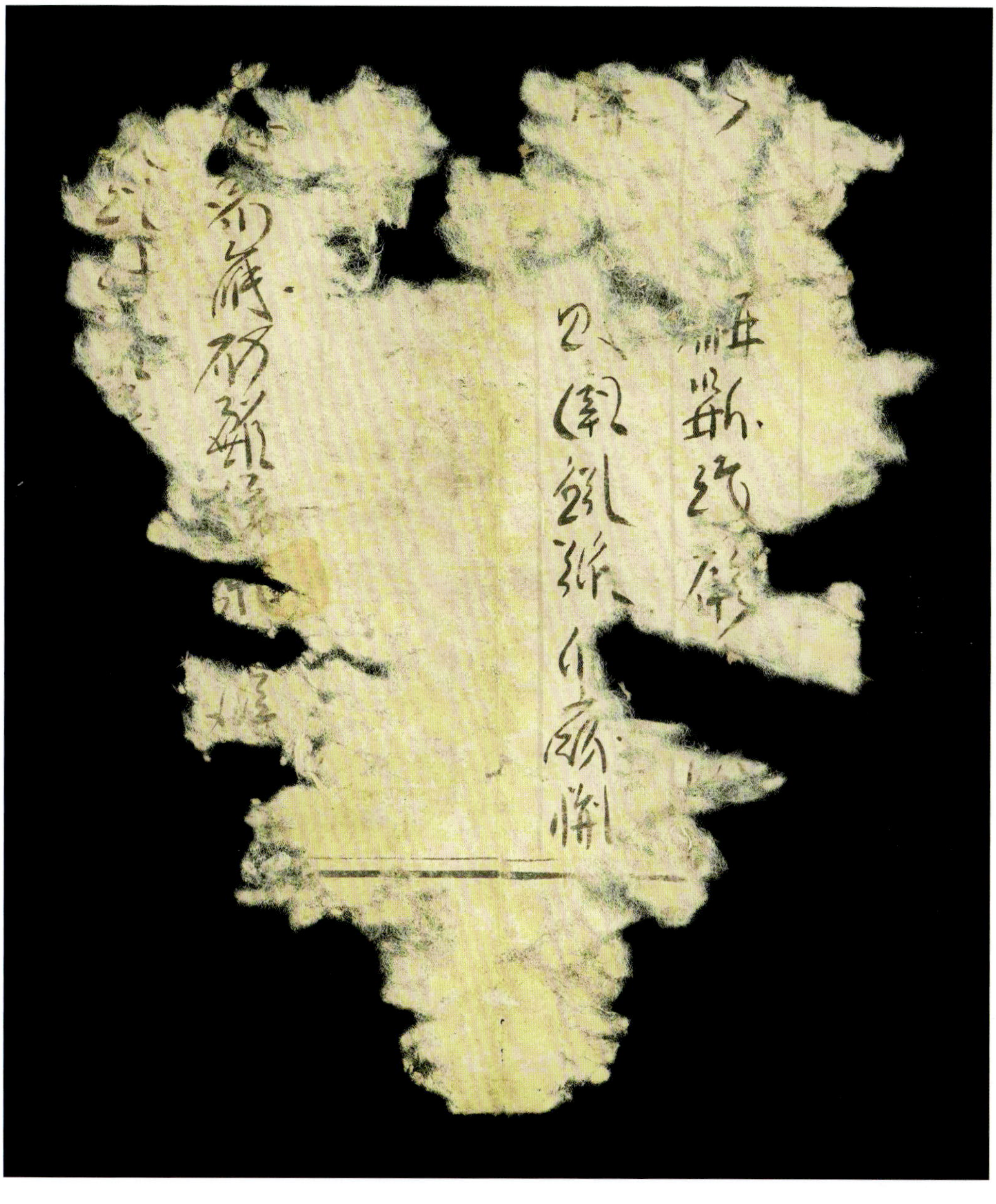

Or.12380/2047（K.K.II.0280.yy）
19.7 釐米 × 7 釐米

2050 簿籍殘片

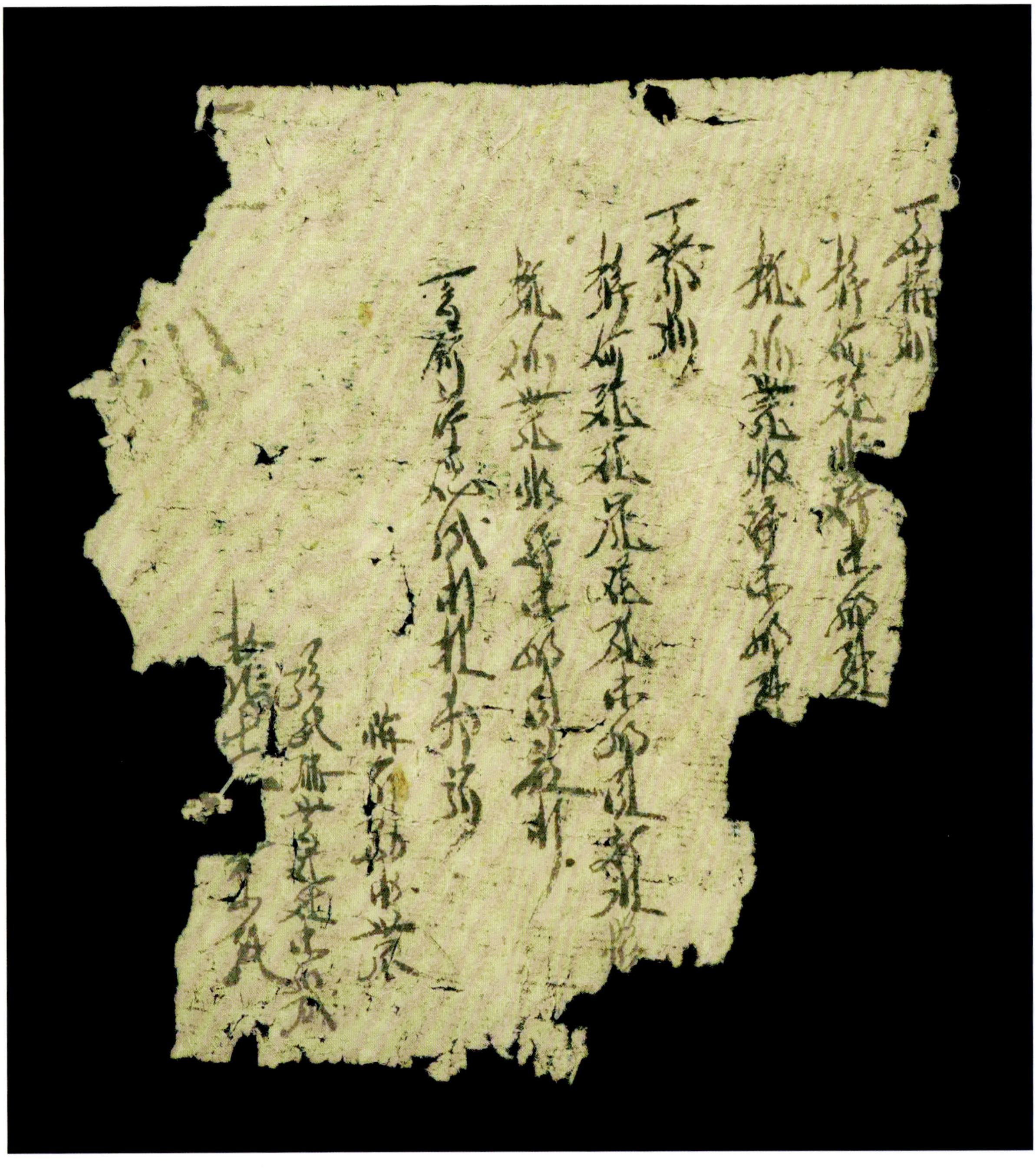

Or.12380/2050（K.K.II.0304.c）
20 釐米 × 18.7 釐米

2051　佛說長壽經

Or.12380/2051（K.K.II.0304.e）

11.8 釐米 × 16.1 釐米

佛說長壽契經一遍稱則可等消三千罪障

量

2052 簿籍殘片

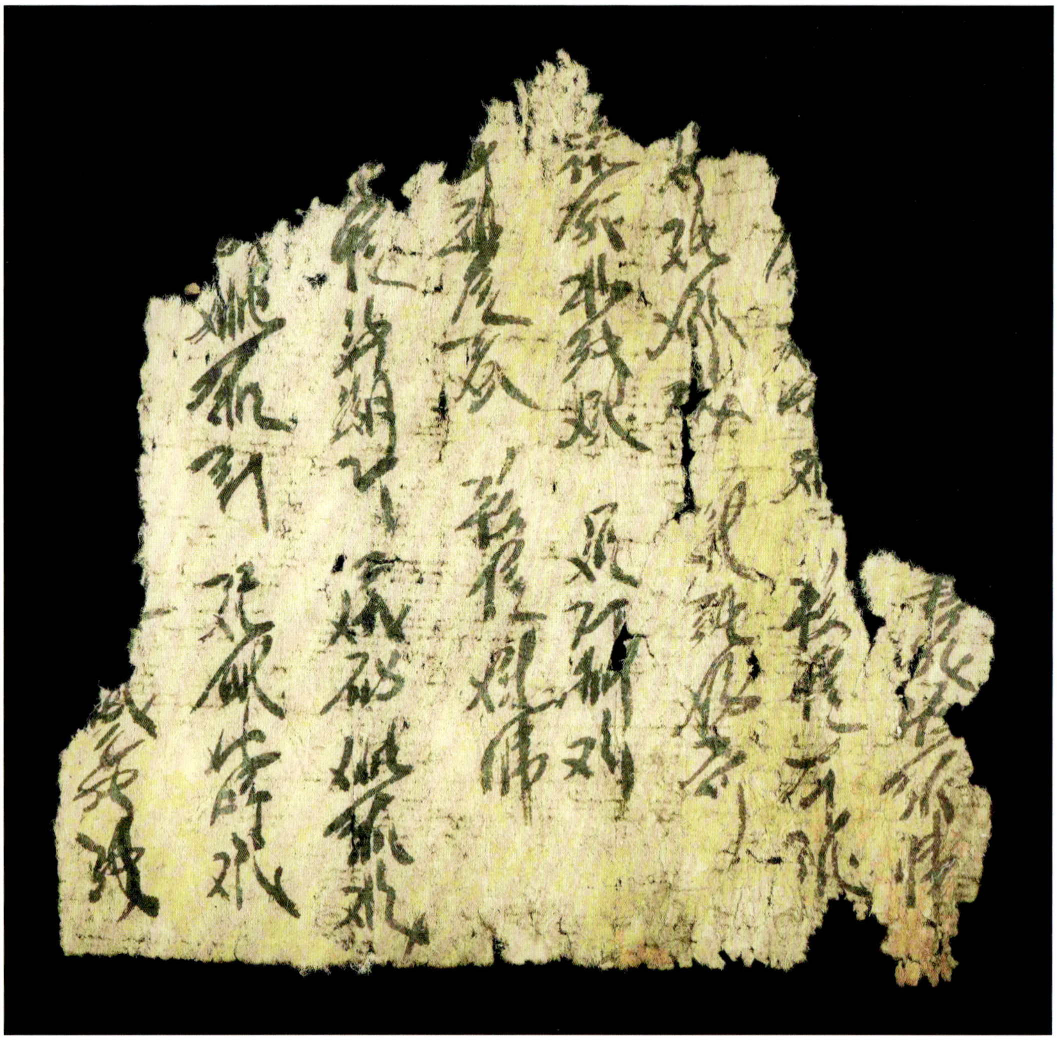

Or.12380/2052（K.K.II.0304.d）
15 釐米 × 15.3 釐米

2053　大般若波羅蜜多經卷四十九尾題

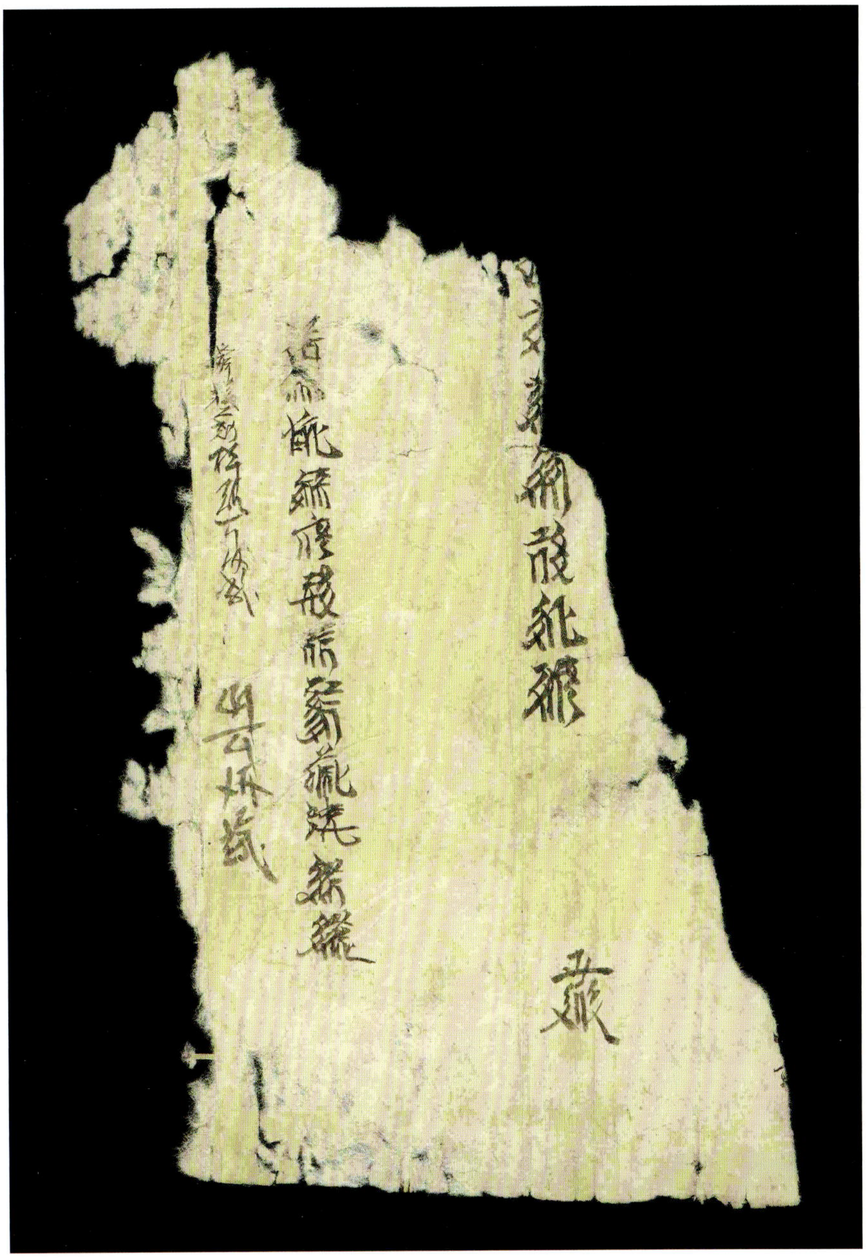

Or.12380/2053（K.K.II.0277.g）
20 釐米 × 13.2 釐米

……契經卷四十九第　　空

此淨本書者智童子没尚善有

般薄伊理立一番校　再一番校

2054 殘片

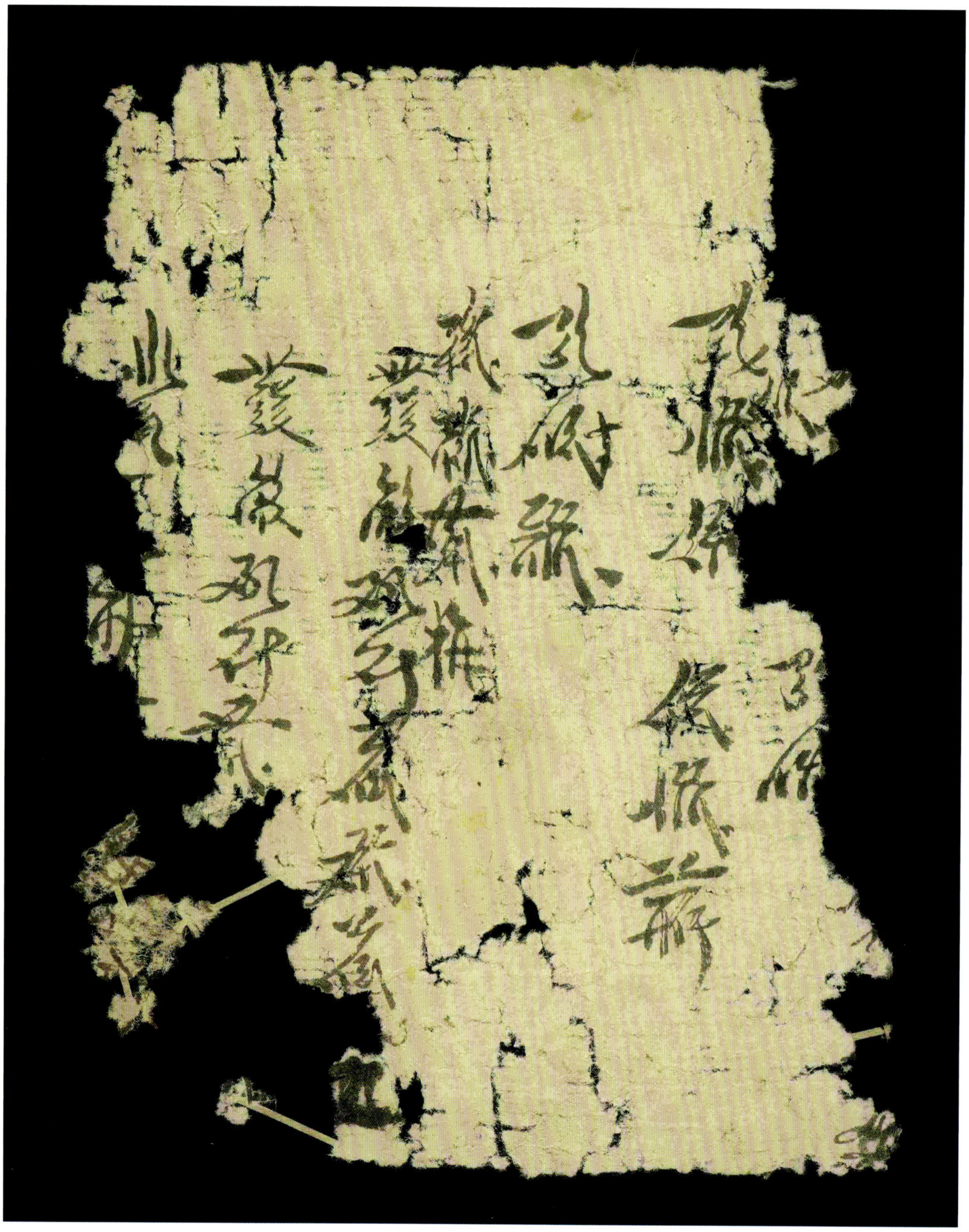

Or.12380/2054（K.K.II.0282.u）
19 釐米 × 14.7 釐米

2055　經疏殘片

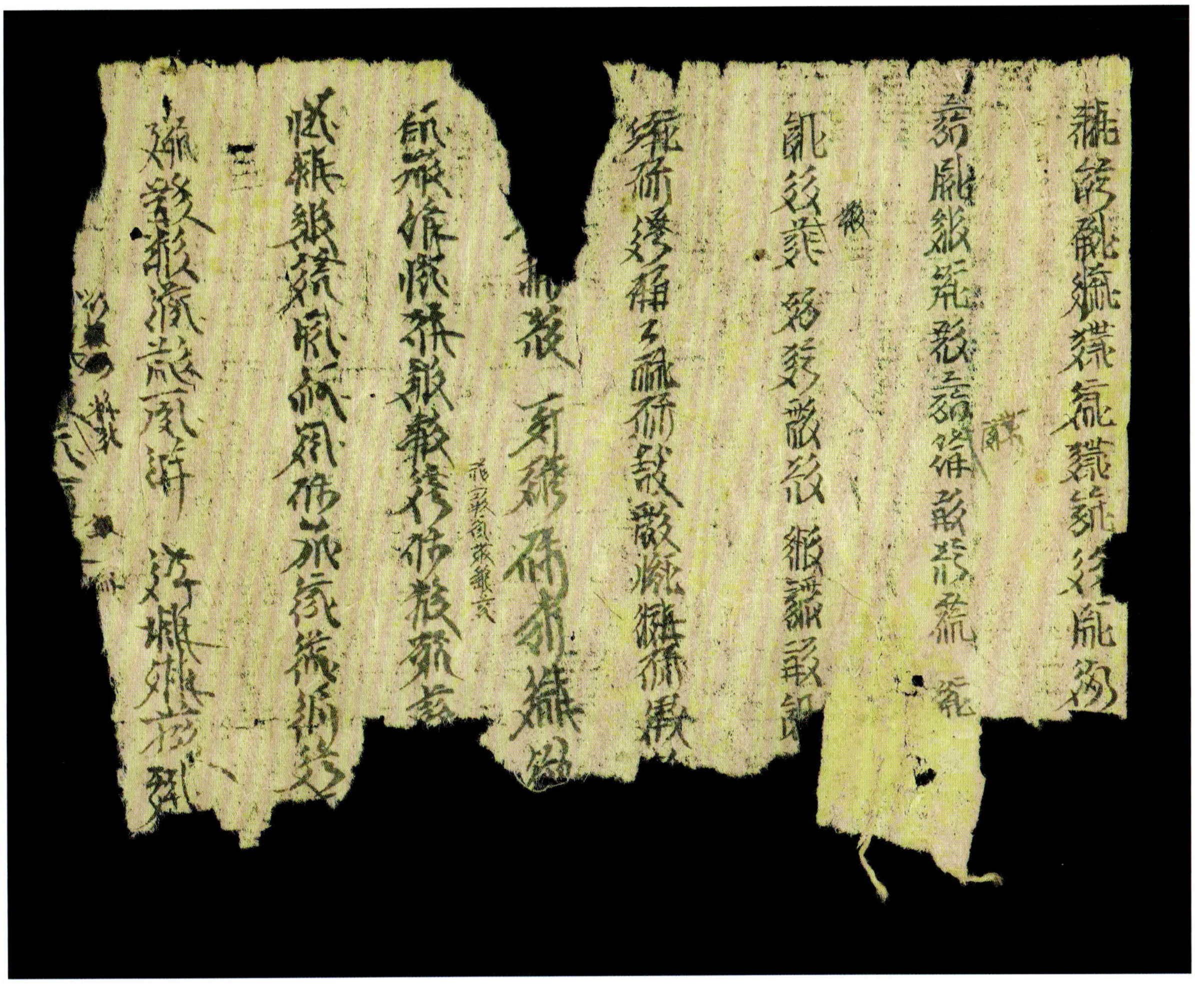

Or.12380/2055（K.K.II.0255.a）
12.5 釐米 × 16.8 釐米

依安立時所量能量果宮住……

自性故彼等自體實覺可有　彼……

悟果是求　言説是也　外察解悟……

彼之義誠諦使之三是不依之方……

……也　第一之亦前……

聲聞契經緣由

本宣則不得故及義之種相與……

不依故事性法處之能所解無然……

先學以者雜亂心　義依顯現殊……

2056 殘片

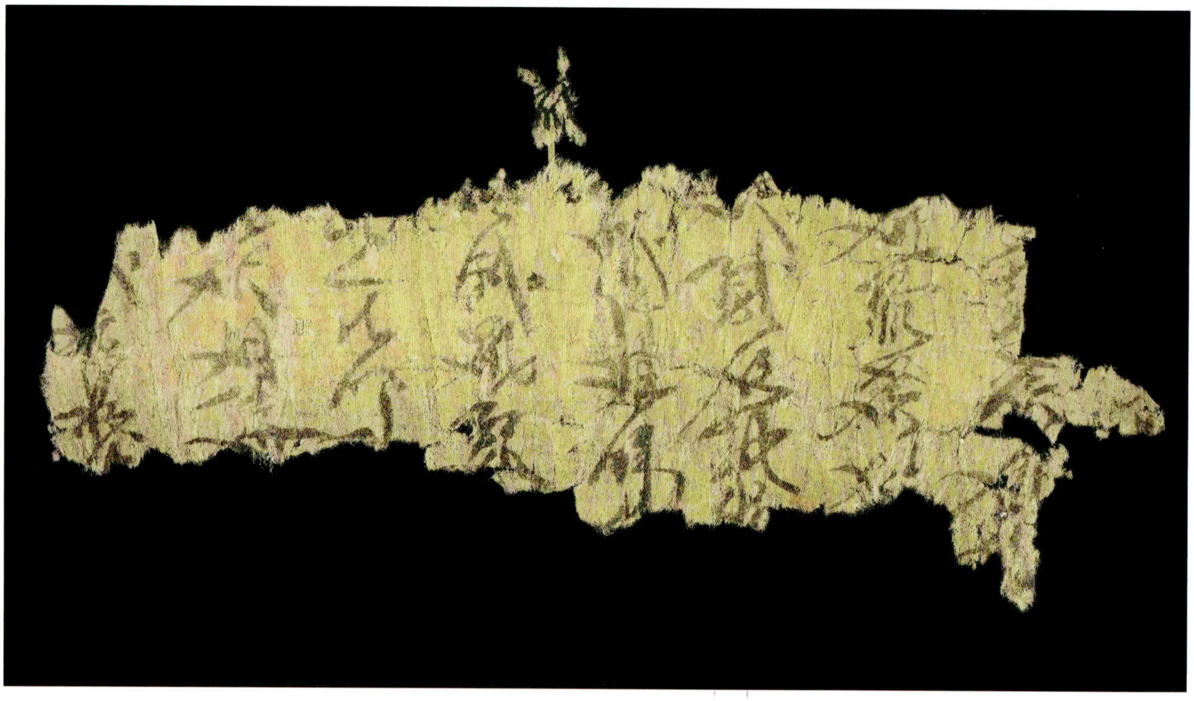

Or.12380/2056（K.K.II.0279.vvv.39）
7.5 釐米 × 15.4 釐米

2057　簿籍殘片

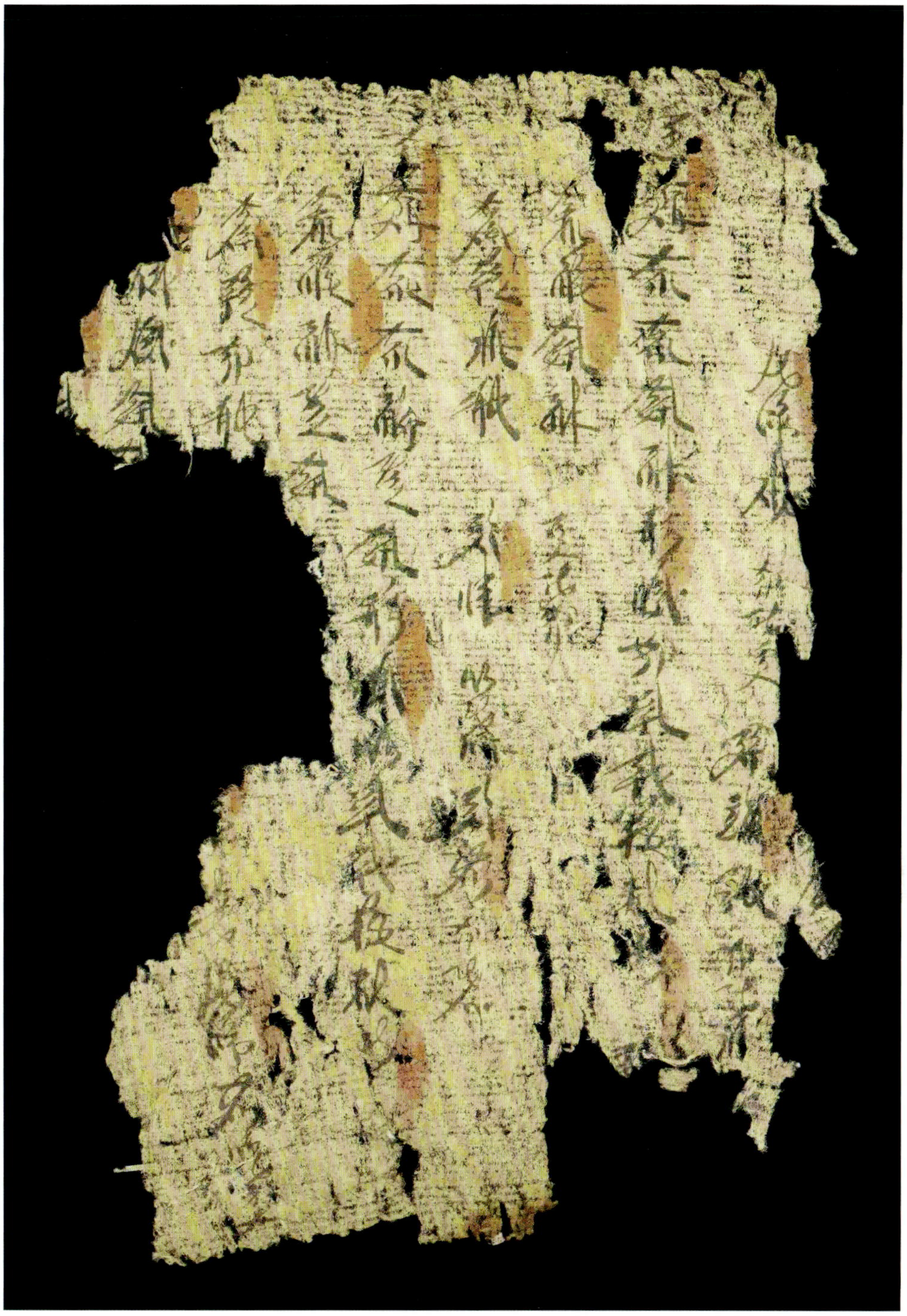

Or.12380/2057（K.K.II.0282.jj）

20.8 釐米 × 14.1 釐米

2058 正德七年曆日，九星贊

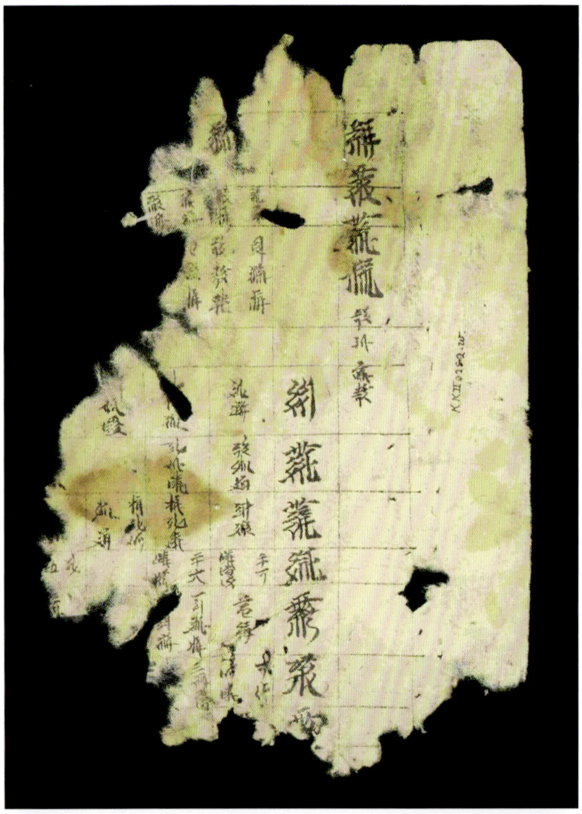

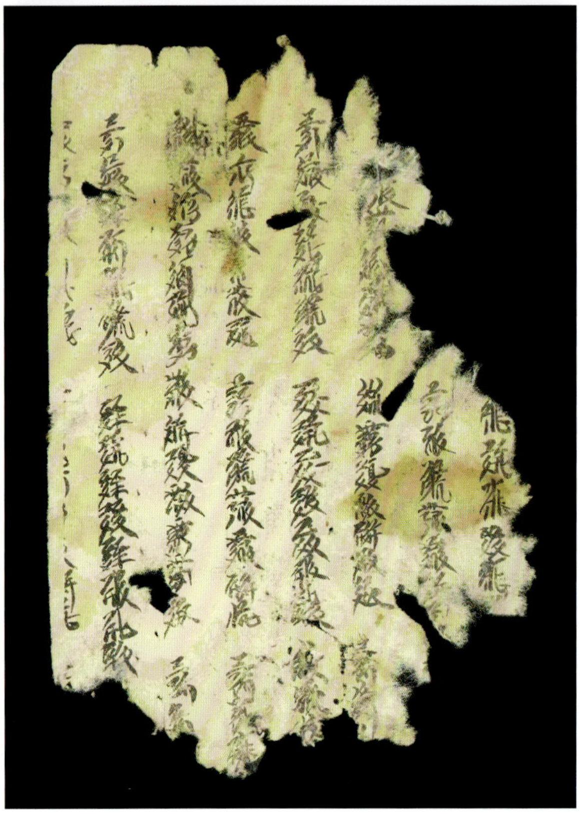

Or.12380/2058（K.K.II.0282.w）
18 釐米 × 12.5 釐米

			正		癸丑木巽男九女三
		丁亥 小井	丁巳 大觜		
		八春二	八雨二 十三驚		
	□五酉	□□戌	九亥	日	
		十九見	十夕伏	木	
	二十四 夕伏	二十見	六戌	火	
十□		二十六 見退	二十一順 見伏留	土	
		一順二 □□亥	七子	金	
		三亥□	□□□四見	水	
				珠	

……青衣青帶青……

……奏樂現相空……

……第四星　土星變是中方在　自在……

身色□紅明相嚴　黃衣黃帶黃美禽　土星……

侍者魔神□十導　奏樂現相空中來　各自下……

虛空昴星第四星　太陽變是金暖方　自……

身色□貌明相嚴　紅衣紅帶紅占位人

2059 佛書殘片

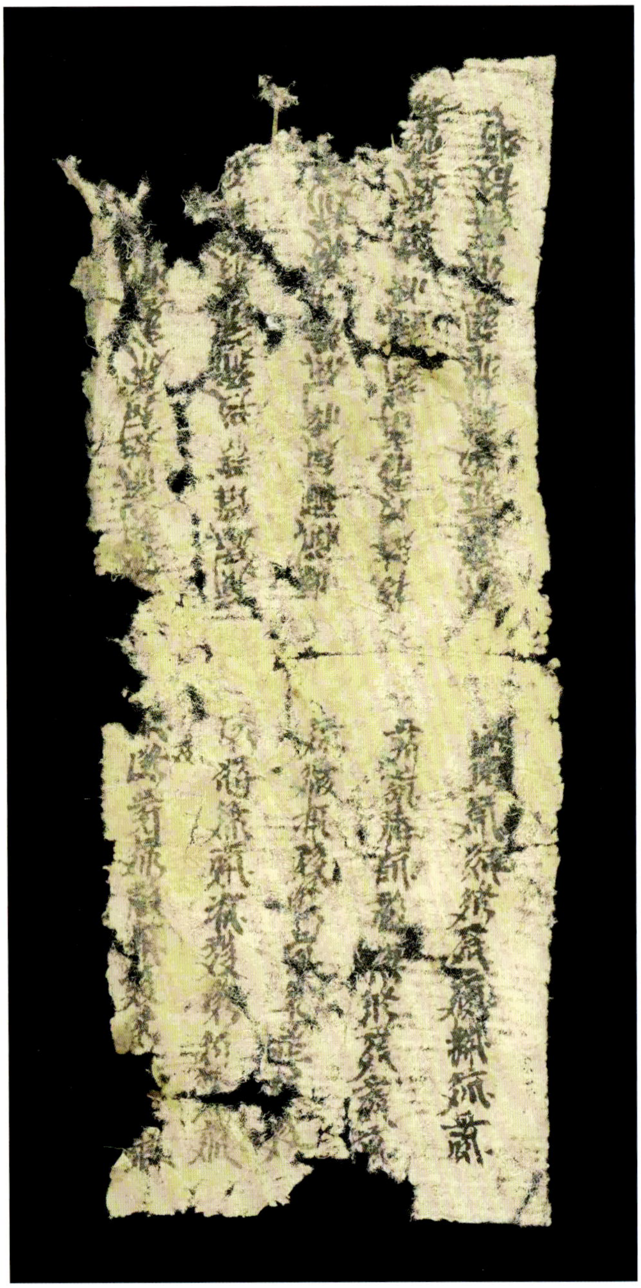

Or.12380/2059（K.K.II.0304.f）
19 釐米 × 8.2 釐米

□有行心難事……
舍囉鳩利耶菩……
□呼告應非五□□菩
一心定入求放逸應非六者般若
波羅蜜多習而契經讀誦善
□□應此六事者菩薩道
求能根本是彼六事□□
禁色上勿著耳□聲□勿
著鼻禁香上勿著舌□味
□上勿著身禁觸上勿著……

2060　佛書殘片

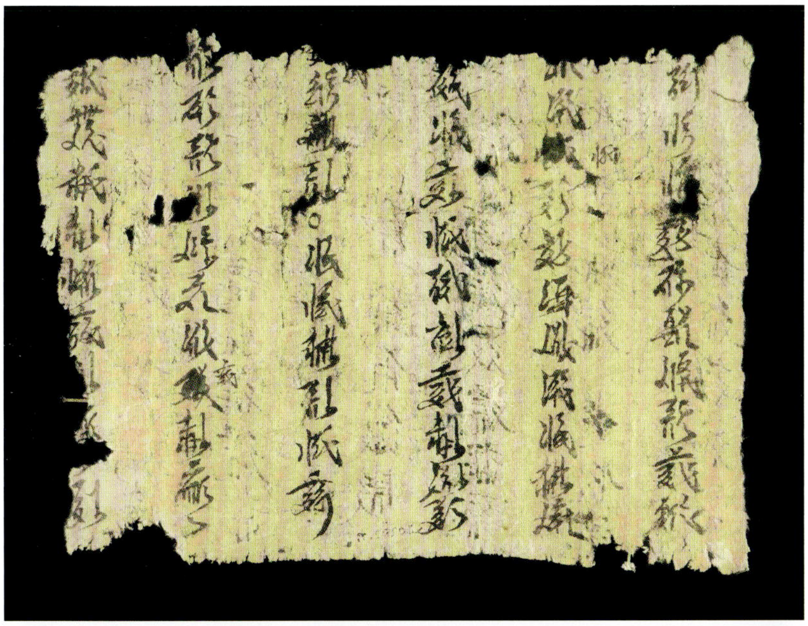

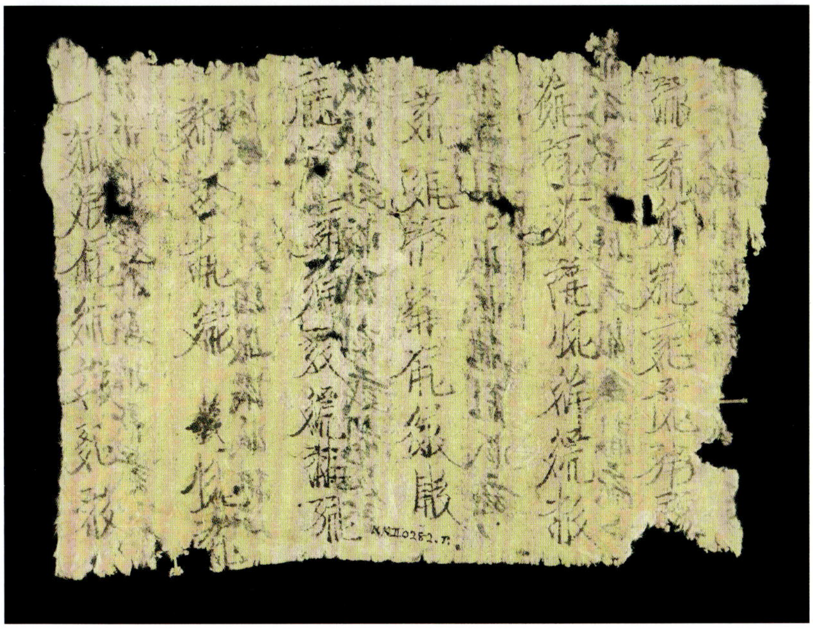

Or.12380/2060
（K.K.II.0282.r）
13.5 釐米 × 18.1 釐米

……聚集來他之利益爲求顛
……彼不説謂則惟彼二中者
……此因與不异汝求及傳説
……無也　○前法中爲不爲
……語句爲□心與分離及一切
……法隨上及信……

……尊自福德求諸煩惱
……此契經誦復心歸而
……供養爲則罪孽業
……皆□滅心既歸依意
……菩□於至　復次
……東方五恒河沙數

2061　佛母大孔雀明王經卷下

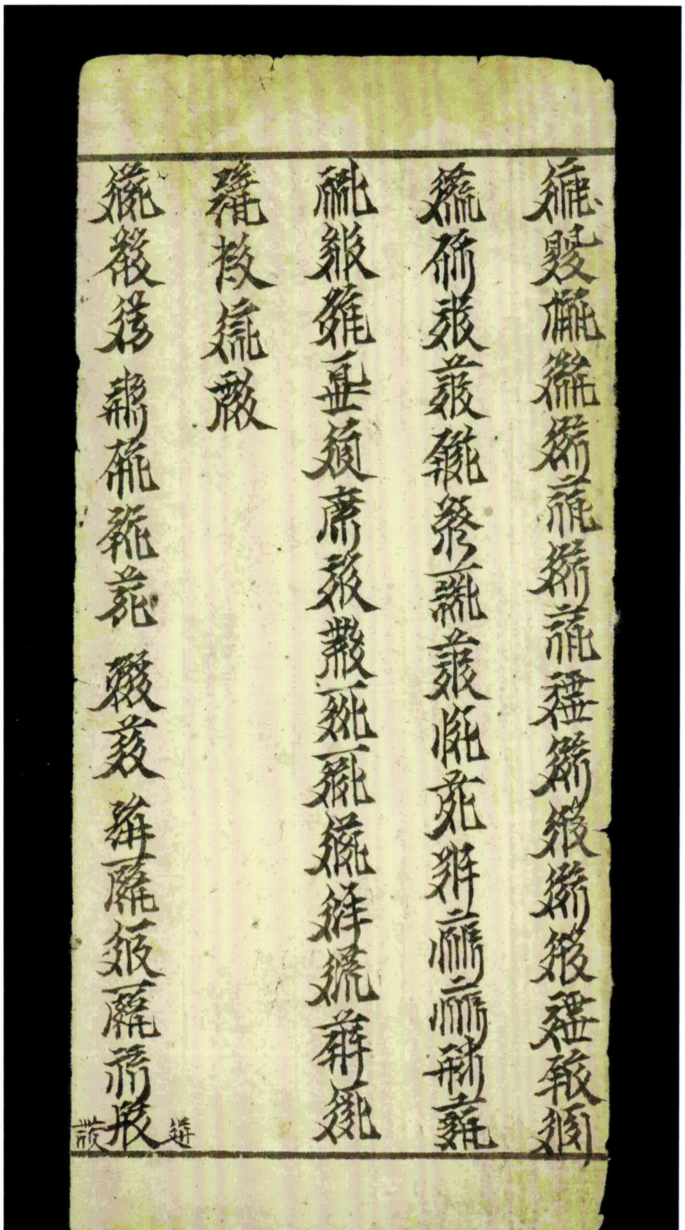

Or.12380/2061
（K.K.II.0254.e）
19.4 釐米 × 9.1 釐米

勝喜汝今苾芻苾芻尼近善近善女等四
衆之守護擁爲覆庇後諸怨一切消滅
令故此種咒王母大孔雀者心歸受持
讀誦應是
怛侄他　嚩底馱顭　枳哩　矩嚕睹嚕銘　娑嚩賀（俄羅斯科學院東方文獻研究所藏本 инв. № 29）

2062 音韵學殘片

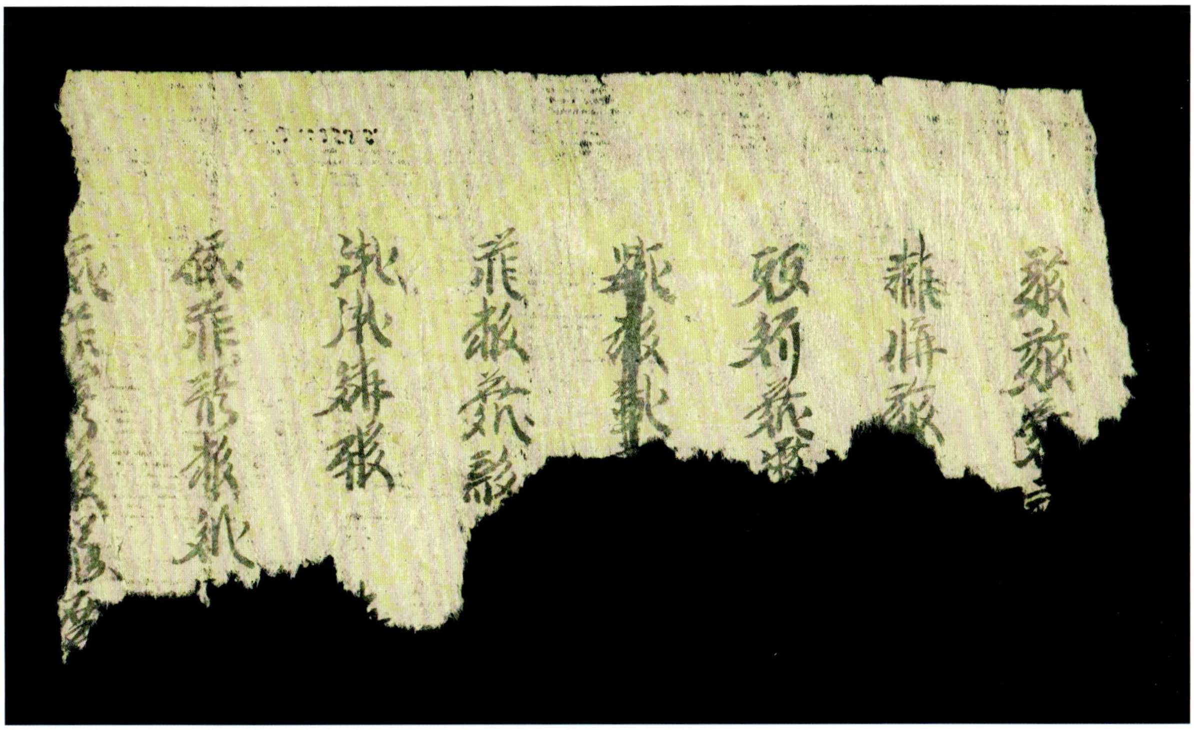

Or.12380/2062（K.K.II.0253.s）
8.9 釐米 × 17 釐米

切切相……
韵内切……
唇舌相攝……
來以日……
音以相驅……
重重輕轉
五音爲而九……
五音爲而……

2063 佛書殘片

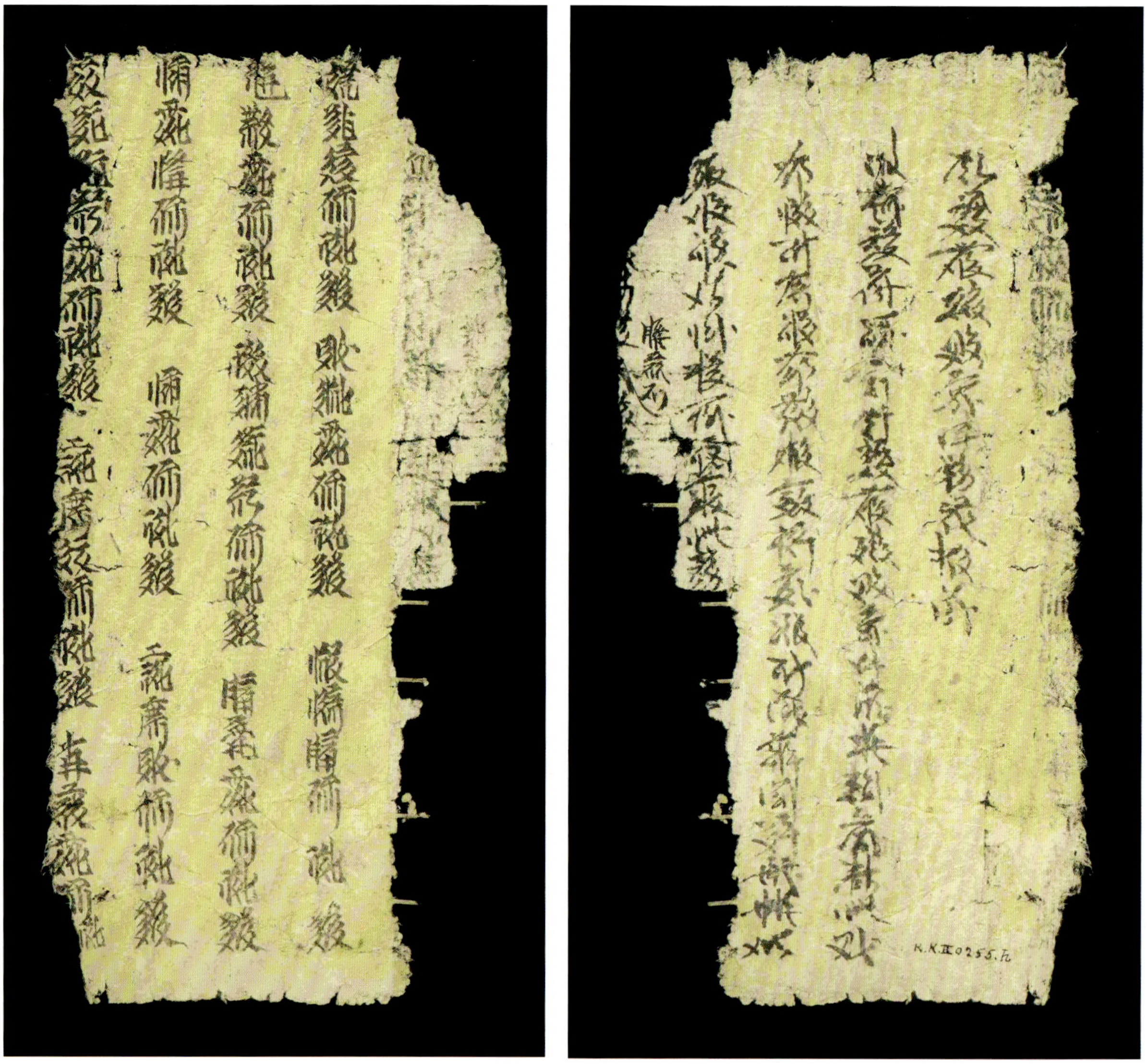

Or.12380/2063（K.K.II.0255.h）
19.8 釐米 × 9.8 釐米

迦羯羅之敬禮　光有母之敬禮　牙齒勇之　敬　禮
鼻大母之敬禮　須怛毗囉之敬禮　勇慧母之敬禮
短母量之敬禮　短母之敬禮　金剛光之敬禮
藐計□囉母之敬禮　金剛美之敬禮　樹影母之敬□

2064 大方廣佛華嚴經卷七十

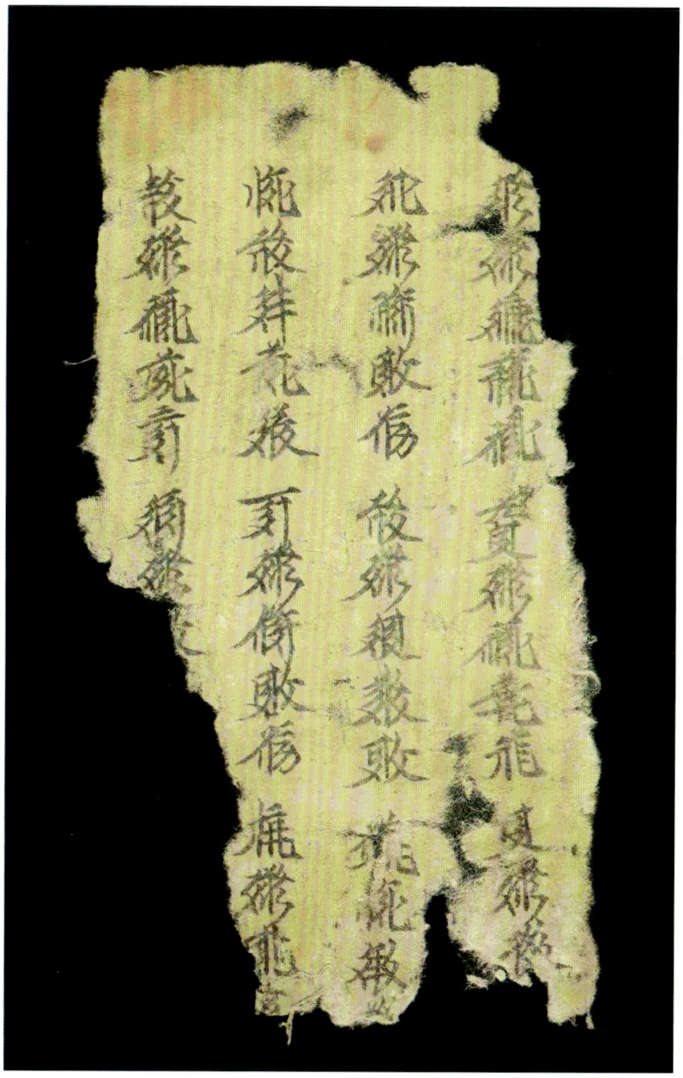

Or.12380/2064（K.K.II.0254.o）
16 釐米 × 9 釐米

第六甚深法　第七法慧音　第八須□□
第九勝光明　第十妙寶光　此後方□□
復十佛出世　第一梵光明　第二虛□□
第三法界身　第四……

第五地威力，**第六甚深法**，**第七法慧音**，**第八須**彌幢，
第九勝光明，**第十妙寶光**。從**此後**次第，**復**有**十佛出**。
第一梵光明，**第二虛**空音，**第三法界身**，**第四**光明輪。（《大正藏》T10，p0383b）

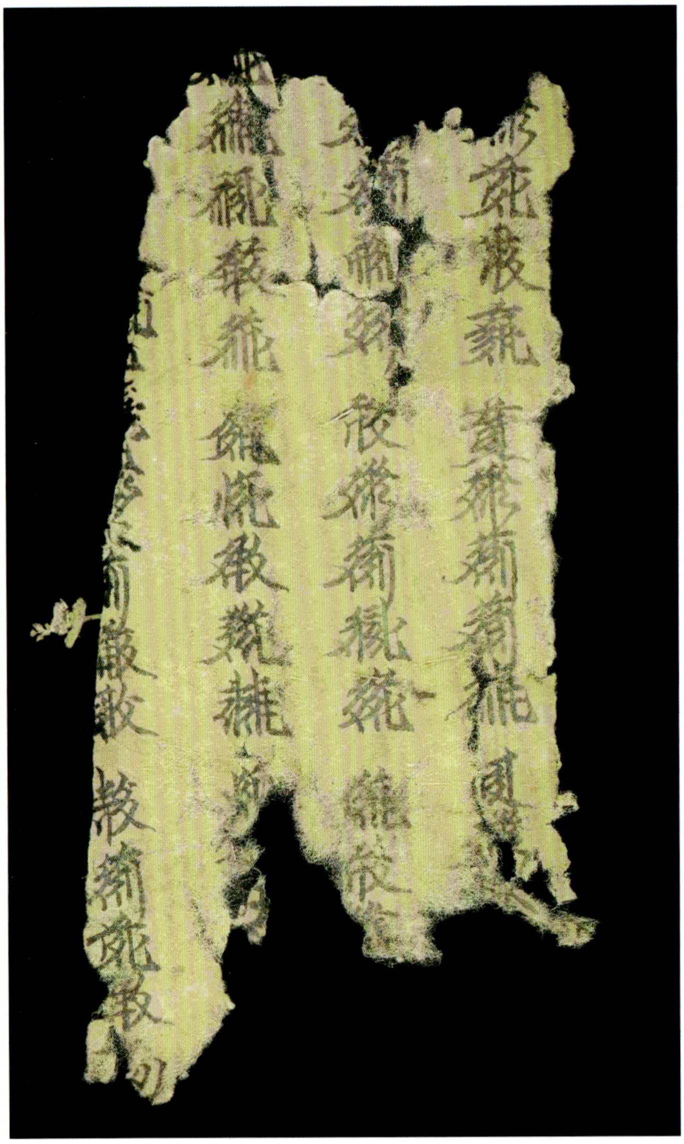

Or.12380/2064B
15釐米×8.4釐米

□第諸見滅　第七名稱高　第八□□□
□□名勝日　第十名月面　此十□□□
□初法門悟　此後方次第　復□□□□
□□□□□　□□名普光　三名諸方住

第五寂靜王，**第六滅諸見**，**第七高名稱**，**第八**大功德，第九**名勝日**，**第十名月面**，於**此十**佛所，最**初悟法門**。從**此後次第**，**復**有十佛出。初名虛空處，第二**名普光**，**三名住諸方**，四名正念海（《大正藏》T10，p0383a）

2065 佛書殘片

Or.12380/2065（K.K.II.0282.a.xviii）
19 釐米 × 13.8 釐米

……大已失故也　彼當如而至及方
……處乃……童乃欲之緣應謂……
……真實雖失相等放也自根本相各一……
□真實現是因罪無是猶現前相是……
也故方此上所至及所失之罪亦不……
一并一不具則三何亦一并……
具則空中雷……

2066 佛書殘片

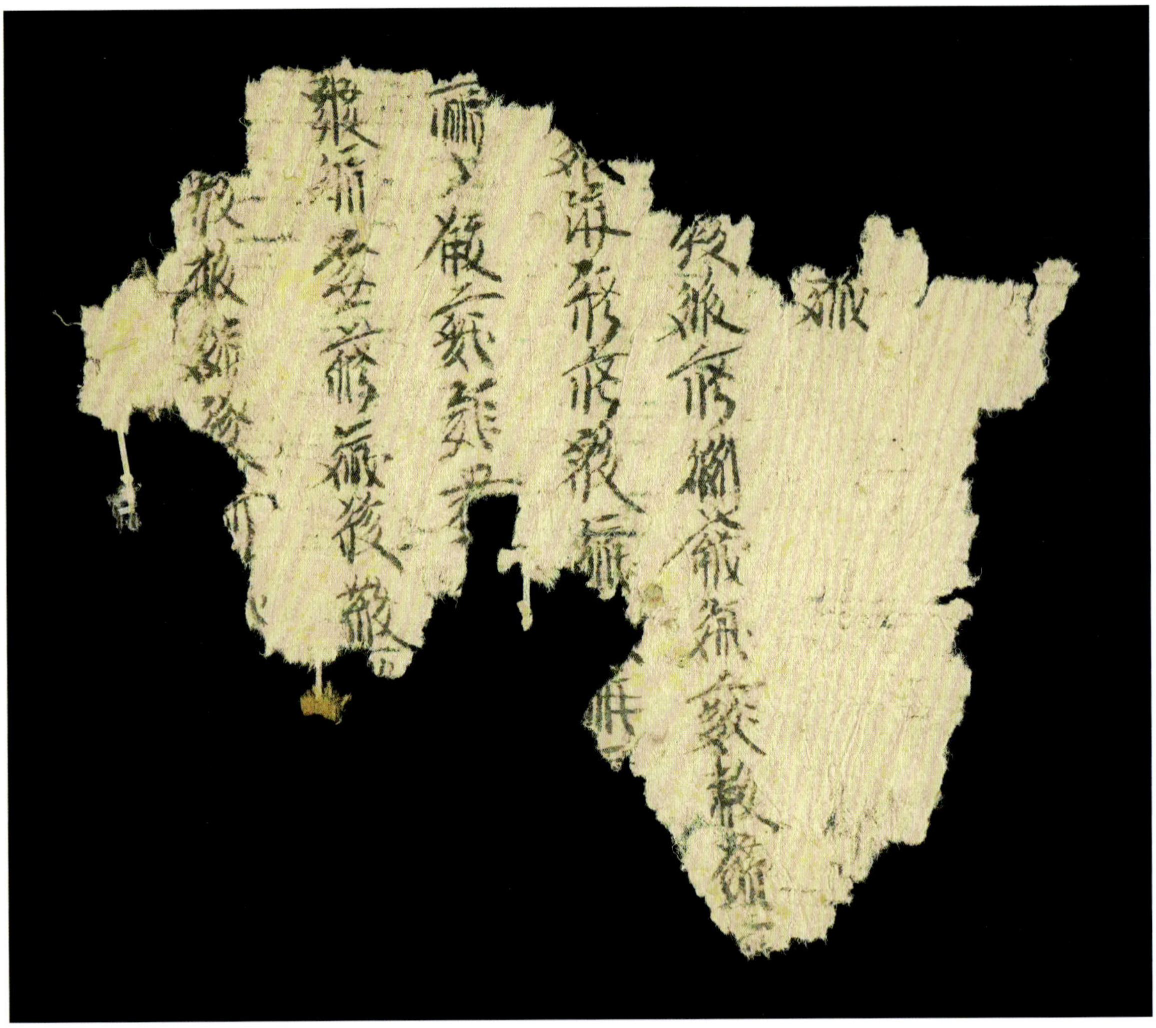

Or.12380/2066(K.K.II.0121.c)
12.2 釐米 × 13.8 釐米

……法
……礙者災類解脱而相……
……爾爲者等最……
……一切苦離安樂……
……比無真實究竟大……
……而善事……

2067 佛書殘片

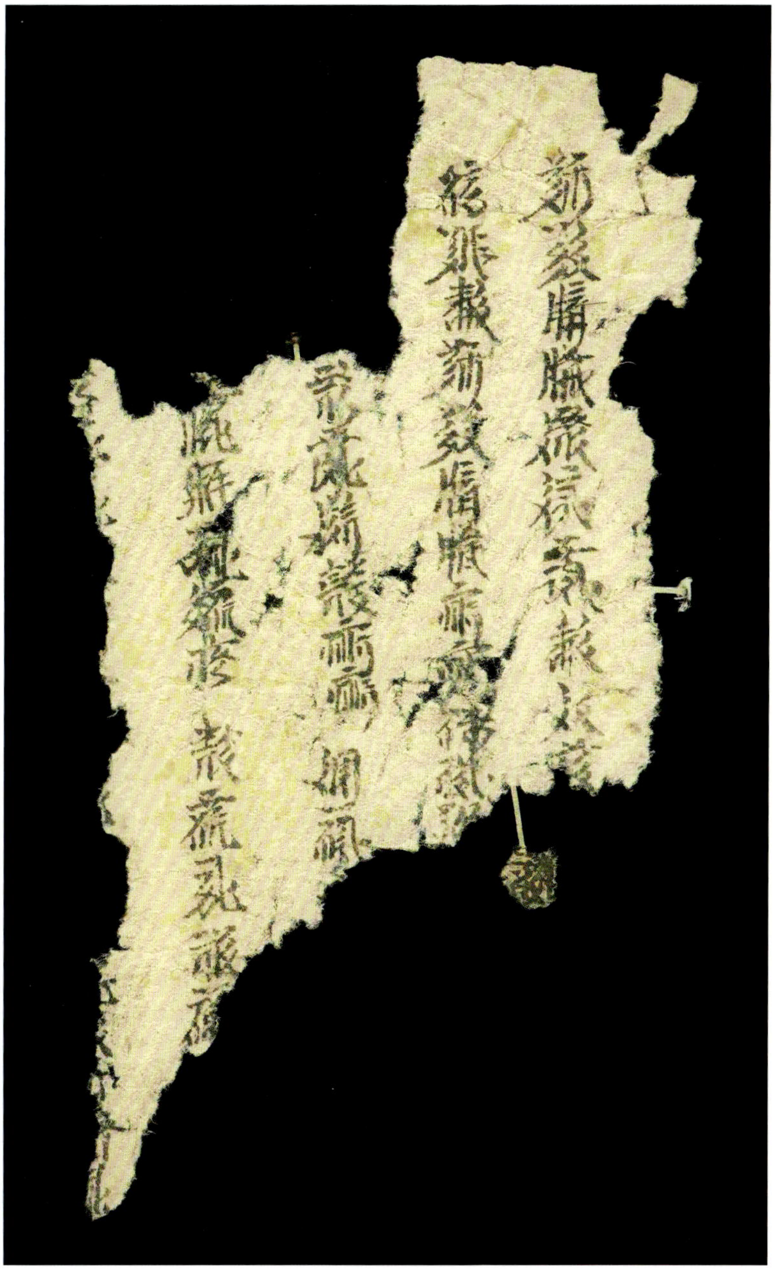

Or.12380/2067（K.K.II.0282.a.xxii）
17.8 釐米 × 10 釐米

菩提勇識習應及聖與……

名滿及菩提勇識一切之敬禮……

……師諸善逝一切　妙法……

……不盡意有者　三有際超法……

2068 漢籍譯本殘片

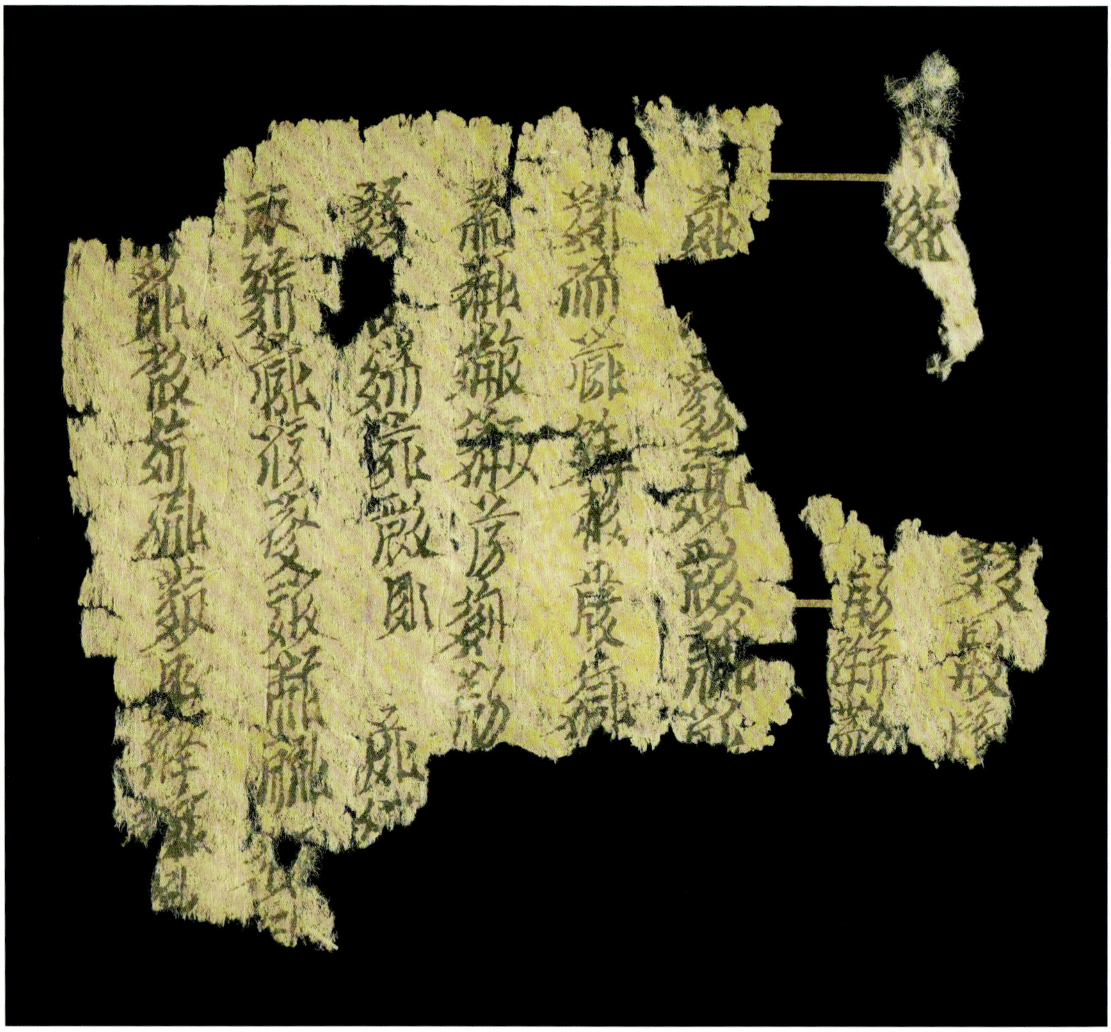

Or.12380/2050A（K.K.II.0121.u）
11.5 釐米 × 13.7 釐米

……乃迎……
……億……三公大……
世□星鳥是坤界……
勢之眼心以吝應……
有于至孟康名殊……
所□大人是汝　諸大……
童子眼明仙女慚令……
□界廣地謀議汝施……

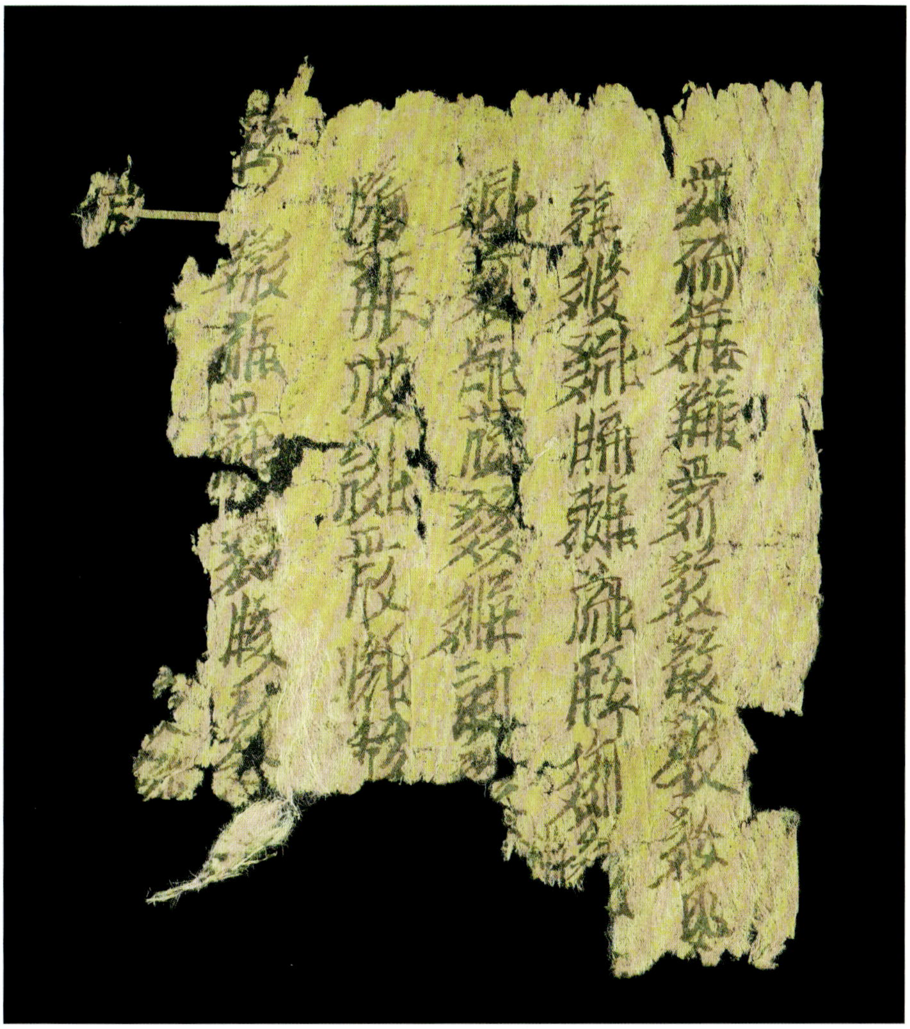

Or.12380/2068B
11.1 釐米×9.6 釐米

母之貴源養處門下寶汝……
前緣已修因節親名……
月□枝幹所共兄……
國民庶汝見不……
□魏高祖□天遣……

2069 占卜書殘片

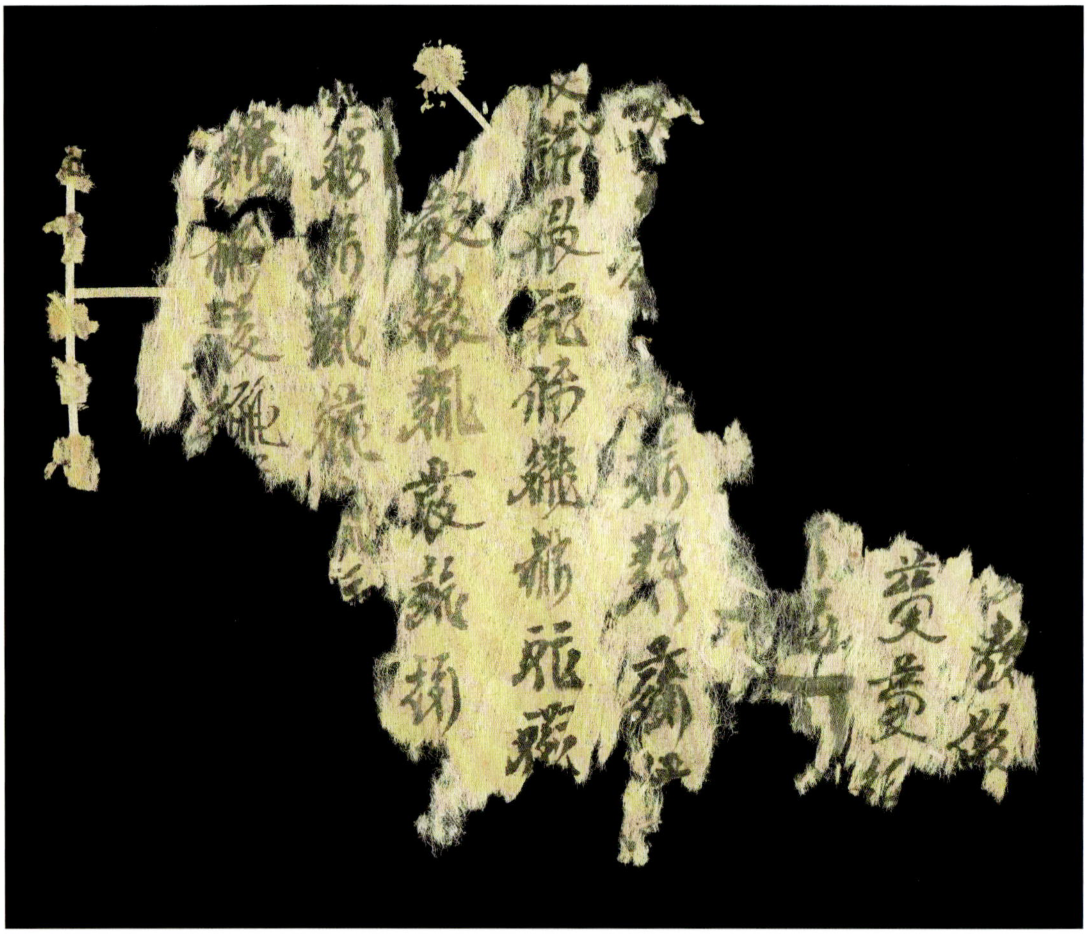

Or.12380/2069A（K.K.III.015.f）
9.3 釐米 × 11.9 釐米

……三人……
……七七……
……
……善有夫妻……
……方斷之家中食飲……
……苦樂已見能一……
……卦同爻者……
……家中敬室……

Or.12380/2069B
4.8 釐米 × 3.4 釐米

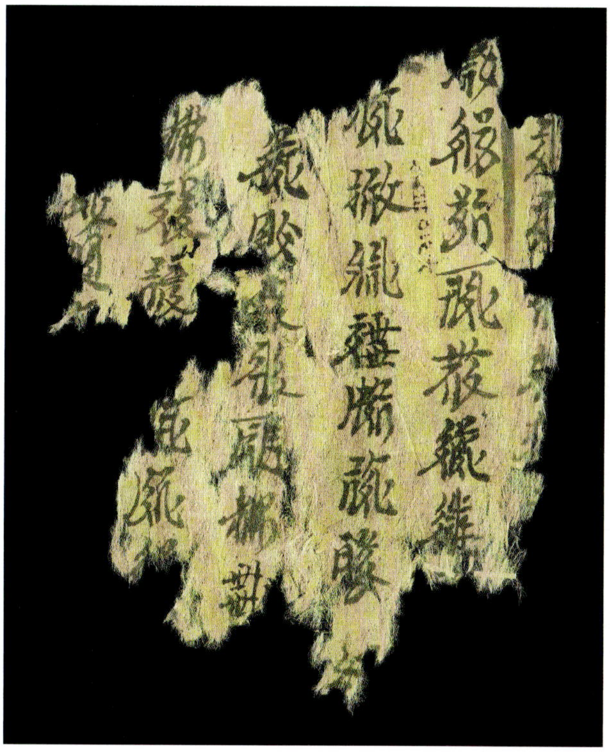

Or.12380/2069C
9.5 釐米 × 7.3 釐米

……卦同爻者動者前……
……後腫有婦西黑未……
……者他□引導中……
……中勿婚□□肉……
……

2070 菩提心及常所作法事

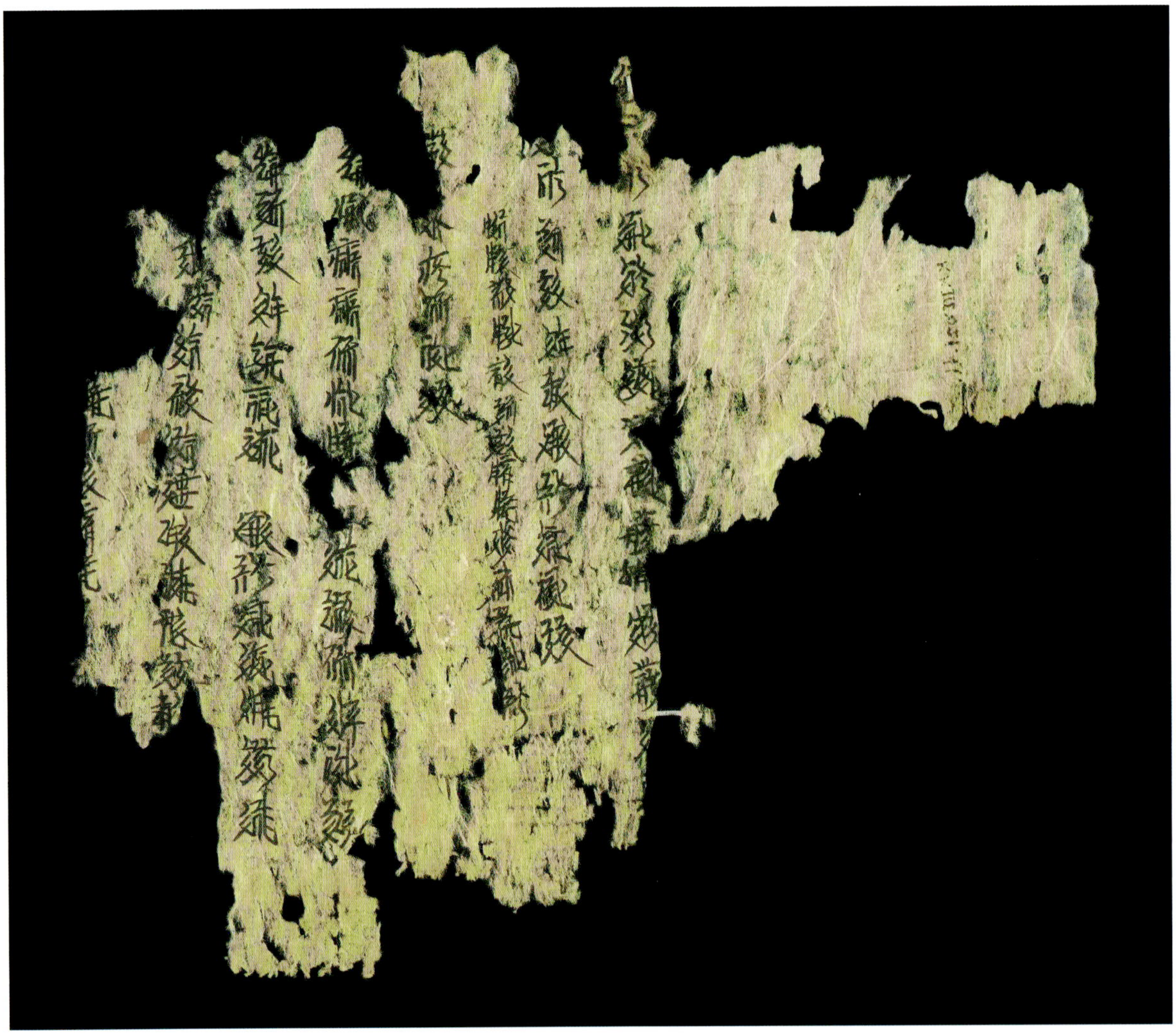

Or.12380/2070（K.K.III.021.ll）
15.5 釐米 × 17.6 釐米

□語　毗地質他　□摩陀□　阿陀……
□語　菩提心及常做所法事
　　西天大巧健菩提勇識實怛哩□造
大□悲者之敬禮
如來一切之知識　□上尊之恭敬禮
實菩提心能發法　常做所者闡明我
……若善男子善女人依止處及……

2071 佛書殘片

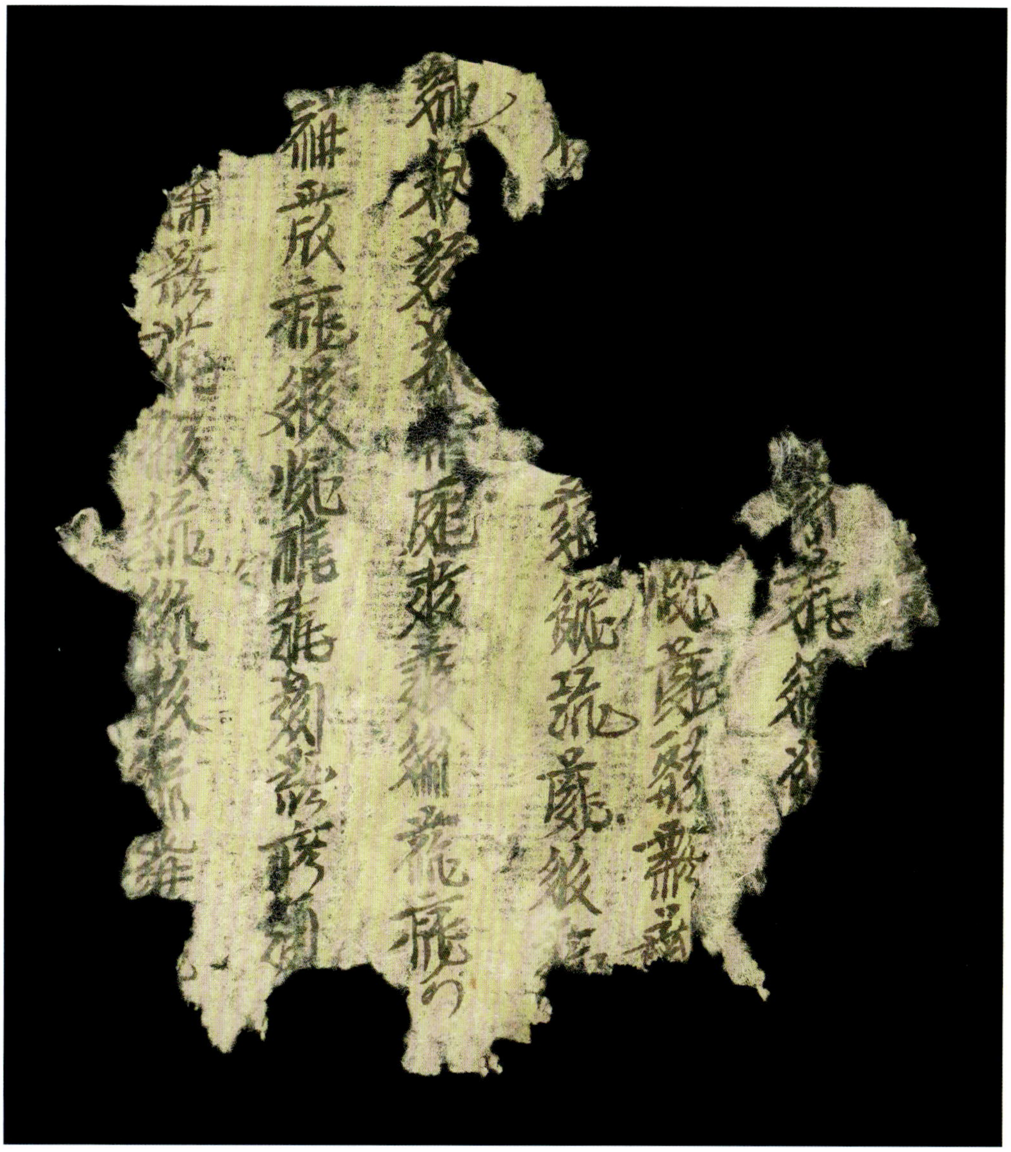

Or.12380/2071(K.K.II.0281.n)
17.3 釐米 × 15.5 釐米

……供養者……

……那羅延金剛

……跋俱羅神□

……乃住……導守護灾有皆皆

……邪見皆斷有古昔帝爲者一

……修爲往來珂貝買無則□

2072　同音正齒音七品

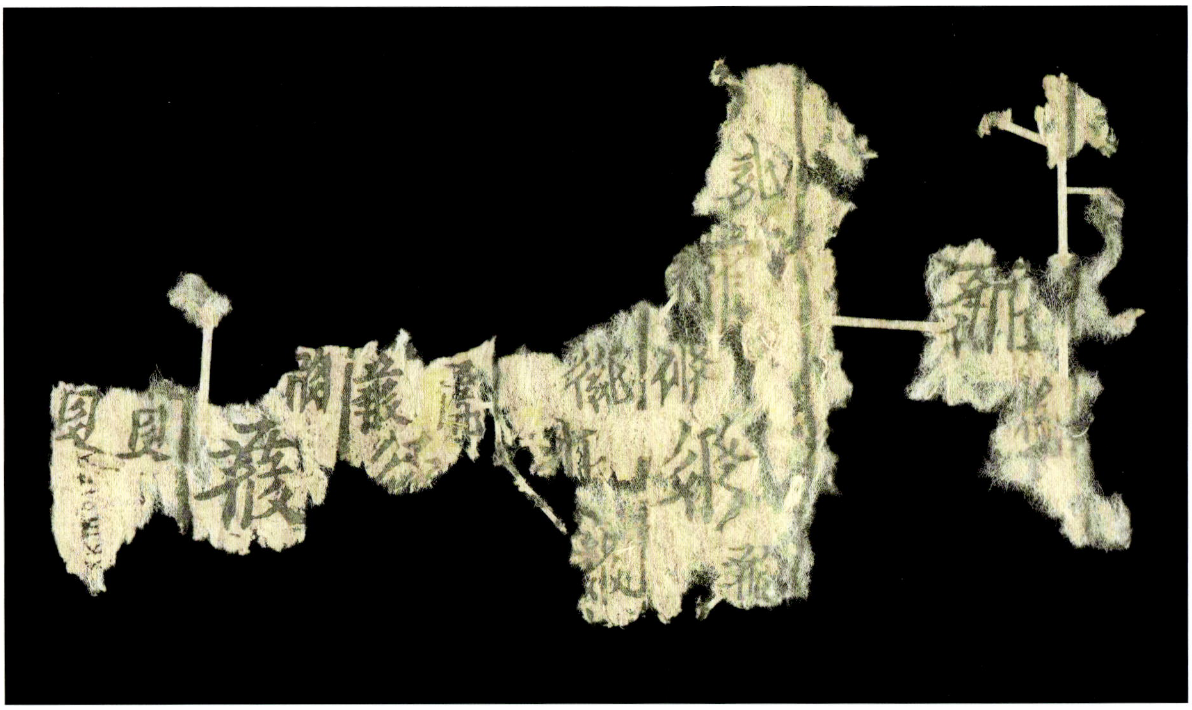

Or.12380/2072（K.K.III.014.d）
6.8 釐米 × 13.3 釐米

……冷寒……

……邊　疑惑　六數……

……糞　□驅……

……油換……

……集　有……

……八

……八（《俄藏黑水城文獻》7，p21）

2073 亥年新法殘片

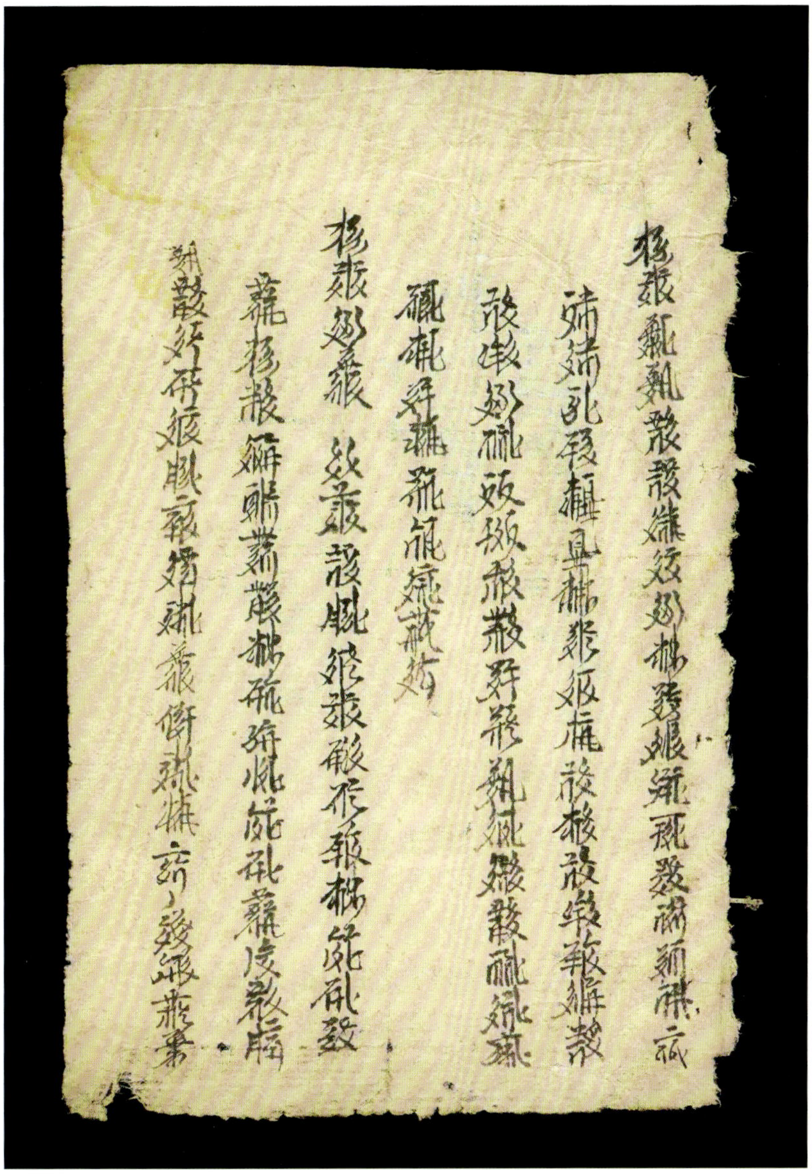

Or.12380/2073
（K.K.II.0290.c）
20.4 釐米 × 14 釐米

一款劍行弟子前舊在中遣欲其上未足丞相自
　　以下邊主後裔中增番二十漢十人等共三
　　十人在令口喉小大有爲行奉學習令頭項
　　法上有依遣行應乃爲
一款在補　守御勇士六品待命中乘馬不
　　得一種内宿策使中留而後乘馬得在等勇
　　行習做養官勇健爲法補方法依各自管事金刀

2074 佛書殘片

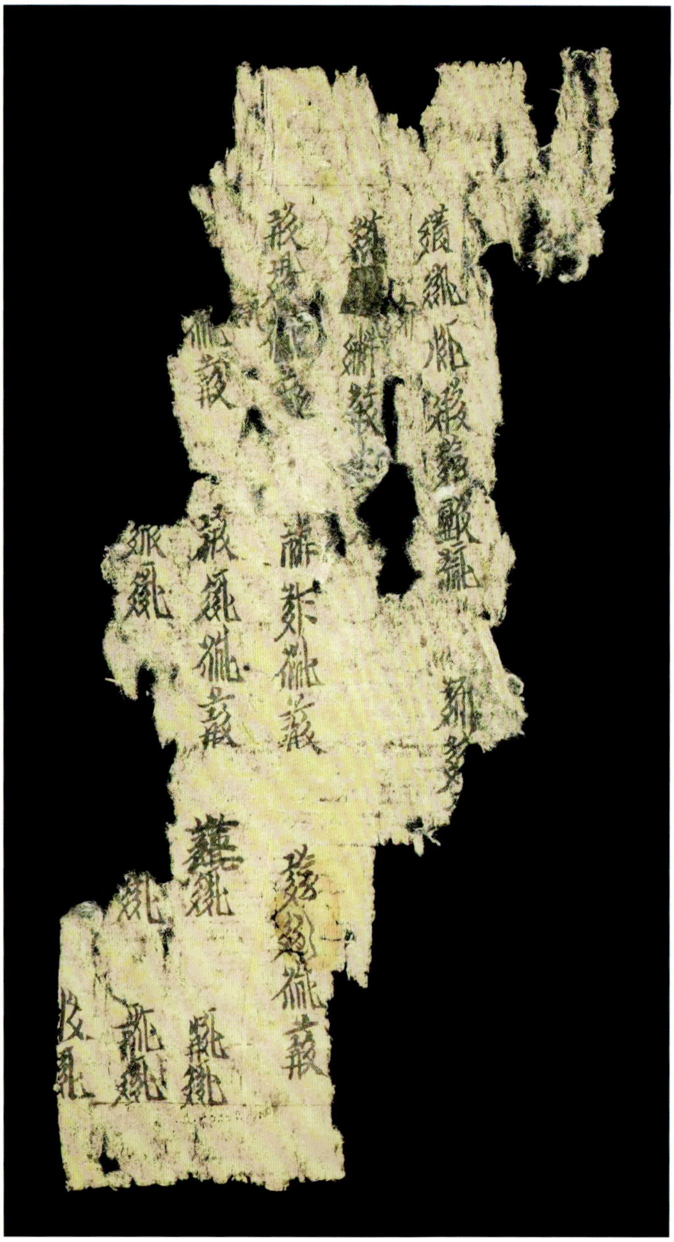

Or.12380/2074
（K.K.II.0297.h）
22 釐米 × 11.5 釐米

受敕復願利他作　菩提……
次名號門……
智化□聞　本生多聞　他住多聞
□持多聞　持水多聞　持火　持風
……持……持　持龍
……持寶

2075　大般若波羅蜜多經卷一百二十六

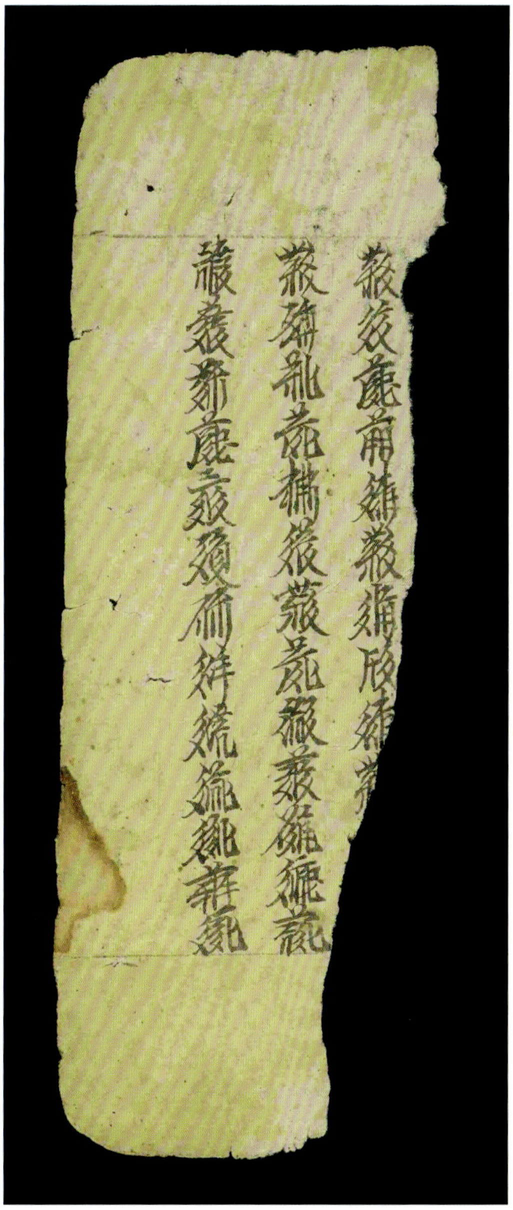

Or.12380/2075A（K.K.II.0290.n）
20 釐米 × 7 釐米

大婆羅門族大長者族大……
大立便世間出現世尊若此甚深
般若波羅蜜多之心歸聞受持受

便有刹帝利大族**婆羅門大族長者大族**居士大族**出現世間**。**世尊**。**若有於此甚深般若波羅蜜多至心聽聞**，**受持**讀誦，精勤修學，如理思惟，解説書寫，廣令流布，由此便有四大王衆天三十三天夜摩天睹史多天樂變化天他化自在天出現世間。（《大正藏》T05，p0691a）

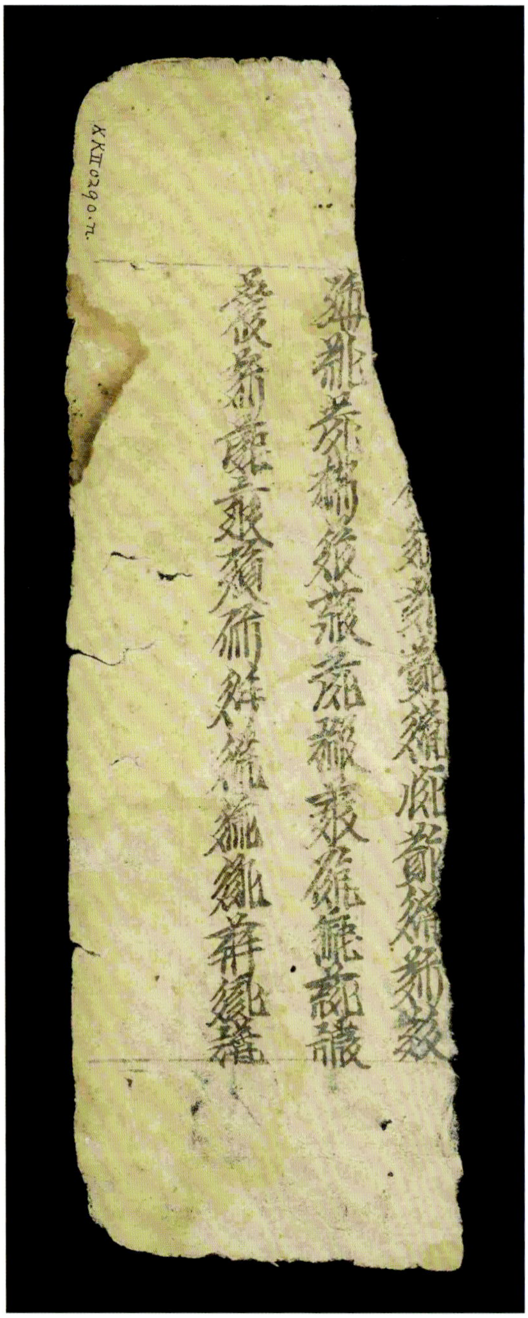

Or.12380/2075B
20 釐米 × 6.8 釐米

……故獨覺及獨覺菩提
立便世間出現世尊若此甚深般
若波羅蜜多之心歸聞受持受讀

便有獨覺及獨覺菩提出現世間。世尊！若有於此甚深般若波羅蜜多至心聽聞，受持讀誦，精勤修學，如理思惟，解說書寫，廣令流布，由此便有菩薩摩訶薩及菩薩摩訶薩行出現世間。（《大正藏》T05，p0691a–0691b）

2076　佛書殘片

Or.12380/2076
(K.K.II.0281.qq)
23 釐米 × 13.3 釐米

信心以獲纔因……
名誦則三十六大神恒伴導守護　二所學行者佛
□歸依則邪惡……師等處依不歸　法□依……
邪法一切應不學　僧處歸依則邪師惡友遠……
三已受之功德者世世生各三惡道脱三……
……身證得　四不受……

2077 殘片

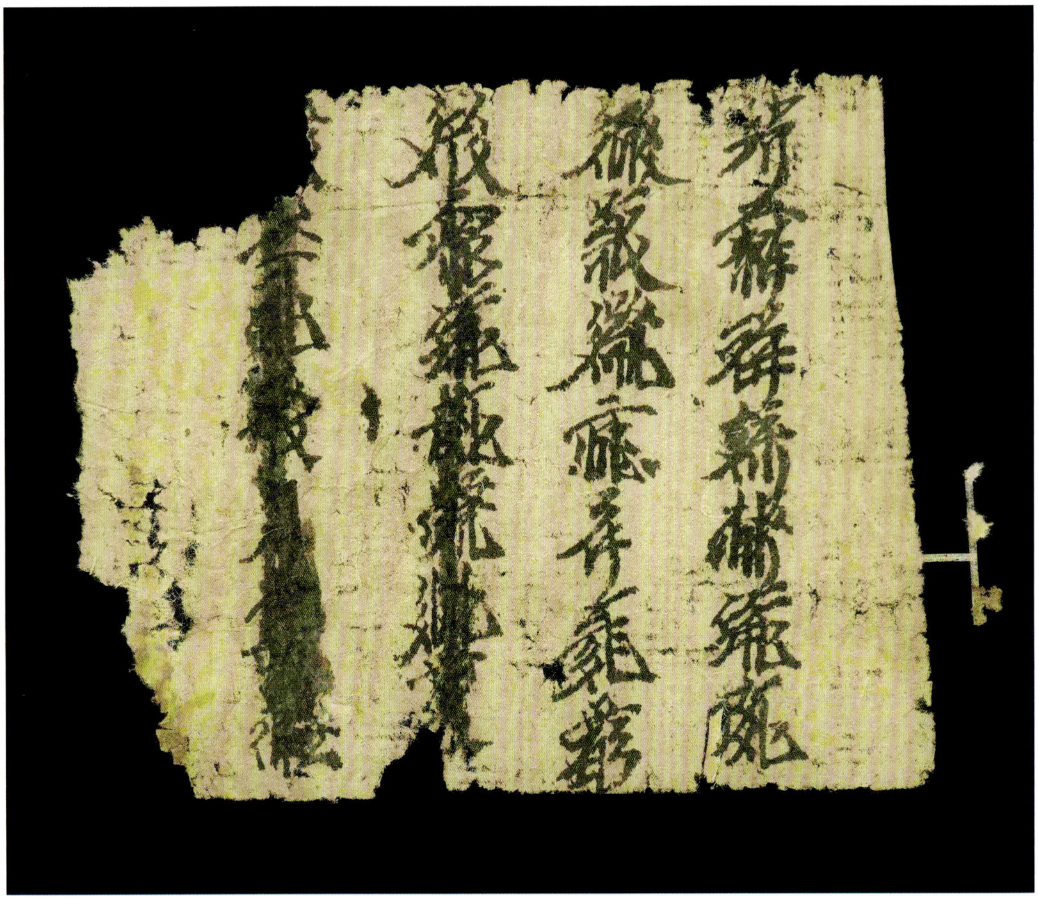

Or.12380/2077（K.K.II.0291.e）
9.7 釐米 × 12.6 釐米

……乳糜飲吉祥彼如
……夏娃今皆當安樂
……夜……

2078 新集碎金置掌文習字，文契殘片

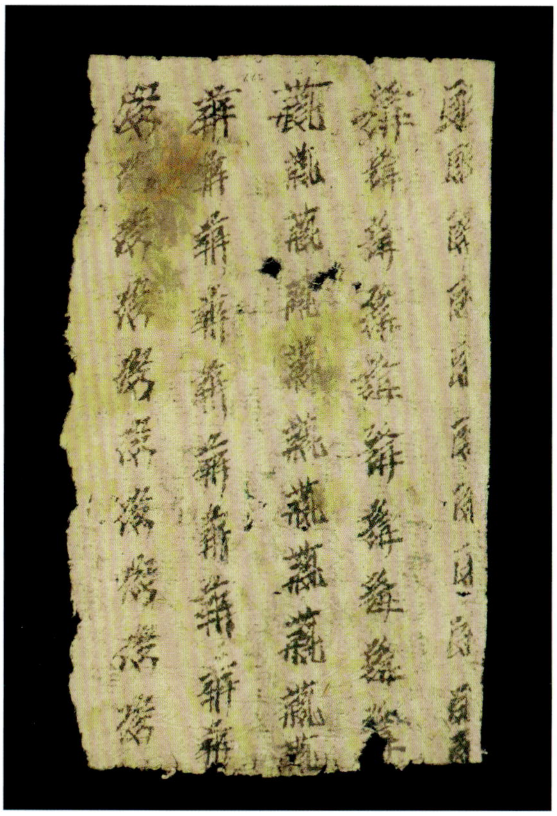

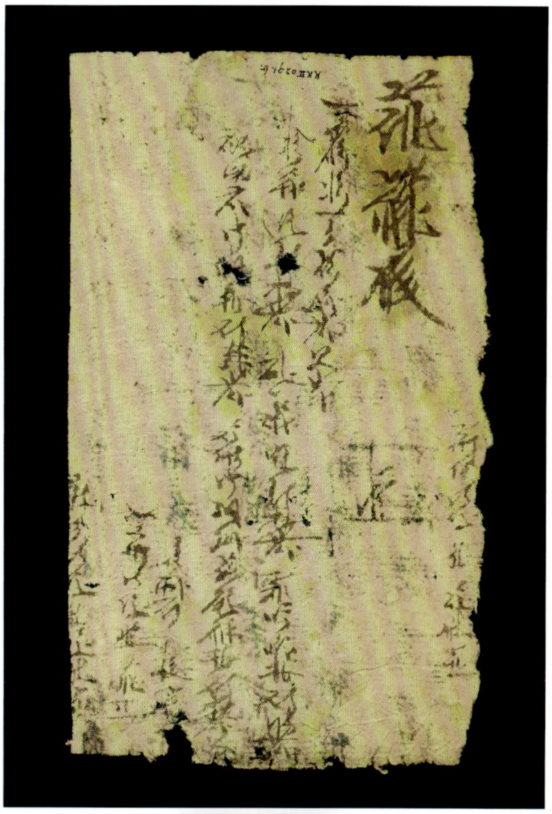

Or.12380/2078A（K.K.II.0291.b）
20.4 釐米 × 12.5 釐米

予……
實……
接……
受……
狀……《俄藏黑水城文獻》10，p112）

Or.12380/2078B
20 釐米 × 1 釐米

2079　新集碎金置掌文習字，文契殘片

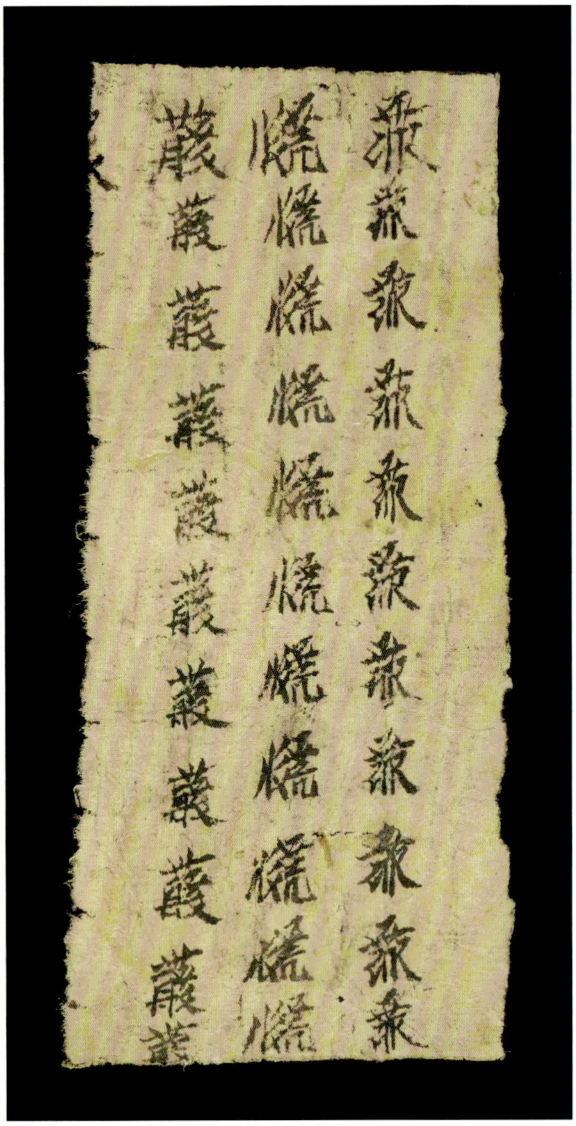

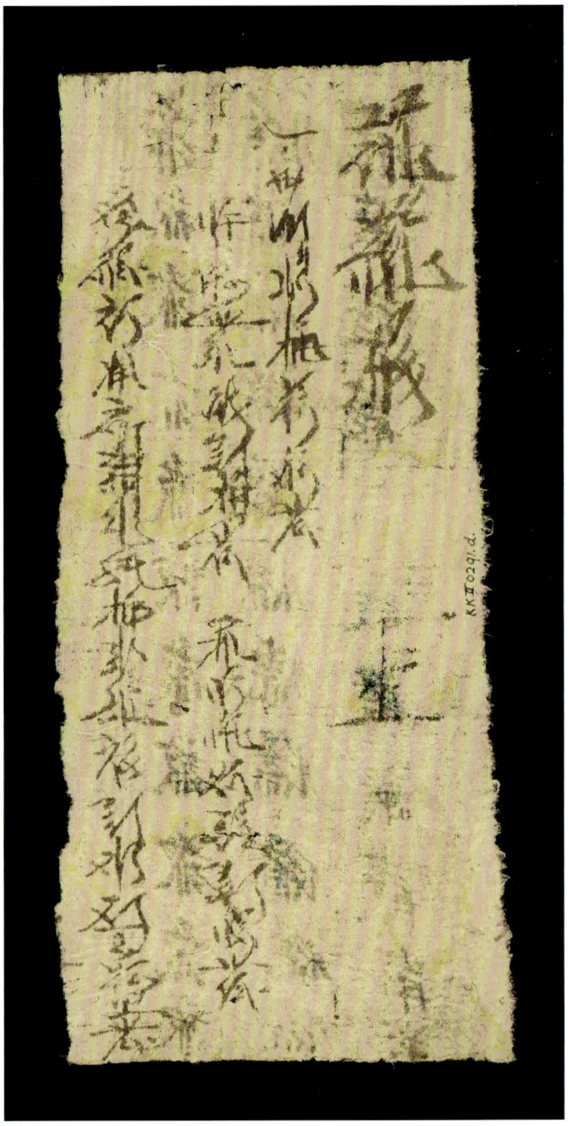

Or.12380/2079（K.K.II.0291.d）
20 釐米 × 9.5 釐米

歸……
還……
所……《俄藏黑水城文獻》10，p112）

2080 修法殘片

Or.12380/2080（K.K.II.0281.b）

30.3 釐米×23 釐米

……心真咒者
……阿彌底　阿由哩陀提　娑訶
……本咒或瓔珞咒者
……阿彌底　阿彌多　婆尾　阿彌底
薩昂婆尾　阿彌底　陛吃囉那底　阿
……彌尼　阿彌底　阿由哩陀

諸諸一切應不爲　諸善一切皆修行
己之腹心降服故　此者如來正法是
□□施之福利者　諸魔鬼之後願導
□□世界恐怖中　彼等立便當解脱
……往念願者淨方次應

十一遍誦而廣大七寶器内智湯
藥念滿時自心中字種光以頂
尊勝相九佛之中圍及十方護神
四方四隅上下圍繞現前空中在使
……浴五供養奉佛及……
……白變内雙……

……心真咒……
……跋利昂　薩陀母　渴□渴
兮　渴囉　懸爲三遍或起遍二十
一遍等誦中圍佛等湯藥之境執
念　方護等之　唵　阿渴羅莫渴昂
薩嚩　達哩摩　那昂　阿耶　阿努　波

2081　經疏殘片

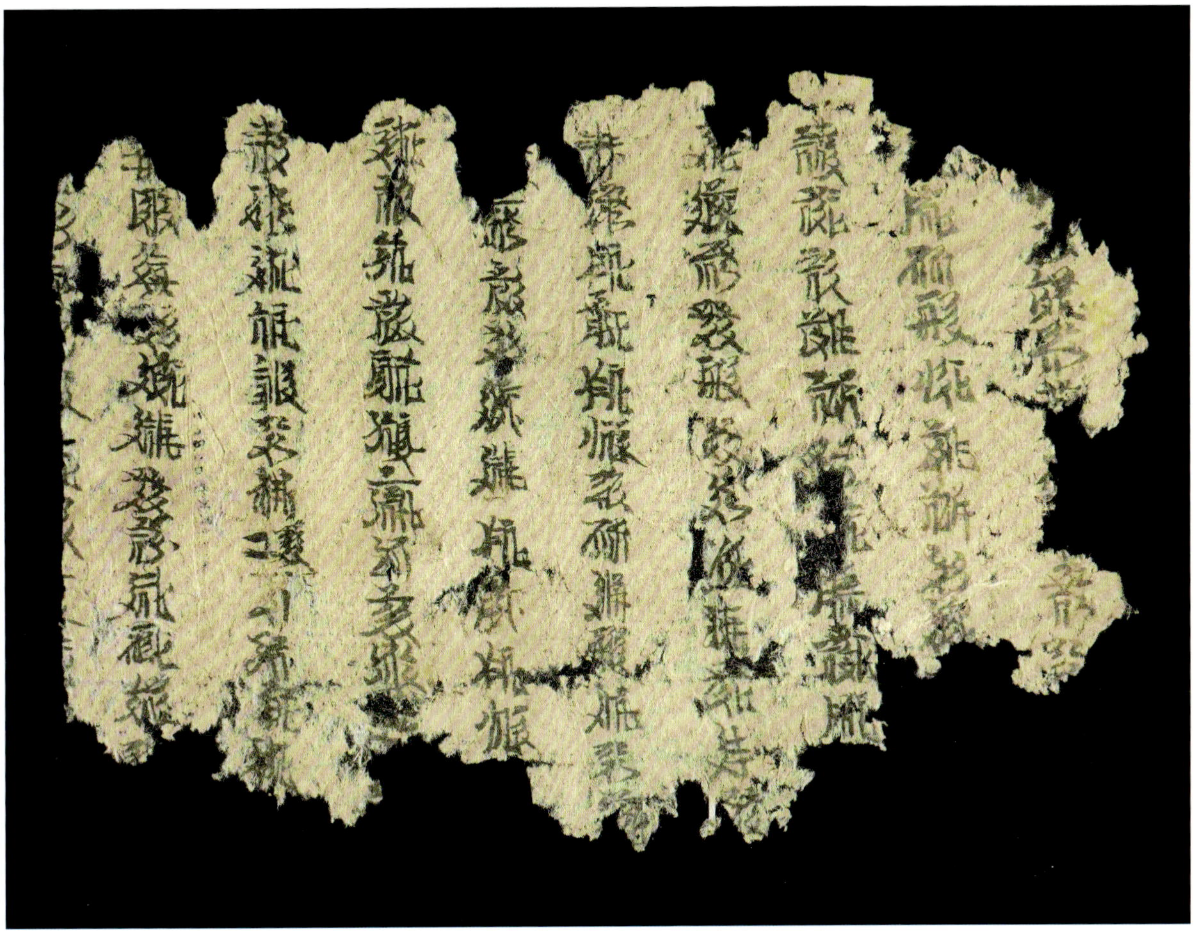

Or.12380/2081（K.K.II.0280.zz）
11.7 釐米 × 17.1 釐米

……迦囉……師……
□宮之取又我心謂者……
波囉息俄須□□修道宫……
□者略迦囉叉所在依諸佛所……
第三本利本鈍等之共意清説……
□真是謂者前本利本鈍……
法過能是顛倒錯亂與已……
第三法行分説中分二一共同法……
□摩尼謂者前所入正法宣……

2082　供養法殘片

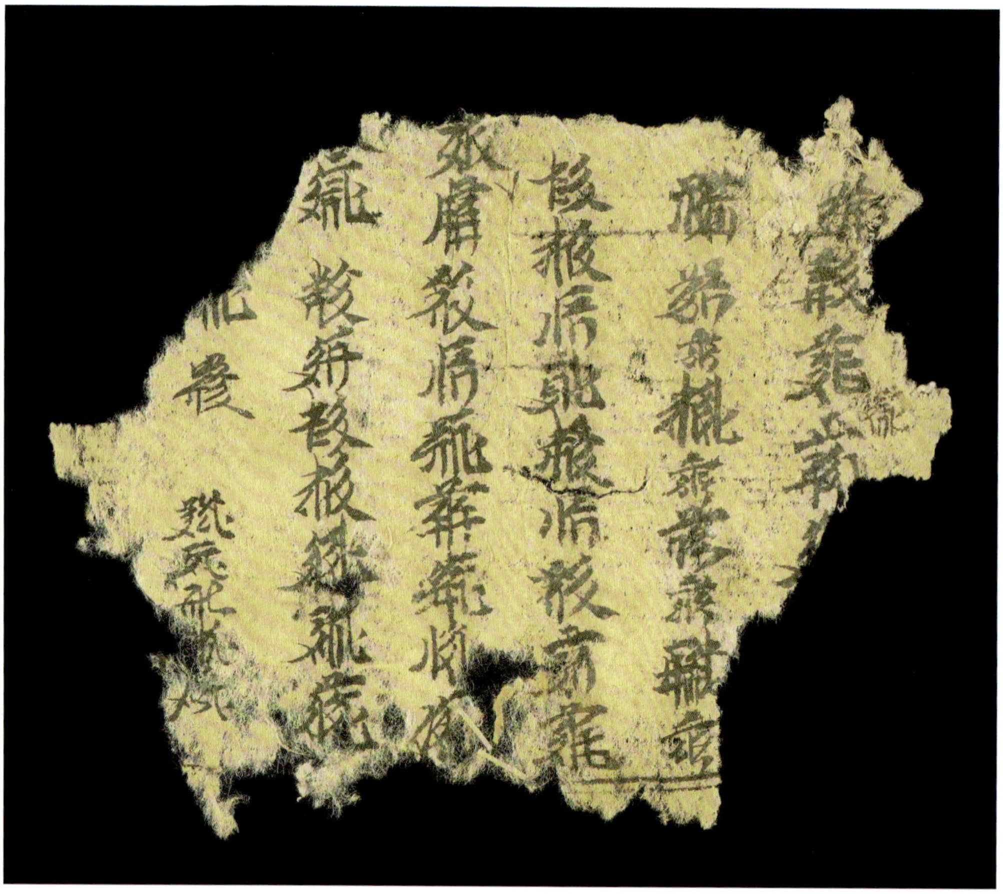

Or.12380/2082A（K.K.II.0280.hhh）
9.4 釐米 × 12 釐米

此世所願成……
唵　波昂訶昂永昂醯昂
誦而集輪種集等供養
……勇女等集受用彼後□
……應　三遍誦而奉法者
……竟　　次食傳次第

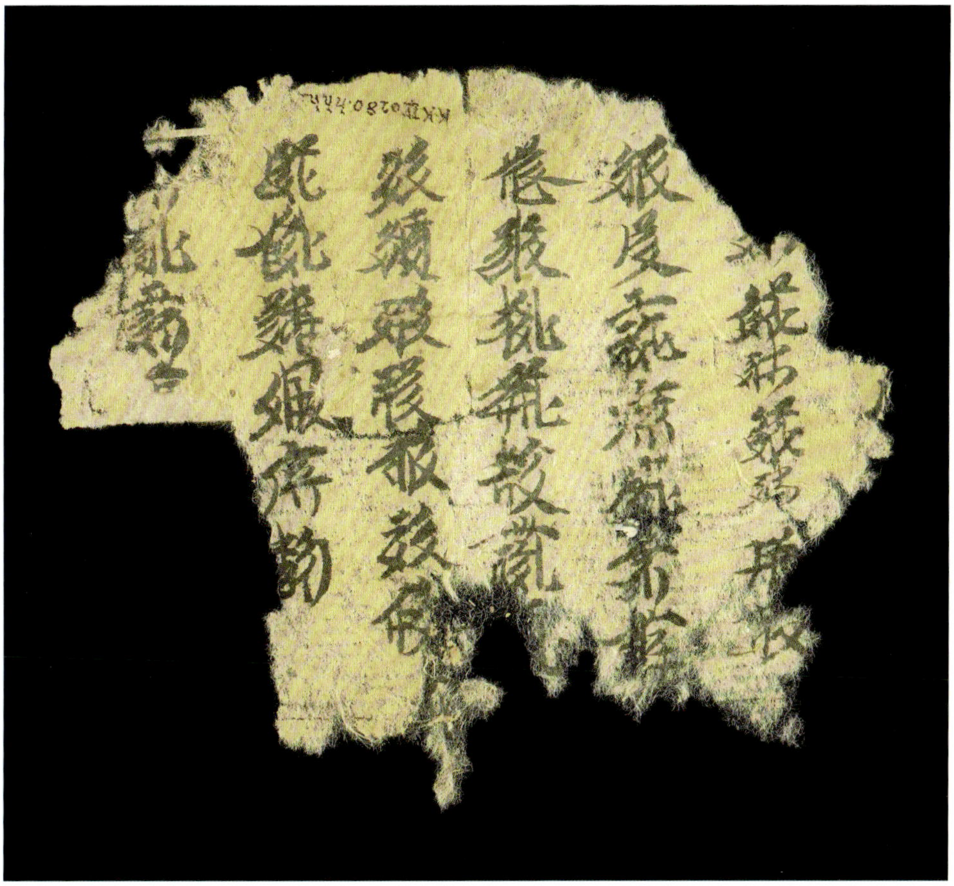

Or.12380/2082B
9.8 釐米 × 11.5 釐米

……癸吒癸吒　娑訶
右手金剛刀劍執
脅下長短三支□
人骨瓔珞以莊嚴
左足端襪位遣
□輪供……

2083 佛書殘片，亥年新法殘片

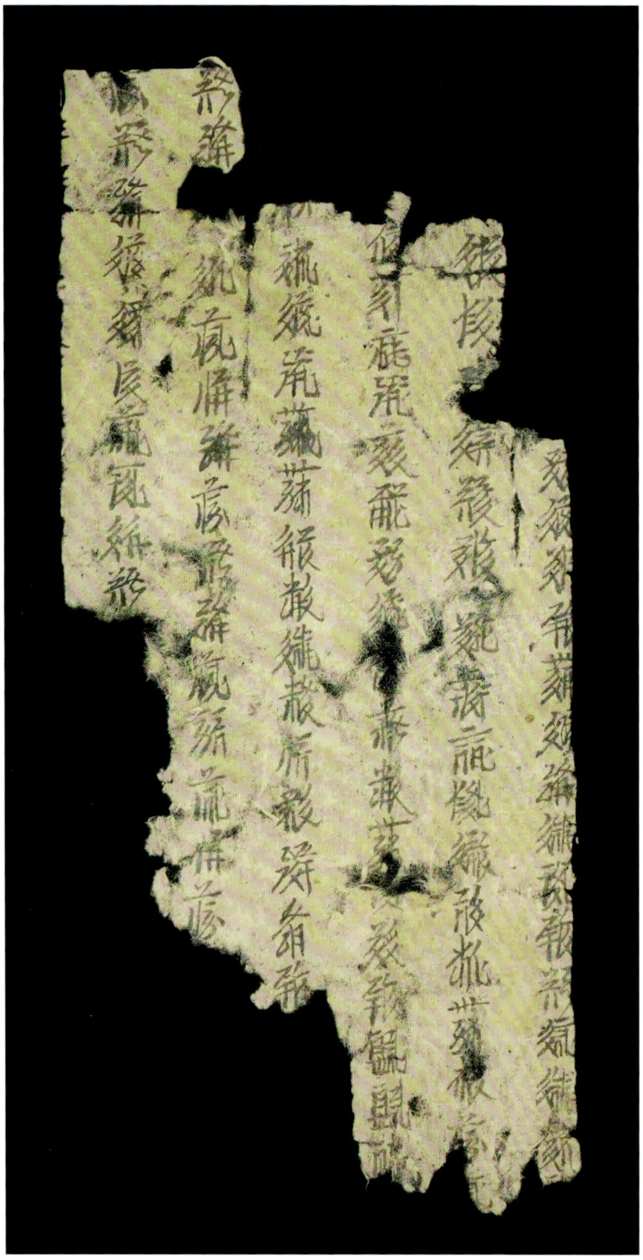

Or.12380/2083A（K.K.II.0280.n）
佛書殘片
21.3 釐米 × 9.8 釐米

……謂者害等殺傷則如前等當許前供……
……斷審□了畢時次自頂至足安十枚毒刺……
……五蘊皆與彼同謂者□真及刺八指等倍多使……
……法者彼毒刺及前種集等魚香等……
……爲則□重目中安爲則目盲耳内安……
……安爲實者爲指節上置爲……

Or.12380/2083B　佛書殘片
2.8 釐米 × 6.4 釐米

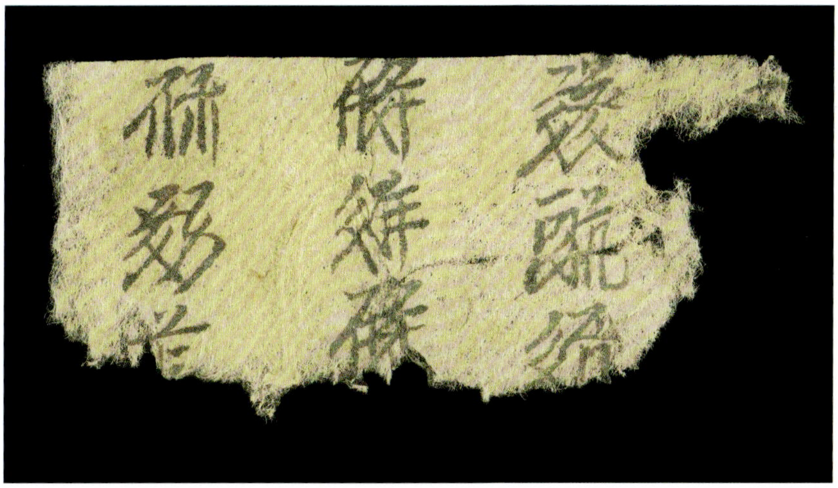

Or.12380/2083C　佛書殘片
3 釐米 × 6.7 釐米

……事具足……
……中心中……
……之謂……

Or.12380/2083D　佛書殘片
4 釐米 × 12.8 釐米

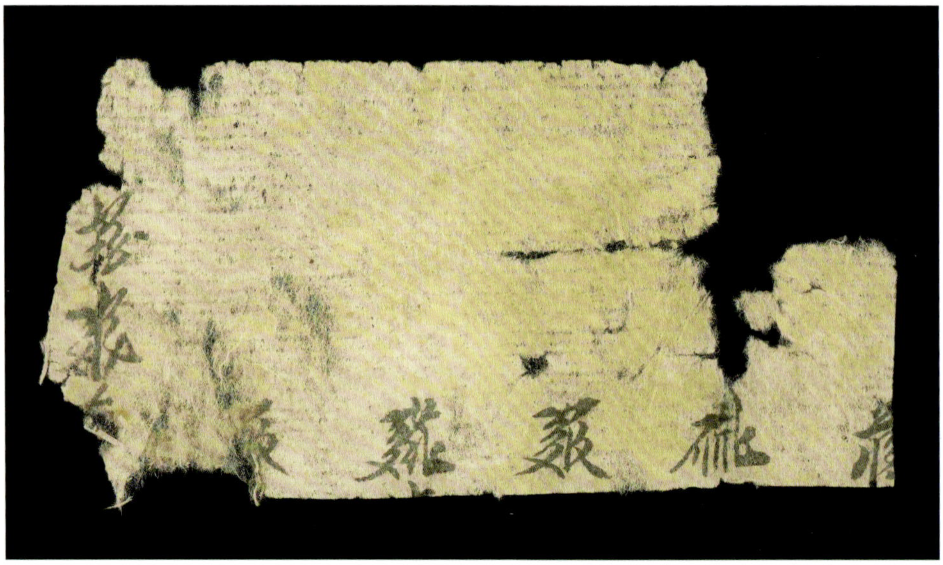

Or.12380/2083E　亥年新法殘片
6.5 釐米 × 13.1 釐米

　　多……
　　遣……
　　次……
　　……
一款……

2084　佛書殘片

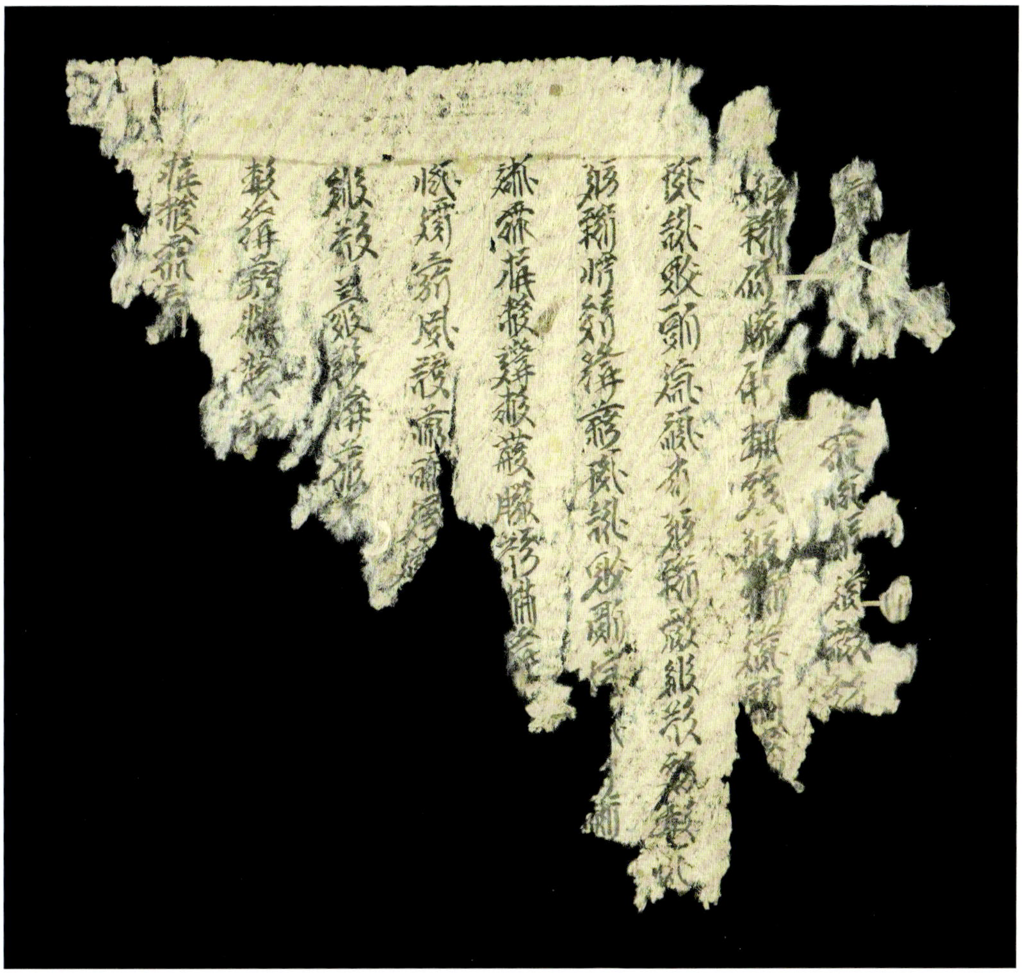

Or.12380/2084（K.K.II.0280.y）
15.4 釐米 × 16.5 釐米

……有不無者是謂……
幻術之壞説何所幻術者勝……
如汝他難應法亦幻術是故也謂及又……
幻術非譬真如若汝他難應□□勝……
法報二種量以已壞爲中如……
不爲自性清淨勝義……
故也或説則夢……
及真如依已……
二種有……

2085 佛書殘片

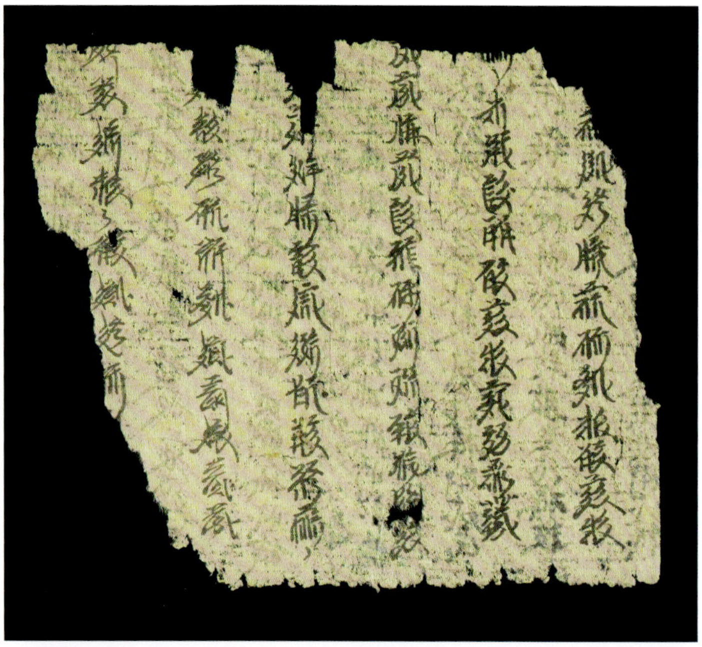

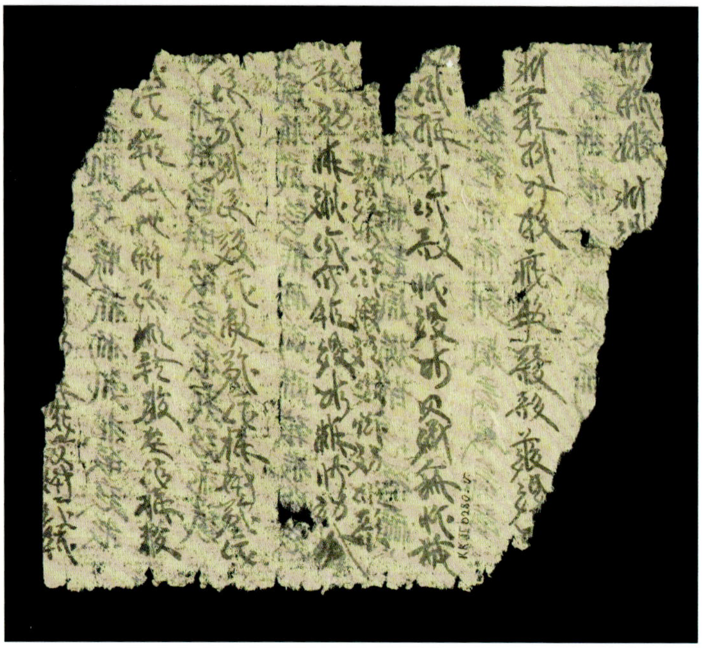

Or.12380/2085（K.K.II.0280.v）
11.3 釐米 × 13.2 釐米

……受然有情之觀而苦與出
……一切亦彼地獄苦與出離謂回向
……世界内諸餓鬼之饑渴等已止未
……心修習應善根何爲一切
……第三畜牲觀者十方世界
……可無種種苦受然……

2086 大寶積經卷一百

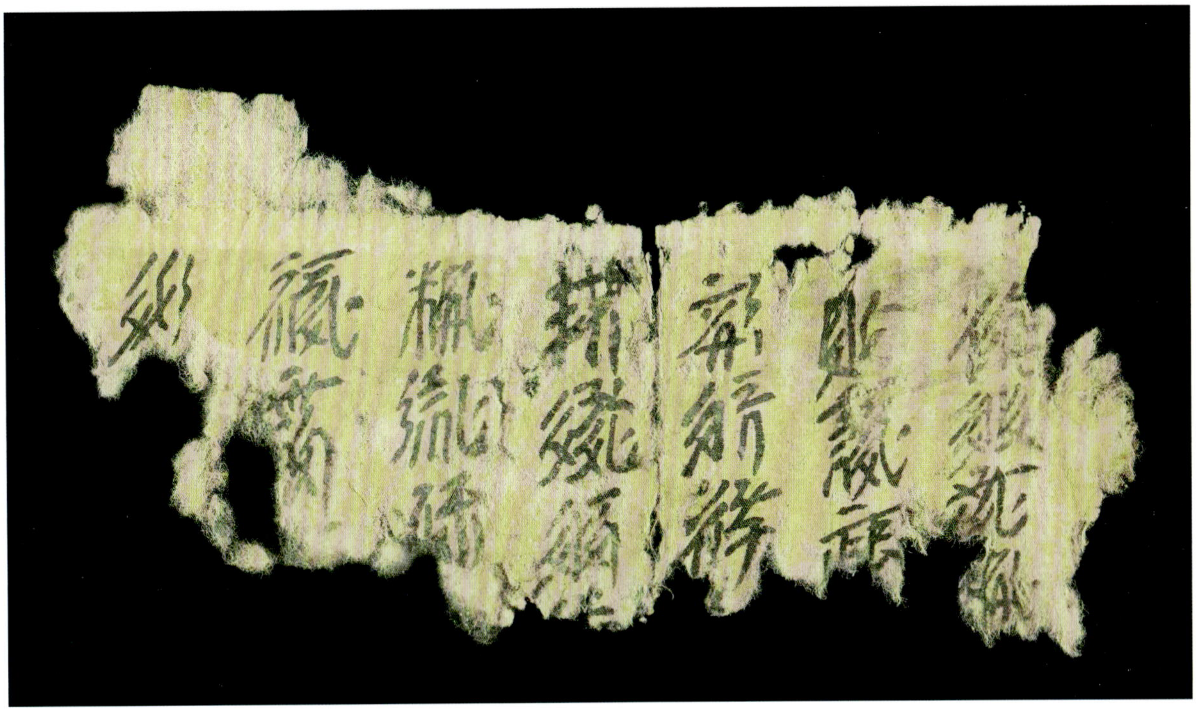

Or.12380/2086A（K.K.II.0274.ss）

6.7 釐米 × 13.1 釐米

是故諸菩……

光蒙皆……

無垢施……

動能四……

衆生之……

法爲……

重……

是故諸菩薩，能放淨光明，過無量佛土，所照無邊涯。

蒙光皆安樂，即發無上心。

無垢施女！若菩薩能成就四法者，**能**振**動**無量無邊諸佛刹土。何謂爲**四**？如所説行，得深法忍，堅持善法，化無量**衆生**，行阿耨多羅三藐三菩提。是**爲**菩薩成就四**法**，能震動無量無邊諸佛刹土。爾時世尊欲**重**明此義而説偈言。（《大正藏》T11，p0561a）

Or.12380/2086B
5.7 釐米 × 13 釐米

種……
三菩提……
尊此義……
刻花佛像……
恒弘誓……
無垢施……

所**種**善根爲利益安樂多衆生脱生死苦惱，願成阿耨多羅三藐**三菩提**故，是爲菩薩成就四法能得化生。爾時世**尊**欲重宣**此義**而説偈言：

刻花坐**尊像**，種種花供養，利益不惱衆，化生諸佛刹，
恒發**弘誓**願，度十方衆生。以此四妙行，恒生諸佛刹。

無垢施女！若菩薩成就四法得大財富。（《大正藏》T11，p0561c）

2087　啟請偈殘片

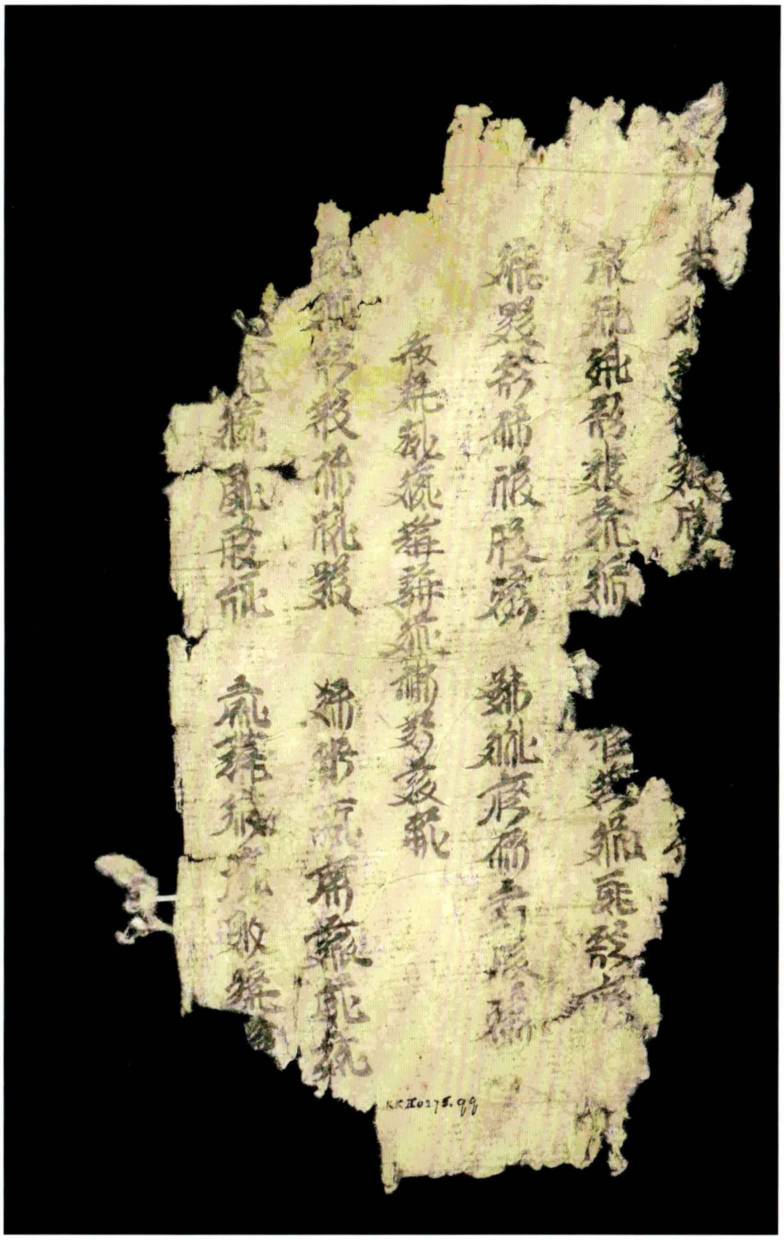

Or.12380/2087A
（K.K.II.0275.qq）
20.8 釐米 × 12.7 釐米

生□□□禮贊嘆……

威德殊勝無相匹　□□□解導師者

勝喜師之敬贊嘆　瑜伽士之身贊嘆

告請偈者同於現前解中說

諸上師等之敬禮　吉祥金剛空行母

□□母者轉輪行　劫火如水光焰□

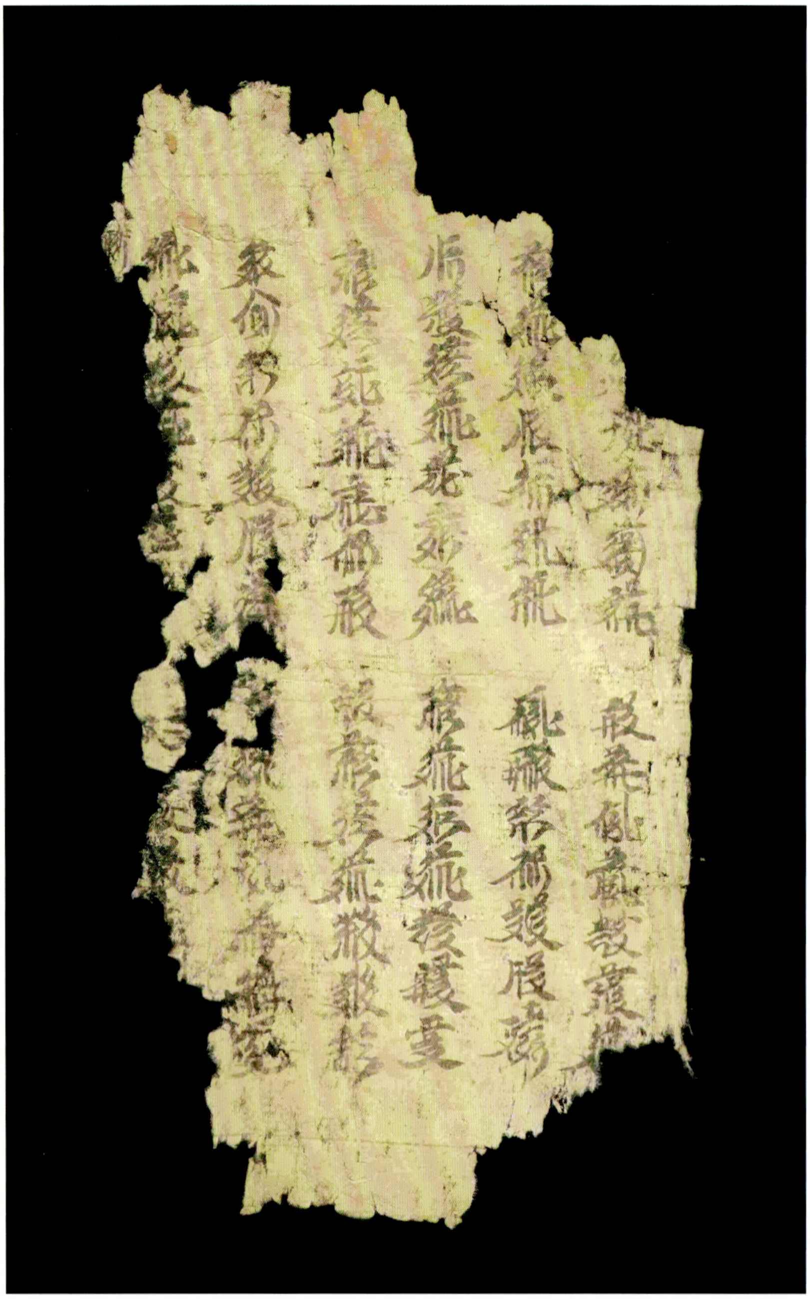

Or.12380/2087B
20.5 釐米 × 11.1 釐米

□□□如得稱名　智慧明利解三乘
解乘障礙行無行　學法師之禮贊嘆
究竟解義有慈悲　解真解句舉燈燭
真義傳行皆所取　超真義解大寶師
舊錦師之禮贊嘆　□□山如□□行
意者……

2088　慈悲道場懺法卷五

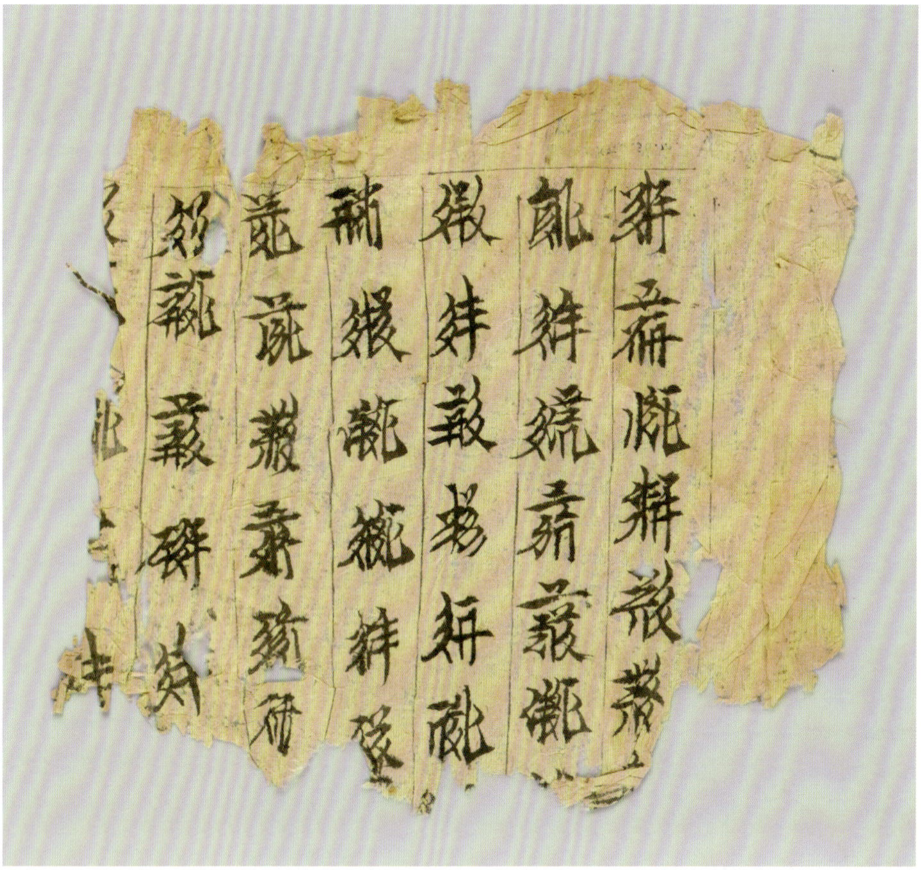

Or.12380/2088(K.K.II.0236.m)
14.3 釐米 × 16 釐米

怨對無窮也大……
悟心歸墾惻……
方佛感一拜……
除斷痛切心等……
世界大悲主之……
南無彌勒佛……

既不相知，多起觸惱，以觸惱故**怨對無窮**。大衆今日覺**悟**此意，**至誠墾惻**苦切用心，必令一念**感十方佛**，**一拜斷除**無量怨懟，**等**一**痛切**五體投地，重復**歸**依**世**間**大悲**慈**父**。

南無彌勒佛。南無釋迦牟尼佛。（《大正藏》T45，p0945c）

2089　慈悲道場懺法卷五

Or.12380/2089（K.K.II.0236.t）
12.5 釐米 × 13.5 釐米

……今日此意覺
……切心以一念依十
……禮以無量怨對
……五體……
……歸依……
……南無……

大衆**今日覺**悟**此意**，至誠墾惻苦**切用心**，必令**一念**感**十**方佛，**一拜**斷除**無量怨對**，等一痛切**五體**投地，重復**歸依**世間大悲慈父。

南無彌勒佛。**南無**釋迦牟尼佛。（《大正藏》T45，p0945c）

2090　佛書殘片

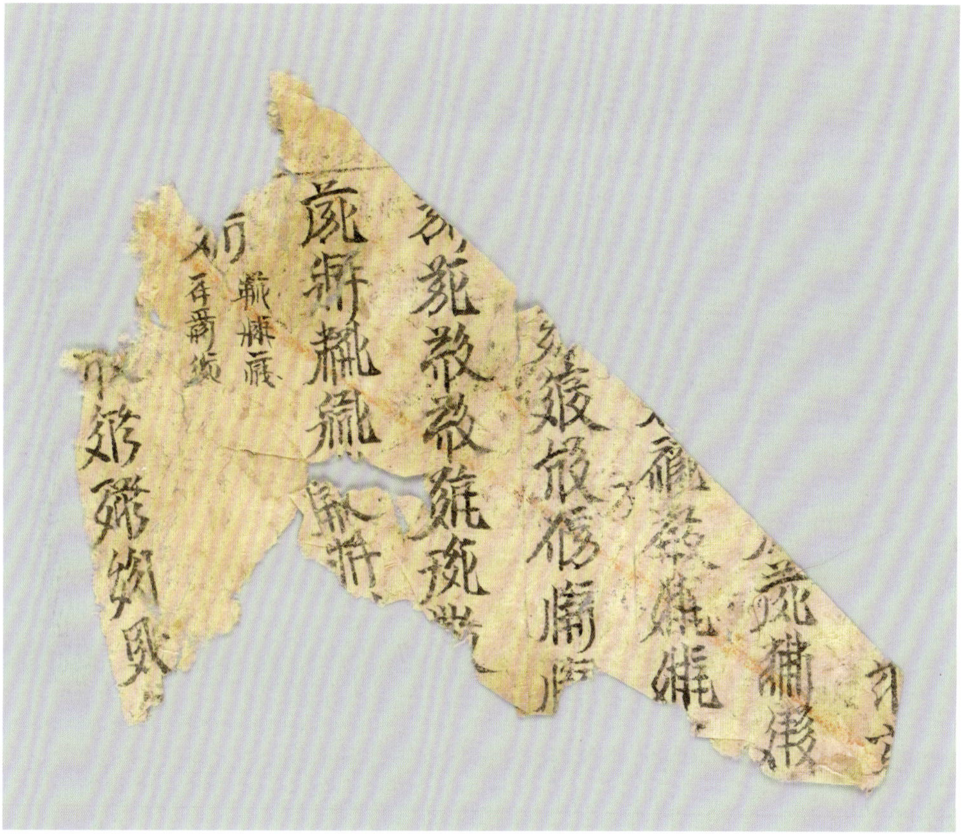

Or.12380/2090（K.K.II.0236.y）
12 釐米 × 13.2 釐米

……界中願……

……法門昭昭……

……涅槃乃入念念……

各自一一如是大……

界盡衆生業盡……

□如願皆當成就

……十六第日汝……

2091 大般涅槃經卷三十

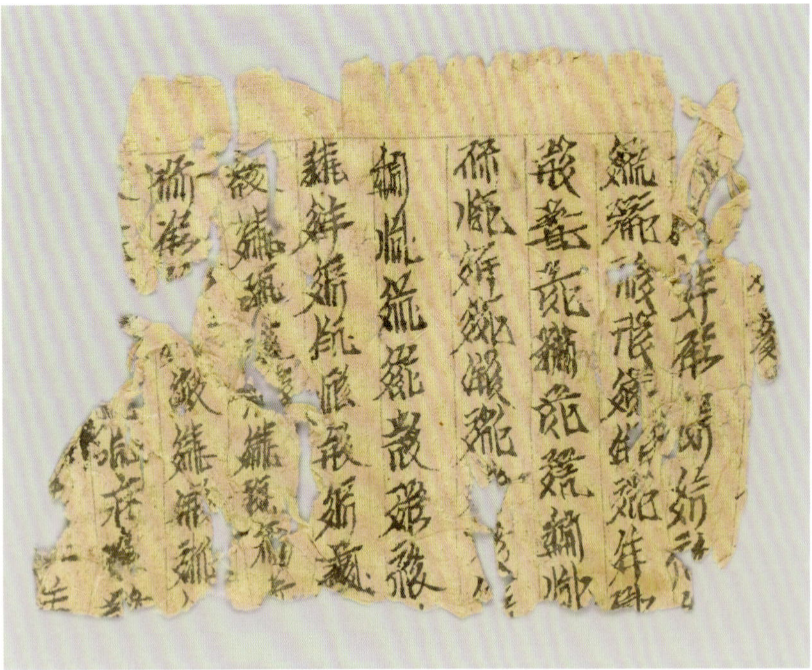

Or.12380/2091
（K.K.II.0248.r）
12 釐米 × 15.8 釐米

……星……
□□佛言善男子……
有其子長者信順心有……
智慧世間諸事速了……
之不恭敬信順……
速了知能第三子……
順心無根鈍智無父……
教先誰□□先誰親……
佛之白□□尊先信順……
……知者教……
……心……

如來世尊若不能救善**星**比丘，云何得名有大慈愍，有大方便？**佛言：善男子！**譬如父母唯有三子：**其一子者有信順心**，恭敬父母，利根**智慧**，於**世間事**能**速了**知。其第二子**不敬**父母，無**信順**心，利根智慧，於世間事**能速了知**。其**第三子**不敬父母，**無**信**順心**，**鈍根無智**。**父**母若欲**教**告之時，應**先**教**誰**？**先親**愛**誰**？當先教誰知世間事？迦葉菩薩**白佛**言：世**尊**！應**先教**授有**信順**心恭敬父母利根智慧**知**世事**者**，其次第二，乃及第三。而彼二子雖無信順恭敬之**心**，爲慈念故，次復教之。（《大正藏》T12，p0806c）

2092　佛書殘片

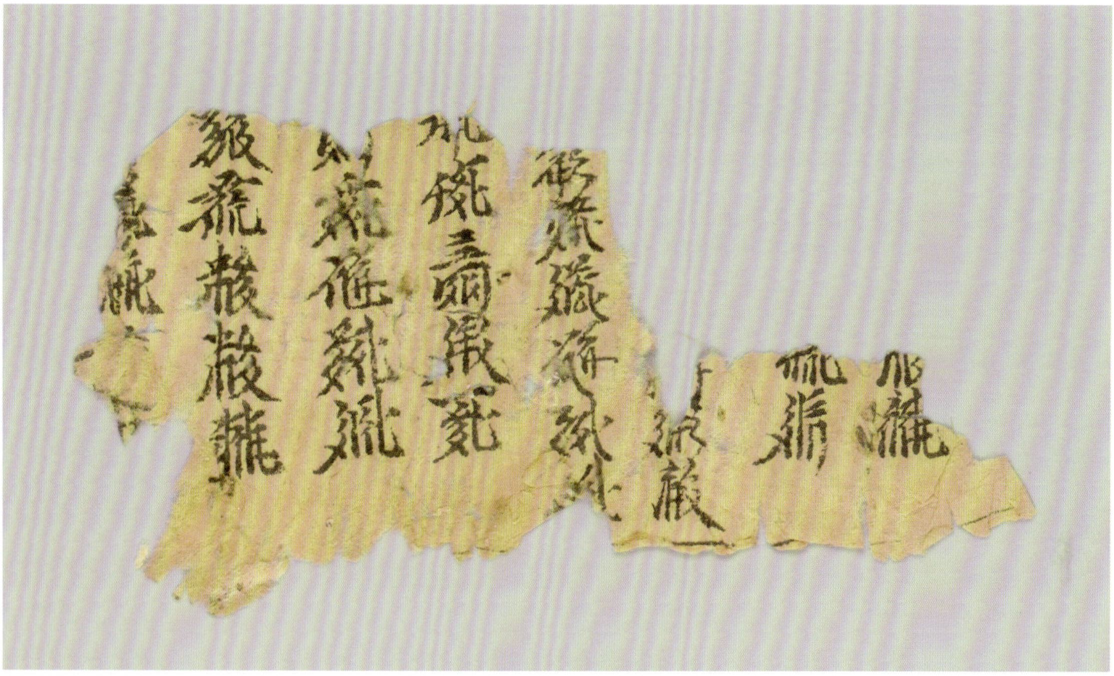

Or.12380/2092（K.K.II.0280.xxx）
8 釐米 × 15.2 釐米

……依
……無
……及
……樂香者鼻處□
……如十方遇
……母鼻處奉
……壞有種種依
……

2093 佛書殘片

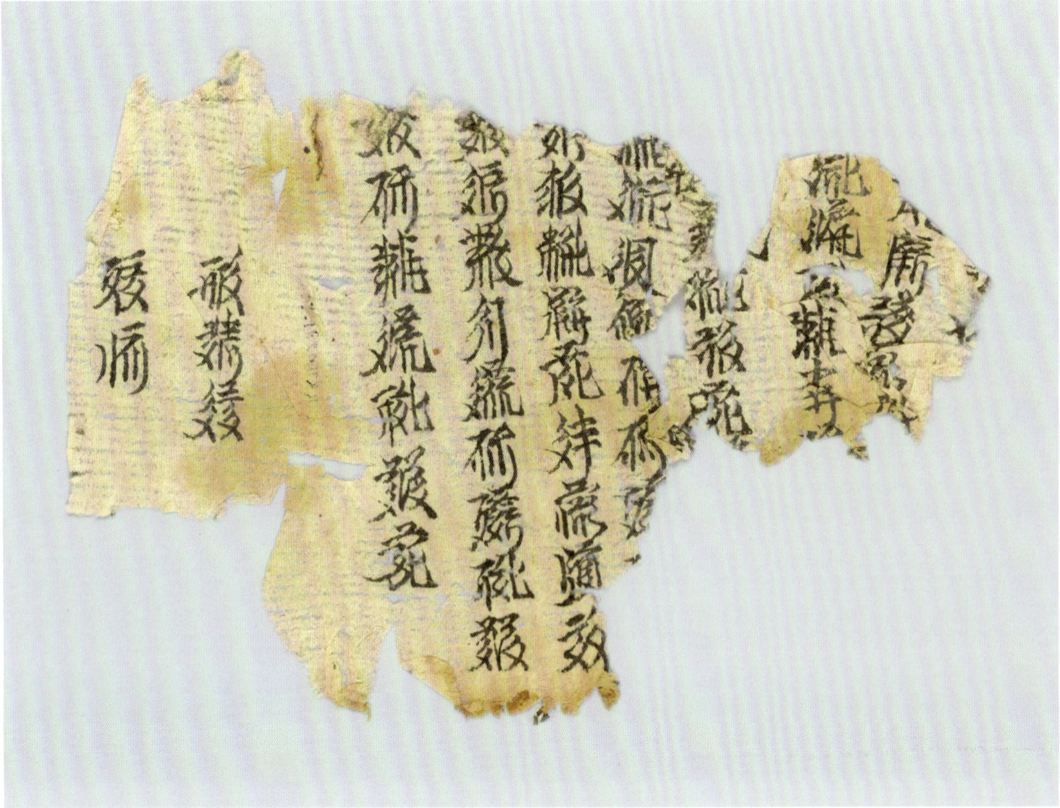

Or.12380/2093（K.K.II.0281.tt）
10.5 釐米 × 15.2 釐米

……念清淨……
……正覺□依樹……
……明過諸……
……上妙法□之贊……
……以情度諸佛淨土莊
……比無大聖衆之贊敬禮
……之歸依敬禮應
曼荼羅
阿伽

2094　佛書殘片

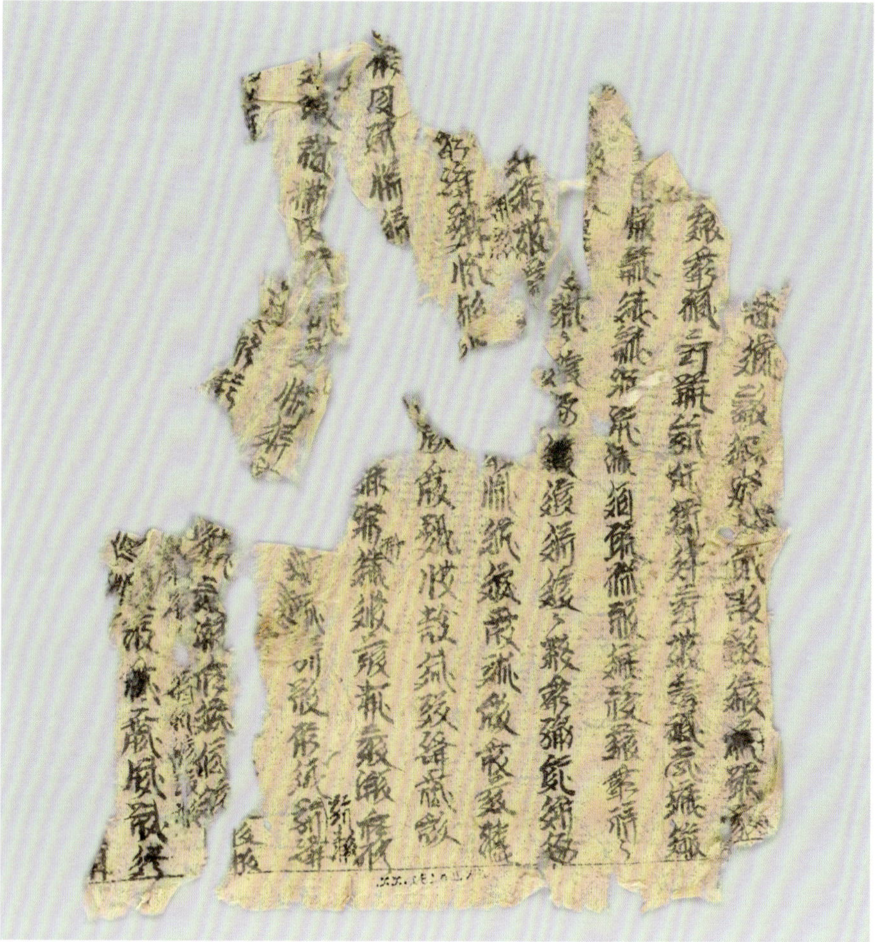

Or.12380/2094
（K.K.II.0282.xx）
19.3 釐米 × 15 釐米

……者如何對□夫茂盛色相愛
……空樂法身證能□爲佛身道場法界普遍
……未來壽長壽盡彼上四相超過究竟空樂寂寂
……佛會道場……　　……顯著欲在欲無欲欲大樂游行塵在
……則行不雜……　　……了知者見法是見與依
……曰第八念無……　　……見行定三平等則道是
……惡道中……念無……　　……何對曰前因乘上愛信者之
……對曰……　　……同也問曰同與同則
……愛信者者五欲……
……性情別作

2095 佛書殘片

Or.12380/2095（K.K.II.0282.vv）
12.2 釐米 × 14.4 釐米

離者見……
黄及……
得男女陰有……
巡行一切皆是　彼及如則解入
則……功德過……
不供求　謂與違及……
與違謂則願及諦生……

2096 修法殘片

Or.12380/2096（K.K.II.0282.oo）
19.5 釐米 × 16.6 釐米

上入不二爲念復面前□中根本……師
及師次上師本佛中圍佛會已在如……供修
者曼陀羅上始乃至寶塗供……則一番奉
圍繞等亦音□□供養奉法偈咒等□應彼之……
佛相等上撒散……
……王上師及西等……
……者二手魔……
……根本……

2097 佛書殘片

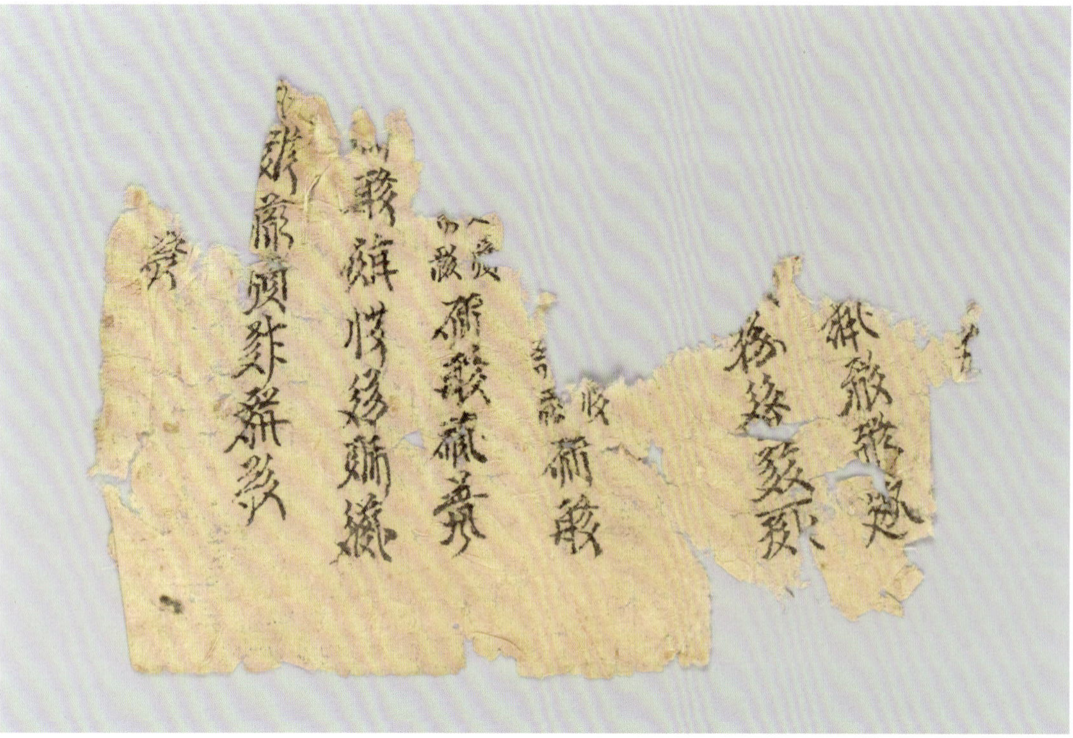

Or.12380/2097（K.K.II.0282.hh）
9.2 釐米 × 14.5 釐米

……上少許住
……一坐處上
……
……禪師是之傳
……國師是之傳法慧
……傳此定功德者
……時得生淨土也
……竟

2098　佛書殘片

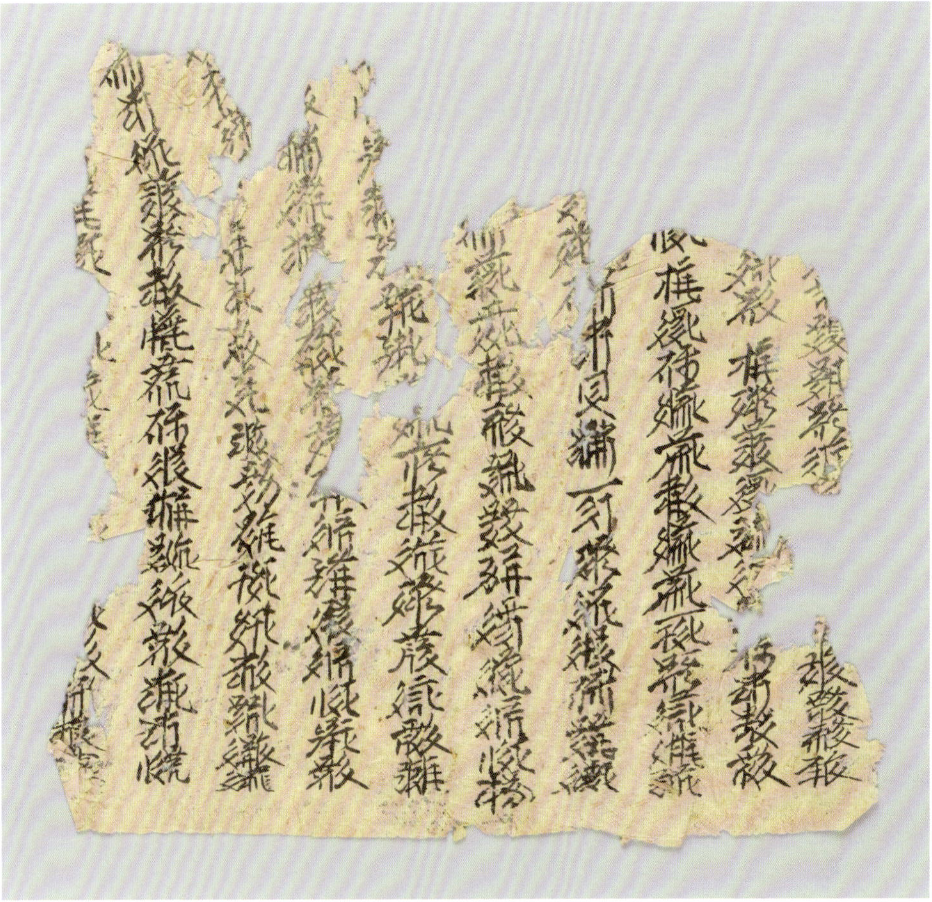

Or.12380/2098（K.K.II.0282.n）
14.4 釐米 × 15.5 釐米

……師主行爲方……時弟子等
……應也　第二護持法……亦三是
……二持之時節及時節上爲應明了
……第之亦八中第一命斷之弃失
……之父母及子乃不然爲者無復一
……恩重□者及最上悋應是因
……中今敬侍治爲事等無則願無復彼等
……上過願乎謂是如想以乃至蟣
……之亦命守爲及有情之拷打傷害等上歸
……

2099 佛説佛母出生三法藏般若波羅蜜多經卷四

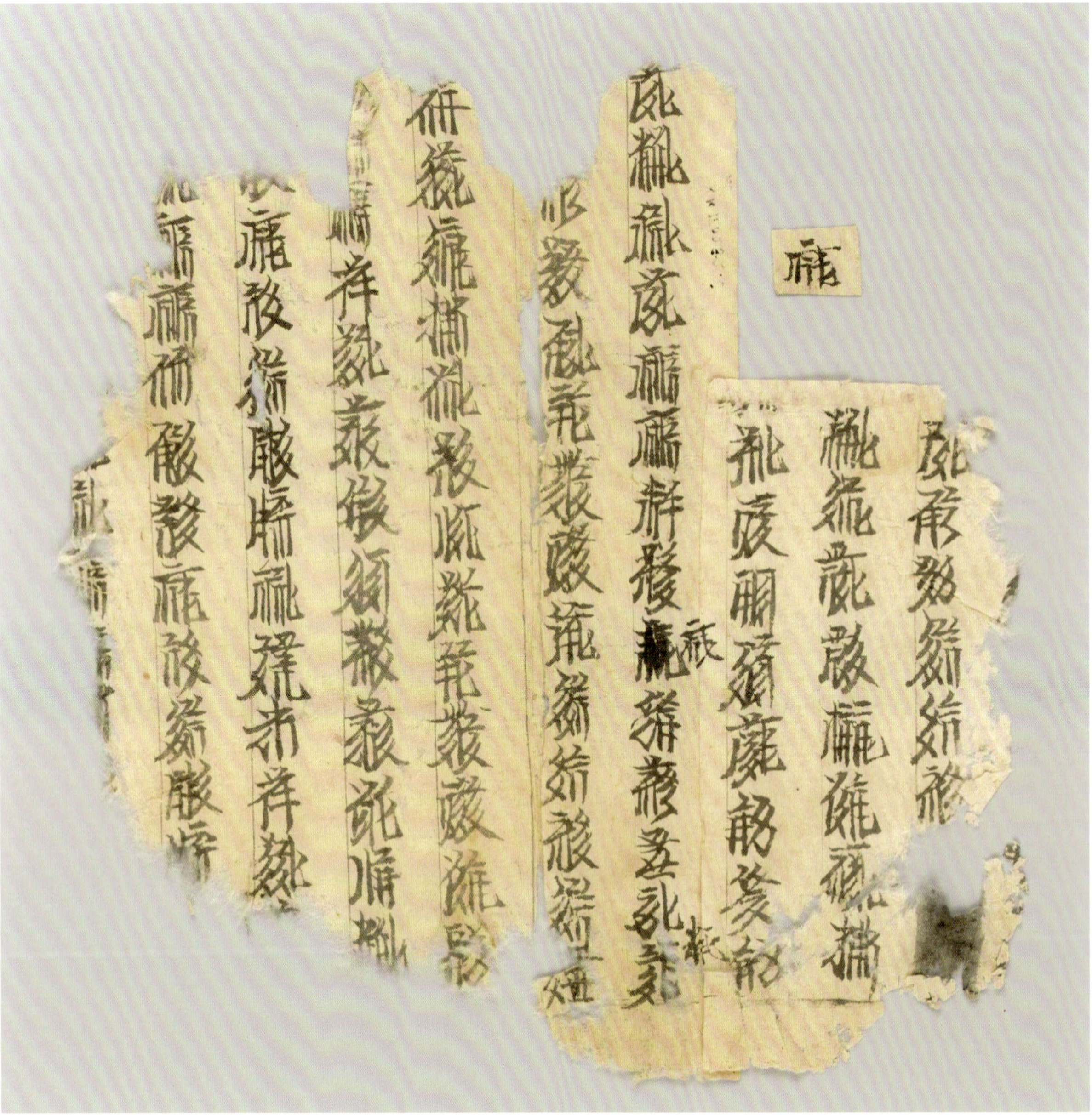

Or.12380/2099（K.K.II.0282.i）
18 釐米 × 17.5 釐米

……如言謂善男子……
……菩薩道是汝是法中
……速阿耨多羅三藐三
……諸有情界一切畢竟普真如實際上安
……不及憍尸迦是善男子善女
……報人甚中多也復次憍尸迦是閻……
……一切當置若人四大河洲内衆……
……十善業修令事亦當置……
……一切之教化皆十善修……
……生一切……

轉勸他人使其受持作**如**是言：汝**善男子！**此般若波羅蜜多**是菩薩道**，**汝**於**是中**應當修學。如是學者即能**速**證**阿耨多羅三藐**三菩提，能**盡一切諸有情界普**令**安**住**真如實際**。**憍尸迦！**是**善男子善女人**得福**甚多**。

復次憍尸迦！置是滿**閻**浮提**所有**衆生。**若人**以滿**四大洲**所有**衆**生各各教**令修十善業**，**復置是數**。若滿小千世界所有衆生而復**各各教修十善**，亦置是數。若滿中千世界**所有**衆**生**各各教修十善，亦置是數。（《大正藏》T08，p0603c）

2100 根本薩婆多部律攝卷十二

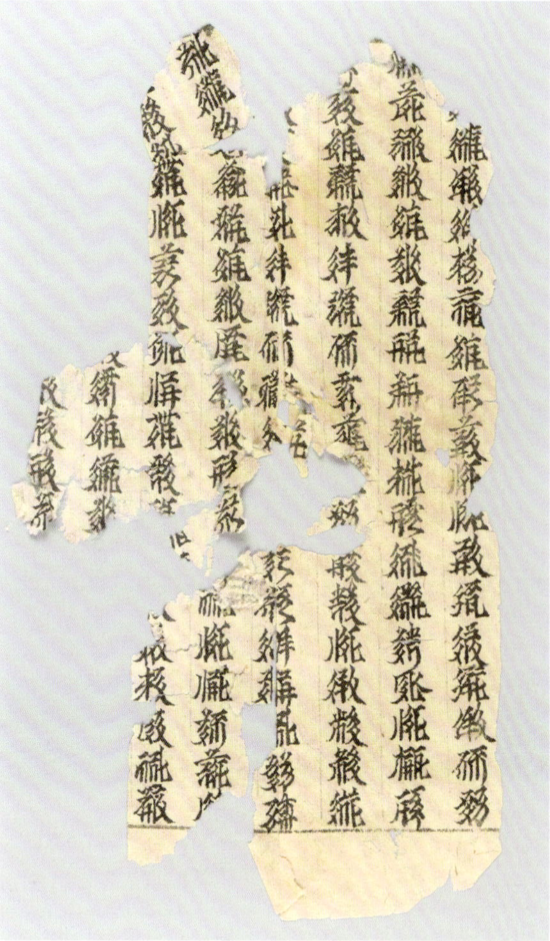

Or.12380/2100（K.K.V.b.012.d）
27.3 釐米 × 16.5 釐米

……初信心乃生此言聞後不覺泪出彼人之謂
……世尊緣斯實物獲罪依死合我今釋汝并汝親
……與此物以佛僧之供養□謂既釋後方種種上
……佛僧之齋請……説爲歡喜踴躍立
便初果獲得斯緣苾芻捉許□令又鄔波難陀
□教處往復樂人坊内往學……餅直輸令弓
……爲此者寶……
……瓔珞取爲……

王於三寶**初始生信**，**聞説此言**，**不覺流泪**，**告彼人**曰：汝**緣世尊獲斯珍寶**，**罪雖合死**，**我今釋**放，**并汝**眷屬，應將**此物供養佛僧**。**既蒙釋免**，**遂**辦上供，**奉請佛僧**。就其住宅佛爲**説**法，**踴躍歡喜**，**便獲初果**。**緣斯不聽苾芻寶**，**又鄔波難陀往教射處**，**復往樂坊**，怖其博士，**令輸餅直**，賣盡弓矢戲具之屬，終**致**貧窮。**此是寶**類。又鄔波難陀於薜舍離**取**他童子**瓔珞**云。是藥叉神。（《大正藏》T24，p0593c）

2101　根本薩婆多部律攝卷十二

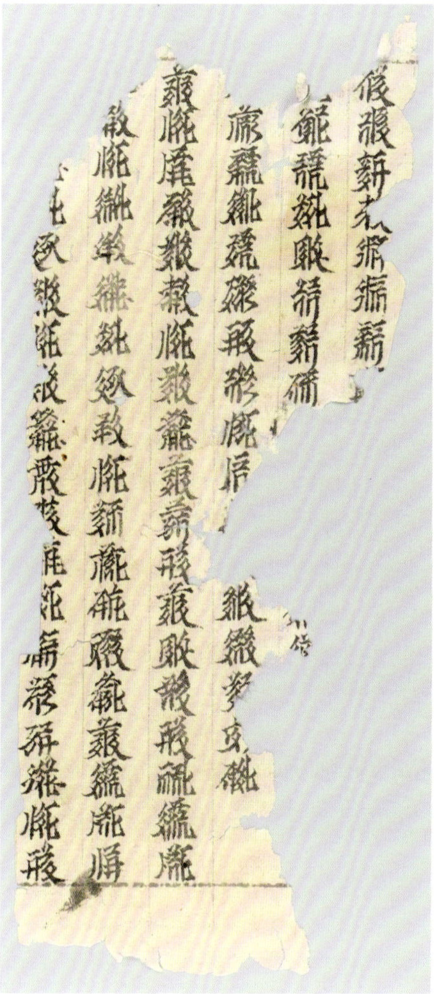

Or.12380/2101（K.K.V.b.012.e）
28 釐米 × 11.5 釐米

矢戲具賣盡貧窮……
□捨離處他童子之……
□淨財受事限量許集□□故學處設置
若復苾芻又及寶類若自捉若人教捉令寺院
□又及庶人捨處在波逸底迦得若寺院内
……在寶及寶類見時是如念作爾然後取

怖其博士，令輸餅直，**賣盡**弓**矢戲具**之屬，終致**貧窮**。此是寶類。又鄔波難陀於薜**舍離**取**他童子**瓔珞。云是藥叉神物。因**受不淨財**，**事過限廢闕**煩惱，**制斯學處**。

若復苾芻，**寶及寶類若自捉**，**教人捉**，除**在寺内及白衣舍波逸底迦**，**若在寺内**及白衣舍**見寶及寶類**，**應作是念**，**然後當取**。（《大正藏》T24，p0593c）

2102 佛頂心觀世音菩薩大陀羅尼經卷上卷中

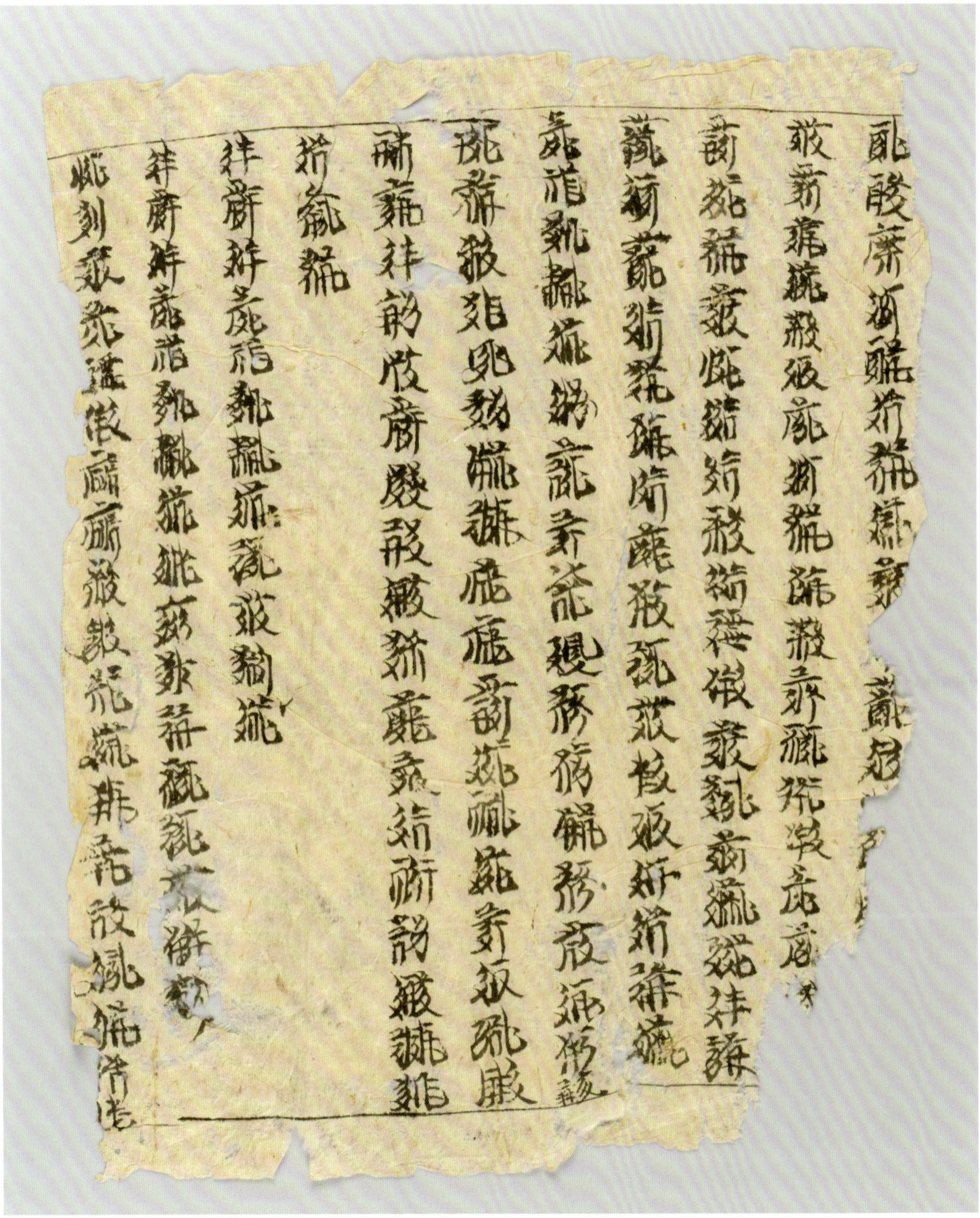

Or.12380/2102（K.K.II.0243.c）

25.2 釐米 × 20.5 釐米

輪轉王福具足得當若□香花……

契經供養者大千界福得此大悲法彼人世界□□

成就得若復善男子善女人若晨朝時面佛前

向妙香好燒此陀羅尼契經誦千遍滿即時

世音觀菩薩阿難身形化作爲明證作見問言何

如報滿足汝謂願依悉皆成就令能身口意業

消除佛三昧頂灌智力波羅蜜地殊勝力以滿足獲得

佛頂心世音觀菩薩契經上卷

佛頂心世音觀菩薩療病産催方法契經中卷

又設若諸女人一切子腹入衣襟闊十個月足誕

如是之人當**得具足轉輪王之福**。若人采**香花供養**此陀羅經**者**，是人**得大千之福**，**大悲法**性，彼人世間**得**大**成就**。

又**若**有**善男子善女人**能於**晨朝時面向佛前燒香**，**誦此陀羅尼經若滿千遍**，**即時見觀世音菩薩**當**化現阿難形**相**爲作證明**。**問言**："所須**何果報**，**悉能依願成就**，**消除身口意業**，**得佛三昧灌頂智力**，**波羅蜜地**，**殊勝之力**，如**滿果**遂。"

佛頂心觀世音菩薩經卷上

佛頂心觀世音菩薩療病催産方卷中

又設復**若**有**一切諸女人**或**身**懷六甲，至**十月滿足**，坐草之時，忽分解不得。（法國國家圖書館藏本 P.3916）

2103 佛書殘葉

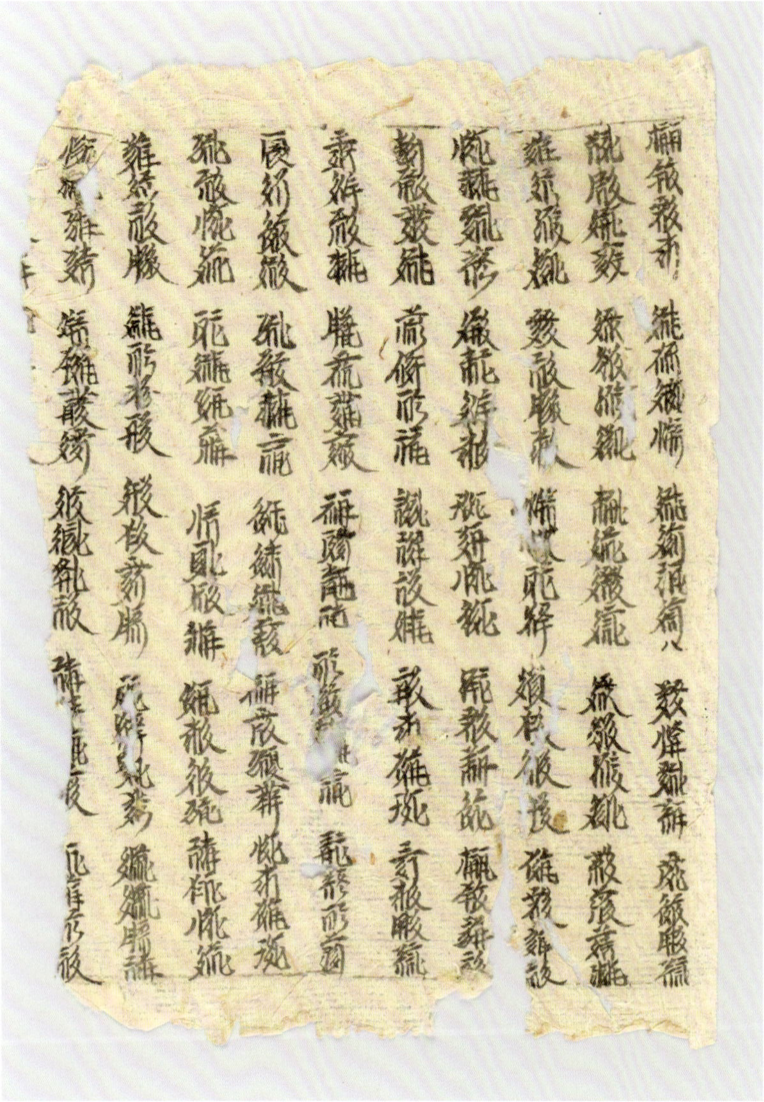

Or.12380/2103
(K.K.II.0240.c)
22.5 釐米 × 16.8 釐米

爾等等亦　我之思念　我明某甲八　無量所求　造諸惡業
分別解脱　禁戒既受　菩薩應學　禁戒既受　依大乘密
記句既受　所犯壞及　念定施食　增誦明咒　此等記犯
不依所爲　愧耻心以　不曾懺悔　彼等罪孽　爾等面前
我尋諭旨　淨梵言説　顯然乃明　他亦如此　以身造業
因悲心少　殺害有情　邪淫盜竊　言□□發　爲虚誑語
齒舌宣惡　意因苦生　嫉妒我驕　邪見顛倒　後亦如此
意少不解　食先混殘　集輪混雜　以殘祭神　不解根本
犯壞記句　前言既取　親誦求修　增施食行　時時修本
懈怠放逸　遺念乃爲　年月日過　本佛□□　□記句犯

2104　大般若波羅蜜多經卷三百二十八

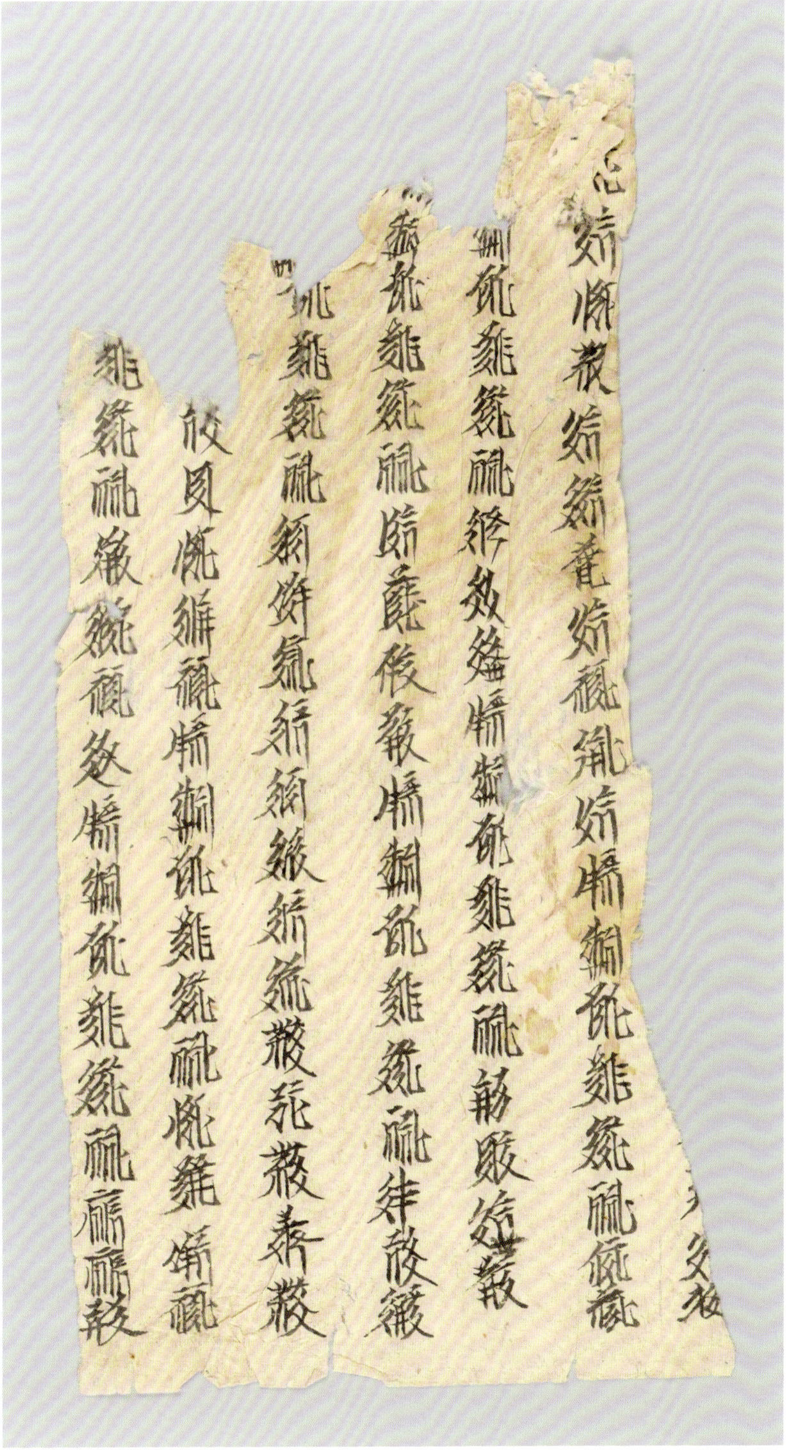

Or.12380/2104(K.K.II.0266.e)

27 釐米 × 14 釐米

……地遠

行地不動地善慧地法雲地修速圓滿能令五眼

……速圓滿能令六神通修速圓滿能令三摩地門

……速圓滿能令陀羅尼門修速圓滿能令佛十力

……圓滿能令四畏所無四礙無解大慈大悲大

……十八不共法修速圓滿能令不失忘法

……滿能令恒捨法住修速圓滿能令一切智

能**修**離垢地發光地焰慧地極難勝地現前**地遠行地不動地善慧地法雲地令速圓滿。能**修五眼令速**圓滿。能修六神通令速圓滿**。能修三摩**地門令速圓滿。能修陀羅尼門令速圓滿**。能修佛十力令速圓滿。**能修四無所畏四無礙解大慈大悲大**喜大捨十八佛不共法**令速圓滿**。能修無忘失法令速圓滿。**能修恒住捨性令速圓滿**。能修**一切智**令速圓滿。（《大正藏》T06，p0677c）

2105　大般若波羅蜜多經卷十六

Or.12380/2105（K.K.II.0277.i）
24.5 釐米 × 19 釐米

……豈有此真如不既有云何因緣真如菩
……訶薩是前後同緣觀所緣增上緣真如
……訶薩是因緣真如异菩薩摩訶薩是
……觀所緣增上□真如异菩薩摩訶薩
……中菩薩摩訶薩有前後同緣觀所
……薩摩訶薩有菩薩摩訶薩
……訶薩中前後同緣觀所
……緣真如離菩薩摩訶薩有
……緣真如離菩薩摩訶□
……法真如者菩□

性非有故，況有因緣真如及等無間緣所緣緣增上緣真如？此真如既非有，如何可言，即因緣真如是菩薩摩訶薩，即等無間緣所緣緣增上緣真如是菩薩摩訶薩，异因緣真如是菩薩摩訶薩，异等無間緣所緣緣增上緣真如是菩薩摩訶薩。因緣真如中有菩薩摩訶薩，等無間緣所緣緣增上緣真如中有菩薩摩訶薩。菩薩摩訶薩中有因緣真如，菩薩摩訶薩中有等無間緣所緣緣增上緣真如。離因緣真如有菩薩摩訶薩，離等無間緣所緣緣增上緣真如有菩薩摩訶薩。

復次善現！汝觀何義言，即緣所生法真如非菩薩摩訶薩。（《大正藏》T05，p0088a–0088b）

2106 大般若波羅蜜多經卷二百十七

Or.12380/2106（K.K.V.b.024.h）
26.5 釐米×25 釐米

……若性無……
清淨若一切智智清淨不……
不斷也善現性無自性空清淨故佛……
清淨佛十力清淨故一切智智清淨何云
也若性無自性空清淨若佛□力清淨若一
切智智清淨不二不二分……
自性空清淨故四畏……
大悲大喜大捨佛十八不共……
所無乃至佛十八不共法清淨……
智清淨何云也若性無自性……
所無乃至佛十八不共法……
清淨不二不……
□空清淨……

若無性自性空清淨。若六神通清淨。若一切智智清淨。無二無二分無別無斷故。善現。無性自性空清淨故佛十力清淨。佛十力清淨故一切智智清淨。何以故。若無性自性空清淨。若佛十力清淨。若一切智智清淨。無二無二分無別無斷故。無性自性空清淨故四無所畏四無礙解大慈大悲大喜大捨十八佛不共法清淨。四無所畏乃至十八佛不共法清淨故一切智智清淨。何以故。若無性自性空清淨。若四無所畏乃至十八佛不共法清淨。若一切智智清淨。無二無二分無別無斷故。善現。無性自性空清淨故無忘失法清淨。（《大正藏》T06，p0086c）

2107　大般若波羅蜜多經卷三百十五

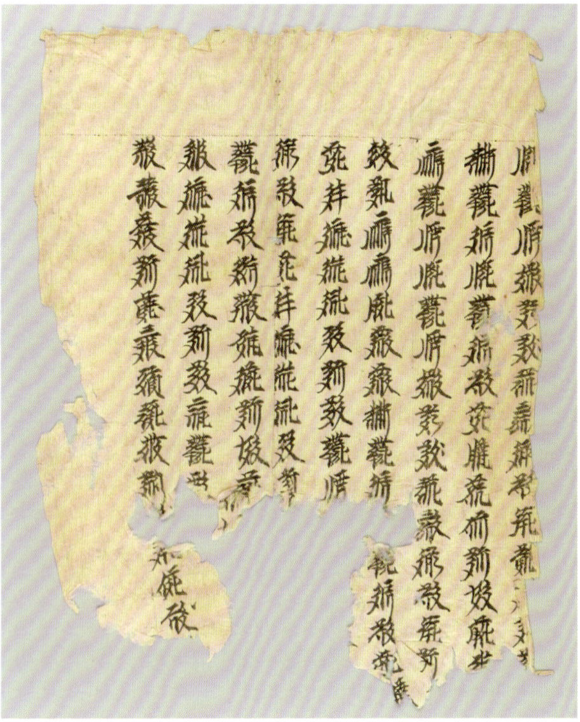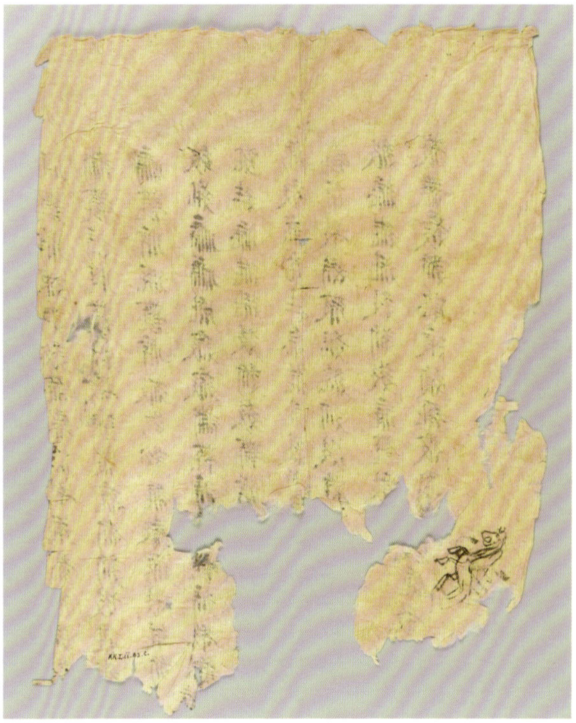

Or.12380/2107（K.K.I.ii.02.e）
27.5 釐米 × 21.5 釐米

不趣非宣説開示何云也彼獨……
中趣無不趣無也諸有情爲菩薩摩訶……
切趣非不趣非宣説開示何云也彼菩……
薩行一切性空空中趣無□趣無也諸……
諸佛最上正等菩提趣非……
雲也彼諸佛最上正等菩……
趣無也善現是者菩薩摩……
故最上正等菩提發趣是
大般若波羅蜜多契經卷□百十五……

爲諸有情宣説開示獨覺菩提非趣非不趣。何以故？以獨覺菩提性空，空中無趣無不趣故。爲諸有情宣説開示一切菩薩摩訶薩行非趣非不趣。何以故？以一切菩薩摩訶薩行性空，空中無趣無不趣故。爲諸有情宣説開示諸佛無上正等菩提非趣非不趣。何以故？以諸佛無上正等菩提性空，空中無趣無不趣故。善現！是爲菩薩摩訶薩爲與世間作所趣故發趣無上正等菩提。

大般若波羅蜜多經卷第三百一十五（《大正藏》T06，p0610a-0610b）

2108 大般若波羅蜜多經卷一百二十六

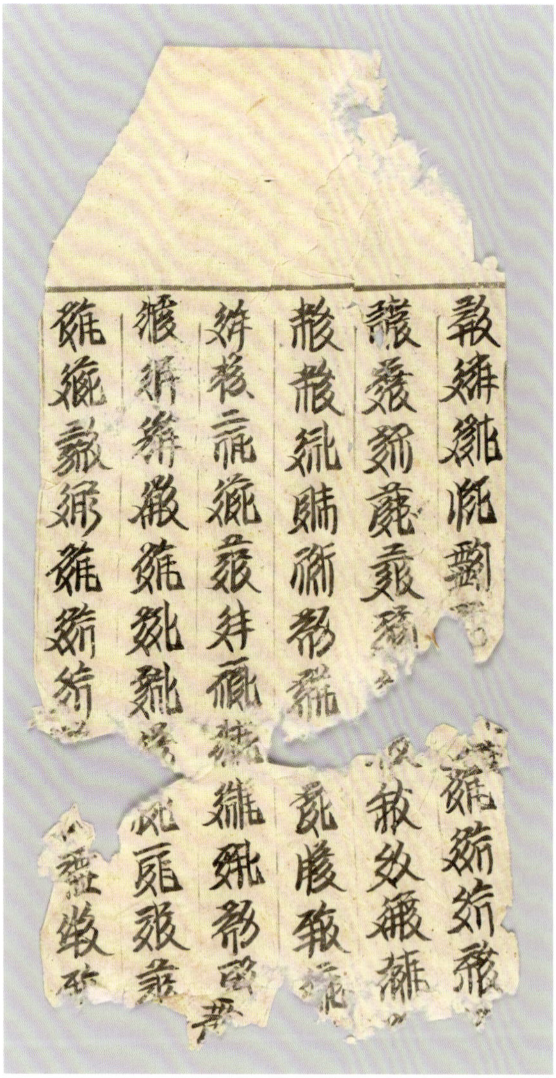

Or.12380/2108（K.K.II.0262.f）
23.5 釐米 × 11.2 釐米

世輕受不有……是善男子……
般若波羅蜜多□威神力由……
種種功德勝利獲諸天等最……
心已發者或佛法依先殊勝利樂……
敬重故恒此處乃□□隨擁護……
此者云何是善男□□女人等……

或轉重業現**世輕受**。憍尸迦！**是善男子**善女人等**由**此**般若波羅蜜多**大**威神力獲**如是等現世**種種功德勝利**，謂**諸天等**已發無上菩提**心者**，**或**依**佛法**已獲**殊勝利樂**事者**敬重**法**故**，**恒**來至**此**，**隨**逐**擁護**，增其勢力。所以**者何**？**是善男子**善**女人等**已發無上正等覺心。（《大正藏》T05，p0693c）

2109　金光明最勝王經卷四

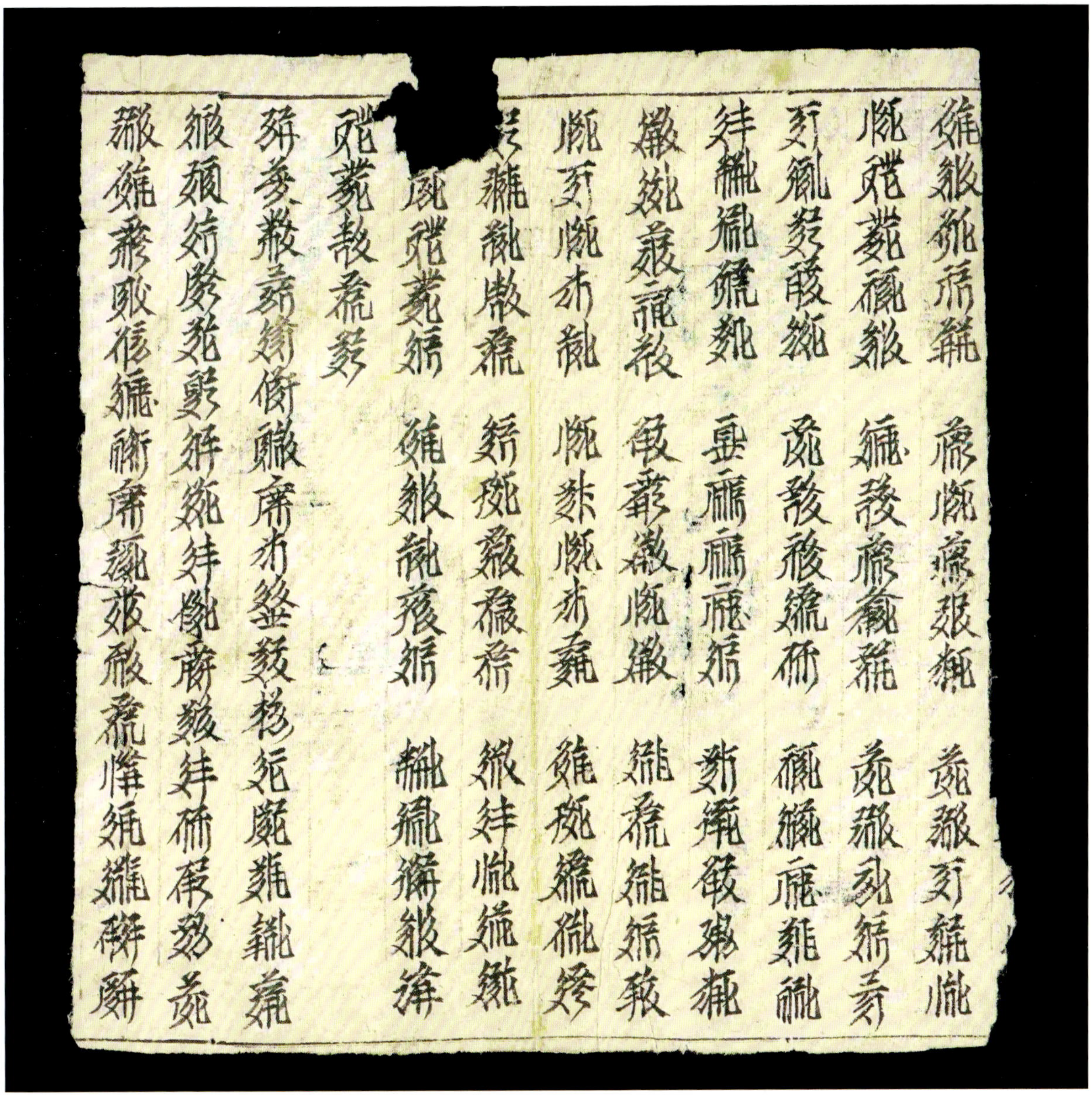

Or.12380/2109（K.K.V.b.01.g）

23.8 釐米 × 11.1 釐米

是故圓寂證　淨不淨品於　世尊一味知

不分別法由　最清淨獲得　世尊邊無身

一字説不曾　諸弟子衆之　法雨皆滿令

佛衆生相觀　種一切皆無　故此苦惱於

常救護興也　苦樂常不常　我有我無等
不一不亦异　不生不亦滅　是如衆多義
説隨差别有　譬如空谷響　唯佛了知能
□界分别無　是故异乘無　衆生度爲故
分别三有説
爾時大自在梵天王亦座處上起左肩偏袒
右膝地著掌合恭敬佛足頂禮佛之白言世
尊此金光明最勝王契經希有量難初中後

不著於二邊，是故證圓寂。於淨不淨品，世尊知一味。
由不分别法，獲得最清淨。世尊無邊身，不説於一字。
令諸弟子衆，法雨皆充滿。佛觀衆生相，一切種皆無。
然於苦惱者，常興於救護。苦樂常無常，有我無我等。
不一亦不异，不生亦不滅。如是衆多義，隨説有差别。
譬如空谷響，唯佛能了知。法界無分别，是故無异乘。
爲度衆生故，分别説有三。

爾時大自在梵天王亦從座起，偏袒右肩，右膝著地，合掌恭敬頂禮佛足而白佛言：世尊！此金光明最勝王經希有難量，初中後善，文義究竟，皆能成就一切佛法。（《大正藏》T16，p0421c–0422a）

2110　大般若波羅蜜多經卷三百二十八

Or.12380/2110（K.K.V.b.02.i）
27.5 釐米 × 12 釐米

地菩薩摩訶薩爲地界遮遣涅槃顯示水
火風空識界遮□涅槃顯示佛特殊甚妙
方便以不退轉地菩薩摩訶薩爲明無遮遣
涅槃顯示行識名色六處觸受愛取有生
老死愁嘆苦憂惱遮遣涅槃顯示佛特殊甚
妙方便以不退轉地菩薩摩訶薩爲布施波
羅蜜多遮遣涅槃顯示戒淨安忍精進靜慮
般若波羅蜜多遮遣涅槃顯示佛特殊甚妙
方便以不退轉地菩薩摩訶薩爲内空遮遣
涅槃顯示外空内□空空空大空勝義空
爲有空爲無空畢□空際無空散空不變
……相空共相空法一切空得

世尊甚奇微妙方便，爲不退轉地菩薩摩訶薩遮遣地界顯示涅槃，遮遣水火風空識界顯示涅槃。世尊甚奇微妙方便，爲不退轉地菩薩摩訶薩遮遣無明顯示涅槃，遮遣行識名色六處觸受愛取有生老死愁歎苦憂惱顯示涅槃。世尊甚奇微妙方便，爲不退轉地菩薩摩訶薩遮遣布施波羅蜜多顯示涅槃，遮遣淨戒安忍精進靜慮般若波羅蜜多顯示涅槃。世尊甚奇微妙方便，爲不退轉地菩薩摩訶薩遮遣内空顯示涅槃，遮遣外空内外空空空大空勝義空有爲空無爲空畢竟空無際空散空無變异空本性空自相空共相空一切法空不可得空無性空自性空無性自性空顯示涅槃。（《大正藏》T06，p0681b–0681c）

2111　大般若波羅蜜多經卷三百六十六

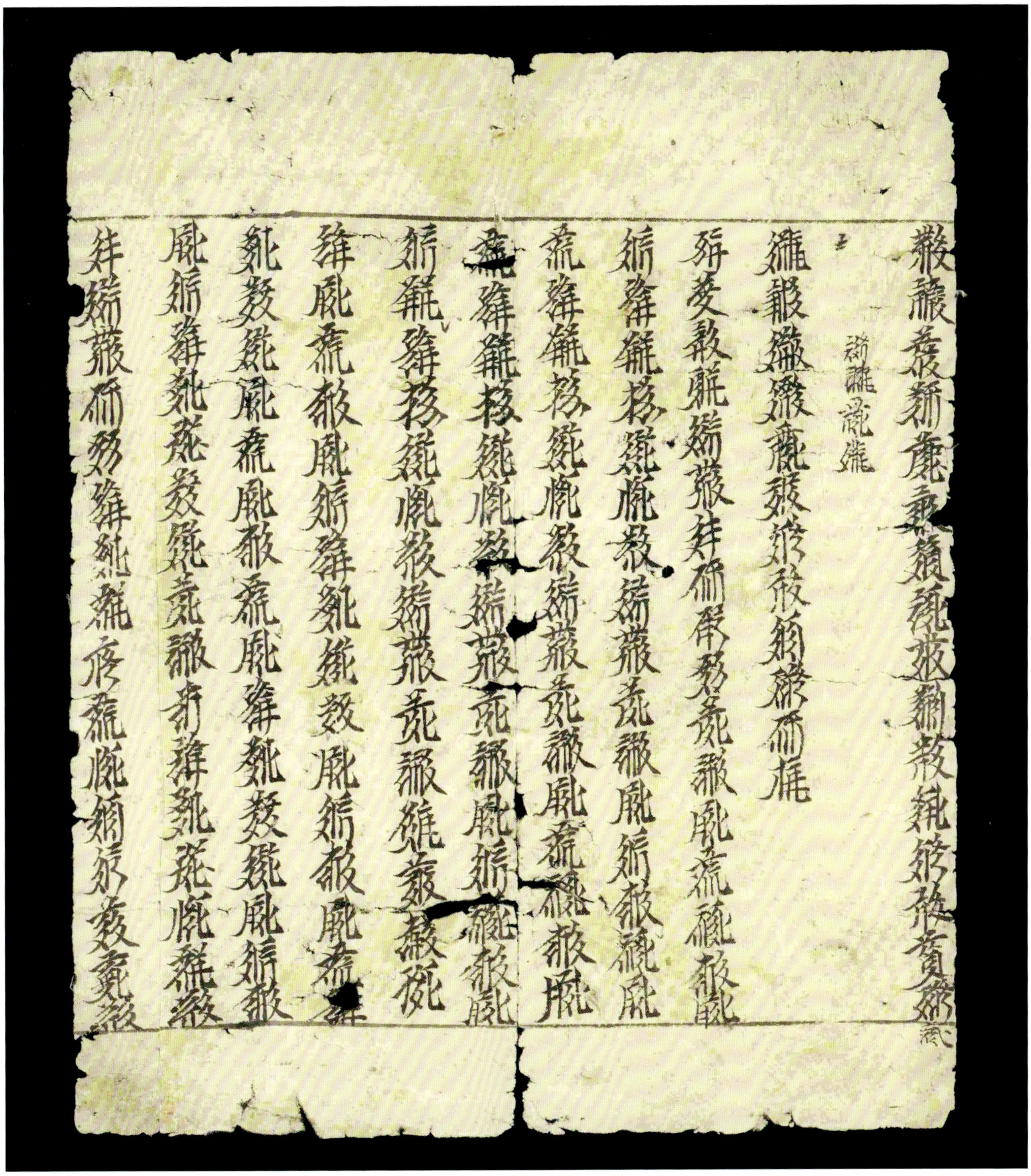

Or.12380/2111（K.K.V.b.01.i）

27.5 釐米×11.6 釐米

大般若波羅蜜多契經卷三百六十七第

天奉道显

初分遍學道品六十四第之二

爾時壽具善現佛之白言世尊性有法以性

無現證所能不也善現世尊性無法以性

有現證所能不也善現世尊性有法以性

有現證所能不也善現世尊性無法以性

無現證所能不也善現世尊爾若論如

則性有以性無現觀能不性無以性有現

觀不能性有性以有性現觀不能性無以

性無現觀將不能世尊亦現觀將不得也

佛善現之言現觀得者有然四句與離也

大般若波羅蜜多經卷第三百六十七

初分遍學道品第六十四之二

爾時具壽善現白佛言：世尊！有性法爲能現證無性不？不也善現。世尊！無性法爲能現證有性不？不也善現。世尊！有性法爲能現證有性不？不也善現。世尊！無性法爲能現證無性不？不也善現。世尊！若爾亦應有性不能現觀無性，無性不能現觀有性，有性不能現觀有性，無性不能現觀無性，將無世尊不得現觀。佛言善現，有得現觀然離四句。（《大正藏》T06，p0890b）

2112　大般若波羅蜜多經卷十

Or.12380/2112（K.K.V.b.024.a）

27 釐米 × 11.5 釐米

勝□利益安樂獲令過去未來現在諸佛
亦般若波羅蜜多於種種功德精勤修學
皆悉圓滿先最上正等菩提證後最上正
等菩提證現最上正等菩提證妙法輪轉
無量衆度殊勝利益安樂獲令故此世尊
若菩薩摩訶薩一切法於度至彼岸欲者
般若波羅蜜多學當世尊般若波羅蜜多
修行者諸菩薩摩訶薩者世間一切若天
□□□素洛等皆供養恭敬尊重贊嘆守
□□應般若波羅蜜多於精進修行無障
□□令也
……諸聲聞及諸菩薩摩訶薩等之告

度脱無量諸有情類，令獲殊勝利益安樂。過去未來現在諸佛亦於般若波羅蜜多精勤修學種種功德，皆悉圓滿，已證無上正等菩提，當證無上正等菩提，現證無上正等菩提。轉妙法輪，度無量衆，令獲殊勝利益安樂。是故世尊，若菩薩摩訶薩欲於一切法度至彼岸者當學般若波羅蜜多。世尊：修行般若波羅蜜多諸菩薩摩訶薩，一切世間若天若人阿素洛等，皆應供養恭敬尊重贊嘆守護，令於般若波羅蜜多精進修行，無障無礙。

爾時世尊告諸聲聞及諸菩薩摩訶薩等言：如是如是。（《大正藏》T05，p0052c–0053a）

2113　大般若波羅蜜多經卷二百三十五

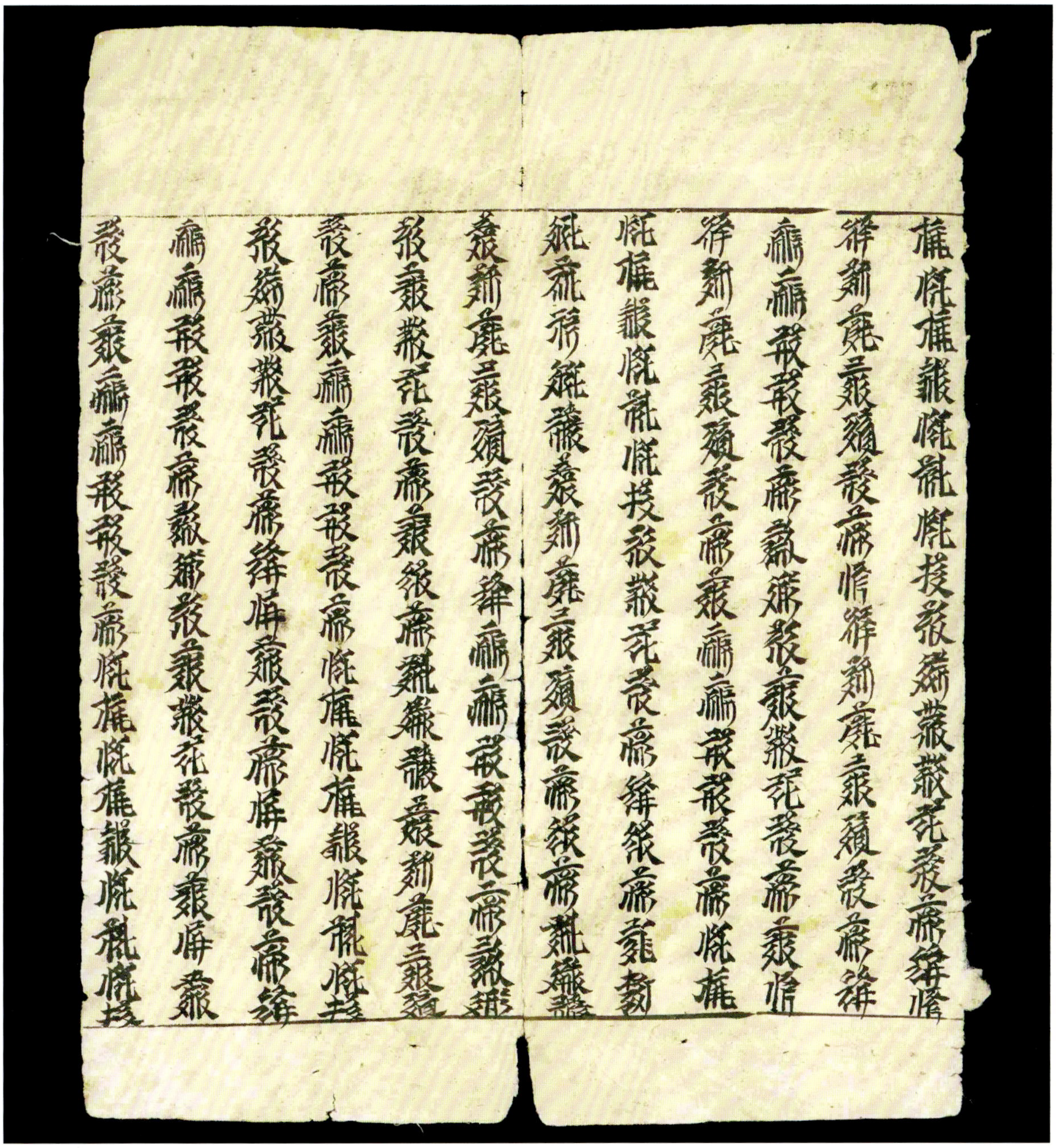

Or.12380/2113（K.K.V.b.01.a）
28 釐米 × 11.5 釐米

二不二分不别不斷也善現大慈清淨故布
施波羅蜜多清淨布施波羅蜜多清淨故
一切智智清淨何云也若大慈清淨若布
施波羅蜜多清淨若一切智智清淨不二
不二分不别不斷也大慈清淨故戒淨安忍
精進靜慮般若波羅蜜多清淨戒淨乃至般
若波羅蜜多清淨故一切智智清淨何云
也若大慈清淨若戒淨乃至般若波羅蜜多
清淨若一切智智清淨不二不二分不别不斷
也善現大慈清淨故内空清淨内空清淨故
一切智智清淨何云也若大慈清淨若内空
清淨若一切智智清淨不二不二分不别不斷

若一切智智清淨，無二無二分無别無斷故。善現！大慈清淨故布施波羅蜜多清淨，布施波羅蜜多清淨故一切智智清淨。何以故？若大慈清淨，若布施波羅蜜多清淨，若一切智智清淨，無二無二分無别無斷故。大慈清淨故淨戒安忍精進靜慮般若波羅蜜多清淨，净戒乃至般若波羅蜜多清淨故一切智智清淨。何以故？若大慈清淨，若净戒乃至般若波羅蜜多清淨，若一切智智清淨，無二無二分無别無斷故。善現！大慈清淨故内空清淨，内空清净故一切智智清淨。何以故？若大慈清淨，若内空清淨，若一切智智清淨，無二無二分無别無斷故。（《大正藏》T06，p0187c）

2114　大般若波羅蜜多經卷一百九十五

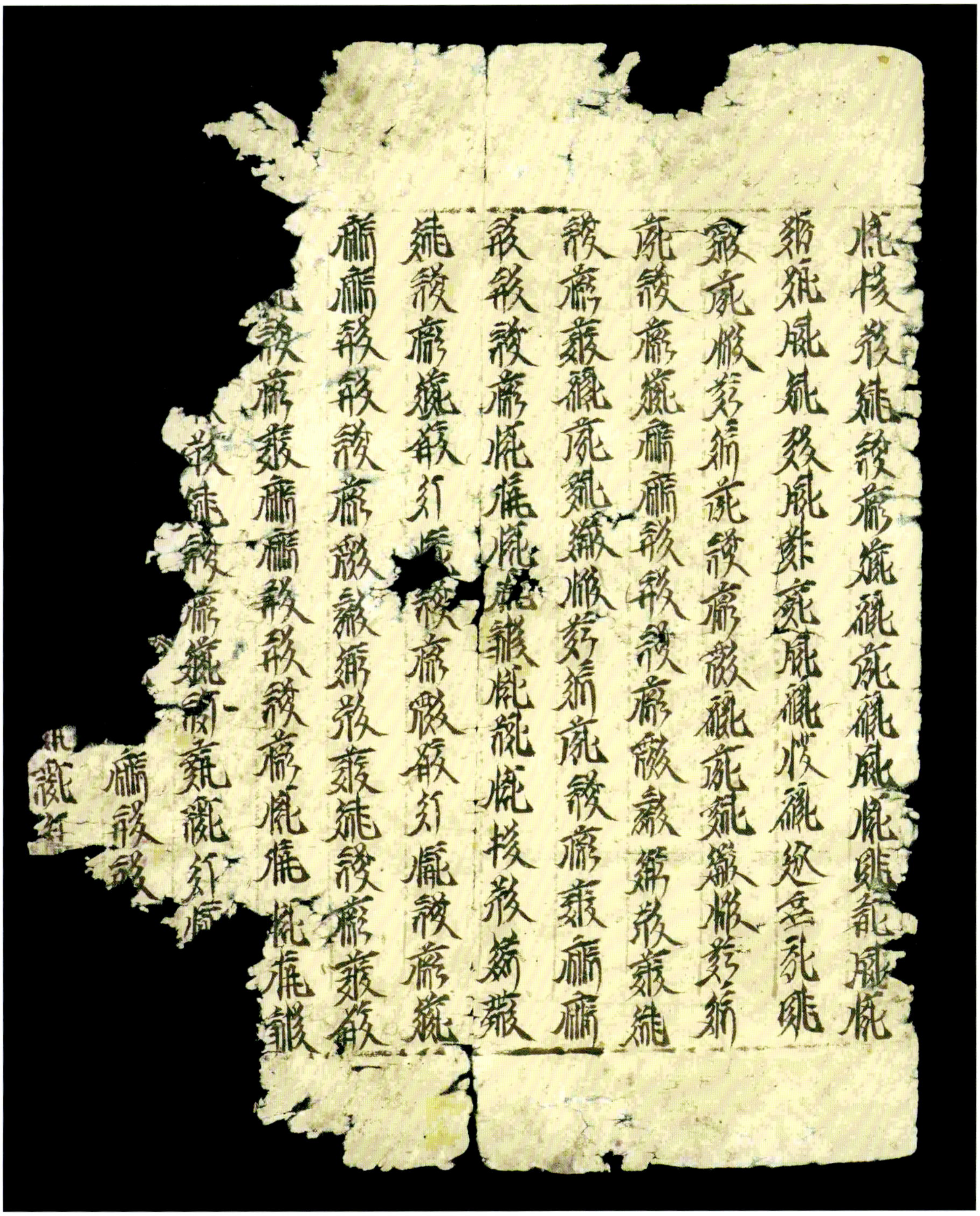

Or.12380/2114（K.K.V.b.01.c）
27.5 釐米 × 11.2 釐米

不斷也我清淨者法界法性不虚妄性不
變异性平等性生離性法定法住實際虚
空界思議無界清淨是法界乃至思議無
界清淨者一切智智清淨是何云也若我
清淨若法界乃至思議無界清淨若一切
智智清淨不二不二分不别不斷也善現
我清淨者苦聖諦清淨是苦聖諦清淨者
一切智智清淨是何云也若我清淨若苦
□□清淨若一切智智清淨不二不二分
……也我清淨者集滅道聖諦……
……切智智……
……道聖……

若一切智智清淨，無二無二分無别無斷故。我清淨故法界法性不虚妄性不變异性平等性離生性法定法住實際虚空界不思議界清淨，法界乃至不思議界清淨故一切智智清淨。何以故？若我清淨，若法界乃至不思議界清淨，若一切智智清淨，無二無二分無别無斷故。善現！我清净故苦聖諦清淨，苦聖諦清淨故一切智智清淨。何以故？若我清淨，若苦聖諦清淨，若一切智智清淨，無二無二分無别無斷故。我清淨故集滅道聖諦清淨，集滅道聖諦清淨故一切智智清淨。何以故？若我清淨，若集滅道聖諦清淨，若一切智智清淨，無二無二分無别無斷故。（《大正藏》T05，p1047a）

2115 大般若波羅蜜多經卷十

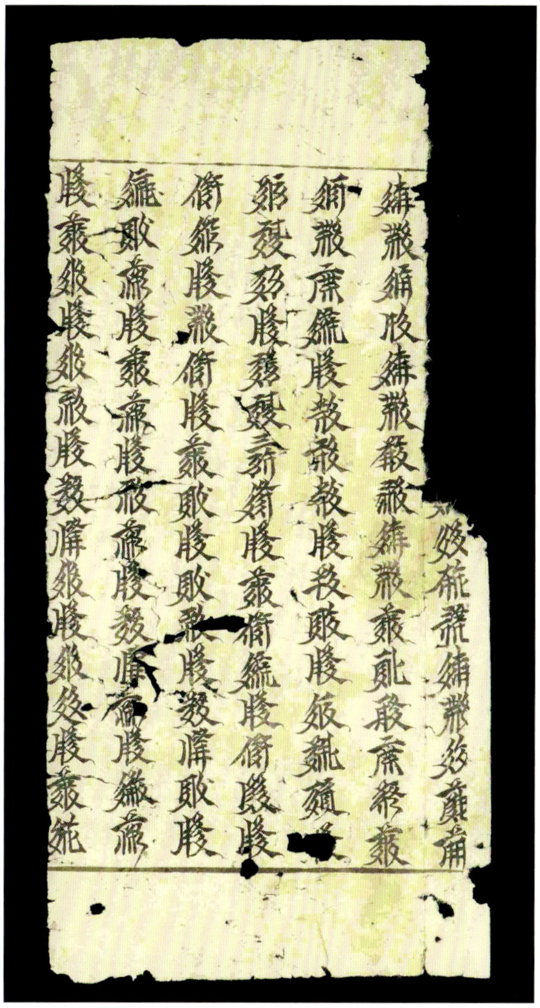

Or.12380/2115(K.K.V.b.02.h)
27.8 釐米 × 13.5 釐米

……刹帝利族大婆羅門
族大長者族大門尊族大若輪轉王爲若
四大王衆天三十三天夜摩天睹史多□
樂變化天他化自在天若梵衆天梵臣天
梵會天大梵天若光天光少天無量光天
極光淨天若淨天少淨天無量淨天遍淨
天若廣天廣少天無量廣天廣果天若想

世間得有人天出現，所謂刹帝利大族、婆羅門大族、長者大族、居士大族，若轉輪王，若四大王衆天、三十三天、夜摩天、睹史多天、樂變化天、他化自在天，若梵衆天、梵輔天、梵會天、大梵天，若光天、少光天、無量光天、極光淨天，若淨天、少淨天、無量淨天、遍淨天，若廣天、少廣天、無量廣天、廣果天，若無想有情天。（《大正藏》T05，p0053a）

2116 大般若波羅蜜多經卷八十二

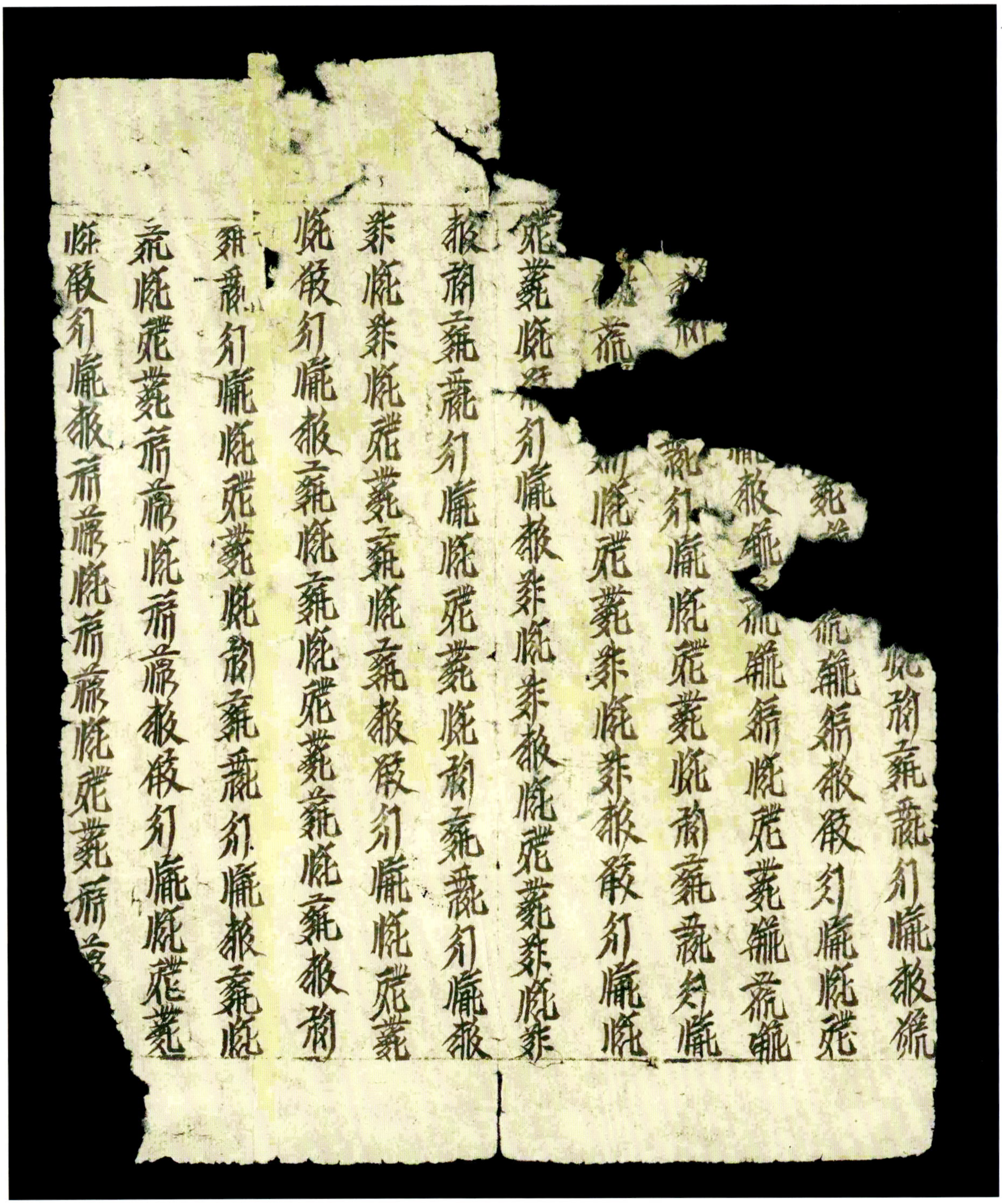

Or.12380/2116（K.K.V.b.023.c）

27.3 釐米 × 11.2 釐米

……亦集滅道聖諦以相
……别□有願無以苦聖諦不分
……以願有願無不分别願有願
……道聖諦不分别亦集滅道聖諦
□□有□□不分别生不生以苦聖諦不
分别亦苦聖諦以生不生以不分别生不生
以集滅道聖諦不分别亦集滅道聖諦以
生不生不分别滅不滅以苦聖諦不分别
亦苦聖諦以滅不滅不分别滅不滅以集
滅道聖諦不分别亦集滅道聖諦以滅不
滅不分别寂静不寂静以苦聖諦不分别
亦苦聖諦以寂静不寂静不分别寂静□

不以有相無相分别集滅道聖諦，亦不以集滅道聖諦分别有相無相。不以有願無願分别苦聖諦，亦不以苦聖諦分别有願無願。不以有願無願分别集滅道聖諦，亦不以集滅道聖諦分别有願無願。不以生不生分别苦聖諦，亦不以苦聖諦分别生不生。不以生不生分别集滅道聖諦，亦不以集滅道聖諦分别生不生。不以滅不滅分别苦聖諦，亦不以苦聖諦分别滅不滅。不以滅不滅分别集滅道聖諦，亦不以集滅道聖諦分别滅不滅。不以寂静不寂静分别苦聖諦，亦不以苦聖諦分别寂静不寂静。不以寂静不寂静分别集滅道聖諦，亦不以苦聖諦分别寂静不寂静。（《大正藏》T05，p0461c–0462a）

2117 大般若波羅蜜多經卷一百七十三

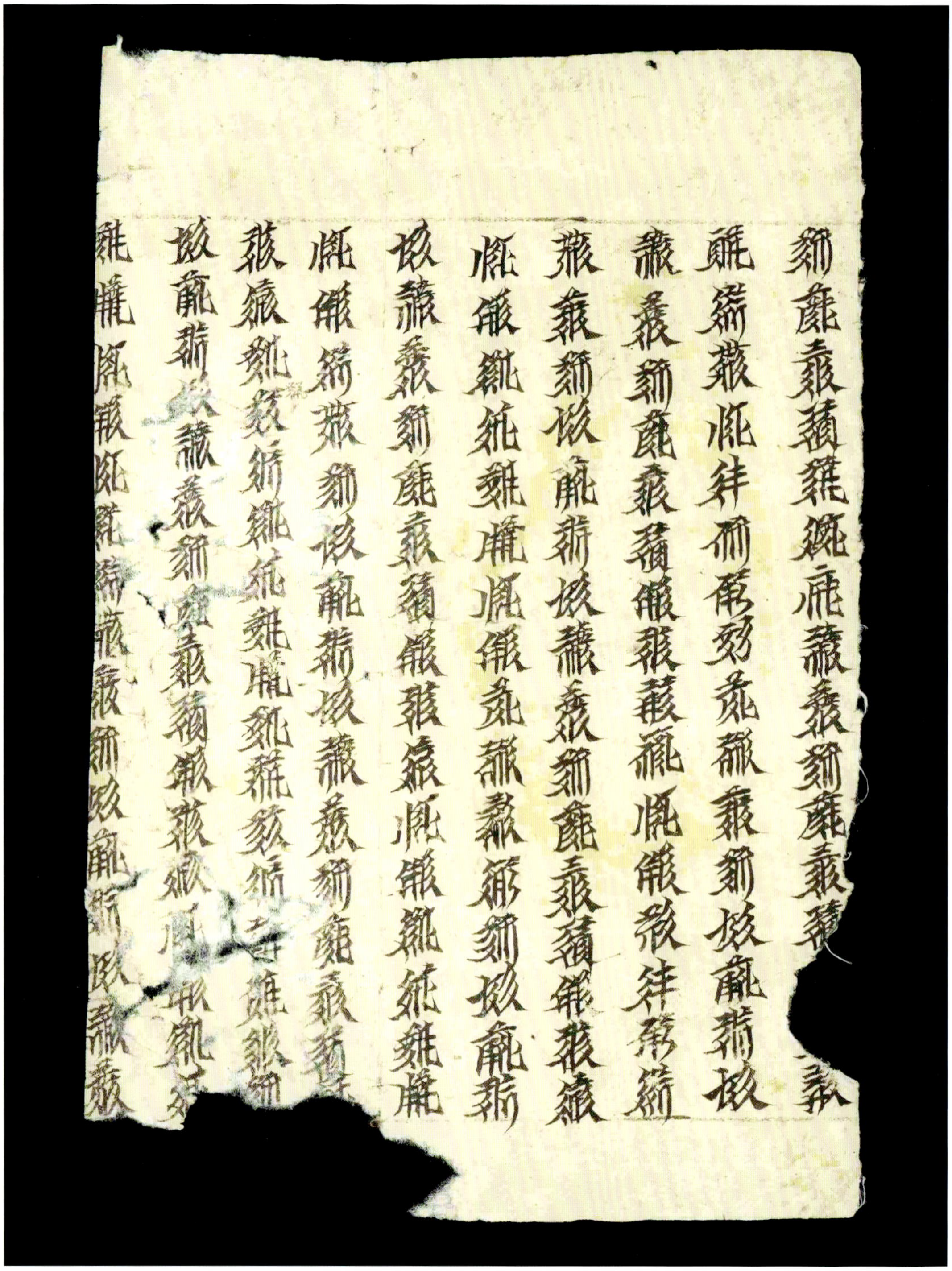

Or.12380/2117（K.K.V.b.023.b）
27 釐米 × 11.5 釐米

波羅蜜多弃捨俱般若波羅蜜多□□壽
具善現復佛之白言世尊若菩薩摩訶薩
般若波羅蜜多信時何法不信也佛言善
現若菩薩摩訶薩般若波羅蜜多信時色
不信受想行識不信世尊云何菩薩摩訶
薩般若波羅蜜多信時色不信受想行識
不信善現菩薩摩訶薩般若波羅蜜多行
時色觀得可無受想行識觀得可無□是故菩
薩摩訶薩般若波羅蜜多信時色不信受想
行識不信復次善現若菩薩摩訶薩般若

是菩薩摩訶薩俱弃捨般若波羅蜜多，俱遠離般若波羅蜜多。具壽善現復白佛言：世尊！若菩薩摩訶薩信般若波羅蜜多時，爲不信何法？佛言：善現！若菩薩摩訶薩信般若波羅蜜多時則不信色，不信受想行識。世尊！云何菩薩摩訶薩信般若波羅蜜多時則不信色，不信受想行識？善現！菩薩摩訶薩行般若波羅蜜多時，觀色不可得，觀受想行識不可得。是故菩薩摩訶薩信般若波羅蜜多時則不信色，不信受想行識。復次善現！若菩薩摩訶薩信般若波羅蜜多時則不信眼處，不信耳鼻舌身意處。（《大正藏》T05，p0930b）

2118 大般若波羅蜜多經卷二百六十六

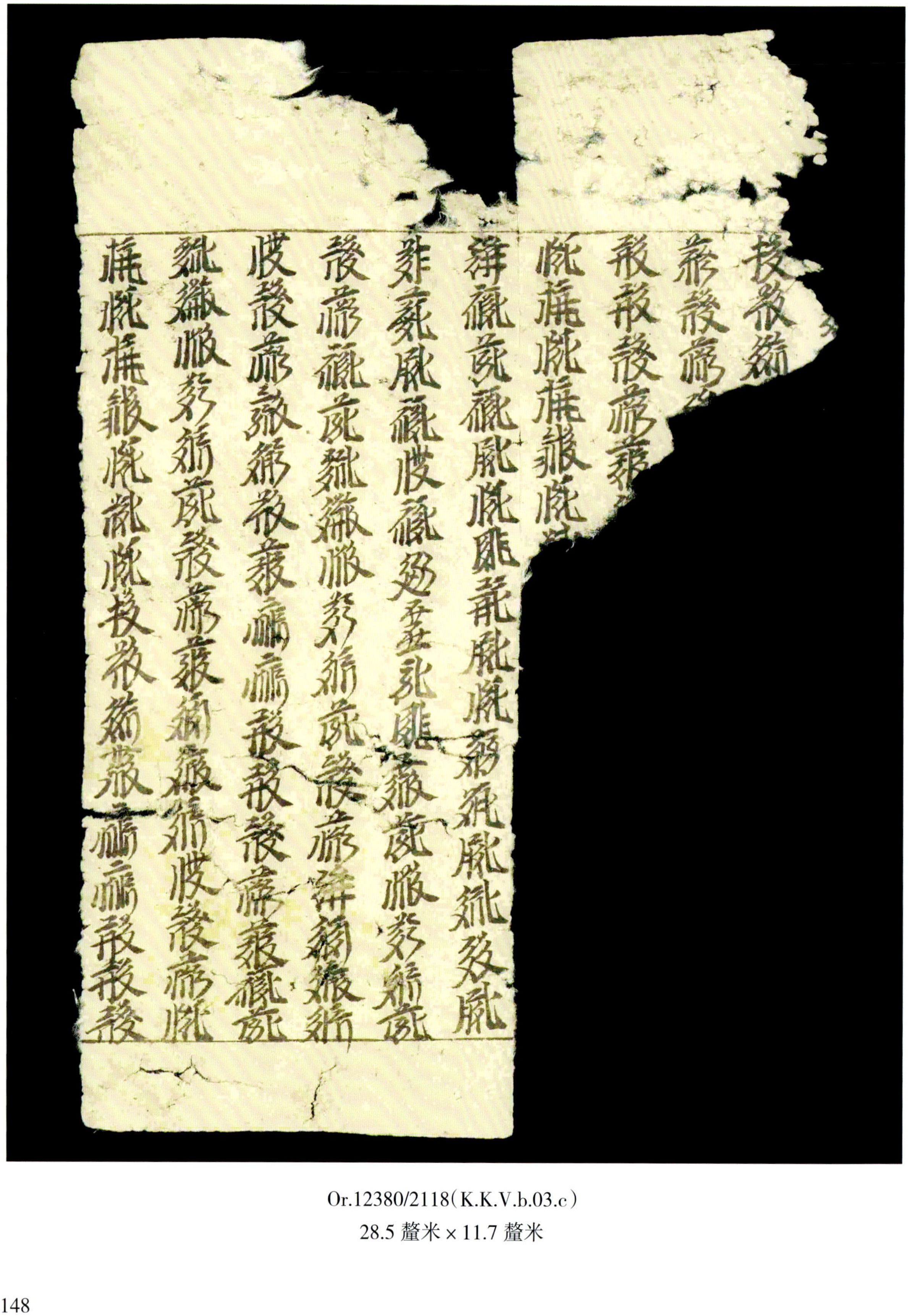

Or.12380/2118（K.K.V.b.03.c）

28.5 釐米×11.7 釐米

不斷善……
真清淨……
智智清淨若……
不二不二分不……
故法界法性不虛妄性不變异性平等性
生離性法定法住實際虛空界思議無界
清淨法界乃至思議無界清淨故四色無
定清淨何云也若一切智智清淨若法界
乃至思議無界清淨若四色無定清淨不
二不二分不別不斷也善現一切智智清

若四無色定清淨，無二無二分無別**無斷**故。**善現**！一切智智清淨故真如清淨，**真**如**清淨**故四無色定清淨。何以故？若一切**智智清淨**，**若**真如清淨，若四無色定清淨，**無二無二分無**別無斷故。一切智智清淨**故法界法性不虛妄性不變异性平等性離生性法定法住實際虛空界不思議界清淨，法界乃至不思議界清淨故四無色定清淨。何以故？若一切智智清淨，若法界乃至不思議界清淨，若四無色定清淨，無二無二分無別無斷故。善現！一切智智清**淨故苦聖諦清淨，苦聖諦清淨故四無色定清淨。（《大正藏》T06，p0347a）

2119 大般若波羅蜜多經卷三百二十一

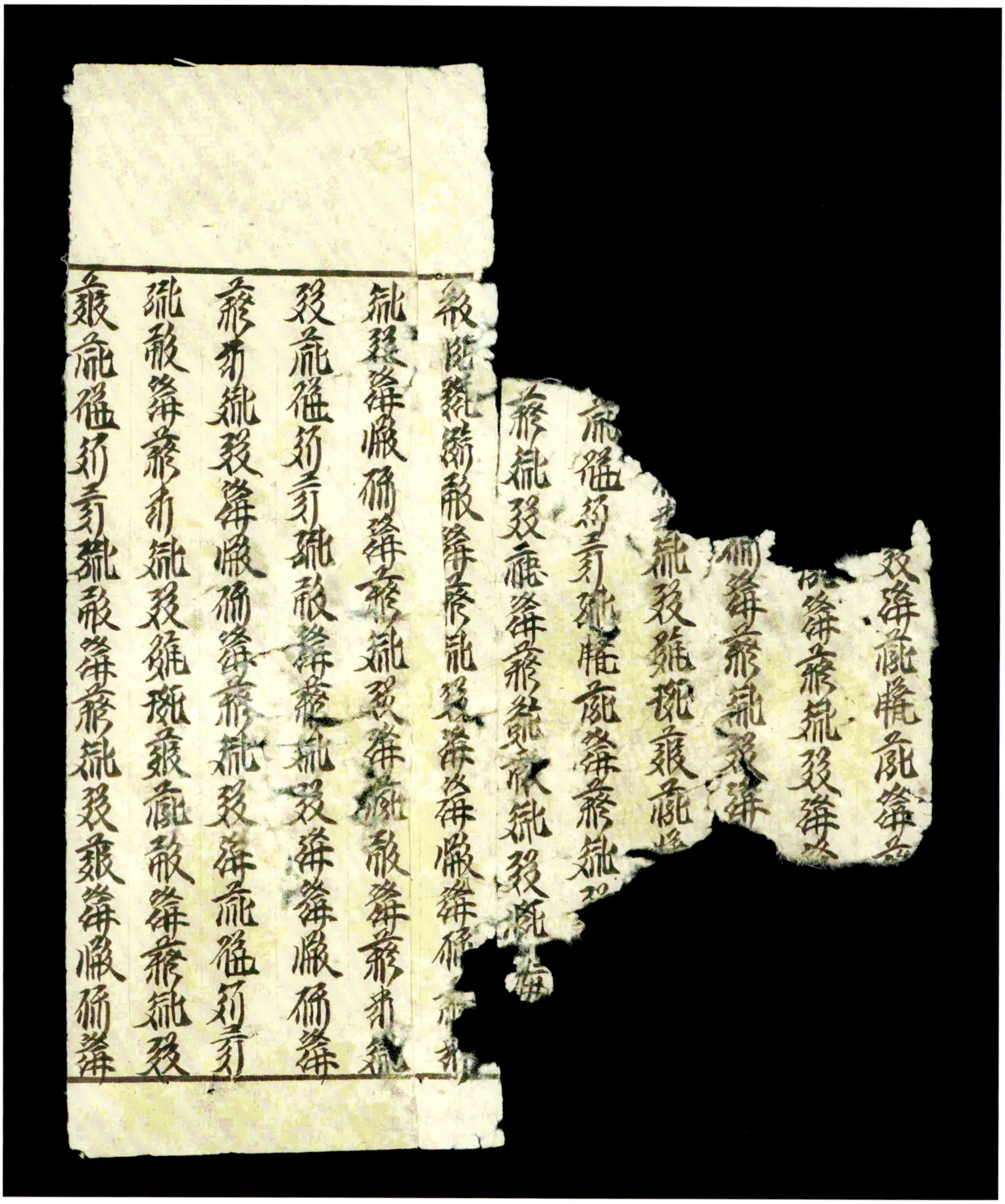

Or.12380/2119(K.K.V.b.026.f)
27 釐米 × 11.5 釐米

……等故眼識界真如……
……界真如平等故如……
……之真如平等故……
……平等是如若眼識……
……耳鼻舌身意識界真如平等……
……真平等皆真如獨是平等不二……
也復次善觸真如平等故如來之真如亦
平等如來之真如平等故眼觸真如亦平
等耳鼻舌身意觸真如平等故如來之如
真亦平等如來之真如平等故耳鼻舌身
意觸真如亦平等是如若眼觸真如平等
若耳鼻舌身意觸真如平等若如來之如

如來真如平**等故眼識界真如**平等，耳鼻舌身意識**界真如平等故如**來真如平等，如來**真如平等故**耳鼻舌身意識界真如**平等**。**如是若眼識**界真如平等，若**耳鼻舌身意識界真如平等**，若如來**真**如**平等同一真如，平等**無二無別。**復次**眼**觸真如平等故如來真如平等，如來真如平等故眼觸真如平等，耳鼻舌身意觸真如平等故如來真如平等，如來真如平等故耳鼻舌身意觸真如平等。如是若眼觸真如平等，若耳鼻舌身意觸真如平等，若如來**真如平等，同一真如，平等無二無別。（《大正藏》T06，p0641a-0641b）

2120 大般若波羅蜜多經卷一百

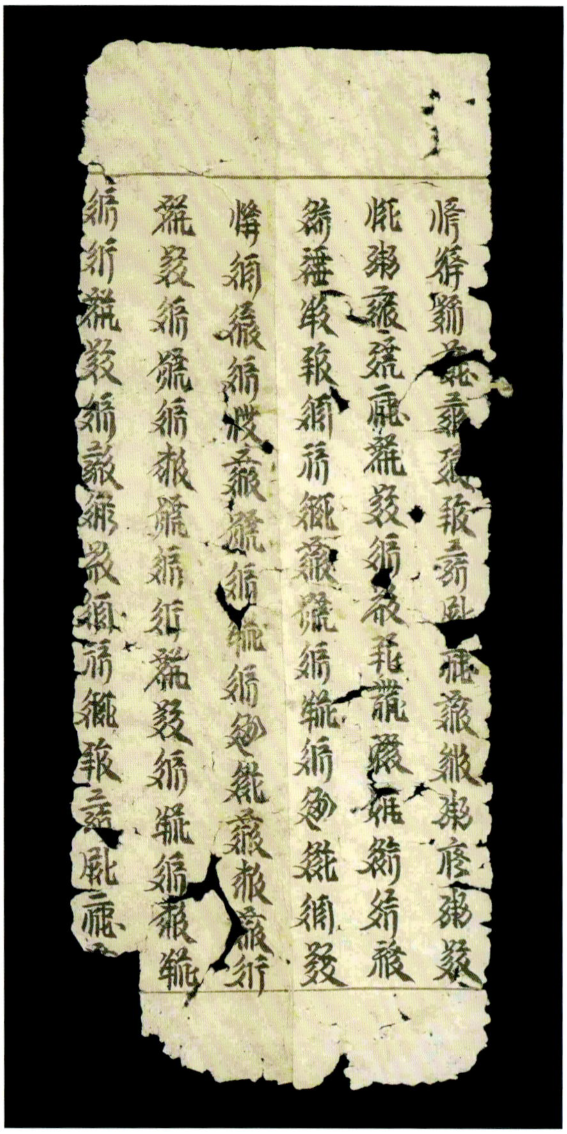

Or.12380/2120（K.K.V.b.026.b）
26.2 釐米×11 釐米

布施波羅蜜多等自性皆空以惱者惱可
及惱害事皆得可無也憍尸迦是善男子
善女人等四靜慮空相無願無住善四無
量四色無定空相無願無住善空以空便
得可無相無以相無便得可無願無以願
無便得可無何云也四靜慮等自性皆□

以布施波羅蜜多等自性皆空，能惱所惱及惱害事不可得故。憍尸迦！是善男子善女人等善住四靜慮空無相無願，善住四無量四無色定空無相無願，不可以空而得空便，不可無相得無相便，不可無願得無願便。何以故？以四靜慮等自性皆空，能惱所惱及惱害事不可得故。（《大正藏》T05，p0553c）

2121　大般若波羅蜜多經卷二百五

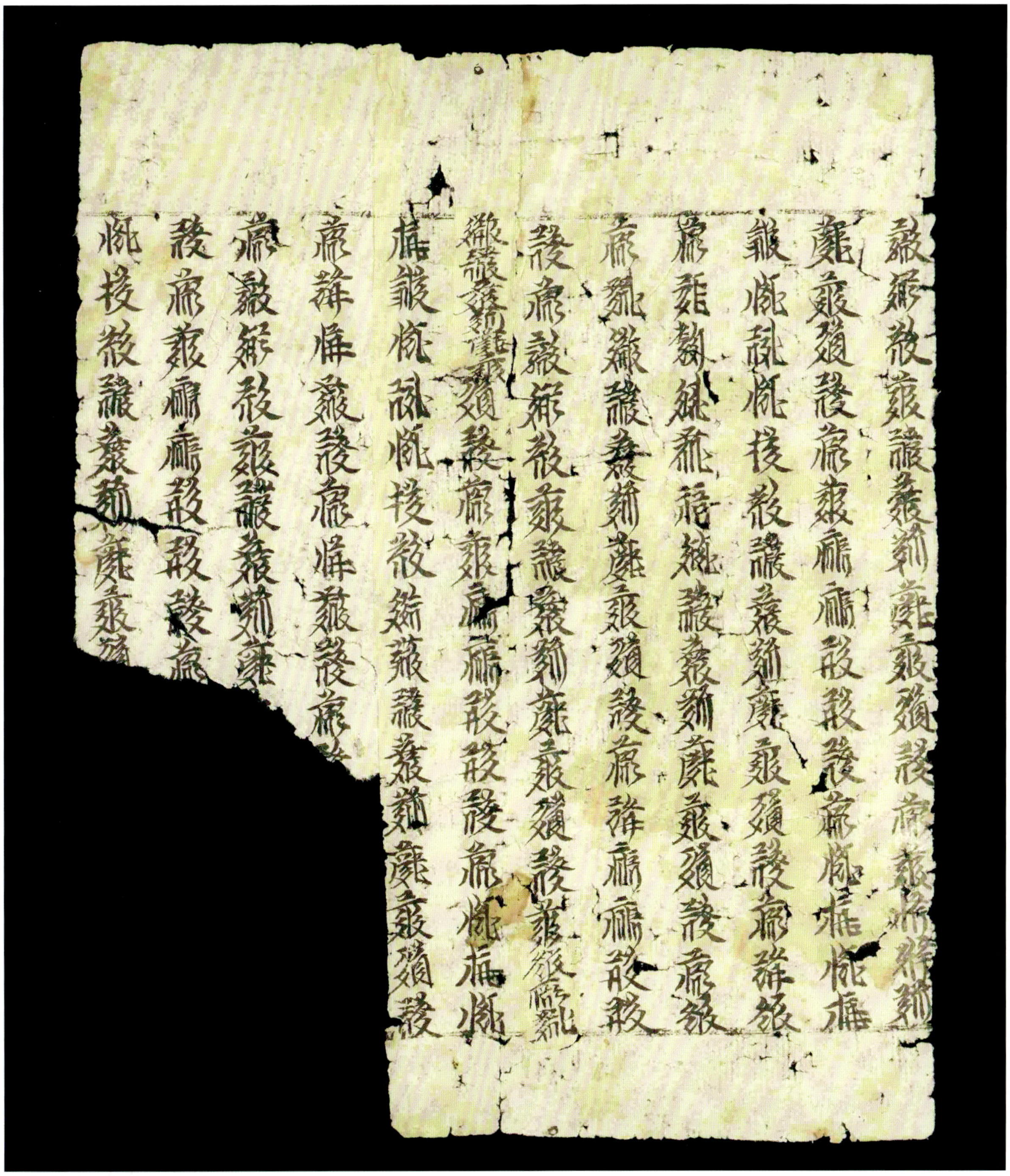

Or.12380/2121（K.K.V.b.019.c）

27.5 釐米 × 12.2 釐米

何云也若般若波羅蜜多清淨若布施波
羅蜜多清淨若一切智智清淨不二不二
分不别不斷也般若波羅蜜多清淨故戒
淨安忍精進靜慮般若波羅蜜多清淨戒
淨乃至靜慮波羅蜜多清淨故一切智智
清淨何云也若般若波羅蜜多清淨若戒淨乃
至般若波羅蜜多清淨若一切智智清淨不二不
二分不别不斷也善現般若波羅蜜多清
淨故内空清淨内空清淨……
淨何云也若般若波羅……
清淨若一切智智清淨……
不斷也般若波羅蜜多……

布施波羅蜜多清淨故一切智智清淨。何以故？若般若波羅蜜多清淨，若布施波羅蜜多清淨，若一切智智清淨，無二無二分無别無斷故。般若波羅蜜多清淨故淨戒安忍精進靜慮波羅蜜多清淨，淨戒乃至靜慮波羅蜜多清淨故一切智智清淨。何以故？若般若波羅蜜多清淨，若淨戒乃至靜慮波羅蜜多清淨，若一切智智清淨，無二無二分無别無斷故。善現！般若波羅蜜多清淨故内空清淨，内空清淨故一切智智清淨。何以故？若般若波羅蜜多清淨，若内空清淨，若一切智智清淨，無二無二分無别無斷故。般若波羅蜜多清淨。（《大正藏》T06，p0022b）

2122 大般若波羅蜜多經卷一百二十

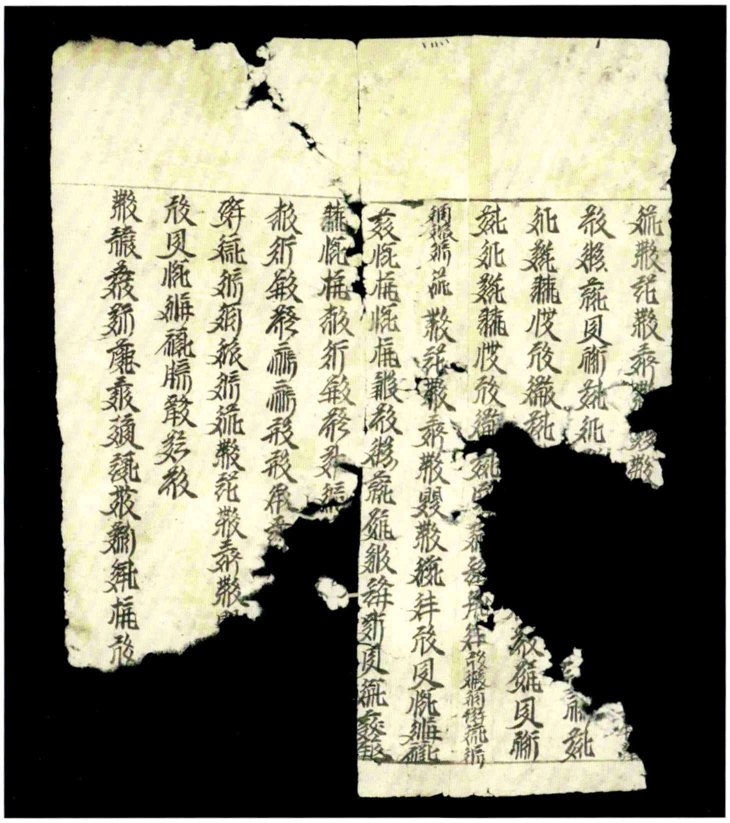

Or.12380/2122
（K.K.V.b.015.g）
27.6 釐米 × 23.1 釐米

解大慈大悲大喜大……
也阿難八勝處九……勝處
九次第定十遍處……也彼八勝
處九次第定十遍處性空則彼佛十力四畏所無
四礙無解大慈大悲大喜大捨佛十八不共法
與不二不二分也阿難此由故乃八解脱等
因不二以方便爲生無……
以方便爲一切智智方迴……
畏所無四礙無解大慈大悲大喜……
十八不共法修習説也
大般若波羅蜜多契經卷百二十……

修習佛十力四無所畏四無礙**解大慈大悲大喜大**捨十八佛不共法。**慶喜！八勝處九**次第定十遍處，**八勝處九次第定十遍處**性空。何以故？以**八勝處九次第定十遍處性空與佛十力四無所畏四無礙解大慈大悲大喜大捨十八佛不共法無二無二分故。慶喜！由此故説以八解脱等無二爲方便，無生**爲方便，無所得**爲方便，回向一切智智，修習**佛十力四無所**畏四無礙解大慈大悲大喜**大捨十八佛不共法。

大般若波羅蜜多經卷第**一百二十**（《大正藏》T05，p0661a-0661b）

2123 大般若波羅蜜多經卷一百十九

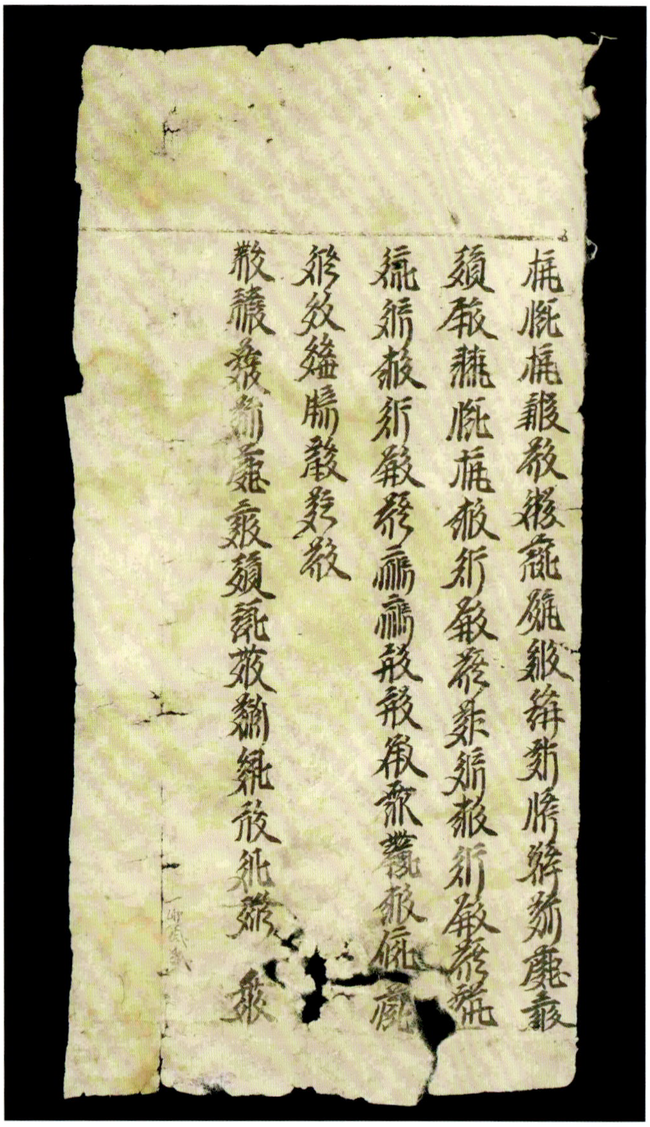

Or.12380/2123（K.K.V.b.05.c）
28.2 釐米 × 14.5 釐米

二不二分也阿難此由故乃布施波羅蜜
多等因不二以方便爲生無以方便爲得
所無以方便爲一切智智方回向以五眼
六神通修習説也
大般若波羅蜜多契經卷百十九第　牛

以淨戒安忍精進靜慮般若波羅蜜多性空與五眼六神通無二無二分故。**慶喜！由此故説以布施波羅蜜多等無二爲方便，無生爲方便，無所得爲方便，回向一切智智，修習五眼六神通。**

大般若波羅蜜多經卷第一百一十九（《大正藏》T05，p0655c-0656a）

2124 大般若波羅蜜多經卷一百九十五

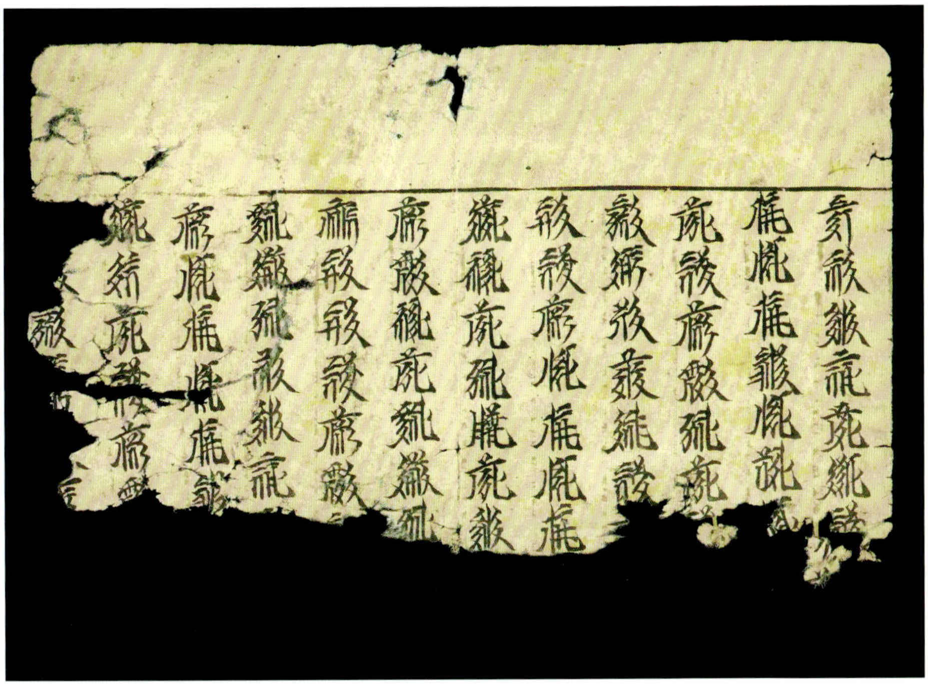

Or.12380/2124A
（K.K.V.b.05.d）
13.9 釐米 × 22.6 釐米

身觸緣生諸受清……
二不二分不別不……
界清淨是意界……
云何也若我清……
智清淨不二不二……
者法界意識界緣……
淨是法界乃至意……
切智智清淨是……
乃至意觸緣生……
淨不二不二分……
者地界清淨是……
□□何……

若觸界乃至**身觸爲緣所生諸受清**淨，若一切智智清淨，無二**無二分無別**無斷故。善現！我清淨故意**界清淨，意界**清淨故一切智智清淨。**何以故**？**若我清**淨，若意界清淨，若一切智**智清淨，無二無**二分無別無斷故。我清淨故**法界意識界**及意觸意觸爲**緣**所生諸受清淨，**法界乃至意**觸爲緣所生諸受清淨故**一切智智清淨**。何以故？若我清淨，若法界**乃至意觸爲緣所生**諸受清淨，若一切智智清**淨**，**無二無二分**無別無斷故。善現！我清淨故**地界清淨**，地界清淨故一切智智清淨。**何**以故？（《大正藏》T05，p1046b-1046c）

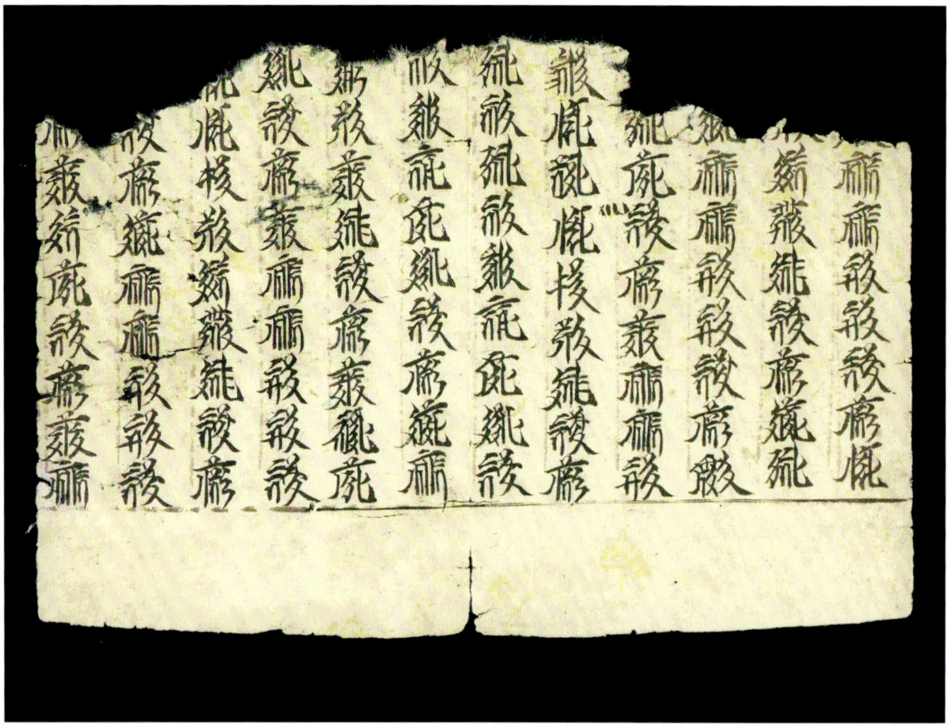

Or.12380/2124B
15 釐米 × 22.5 釐米

……一切智智清淨不
……善現我清淨者意
……者一切智智清淨是
……意界清淨若一切智
……分不別不斷也我清淨
……意觸意觸緣生諸受清
……觸緣生諸受清淨者一
……何也若我清淨若法界
……受清淨若一切智智清
……不斷也善現我清淨
……清淨者一切智智清
……淨若地界清淨若一

若觸界乃至身觸爲緣所生諸受清淨，若**一切智智清淨，無**二無二分無別無斷故。**善現！我清淨故意**界清淨，意界清淨**故一切智智清淨**。何以故？若我清淨，若**意界清淨，若一切智**智清淨，無二無二**分無別無斷故**。**我清淨**故法界意識界及**意觸意觸爲緣所生諸受清淨**，法界乃至意**觸爲緣所生諸受清淨**故一切智智清淨。**何以故？若我清淨，若法界**乃至意觸爲緣所生諸**受清淨，若一切智智清**淨，無二無二分無別**無斷故。善現！我清净**故地界清淨，地界**清净**故**一切智智清**淨。何以故？若我清淨，**若地界清淨，若**一切智智清淨，無二無二分無別無斷故。（《大正藏》T05，p1046b-1046c）

2125　大般若波羅蜜多經卷五十一

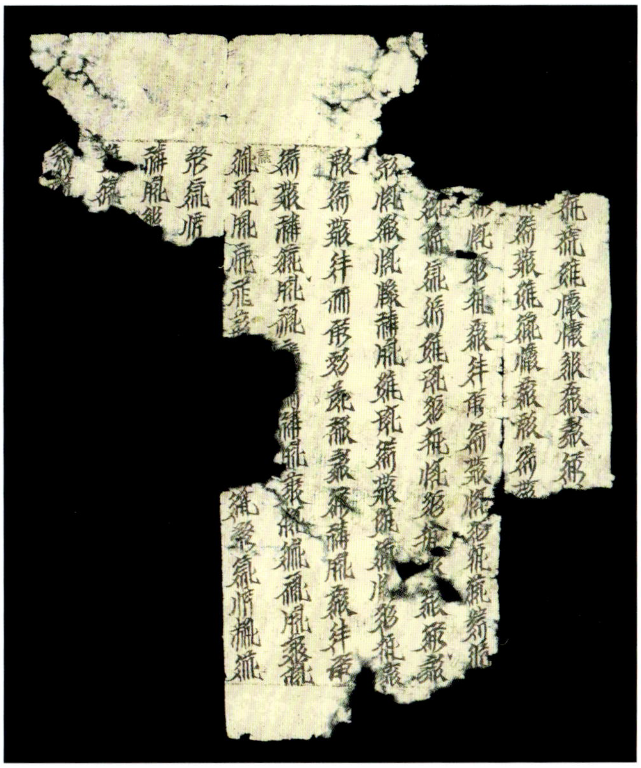

Or.12380/2125（K.K.V.b.05.f）
27.3 釐米 × 15.8 釐米

得有此散散由空云何……
善現是者散空是善現……
□云不變异空佛言善現不變异者放無
□捨得可無此如變异不變异□空云何
也不常不壞本性是如善現是者不變异空
是善現佛之白言世尊云何本性空佛言
善現本性者法一切本性若爲有法性若爲
無法性皆聲聞……覺作所非菩薩
作所非……
本性由……
是者……

散謂有放有弃**有**捨可得，**此散由散空**。何以故？非常非壞本性爾故。**善現！是爲散空。善現**白佛言：世尊！云何**無變异空**？**佛言：善現！無變异謂無放**無弃**無捨可得，此無變异**由**無變异空。何以故？非常非壞本性爾故。善現！是爲無變异空。善現白佛言：世尊！**云何**本性空？佛言：善現！本性謂一切法本性。若有爲法性，若無爲法性，皆非聲聞**所作，**非獨覺所作，非菩薩所作**，非如來所作，亦非余所作。此本性**由本性**空。何以故？非常非壞本性爾故。善現！**是**爲無變异空。（《大正藏》T05，p0291b）

2126 大般若波羅蜜多經卷三百六十七

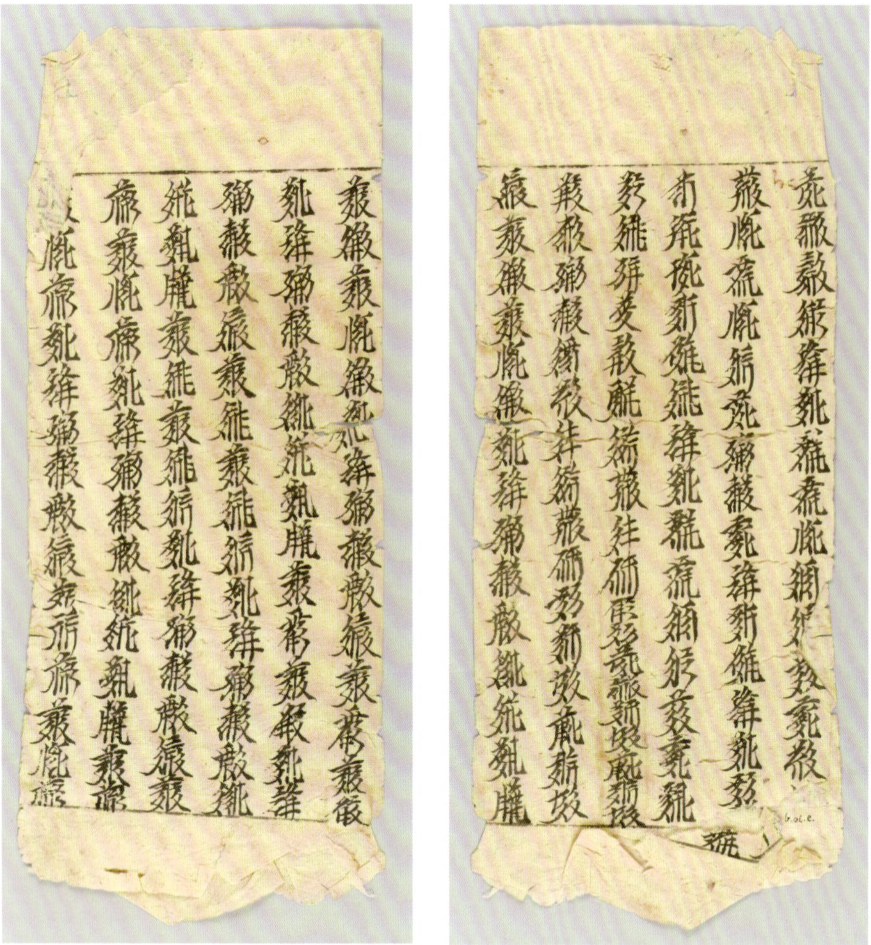

Or.12380/2126
(K.K.V.b.01.e)
27 釐米 × 11.5 釐米

若常若不常觀則戲論是色若樂若苦
觀則戲論是受想行識若樂若苦觀則
戲論是色若我若我無觀則戲論是受
想行識若我若我無觀則戲論是色若
淨若不淨觀則戲論是受想行識若淨
若不淨觀則戲論是色若寂淨若不淨

世尊云何現觀得有又四句與離也□
現不有不無諸戲論絶故乃是現觀謂得
亦是如故是我現觀得有四句與離乃
説我爾時壽具善現佛之白言世尊菩薩摩訶薩
何以戲論爲也佛善現之言菩薩摩訶薩
色若常若不常觀則戲論是受想行識

世尊！云何有得現觀然離四句？善現！非有非無，絶諸戲論，乃名現觀，得亦如是，是故我説有得現觀然離四句。爾時具壽善現白佛言：世尊！菩薩摩訶薩以何爲戲論？佛言善現：菩薩摩訶薩觀色若常若無常是爲戲論，觀受想行識若常若無常是爲戲論。觀色若樂若苦是爲戲論，觀受想行識若樂若苦是爲戲論。觀色若我若無我是爲戲論，觀受想行識若我若無我是爲戲論。觀色若淨若不淨是爲戲論，觀受想行識若淨若不淨是爲戲論。觀色若寂静若不寂静是爲戲論，觀受想行識若寂静若不寂静是爲戲論。（《大正藏》T06，p0890b）

2127 大般若波羅蜜多經卷四十八

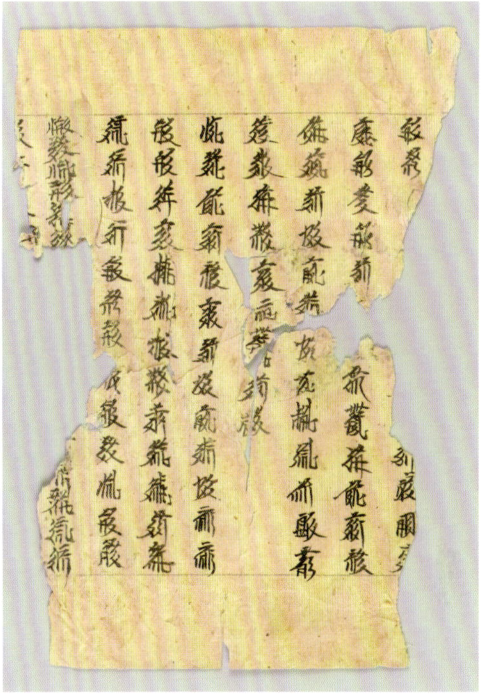

Or.12380/2127（K.K.II.0250.a）

23 釐米 × 16.8 釐米

便爲……同阿耨多

羅三藐三菩□□回向故舍利子

是者菩薩摩訶薩諸有情之利樂

欲故則大乘發趣名是

復次舍利子若菩薩摩訶薩一切

智智心與相應以大悲上首爲得

所無以方便爲智過去不知智未

來不知智現在……非得所無

□間出……以方

便爲有情一切與□同阿耨多羅

三藐三菩提方回向故舍利子是

者菩薩摩訶薩諸有情之利樂欲

故大乘發趣名是若菩薩摩訶薩

一切智智心與相應以大悲上首

爲得所無以方便爲智色不知智

色無不知……知亦非智

非遠離非不遠離智，以無所得而**爲方便**，與一切有情**同**共**回向阿耨多羅**三藐三菩提。**舍利子！是爲菩薩摩訶薩爲欲利樂諸有情故發趣大乘。**

復次舍利子！若菩薩摩訶薩以應一切智智心，大悲爲上首，無所得爲方便。智不知過去，智不知未來，智不知**現在**。智**非**不知三世法，以**無所得**而爲方便。……非不知世間**出**世**間**法，以無所得**而爲方便，與一切有情同共回向阿耨多羅三藐三菩提。舍利子！是爲菩薩摩訶薩爲欲利樂諸有情故發趣大乘。若菩薩摩訶薩以應一切智智心，大悲爲上首，無所得爲方便。智不知色，智不知無色，非不知色**無色法。**智**不知有見，智不知無見，非不知有見無見法。（《大正藏》T05，p0273b–0273c）

2128 佛説佛母出生三法藏般若波羅蜜多經卷二十五

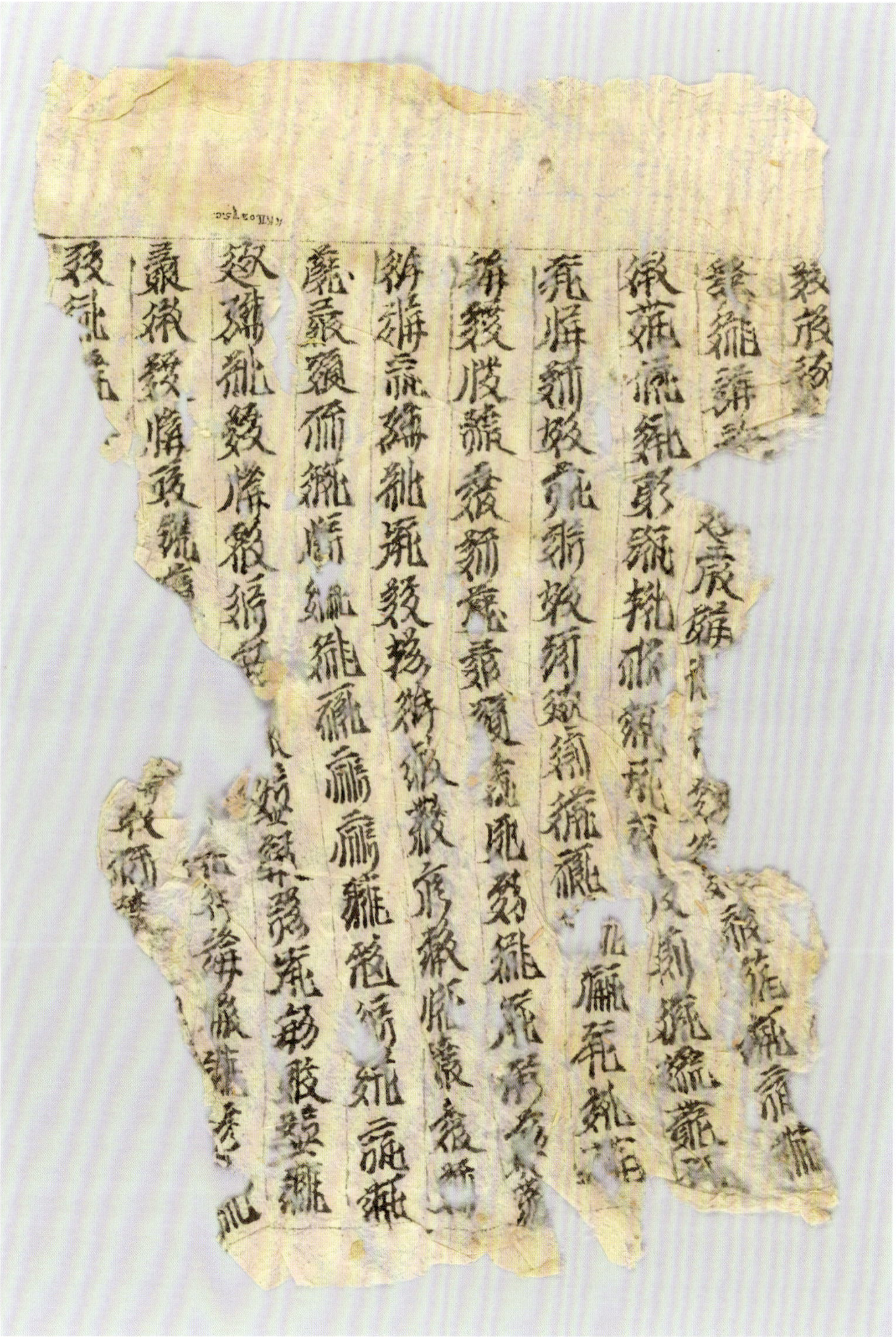

Or.12380/2128（K.K.II.0275.c）
25.8 釐米 × 17.5 釐米

處即住……
像我前□□見是□□謂□□子是於從東
方行五百由旬遠邊上城□有名者衆香城
彼内菩薩摩訶薩一住名者法□汝彼處往
則必當般若波羅蜜多得汝謂我是説聞大
心喜發立即彼處一心以大士又及般若波
羅蜜多之諦想時我法一切依止無想始於
住立即無量數無三□地門入彼三摩地於
十方無量阿僧……如來應□□
等正覺……薩之……

我於爾時憂愁啼泣，**即於彼住**。經七晝夜，當是憂愁啼泣之時，忽然**見**有如來形**像**住於**我前**，作如**是**言：善男**子**！**從是東行五百由旬**，**有城名衆香**，**彼有菩薩摩訶薩**，**名**曰**法**上。**汝**可**往彼**，**當得聞般若波羅蜜多**。**我時聞是説**已，**心大歡喜**，**即於彼處一心諦想大士**，思惟**般若波羅蜜多**。**我於爾時住一切法無依止想**，**即時得入無量無數**三摩**地門**。**於三摩地**中見**十方無量阿僧**祇世界諸佛**如來應**供正**等正覺**，各各爲諸菩薩摩訶**薩**宣説般若波羅蜜多。（《大正藏》T08，p0673b-0673c）

2129 大般若波羅蜜多經卷八十二

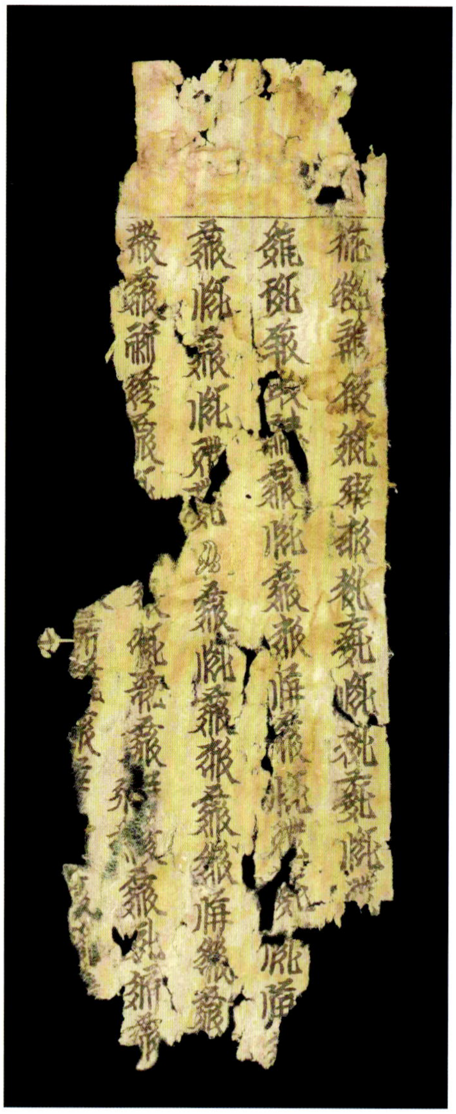

Or.12380/2129（K.K.II.0280.kk）
30.5 釐米 × 10 釐米

死愁嘆苦憂惱以遠離不遠離不分……
是如等人終空不空以内空不分别復内……
空不分别空不空以空外内外空……
大空勝義空……爲無空畢竟空無際空……
……自相空……

不以行乃至老**死愁嘆苦憂惱分**别**遠離不遠離**。

如是人等終不以空不空分别内空，亦不以内空**分别**空不空。不以空不空分别**外空内外空**空空**大空勝義**空有爲空**無爲空畢竟空無際空**散空無變异空本性空**自相空**共相空一切法空不可得空無性空自性空無性自性空。（《大正藏》T05，p0462b）

2130　大般若波羅蜜多經卷一百三十

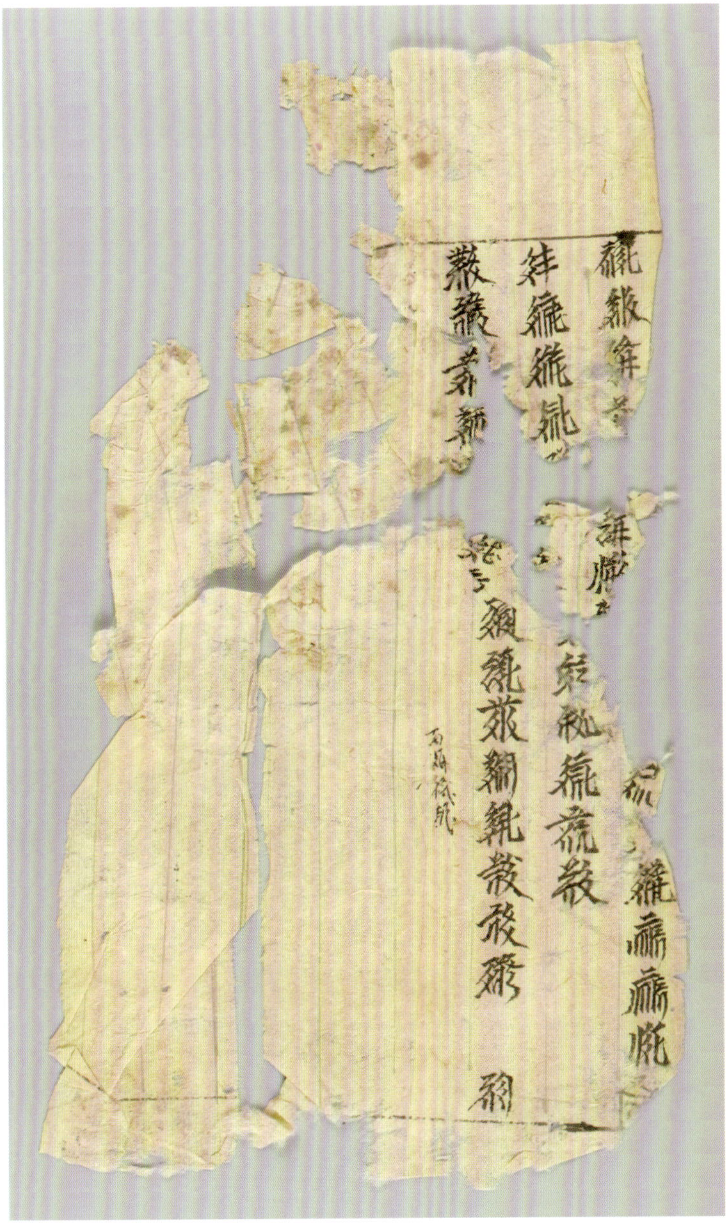

Or.12380/2130
（K.K.V.b.026.m）
31 釐米 × 16 釐米

法故則……如來……正□覺一切及□
佛最上正……施設可得也
大般若波□□多契經卷百三十第

由此般若波羅蜜多祕密藏中所説**法故**，世間便有**一切如來**應**正**等**覺及**諸**佛**無**上正**等菩提**施設可得**。
大般若波羅蜜多經卷第一百三十（《大正藏》T05，p0714a）

2131 大般若波羅蜜多經卷三百二十一

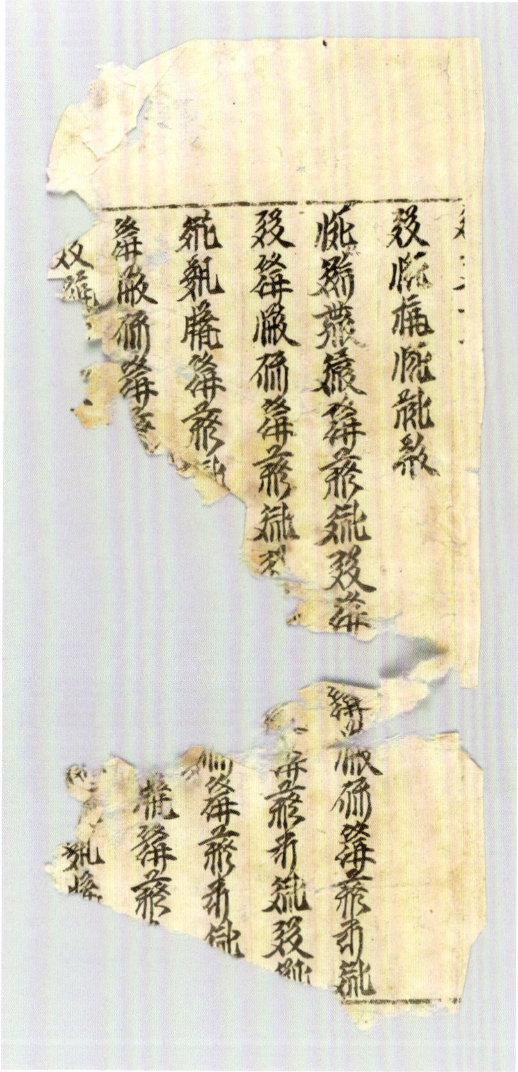

Or.12380/2131(K.K.V.b.026.g)
17.3 釐米 × 12 釐米

等不二不别也
復次善現色真如平等故如來之真如而平
等如來之真如平等……真如而平等受
想行識真如平……之真如而平□
如來之真……識真如……
……行識……

若如來真如平等，同一真如平等無二無别。**復次色真如平等故如來真如平等，如來真如平等**故**色真如平等**。**受想行識真如平**等故如來**真如平**等，如來真如平等故受想行**識真如**平等。如是若色真如平等，若受想**行識**真如平等，若如來真如平等，同一真如平等無二無别。（《大正藏》T06，p0640c）

2132　佛頂心觀世音菩薩大陀羅尼經卷上

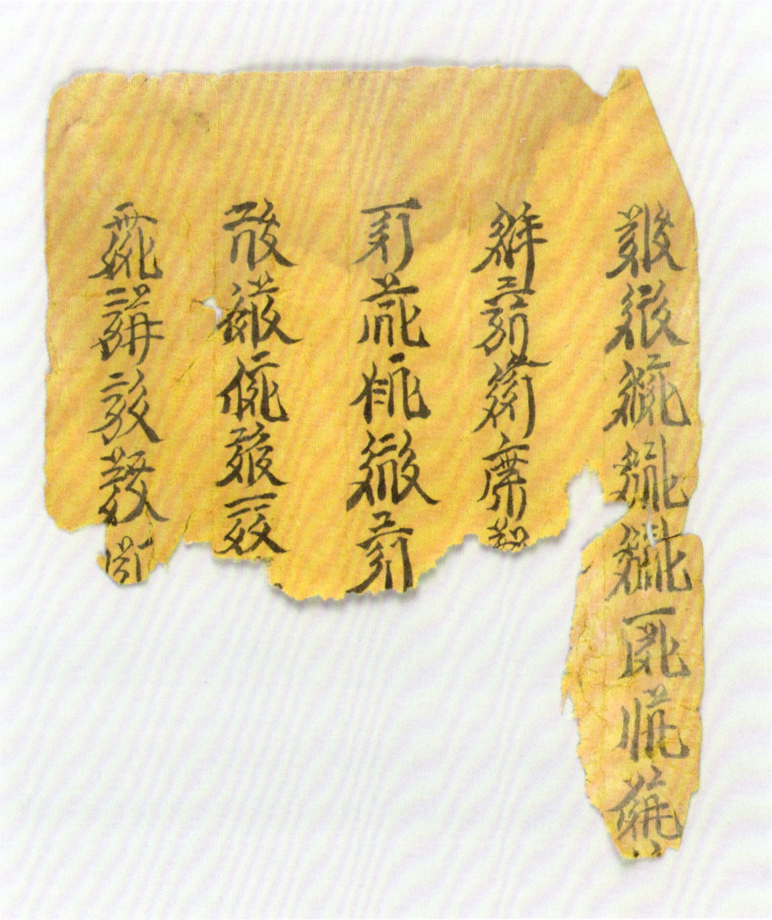

Or.12380/2132A（K.K.II.0242.h）
12.35 釐米 × 10.5 釐米

寶花雨繽紛亂來此……
心自在王……
一耳根歷身……
十惡五逆闡……
母面前未……

十方世界皆大震動，天**雨寶花**，**繽紛亂下**，供養**此**陀羅尼，名薄伽梵蓮花手**自在心王**印。若善男子善女人得聞此秘密神妙章句，**一歷耳根**，**身**中所有百千萬罪悉皆消滅。此陀羅尼能滅**十惡五逆**、誹謗**闡**提、非法説法。（法國國家圖書館藏本 P.3916）

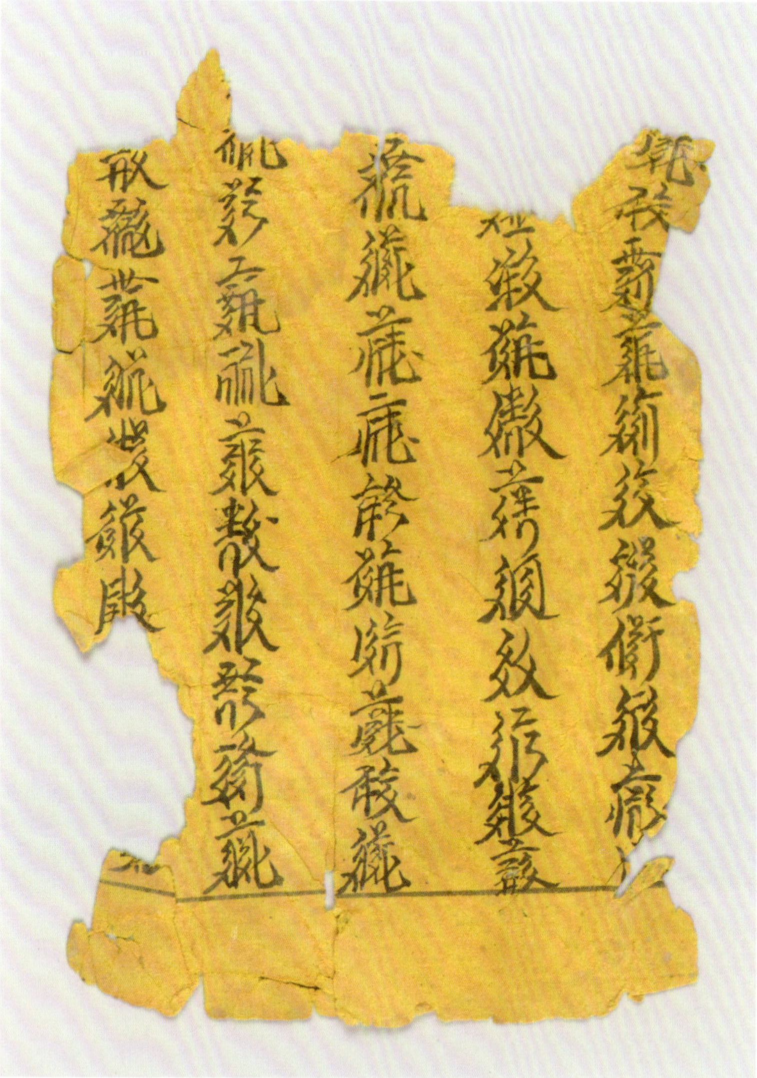

Or.12380/2132B（K.K.II.0242.h）
15.6 釐米 × 11 釐米

……羅尼供養名薄伽梵蓮花□
……女人此秘密妙神章句聞
……有者悉皆消此陀羅尼者
……法説滅令或三寶師主父
……世生殺命害惡業……

供養此陀**羅尼名薄伽梵蓮花**手自在心王印。若善男子善**女人**得**聞此秘密神妙章句**，一歷耳根，身中所**有**百千萬罪**悉皆消**滅。**此陀羅尼**能**滅**十惡五逆、誹謗闡提、非法**説法**，**或**于**三寶師主父**母前起驕慢心，或世**世**造**業殺生害命**，或三朝滿月，嫁女婚男，横殺衆生，犯無邊大罪，在於己身。（法國國家圖書館藏本 P.3916）

2133 大般若波羅蜜多經卷三百四十六

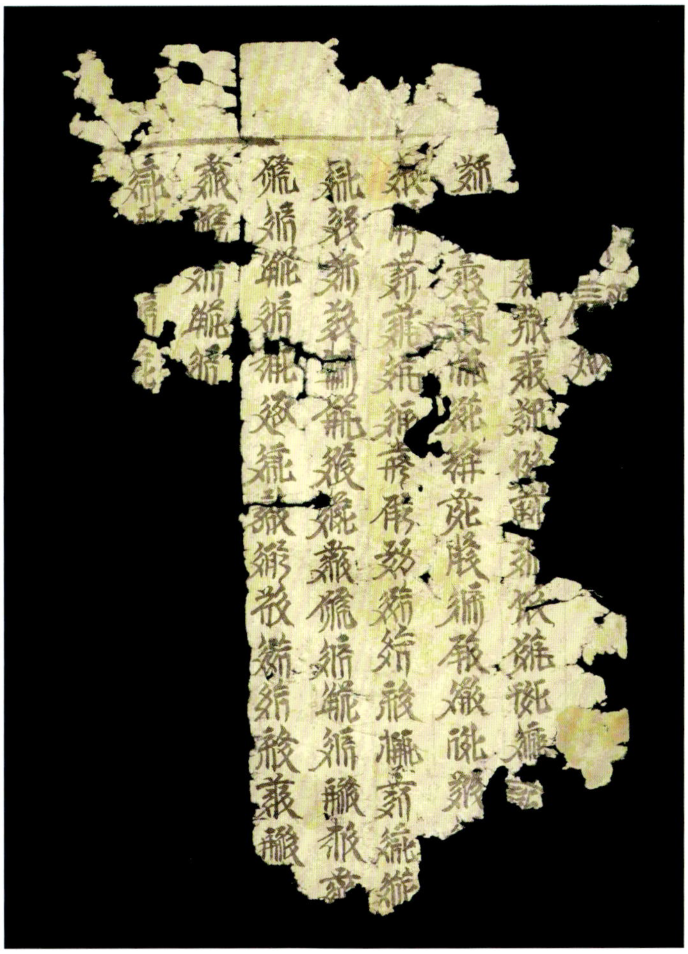

Or.12380/2133
（K.K.V.b.020.a.xii）
24.5 釐米 × 16.3 釐米

……之常……
……善現若菩薩摩訶薩是如甚深……
波□蜜多行能則諸天子等常禮敬……
親近供養請問勸言謂善男子汝所求上……
正等菩提疾證欲者空相無願無勤以空……
相無願無上住當何云也善男子若勤……
空相無願無……
當依□無……

一如所言皆悉能作，二爲諸佛常所護念。復次善現！若菩薩摩訶薩能如是行甚深般若波羅蜜多，諸天子等常來禮敬，親近供養，請問勸發言。善男子！汝欲疾證所求無上正等菩提，當勤住空無相無願。何以故？善男子！若勤住空無相無願，無依怙者當作依怙，無歸依者當作歸依。（《大正藏》T06，p0776c）

2134 殘片

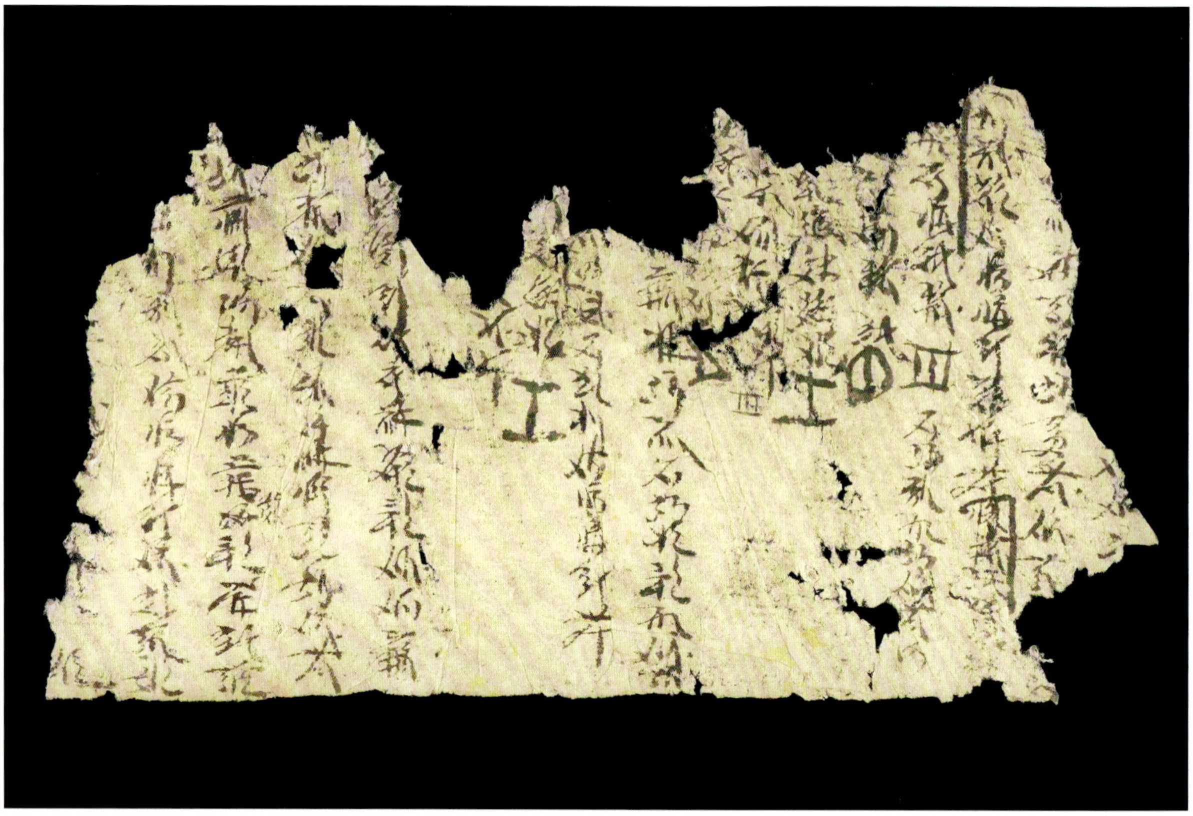

Or.12380/2134（K.K.II.0265.i）
15 釐米 × 26.3 釐米

2135 簿籍殘片

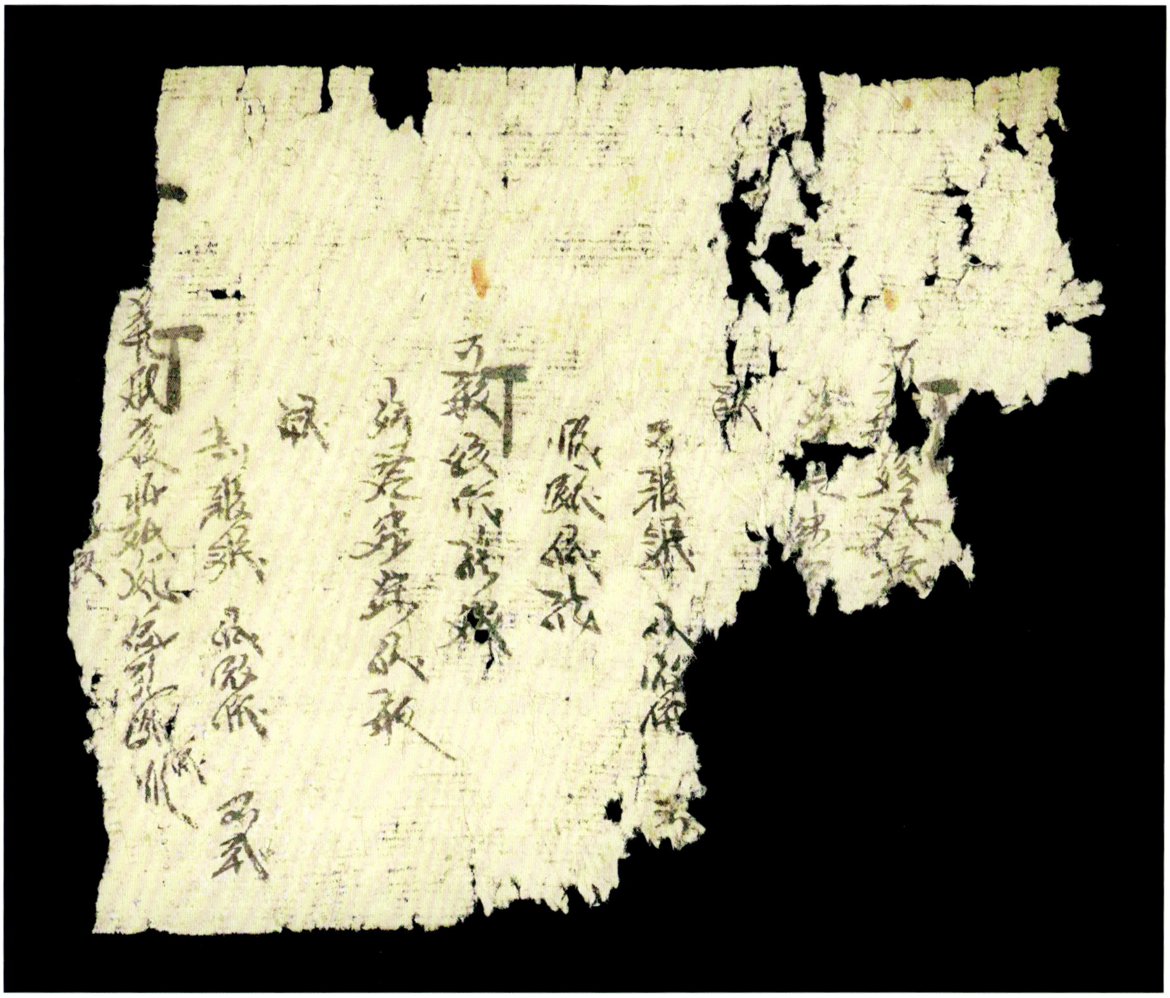

Or.12380/2135(K.K.II.0279.l)
18.6 釐米×23 釐米

2136 殘片

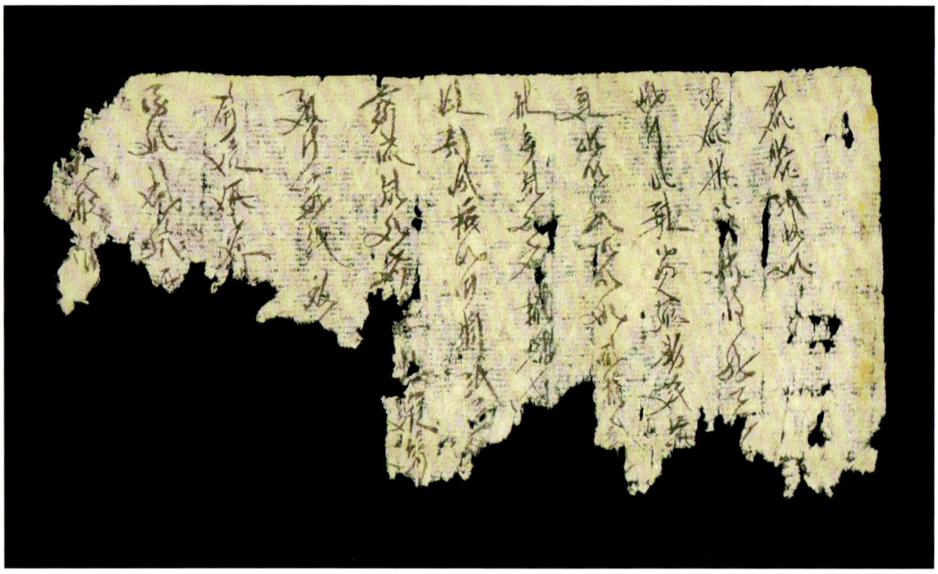

Or.12380/2136（K.K.II.0272.a.3?）
14.6 釐米 × 30 釐米

2137 殘片

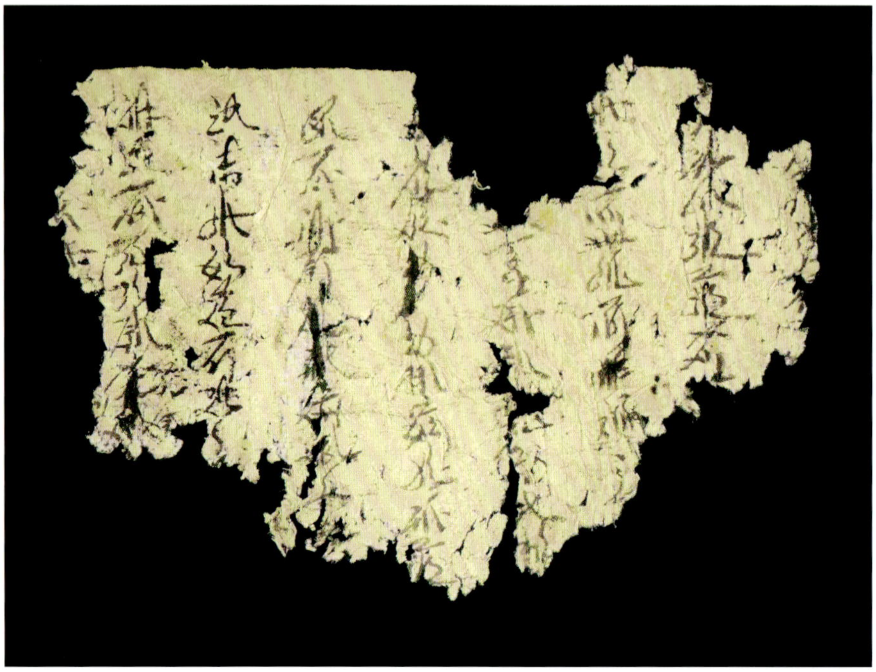

Or.12380/2137（K.K.II.0281.x）
15.6 釐米 × 22.7 釐米

2138　殘片

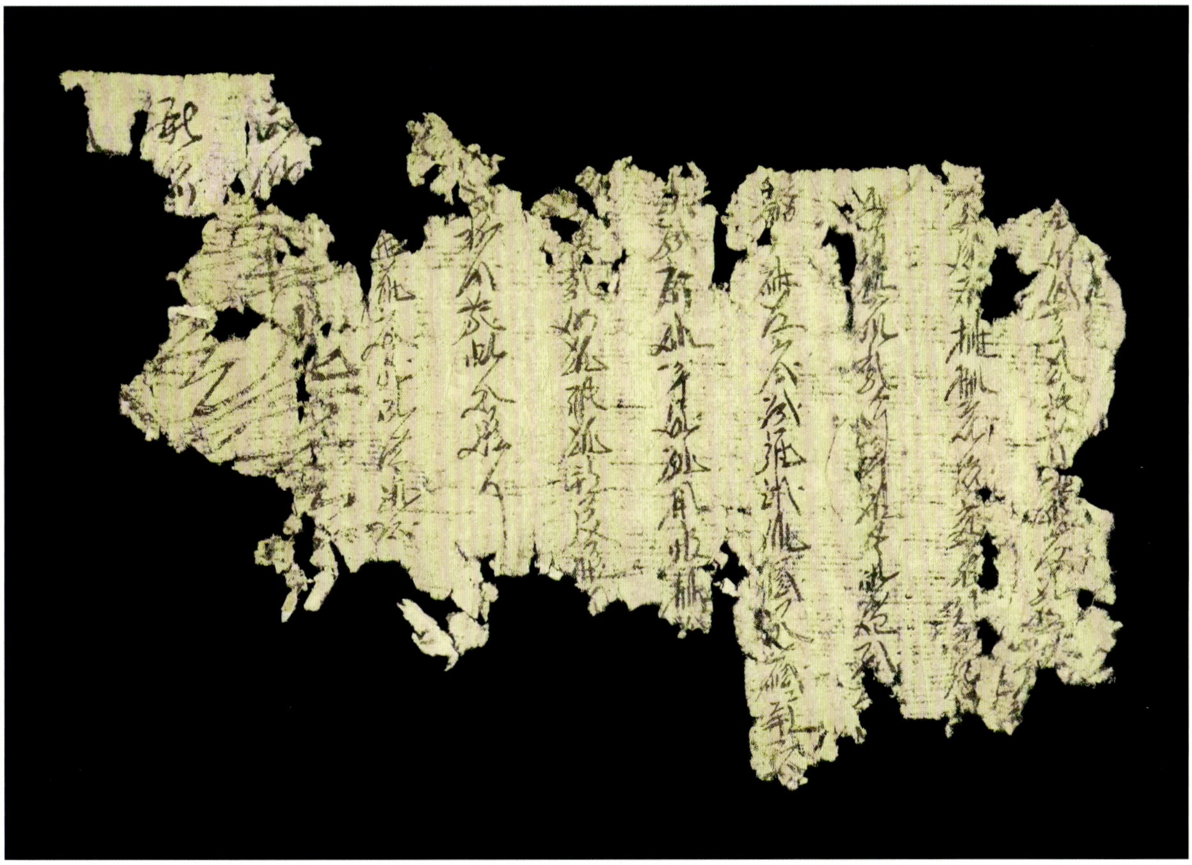

Or.12380/2138（K.K.II.0272.e）
19.3 釐米 × 29.3 釐米

2139 殘片

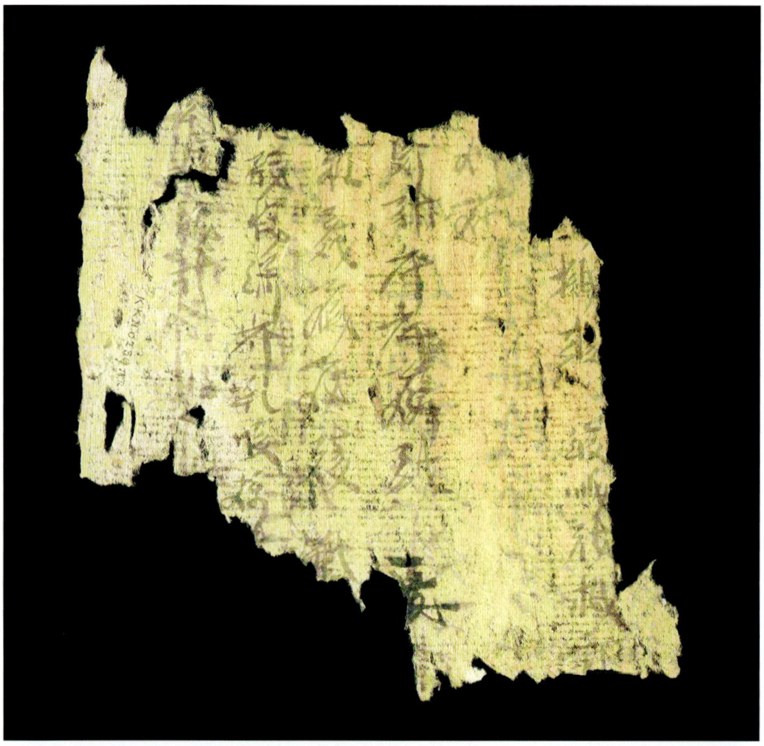

Or.12380/2139A（K.K.II.0239.nn）
12.5 釐米 × 11.7 釐米

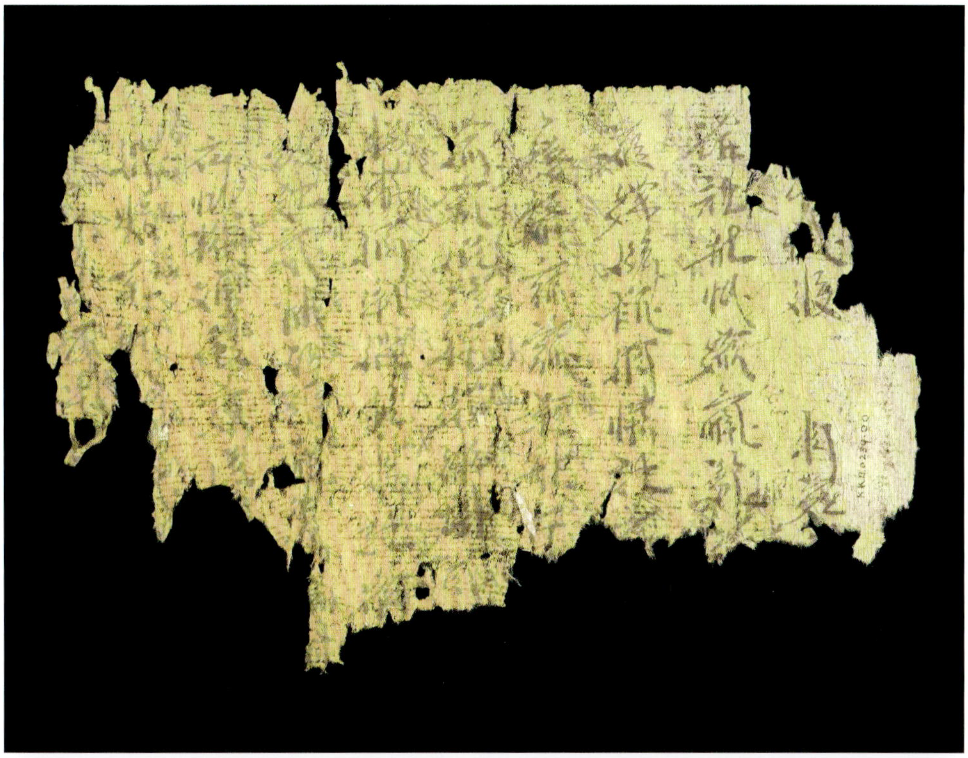

Or.12380/2139B（K.K.II.0239.oo）

14.1 釐米 × 21 釐米

2140 殘片

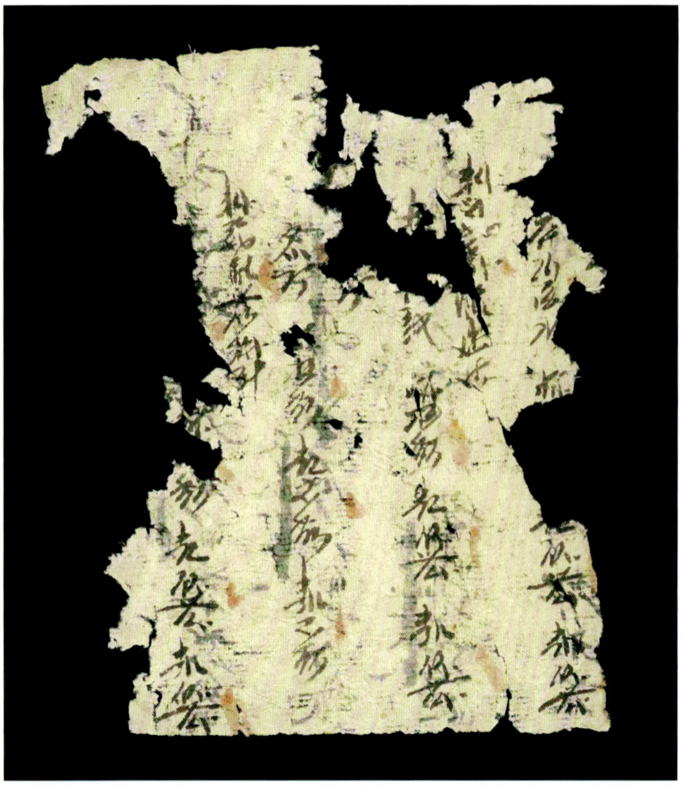

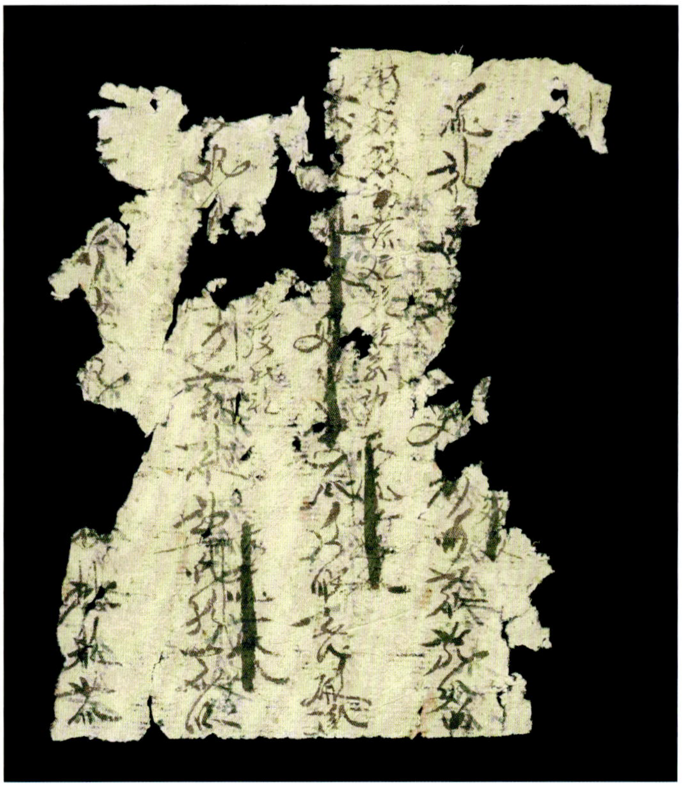

Or.12380/2140A
（K.K.II.0275.xxx）
18.1 釐米 × 15.5 釐米

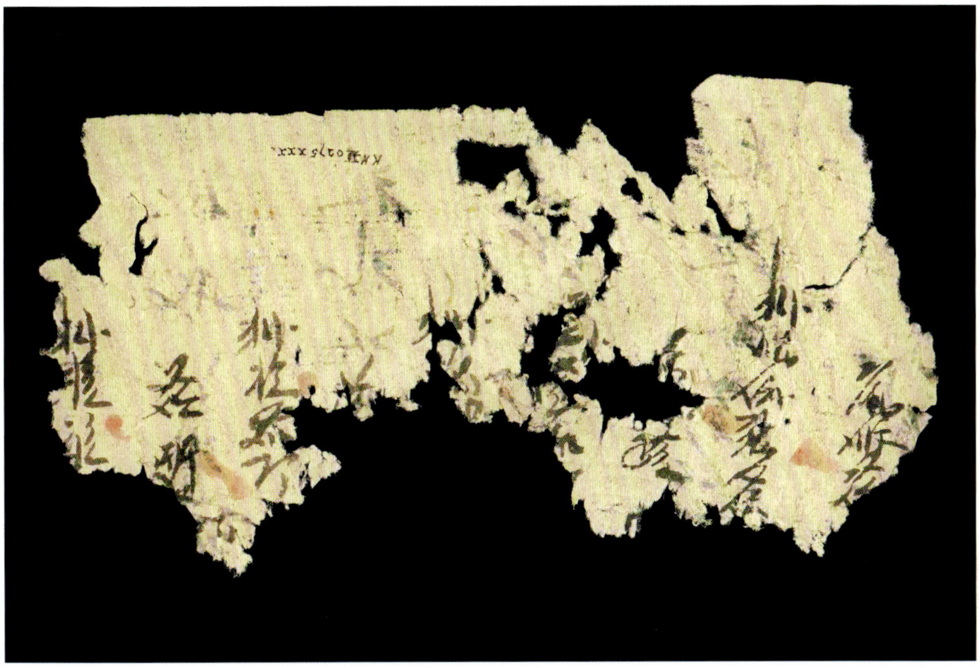

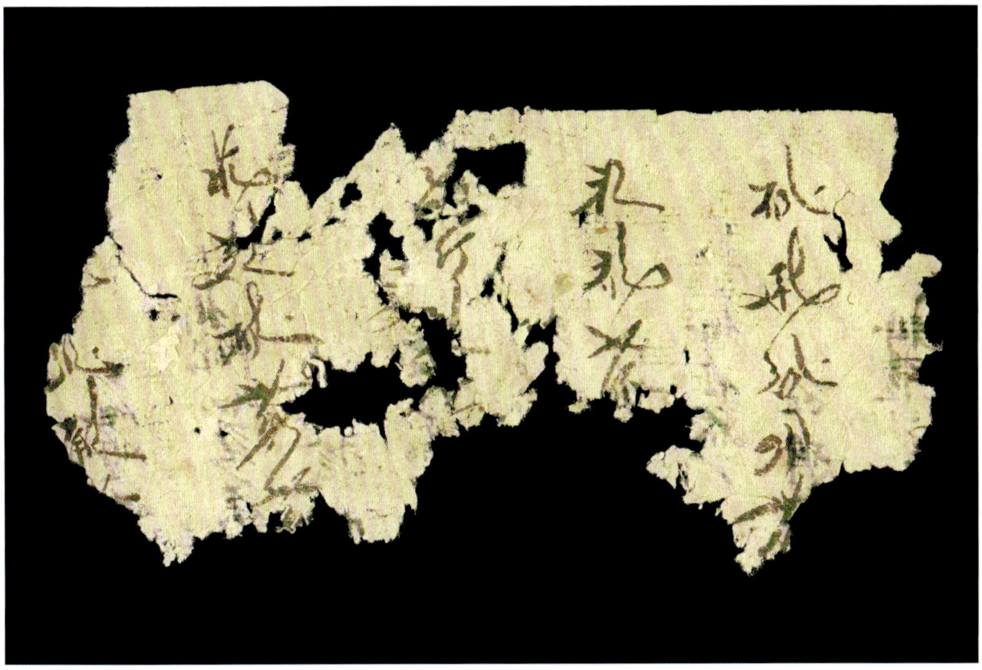

Or.12380/2140B
9.5 釐米 × 17.3 釐米

2141　簿籍殘片

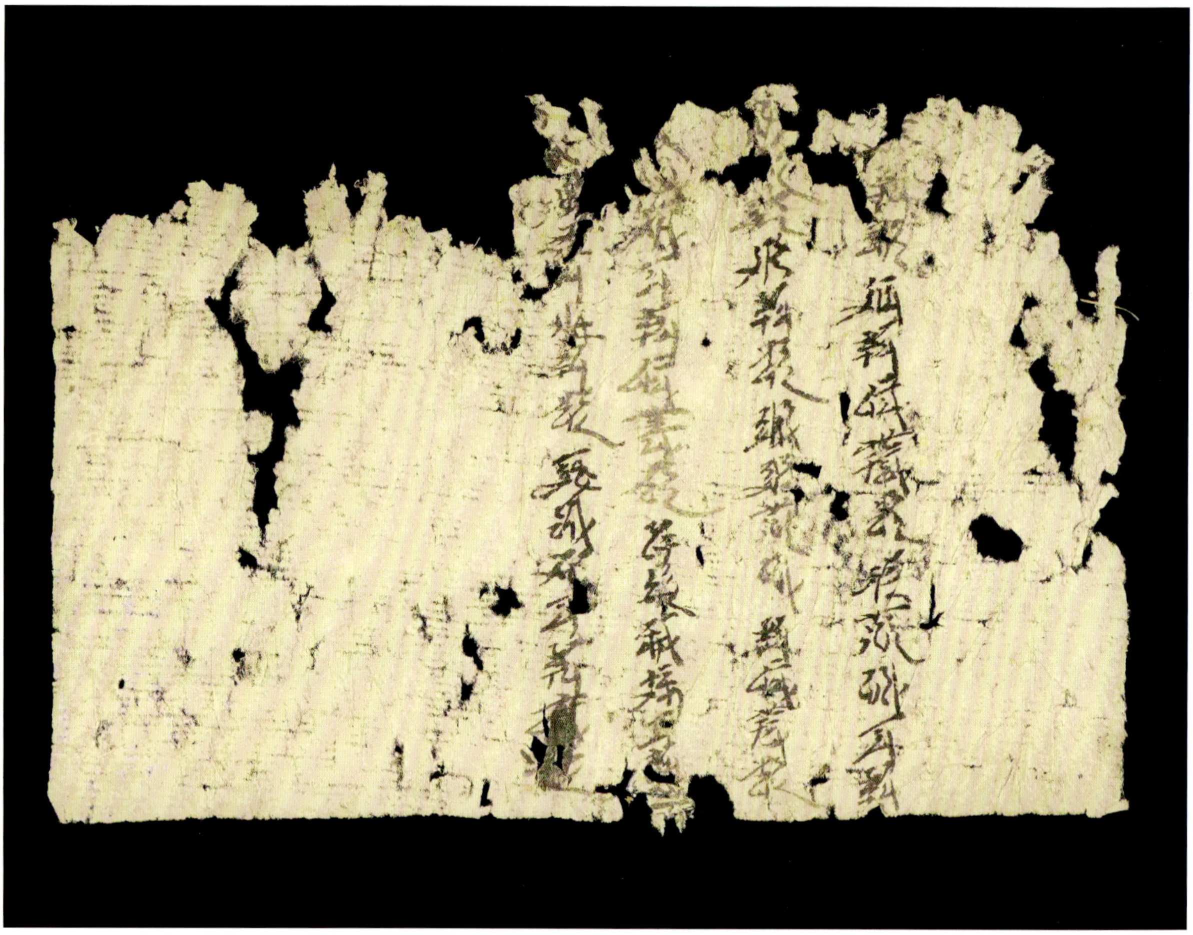

Or.12380/2141（K.K.II.0260.e）
14.6 釐米 × 22 釐米

2142 佛書殘片

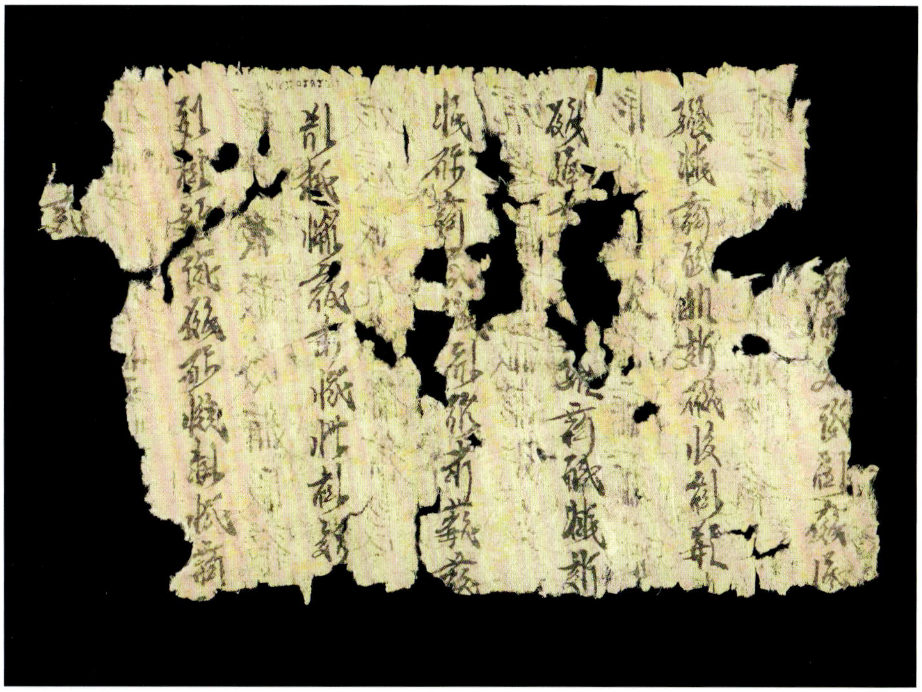

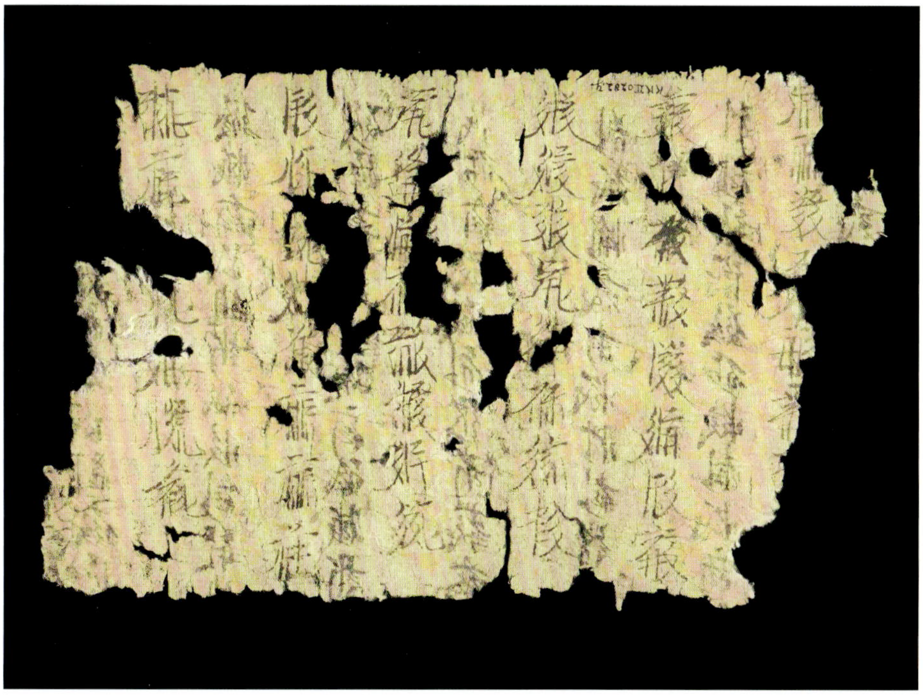

Or.12380/2142（K.K.II.0282.y）
12.8 釐米 × 20.6 釐米

……如是此者……
倒因成令緣故遺忘是苦……
此者……成令因故……
因之成□□悟許亦差别……
悟上願發亦不定是譬……
等不謂如此之歸雖不成……
……離……

盡令未……
若□等大臣長者門……
斷欲時彼□之名誦
彼如來□尊崇恭敬
障復□□苦一切悉……
因皆□不退轉獲

2143 佛書殘片

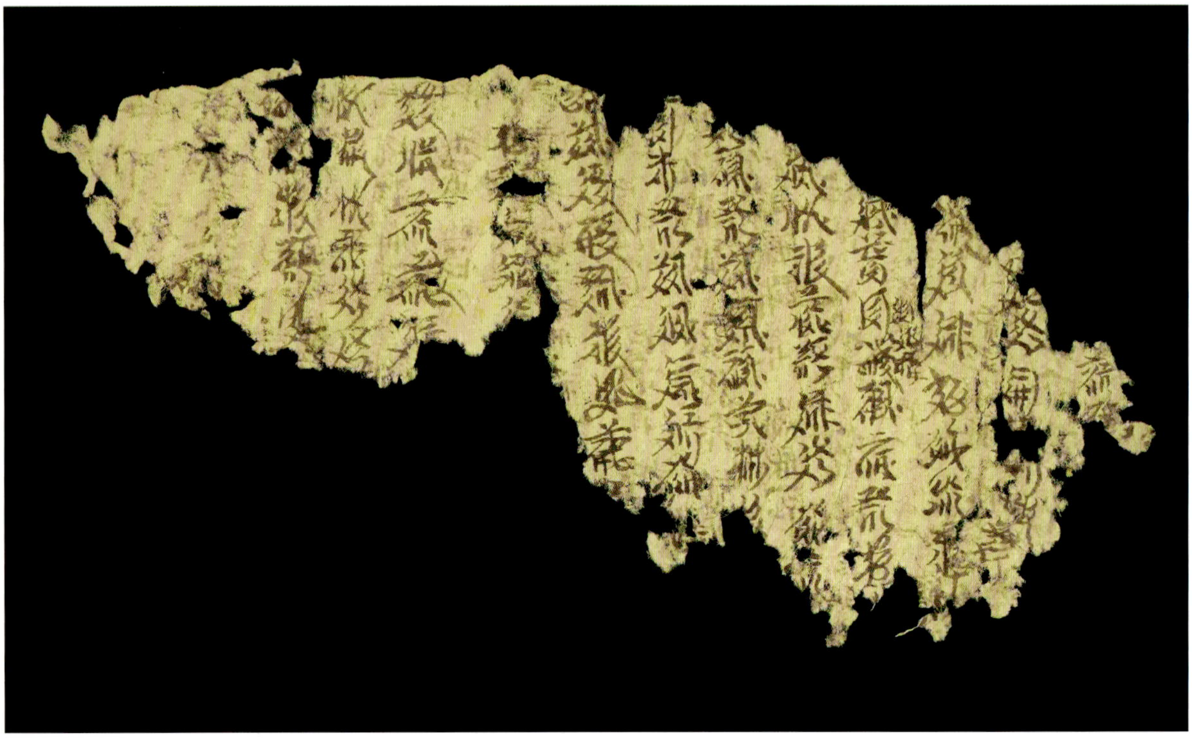

Or.12380/2143（K.K.II.0282.o）
14.3 釐米×27.8 釐米

……有……
……然兄弟愚乃……
……所應我謂此已……
……者七八日再覺已如始師一……
……者不告嗔爲我然惡……
……法師處百法人中……
……亦師處奉可無此……
……處使者乃告汝衣……
……一□□過……
……以來有亂……
……不來不住雖應……
……告爲汝……
……朝一夜……
……分別置爾……
……去惱……
……自宫殿内留　帝……
……諸行行貧苦受……
……朝三□　善友……
……正心無　漏令轉……
……過病患　置四生……
……行修受少故　先業上……
……佛世尊彼亦曾起……
……妄念止……
……故真□□修……

2144 正理滴特殊造

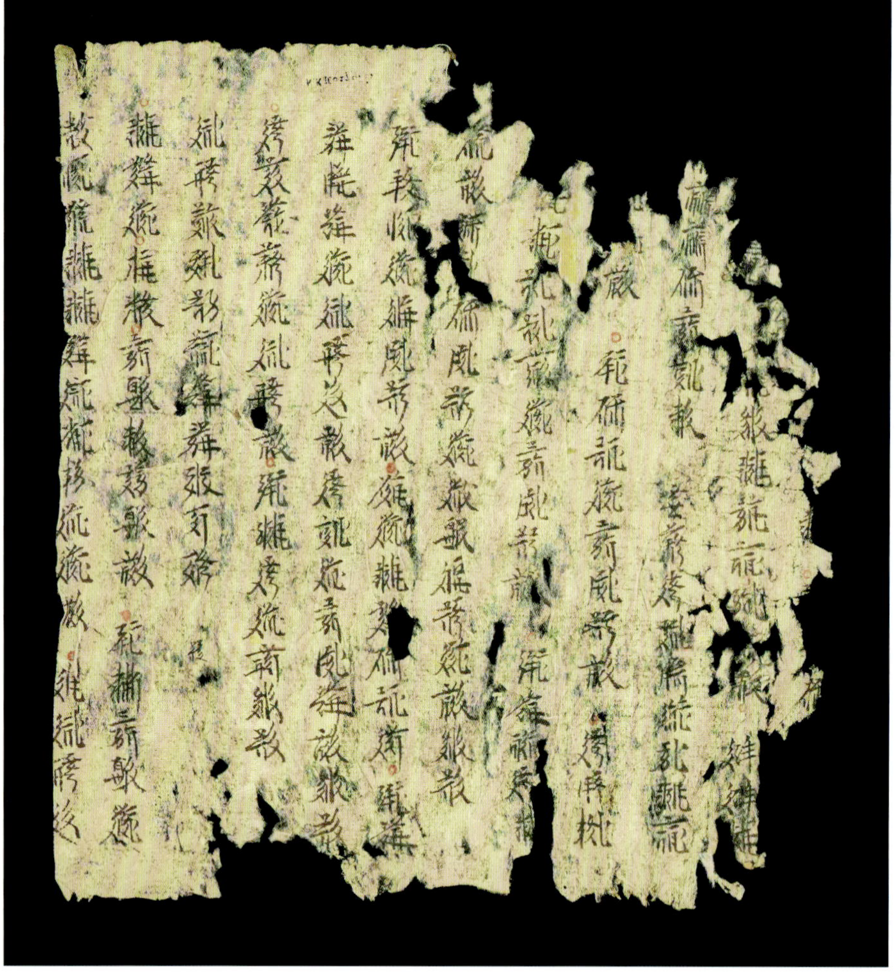

Or.12380/2144
（K.K.II.0275.yyy）
12.8 釐米 × 15.9 釐米

……之……
……因因能始意□也　心心因
……一切之自悟也　真實義乃修上邊因始
……是　○彼之境者自性氣是　○義近遠
……上差别現者自性氣是　○彼實勝義因
有是體□之性氣者惟利益爲能是因也
○其下後者總性氣是○此者因量之境爲○彼現
前識實者正理果是義解悟自性實是因也
○義與類真者正理是○彼因義解成因也
正理滴特殊造現前品第一　竟
○因量者○二種○自利及他利是　○彼中自利者
三法相因因量所上一解所是　○前正理果

2145 佛書殘片

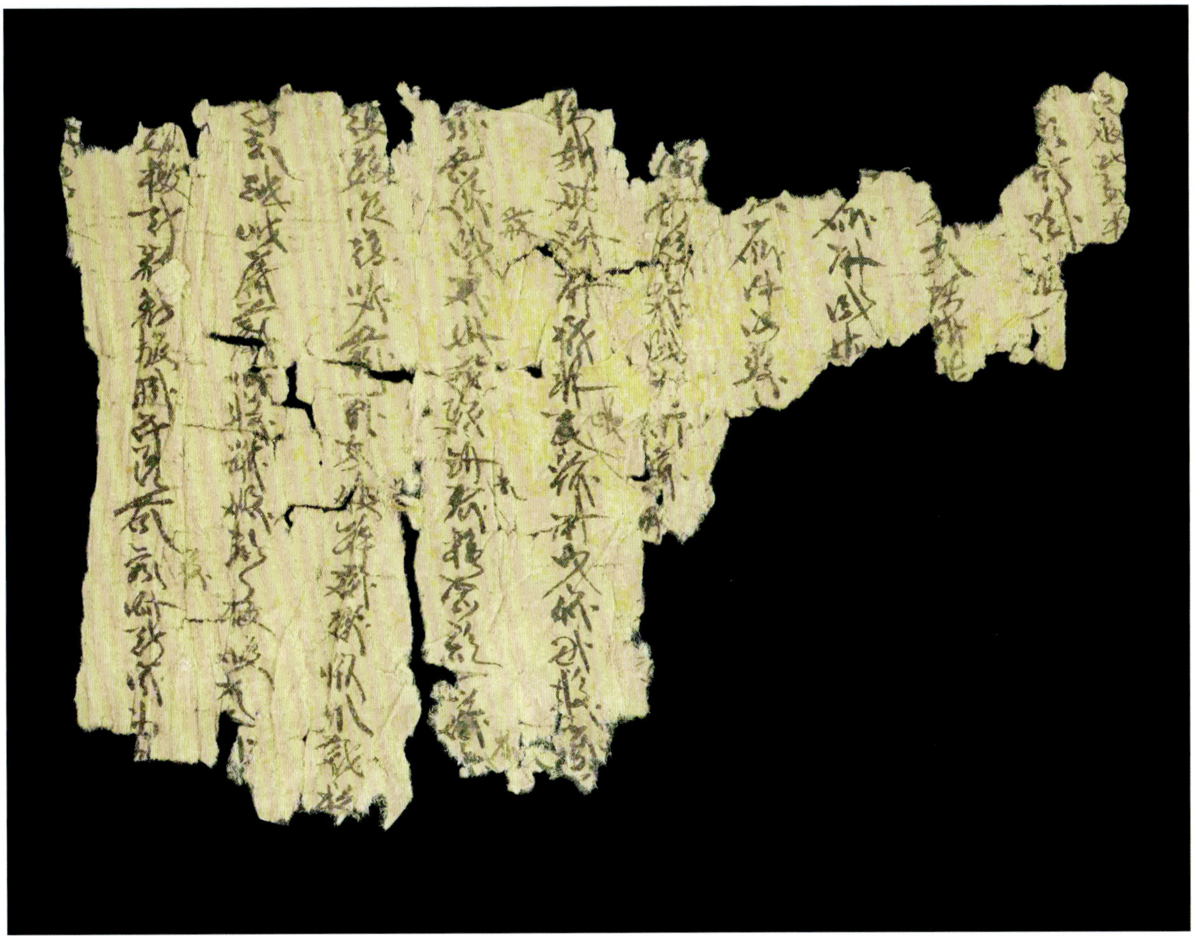

Or.12380/2145（K.K.II.0279.i）
23.9 釐米 × 24 釐米

2146 大般若波羅蜜多經卷五百九十六

Or.12380/2146(K.K.V.b.030.c)
8.8 釐米 × 23.1 釐米

……亦
……乃説
……不淨寂
……損減
……若波羅
……有命者
……作者作
……知使者
……羅蜜多圓
……來已往
……若波羅

行識名色六處觸受愛取有生老死愁嘆苦憂惱**亦**非圓成實故，我**説**般若波羅蜜多非圓成實。舍利子！常無常樂苦我無我淨**不净寂**靜不寂靜顛倒非顛倒諸蓋見行增益**損減**生滅住异集起隱没非圓成實故，我説般**若波羅**蜜多非圓成實。舍利子！我**有**情**命者**生者養者士夫補特伽羅意生儒童**作者**使**作**者起者等起者受者使受者知者**使知者**見者使見者非圓成實故，我説般若波**羅蜜多**非**圓**成實。舍利子！諦實虚妄**往**去還**來**有見無見内外等法非圓成實故，我説般**若波羅**蜜多非圓成實。（《大正藏》T07，p1085a–1085b）

2147 大般若波羅蜜多經卷二百三十一

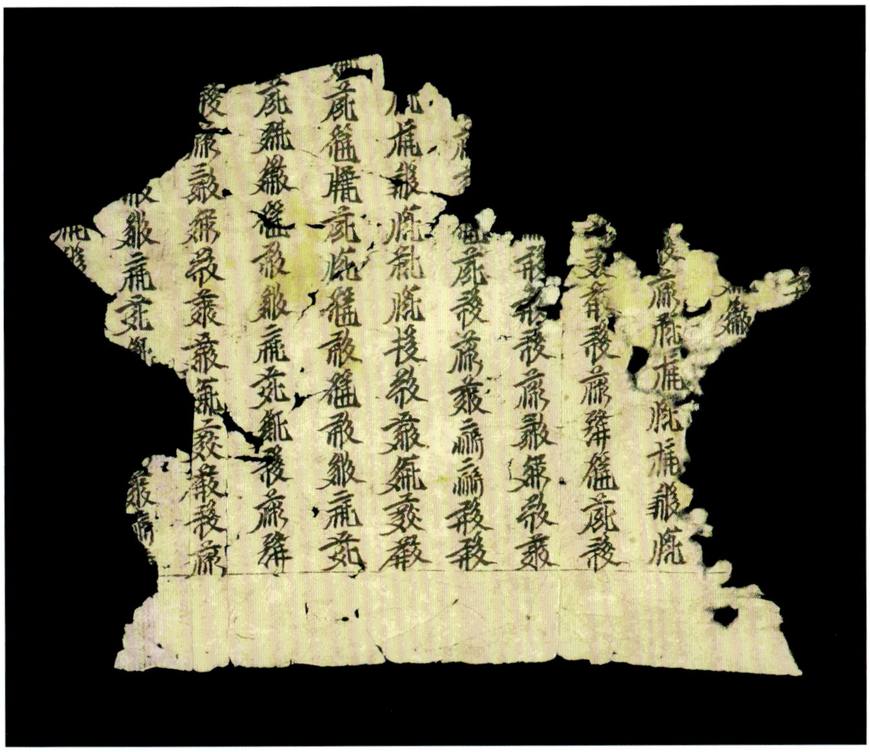

Or.12380/2147
(K.K.V.b.05.j)
18.6 釐米 × 24 釐米

……至……
……淨不二不二分不
……脱門清淨故鼻界清
……智智清淨何云也若
……鼻界清淨若一切智智
……二分不别不斷也空解脱門
……界鼻識界及鼻觸鼻觸緣生諸
……界乃至鼻觸緣生諸受清淨故
……清淨何云也若空解脱門清淨
……緣生諸……若一切

若空解脱門清淨。若聲界乃至耳觸爲緣所生諸受清淨。若一切智智清淨。**無二無二分無**别無斷故。善現。空解**脱門清淨故鼻界清**淨。鼻界清淨故一切**智智清淨。何以故。若**空解脱門清淨。若**鼻界清淨。若一切智智**清淨。無二無二分**無别無斷故。空解脱門**清淨故香**界鼻識界及鼻觸鼻觸爲緣所生諸**受清淨。**香界乃至鼻觸爲緣所生諸受清淨故**一切智智**清淨。何以故。若空解脱門清淨**。若香界乃至鼻觸爲**緣所生諸**受清淨。**若一切**智智清淨。無二無二分無别無斷故。(《大正藏》T06，p0164a)

2148 陀羅尼殘片

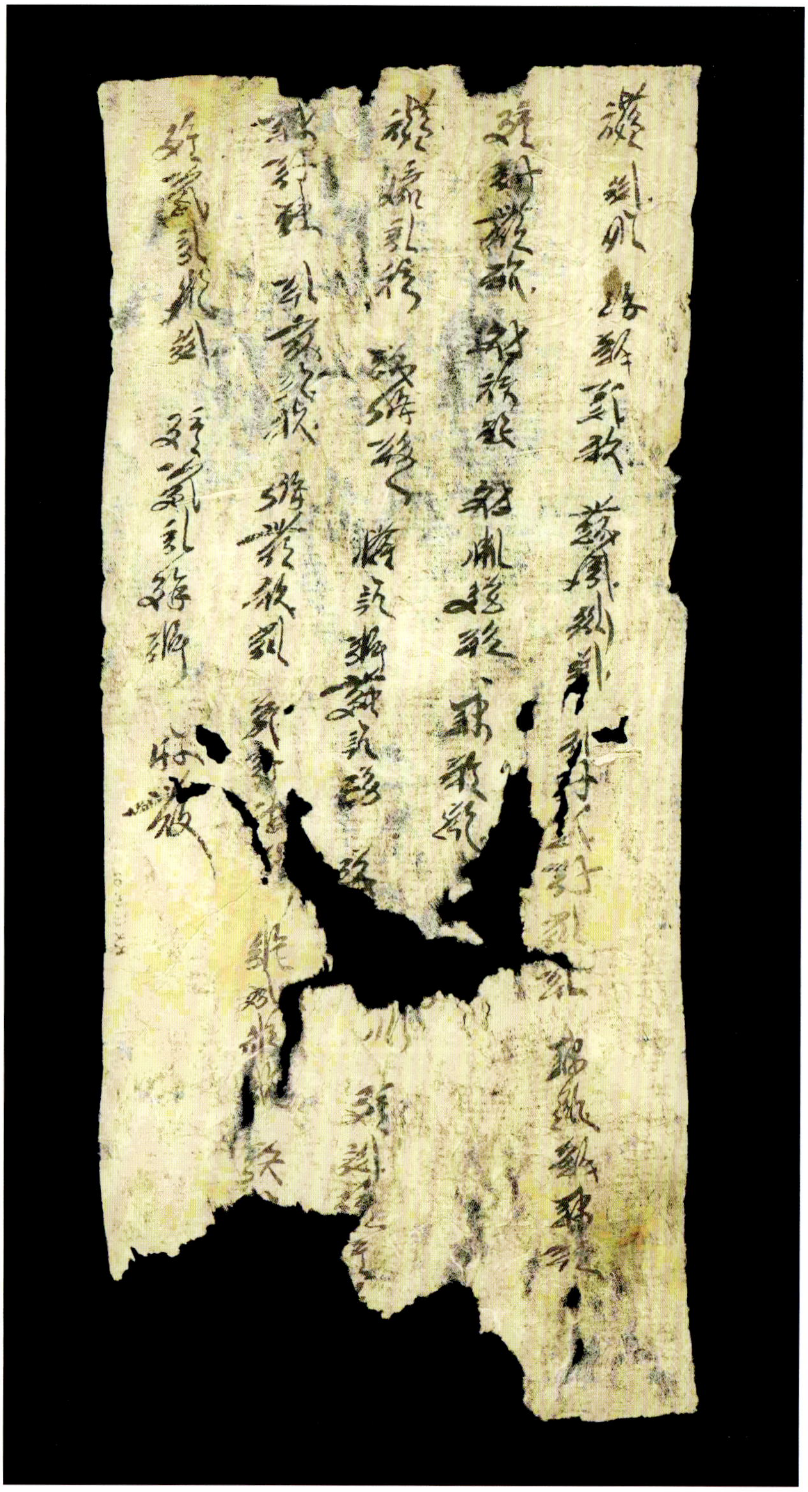

Or.12380/2148（K.K.II.b.06.a）
29.1 釐米 × 13.5 釐米

2149　殘片

Or.12380/2149（K.K.V.b.05.k）
29.5 釐米 × 19.3 釐米

一細絲麻二束

2150 經疏殘片

Or.12380/2150（K.K.III.020.a）

27.6 釐米 × 15.5 釐米

……文……無因其義未取盛後……

夫諸佛十地那佉解深密契經……明解脱令欲因故彼契經等上依……

親無著等慧□□出彼十地契經等中乃……義之明□解……無著等者母共父不共兄……

是唯識既□□□識義乃興盛令此者夫……銀王之已爲天親既出此著……

天親者王種是無著者婆羅門種是此衆……聖諦已見諸法分□□法依一……

天親等者出生時上大乘法已出□小……

□□中道□執者是然便而有識導師……世尊乃通唯……母及……

根本五法等乃做五法者契經莊嚴見莊嚴法性莊嚴□邊顯者……者……乃……

小乘中分入謂此亦説法不同或説則天親……

□爲者實是後心悔大乘中……

2151 法典殘片

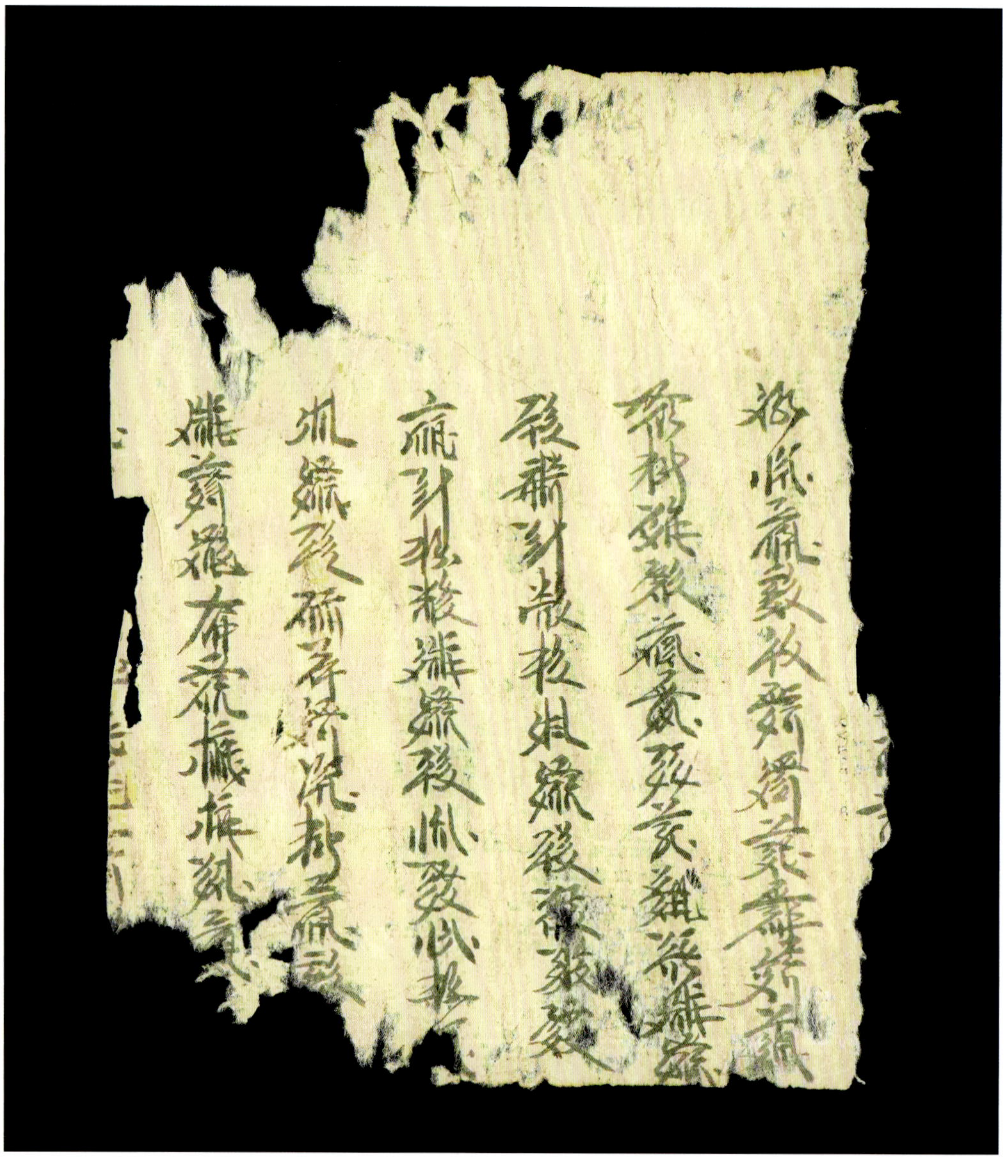

Or.12380/2151(K.K.II.0240.a)
19 釐米 × 15 釐米

住復女妹孤寡爲公公婆母
有價此等父母人等行爲先有
主避爲别嫁後有主門下已
送爲一種先有主知未知一律
後有主之當爲彼及女妹□
先夫主實有兩兩處女……

2152 殘片

Or.12380/2152(K.K.II.0229.d)
23 釐米 × 15.8 釐米

欲樂則共

2153 佛書科判殘片

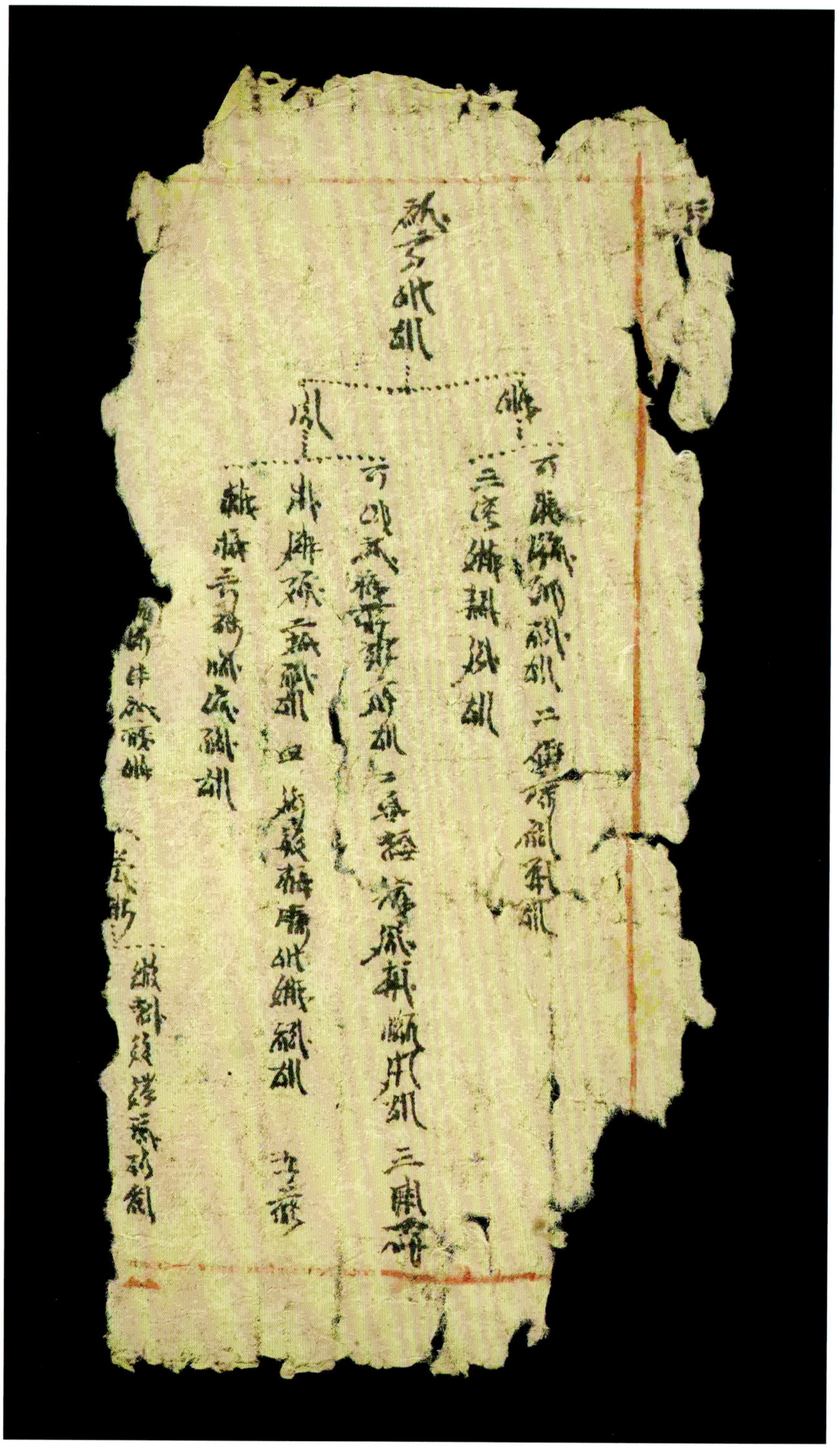

Or.12380/2153（K.K.II.0229.c）
24.1 釐米 × 12 釐米

2154 佛書殘片

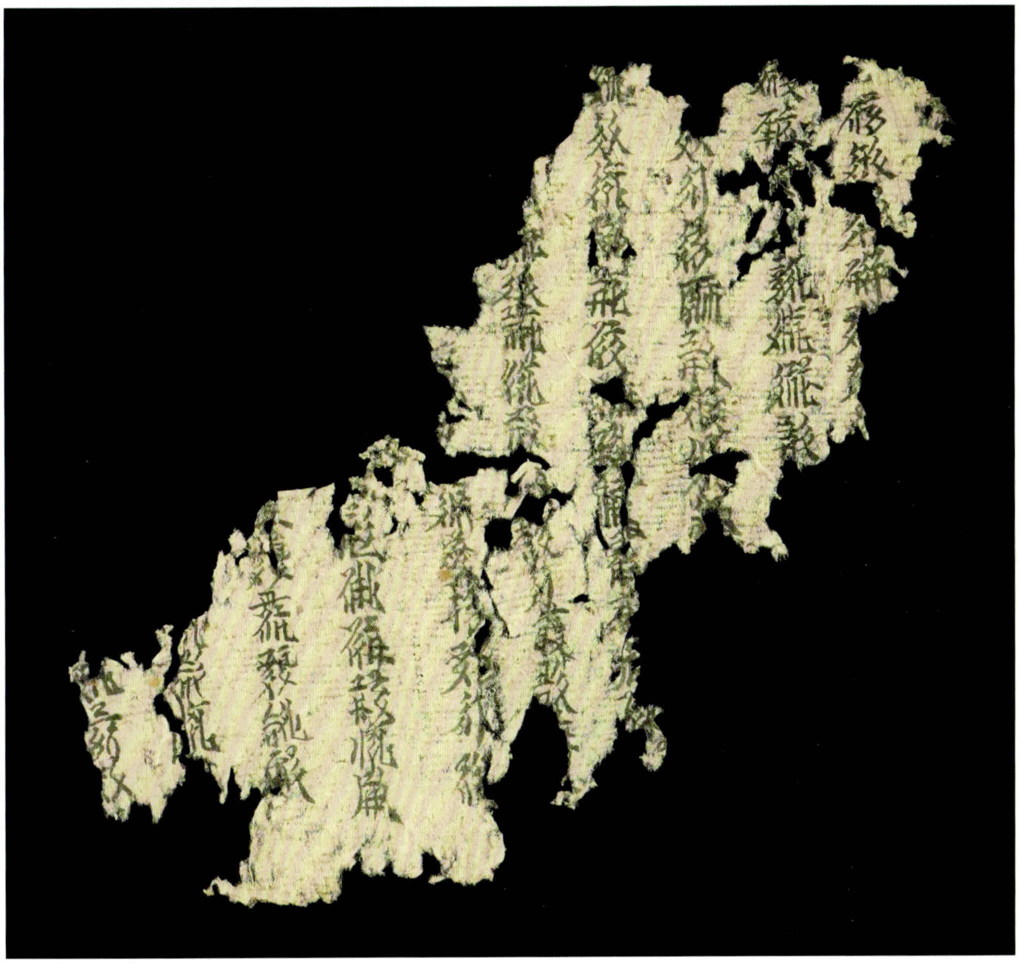

Or.12380/2154（K.K.II.0240.z）
18.3 釐米×2 釐米

……明夜□中……
……等□□夜顯明世……
……聖功德世後……
……神大□西方……
……默味十□三一已盛……
……無時乃謂聖□
……靈巧何不迫
……生富生暗論
……跡不……
……自……

2155 殘片

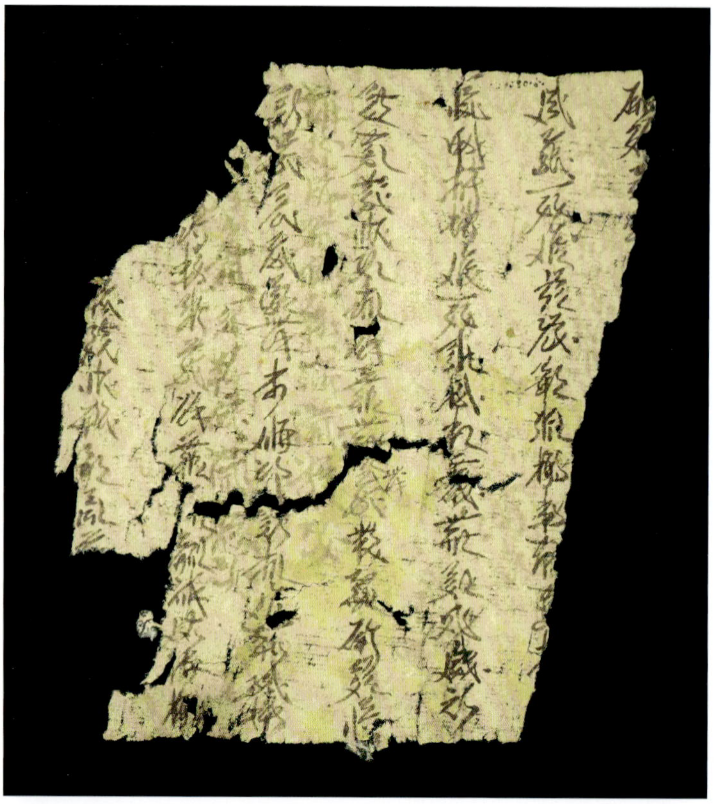

Or.12380/2155
（K.K.II.0280.q）
19 釐米 × 16.8 釐米

2156　文契殘片

Or.12380/2156A
（K.K.II.0280.x）
9 釐米 × 11.5 釐米

若日過時……

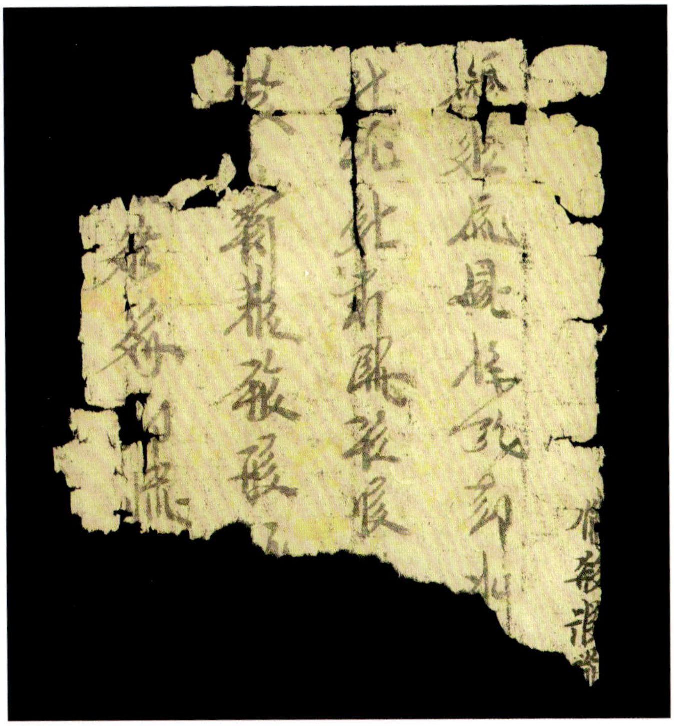

Or.12380/2156B
15.8 釐米 × 13.8 釐米

　　　知人逋……

申年五月二日内……

訛沙總亦續野貨……

……斛麋等取……

……爲植□新……

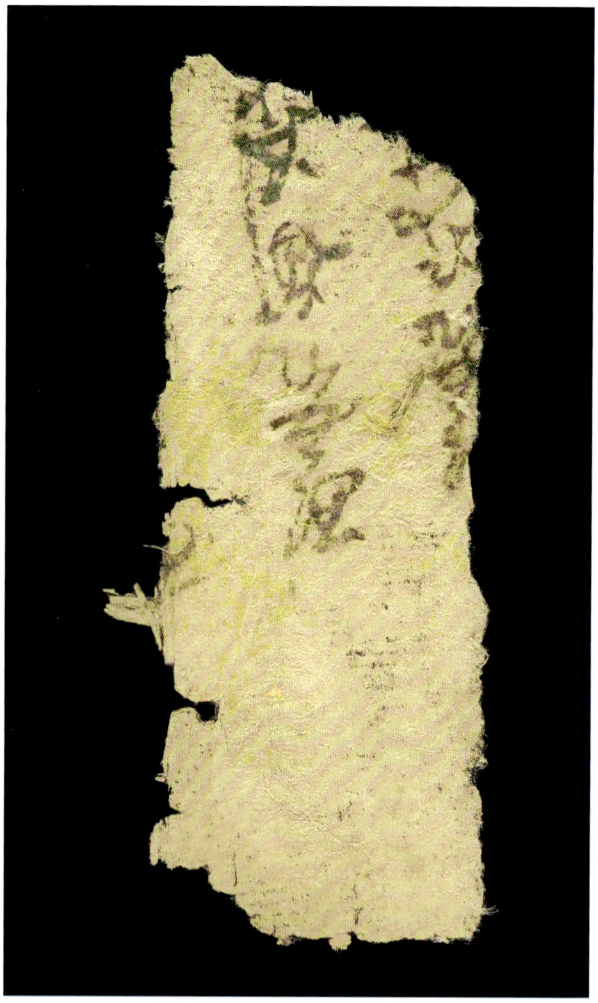

Or.12380/2156D
7.6 釐米 × 1.5 釐米

Or.12380/2156C(K.K.II.0280.x?)
12.8 釐米 × 5.7 釐米

2157 三十五佛禮懺文

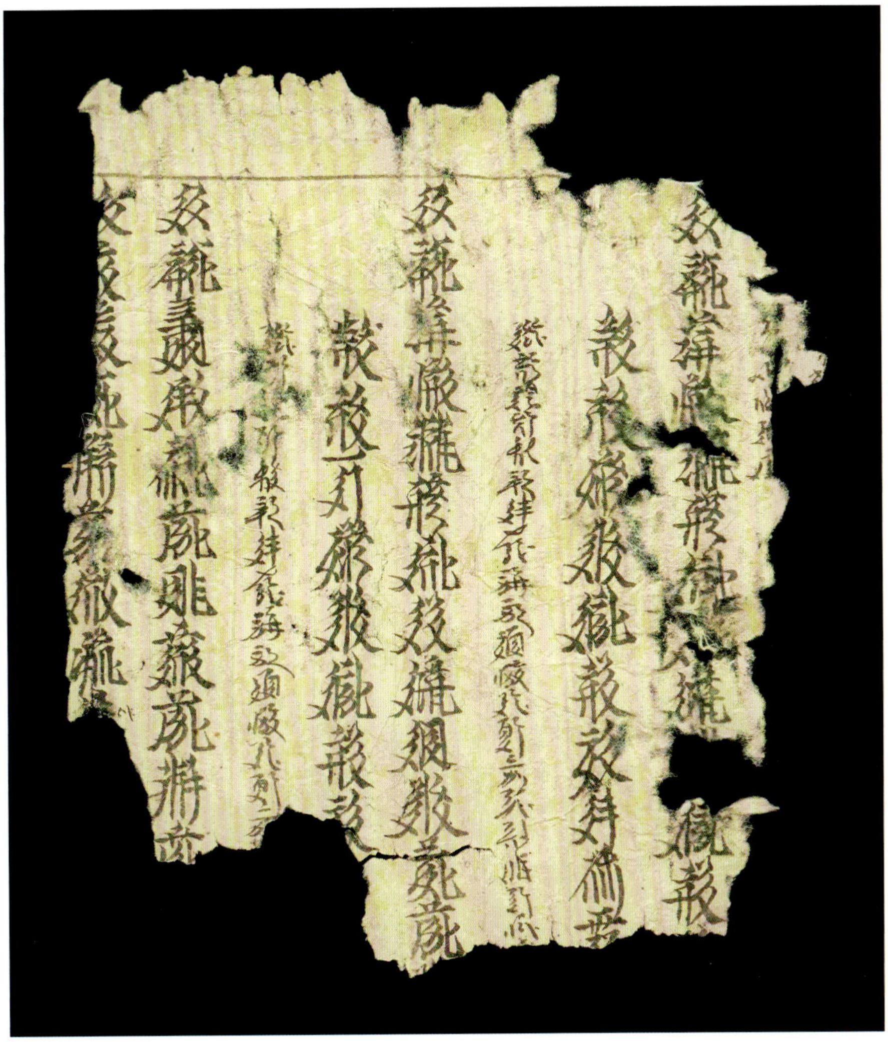

Or.12380/2157(K.K.II.0280.p)
17.6 釐米 × 15.2 釐米

之敬禮應

南無如來應供正等覺□月智……

第三十寶月智美佛之供……

次師傅弟子彼佛像面前膝跪合掌各自一并説正……

南無如來應供正等覺妙寶世界……

第三十一寶月智美……

次師□弟子彼佛像面前膝跪合掌自……

南無十方法界盡虚空界諸……

……念當惟願……

2158 殘片

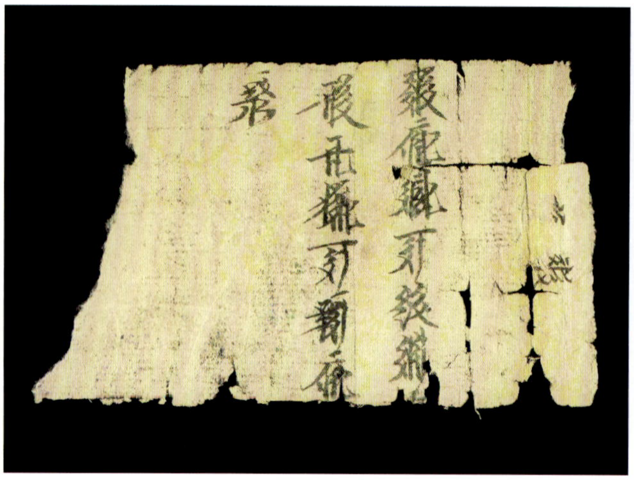

Or.12380/2158（K.K.II.0280.x.6?）
8.8 釐米 × 15 釐米

……閏五月一日内……
……取半轉一斛五……
……爲

五……
者……

2159 文契殘片

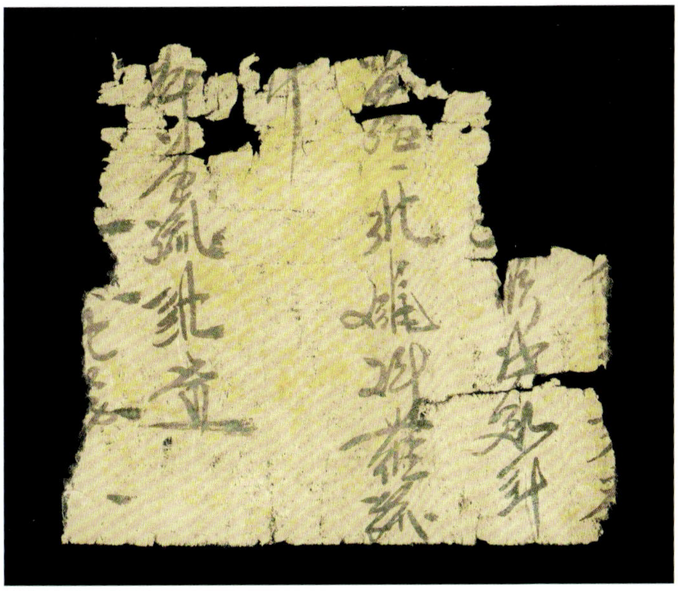

Or.12380/2159A
（K.K.II.0280.x）
10.2 釐米 × 11.6 釐米

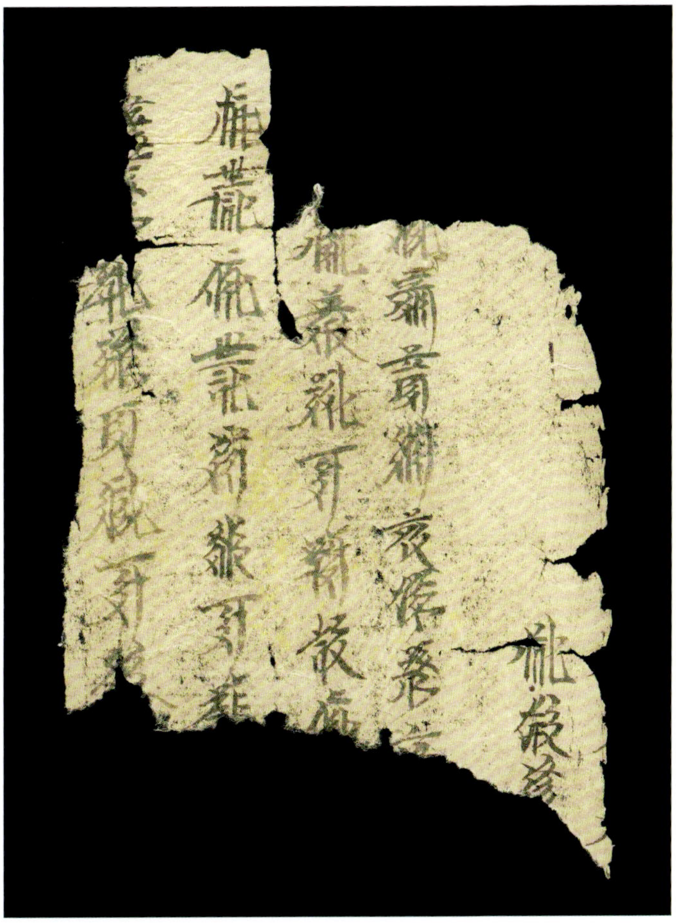

Or.12380/2159B
15 釐米 × 10.2 釐米

知人㗰
……月十七日文狀爲……
……知鐵處一斛麥……
二斗五升故一匹……
……日限八月一日……

2160 殘片

Or.12380/2160（K.K.II.0254.s.4?）
12.8 釐米 × 15.2 釐米

2161　殘片

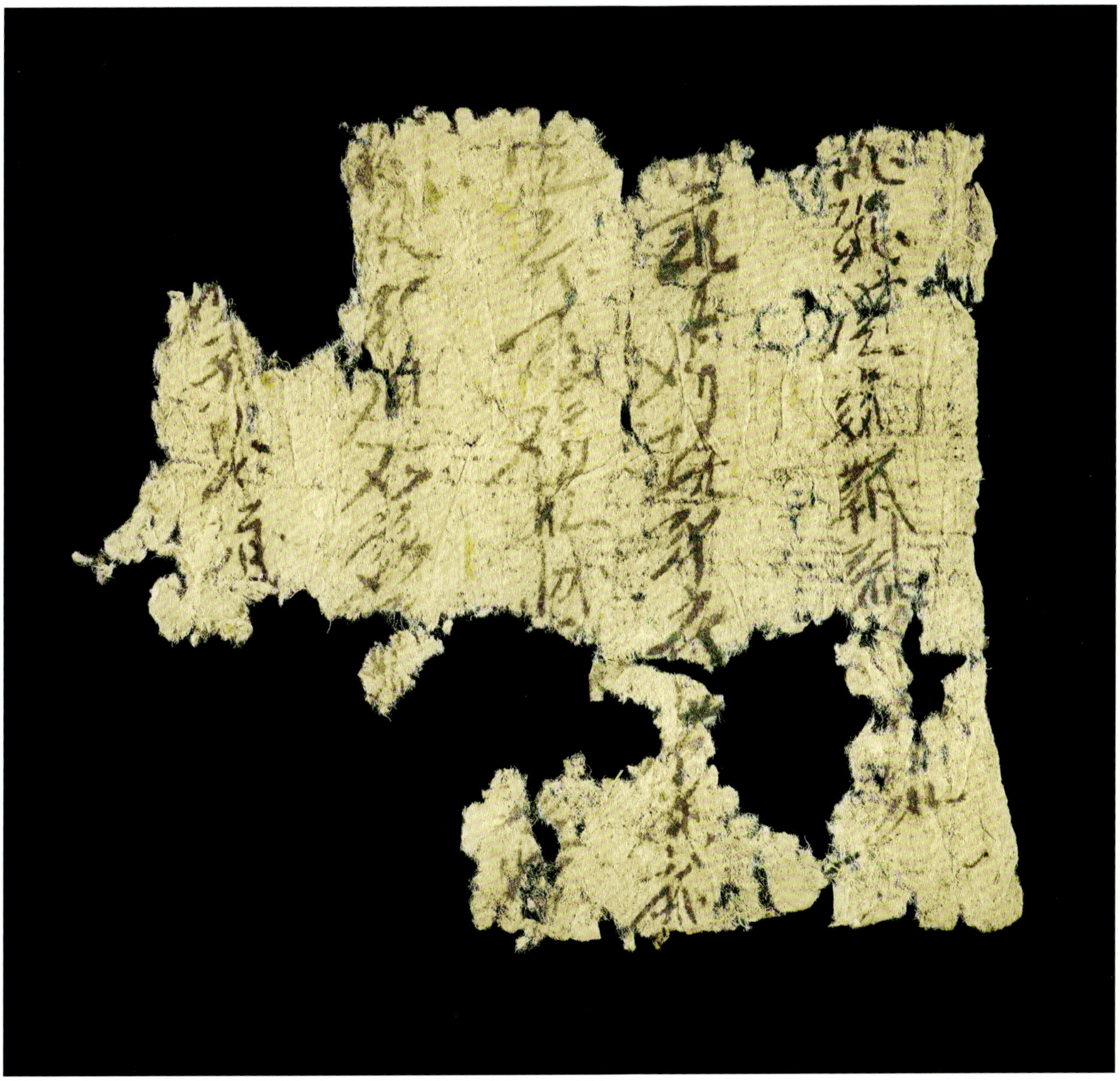

Or.12380/2161（K.K.II.0121.d）
13.2 釐米 × 14.7 釐米

2162 文契殘片

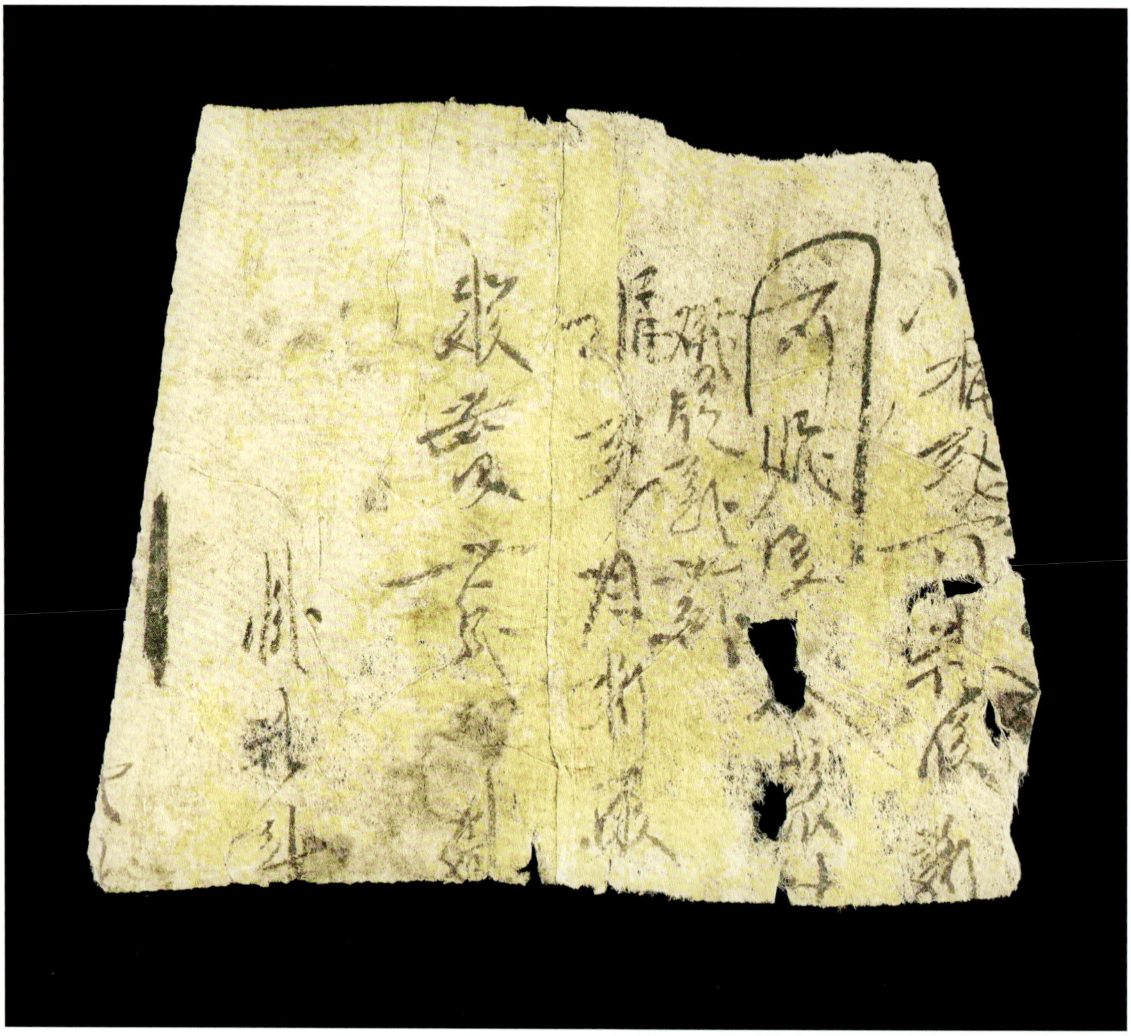

Or.12380/2162［K.K.II.0305（6）?］
11.8 釐米 × 14.8 釐米

2163 殘片

Or.12380/2163［K.K.II.0305(7)?］
14.7 釐米 × 12.2 釐米

2164 殘片

Or.12380/2164
［K.K.II.0305(9)?］
13 釐米 × 14.6 釐米

2165 文契殘片

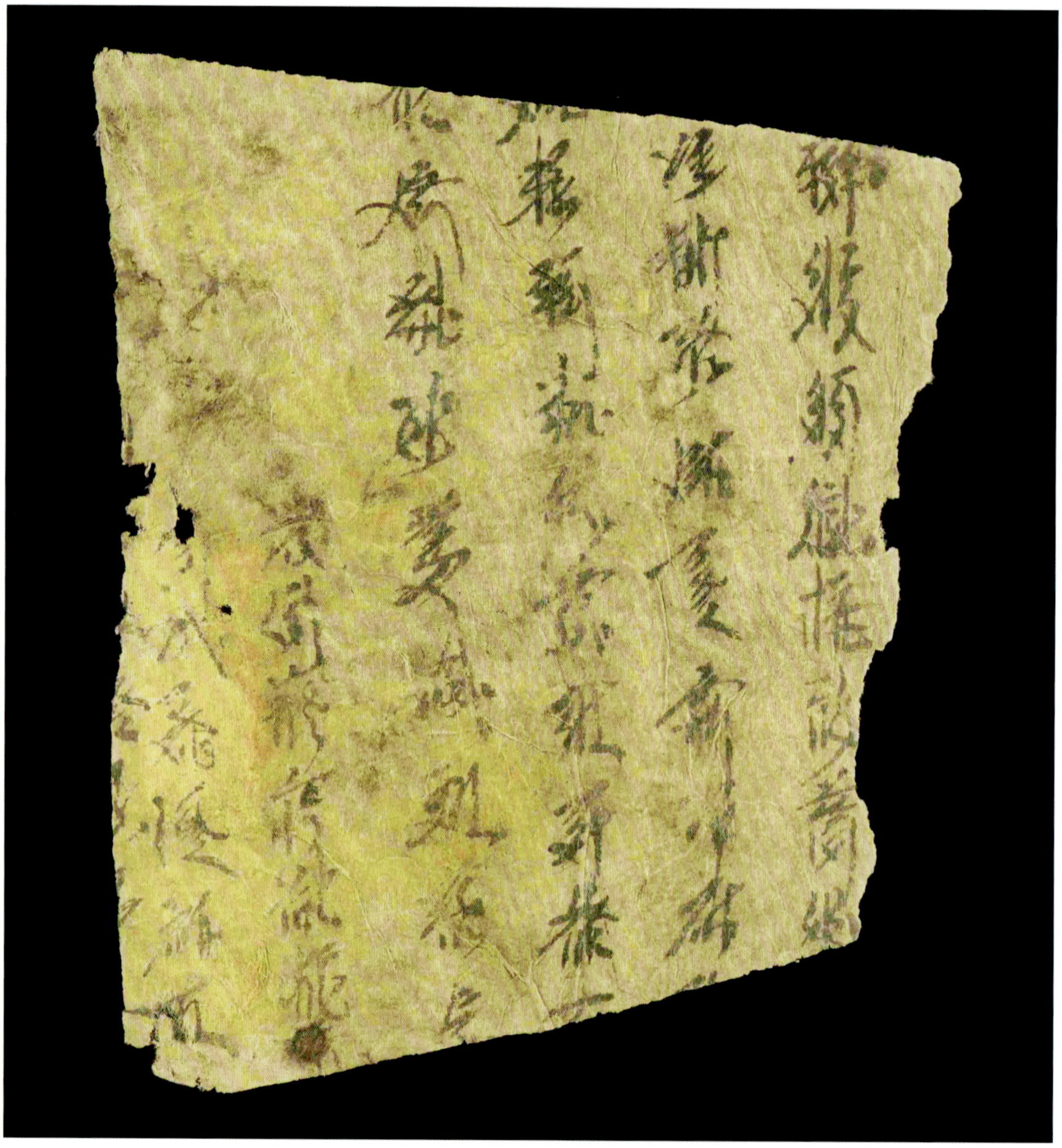

Or.12380/2165［K.K.II.0305（10）?］
15.1 釐米 × 12.8 釐米

2166 殘片

Or.12380/2166A［K.K.II.0305（11）?］
15 釐米 × 12 釐米

2167 殘片

Or.12380/2167［K.K.II.0305（12）?］
13.4 釐米 × 14.5 釐米

2168 殘片

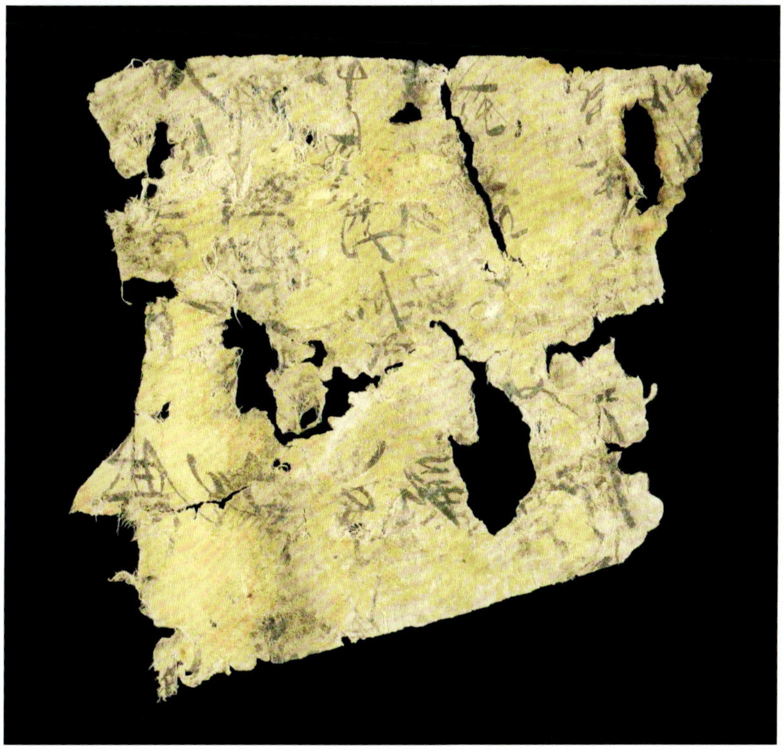

Or.12380/2168［K.K.II.0305（14）?］

15 釐米 × 16.5 釐米

2169 殘片

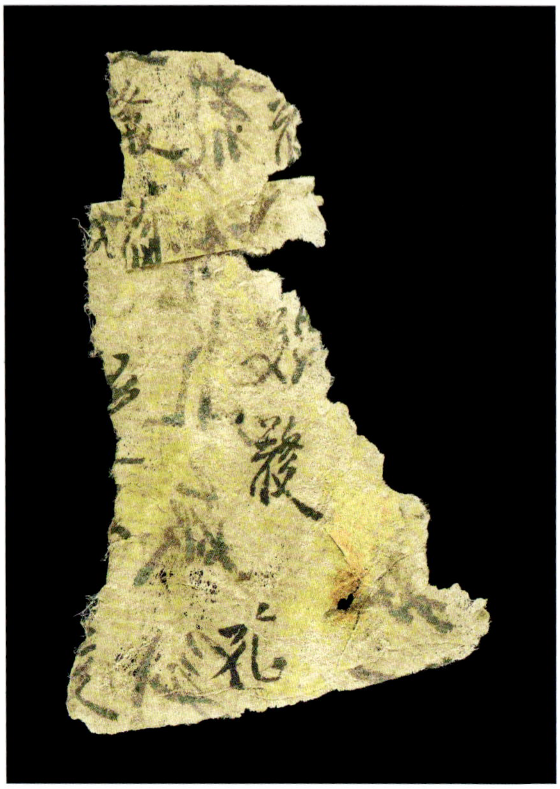

Or.12380/2169［K.K.II.0305（15）?］
10 釐米 × 6.3 釐米

2170　簿籍殘片

Or.12380/2170(K.K.II.0266.m)
11.5 釐米 × 12.3 釐米

2171 大般若波羅蜜多經卷三十三

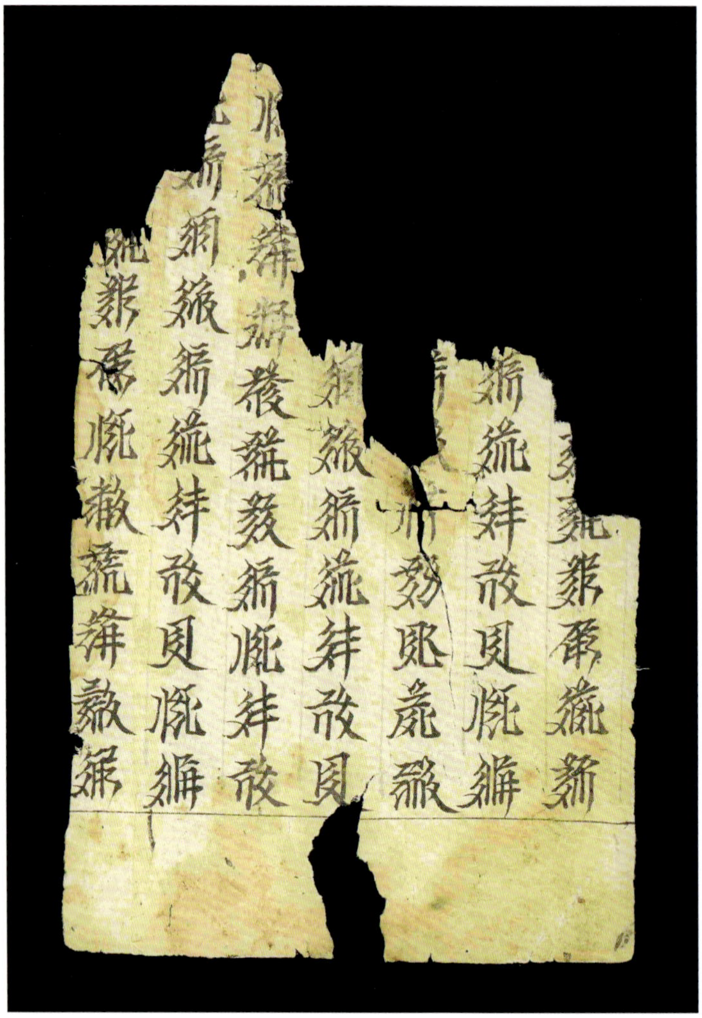

Or.12380/2171
（K.K.II.0277.k）
19.8 釐米 × 12.9 釐米

……離增語菩
……無解佛十八不共
……非謂汝世尊
……四礙無解佛十八
……不有畢竟得可無況佛十
……無四礙無解佛十八不共
……此增語不既有故如何

佛十力若遠離若不遠**離增語**非**菩**薩摩訶薩，即四無所畏四**無**礙**解十八佛不共**法若遠離若不遠離增語**非**菩薩摩訶薩耶？**世尊**，若佛十力遠離不遠離，若四無所畏**四無礙解十八佛**不共法遠離不遠離尚**畢竟不可得**，性**非有故**。**況有佛十**力遠離不遠離增語及四無所畏**四無礙解十八佛不共**法遠離不遠離增語？**此增語既非有**。**如何**可言？（《大正藏》T05，p0182a）

2172 佛書殘片

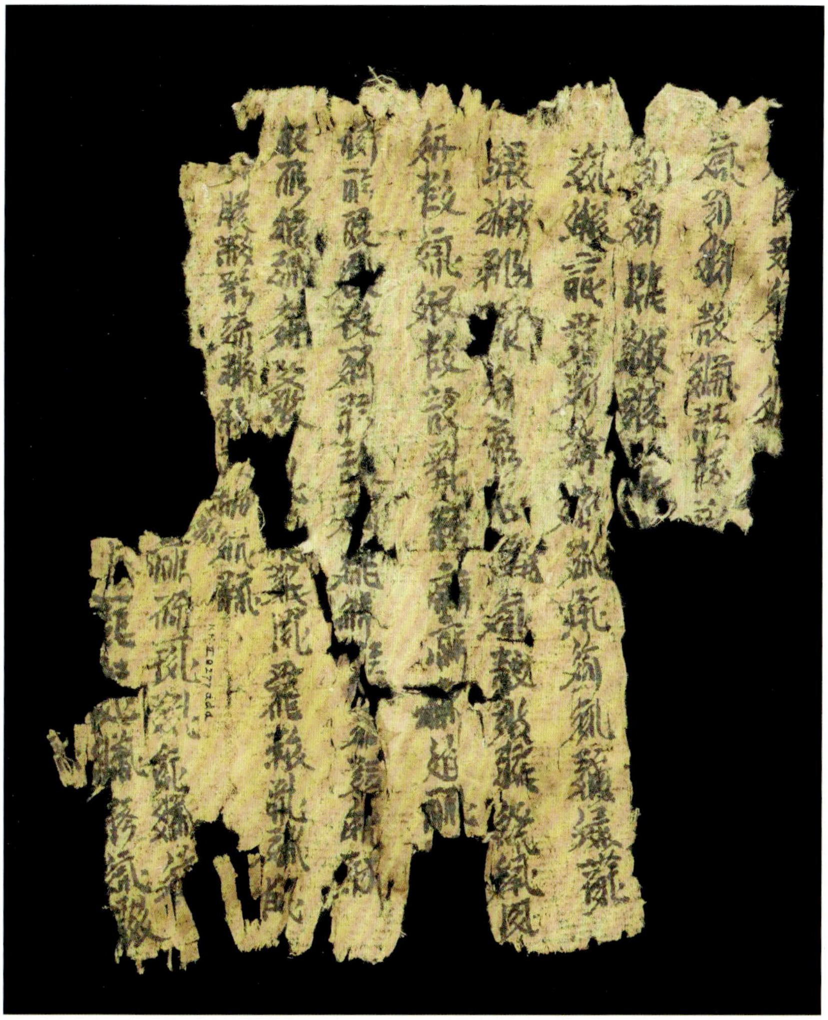

Or.12380/2172
（K.K.II.0277.ddd）
19.5 釐米 × 16.7 釐米

……
應一日三時爲一……
一日昔脹緩……
處信發供養則□法其名字刻乳香
水中洗……應三寶歸依百八
遍誦應近誦三日爲一切中隱令……
梵語阿唎野怛囉悉怛遏毗……醯葛怛
番語敬尊喻□下……手臂蟲等取法本
西天大師吉祥明□菩薩造
……切之上置行時□
……隨行時爲應是

2173 殘片

Or.12380/2173（K.K.II.0246.m）
5.5 釐米 × 8.2 釐米

2174　佛書殘片

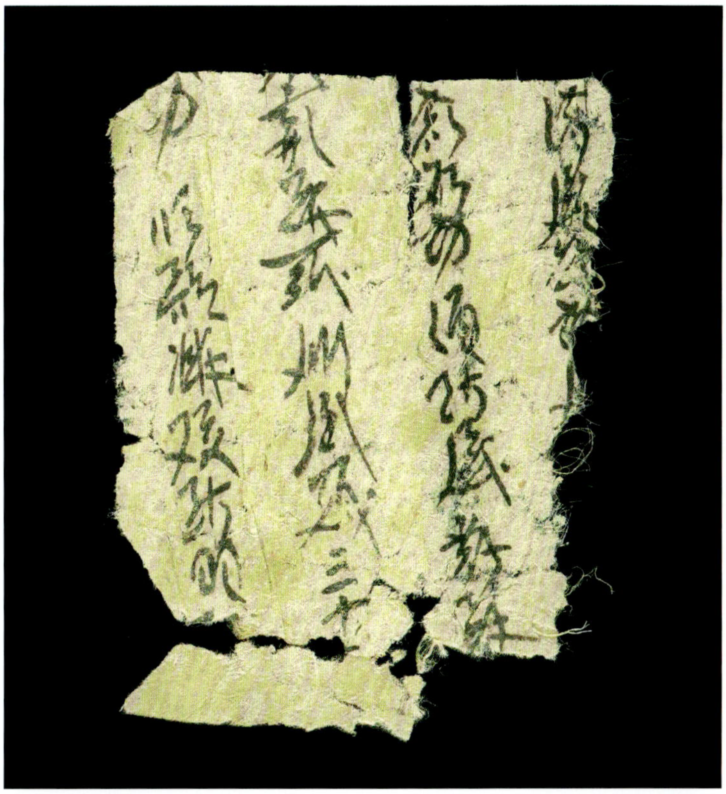

Or.12380/2174A
（K.K.II.0246.j?）
6.2 釐米 × 4.8 釐米

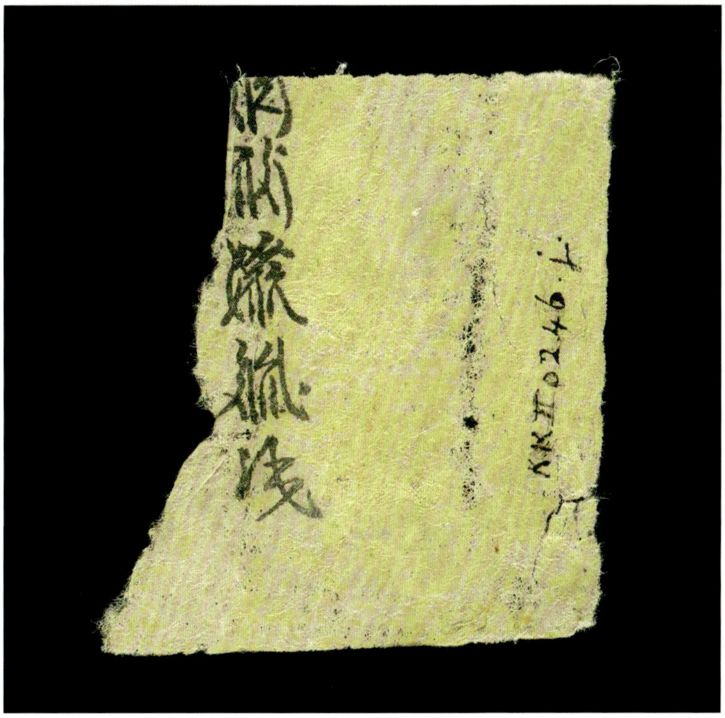

Or.12380/2174B
（K.K.II.0246.j）
4.7 釐米 × 4.1 釐米

2175 佛書殘片

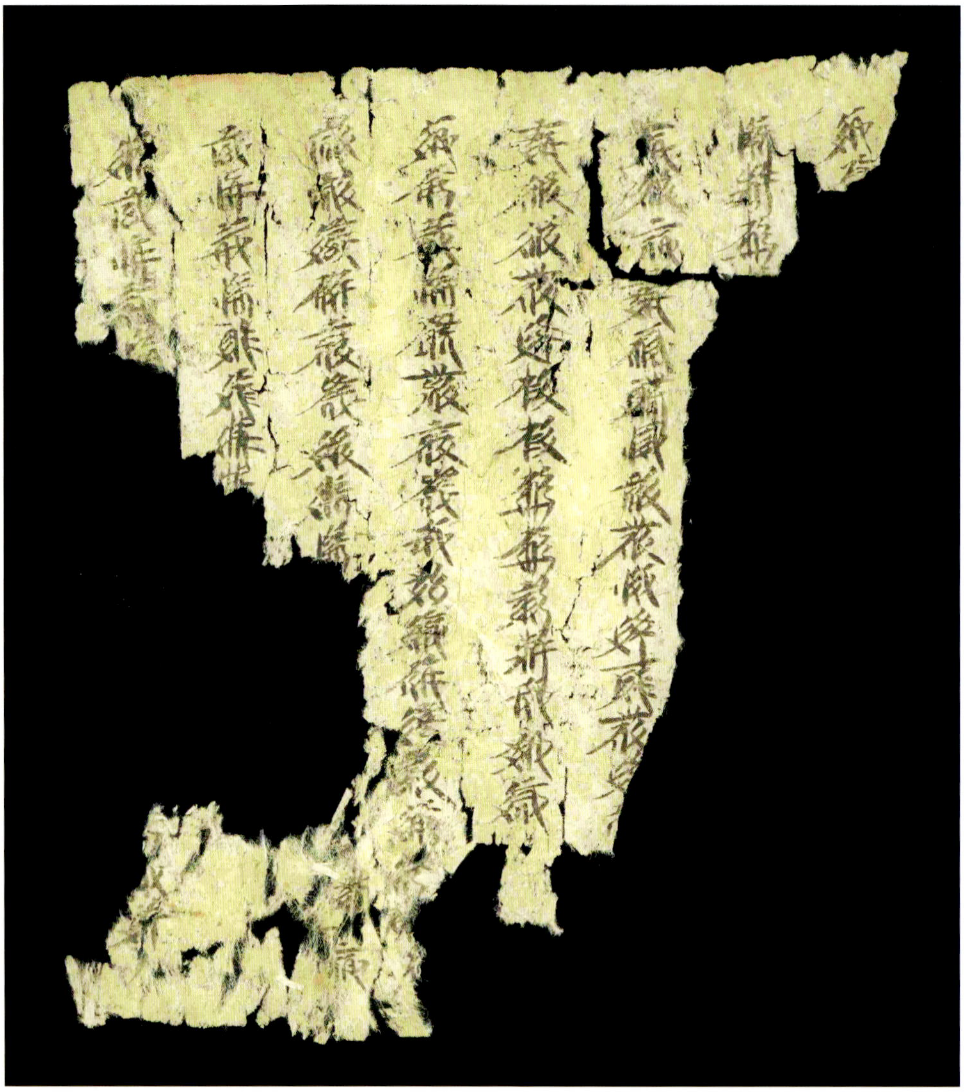

Or.12380/2175（K.K.II.0277.t）
16.5 釐米 × 14.5 釐米

問曰……

念盡燃……

滅續始滅法體儀是動不止導動止……

滅續續動止念念燃燃油盡如觀應

問曰妄念相現影像如謂者此義云何……

混亂察中影像害無念……故□始

界内妄念虛魔明了……

無界内妄念……

2176 佛書殘片

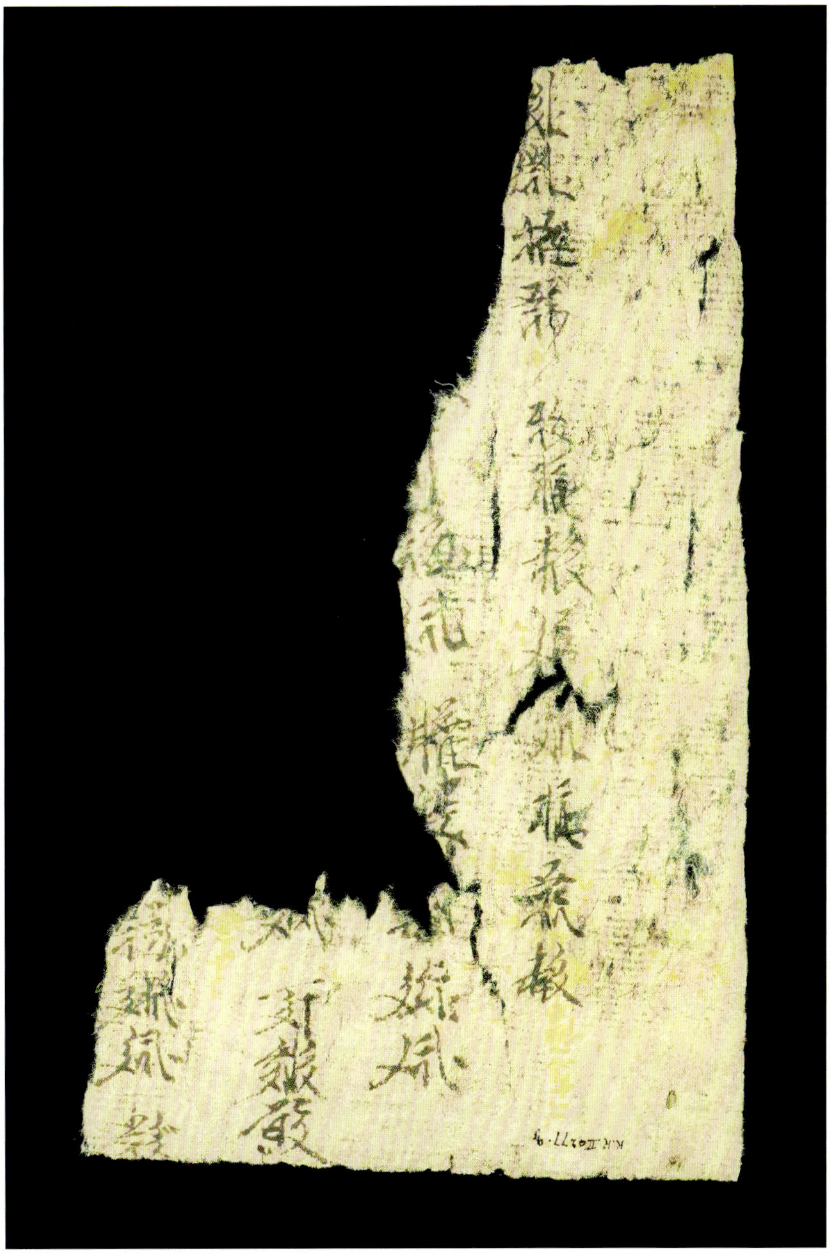

Or.12380/2176（K.K.II.0277.q）
20.6 釐米 × 12.4 釐米

……那囉巴師　十二種句有二有及
……入我　情□□就正
……者　一緣苦……
……一并正　三……

2177 佛書殘片

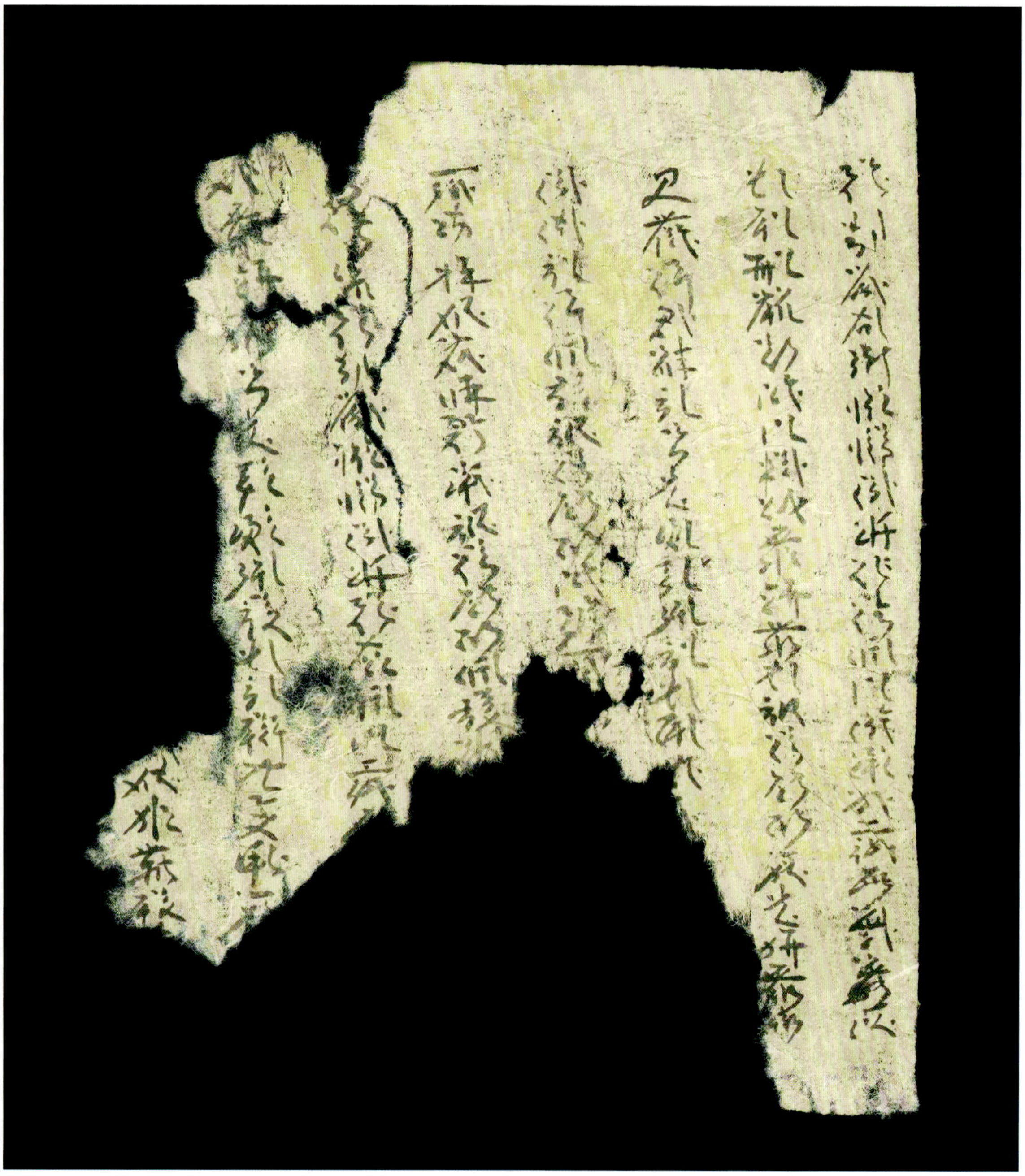

Or.12380/2177（K.K.II.0295.d）
18.5 釐米 × 15.2 釐米

2178 殘片

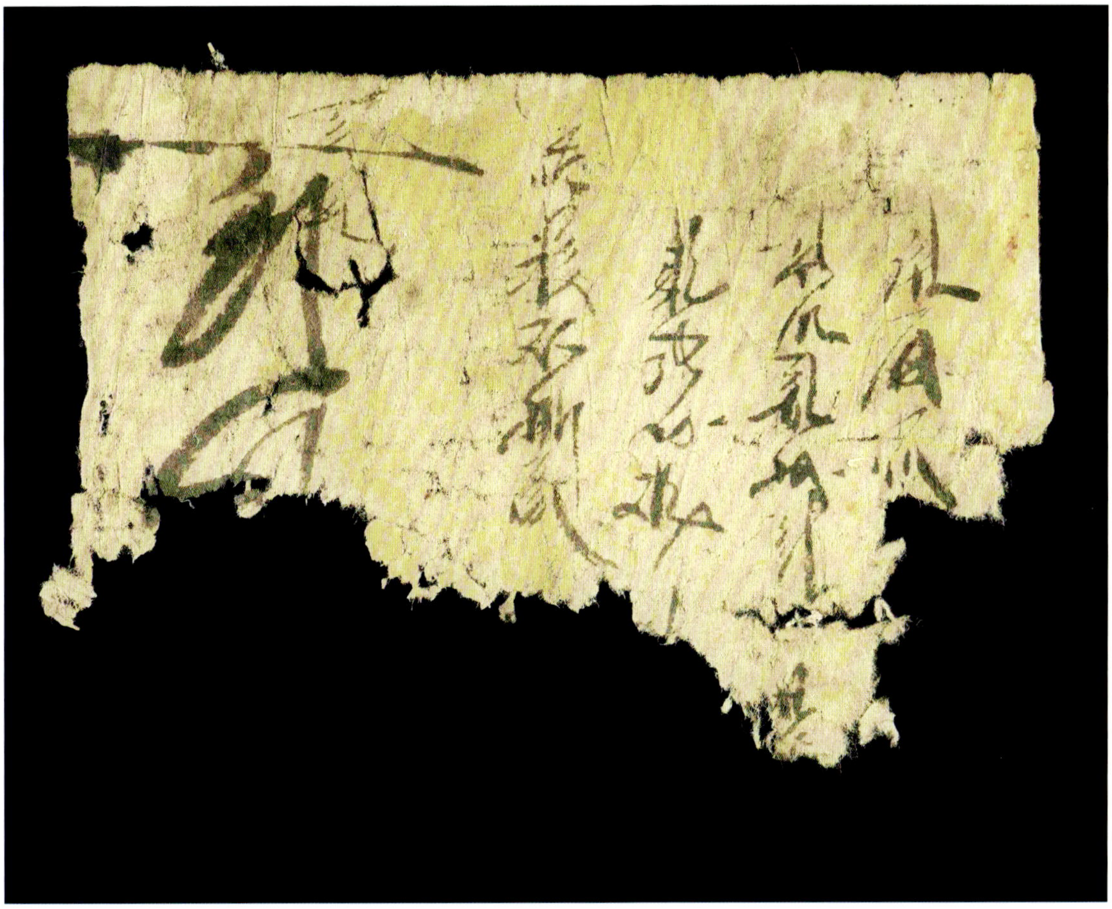

Or.12380/2178（K.K.II.0277.p）

10.2 釐米 × 14.7 釐米

2179 大方廣佛華嚴經卷七十五

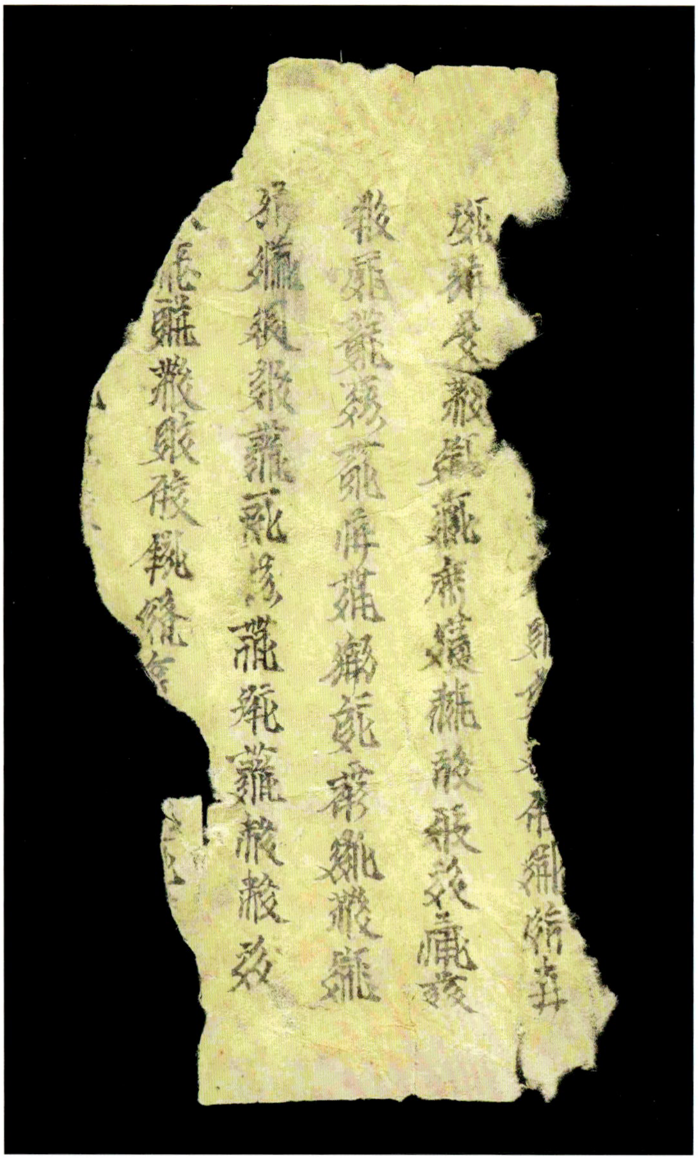

……尼拘陀樹

如爾時太子父王教依十千采女與

伴導香芽園內詣游行樂受太子

是時妙寶車上乃發其車種種嚴

□皆具大摩尼師子座……

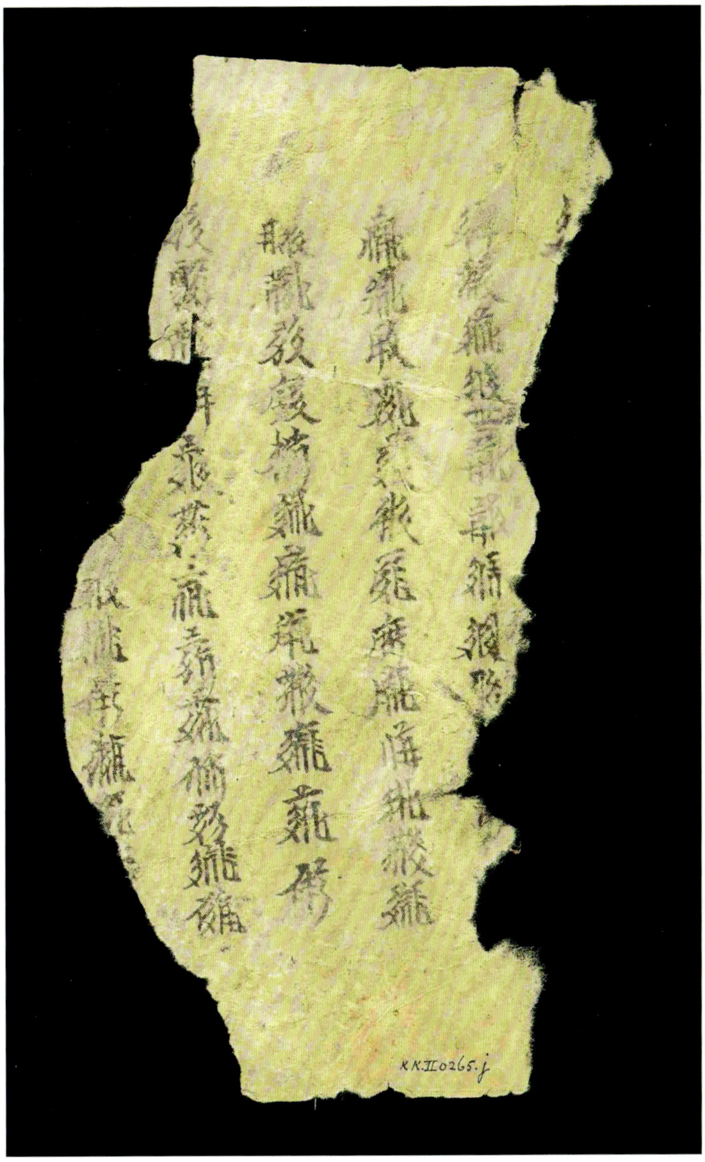

Or.12380/2179
(K.K.II.0265.j)
19 釐米 × 9.7 釐米

辯論精通諂誑無妙寶……
女圍遶母與伴導王城内出太子
於先前俄頃乃往其太子言辭
諷咏見□愛染生自母之言我此
……若我語遂不……

其身洪滿如尼拘陀樹。爾時太子受父王教，與十千采女詣香芽園游觀戲樂。太子是時乘妙寶車，其車具有種種嚴飾，置大摩尼師子之座而坐其上。……善達工巧，精通辯論，恭勤匪懈，慈愍不害，具足慚愧，柔和質直，離癡寡欲，無諸諂誑。乘妙寶車，采女圍遶。及與其母從王城出，先太子行，見其太子言辭諷咏，心生愛染而白母言：我心願得敬事此人。若不遂情，當自殞滅。（《大正藏》T10，p0408a-0408b）

2180 佛書殘片

Or.12380/2180(K.K.II.0265.o.iii)
19.8 釐米 × 6 釐米

人……
執我謂……此處一肩乃□
天水出我輩者威力不有則故掘不得我
謂上耆怛得一肩乃掘水乃出已飲謂魔
……

2181 殘片

Or.12380/2181A［K.K.II.0305（8）?］
6.1 釐米 × 1.8 釐米

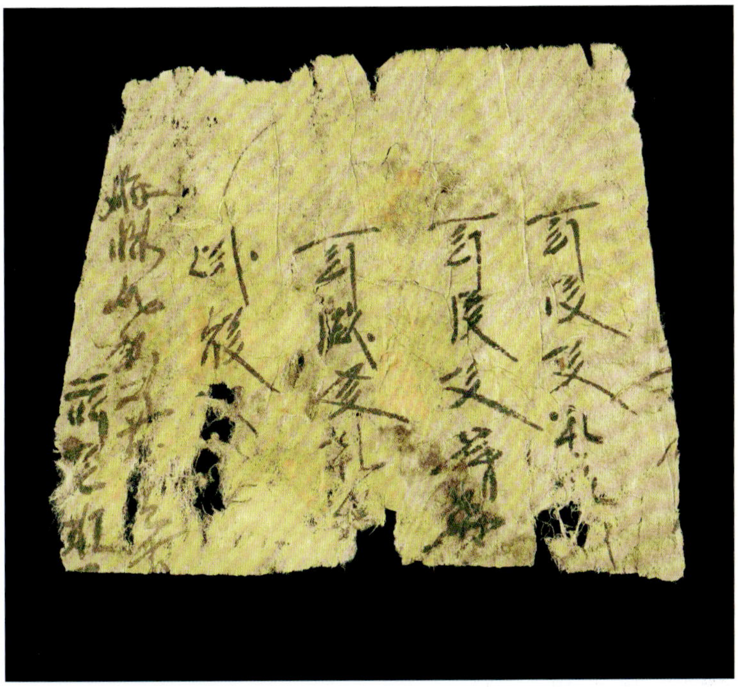

Or.12380/2181B
12.3 釐米 × 14.5 釐米

2182 佛書殘片

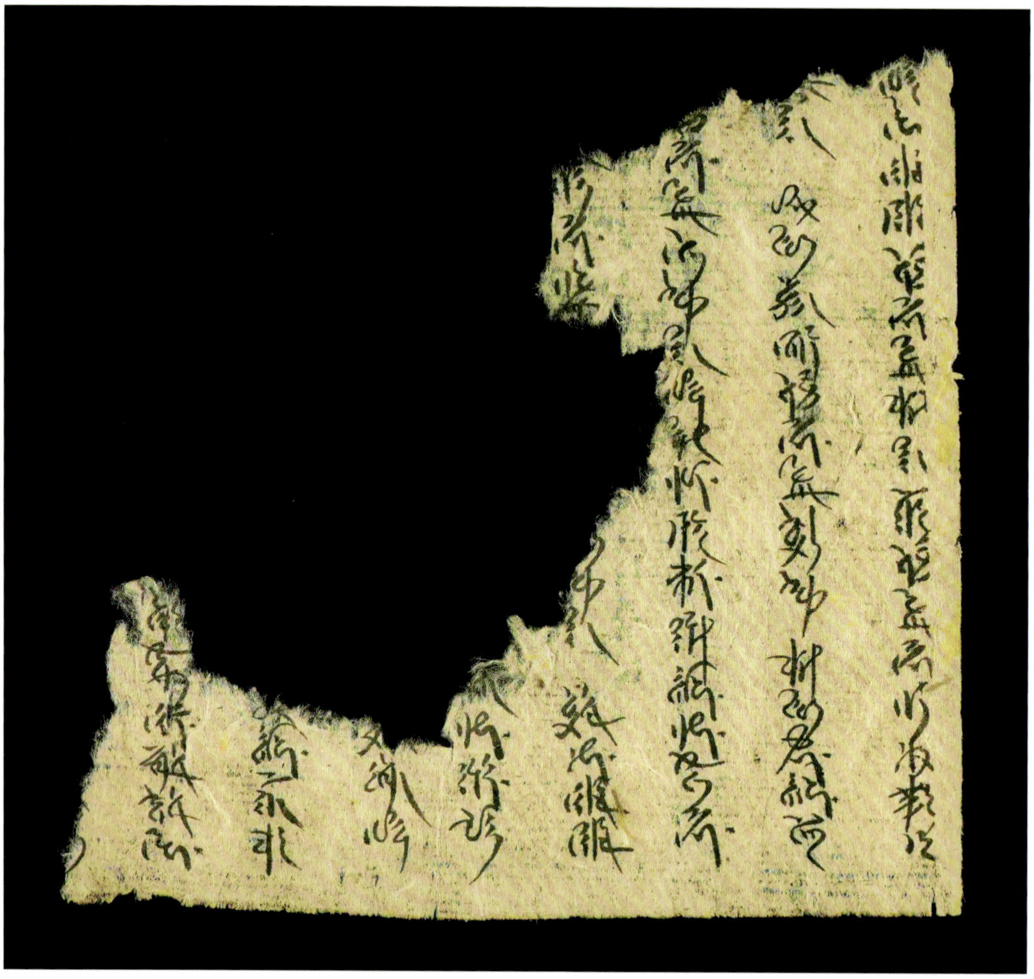

Or.12380/2182（K.K.II.0291.h）
13.9 釐米 × 15 釐米

2183　佛書殘片

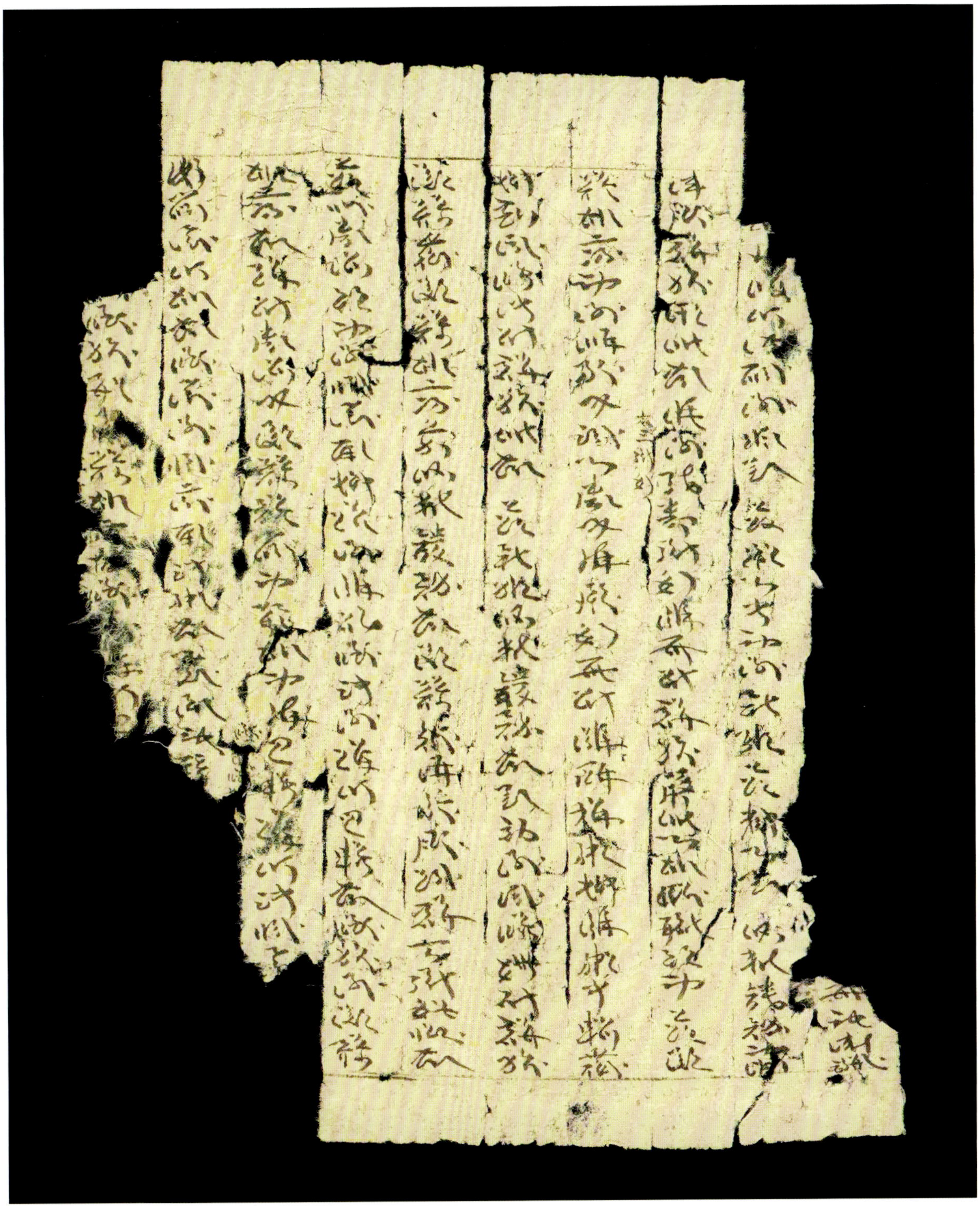

Or.12380/2183（K.K.II.0266.i）
21.5 釐米 × 17 釐米

2184　大般若波羅蜜多經卷二百十九

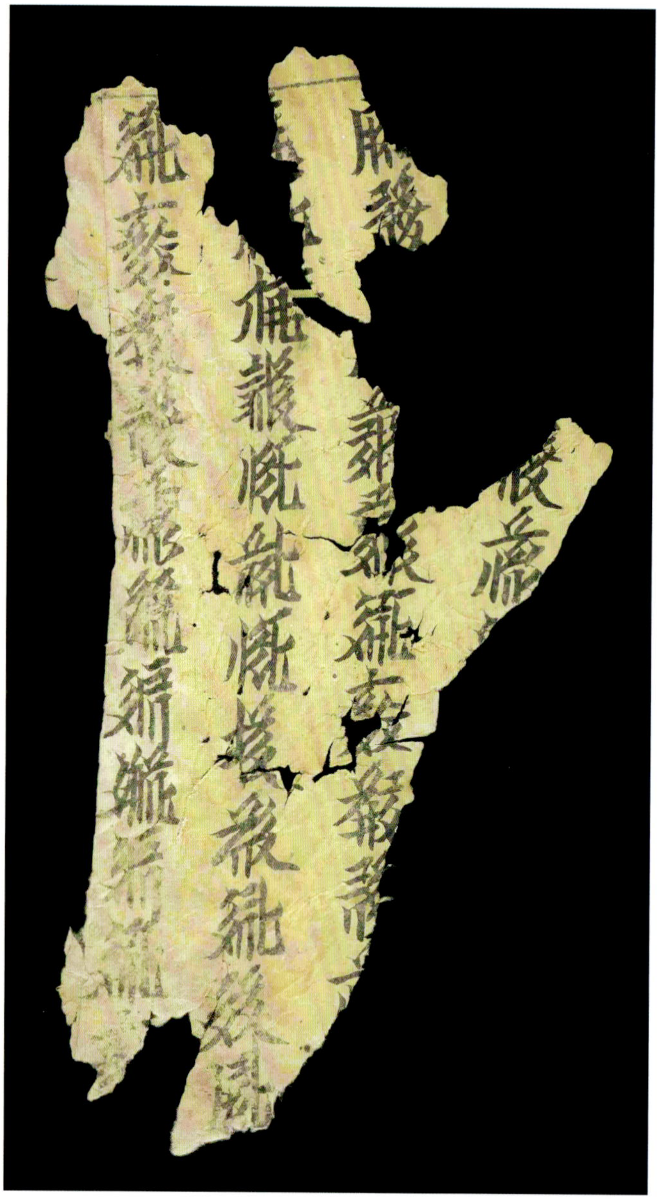

Or.12380/2184
（K.K.II.0277.jj）
17.2 釐米 × 9 釐米

……清淨……
性清□若空解脱門清……
□□二分不別不斷也平等性……
解脱門清淨相無願無解……

空解脱門**清淨**故一切智智清淨。何以故。若平等**性清淨**。**若空解脱門清**淨。若一切智智清淨。無二無**二分無別無斷故**。**平等性**清淨故無相無願**解脱門清淨**。**無相無願解**脱門清淨故一切智智清淨。（《大正藏》T06，p0101b）

2185 佛書殘片

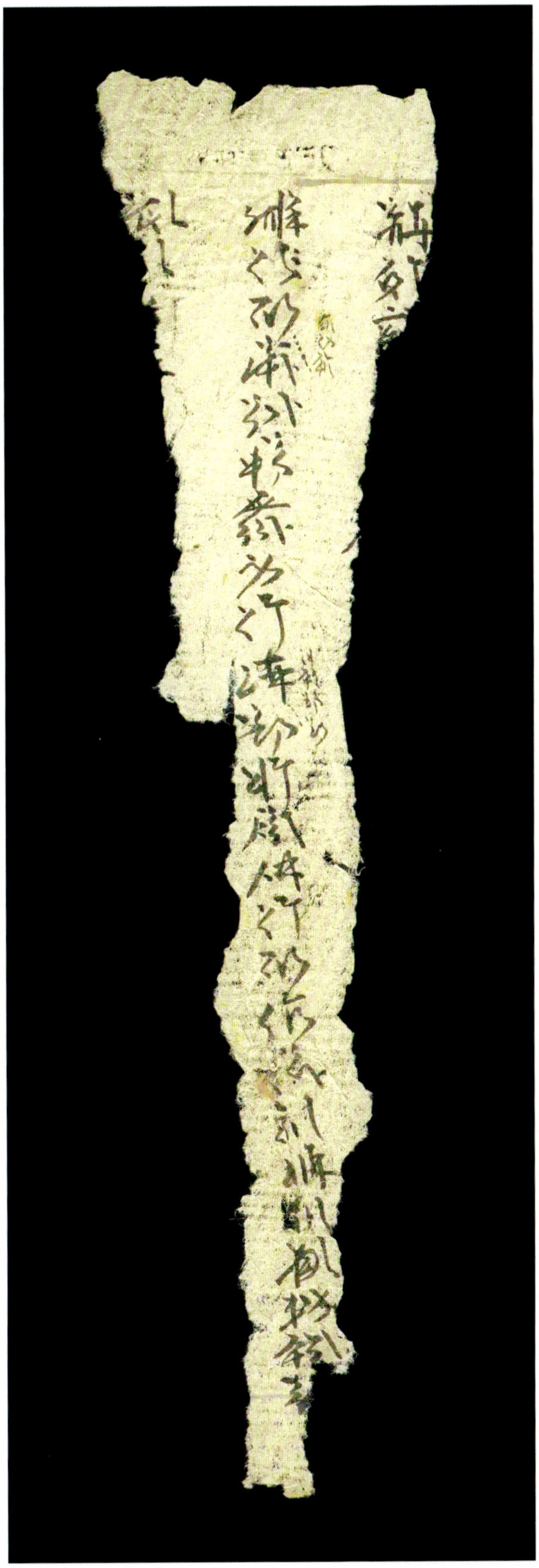

Or.12380/2185
（K.K.II.0282.a.xl）
20.5 釐米 × 5 釐米

2186 佛書殘片

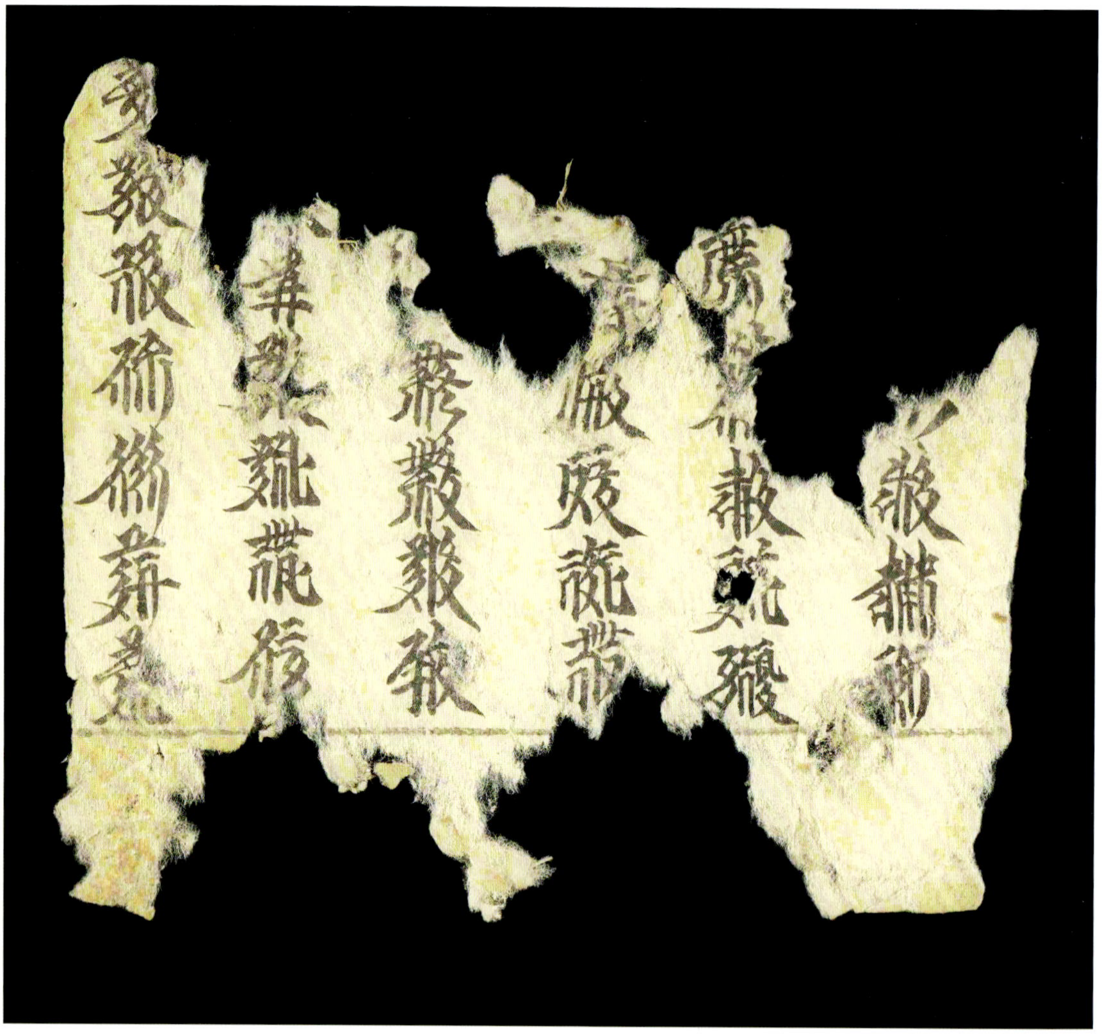

Or.12380/2186（K.K.II.0277.hh）
11 釐米 × 13 釐米

……畏中勝
……王□及顛倒
……來阿羅漢
……金大寶等
……樹下乃往明
……壞出之魔友相

2187　大般若波羅蜜多經卷七十七

……緣生諸……

Or.12380/2187A（K.K.V.b.020.xxix）
2.5 釐米 × 1.5 釐米

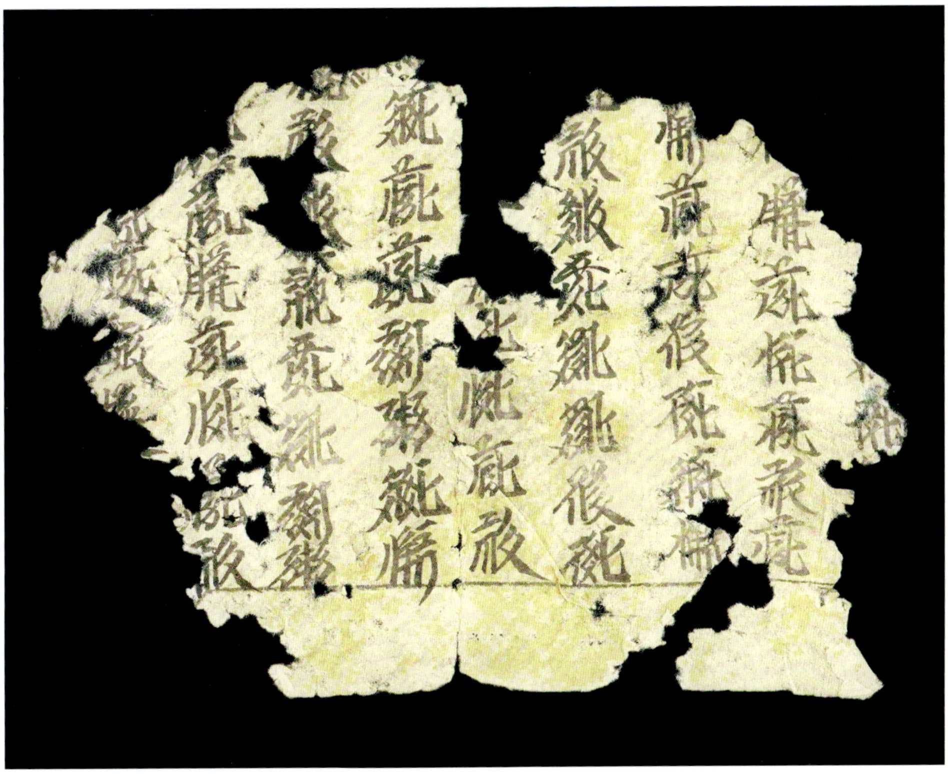

Or.12380/2187B
12 釐米 × 16.7 釐米

……如□□
……識界及眼觸眼
……惟眼界箭如思
……緣諸受受箭如
……及眼觸
……惟眼界熱惱思惟
……觸緣生諸受熱惱
……眼識界及眼觸
……界……

思惟眼界**如**癰，思惟色界眼**識界及眼觸眼**觸爲緣所生諸受如癰。思**惟眼界如箭，思**惟色界眼識界及眼觸眼觸爲**緣**所生**諸受如箭**。思惟眼界如瘡，思惟色界眼識界**及眼觸**眼觸爲緣所生諸受如瘡。思**惟眼界熱惱，思惟**色界眼識界及眼觸眼**觸爲緣所生諸受熱惱**。思惟眼界逼切，思惟色界**眼識界及眼觸**眼觸爲緣所生諸受逼切。（《大正藏》T05，p0433b）

2188　大般若波羅蜜多經卷二十五

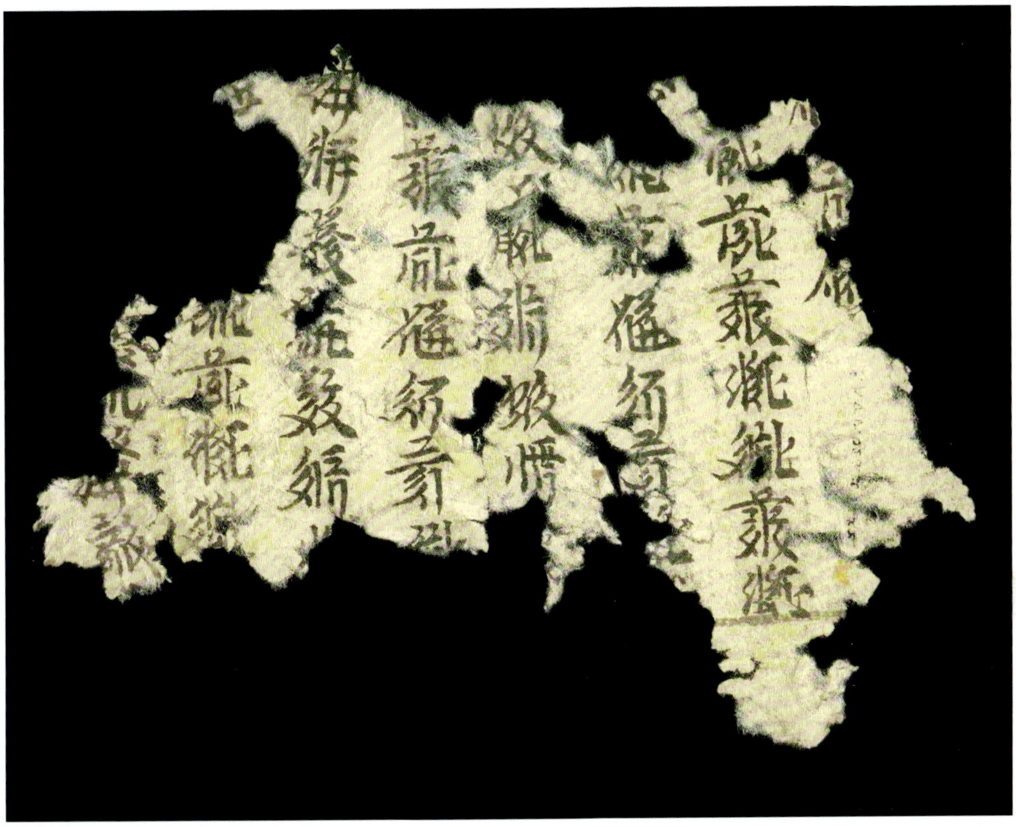

Or.12380/2188（K.K.V.b.020.a.xxx）
12 釐米 × 16.8 釐米

……十五
……眼界若爲有若爲
……是耳鼻舌身……
……薩摩訶薩非……
……若耳鼻舌身意……
……故畢竟得可無……
……意界爲有……
……有故何……

初分教誡教授品第七之**十五**

善現！汝復觀何義言？即**眼界若有爲若**無**爲**增語非菩薩摩訶薩，**即耳鼻舌身**意界若有爲若無爲增語**非**菩**薩摩訶薩**耶。世尊！若眼界有爲無爲，**若耳鼻舌身意**界有爲無爲尚**畢竟不可得**，性非有故。況有眼界有爲無爲增語及耳鼻舌身**意界有爲**無爲增語？此增語既非**有**，如**何**可言？（《大正藏》T05，p0136c）

2189 佛説佛名經卷十

Or.12380/2189（K.K.V.b.020.a.xxvii）
19 釐米 × 13.2 釐米

……佛　南□□一切成就佛
……自在佛　□□勝依□功□善佛
……尼光佛　南無勝德□佛
……寂成就佛　南無佛功德勝佛
……無佛　南無佛眼得佛
……佛　南無大慈悲成就勝佛
……衆生不住實際王佛

南無忍自在王**佛**。**南無成就一切**稱**佛**。南無三世智轉**自在佛**。南無**勝**歸**依功**德**善**住**佛**。南無種種摩**尼光佛**。**南無勝**功**德佛**。南無一切寶**成就寂佛**。**南無佛功德勝佛**。南無**無**餘證**佛**。**南無得佛眼佛**。南無隨過去佛**佛**。**南無大慈成就悲勝佛**。南無住持師子智佛。南無**無衆生住實際王佛**。（《大正藏》T14，p0169b-0169c）

2190 大般若波羅蜜多經卷三百四十四

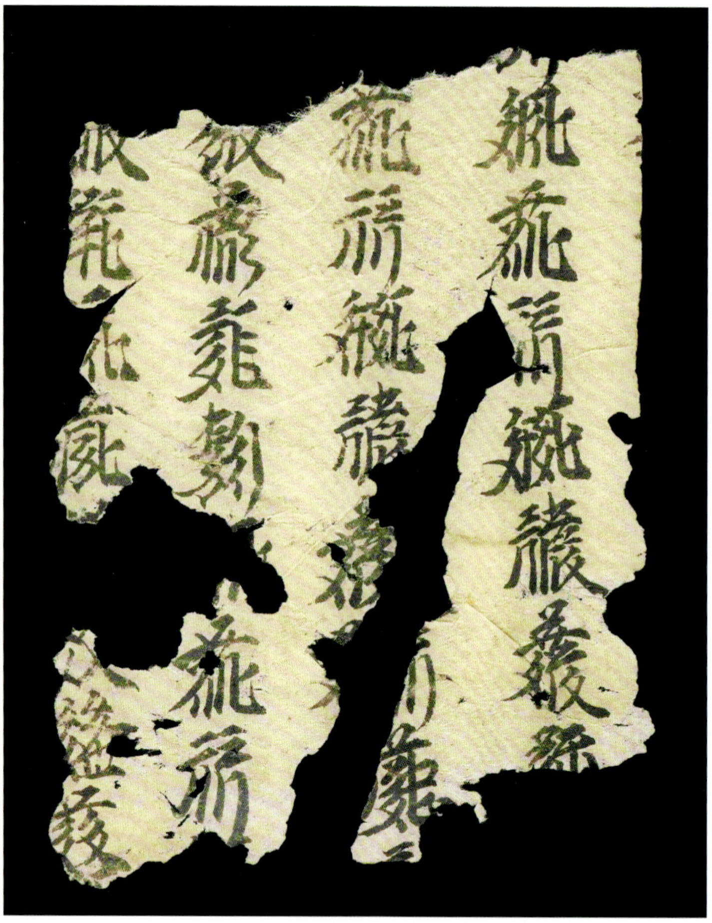

Or.12380/2190（K.K.V.b.020.a.xxi）
10.4 釐米 × 7.7 釐米

……精進靜慮般若波……
……進靜慮般若波羅……
……戒淨安忍□進靜……
……彼五眼□神通與……

淨戒安忍**精進靜慮般若波**羅蜜多離故，四念住乃至八聖道支離。諸天子！布施波羅蜜多離故，空無相無願解脱門離。淨戒安忍精**進靜慮般若波羅**蜜多離故，空無相無願解脱門離。諸天子！布施波羅蜜多離故，極喜地離垢地發光地焰慧地極難勝地現前地遠行地不動地善慧地法雲地離。**淨戒安忍**精**進靜**慮般若波羅蜜多離故，極喜地乃至法雲地離。諸天子！布施波羅蜜多離故，**五眼**六**神通**離。（《大正藏》T06，p0766b）

2191　大般若波羅蜜多經卷六

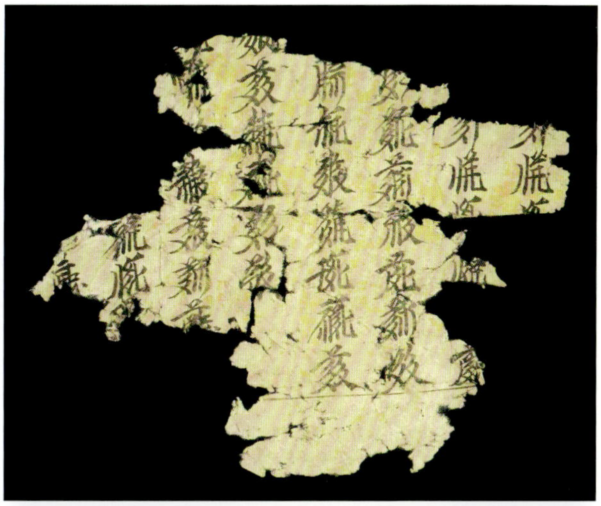

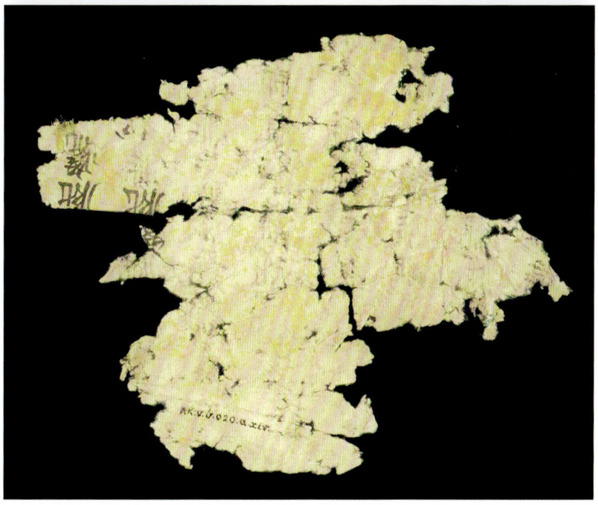

Or.12380/2191
（K.K.V.b.020.a.xiv）
11.8 釐米 × 14.7 釐米

……一來不還……
……一來不還□羅
……著舍利子諸菩薩
……修行時是如法與
……與相應言也
……般若波羅……
……有不……
……皆……

不著**一來不還**阿羅漢果獨覺菩提無願，不**著一來不還**阿**羅**漢果獨覺菩提有願。**舍利子！諸菩薩**摩訶薩**修行**般若波羅蜜多，**與如是法**相應故，當**言與**般若波羅蜜多**相應**。

復次舍利子！諸菩薩摩訶薩修行**般若波羅**蜜多，不著一切菩薩摩訶薩行**有**，不著一切菩薩摩訶薩行非有。（《大正藏》T05，p0033b）

2192 大般若波羅蜜多經卷三百二十一

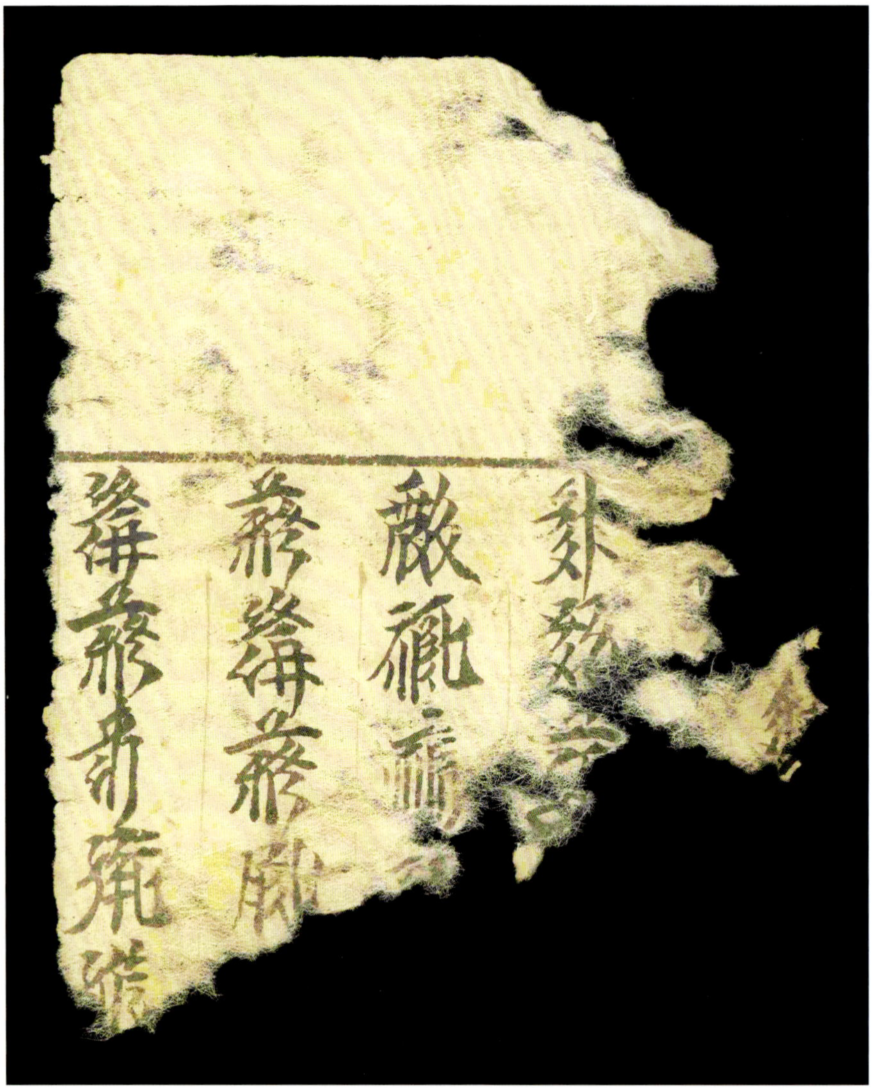

Or.12380/2192（K.K.V.b.020.a.xvi）

11.2 釐米 × 9.2 釐米

生説……

是法一切……

真如真性……

如真亦彼乃……

上座善現真如亦爾無來無去，由此故**説**上座善現隨如來**生**。復次如來真如**即**一切法真如，**一切法**真如即如來真如。如是真**如**無**真如性**，亦無不真如性，上座善現**真如亦爾**。（《大正藏》T06，p0640b）

2193　大般若波羅蜜多經卷一百四十八

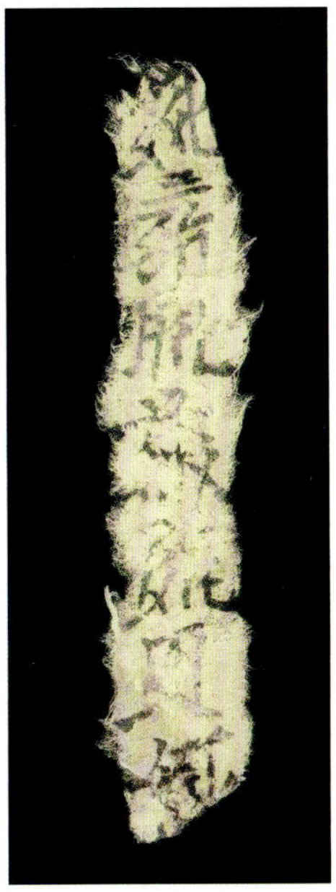

Or.12380/2193A（K.K.V.b.020.a.xvii?）
7.6 釐米 × 1.5 釐米

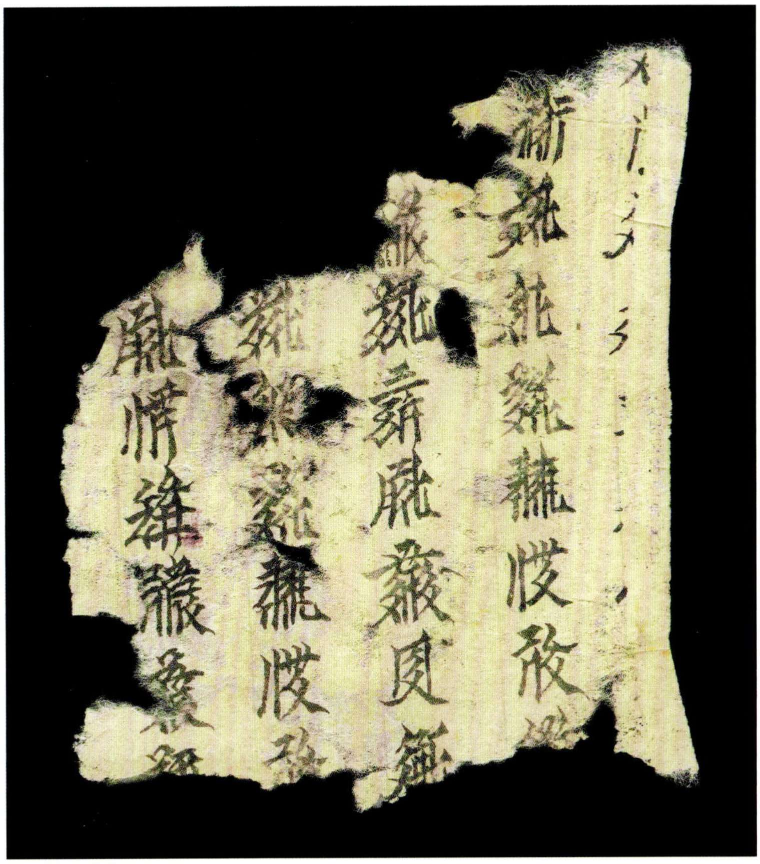

Or.12380/2193B
11 釐米 × 9.5 釐米

……處自性空是八解……

……勝處九次第定十……
……遍處自性空八解……
……處九次第定十……
……性非故般若波……

八解脱八解脱自性空。八**勝處九次第定十**遍處。八勝處九次第定十**遍處自性空**。是**八解**脱自性即非自性。是八勝**處九次第定十**遍處自性亦非自性。若非自**性**即是**般若波**羅蜜多。（《大正藏》T05，p0799a）

2194　大般若波羅蜜多經殘片

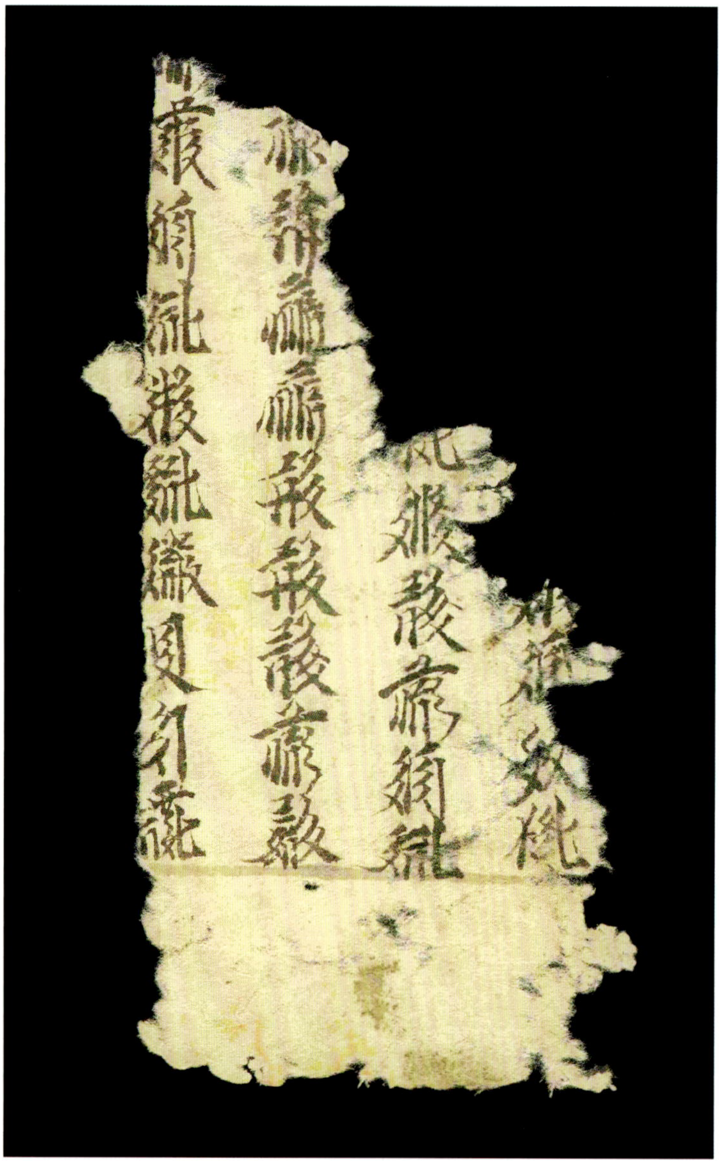

Or.12380/2194（K.K.V.b.020.a.xiii）
15.2 釐米 × 8.5 釐米

……四神足
……緣清淨四正
……淨故一切智智清淨何
……若四正斷乃至八聖道

2195　大般若波羅蜜多經卷六十七

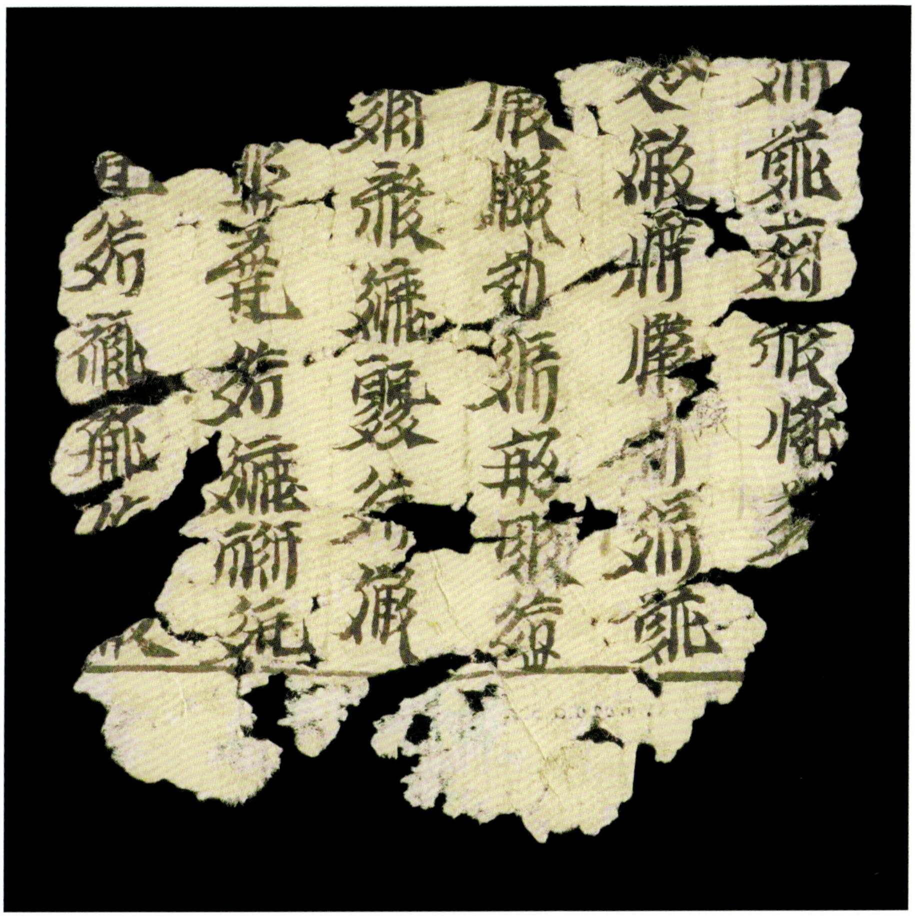

Or.12380/2195（K.K.V.b.020.a.xv）
10 釐米 × 10.5 釐米

……無舍利子不□□
……住非常散失亦無捨
……散失亦無三摩地
……利子極喜地常
……焰慧地極勝難
……慧地法雲□□

一切智非常亦無散失，道相智一切相智非常亦**無**散失。**舍利子**！**無**忘失法非常亦無散失，恒**住**捨性**非常亦無散失**。**舍**利子！一切陀羅尼門非常**亦無散失**，一切**三摩地**門非常亦無散失。舍利子！極喜地非常亦無散失，離垢地發光地焰慧地極難勝地現前地遠行地不動地善慧地法雲地非常亦無散失。（《大正藏》T05，p0381a–0381b）

2196 大般若波羅蜜多經殘片

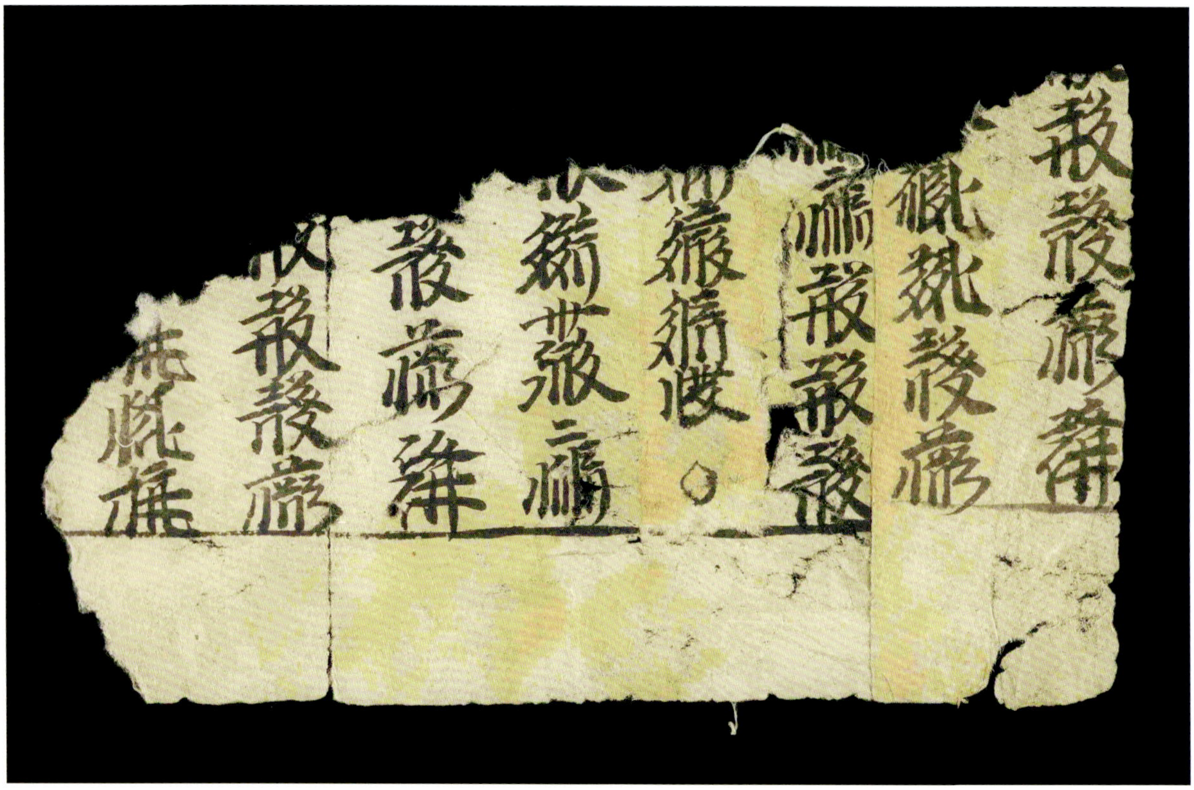

Or.12380/2196（K.K.V.b.020.a.xi）
8.8 釐米 × 15.2 釐米

……智清淨故
……法處清淨
……一切智智清
……四色無定
……善現一
……二不二

2197 大般若波羅蜜多經卷九十

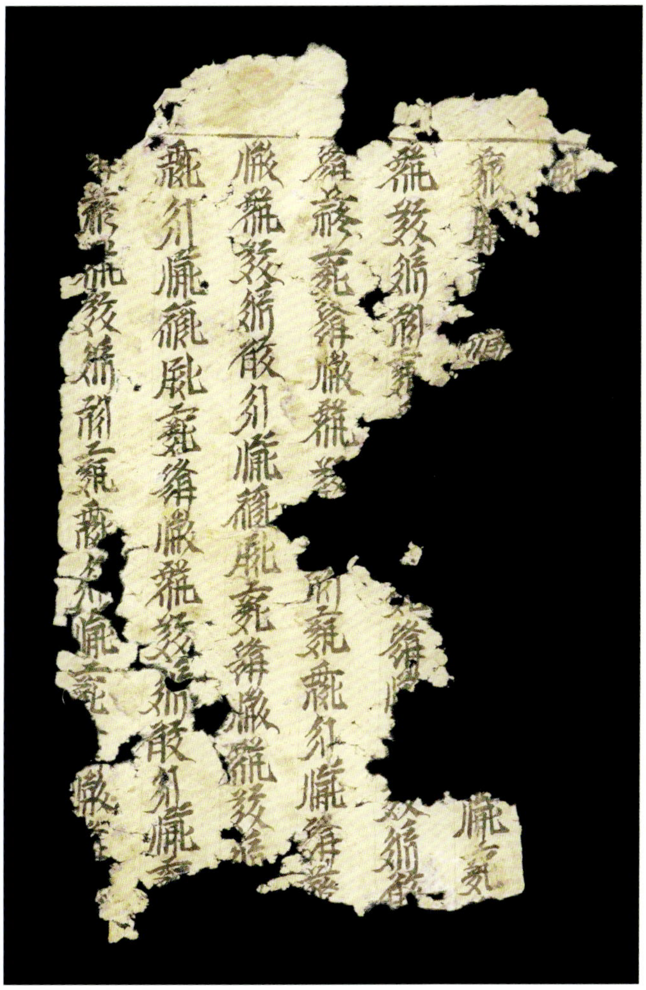

Or.12380/2197
（K.K.V.b.020.a.vi）
21.3 釐米 × 13.3 釐米

性……
空識□法……諦離……
得可無集滅……如來……無苦……
真如離如來得可□集離道聖諦真如……
來得可無苦聖諦法性離如來得可無……
道聖諦法性離如來得可無苦聖諦離……
真如得可無集滅道聖諦離□來……

非水火風空識界法性中如來法性可得，非如來法性中水火風空識界法性可得。憍尸迦！非離苦聖諦如來可得，非離集滅道聖諦如來可得，非離苦聖諦真如如來可得，非離集滅道聖諦真如如來可得，非離苦聖諦法性如來可得，非離集滅道聖諦法性如來可得，非離苦聖諦如來真如可得，非離集滅道聖諦如來真如可得。（《大正藏》T05，p0501c–0502a）

2198 大般若波羅蜜多經卷五十一

Or.12380/2198（K.K.V.b.020.a.x）
11 釐米 × 11.5 釐米

……來際□可無此□
……常不壞本性是如
……佛之白言世尊
……者放有弃有捨
……也不常不壞本性
……佛之白言世尊

無際謂無初中後際可得及無往**來際可**得。**此**無際由無際空。何以故。非**常非壞本性爾故**。善現。是爲無際空。善現**白佛言。世尊**。云何散空。佛言。善現。散謂**有放有弃有捨**可得。此散由散空。何以故。**非常非壞本性**爾故。善現。是爲散空。善現**白佛言。世尊**。云何無變异空。（《大正藏》T05，p0291a-0291b）

2199　大般若波羅蜜多經殘片

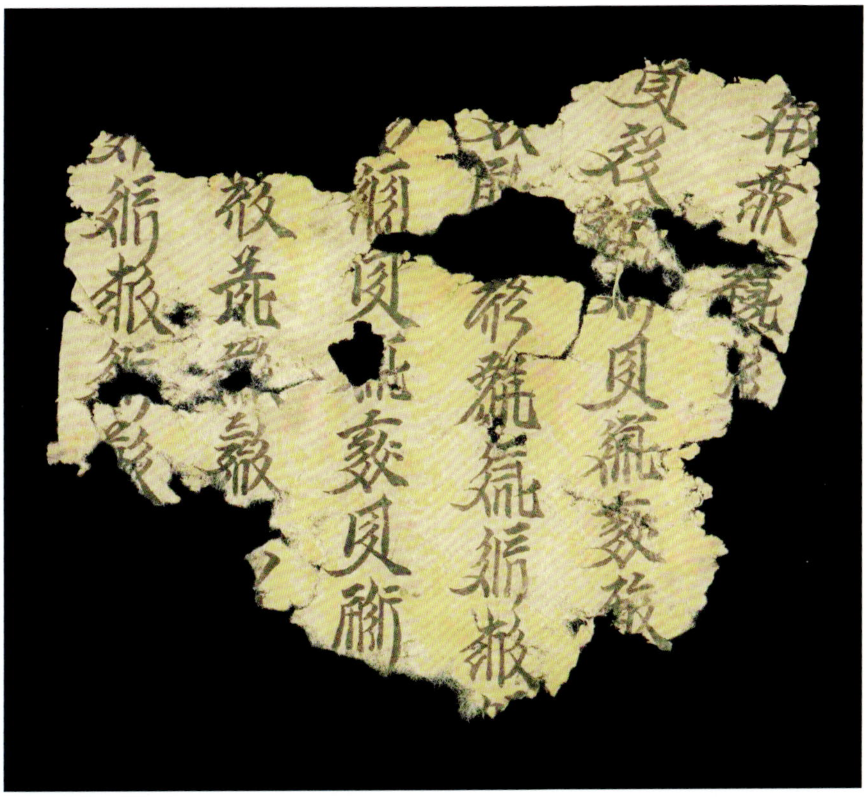

Or.12380/2199A（K.K.V.b.02.r）
9.7 釐米 × 11.8 釐米

……方回向……
……七等覺八解脱等……
……爲得可無而……
……四八解脱八勝……
……也世尊何……
……無而……

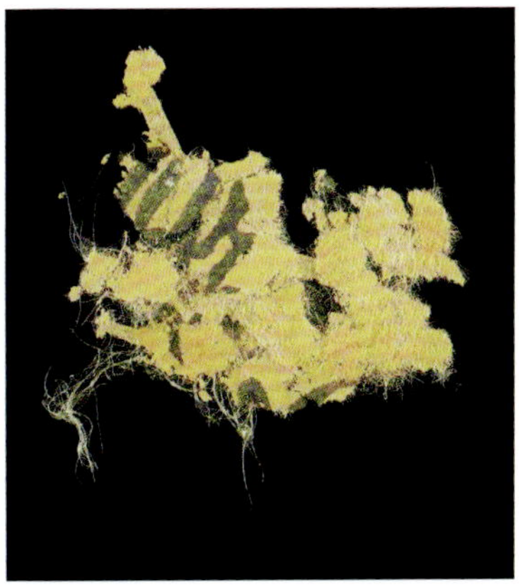

Or.12380/2199B（K.K.V.b.02.r?）
1.7 釐米 × 2 釐米

2200 大般若波羅蜜多經卷二百九十九

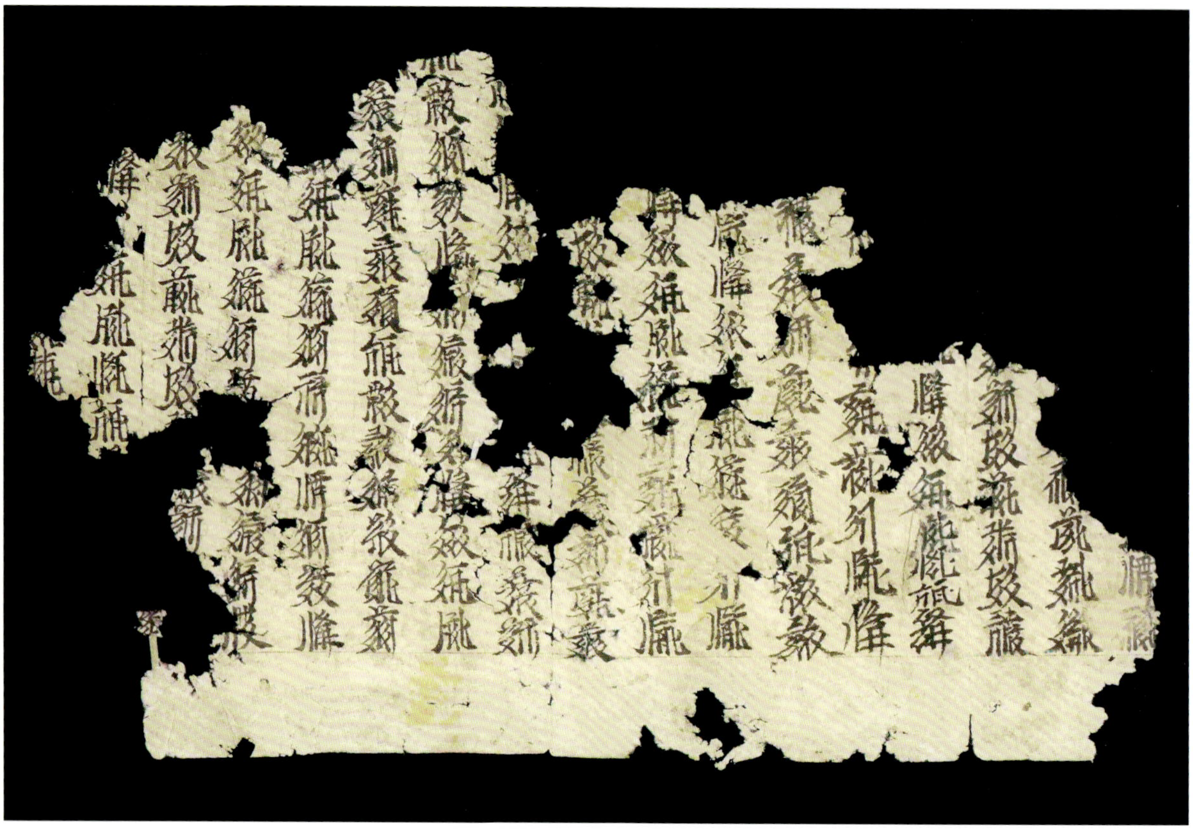

Or.12380/2200（K.K.V.b.020.a.i）
18.5 釐米 × 30.5 釐米

……非法
……法界乃至
……菩薩摩訶薩般
……測量難性不行則
……滅道聖諦測
……般若波羅蜜多行是何
……諦測量難性者苦聖諦
……測量難性者集滅道聖諦
……薩摩……般若波羅蜜
……測量……則般若波
……是四無量四色無定測量難性
……若波羅蜜多行是何云也舍利

……難性者四靜慮非四無量
……量難性者四無□四色無定
……若菩薩摩訶薩□□波……
……測□難性不行……
……次……

真如難測量性則非真如，法界乃至不思議界難測量性則非法界乃至不思議界故。舍利子！若菩薩摩訶薩行般若波羅蜜多時不行苦聖諦難測量性是行般若波羅蜜多，不行集滅道聖諦難測量性是行般若波羅蜜多。何以故？舍利子！苦聖諦難測量性則非苦聖諦，集滅道聖諦難測量性則非集滅道聖諦故。舍利子！若菩薩摩訶薩行般若波羅蜜多時不行四靜慮難測量性是行般若波羅蜜多，不行四無量四無色定難測量性是行般若波羅蜜多。何以故？舍利子！四靜慮難測量性則非四靜慮，四無量四無色定難測量性則非四無量四無色定故。舍利子！若菩薩摩訶薩行般若波羅蜜多時不行八解脱難測量性是行般若波羅蜜多，不行八勝處九次第定十遍處難測量性是行般若波羅蜜多。（《大正藏》T06，p0521a）

2201 轉生禱文殘片

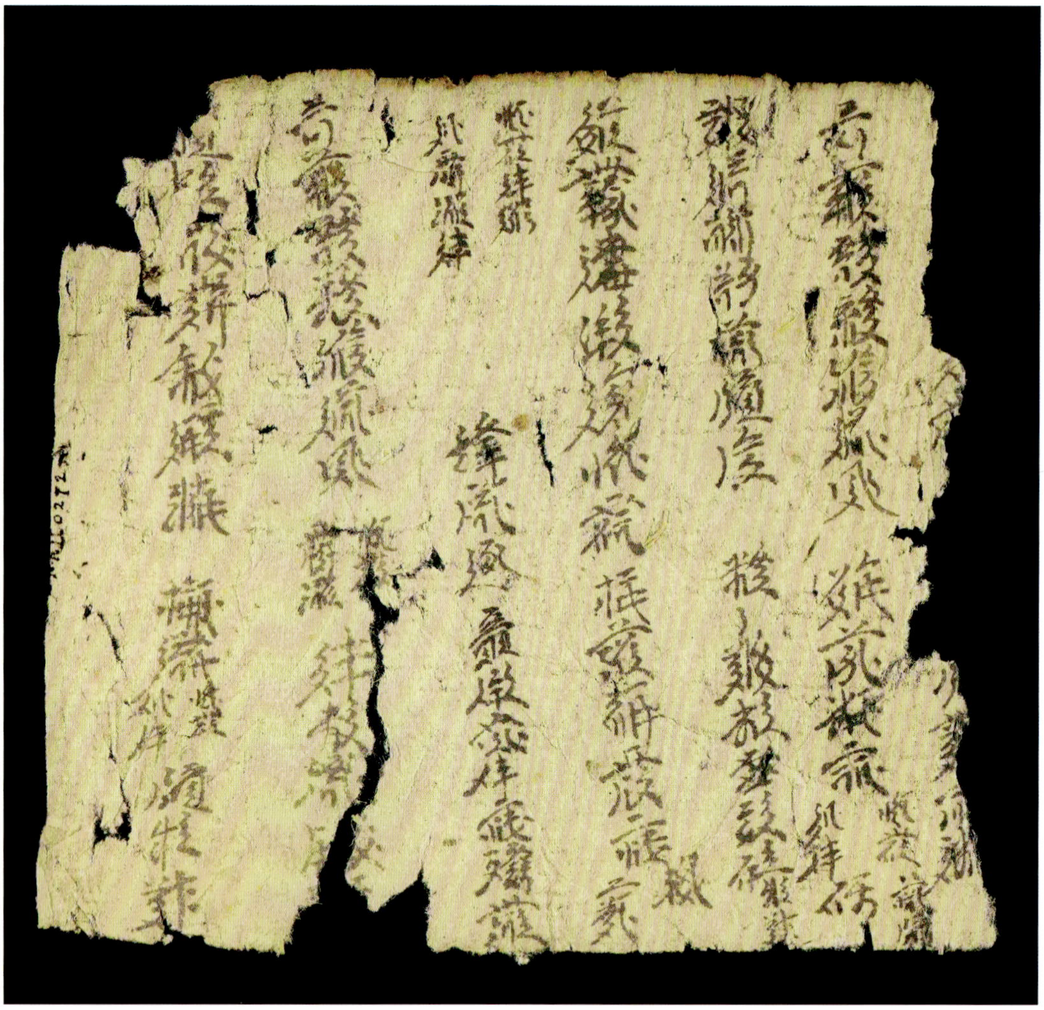

Or.12380/2201（K.K.II.0272.m）
14.5 釐米 × 16 釐米

……法
轉身弟子汝所知　出乎此界不動九佛之淨土
無匹殊勝淨土有　以種種寶實莊嚴緣生
無有惡趣婦人名　二乘邪見皆遠離
不動佛會九頂尊佛　實宮住　十方諸佛皆贊嘆
轉身弟子汝所知　不動頂尊佛以圍繞□
□□澡浴威力故　汝今不動九佛國乃生

2202 佛書殘片

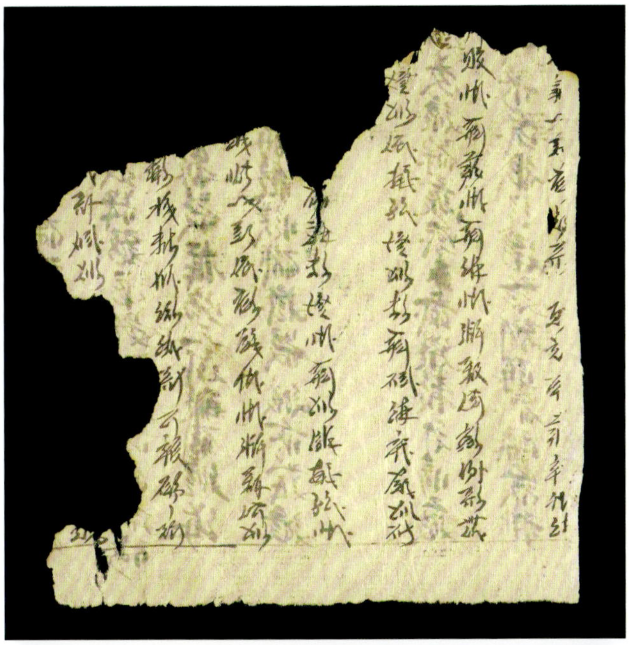

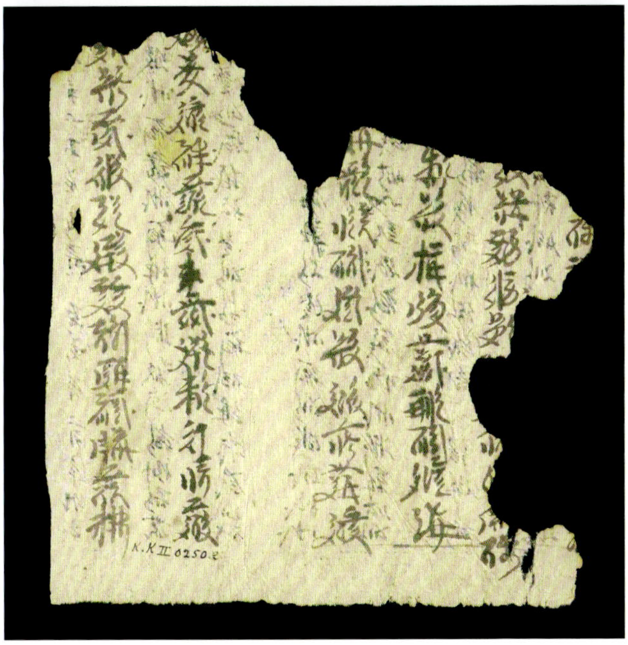

Or.12380/2202（K.K.II.0250.e）
12.9 釐米 × 12.5 釐米

……得謂變換……位之
……燃也兩國戰敗令欲則
……是回令能也害者殺欲
……
……時色白空行母母及聖集空
……爲諸續處願所集下法有情中

2203 殘片

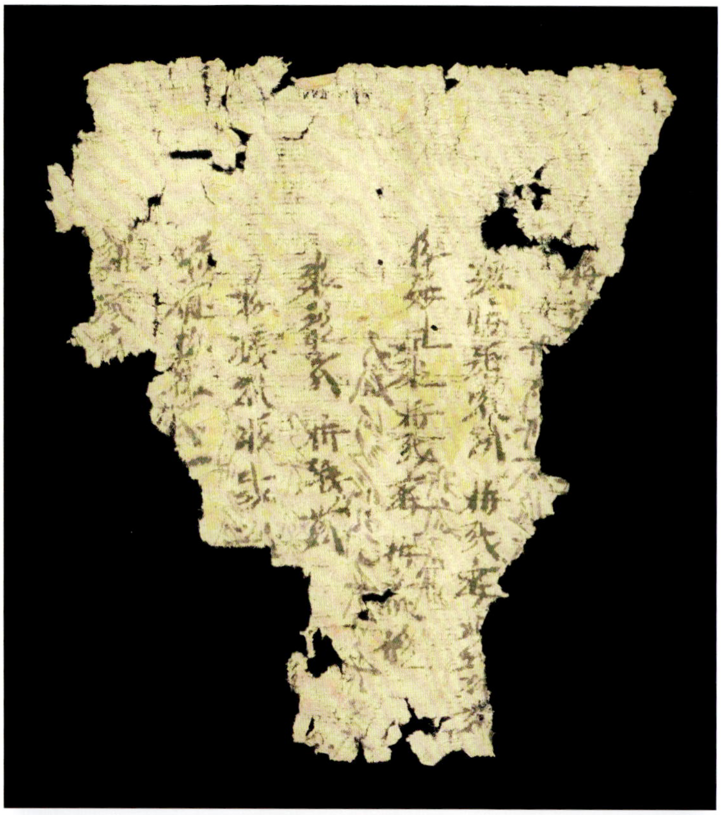

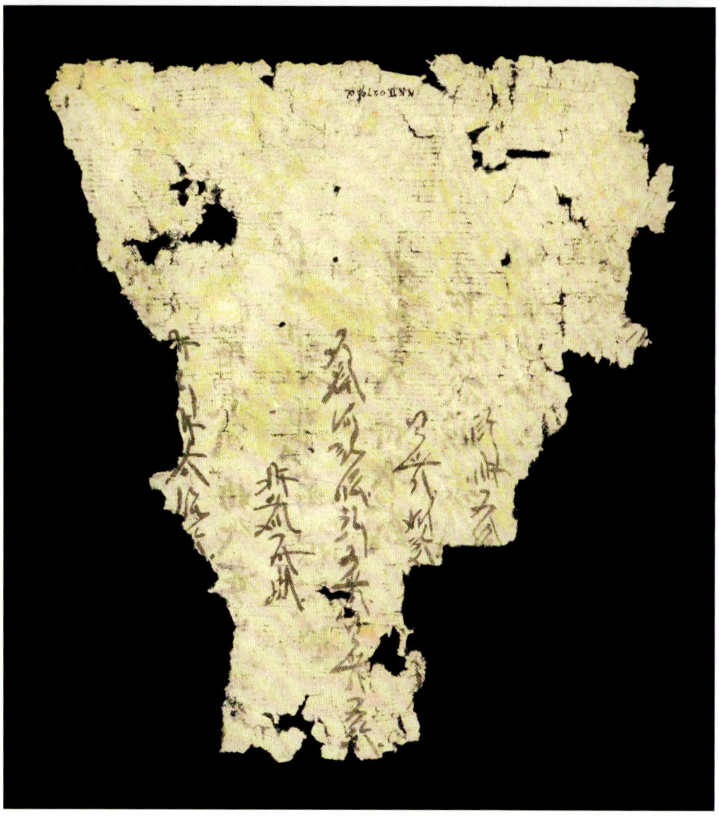

Or.12380/2203
（K.K.II.0279.d）
19.1 釐米 × 17.5 釐米

2204　殘片

Or.12380/2204A（K.K.II.0279.vvv.35?）
1.8 釐米 × 2.8 釐米

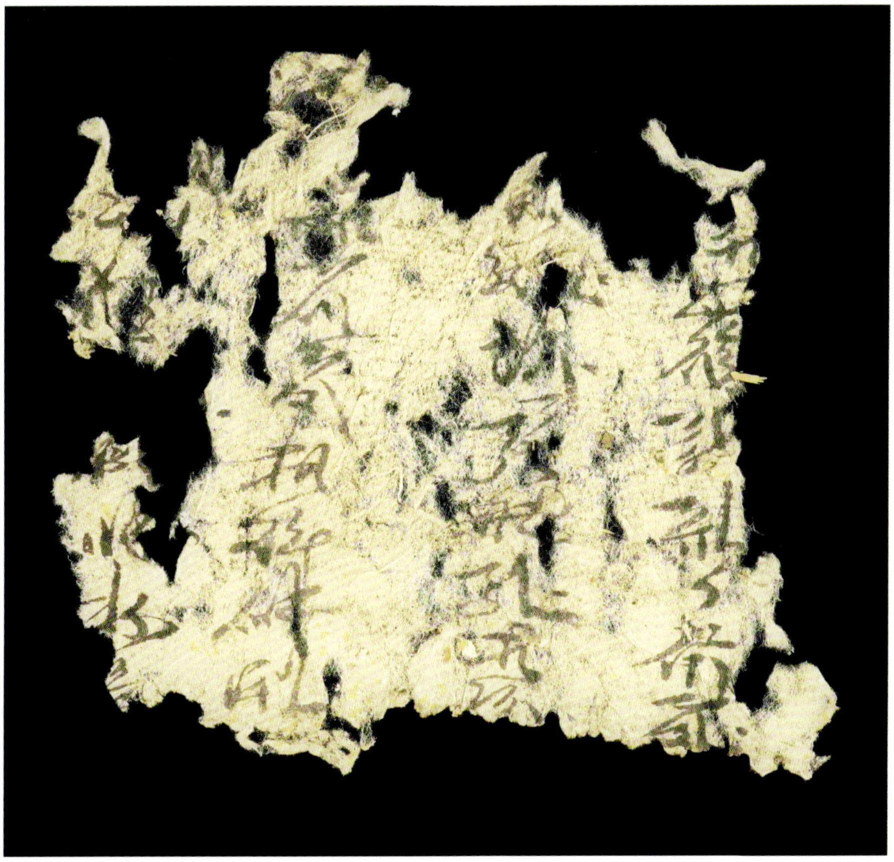

Or.12380/2204C
125.釐米 × 14.4 釐米

2205 簿籍殘片

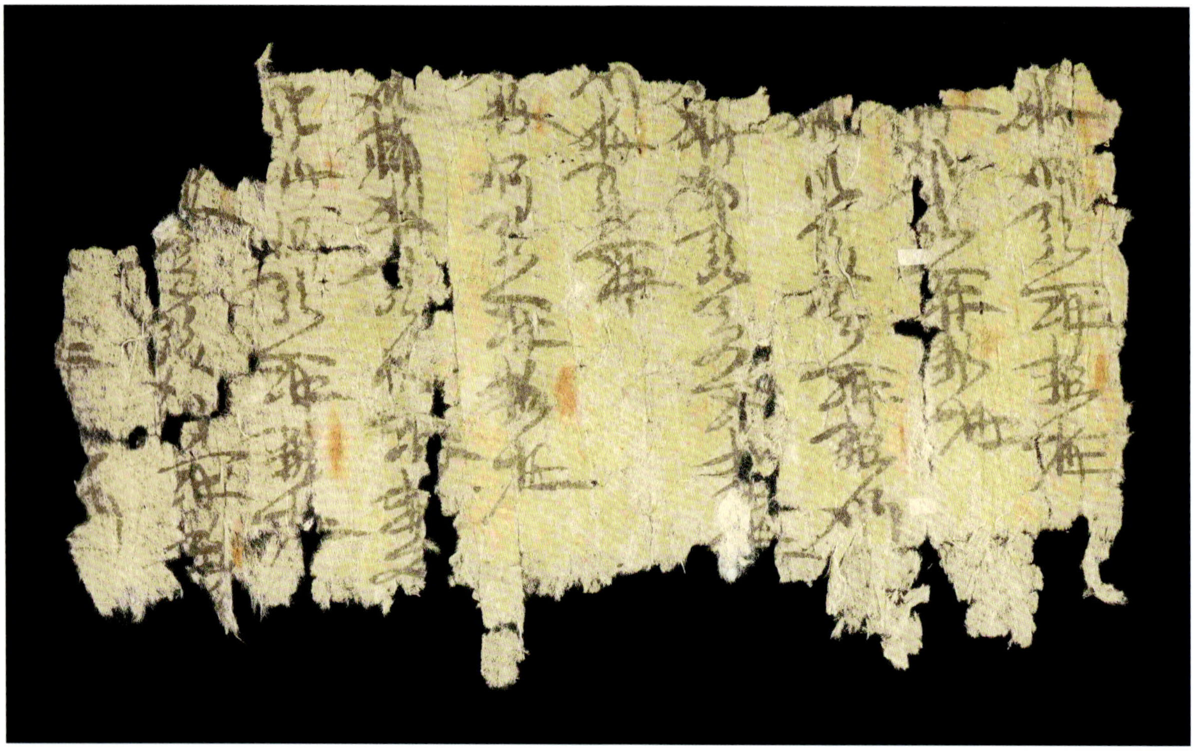

Or.12380/2205（K.K.II.0279.ss）
10.5 釐米 × 18.5 釐米

2206　金剛般若波羅蜜經

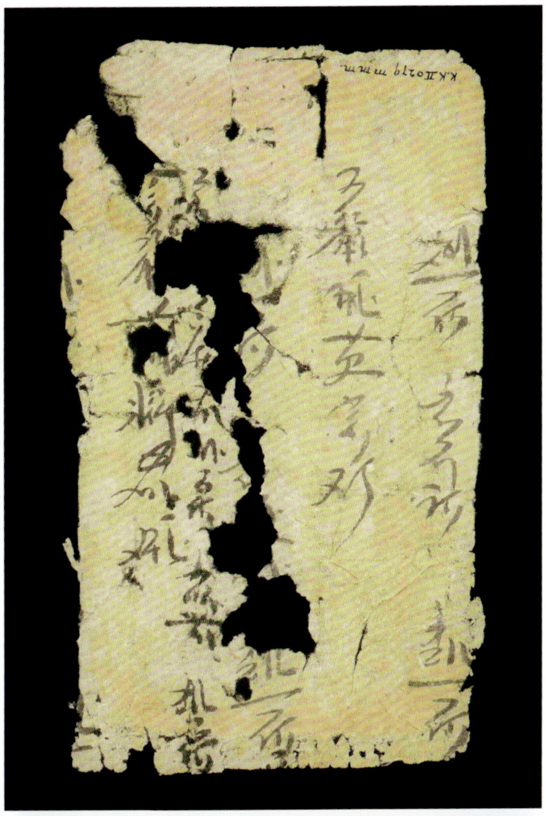

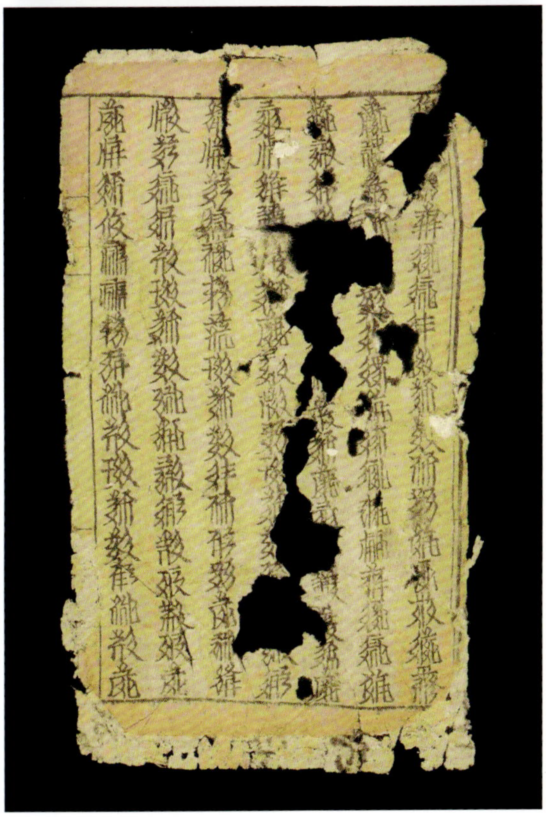

Or.12380/2206
（K.K.II.0279.mmm）
18.2 釐米 × 10.8 釐米

等□□奉持當佛須菩提之謂是契經者金
剛般若□□蜜□爲是名字以汝奉持當此
者何云……若波羅蜜□般若波羅
蜜非則般若波羅蜜是謂須菩提□□何云
如來説所法可有須菩提佛之白言世尊如
來説所無也須菩提意於何云三千大千世
界内微塵一切可爾多也須菩提言多也世

世尊！當何名此經？我等云何奉持？佛告須菩提：是經名爲金剛般若波羅蜜，以是名字汝當奉持。所以者何？須菩提！佛説般若波羅蜜則非般若波羅蜜。須菩提！於意云何？如來有所説法不？須菩提白佛言：世尊！如來無所説。須菩提！於意云何？三千大千世界所有微塵是爲多不？須菩提言：甚多，世尊。（《大正藏》T08，p0750a）

2207　大般若波羅蜜多經殘片

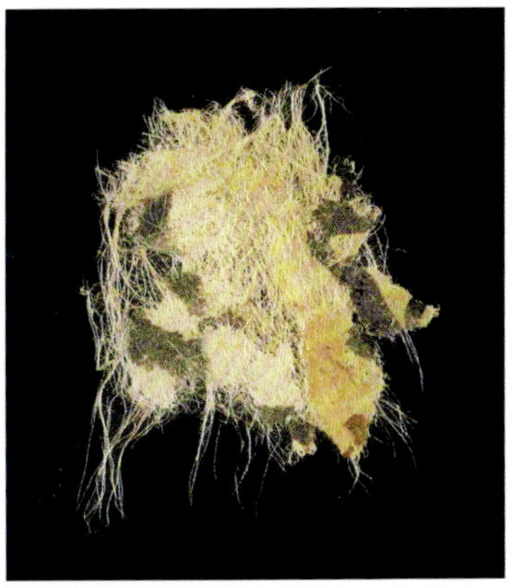

Or.12380/2207A（K.K.V.b.020.a.l?）
1 釐米 × 1 釐米

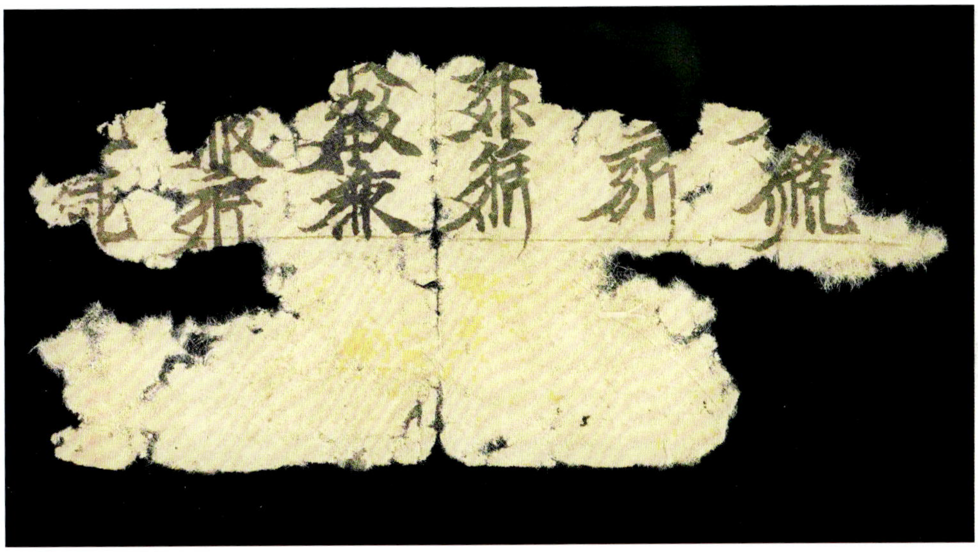

Or.12380/2207B（K.K.V.b.020.a.l）
5.3 釐米 × 12.2 釐米

……相
……自
……生無
……方回
……悲
……所

2208 大般若波羅蜜多經殘片

Or.12380/2208A（K.K.V.b.020.a.xxxix?）
1.8 釐米 × 1.2 釐米

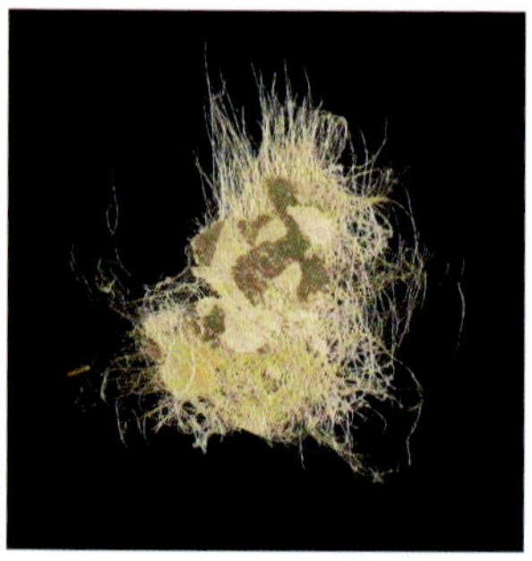

Or.12380/2208B
1.3 釐米 × 1.1 釐米

……性空……

Or.12380/2208C
（K.K.V.b.020.a.xxxix）
9.5 釐米 × 13.2 釐米

……六
……勝意
……空散空不
……空□一切空
……二以
……爲

2209　大般若波羅蜜多經殘片

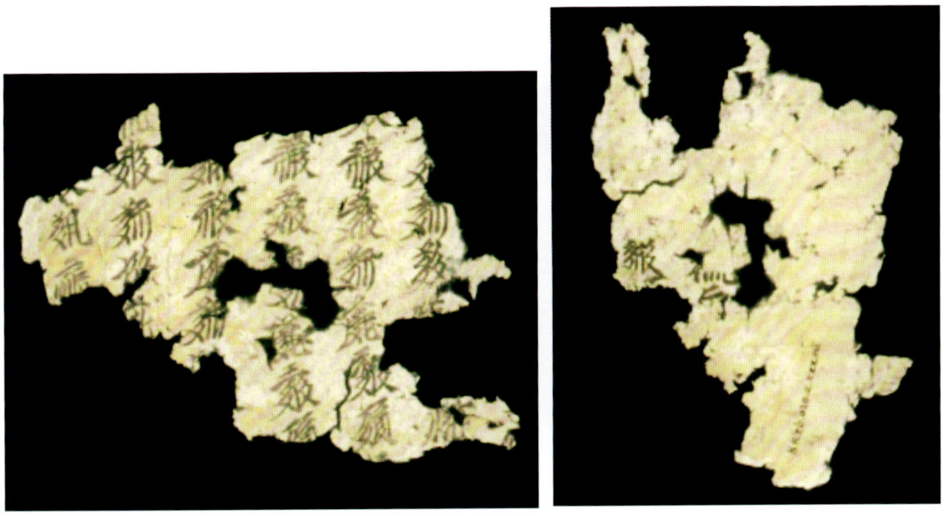

Or.12380/2209A（K.K.V.b.020.a.xxxvii）
9.5 釐米 × 12.2 釐米

……菩提……不……
……般若波羅蜜多……
……般若波羅蜜多……
……利子諸菩……
……是菩薩摩……
……行一……

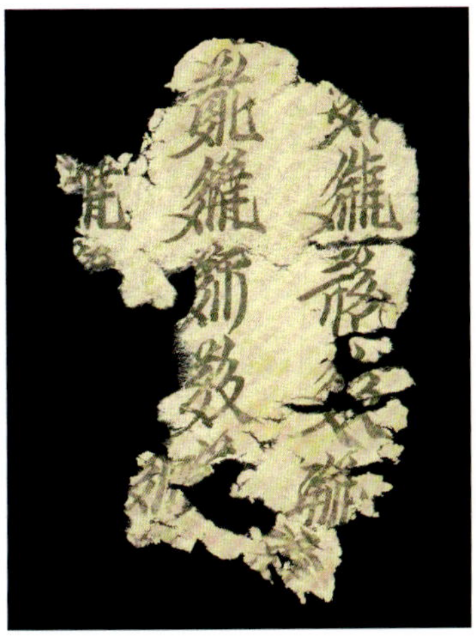

Or.12380/2209B
7.7 釐米 × 5 釐米

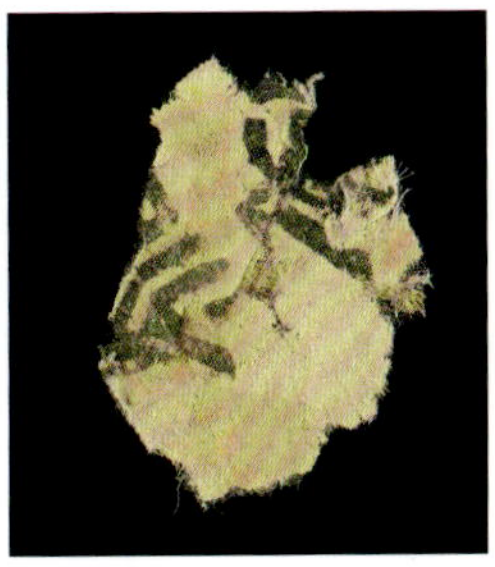

Or.12380/2209C
1.9 釐米 × 1.5 釐米

Or.12380/2209D
2.3 釐米 × 1.7 釐米

……先入□願……
……獨覺菩提……

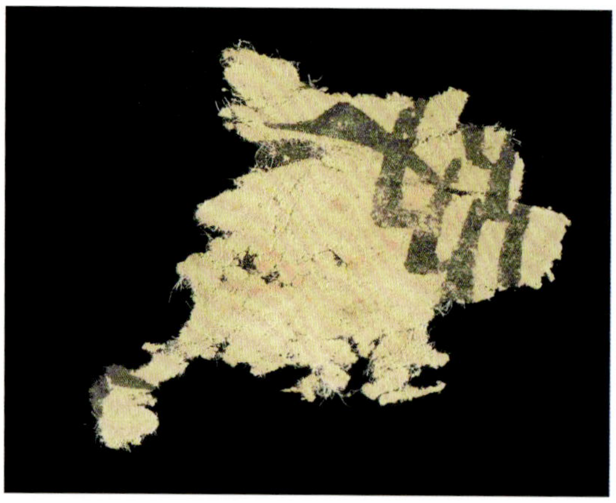

Or.12380/2209E
1.6 釐米 × 2 釐米

……果……

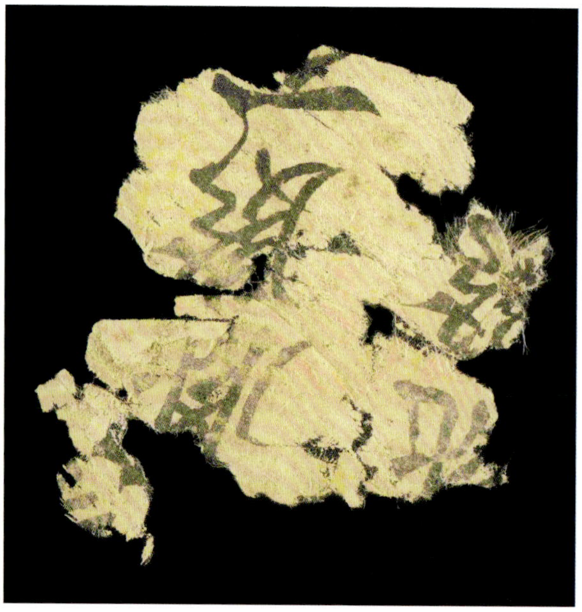

Or.12380/2209F
3.4 釐米 × 3.5 釐米

……不著一……
……不著……

2210　大般若波羅蜜多經卷十三

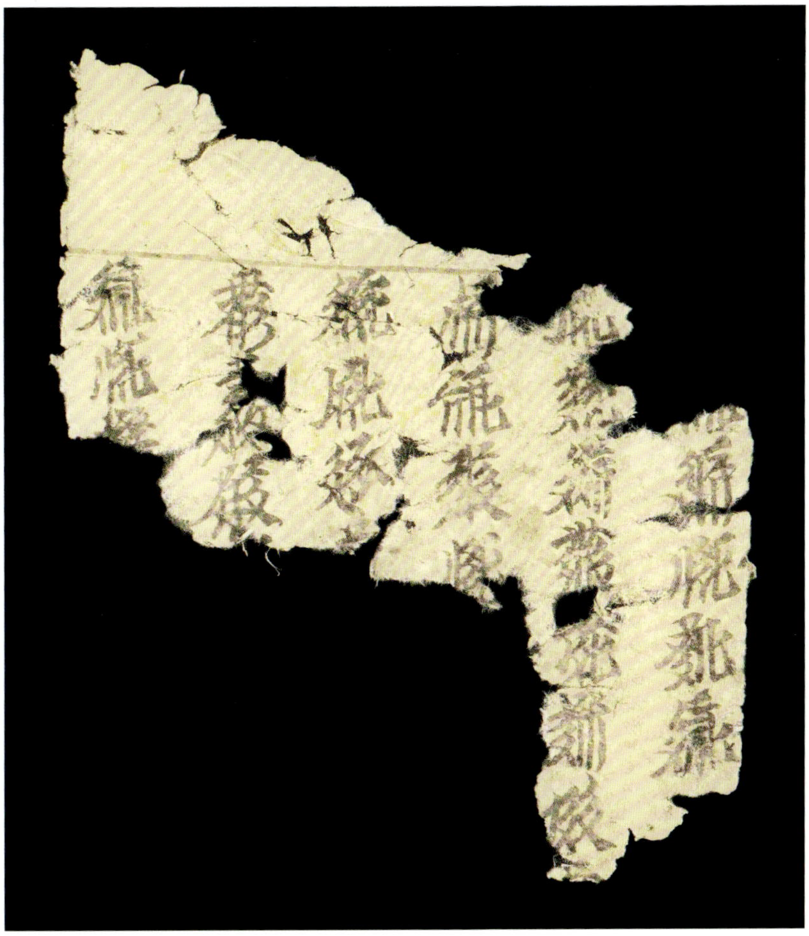

Or.12380/2210（K.K.V.b.020.a.xviii）
12.8 釐米 × 11 釐米

……無不觀應
復次善現諸菩薩……
者性住……
樂若苦……
應不……

不應觀三十二大士相若可得若不可得，**不應觀**八十隨好若可得若不可得。

復次善現！諸菩薩摩訶薩修行般若波羅蜜多時，不應觀無忘失法若常若無常，不應觀恒**住捨性**若常若無常，不應觀無忘失法若**樂若苦**，不應觀恒住捨性若樂若苦，**不應**觀**無**忘失法若我若無我。（《大正藏》T05，p0069a）

2211 大般若波羅蜜多經殘片

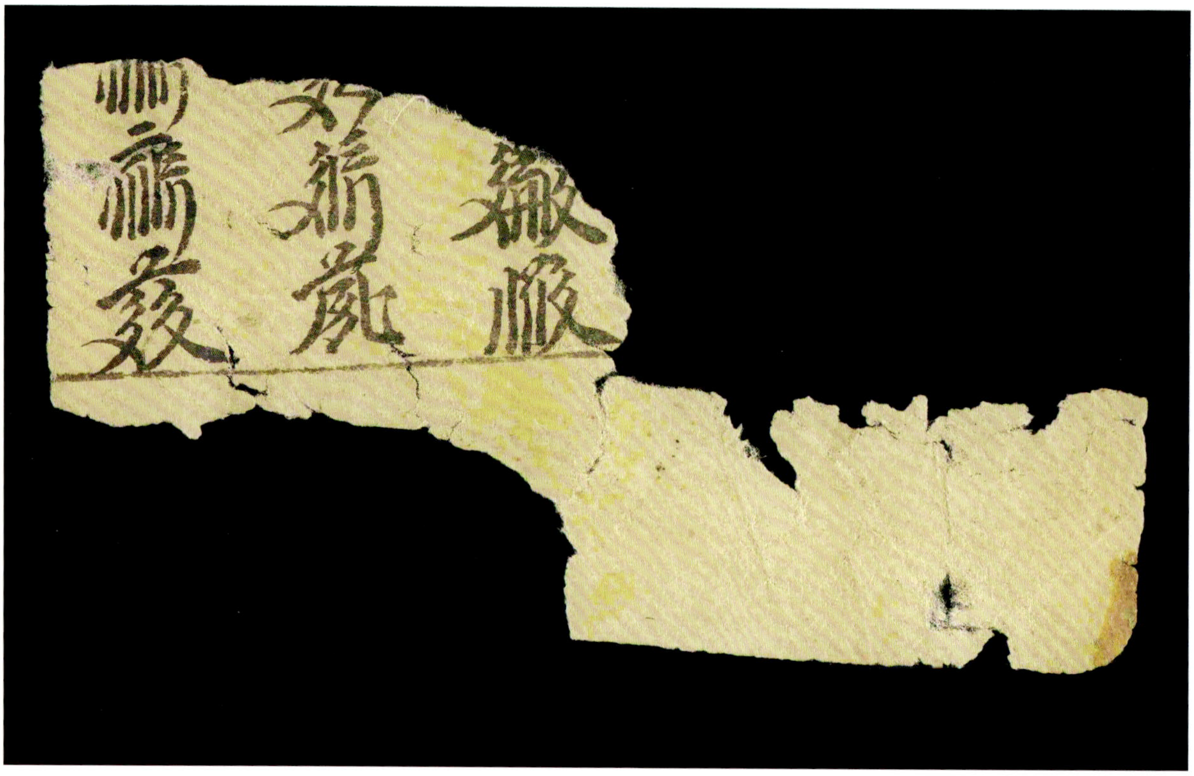

Or.12380/2211（K.K.V.b.020.a.xviii）
7 釐米 × 11.8 釐米

……至思
……議無界
……一切與

2212 大般若波羅蜜多經殘片

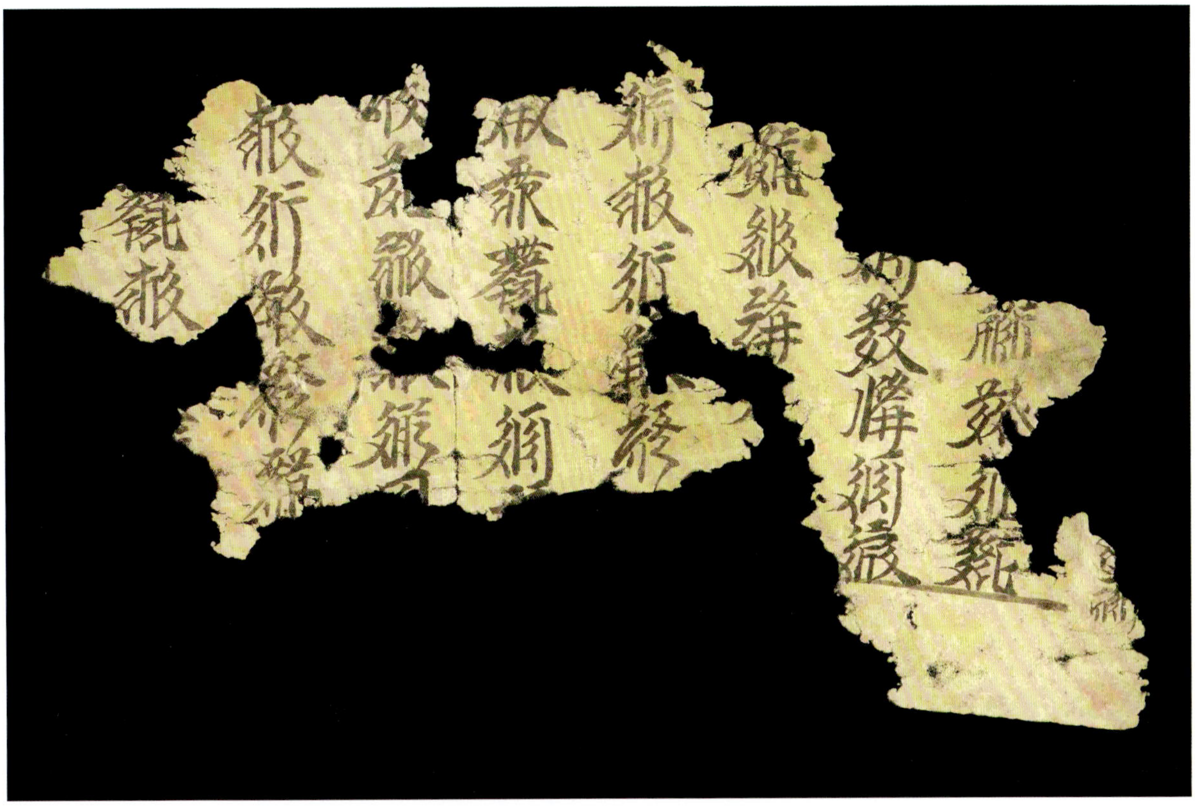

Or.12380/2212（K.K.V.b.020.b.xv）
10.4 釐米 × 18 釐米

……勝處九次
……四量無四色
……此故則……
……無以方便爲……
……方回向以四
……也世尊□何……
……以方便爲得……
……回向以……

2213 大般若波羅蜜多經殘片

觸……
緣生諸受……
也若一切……

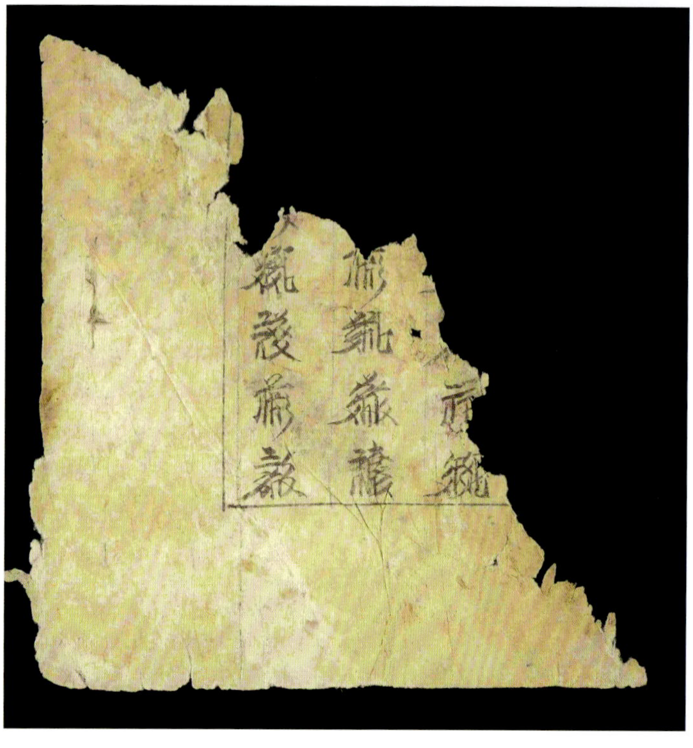

……靜慮
……淨乃至般
……捨清淨何

Or.12380/2213(K.K.II.0252.o)
12.4 釐米 × 12.7 釐米

2214 大般若波羅蜜多經卷三十三

Or.12380/2214（K.K.V.b.020.b.xx）
15.8 釐米 × 12.5 釐米

……語及大悲大喜……
……不既有則何……
……無增語菩薩摩……此
……若漏有若漏□增語菩薩摩
……復何義觀□此大慈若
……此大悲大喜大……

况有大慈有漏無漏增**語及大悲大喜**大捨有漏無漏增語。此增語**既非有**，如**何**可言？即大慈若有漏若**無**漏**增語**是**菩薩摩**訶薩，即大悲大喜大捨**若有漏若**無**漏增語**是**菩薩摩**訶薩。善現！汝**復觀何義**言，即**大慈若**生若滅增語非菩薩摩訶薩，即**大悲大喜大**捨若生若滅增語非菩薩摩訶薩耶？（《大正藏》T05，p0184c）

2215 大般若波羅蜜多經卷二百六十六

Or.12380/2215A（K.K.V.b.06.e）
10.5 釐米 × 21 釐米

……不
……若一
……四無量
……也一切智智
……捨性住清淨故
……一切智智……
……淨不二不二
……智清淨故一
……量清淨
……切智清
……不斷

一切智智清淨故無忘失法清淨，**無**忘失法清淨故四無量清淨。何以故？**若一**切智智清淨，若無忘失法清淨，若**四無量**清淨，無二無二分無別無斷故。**一切智智**清淨故恒住捨性清淨，恒**住捨性清淨故**四無量清淨。何以故？若**一切智智**清淨，若恒住捨性清淨，若四無量清**淨**，**無二無**二分無別無斷故。善現！一切智**智清淨故**一切智清淨，一切智清淨故四無**量清淨**。何以故？若一切智智清淨，若**一切智清**淨，若四無量清淨，無二無二分無別**無斷**故。（《大正藏》T06，p0345b）

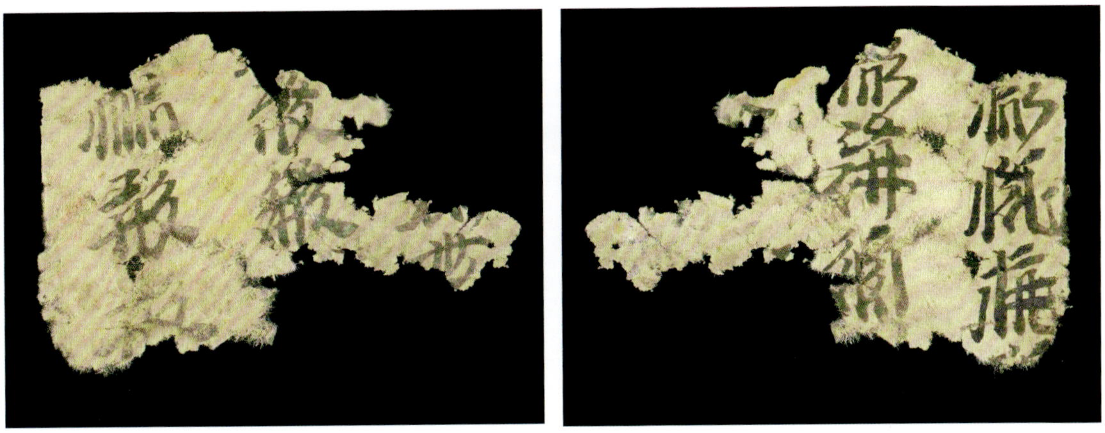

Or.12380/2215B（K.K.V.b.06.h?）
4.2 釐米 × 6.2 釐米

……十力……
……切智智……

……淨不二……
……淨故四……

Or.12380/2215C（K.K.V.b.06.h?）
2.1 釐米 × 1.8 釐米

……卷……

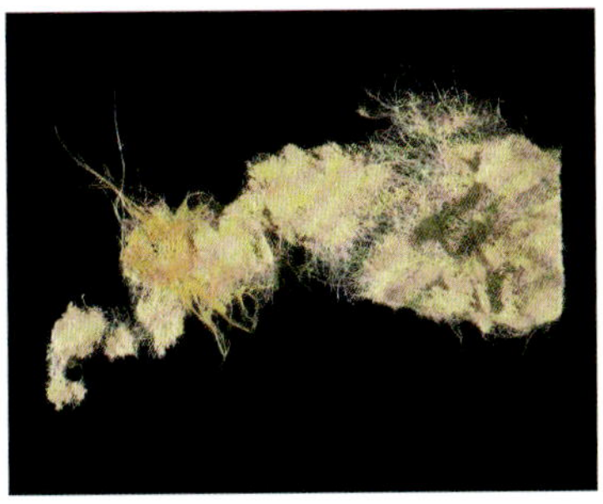

Or.12380/2215D（K.K.V.b.06.h?）
1.4 釐米 × 2.6 釐米

2216 殘片

Or.12380/2216（K.K.V.b.06.a）
11.2 釐米 × 14.5 釐米

2217　大般若波羅蜜多經卷二百六十六

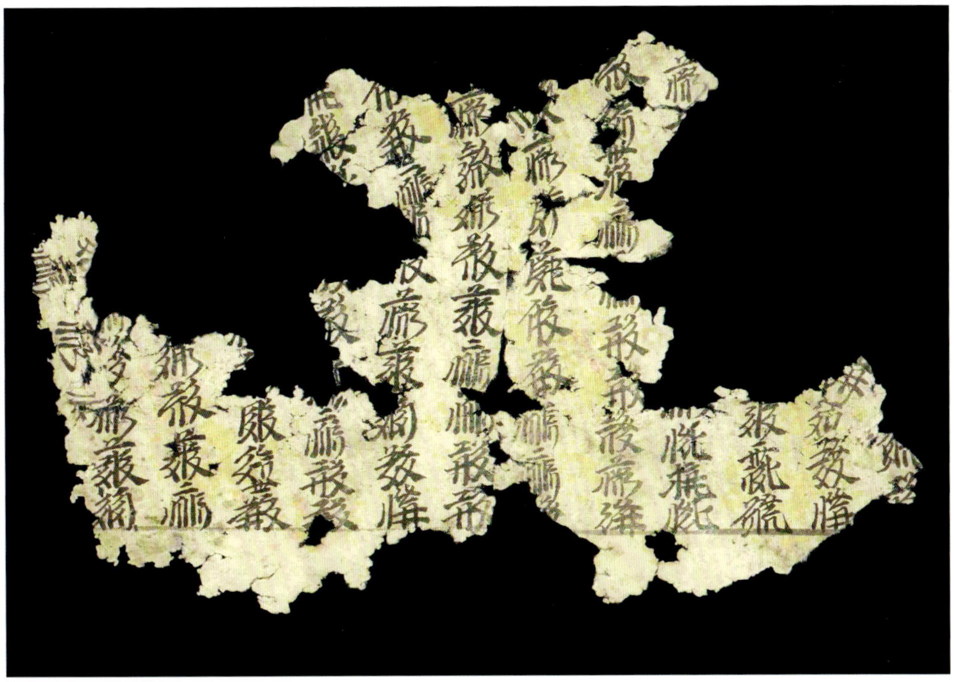

Or.12380/2217A
（K.K.V.b.06.h）
15 釐米×23.7 釐米

……相智
……故四無量
……若道相
……淨……不二不
……也善現一切智智清淨故
……陀羅尼門一切清
……淨何云也若一切智智
……尼門一切清淨若四無量
……二分……也□切智智
……摩地門
……雲也若一
……清淨若四

一切智智清淨故道相智一切相智清淨，道相智一切相智清淨故四無量清淨。何以故？若一切智智清淨，若道相智一切相智清**淨**，若四無量清淨，**無二無**二分無別無斷故。**善現！一切智智清淨故**一切陀羅尼門清淨，**一切陀羅尼門清**淨故四無量清**淨。何以故？若一切智智**清淨，若**一切**陀羅**尼門清淨，若四無量**清淨，無二無**二分**無別無斷故。**一切智智**清淨故一切三摩地門清淨，一切三**摩地門**清淨故四無量清淨。**何以故？若**一切智智清淨，若一切三摩地門**清淨，若四**無量清淨，無二無二分無別無斷故。（《大正藏》T06，p0345b）

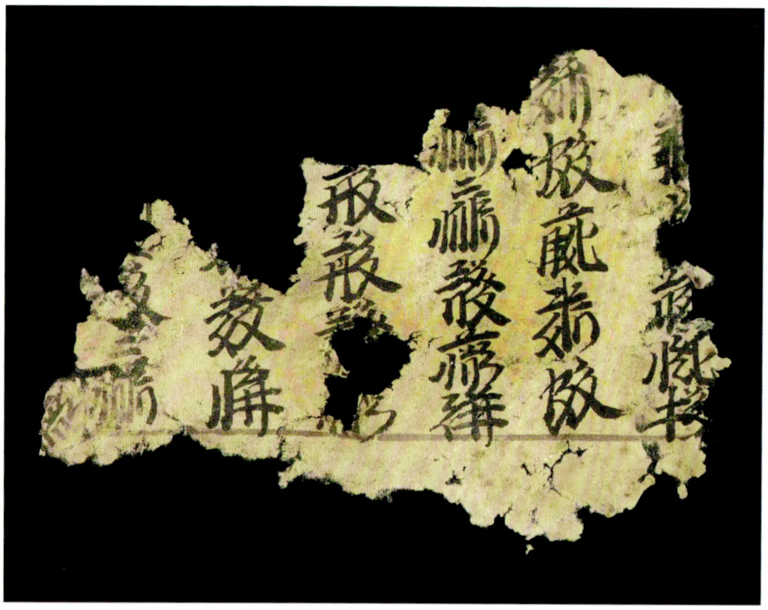

Or.12380/2217B
8.3 釐米 × 12 釐米

……分□别不斷
……菩薩摩訶薩
……一切清淨故
……智智清□
……無量
……現一

若四無量清淨，無二無二分無**别無斷**故。善現！一切智智清淨故一切**菩薩摩訶薩**行清淨，**一切**菩薩摩訶薩行**清淨故**四無量清淨。何以故？若一切**智智清**淨，若一切菩薩摩訶薩行清淨，若四**無量**清淨，無二無二分無别無斷故。**善現**……一切智智清淨故諸佛無上正等菩提清淨。（《大正藏》T06，p0345c）

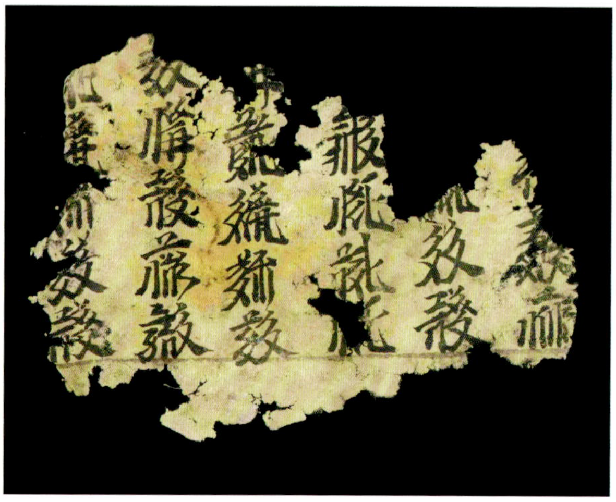

Or.12380/2217C
8.2 釐米 × 11.5 釐米

Or.12380/2217D
0.8 釐米 × 1 釐米

……也若一
……果清
……分不别不
……故獨覺菩提
……無量清淨何
……獨覺菩提清

何以故？**若一**切智智清淨，若一來不還阿羅漢**果清**淨，若四無量清淨，無二無二**分無別無**斷故。善現！一切智智清淨**故獨覺菩提**清淨。獨覺菩提清淨故四**無量清淨**。**何**以故。若一切智智清淨。若**獨覺菩提清**淨。若四無量清淨。無二無二分無别無斷故。（《大正藏》T06，p0345b-0345c）

2218　大般若波羅蜜多經卷二百六十六

Or.12380/2218(K.K.V.b.06.j)
14 釐米 × 16 釐米

……預流果清
……切智智
……無□清淨不
……切智□清淨
……果清淨一來不還阿羅
……量清淨何云……
……還阿羅……
……二……

一切智智清淨故預流果清淨，**預流果清**淨故四無量清淨。何以故？若**一切智智**清淨，若預流果清淨，若四**無**量**清淨**，**無**二無二分無別無斷故。**一切智**智**清淨**故一來不還阿羅漢**果清淨**，**一來不還阿羅**漢果清淨故四無**量清淨**。**何以故**？若一切智智清淨，若一來不**還阿羅**漢果清淨，若四無量清淨，無二無二分無別無斷故。（《大正藏》T06，p0345b–0345c）

2219　大般若波羅蜜多經卷一百二

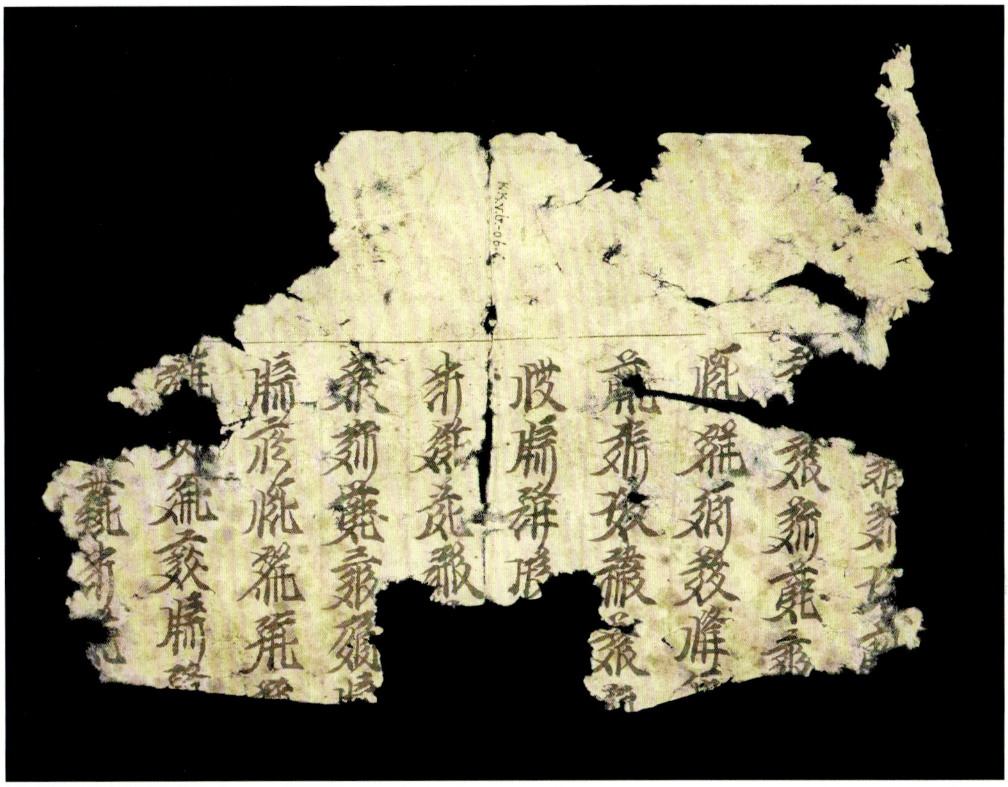

Or.12380/2219A（K.K.V.B.06.I）
14.2 釐米 × 19.7 釐米

□若菩薩摩……
般若波羅蜜……
不得四無量……
摩訶薩般若……
定修故高……
亦能世尊……
若波羅蜜多修……
修者不得是菩……
……向亦……

若菩薩摩訶薩修四無量四無色定時。善修**般若波羅蜜**多故。不得四無量四無色定。**不得修四無量**四無色定者。是菩薩**摩訶薩**依**般若**波羅蜜多**修**四無量四無色**定故**。能調伏**高心**。**亦能**回向一切智智。**世尊**。若菩薩摩訶薩修八解脱時。善**修**般**若波羅蜜多**故。不得八解脱。**不得修**八解脱**者**。**是菩**薩摩訶薩依般若波羅蜜多修八解脱故。能調伏高心。**亦**能回**向**一切智智。（《大正藏》T05，p0567a）

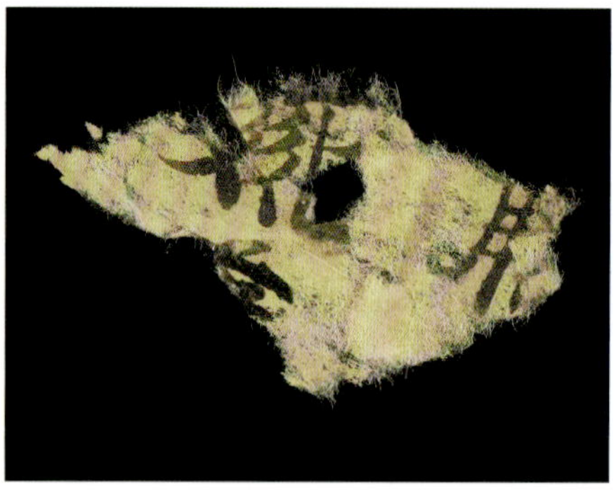

Or.12380/2219B
2 釐米 × 3.8 釐米

……修……
……能……

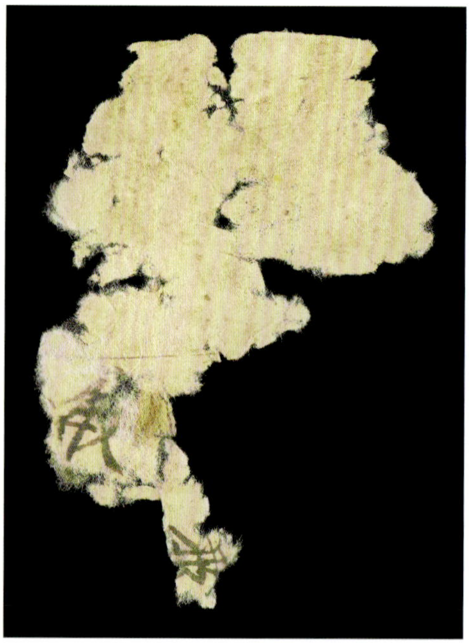

Or.12380/2219C
7.7 釐米 × 5.5 釐米

……方……

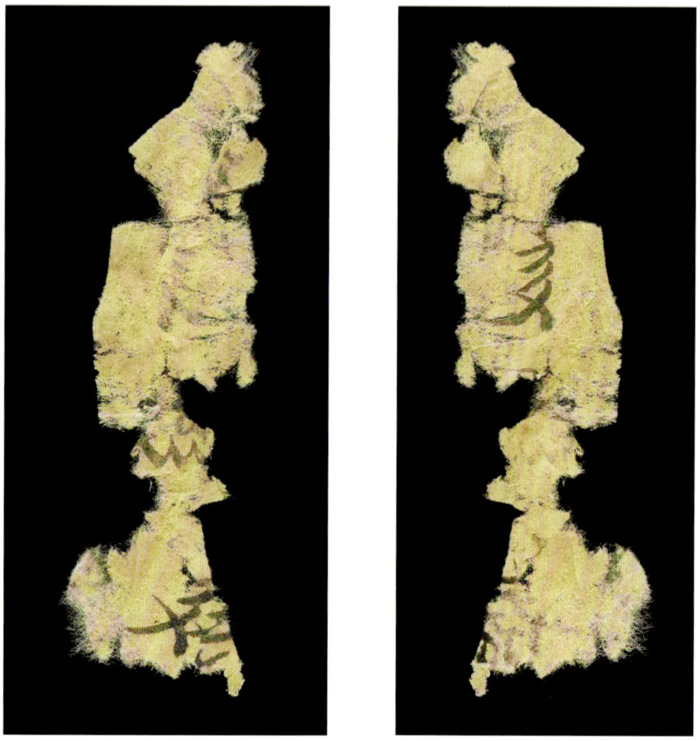

Or.12380/2219D
6.5 釐米 × 2.2 釐米

2220　大般若波羅蜜多經卷二百四

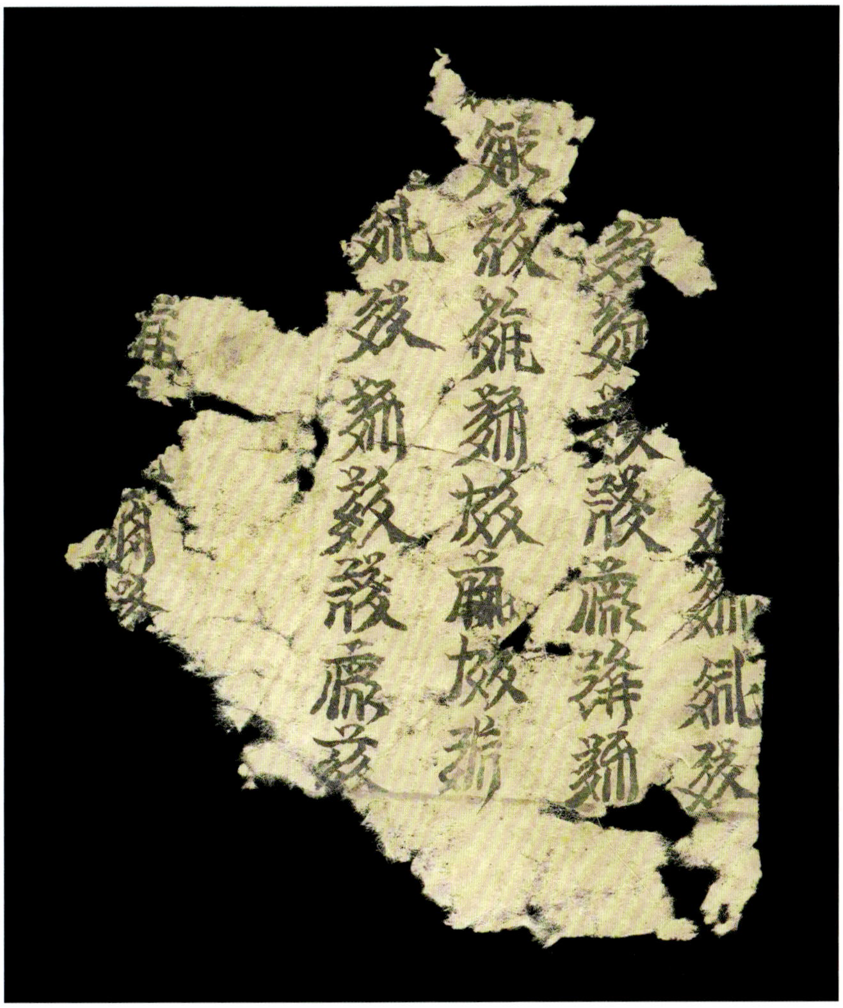

Or.12380/2220(K.K.V.B.06.l)
13.5 釐米 × 10.8 釐米

……上正等
……正等菩提清淨故菩
……云也是菩薩摩訶薩
……正等菩提清淨與
……
……二□四第

一切菩薩摩訶薩行清淨故諸佛無**上正等**菩提清淨，諸佛無上**正等菩提清淨故**一切**菩**薩摩訶薩行清淨。**何以故**？**是**一切**菩薩摩訶薩**行清淨**與**諸佛無上**正等菩提清淨**，無二無二分無別無斷故。

大般若波羅蜜多經卷**第二百四**（《大正藏》T06，p0021a）

2221 大般若波羅蜜多經卷一百二

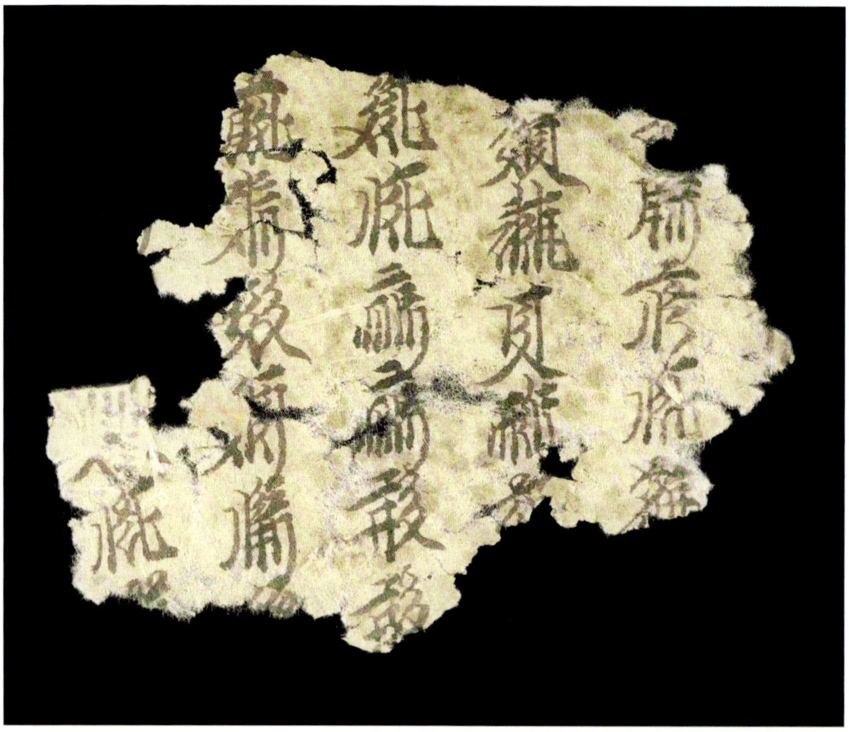

Or.12380/2221A（K.K.V.B.06.k?）
8.2 釐米 × 10.5 釐米

……修者不得……
……多依八勝處……
……能亦一切智智……
……摩訶薩四念……
……不……

不得修八勝處九次第定十遍處**者**，是菩薩摩訶薩**依**般若波羅蜜**多修八勝處**九次第定十遍處故，**能**調伏高心，**亦**能回向**一切智智**。世尊……若菩薩**摩訶薩**修**四念**住時，善修般若波羅蜜多故，不得四念住。（《大正藏》T05，p0567a）

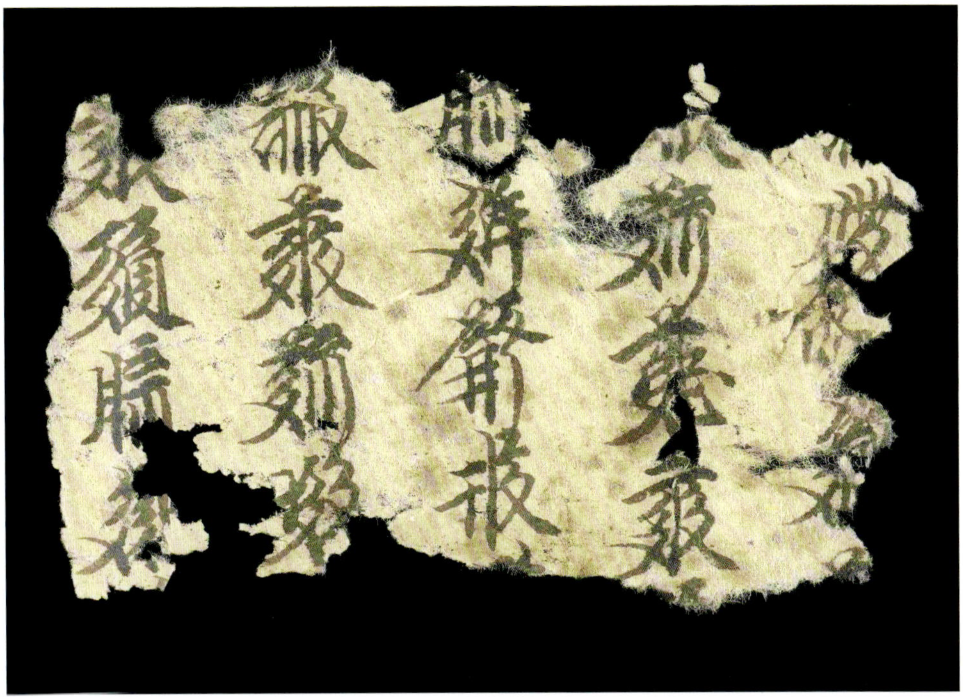

Or.12380/2221B
5.5 釐米 × 9.3 釐米

……定□者……
……波羅蜜……
……□心調伏
……尊若菩薩……
……蜜多修善

不得修四無量四無色**定者**，是菩薩摩訶薩依般若**波羅蜜**多修四無量四無色定故，能**調伏**高**心**，亦能回向一切智智。世**尊**！**若菩薩**摩訶薩修八解脱時，**善修**般若波羅**蜜多**故，不得八解脱。（《大正藏》T05，p0567a）

2222 大般若波羅蜜多經卷三百九十六

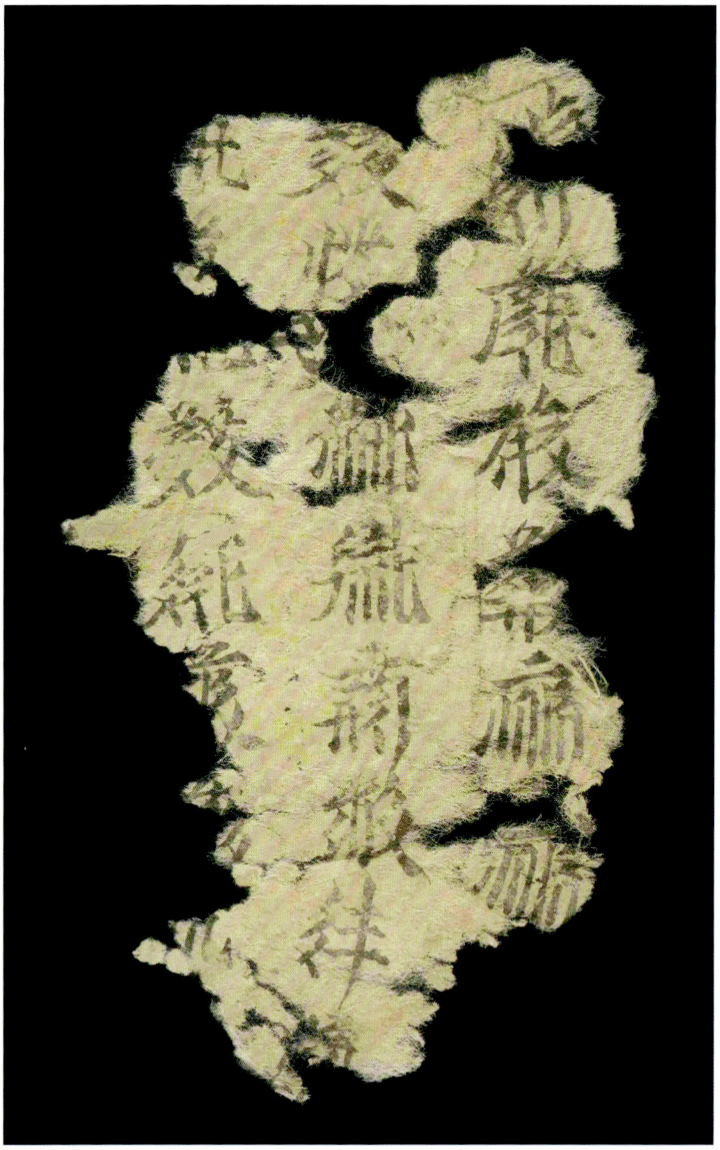

Or.12380/2222(K.K.V.B.06.o)
10.5 釐米 × 6 釐米

陀羅尼門一切……
決定有情成熟佛……
不能若……

若不圓滿**一切陀羅尼門**一切三摩地門，**決定不能成熟有情**嚴淨**佛**土，證得無上正等菩提。**若不**圓滿空無相無願解脱門，決定不能成熟有情嚴淨佛土，證得無上正等菩提。（《大正藏》T06，p1051c）

2223 大般若波羅蜜多經卷一百九十五

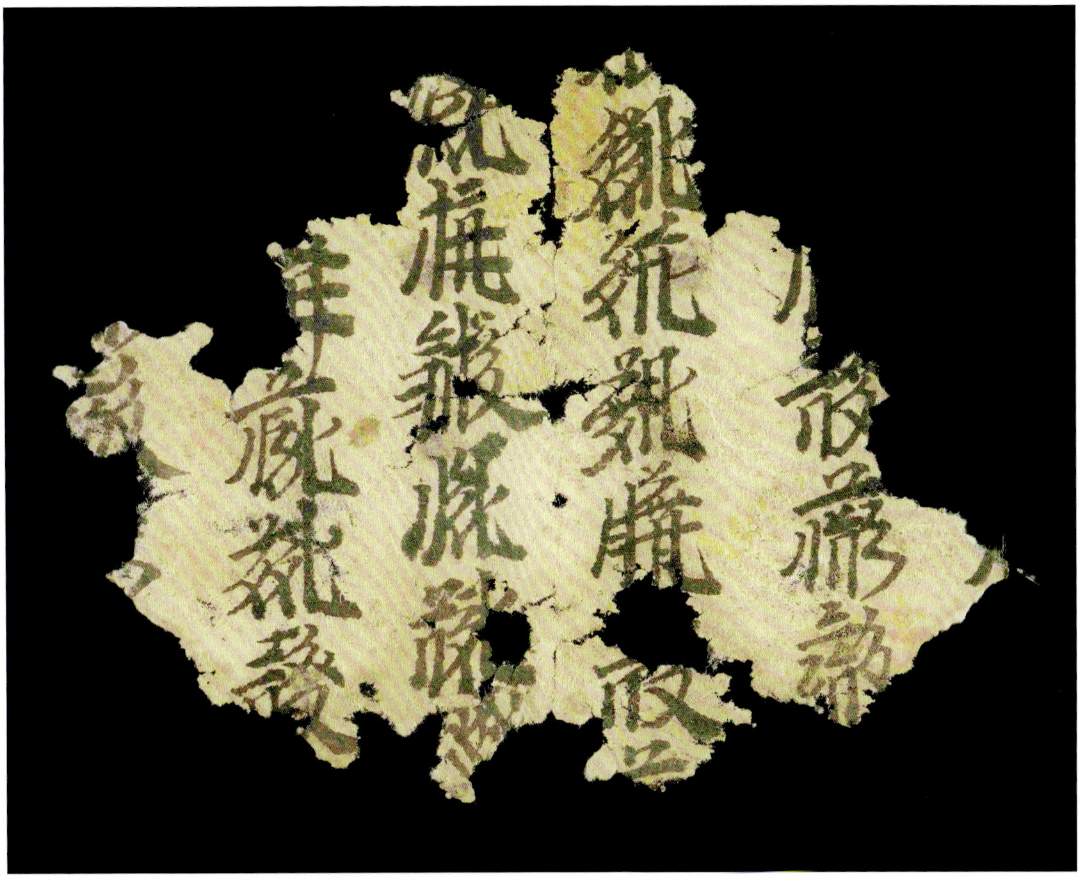

Or.12380/2223（K.K.V.B.06.p）
7.5 釐米 × 10 釐米

……清淨何……
……受想行識……
……不二分不別不……
……故眼處清……
……何……

我清淨故受想行識清淨，受想行識清淨故一切智智**清淨**。**何**以故？若我清淨，若**受想行識**清淨，若一切智智清淨，無二**無二分無別無**斷故。善現！我清淨**故眼處清**淨，眼處清淨故一切智智清淨。**何**以故？（《大正藏》T05，p1046a）

2224 大般若波羅蜜多經卷二百二十五

Or.12380/2224A（K.K.V.B.06.n）
5.8 釐米 × 4.7 釐米

……一……
……淨……

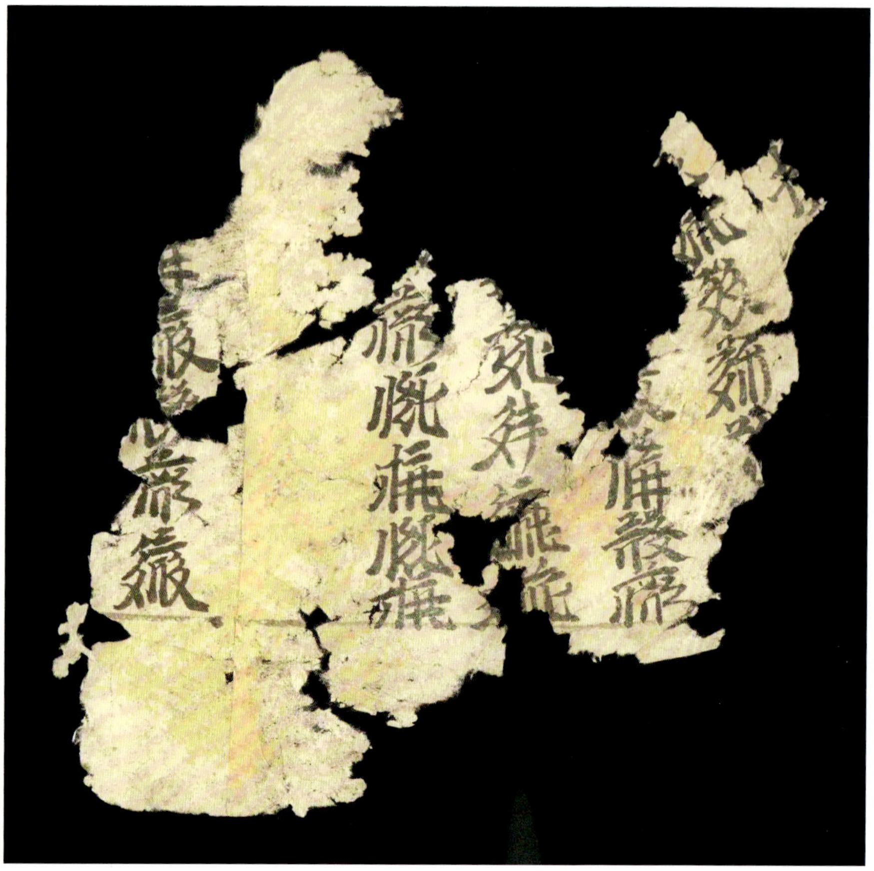

Or.12380/2224B
12.2 釐米 × 12.5 釐米

……菩提……

……量清淨

……諸佛最上

……淨不二不二

……

……故色清淨色清

諸佛無上正等**菩提**清淨故一切智智清淨。何以故？若四無**量清淨**，若**諸佛無上**正等菩提清淨，若一切智智清**淨，無二無二**分無別無斷故

復次善現！四無色定清淨**故色清淨，色清**淨故一切智智清淨。（《大正藏》T06，p0132a）

2225 大般若波羅蜜多經卷三百九十六

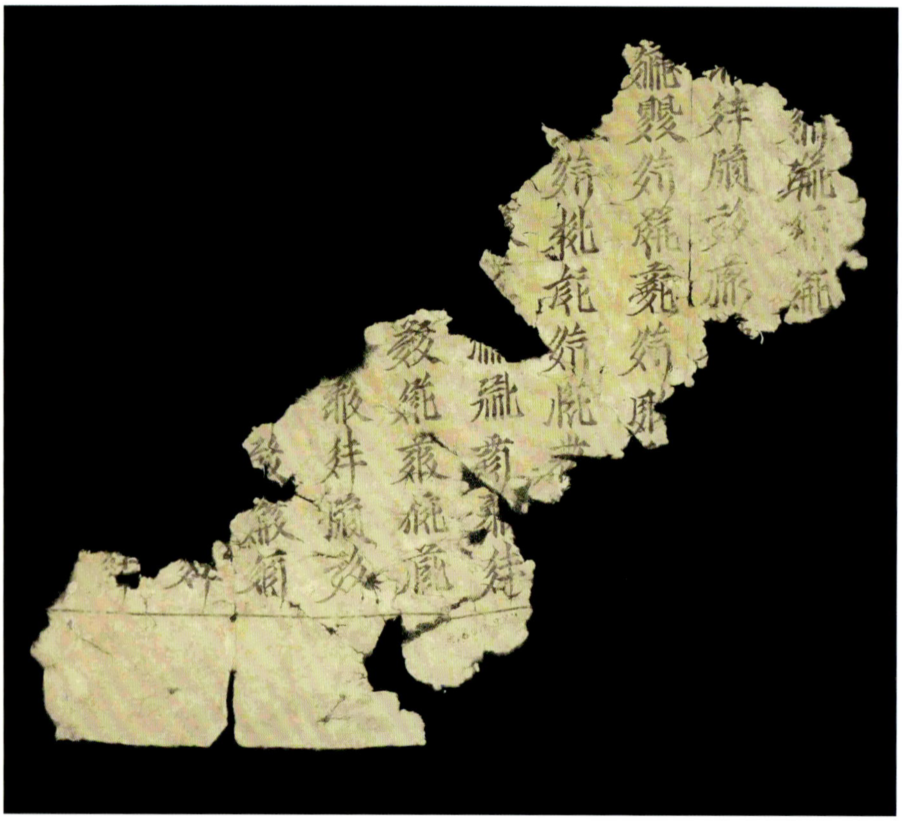

Or.12380/2225
（K.K.V.B.06.m）
16.1 釐米 × 19.7 釐米

……無願無解……
……佛土嚴淨……
……極喜地垢離地光……
……地遠行地不動……
……有成熟佛
……不能若五眼
……熟佛土嚴
……十力四
……佛
……佛

若不圓滿空**無**相**無願解**脱門，決定不能成熟有情**嚴淨佛土**，證得無上正等菩提。若不圓滿**極喜地離垢地**發**光**地焰慧地極難勝地現前**地遠行地不動**地善慧地法雲地，決定**不能成熟有**情嚴淨**佛土**，證得無上正等菩提。**若**不圓滿**五眼**六神通，決定不能成**熟**有情**嚴**淨**佛土**，證得無上正等菩提。若不圓滿佛**十力四**無所畏四無礙解大慈大悲大喜大捨十八**佛**不共法，決定不能成熟有情嚴淨**佛**土，證得無上正等菩提。（《大正藏》T06，p1051c）

2226　大般若波羅蜜多經卷三百四十六

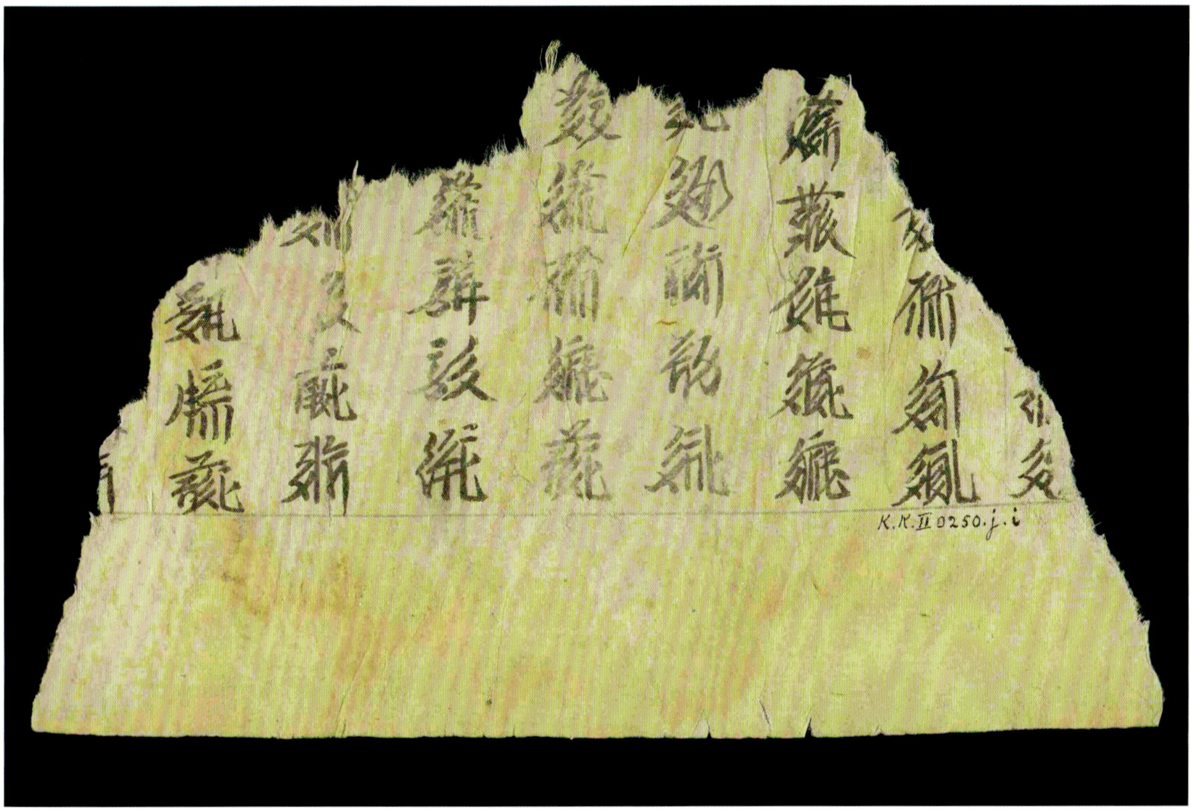

Or.12380/2226A（K.K.II.0250.j.i）
10 釐米 × 17.3 釐米

……薩之名字
……贊嘆此者甚
……住殊勝德
……我衆之甚深
……衆面前彼
……摩訶
……行修深

歡喜稱揚**贊嘆**是菩薩摩訶**薩名字**種姓及諸功德，所謂安**住甚**深般若波羅蜜多**殊勝**功**德**。善現當知，如我**今者爲衆**宣説**甚深**般若波羅蜜多於大**衆前**，自然歡喜稱揚贊嘆寶幢菩薩尸弃菩薩**摩訶**薩等，及現在住不動佛所淨**修**梵**行**，住**深**般若波羅蜜多諸菩薩摩訶薩名字種姓及諸功德，所謂安住甚深般若波羅蜜多殊勝功德。（《大正藏》T06，p0777a）

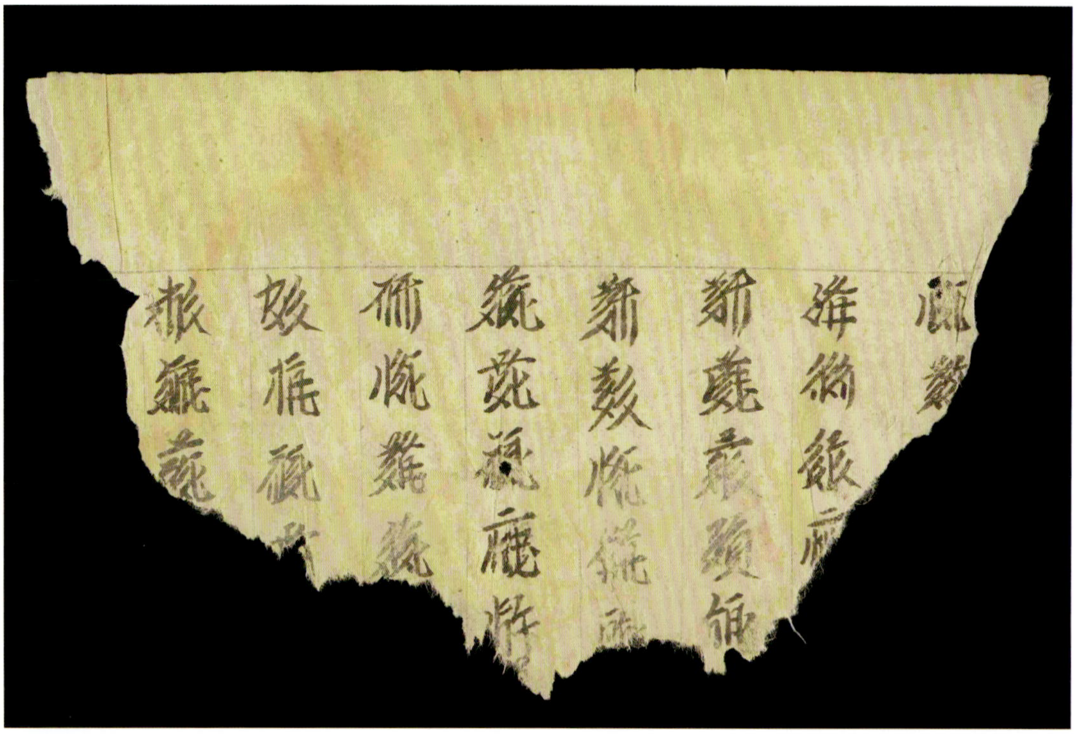

Or.12380/2226B
10.3 釐米 × 17.3 釐米

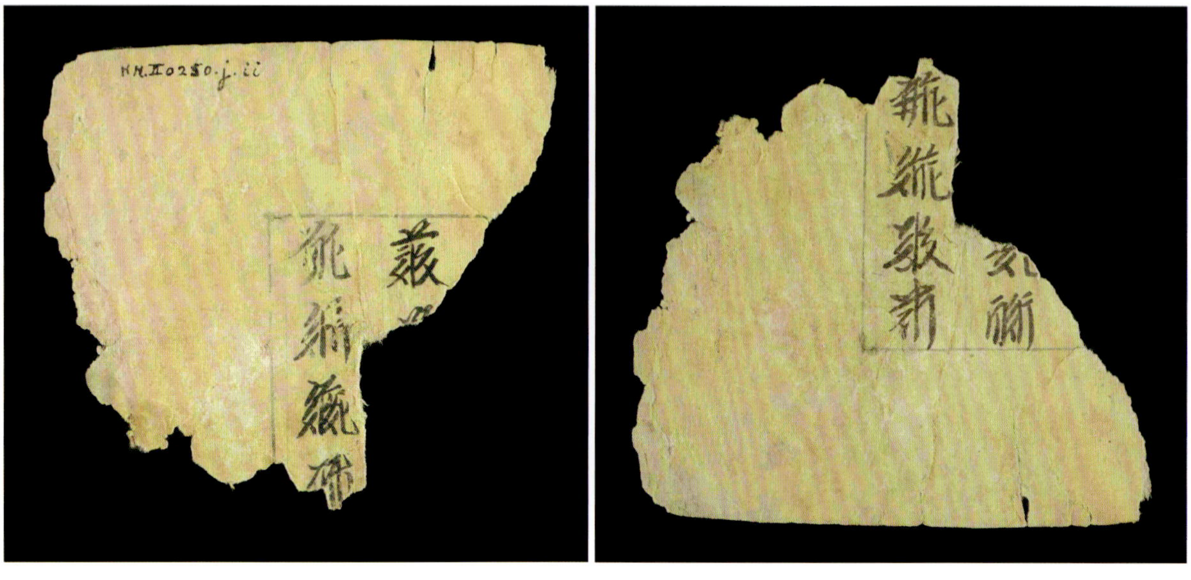

Or.12380/2226C（K.K.II.0250.j.ii）
8.1 釐米 × 9.3 釐米

2227 大般若波羅蜜多經殘片

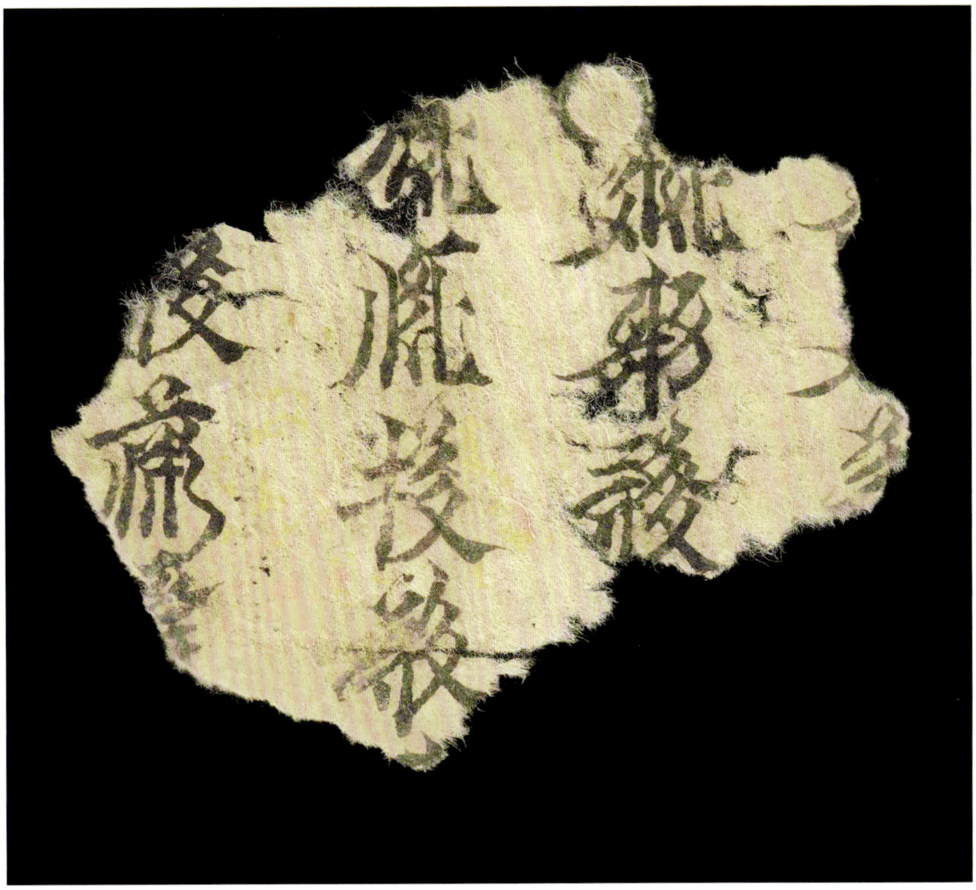

Or.12380/2227（K.K.V.b.06.r）
5.3 釐米 × 6.7 釐米

……憂惱清……
……別不斷也……
……清淨故……

2228 大般若波羅蜜多經殘片

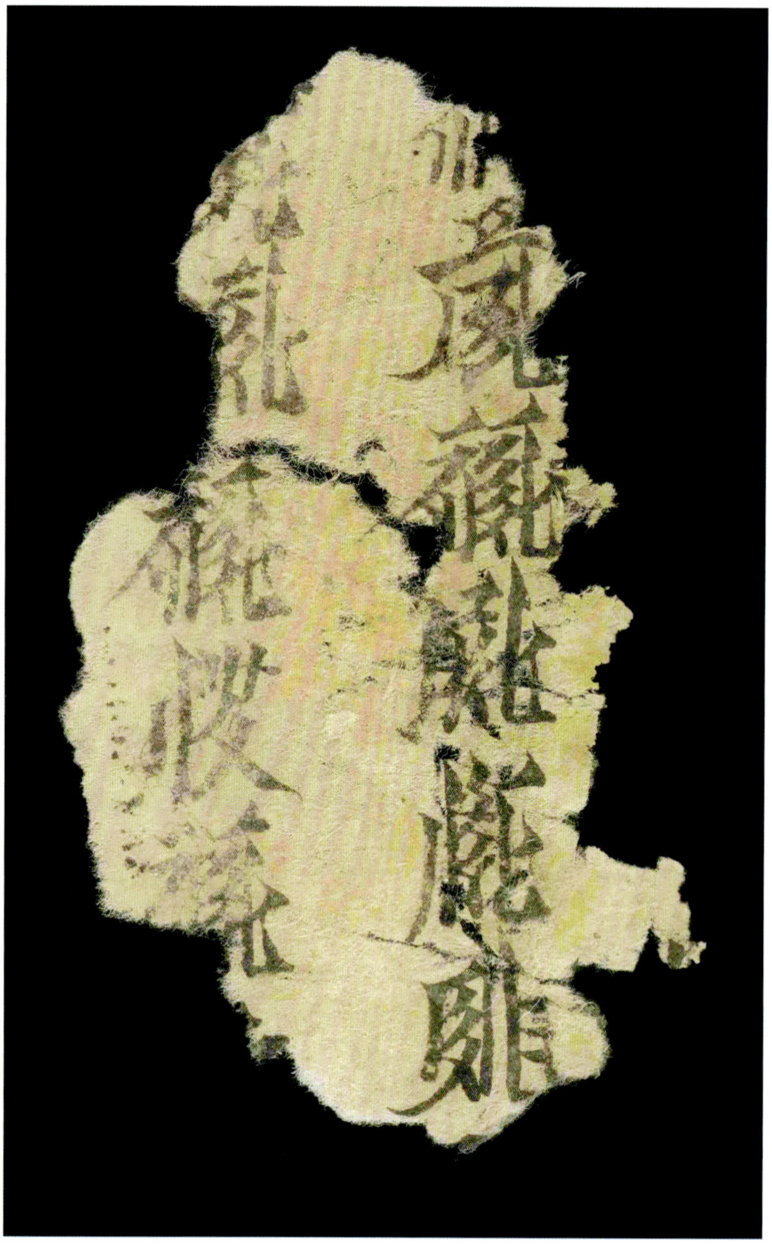

Or.12380/2228（K.K.V.b.06.t）
7.8 釐米 × 4.7 釐米

……界法性不虚……
……性法定法……

2229 大般若波羅蜜多經殘片

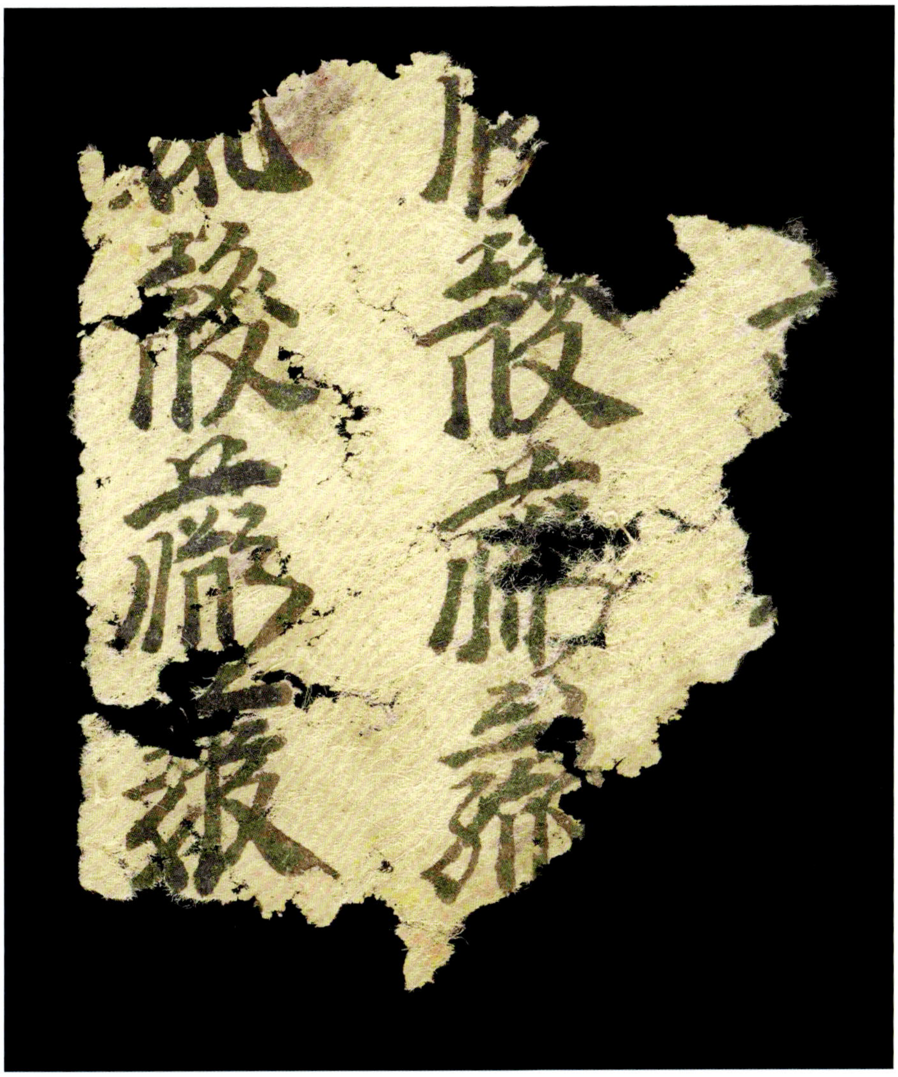

Or.12380/2229(K.K.V.b.06.u)
5.8 釐米 × 4.9 釐米

……清淨何……
……清淨若……

2230 大方廣佛華嚴經普賢行願品，佛書殘片

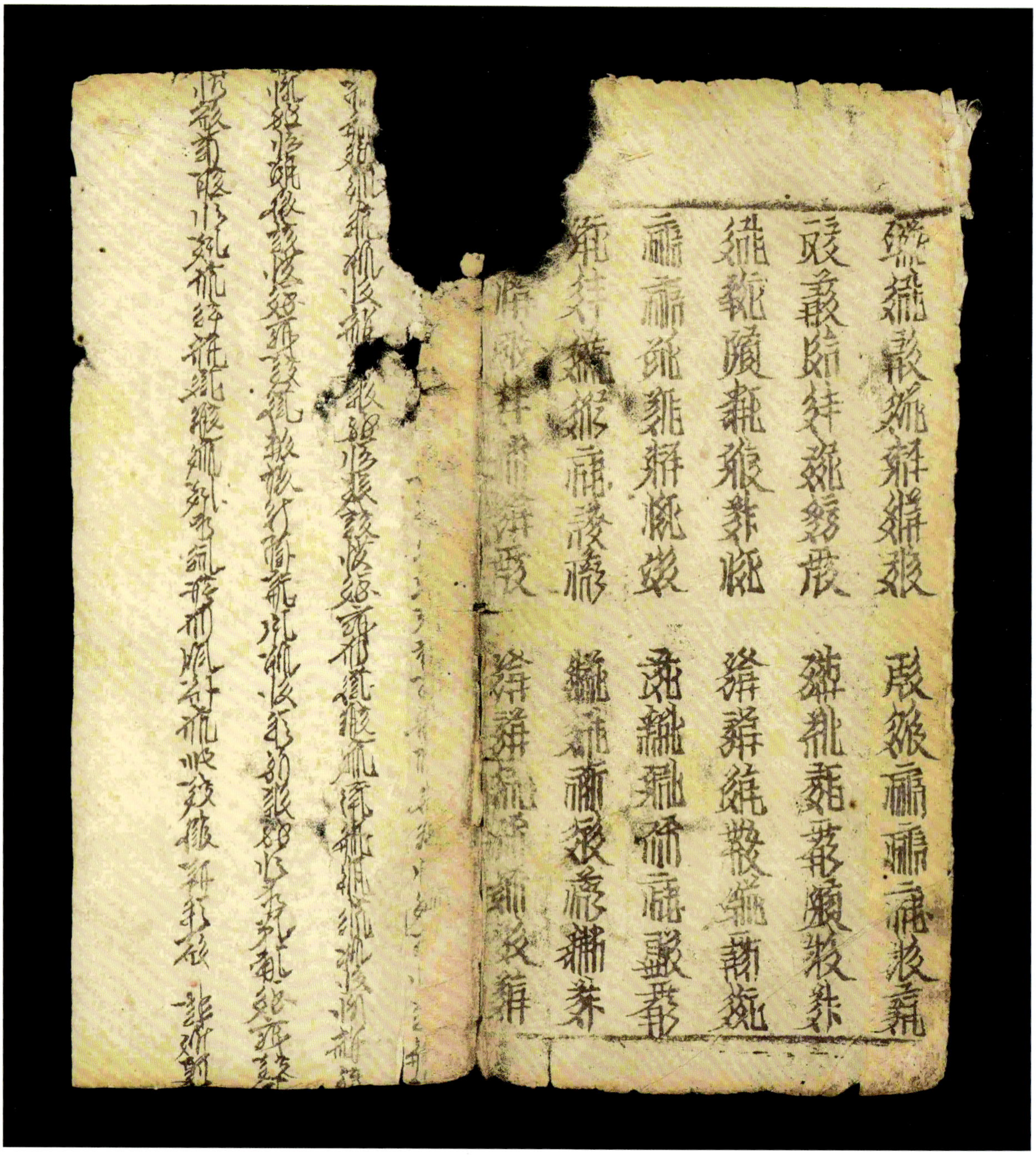

Or.12380/2230A（K.K.II.0253.b）
19.3 釐米 × 17.2 釐米

願我壽命終臨時　障礙一切皆去除
阿彌陀佛面所彼　迅即安樂刹往生
我彼國於往生已　現前此大願成就
一切圓滿盡無餘　諸衆生之咸利樂
彼佛衆會咸清淨　時我勝蓮華於生
□量光佛之親睹　現前我之菩提記

願我臨欲命終時，盡除一切諸障礙。面見彼佛阿彌陀，即得往生安樂刹。
我既往生彼國已，現前成就此大願。一切圓滿盡無餘，利樂一切衆生界。
彼佛衆會咸清淨，我時於勝蓮華生。親睹如來無量光，現前授我菩提記。（《大正藏》T10，p0848a）

Or.12380/2230B
0.6 釐米 × 0.7 釐米

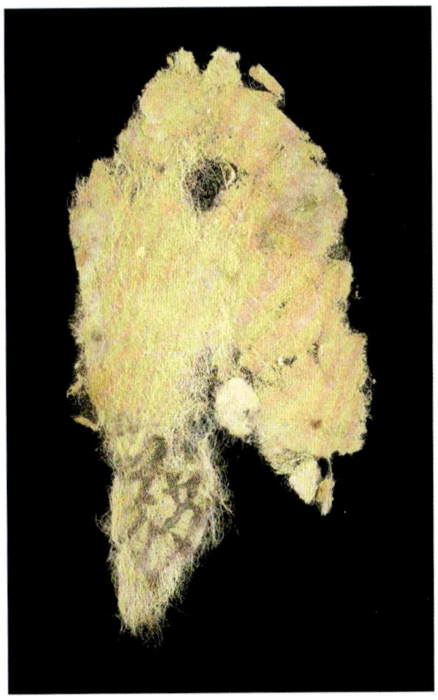

Or.12380/2230D
4.2 釐米 × 2.2 釐米

未……

2231 佛書殘片

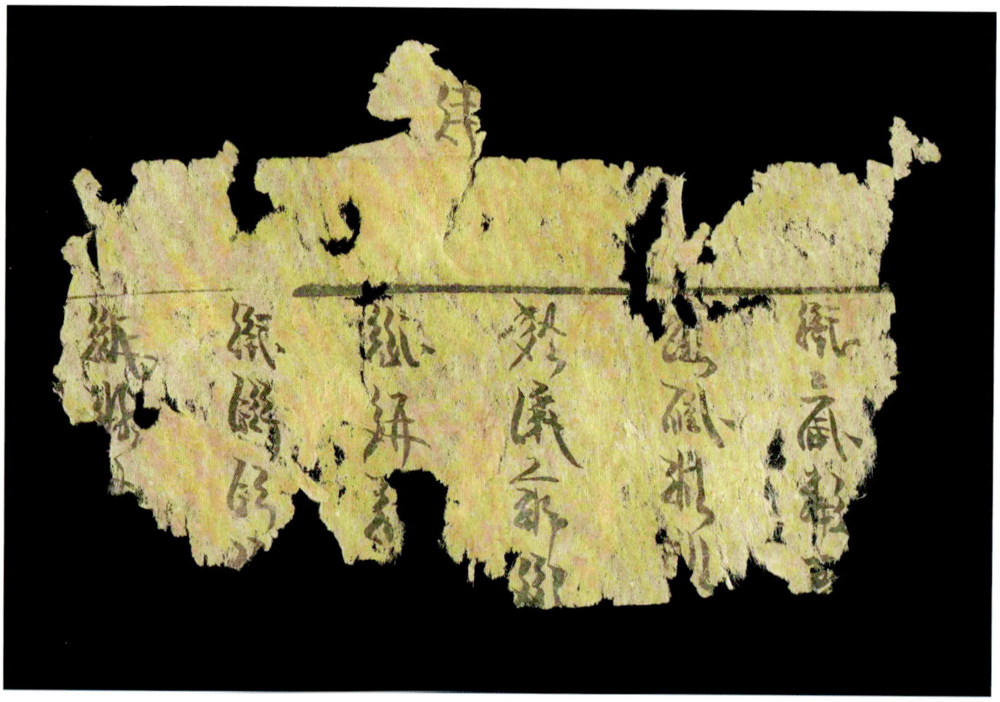

Or.12380/2231A（K.K.V.b.015.aa）
6.2 釐米 × 10 釐米

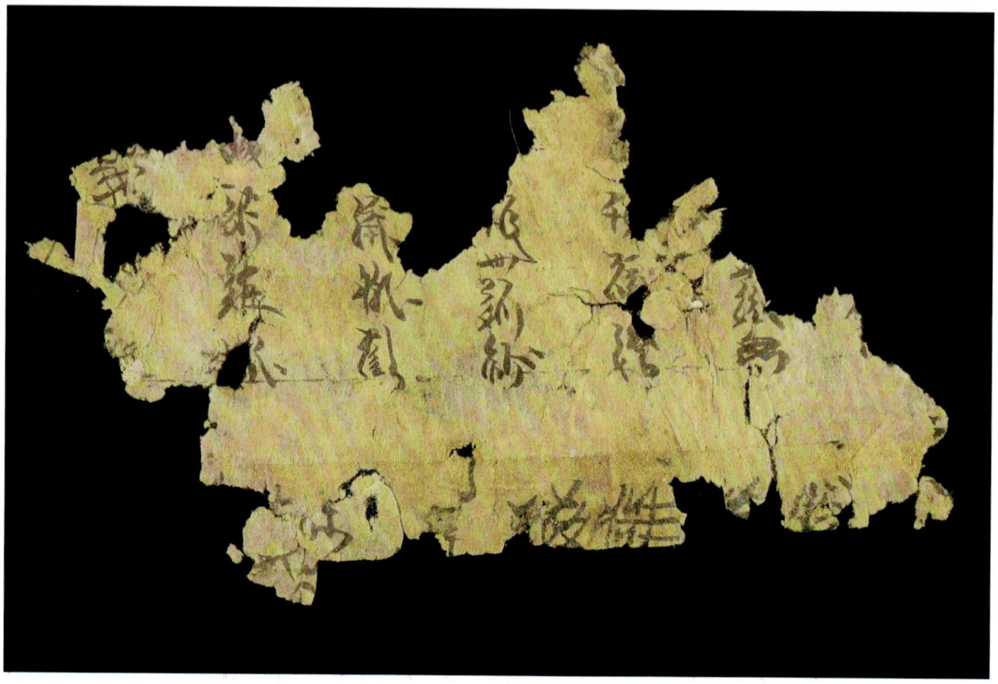

Or.12380/2231B
7.1 釐米 × 12.1 釐米

2232 佛書殘片

Or.12380/2232（K.K.II.0244.www）
10.8 釐米 × 16 釐米

時病患乃……
事聚訟……
謂……
梵……
千……
令……
此……
我……

2233 佛母大孔雀明王經卷下

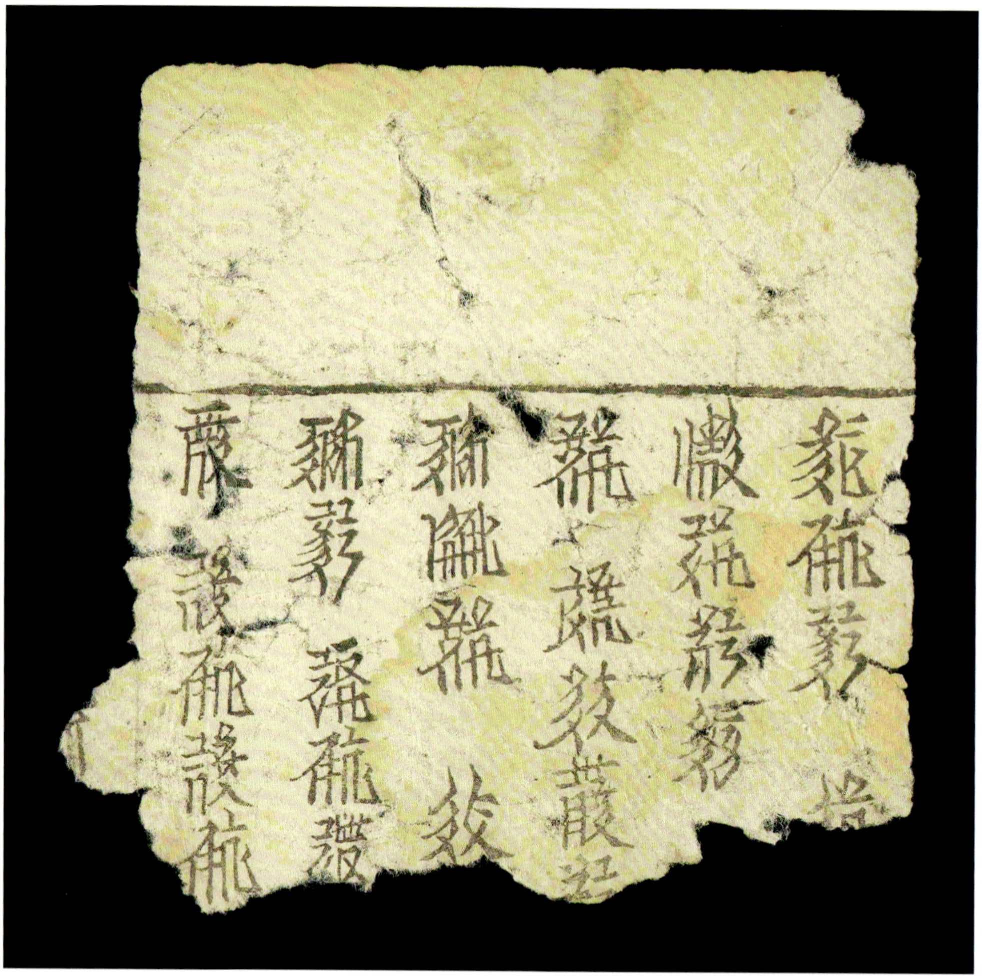

Or.12380/2233（K.K.II.0230.c）
11.7 釐米 × 12.1 釐米

吉底隸……
部薩囉兮……
哩　迦末陀囉……
怛嚕哩　比……
怛隸　伊底賀……
黎　嚩底嚩底（俄羅斯科學院東方文獻研究所藏本 инв. № 5757）

2234　佛書殘片

Or.12380/2234（K.K.II.0282.a.xxvii）
5.9 釐米 × 13.8 釐米

門……
便……
如……
應……
應……

2235 佛説佛母出生三法藏般若波羅蜜多經卷六

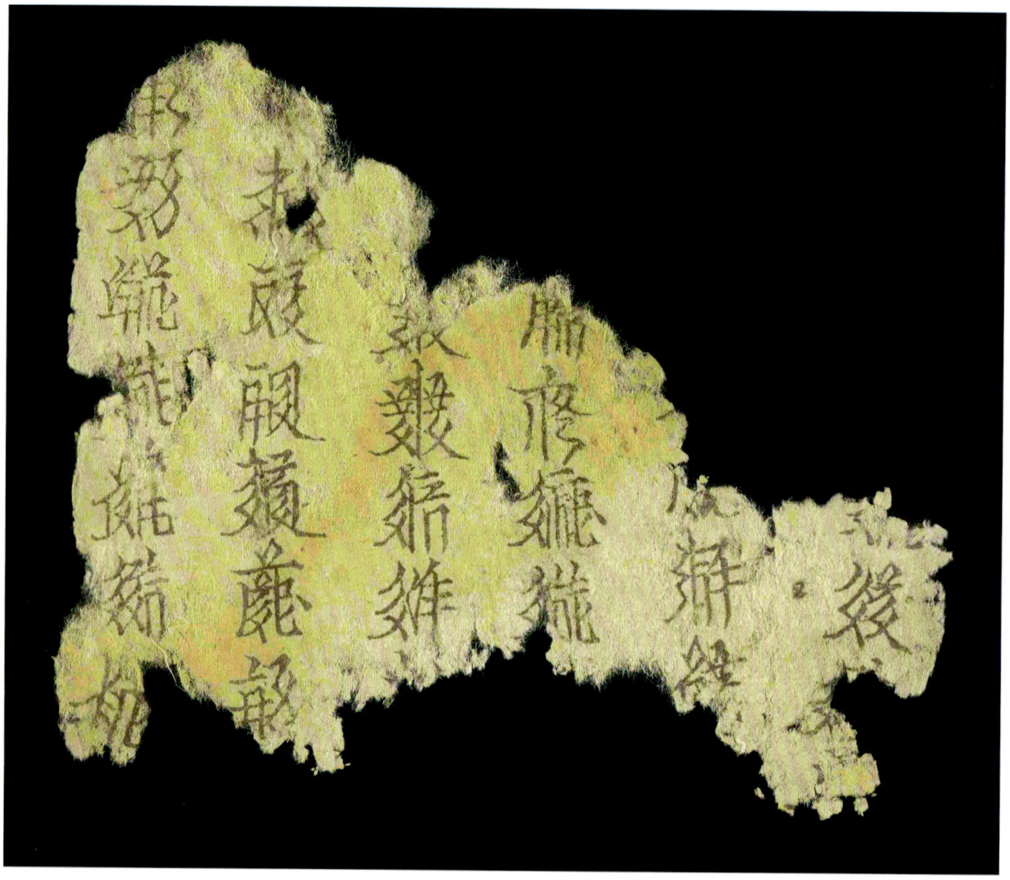

Or.12380/2235A（K.K.II.0282.a.ii）
9.5 釐米 × 12.2 釐米

……種……
……盡相……
……修者最上……
……等等無心……
……以阿耨多羅三……
……言謂願我此善根……

一切衆生於佛法僧所**種**善根，如是等種種善根，種種功德，盡無**盡相**，和合聚集，稱計較量。**修**菩薩**者**以**最上**最極，最勝最妙，廣大無量，無等**無等等心**，皆悉隨喜。**以**如是隨喜功德，回向**阿耨多羅**三藐三菩提，作如是言：**願我**以**此善根**，當得阿耨多羅三藐三菩提果。（《大正藏》T08，p0608b）

Or.12380/2235B
10.7 釐米 × 9.6 釐米

……無學無漏無善……
……善根一切及……
……夷布施……
……叉乾闥……
……人不……

行於布施持戒修定所有功德及諸有學**無漏無學無漏**如是**善**根，又復**所有**諸愚异生所種**善根**，**及**其四衆苾芻苾芻尼優婆塞優婆**夷**所行布施持戒修定功德，乃至天龍夜**叉乾闥**婆阿修羅迦樓羅緊那羅摩睺羅伽人及**非人**傍生异類，聞佛説法所種善根。（《大正藏》T08，p0608b）

2236　三才雜字

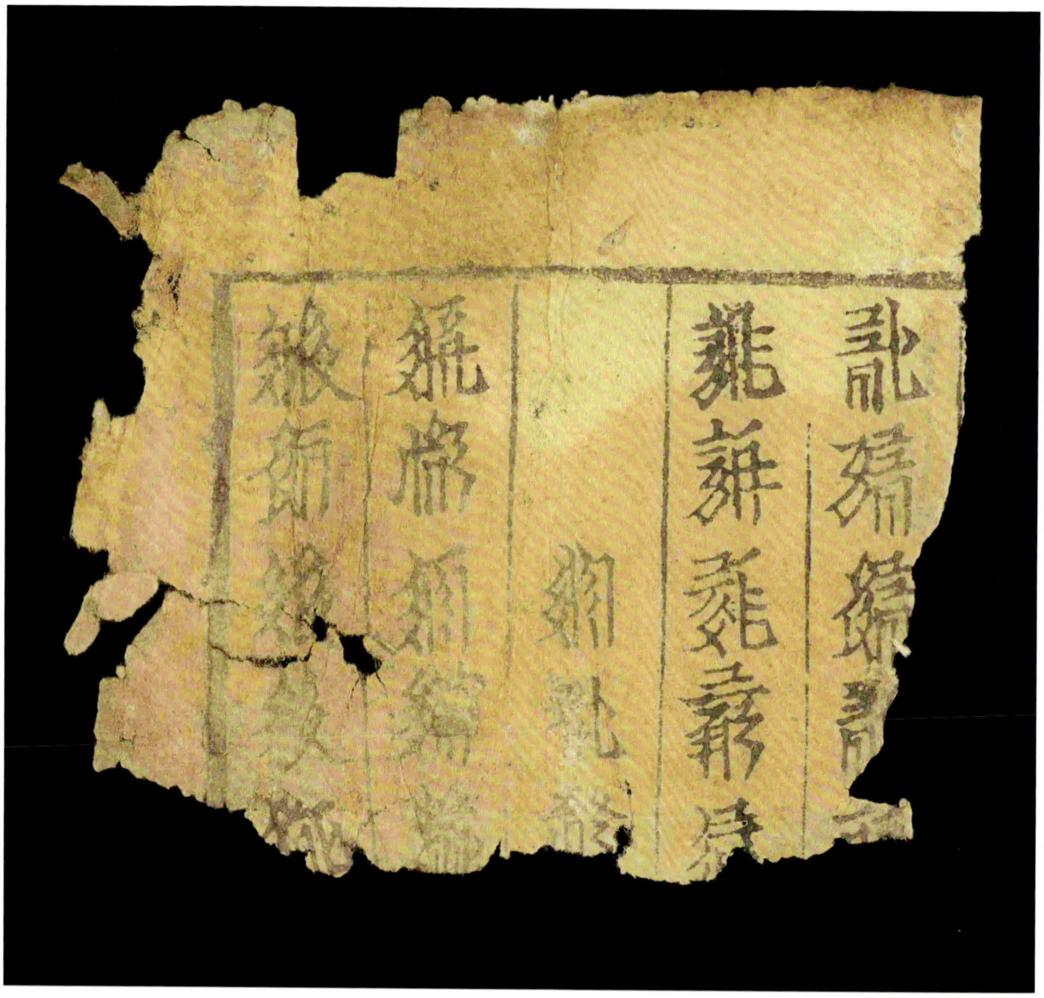

Or.12380/2236（K.K.III.019.c）
9.2 釐米 × 10.9 釐米

囓咬　切齒……
飽足　安樂……
　　日子限……
卜算　四季……
明日　後日……（《俄藏黑水城文獻》10，p52）

2237 妙法蓮華經卷四

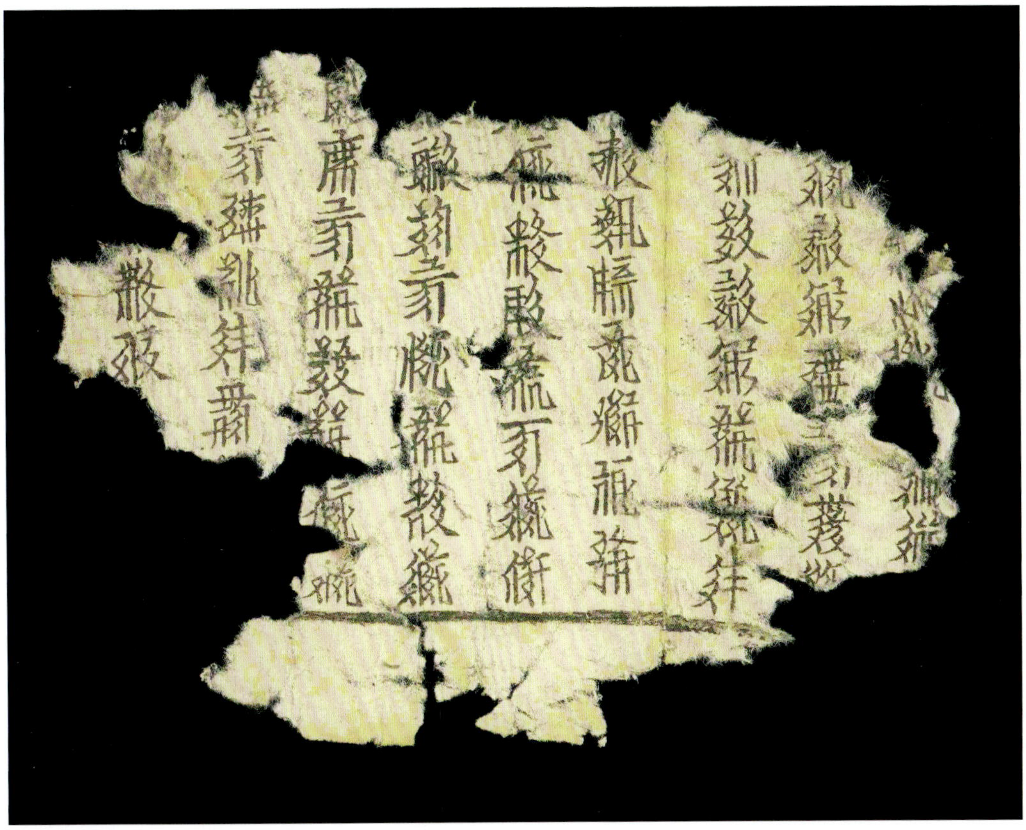

Or.12380/2237（K.K.II.0281.a.vii）
11.5 釐米 × 15.7 釐米

……不遠最上……
……者云何女身垢□
……菩提云何得能佛
……而行修諸度行則
……五種障有一者梵
……天帝身不得三者
……王身得未得五者
……身迅速佛成……
……大千……

汝謂**不久**得**無上**道，是事難信。所以**者何**？**女身垢**穢，非是法器，**云何能得**無上**菩提**？**佛**道懸曠，經無量劫，勤苦積行，具**修諸度**，然後乃成。又女人身猶**有五障**，**一者不得作梵**天王，二者**帝**釋，**三者**魔王，四者轉輪聖王，**五者**佛身。云何女**身速**得**成佛**？爾時龍女有一寶珠，價直三千**大千**世界，持以上佛。（《大正藏》T09，p0035c）

2238 佛説觀彌勒菩薩上生兜率天經

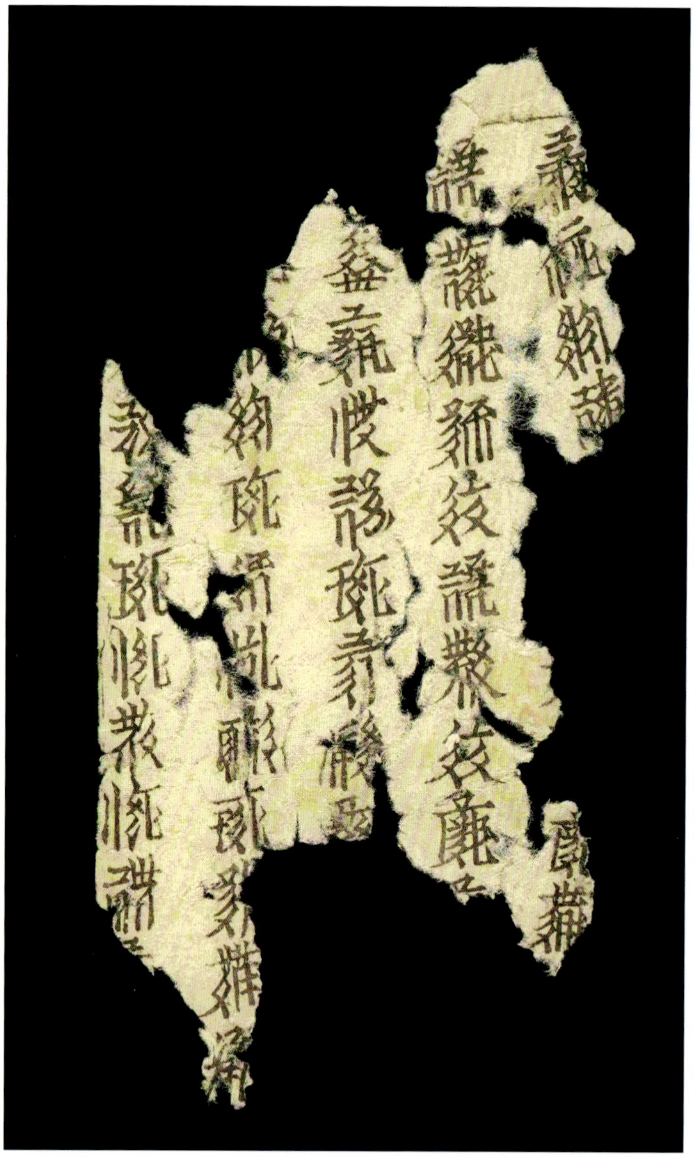

Or.12380/2238
（K.K.II.0282.a.viii）
16 釐米 × 8.5 釐米

十五日本……羅捺……
利村波婆利大婆羅……
□坐滅定入如身紫金……
……日如知足天上生往其……
……鑄像如不動不搖

佛告優波離，彌勒先於波**羅捺**國劫波**利村波婆利大婆羅**門家生。卻後十二年二月**十五日**還**本**生處，結加趺**坐**，**如入滅定**。**身紫金**色，光明艷赫**如**百千**日**，**上**至**兜率**陀**天**。**其**身舍利**如鑄**金**像**，**不動不搖**。（《大正藏》T14，p0419c）

2239　禪源諸詮集都序科

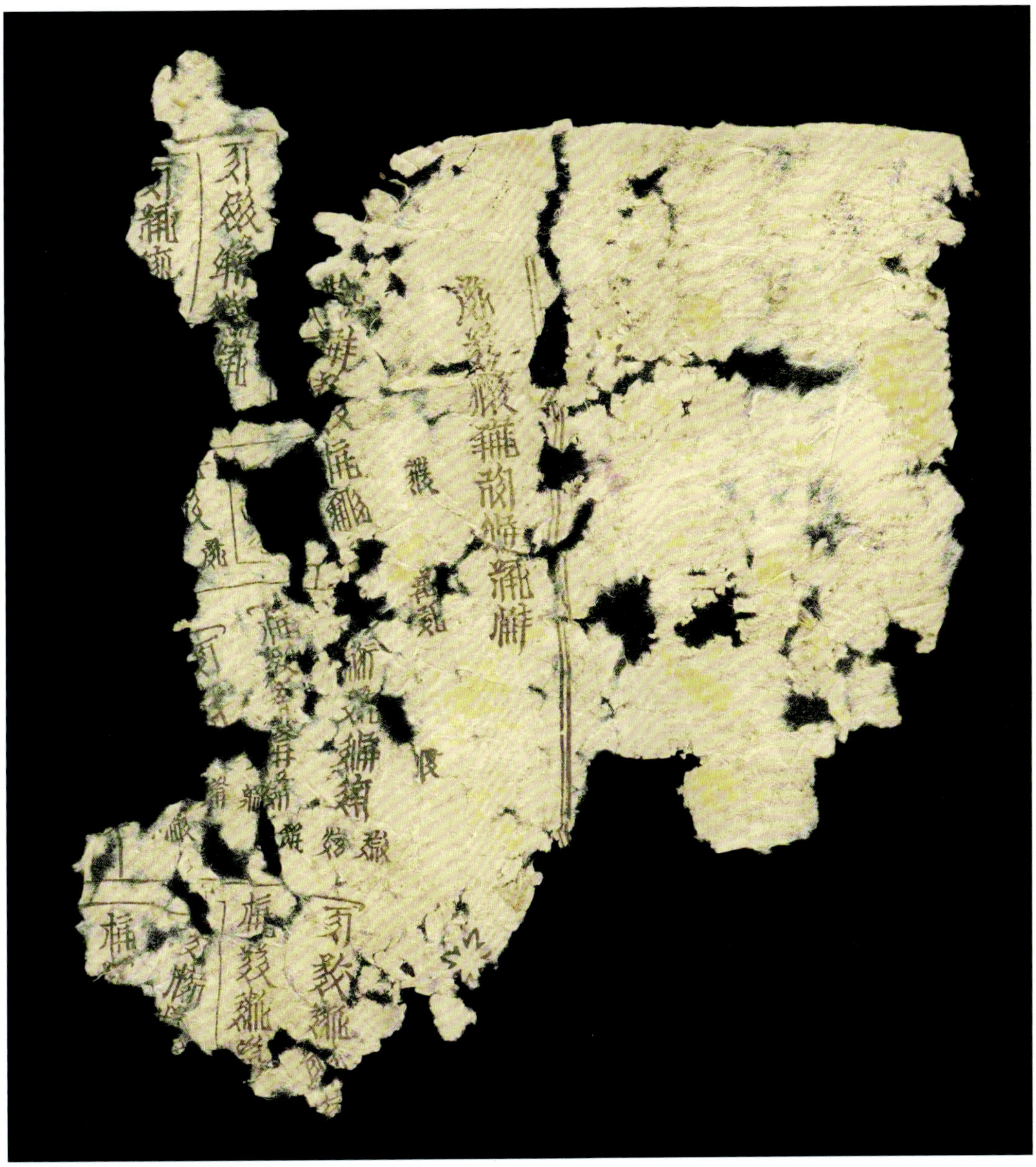

Or.12380/2239（K.K.II.0236.zz）

20.8 釐米 × 18.5 釐米

諸詮禪源集都序科

釋　慧安　定

……大綱文二卷

一裴公□序

一序名……　　　……諸

勝事共名圭峰

二□□現贊黃檗

一……如來

一解法……

二分法實……

一西……

……二

2240 妙法蓮華經卷六

Or.12380/2240
（K.K.II.0282.kkk）
14 釐米 × 18.9 釐米

天女妙衣……
香聞悉知能……
禪入禪出……悉……
有頂于乃至　初生及死亡……
諸比丘衆等　法依常精進……
若經法讀誦　或樹林下在……
此經法持者……
禪入若經誦……
諸諸在世尊……
香聞悉知……

天女所著**衣**，好華香莊嚴。周旋游戲時，**聞香悉能知**。
如是展轉上，乃至於梵世。**入禪出禪**者，聞香**悉**能知。
光音遍淨天，**乃至于有頂**。**初生及退没**，聞香悉能知。
諸比丘衆等，**於法常精進**。若坐若經行，及**讀誦經法**。
或在林樹下，專精而坐禪。**持經者**聞香，悉知其所在。
菩薩志堅固，**坐禪若讀誦**。或爲人說法，聞香悉能知。
在在方世尊，一切所恭敬。愍衆而說法，**聞香悉能知**。（《大正藏》T09，p0049a–0049b）

2241　陀羅尼殘片

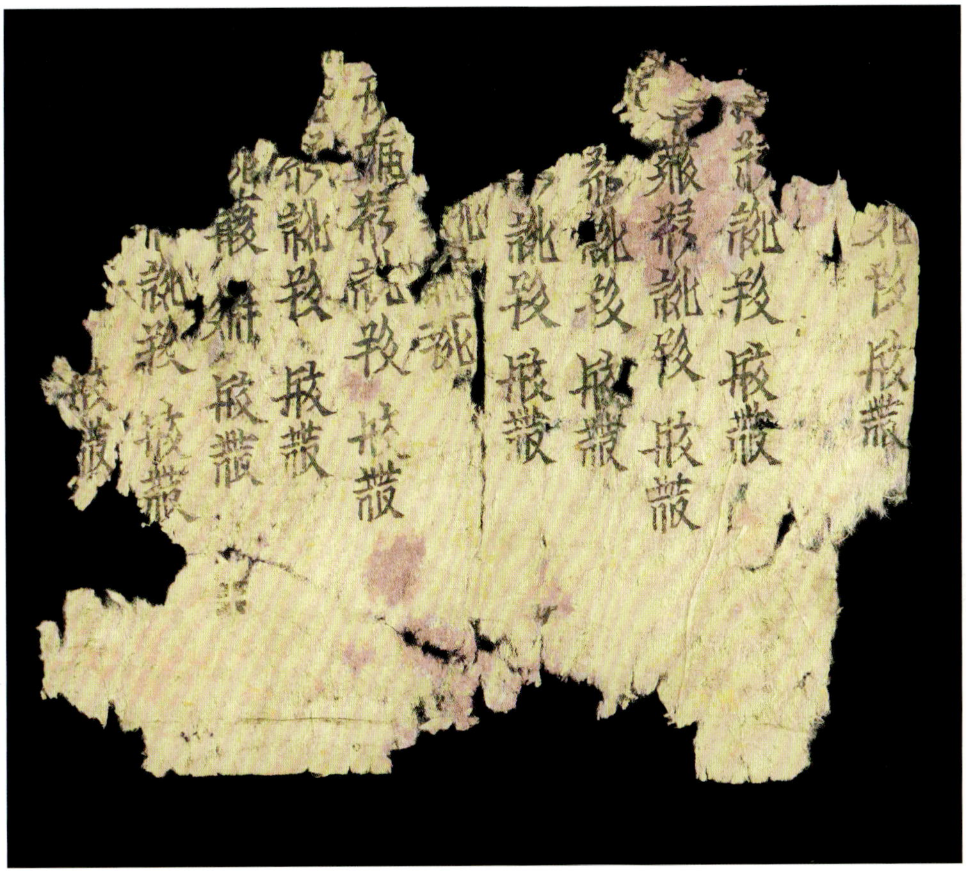

Or.12380/2241（K.K.II.0282.vvv）
12.5 釐米 × 15.5 釐米

……也　娑訶
……囉那也　娑訶
……捨囉那也　娑訶
……囉那也　娑訶
……那也　娑訶
……上
……遏囉那也　娑訶
……囉那也　娑訶
……陀　發　娑訶
……那也　娑訶
……娑訶

2242 供養法殘片

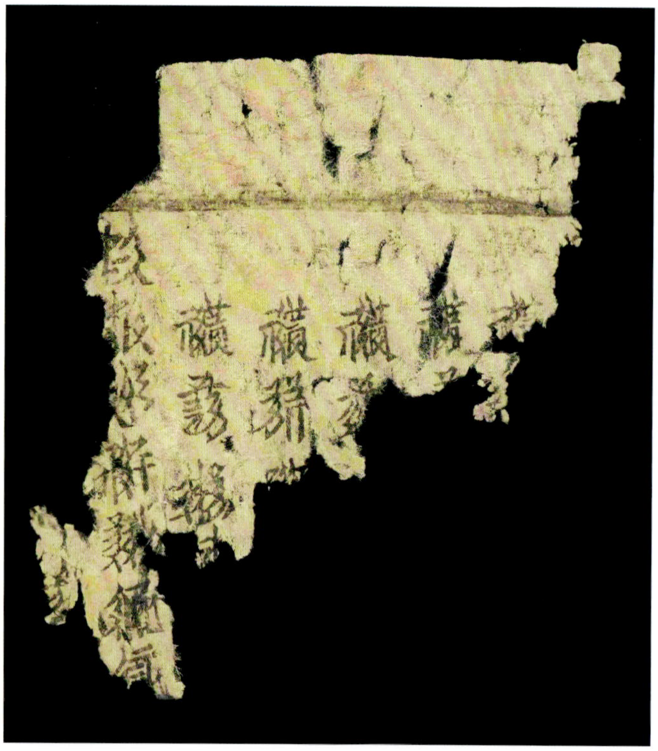

Or.12380/2242A（K.K.II.0282.www）
10.2 釐米 × 9.7 釐米

唵……
唵……
唵……
唵 波……
唵 訶 阿……
誦而再中置奉應……

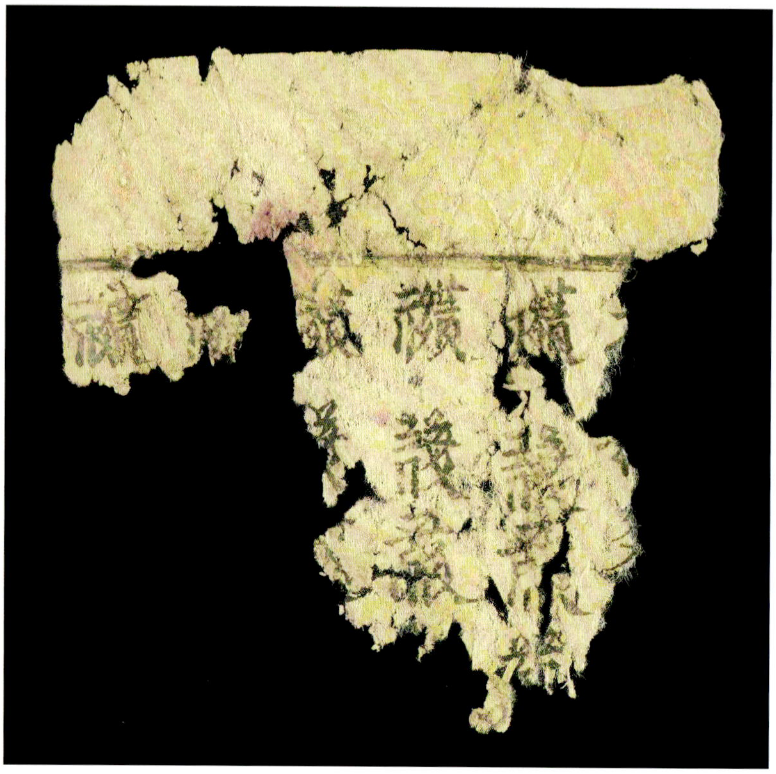

Or.12380/2242B
7.7 釐米 × 7.6 釐米

唵 伐折囉……
唵 伐折……
唵 伐……
唵……
唵……

2243　佛書殘片，金光明最勝王經卷八

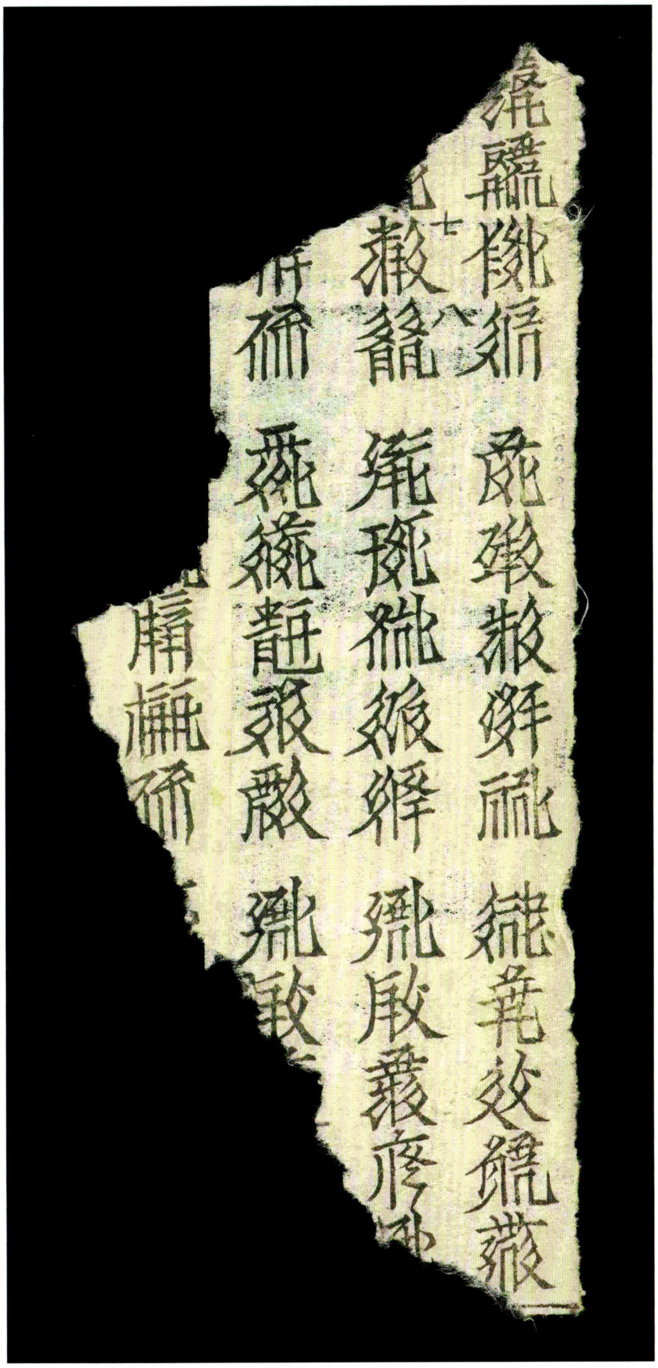

Or.12380/2243A（K.K.II.0270.l）
佛書殘片
20.3 釐米 × 8.2 釐米

……燃燒足無　諸人恐怖令　縱廣魘相現
……及逃　是如多施礙　圍繞侍者□
……之　母者盜巧是　圍繞……
……勇汝之……

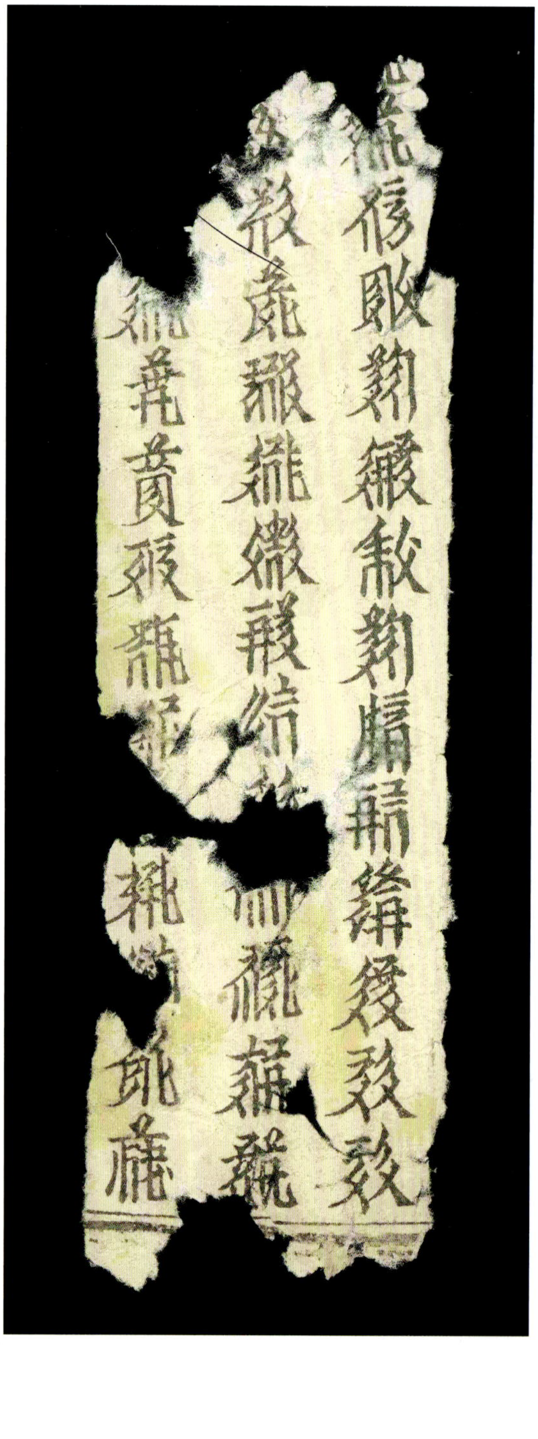

Or.12380/2243B
金光明最勝王經卷八
20.2 釐米 × 5.8 釐米

……得光輝氣力威勢勇猛顏容端正
……也世尊我堅牢地□之法味得
……縱廣七千踰繕□遠□地皆

由説此經，我之自身并諸眷屬咸**蒙**利益。**光輝氣力勇猛威勢，顏容端正**倍勝於常。**世尊！我堅牢地**神**蒙法味**，已令贍部洲**縱廣七千踰繕**那**地皆**悉沃壤。（《大正藏》T16，p0440b）

2244　金光明最勝王經卷十

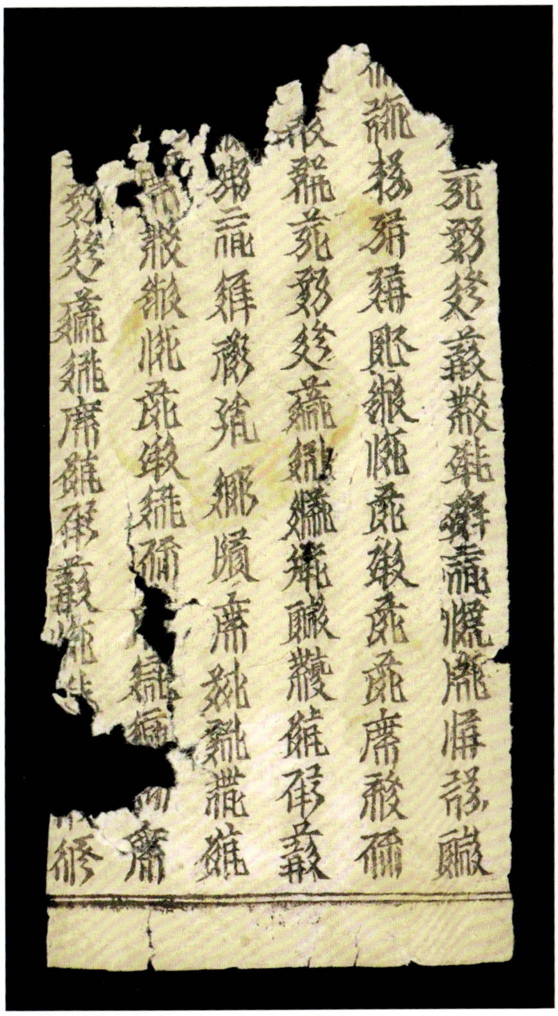

Or.12380/2244A（K.K.II.0266.d）
23.2 釐米 × 12 釐米

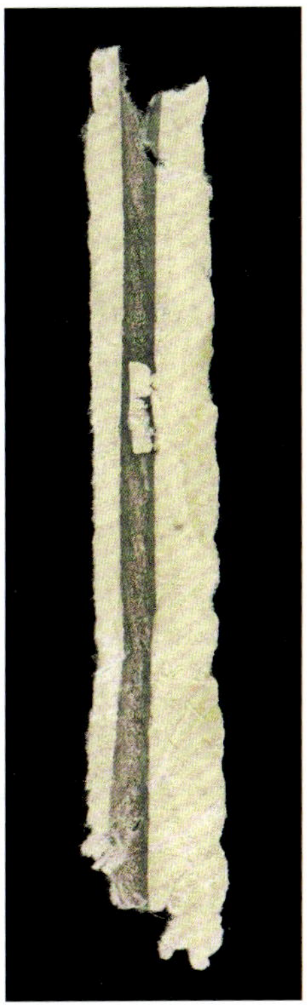

Or.12380/2244B
14.3 釐米 × 2.4 釐米

……等謂既聞大驚怖生還宮中入皇
……之白大家知汝外面諸人諸諸王子之
……不得等謂既聞我時彼皇后是語聞
……惱生哭泣泪流國王所乃往此
……王大外面人我之□所最小王
……謂既聞我王此語聞後驚□□失

時有侍女聞外人言，求覓王子，今猶未得，**心大驚怖**，**即入宮中**白夫人曰：**大家知不**？**外聞諸人**散覓王子，遍求不得。**時彼夫人聞是語已**，**生大憂惱**，**悲泪盈目**，**至大王所**，白言：**大王**！**我聞外人**作如是語，失**我最小**所愛之子。**王聞語已**，**驚**惶**失所**。（《大正藏》T16，p0452b）

2245 現在賢劫千佛名經

Or.12380/2245A（K.K.II.0282.a.iii）
7 釐米 × 19.5 釐米

……作
……又報受
……報後報
……現在乃作
……人現在惡
……業已熟
……報得現

後報業者，或是過去無量生中作善**作**惡，或於此生中受，或在未來生中方**受**其**報**。向者行惡之人現在見好者，此是過去生**報後報**善業熟故。所以現在有此樂果，豈關**現在作**諸惡業而得好報？行善之**人現在**見苦者，是其過去生中生報後報惡**業熟**，故現在善根力弱不能排遣，是故**得**此苦**報**，豈關**現**在作善而招惡報？（《大正藏》T14，p0376c）

Or.12380/2245B
6.5 釐米 × 7.5 釐米

……量上皆
……者

Or.12380/2245C
6.5 釐米 × 9 釐米

……勝知佛
……喜王佛
……愛佛

南無**勝知佛**。南無法氏佛。南無**喜王佛**。南無妙御佛。南無**愛**作**佛**。（《大正藏》T14，p0376b）

Or.12380/2245D
6.7 釐米 × 9.4 釐米

……其二
……在各世
……道果報種
……力中業力
……好起云何

從無量劫來至于今日，於**其中**間造種種業。夫業能莊飾**世**趣在在處處，是以思惟求離世解脱，所以六**道果報種**種不同，形類各异。當知皆是業力所作，所以佛十**力中業力**甚深。凡夫之人多於此**中好起**疑惑。**何以故**爾？（《大正藏》T14，p0376c）

……妙色佛
……光明佛
……祥佛

南無**妙色佛**。南無多智佛。南無**光明佛**。南無堅戒佛。南無吉**祥佛**。（《大正藏》T14，p0376b）

Or.12380/2245E
6.4 釐米 × 9.1 釐米

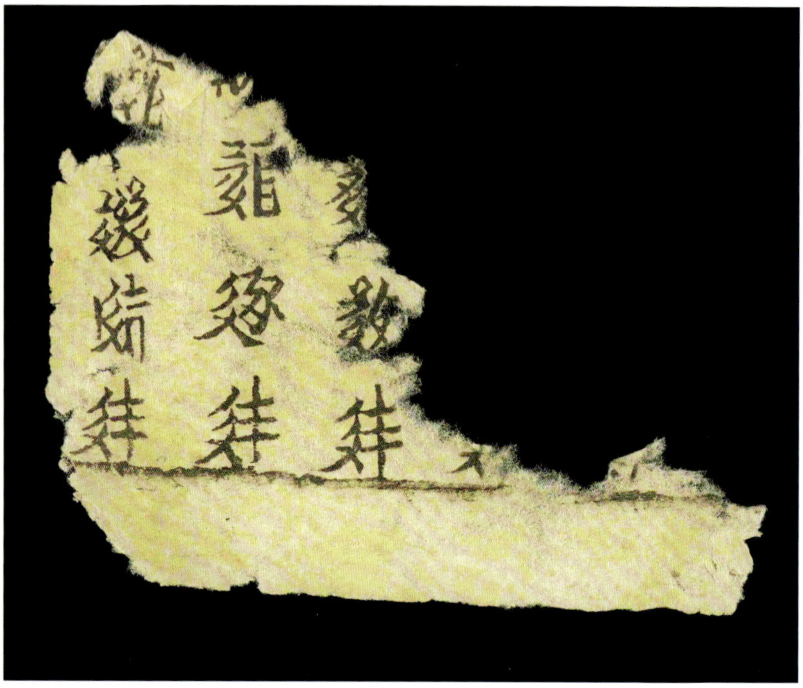

……觀釋佛
……安住佛
……伽陀佛

南無**觀釋佛**。南無慧聚佛。南無**安住佛**。南無有意佛。南無鴦**伽陀佛**。（《大正藏》T14，p0376b）

Or.12380/2245F
6.8 釐米 × 9 釐米

……寶積佛
……思議善佛

南無**寶積佛**。南無華天佛。南無**善思議佛**。（《大正藏》T14，p0376c）

Or.12380/2245G
6.8 釐米 × 9.6 釐米

……聞意佛
……相佛
……戲佛
……佛

南無名**聞意佛**。南無樂説聚佛。南無金剛**相佛**。南無求利益佛。南無游**戲**神通**佛**。南無離闇佛。南無名天**佛**。（《大正藏》T14，p0376c）

Or.12380/2245H
6 釐米 × 9.7 釐米

2246 除一切疾病陀羅尼經

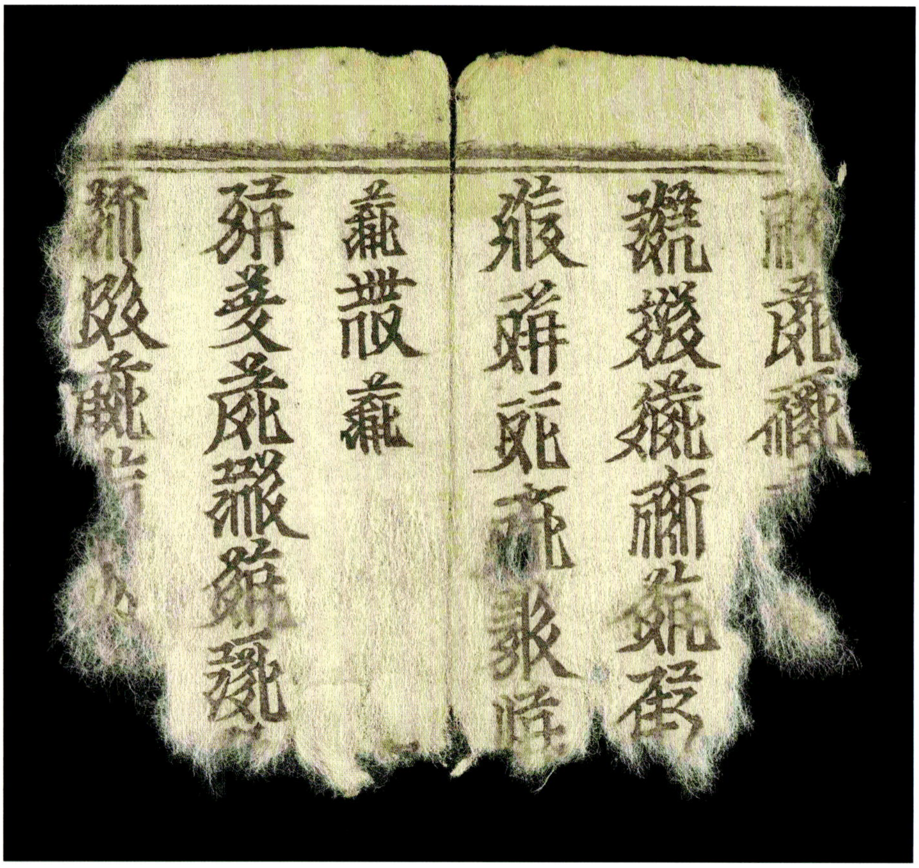

Or.12380/2246A（K.K.II.0281.a.xx?）
8.9 釐米 × 9.8 釐米

勝諸法……
僧伽者勝此言……
所食飲喫腹内……
引訶引
爾時世尊是經……
菩薩摩訶……

一切有情中如來爲尊**勝**，一切**法**中離欲法尊，一切衆中**僧伽爲尊**。以此誠實言，願我及一切有情**食飲喫**啖入**腹**消化，得正安樂。娑嚩二合**引訶引**。

爾時世尊説**是經**已，諸苾芻僧并諸**菩薩摩訶**薩，一切大衆天龍八部受持佛語，歡喜奉行。（《大正藏》T21，p0489c-0490a）

Or.12380/2246B
8.8 釐米 × 6.5 釐米

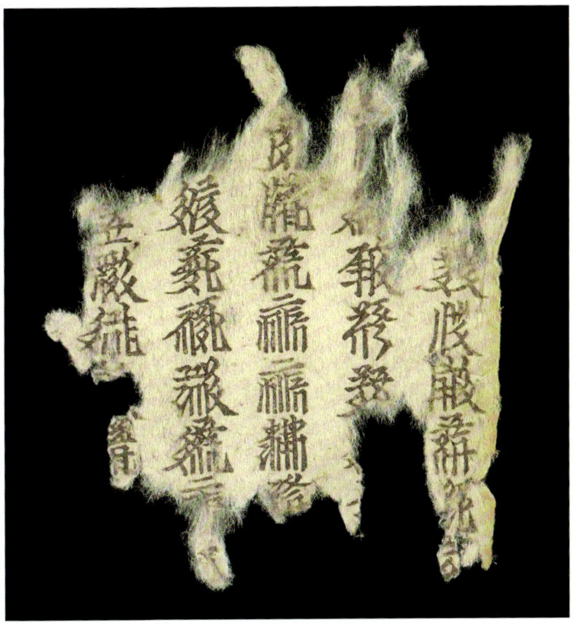

Or.12380/2246C
10 釐米 × 9.2 釐米

弟子
南無法之歸依
南無廣大甚深

……決定業報不……
……等作未……
……諸有情一切中如……
……欲離法尊衆一……
……實是我□情……

諸天魔梵沙門婆羅門能作障難，除非**決定業報**盡者，餘**無**能違越**作**其障難。如來應供正遍知說：**一切有情中如**來爲尊勝，一切法中離欲法尊，一切衆中僧伽爲尊。以此誠**實**言，願**我**及一切有**情**食飲喫啖入腹消化，得正安樂。（《大正藏》T21，p0489c）

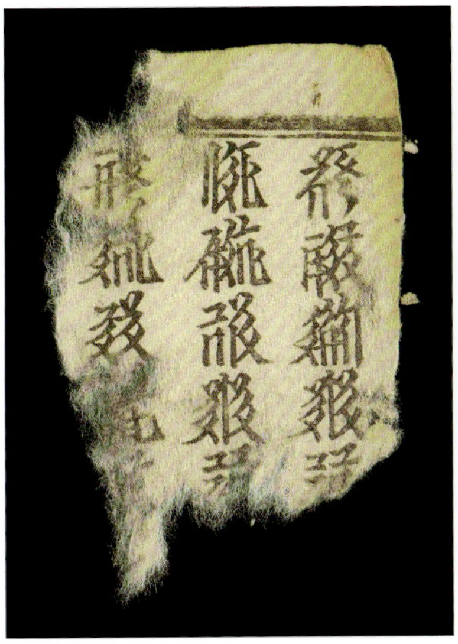

Or.12380/2246D
8 釐米 × 5.5 釐米

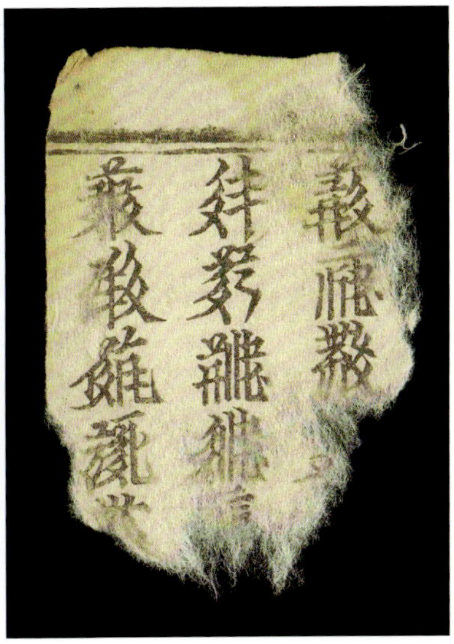

Or.12380/2246E
7.5 釐米 × 5.3 釐米

作惱禍障難……

又違越障難……

應正等覺……

聞皆大……

佛說疾病一……

若人此契經……

諸天魔梵沙門婆羅門能作**障難**，除非決定業報盡者，餘無能**違越**作其**障難**。如來**應**供**正遍知**說……歡喜奉行

除一切**疾病**陀羅尼經（《大正藏》T21，p0489c–0490a）

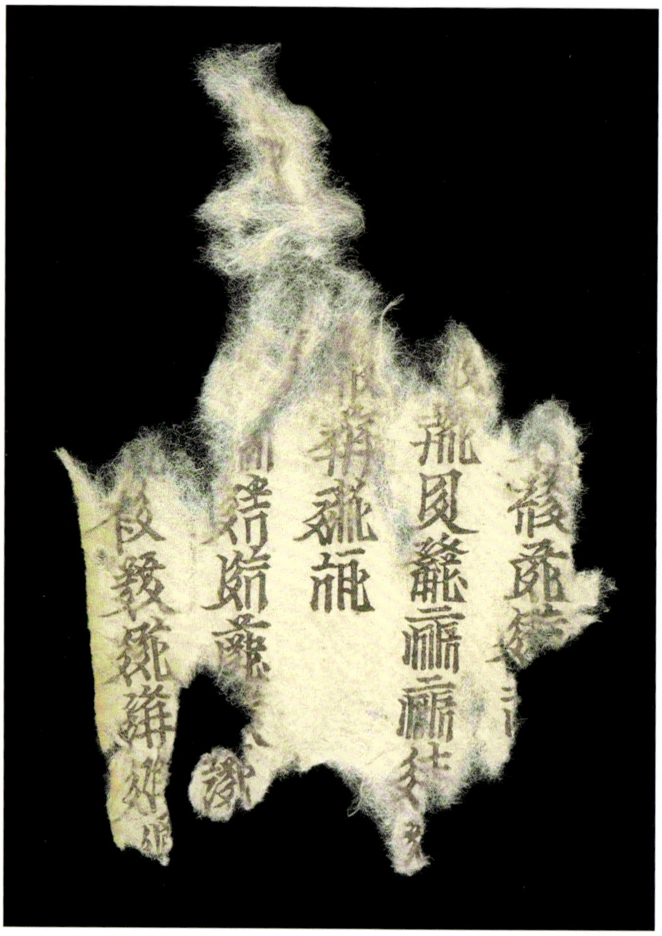

Or.12380/2246F

13 釐米 × 9 釐米

……已諸善起……

……龍八部一切佛……

……持奉行。

……除陀羅□經

……誦未能則……

爾時世尊說是經**已**，**諸苾芻**僧并諸菩薩摩訶薩，**一切**大衆天**龍八部**受**持佛**語，歡喜奉行。

除一切疾病**陀羅**尼經（《大正藏》T21，p0489c–0490a）

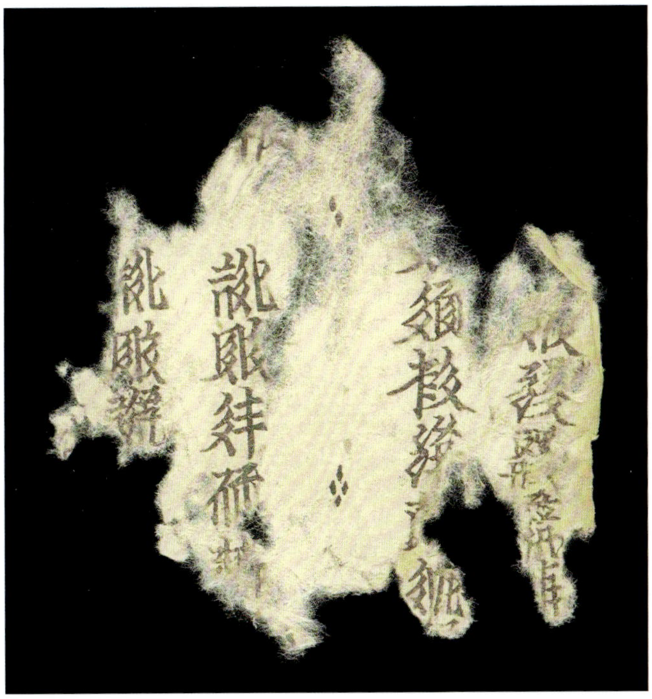

Or.12380/2246G
9.8 釐米 × 9 釐米

……燈炬……
……咒誦則了知……
……南無佛之依……
……南無僧……

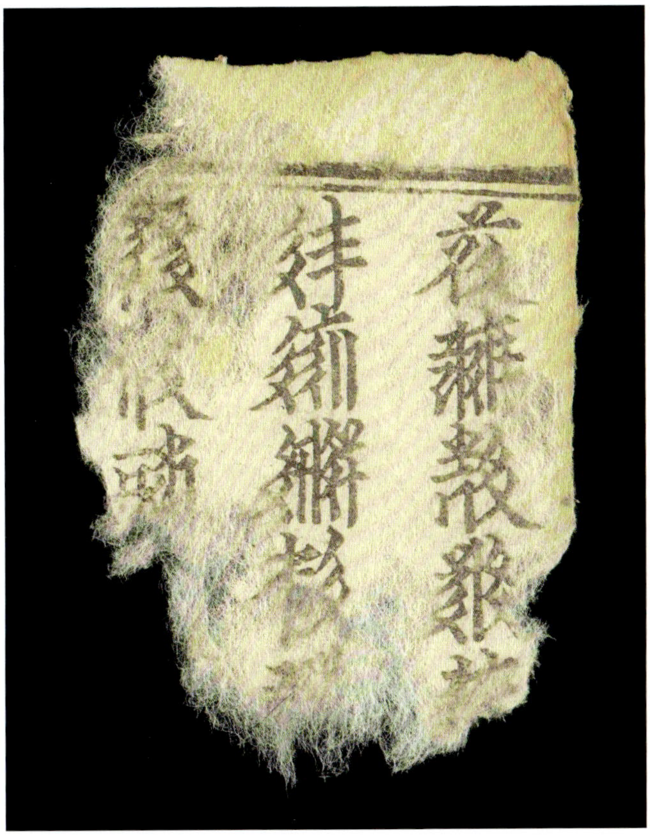

Or.12380/2246H
7.5 釐米 × 5.1 釐米

文依三寶依……
佛名號誦……
所消滅……

2247 金剛般若波羅蜜經

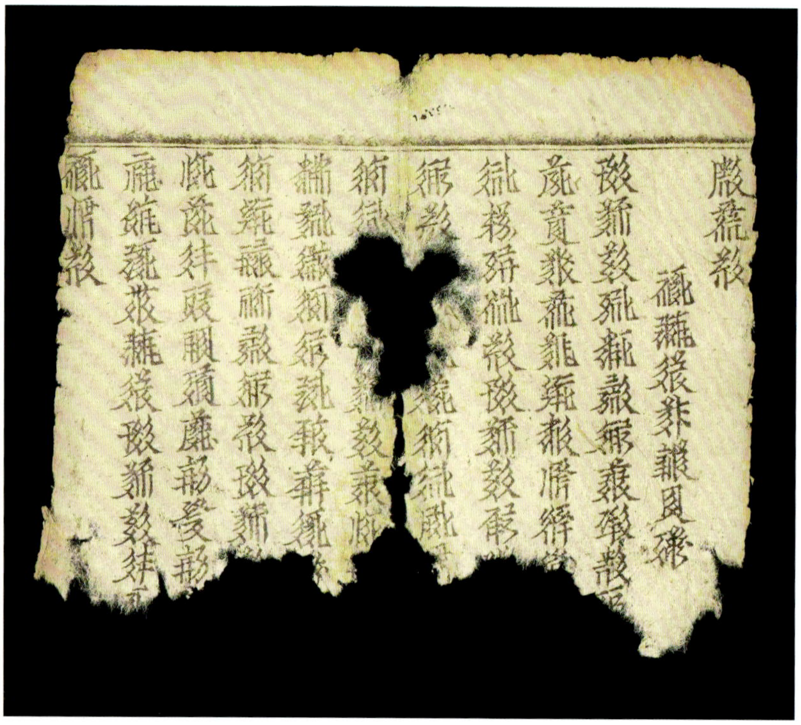

Or.12380/2247A
(K.K.II.0253.m?)
15 釐米 × 18 釐米

别有也

法依出生分八第

須菩提意於何云若人三千……

界七寶純滿彼以布施則……

德一或多也須菩提言……

雲也□□□者福德性非……

福德□□□菩提若復……

中乃至四句偈等受持……

福彼過勝何云也須菩……

及諸佛阿耨多羅三藐三……

皆此契經從出須菩提佛……

法非也

一切賢聖皆以無爲法而有差别。

依法出生分第八

須菩提。於意云何。若人滿三千大千世界七寶以用布施。是人所得福德寧爲多不。須菩提言。甚多世尊。何以故。是福德即非福德性。是故如來説福德多。若復有人。於此經中受持乃至四句偈等。爲他人説。其福勝彼。何以故。須菩提。一切諸佛及諸佛阿耨多羅三藐三菩提法。皆從此經出。須菩提。所謂佛法者即非佛法。(《大正藏》T85,p0003a–0003b)

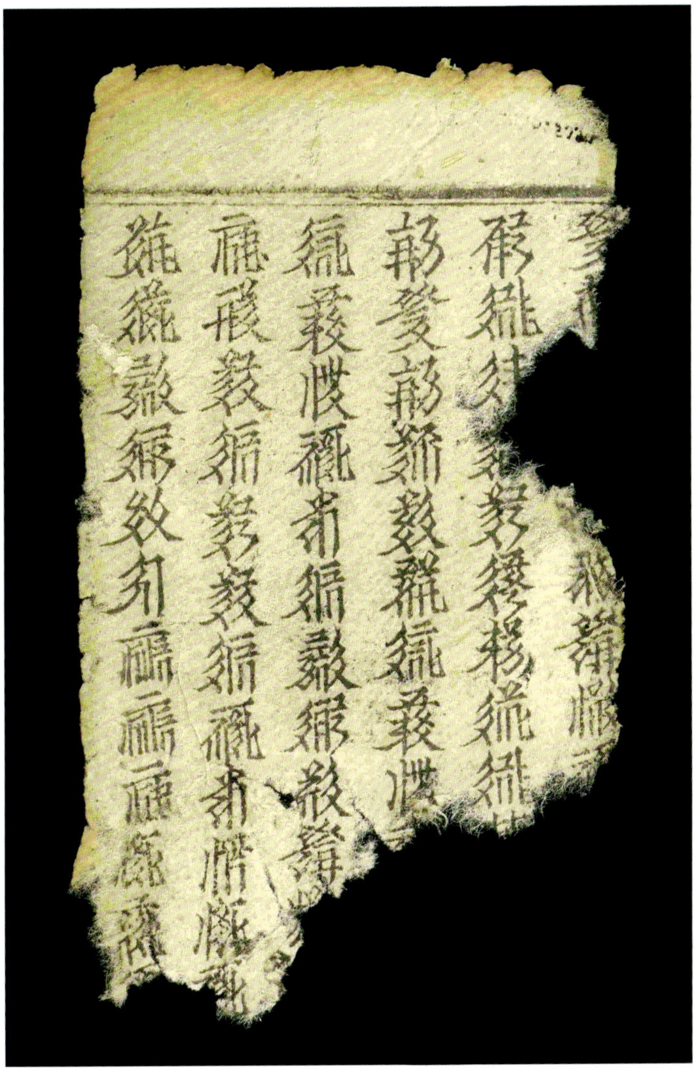

Or.12380/2247B
（K.K.II.0253.m）
15.2 釐米 × 8.9 釐米

藐……如來法……
言我佛□説義乃解我……
三藐三菩提得所以定……
所以定法亦無云何也如……
皆取可無説可無法亦非不法……
此者云何賢聖一切皆爲無……

如來得阿耨多羅**三藐**三菩提耶？**如來**有所説**法**耶？須菩提**言**：如**我解佛所説義**，無有**定法**名阿耨多羅**三藐三菩提**，**亦無有定法**如來可説。**何以故**？如來所説法**皆不可取不可説**，非**法非**非**法**。

所以者何？一切賢聖皆以**無爲**法而有差別。（《大正藏》T85，p0003a）

2248 天盛革故鼎新律令第十二

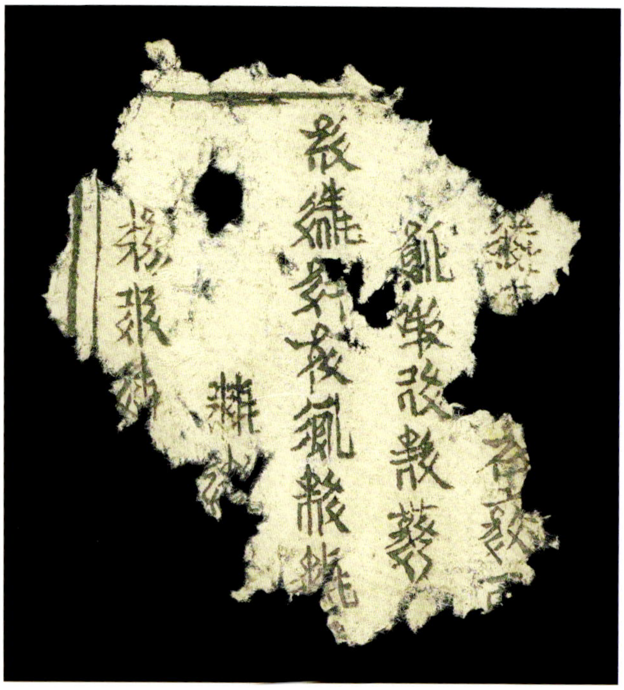

Or.12380/2248A（K.K.II.0282.yy?）
10.9 釐米 × 9.8 釐米

者……當釋
庶人杖十三
一前述文書種種……
依法……
一款族……（《俄藏黑水城文獻》10，p257）

Or.12380/2248B
10.7 釐米 × 7.4 釐米

……實……
之已付……
不坐共事……
一款官文書……（《俄藏黑水城文獻》10，p256）

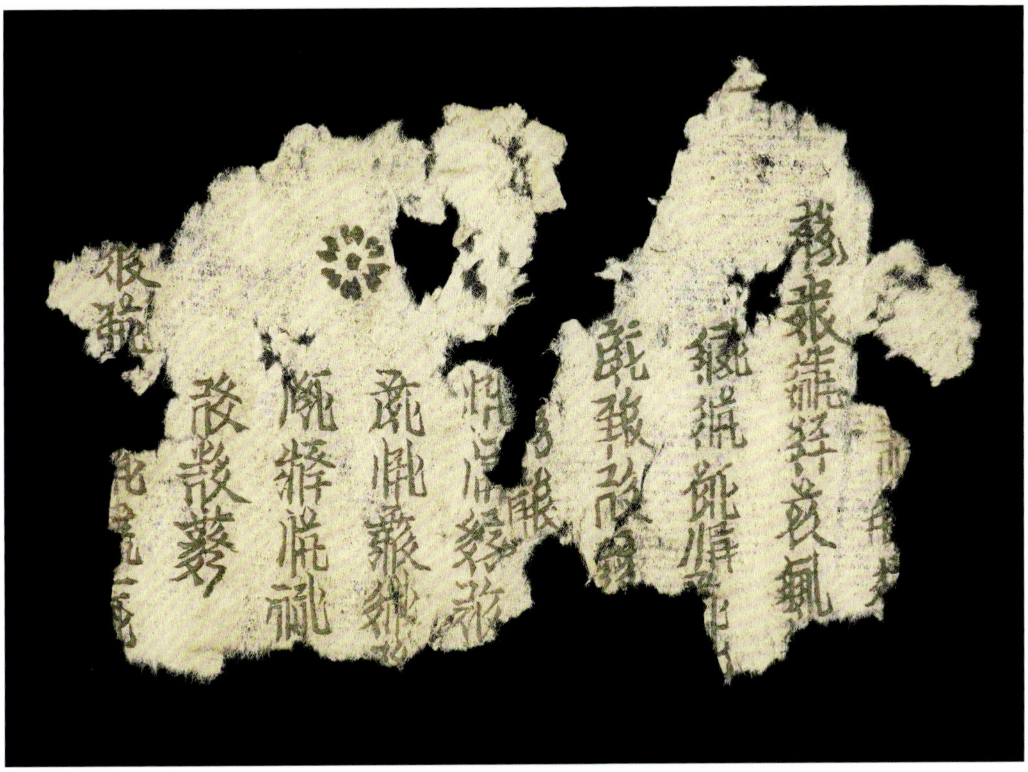

Or.12380/2248C
11 釐米 × 17 釐米

一款前述文書……
個月期間諸……
行者何所……
□當記……
司內當告……
諸司軍首……
不予來令……
杖十三
□官畜……（《俄藏黑水城文獻》10，p256）

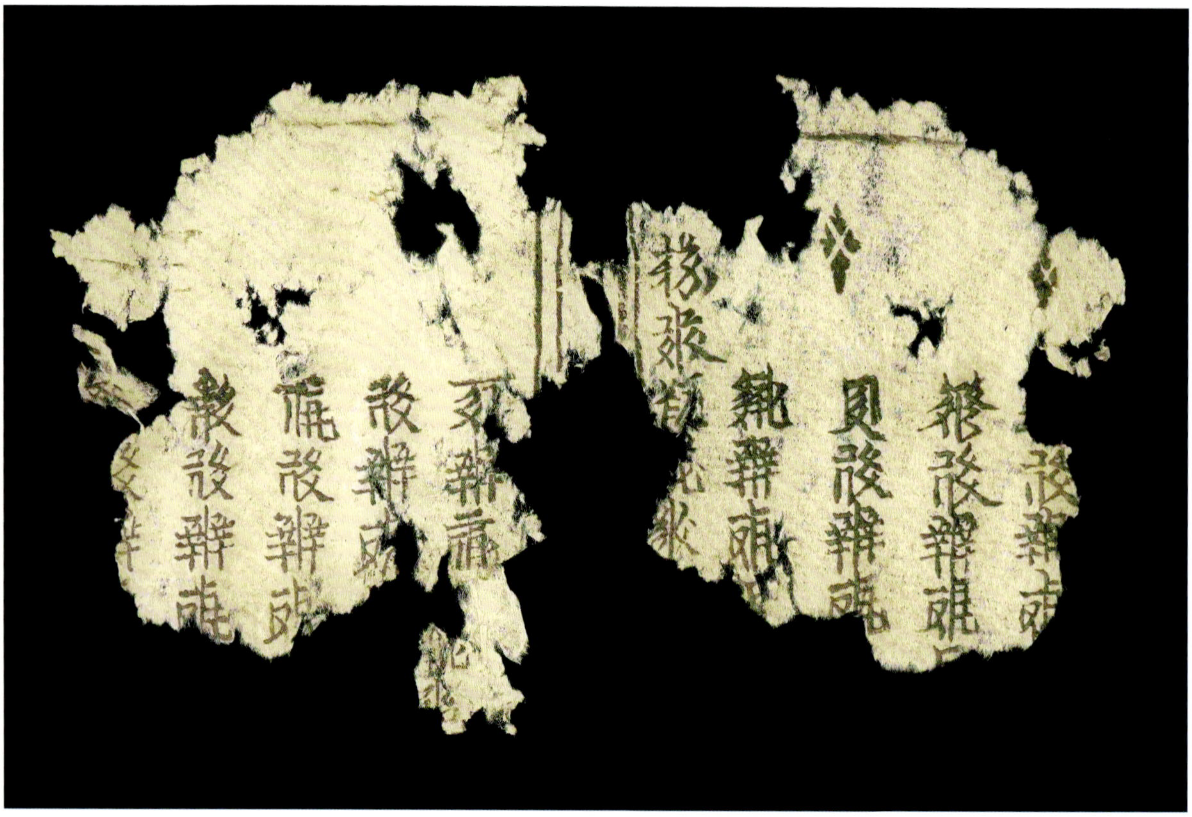

Or.12380/2248D
11.8 釐米 × 20 釐米

□十緡以……
六十緡以……
八十緡以……
百緡以……
一款本……
自一緡……
十緡以……
二十緡以……
三十緡以……（《俄藏黑水城文獻》10，p256）

2249　天盛革故鼎新律令第十

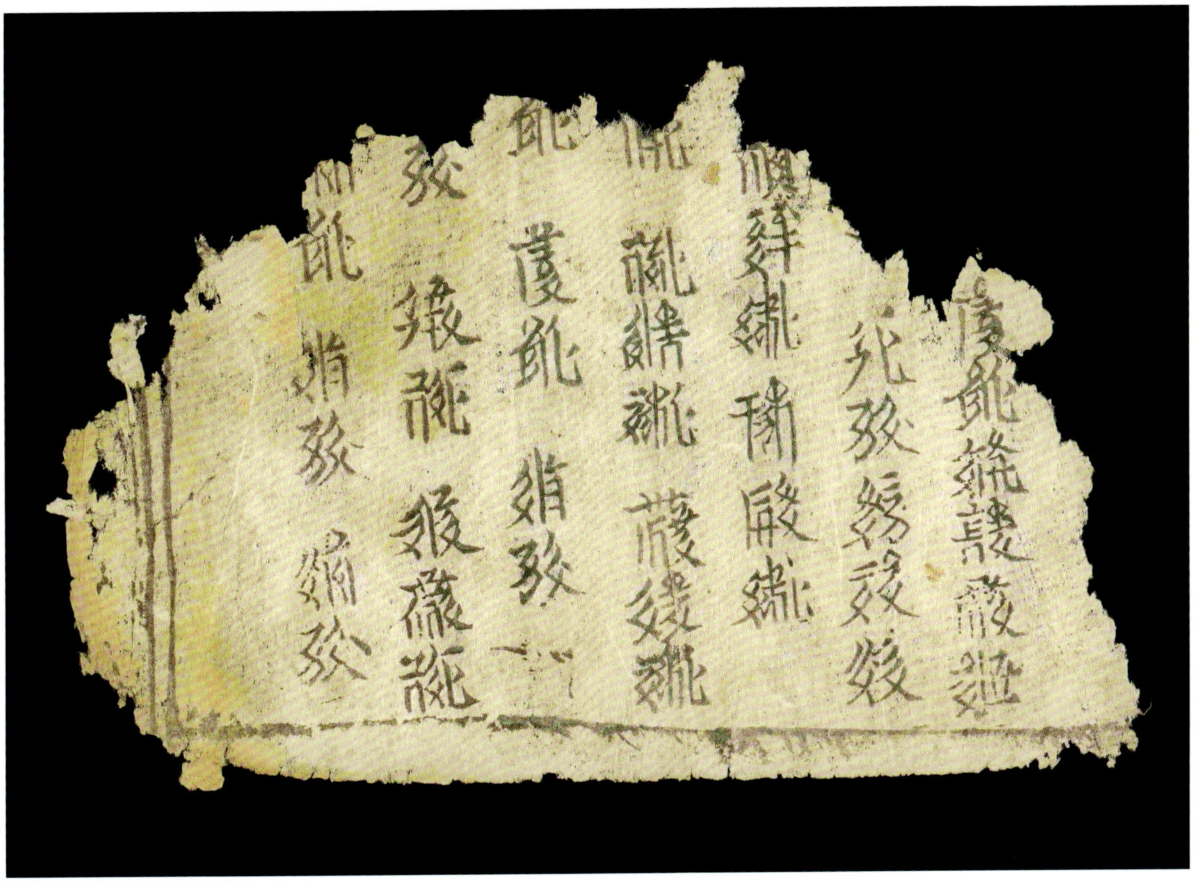

Or.12380/2249（K.K.II.0227.n.1?）

10.8 釐米 × 17 釐米

……南院行宫三司

……沙州經治司

……臨河縣　保靖縣

……永昌城　開邊城

……院　南院　肅州

……州　黑水　卧羅娘

……院　肅州　瓜州（《俄藏黑水城文獻》10，p219）

2250 天盛革故鼎新律令第十

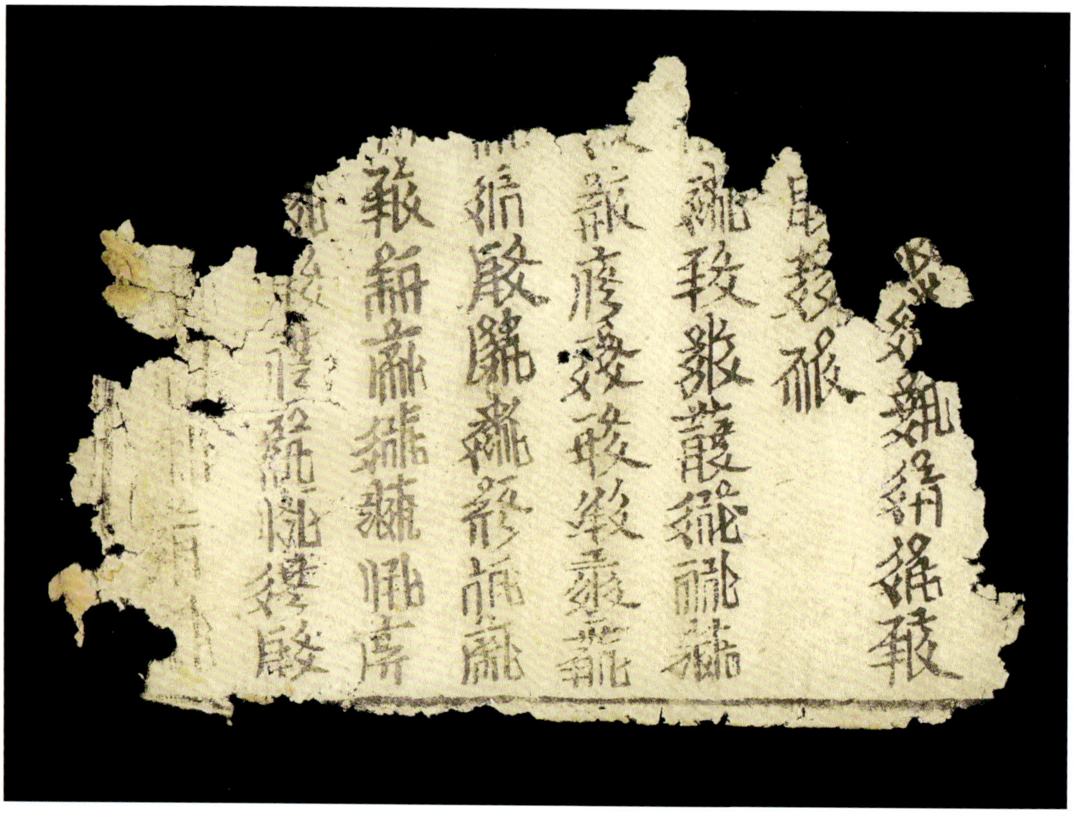

Or.12380/2250（K.K.II.0227.n.2?）
10.5 釐米 × 15.9 釐米

……大行才弱等
……爵不除
……法以下所明令依
……奏者局分人愛樂
……無襲爵法爲行節
……等罪節依前司位
……爵賞得不應爵
…………判斷（《俄藏黑水城文獻》10，p218）

2251 天盛革故鼎新律令第十

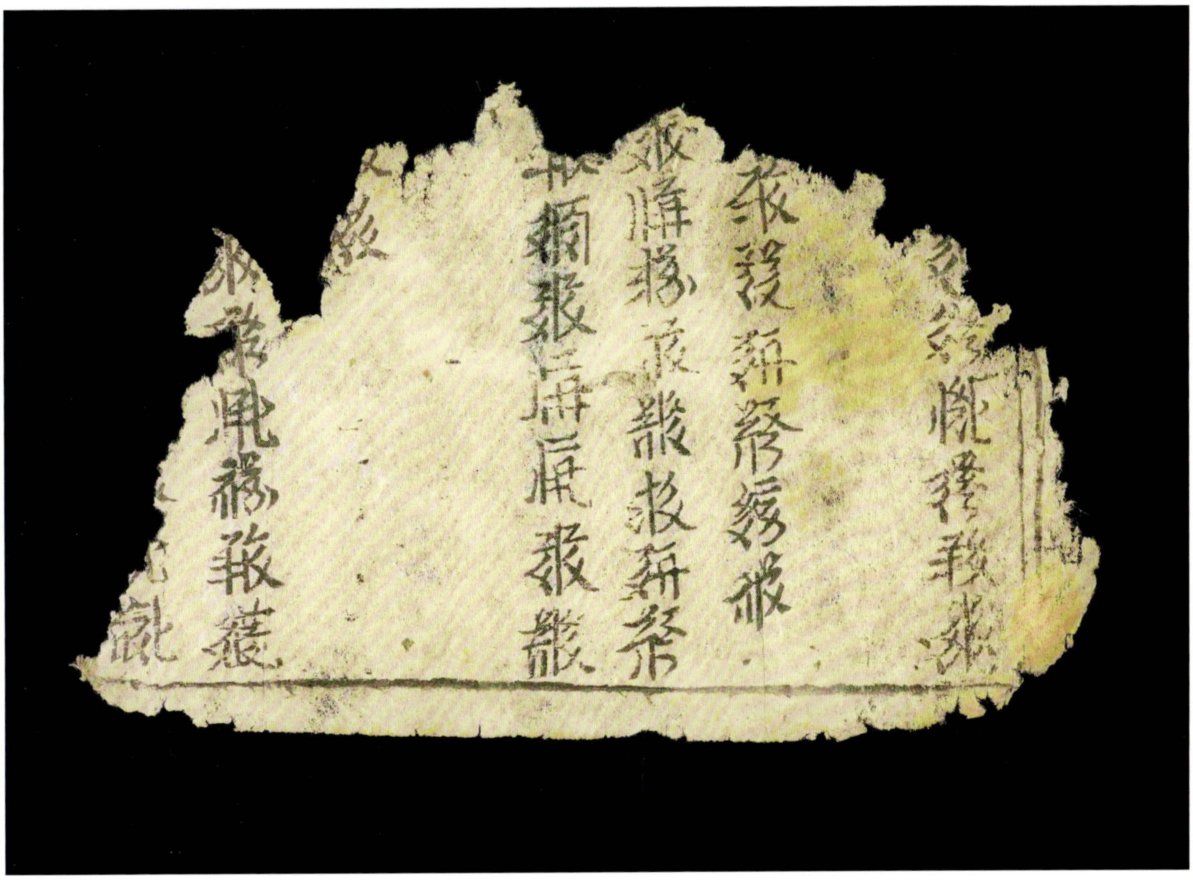

Or.12380/2251（K.K.II.0227.n.3?）
10.5 釐米 × 17 釐米

……應不應以下
……
……等勿降爲當除
……品内一品各降爲
……四品内二品各
……
……下等司正等敕
……别（《俄藏黑水城文獻》8，p218）

2252 天盛革故鼎新律令第十

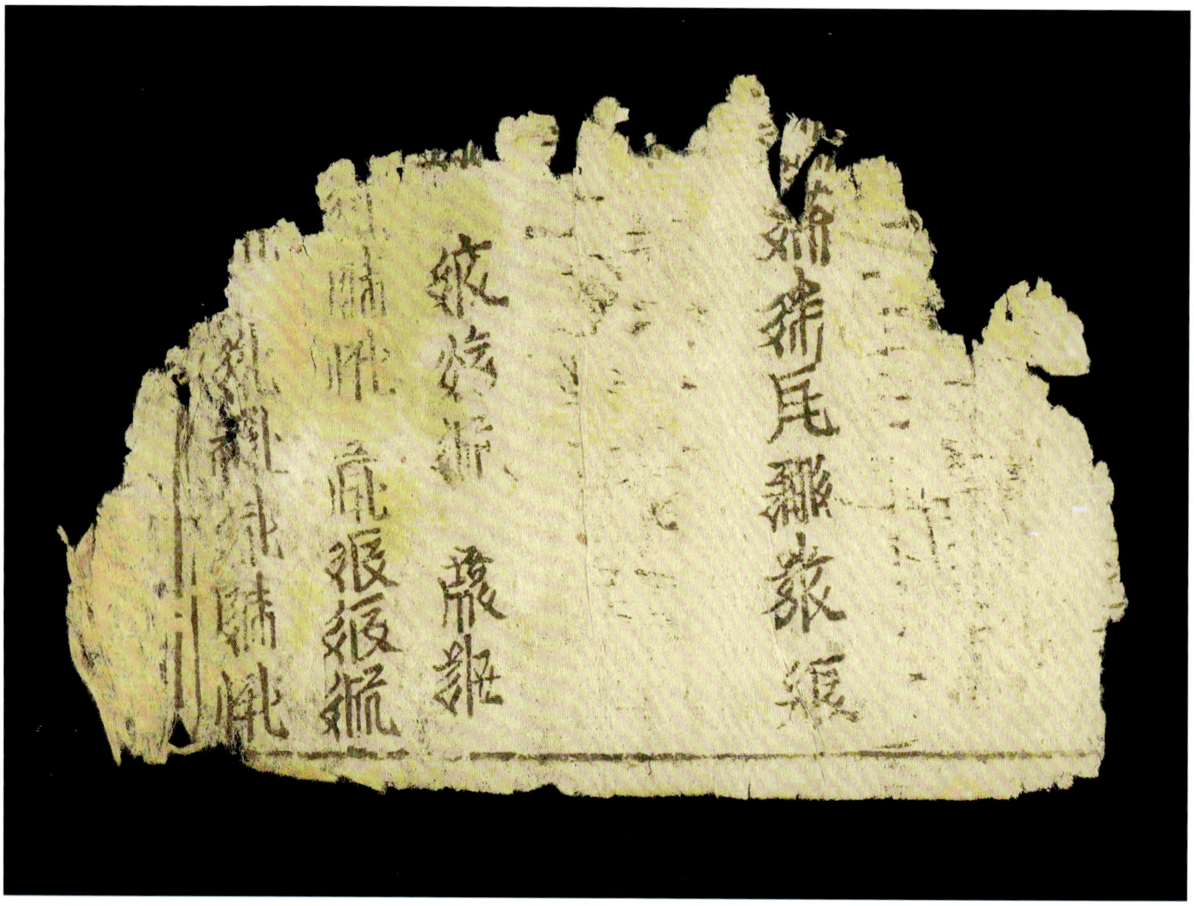

Or.12380/2252(K.K.II.0227.n.4?)
10.5 釐米×16 釐米

……大低高條下所
……
……
……中興府　三司
……功德司　大都督府
……道士功德司（《俄藏黑水城文獻》8，p218）

2253　天盛革故鼎新律令第十

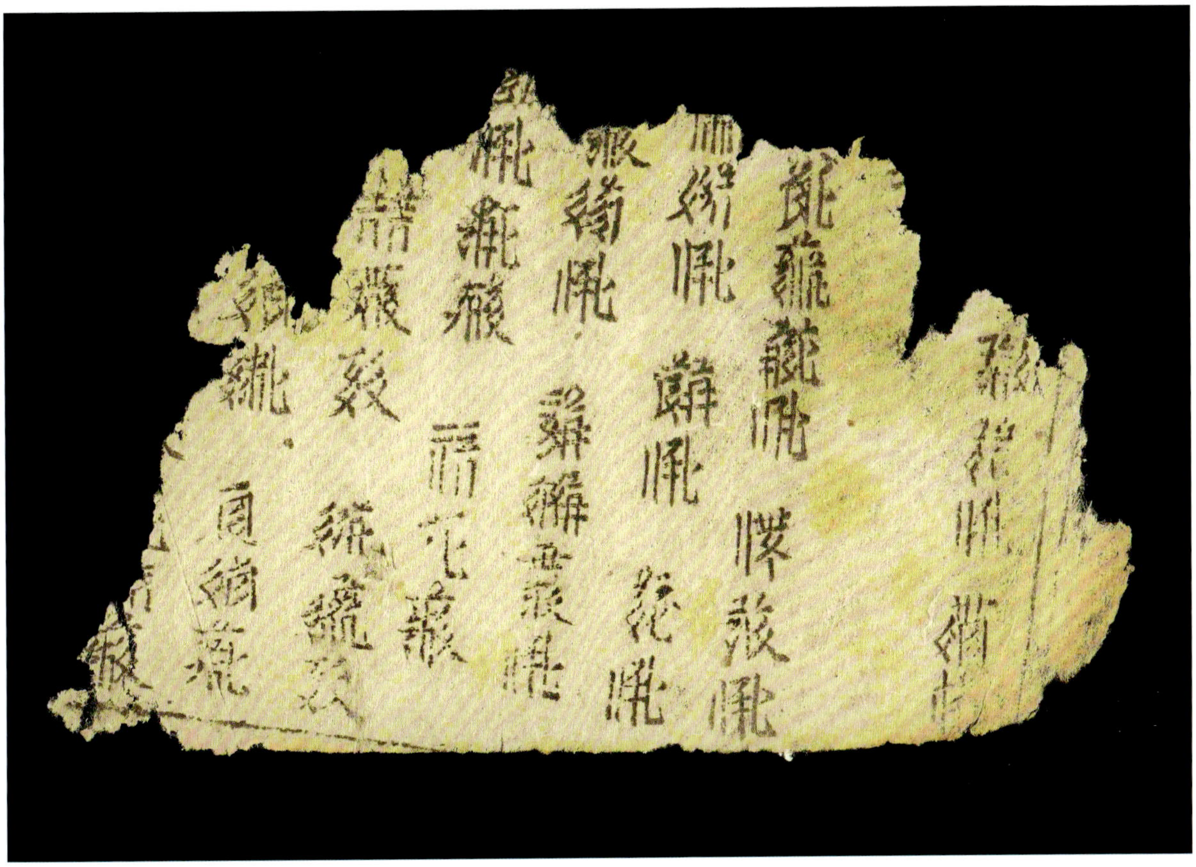

Or.12380/2253（K.K.II.0227.n.5?）
11 釐米 × 17 釐米

……匭匣司　西涼□

……

……都轉運司　陳告司

……審刑司　牧司　農司

……監軍司　前宫侍司

……司上管　鳴沙軍

……資善務　回夷務

……源縣　五原郡

……軍（《俄藏黑水城文獻》8，p219）

2254 天盛革故鼎新律令第十

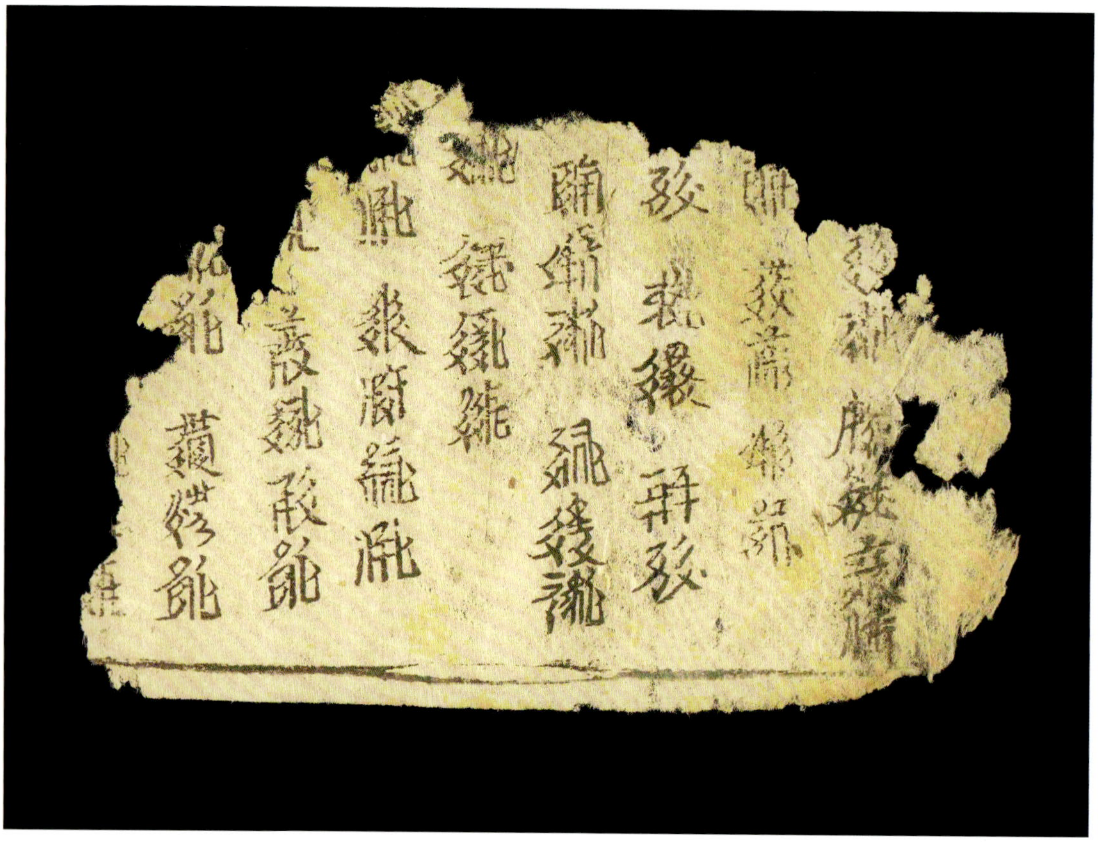

Or.12380/2254（K.K.II.0227.n.6?）
10.7 釐米 × 16 釐米

……真武縣　西寧　孤山
……全　淨邊信同
……州　統遠　銀州
……定功城　衛邊城
……縣　安持寨
……司　黄金匠司
……瓔鬘畫院
……院　磚瓦院（《俄藏黑水城文獻》8，p219）

2255　天盛革故鼎新律令第十

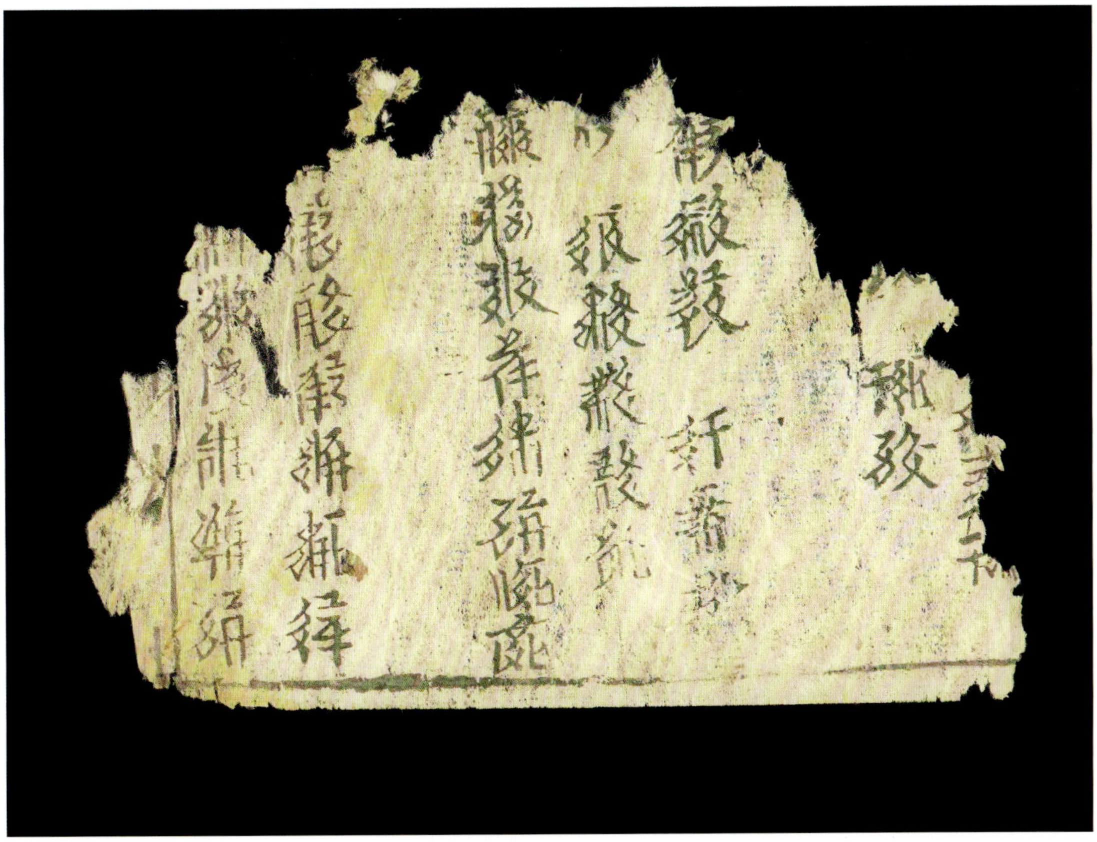

Or.12380/2255（K.K.II.0227.n.7?）
11 釐米 × 16 釐米

……綏州
……提點　秘書監
……者　番漢大學院
……比一品當低而又諸
……
……願傳語尾上牒
……下手教記而（《俄藏黑水城文獻》8，p219）

2256　天盛革故鼎新律令第十

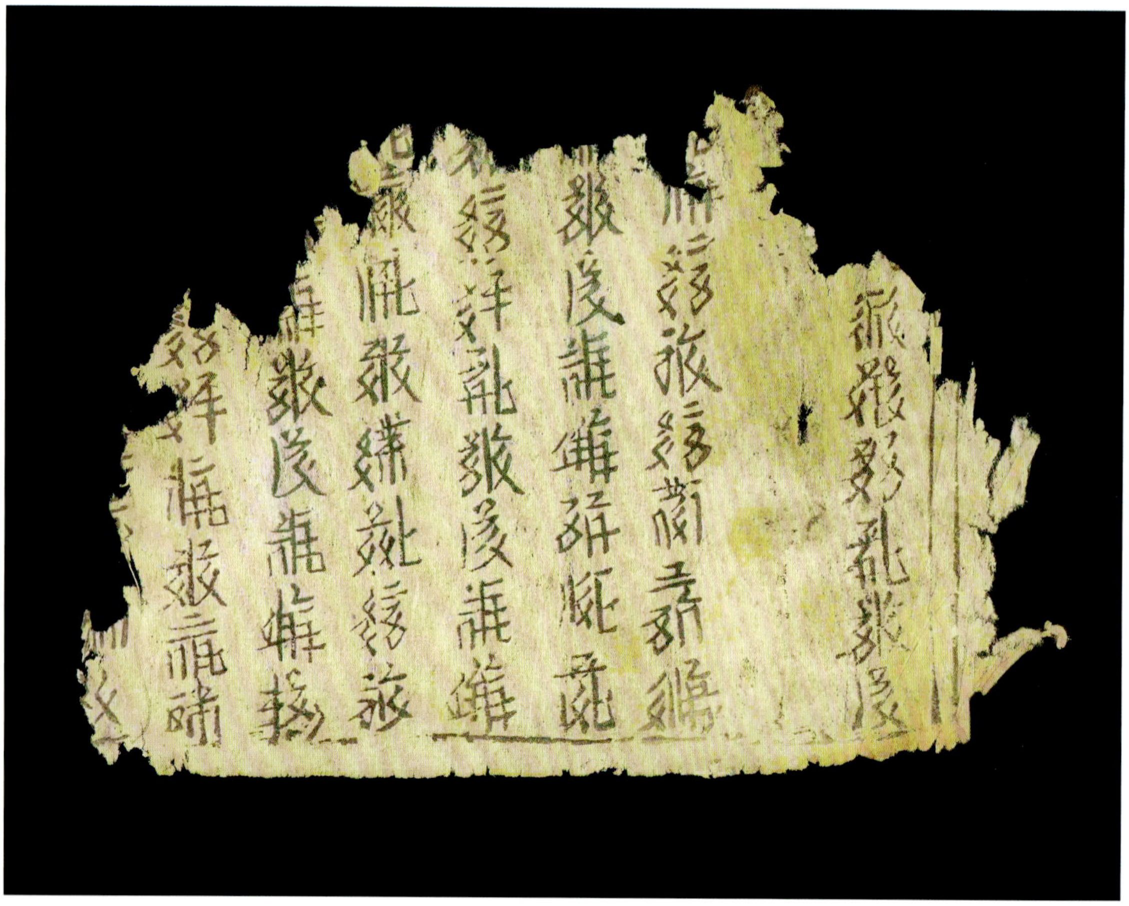

Or.12380/2256（K.K.II.0227.n.8?）
11.5 釐米 × 16 釐米

……須願謂日下手

……

……内當告當集自共

……下手教記而又諸

……當有日下手教記

……比司品大處當告

……下手教記一

……當有二品自下

……御（《俄藏黑水城文獻》8，p220）

2257　天盛革故鼎新律令第十

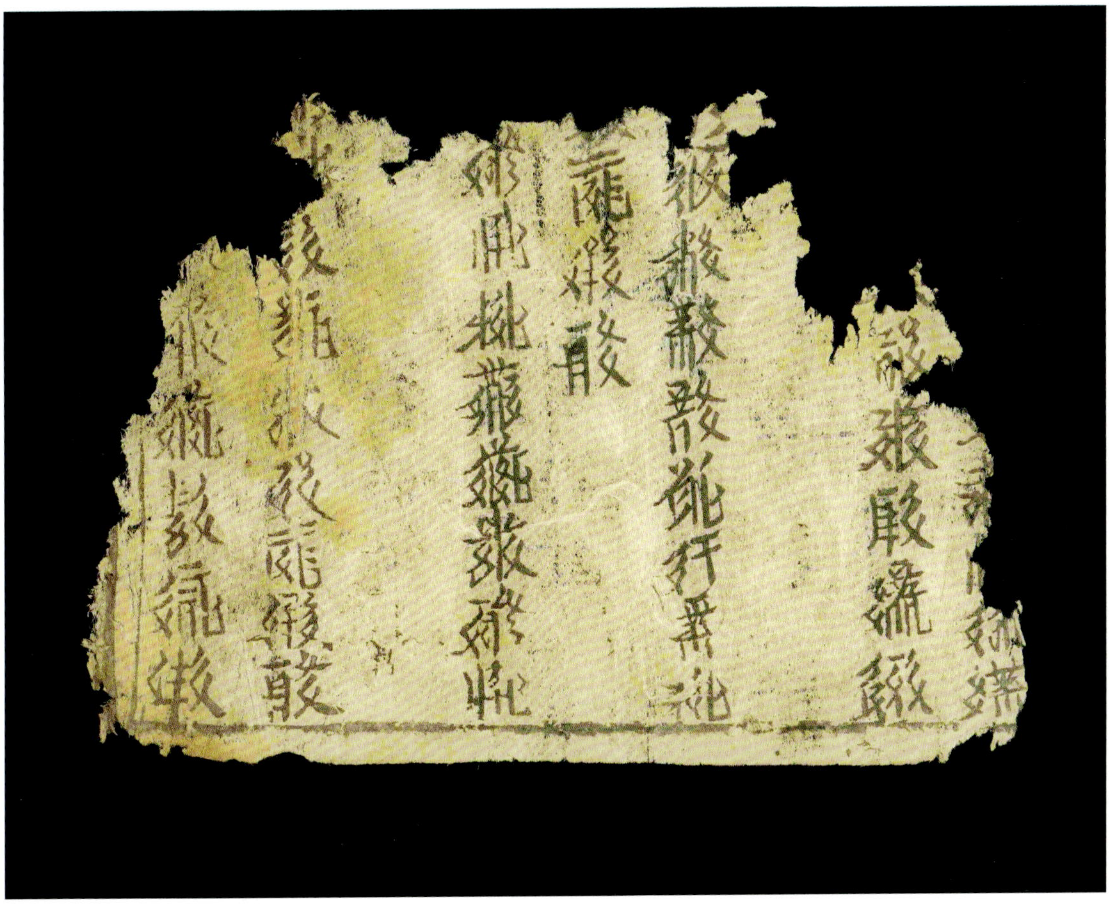

Or.12380/2257（K.K.II.0227.n.9?）
11 釐米 × 16 釐米

……小大
……過時爵有罰
……
……番漢大學院秘書監
……導願傳
……等司與間空者下等司
……
……與肩平等導願傳
……等者所遣人（《俄藏黑水城文獻》8，p220）

2258 天盛革故鼎新律令第十

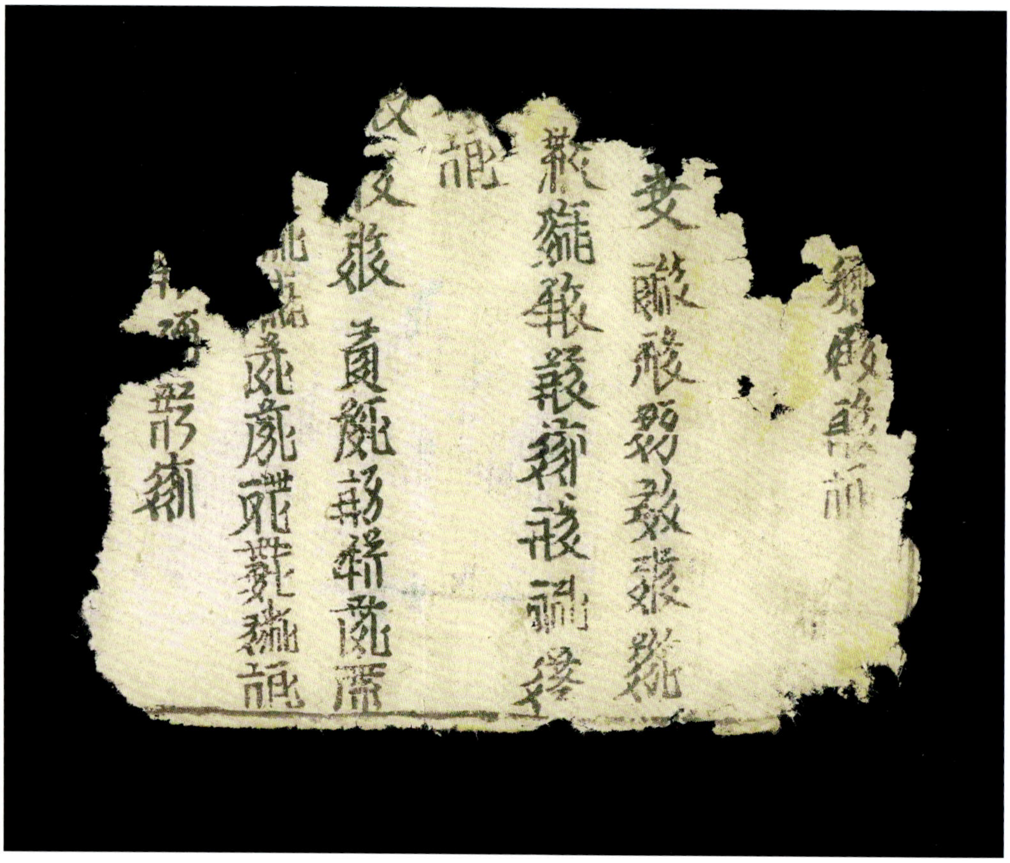

Or.12380/2258（K.K.II.0227.n.10?）
11 釐米 × 14.8 釐米

……字願傳行
……
……時皇子謂長時次
……太子等何名取令應
……行
……時國王三公諸王
……依諸級分別法行
……師名（《俄藏黑水城文獻》8，p220）

2259　天盛革故鼎新律令第十

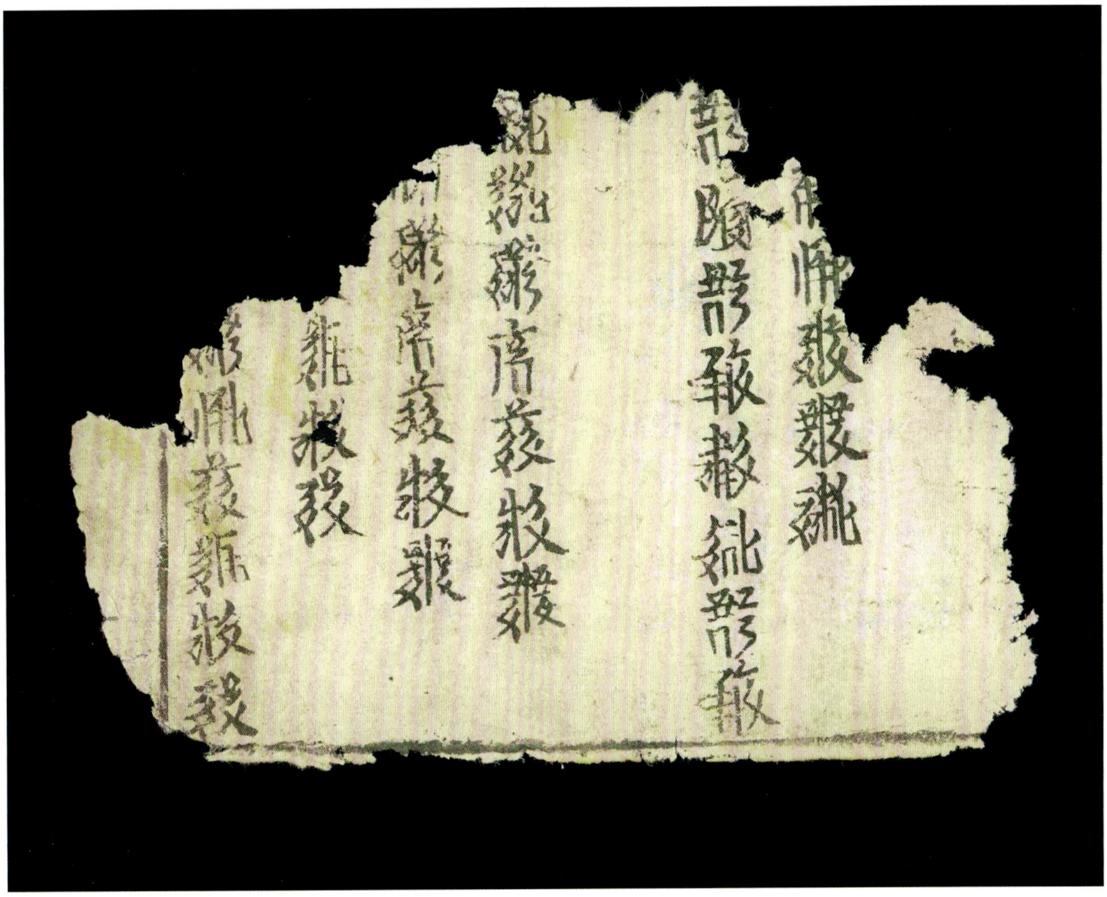

Or.12380/2259（K.K.II.0227.n.11?）
11 釐米 × 16 釐米

……司品當法

……師國師等及德師等

……

……者次等位與可當

……中等位與可當

……肩可平

……等司與肩可平（《俄藏黑水城文獻》8，p220）

2260 天盛革故鼎新律令第十

Or.12380/2060
（K.K.II.0227.n.12?）
11.3 釐米 × 13 釐米

……義觀　習能　副　同（《俄藏黑水城文獻》8，p221）

2261 天盛革故鼎新律令第十

Or.12380/2061
（K.K.II.0227.n.13?）
11.4 釐米 × 16 釐米

……名入
……
……
……承旨
……司
……承旨
……西涼府
……承《俄藏黑水城文獻》8，p221）

2262 天盛革故鼎新律令第十

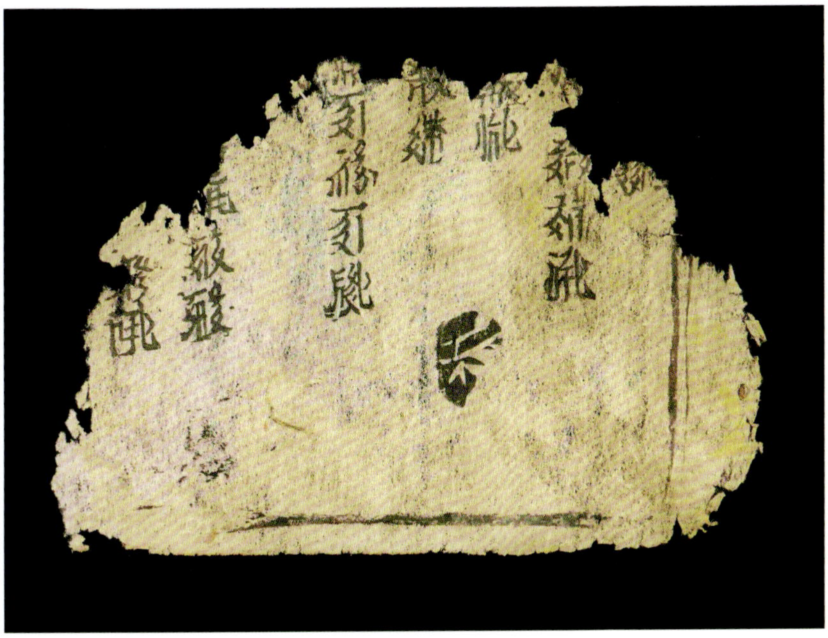

Or.12380/2262
（K.K.II.0227.n.14?）
11.4 釐米 × 16.5 釐米

……承
……匭匣司
……知
……三大
……一正一副
……
……二合管
……六判（《俄藏黑水城文獻》8，p221）

2263　天盛革故鼎新律令第十

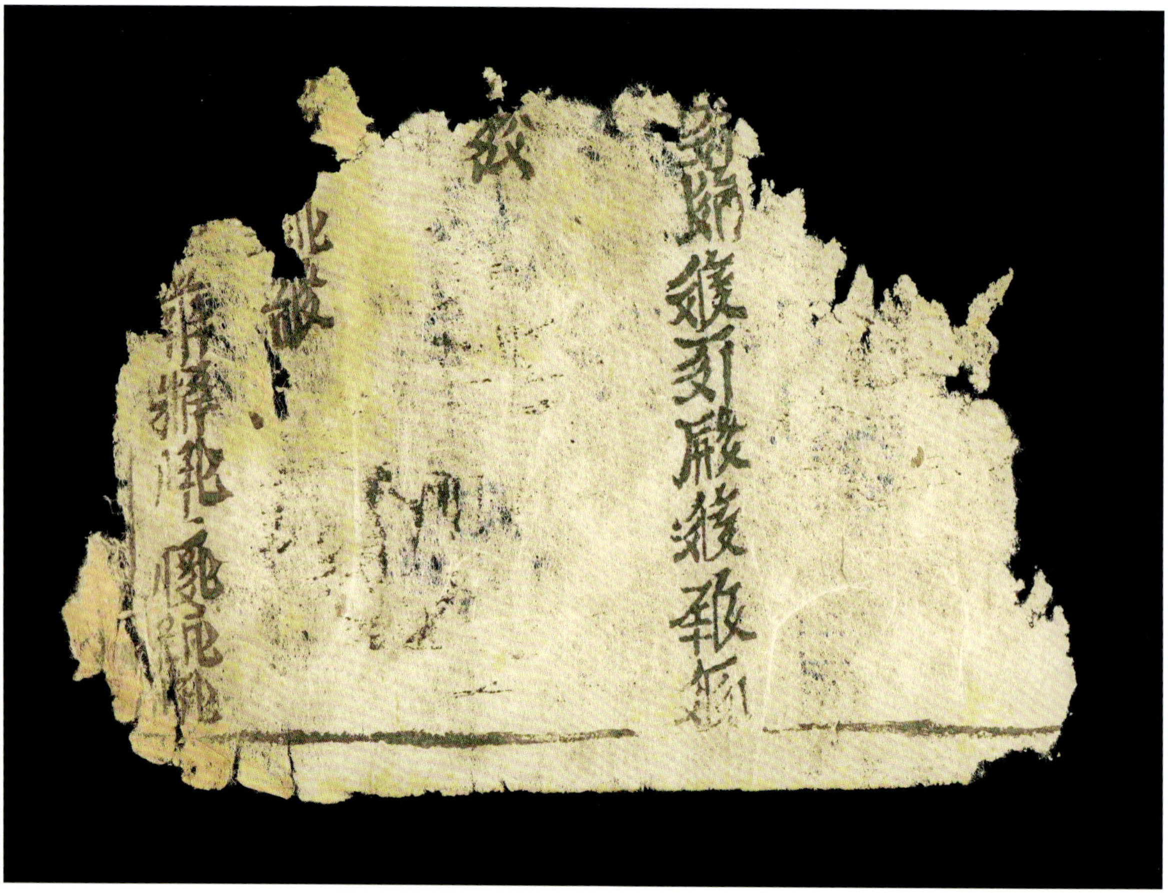

Or.12380/2263（K.K.II.0227.n.15?）
11 釐米×16 釐米

……一同判一簽判等四
……
……州
……
……各
……受納司　恒曆司（《俄藏黑水城文獻》8，p221）

2264　天盛革故鼎新律令第十

Or.12380/2264（K.K.II.0227.n.16?）
11.4 釐米 × 14.7 釐米

……八承旨
……承
……
……四正
……城主一副一通判一
……
……承（《俄藏黑水城文獻》8，p222）

2265 天盛革故鼎新律令第十

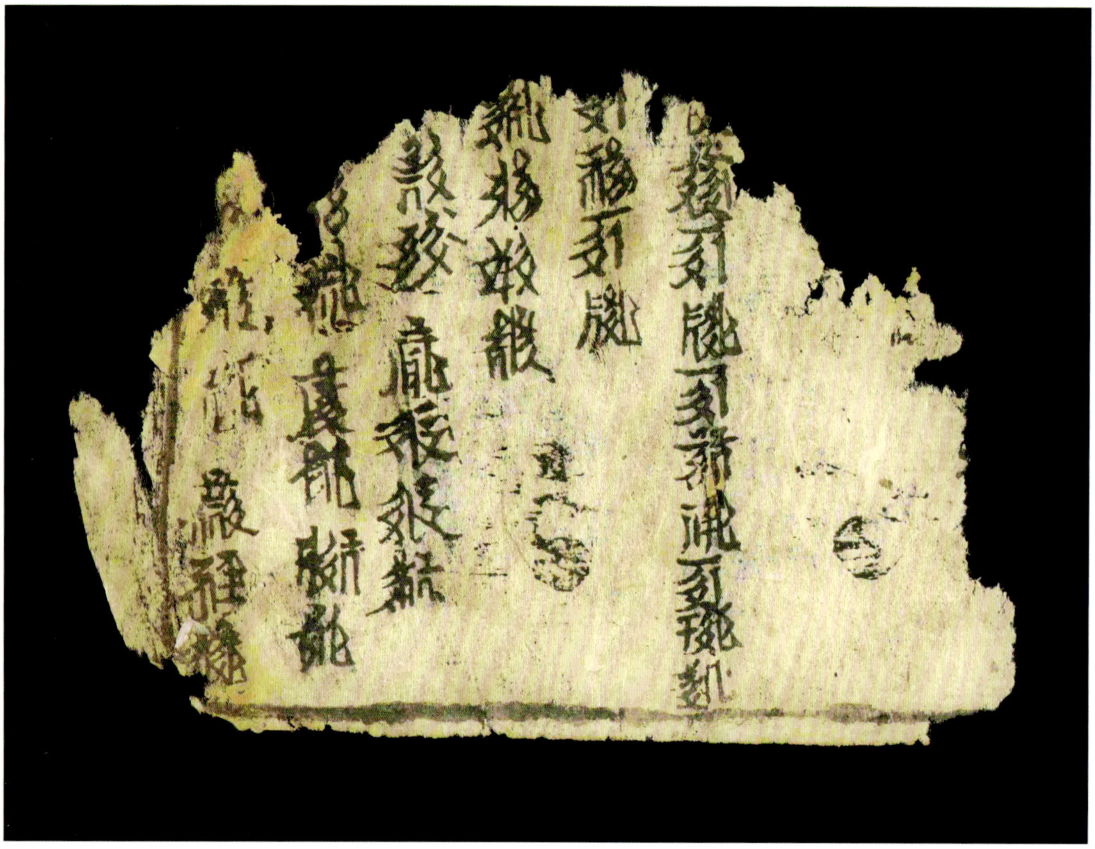

Or.12380/2265（K.K.II.0227.n.17?）
11.4 釐米 × 16.4 釐米

……主一副一通判一城觀
……一正一副
……史一人各
……韋州　大都督府
……囉　南院　西院
……黑水　囉龐嶺（《俄藏黑水城文獻》8，p222）

2266 天盛革故鼎新律令第十

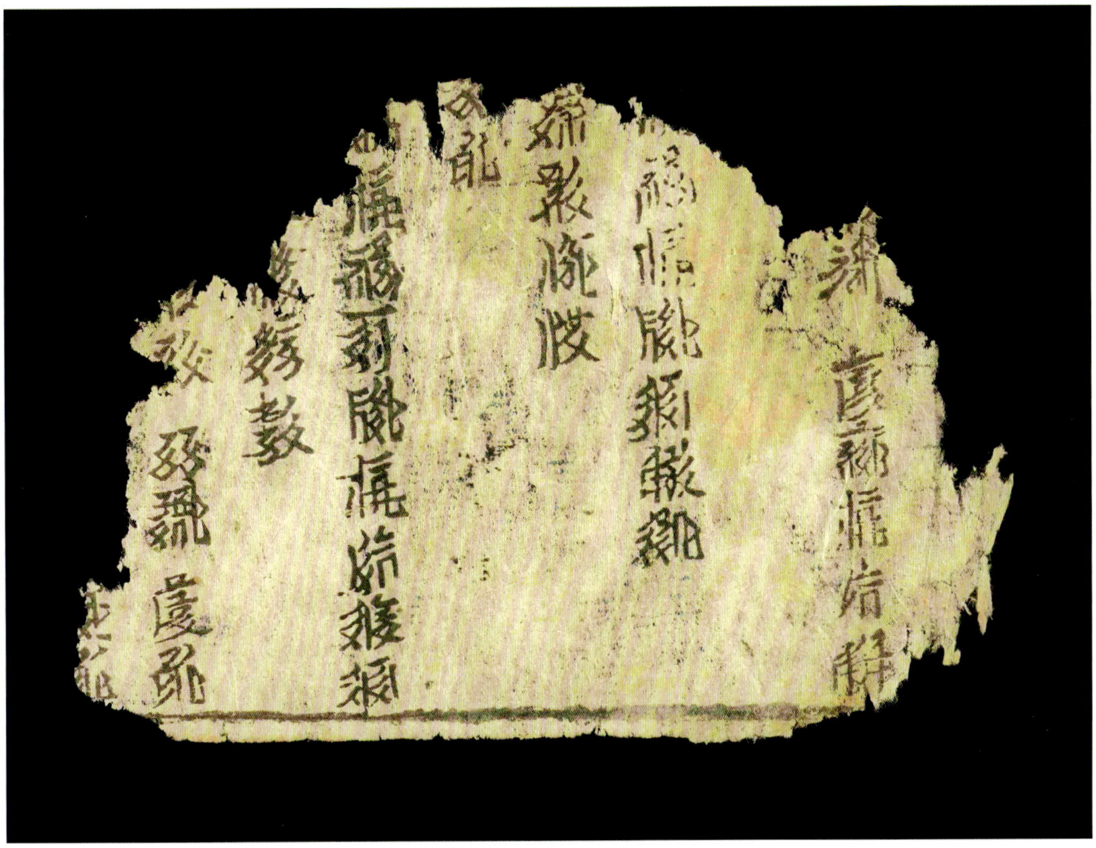

Or.12380/2266（K.K.II.0227.n.18?）
11.5 釐米 × 16 釐米

……南北二地中
……
……正二副四承旨
……大數不定
……院
……二正一副二同判四
……各當遣
……州　卓囉　南院
……院（《俄藏黑水城文獻》8，p222）

2267 天盛革故鼎新律令第十

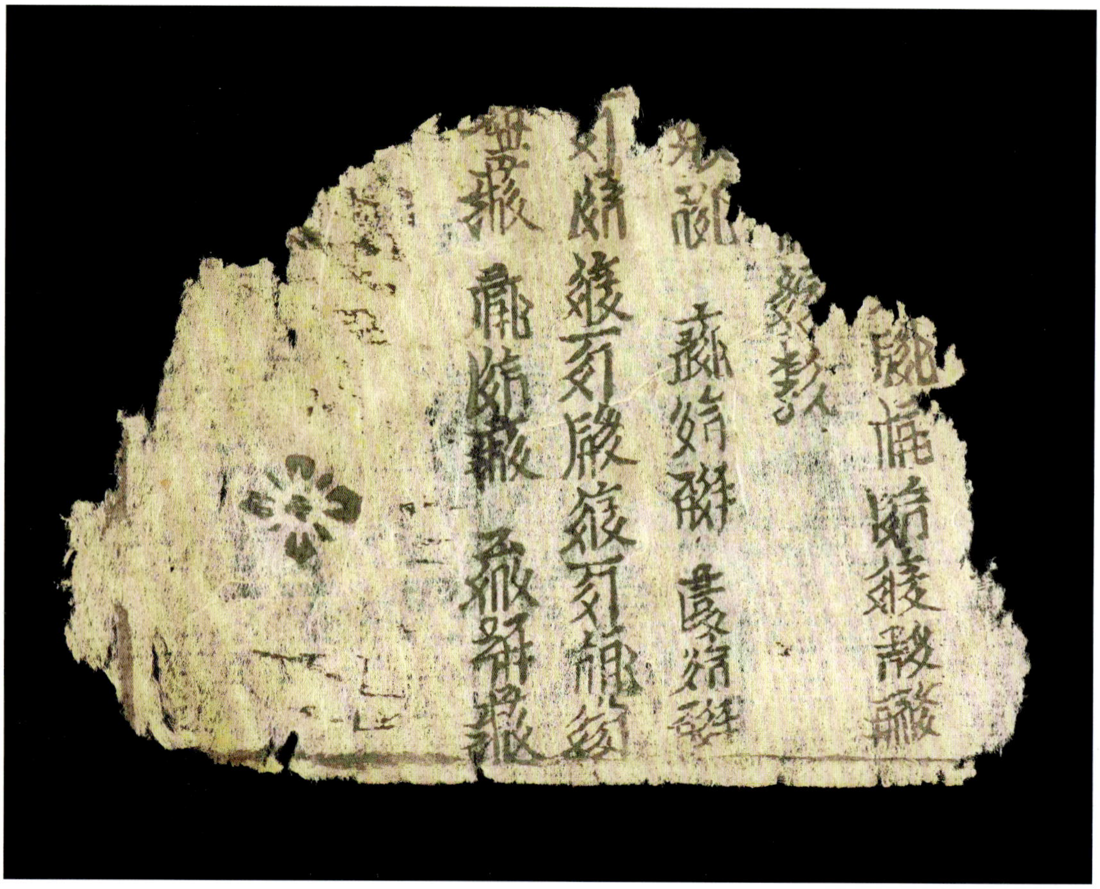

Or.12380/2267(K.K.II.0227.n.19?)
11.5 釐米 × 16 釐米

……副二同判三簽
……當遣
……黑　北地中　南地中
……一同判一簽判一行主
……軍　大通軍　宣威軍（《俄藏黑水城文獻》8，p222）

2268　天盛革故鼎新律令第十

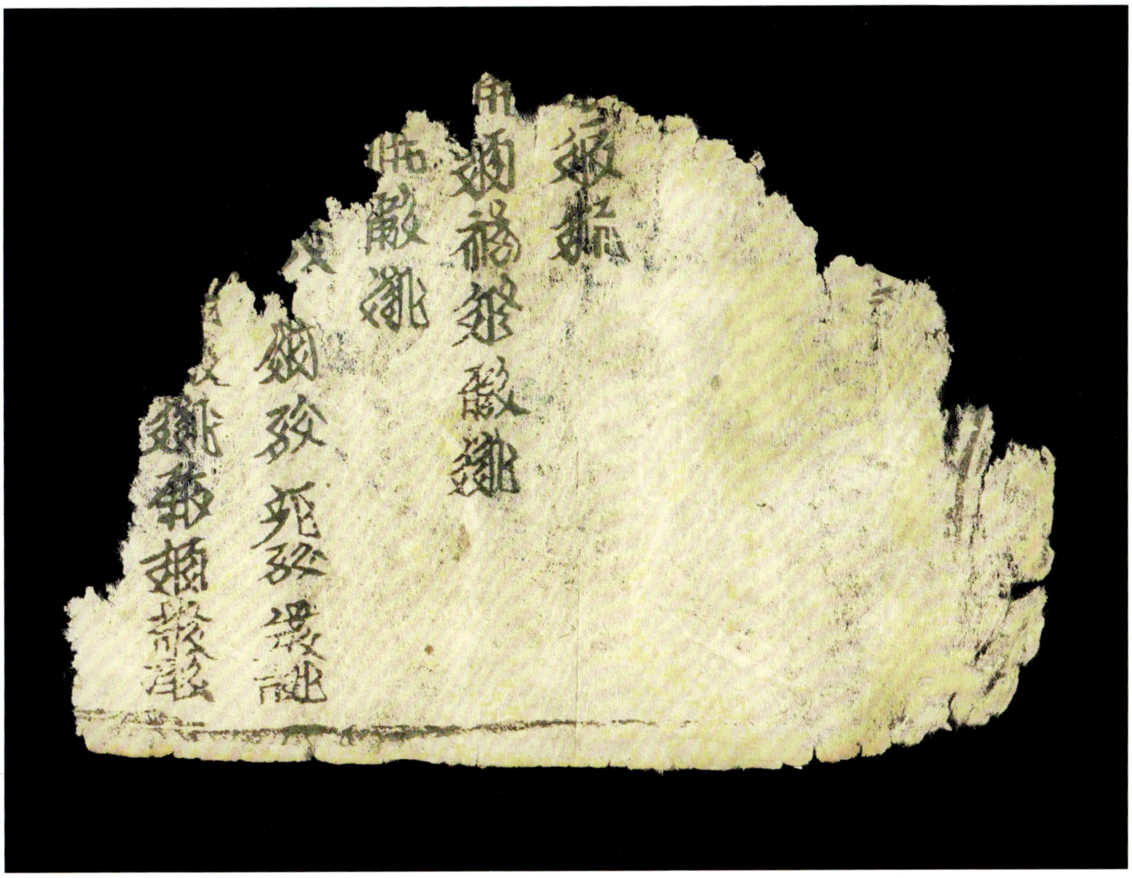

Or.12380/2268（K.K.II.0227.n.20?）

11.5 釐米 × 16.5 釐米

……督府

……四正六承旨

……二承旨

……瓜州　沙州　黑水

……承等四各人（《俄藏黑水城文獻》8，p223）

2269　天盛革故鼎新律令第十

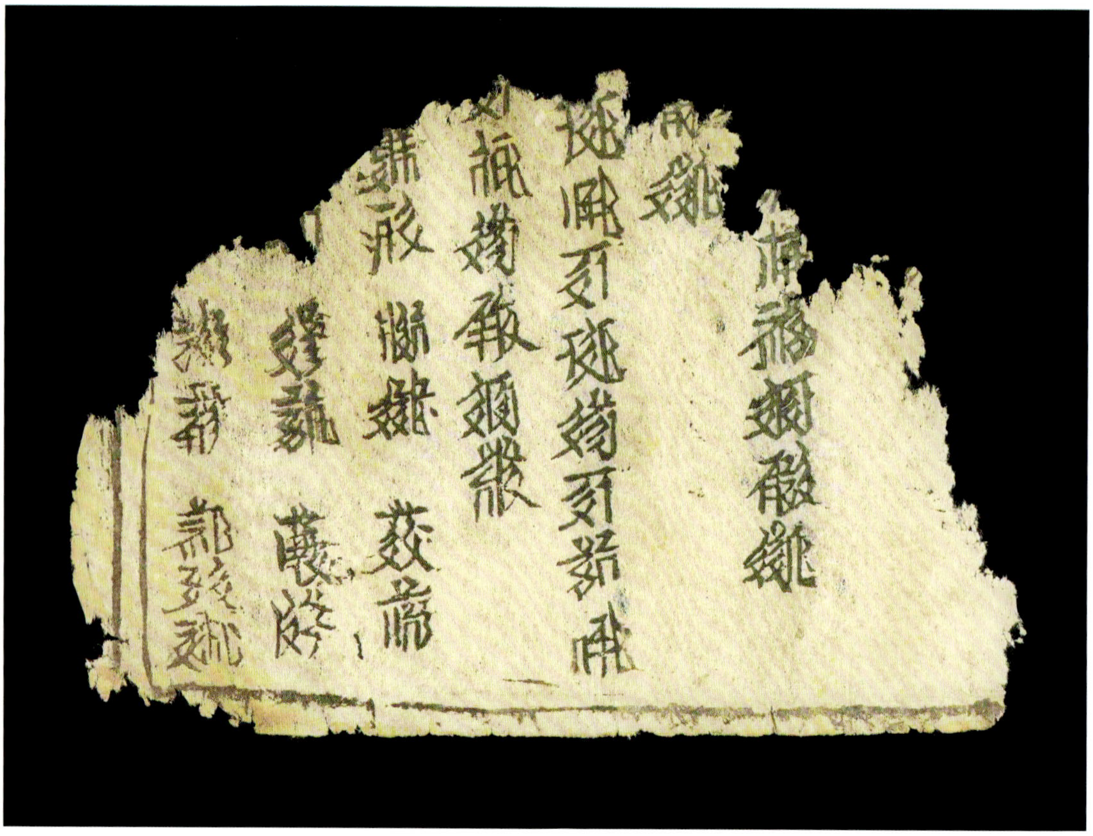

Or.12380/2269（K.K.II.0227.n.21?）
11.6 釐米 × 16.7 釐米

……二正四承旨
……承
……城司一城主一通判
……一行主等四人各
……魅拒　西寧　淨邊
……義立　争止
……合樂　真武縣（《俄藏黑水城文獻》8，p223）

2270 天盛革故鼎新律令第十

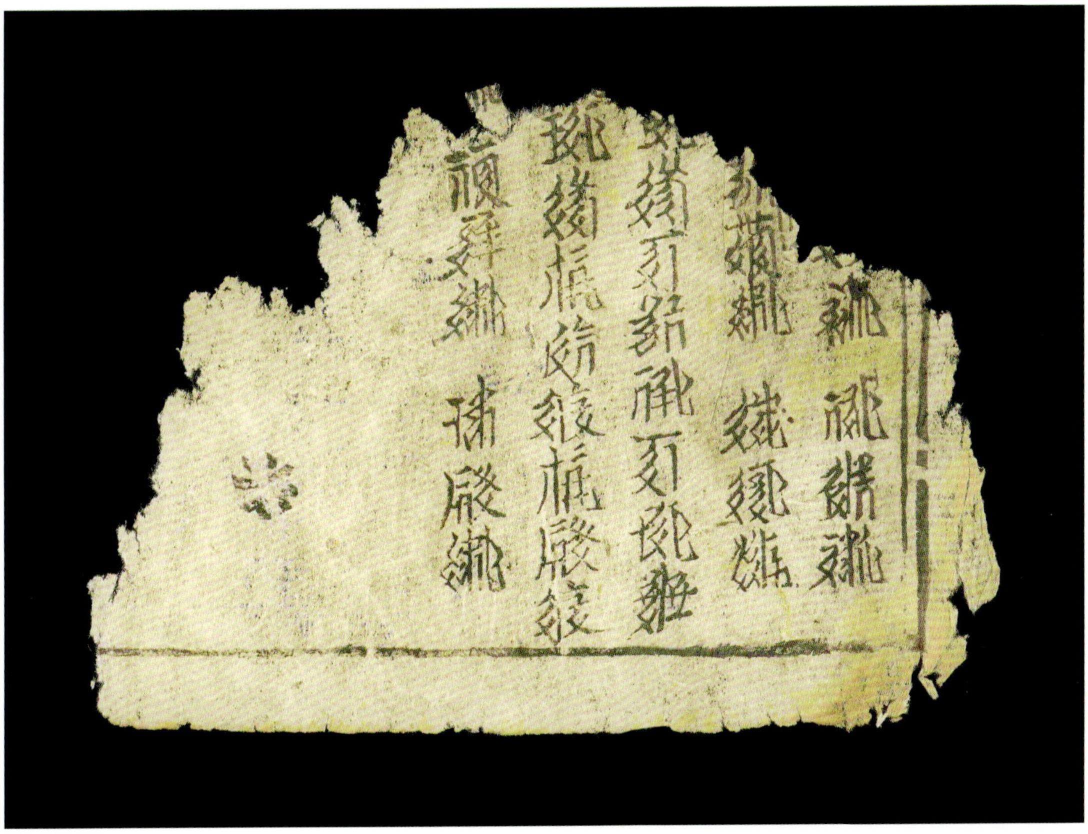

Or.12380/2270（K.K.II.0227.n.22?）

11.4 釐米 × 16 釐米

……城　折昌城

……河西縣　安持寨

……主一同判一城守

……城主二通判二簽判

……臨河縣　保靜縣（《俄藏黑水城文獻》8，p223）

2271　天盛革故鼎新律令第十

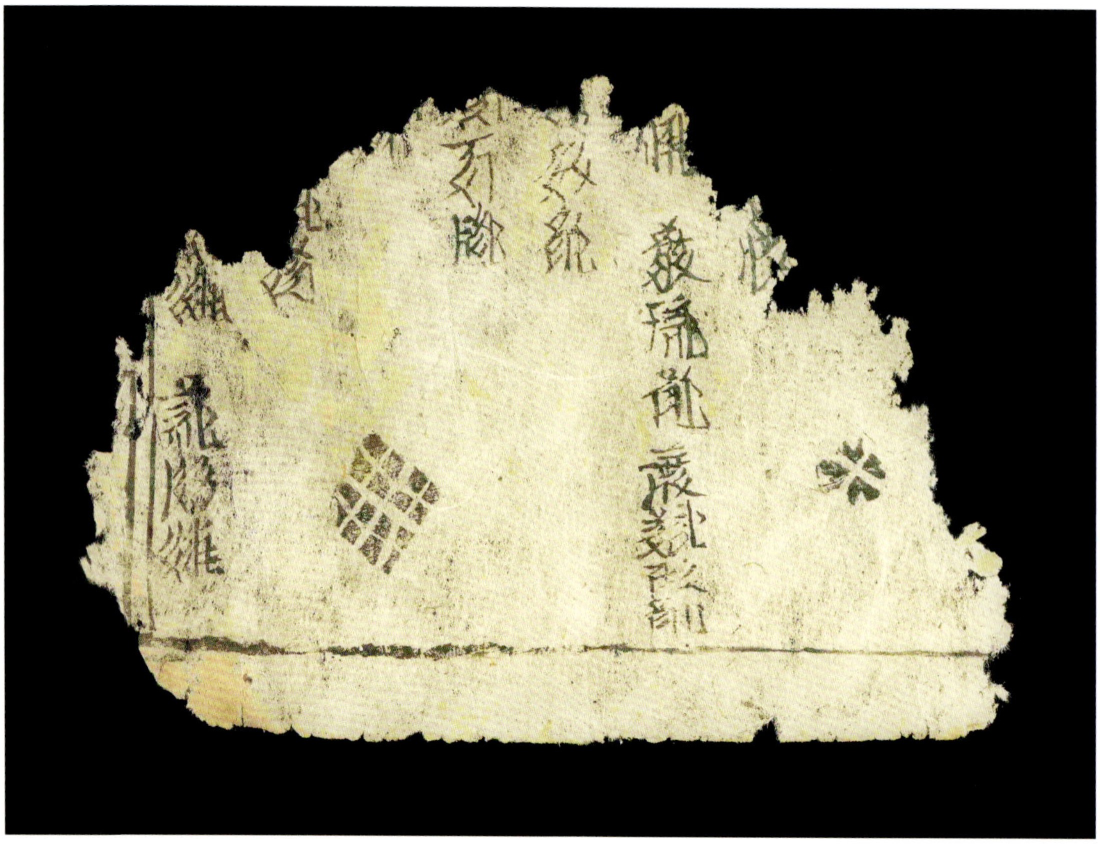

Or.12380/2271（K.K.II.0227.n.23?）
11.5 釐米 × 16 釐米

……定
……司　鐵工院　瓔鬘畫院
……人院
……一副
……
……主
……寨　鎮國寨（《俄藏黑水城文獻》8，p223）

2272　天盛革故鼎新律令第十

Or.12380/2272（K.K.II.0227.n.24?）

11.2 釐米 × 17 釐米

……遠堡　夏州　凉州

……主

……大一二不過量遣

……提點

……所定依當遣超遣允無

……

……

……十四數中計（《俄藏黑水城文獻》8，p224）

2273 天盛革故鼎新律令第十

Or.12380/2273（K.K.II.0227.n.25?）
11.2 釐米 × 16 釐米

……轉運司

……

……府　西凉府　内宿司

……司

……

……匭匣司　閤門司

……司　京師工院（《俄藏黑水城文獻》8，p224）

2274 天盛革故鼎新律令第十

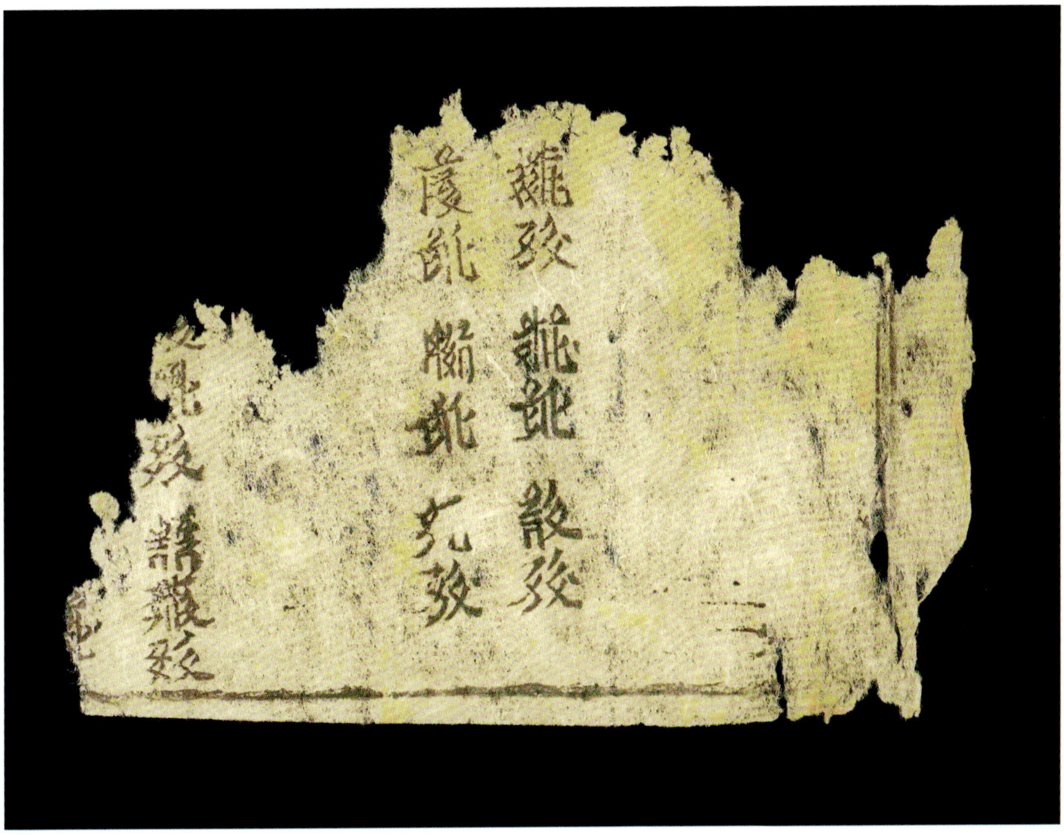

Or.12380/2274（K.K.II.0227.n.26?）
10.8 釐米 × 16 釐米

……石州　東院　韋州
……南院　西院　沙州
……
……賢務　資善務（《俄藏黑水城文獻》8，p224）

2275 天盛革故鼎新律令第十

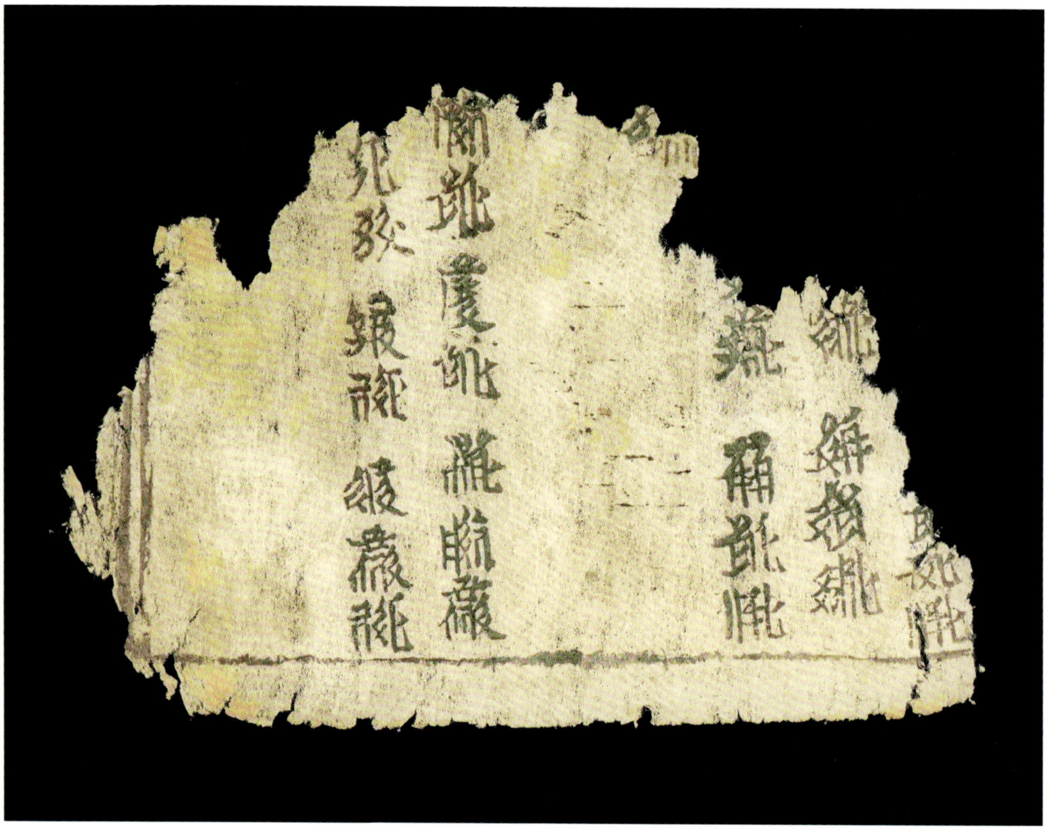

Or.12380/2275（K.K.II.0227.n.27?）
11.2 釐米 × 16 釐米

……院城司
……縣　懷遠縣
……郡　馬院司
……
……西院　南院　寺廟山
……沙州　黑水　臥羅娘（《俄藏黑水城文獻》8，p224）

2276 天盛革故鼎新律令第十

Or.12380/2276(K.K.II.0227.n.28?)
11.2 釐米 × 16 釐米

……地中　瓜州　肅州　黑水

……

……一人各

……

……四十八

……

……十八（《俄藏黑水城文獻》8，p225）

2277 天盛革故鼎新律令第十

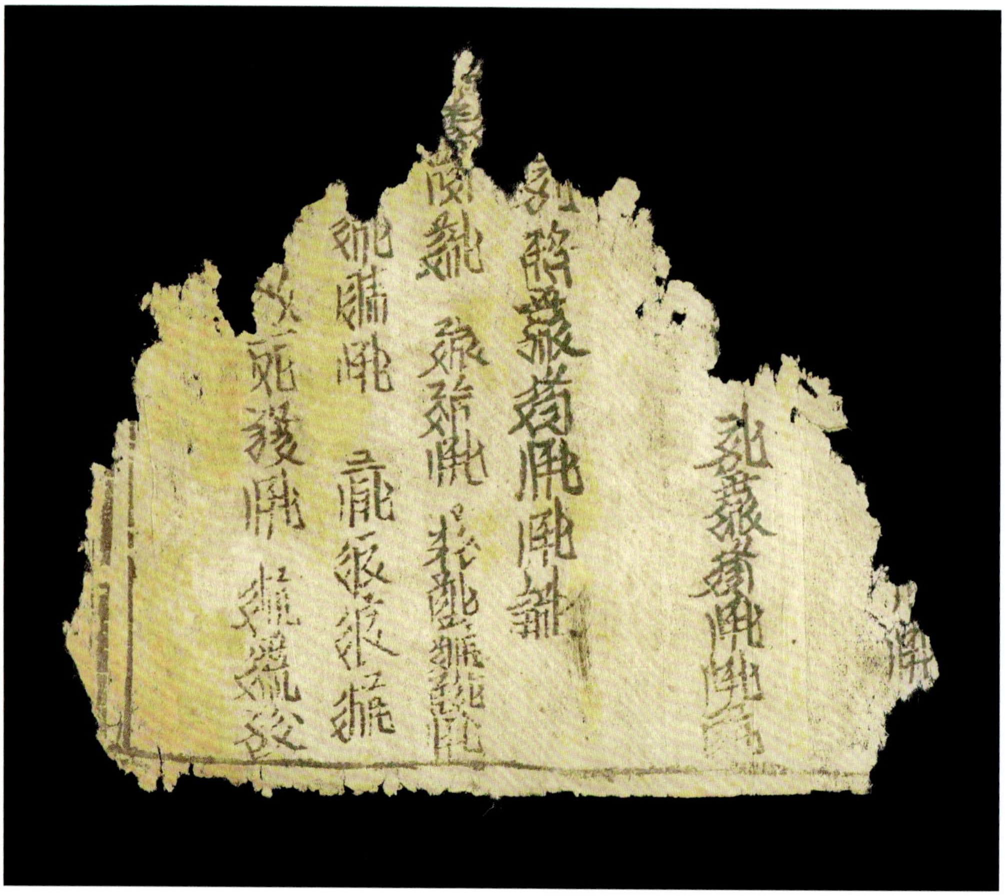

Or.12380/2277（K.K.II.0227.n.29?）
13 釐米 × 15.5 釐米

……司
……
……邊監軍司司全
……
……邊中監軍司司吏
……略史　匭匣司　都轉運司
……功德司　大都督府
……御庖厨司　府夷州（《俄藏黑水城文獻》8，p225）

2278　天盛革故鼎新律令第十

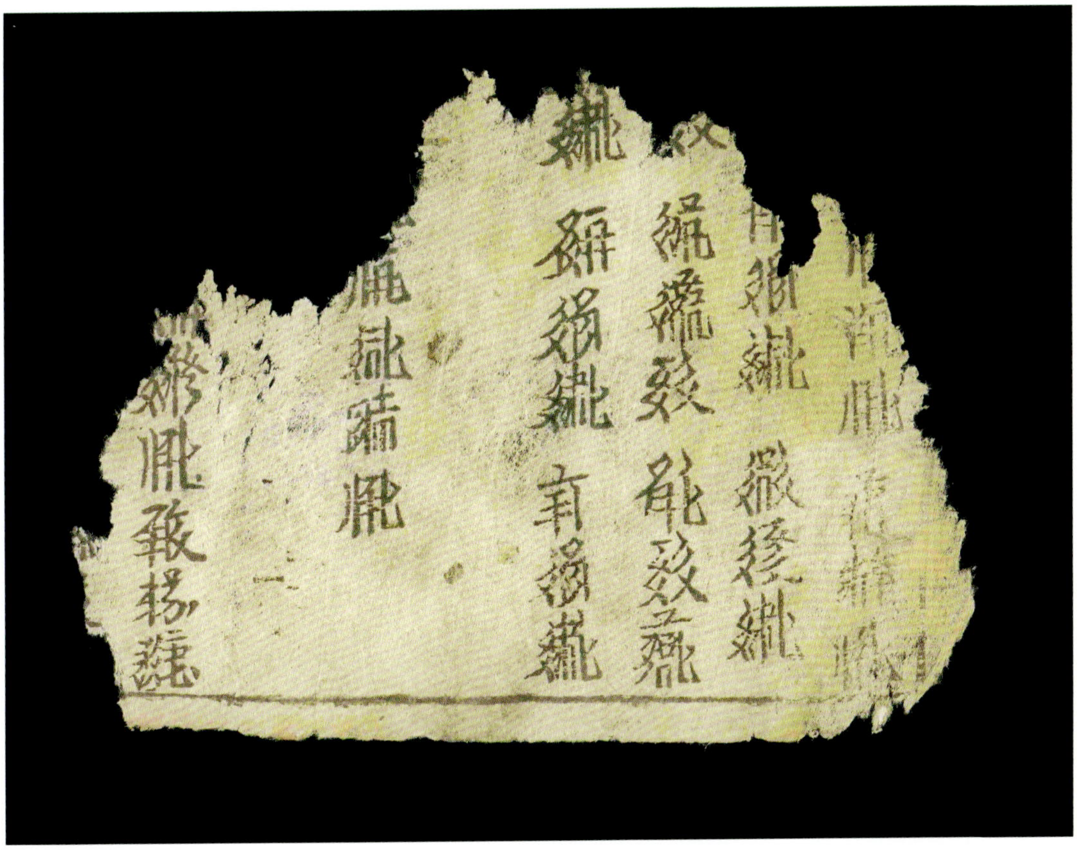

Or.12380/2278（K.K.II.0227.n.30?）
11.2 釐米×15 釐米

……恒曆司　受納司
……源縣　華陽縣
……回夷務　靈武郡
……縣　懷遠縣　定遠縣
……
……二功德司
……
……等司等都案（《俄藏黑水城文獻》8，p225）

2279　天盛革故鼎新律令第十

Or.12380/2279（K.K.II.0227.n.31?）
11.8 釐米 × 15.2 釐米

……者自司正
……案等中當遣
……司都案遣當
……軍馬勤事錢穀等
……事物何有依行曉
……
……書樞密正案頭及
……自司正案頭等（《俄藏黑水城文獻》8，p225）

2280　天盛革故鼎新律令殘片

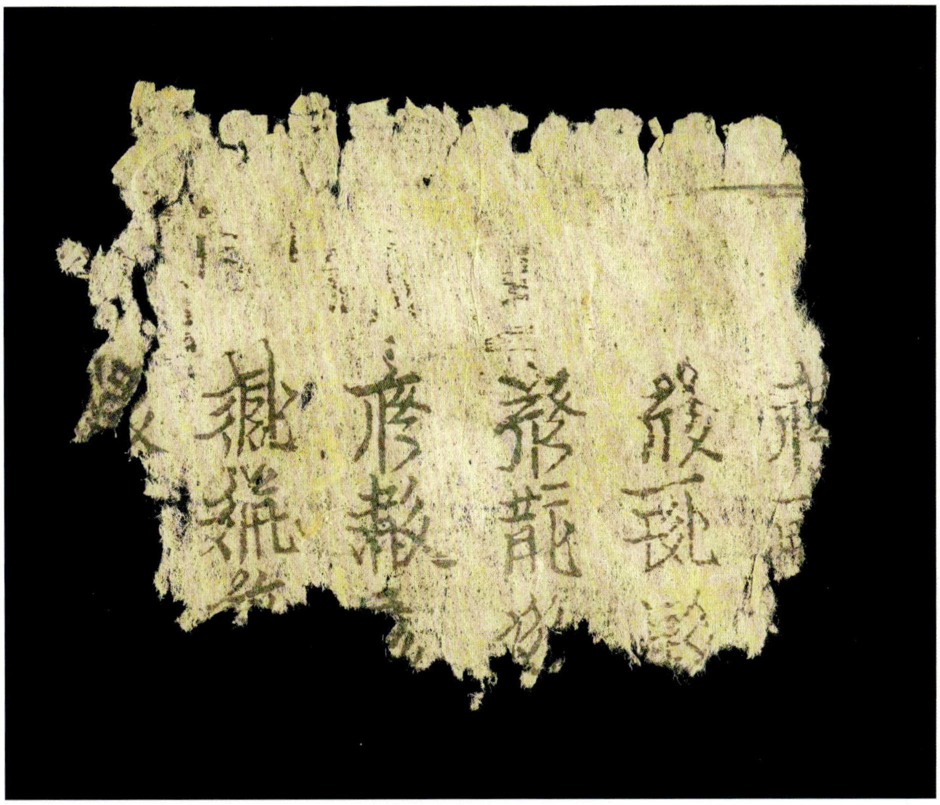

Or.12380/2280（K.K.II.0227.n.32?）
7 釐米 × 9 釐米

畢上爵……
爲住滯……
者及……
月個……

2281 天盛革故鼎新律令第十

Or.12380/2281（K.K.II.0227.n.33?）
11.4 釐米 × 14.5 釐米

……中書樞
……等司權案
……等權都案等當遣
……等司自司等正案頭
……正都案及權案頭中
……都案當遣
……遣應者屬司司吏
……人堪行曉方（《俄藏黑水城文獻》8，p226）

2282　天盛革故鼎新律令第十

Or.12380/2282（K.K.II.0227.n.34?）
11 釐米 × 15 釐米

……乃量奏報轉

……

……定已明令不在司

……寨轉運司工院經□寺

……等都案案頭司吏等

……

……者行依職（《俄藏黑水城文獻》8，p226）

2283 天盛革故鼎新律令第十

Or.12380/2283（K.K.II.0227.n.35?）
11 釐米 × 15.3 釐米

……遣則
……
……瓔鬘畫院
……
……者次等司都案及中
……堪行曉中權應遣
……應執令
……人等中地邊軍（《俄藏黑水城文獻》8，p226）

2284　天盛革故鼎新律令第十

Or.12380/2284（K.K.II.0227.n.36?）
8.2 釐米 × 14.2 釐米

……爲
……告
……時節
……次等司等正
……司品大者處導
……正敕經略處（《俄藏黑水城文獻》8，p227）

2285 天盛革故鼎新律令第十

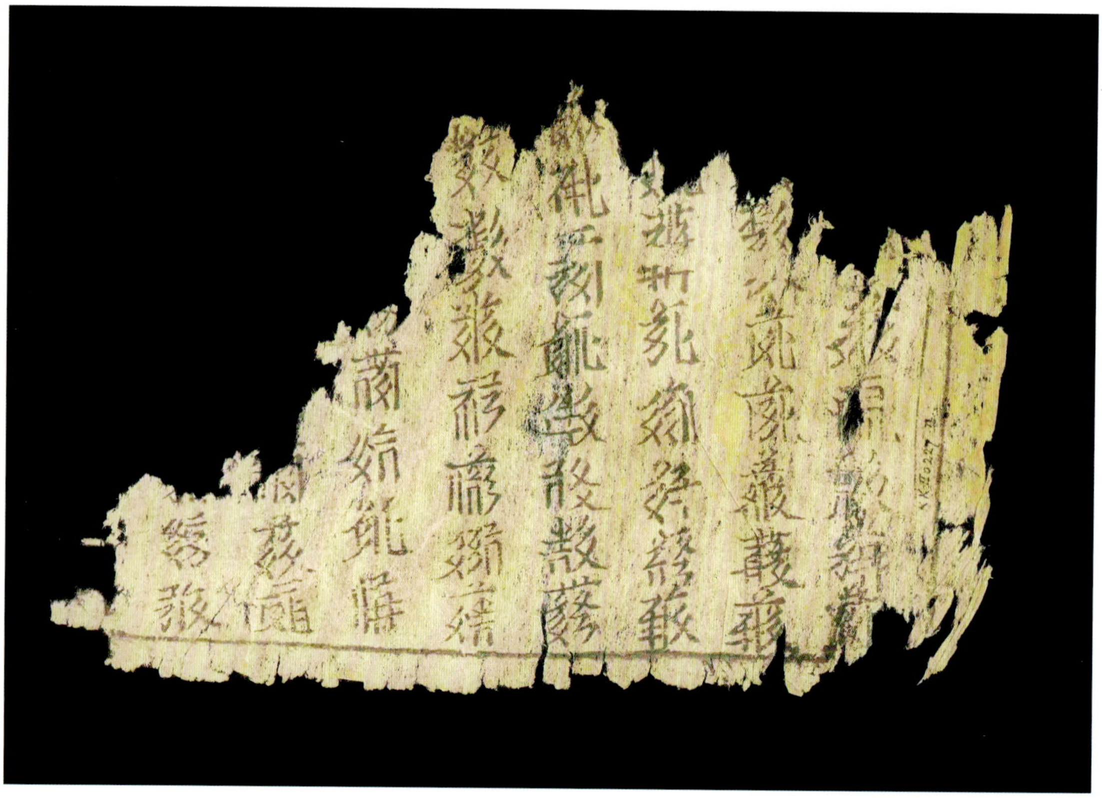

Or.12380/2285（K.K.II.0227.n.37?）
10.5 釐米 × 16.5 釐米

……權是則京
……遣京師續已轉
……執處名有爲等
……罰馬一庶人杖十三
……處遣時中書樞密
……略地方内
……略與導
……應告（《俄藏黑水城文獻》8，p227）

2286 中統元寶鈔

Or.12380/2286
（K.K.VIII.01.a）
15 釐米 × 18.3 釐米

2287 中統元寶鈔

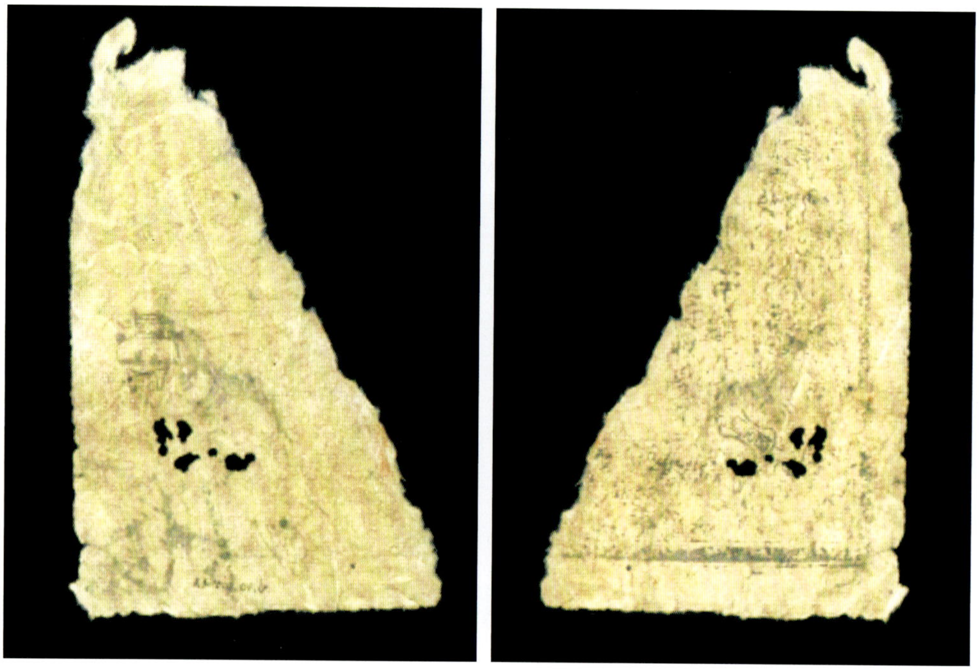

Or.12380/2287A（K.K.VIII.01.b）
13.6 釐米×8.8 釐米

Or.12380/2287B
（K.K.VIII.01.c）
14 釐米×12 釐米

2288　佛説佛名經卷二十九

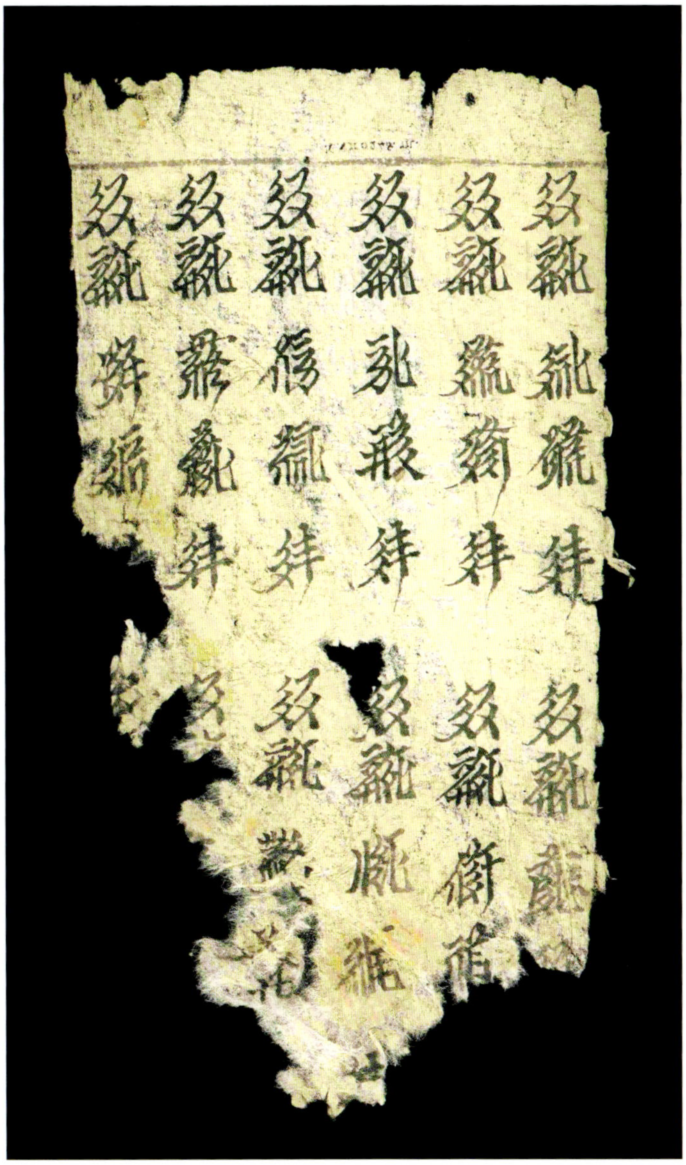

Or.12380/2288
（K.K.II.0248.m）
21.6 釐米 × 11.8 釐米

南無德相佛　南無羅□□
南無衆主佛　南無梵聲□
南無際堅佛　南無不高□
南無明作佛　南無大山□
南無金剛佛　南□□□□
南無畏無佛　南……

南無德相佛。**南無羅**睺佛。**南無衆主佛**。**南無梵聲**佛。**南無堅際佛**。**南無不高**佛。**南無作明佛**。**南無大山**佛。**南無金剛佛**。**南**無將衆佛。**南無無畏佛**。**南**無珍寶佛。（《大正藏》T14，p0295b）

2289 智炬陀羅尼經

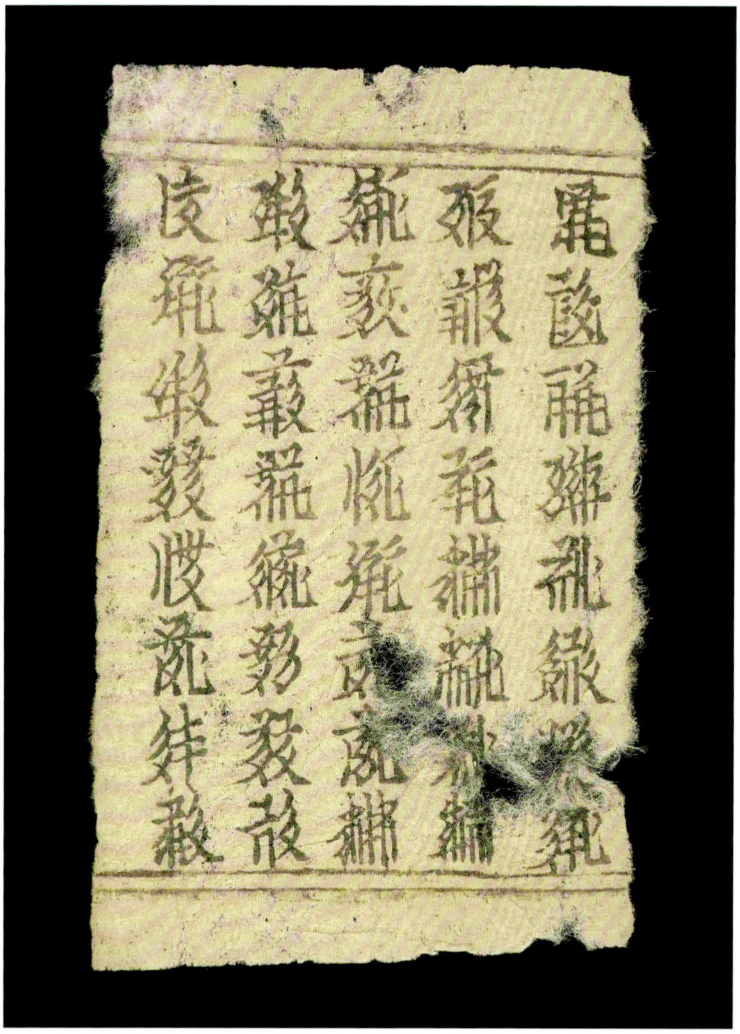

Or.12380/2289(K.K.II.0237.p)
11.5 釐米 × 7 釐米

毗地獄立便破壞百
千分爲是中衆生即
解脱得復彼世界間
人是聞得者謂處豈
在是人必定諸佛及

以是陀羅尼威神力故，令阿**毗地獄應時破壞爲百千分。是中衆生即得解脱，何況有人在於人間而得聞者**？當知**是人**則**爲諸佛及**我等菩薩之所護念。（《大正藏》T21，p0914b）

2290　版畫殘片

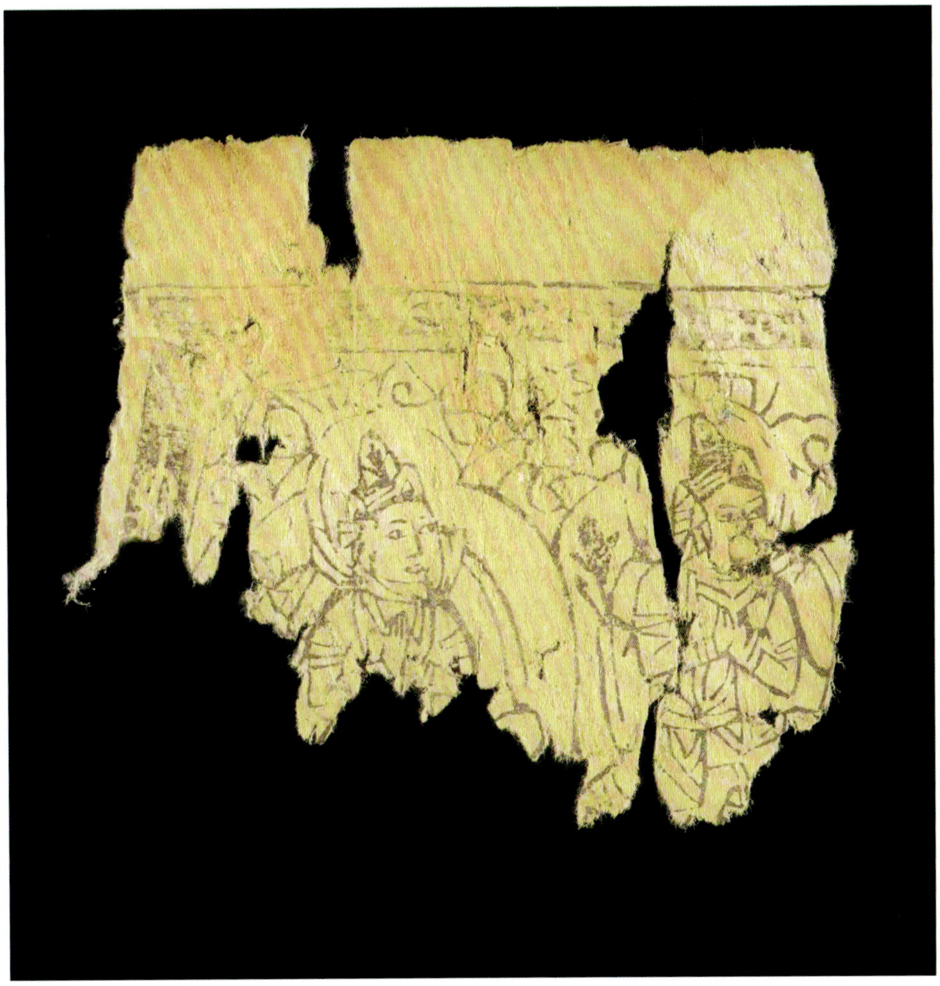

Or.12380/2290（K.K.II.0260.x.10?）

6.7 釐米 × 7 釐米

2291 金剛般若波羅蜜經科文

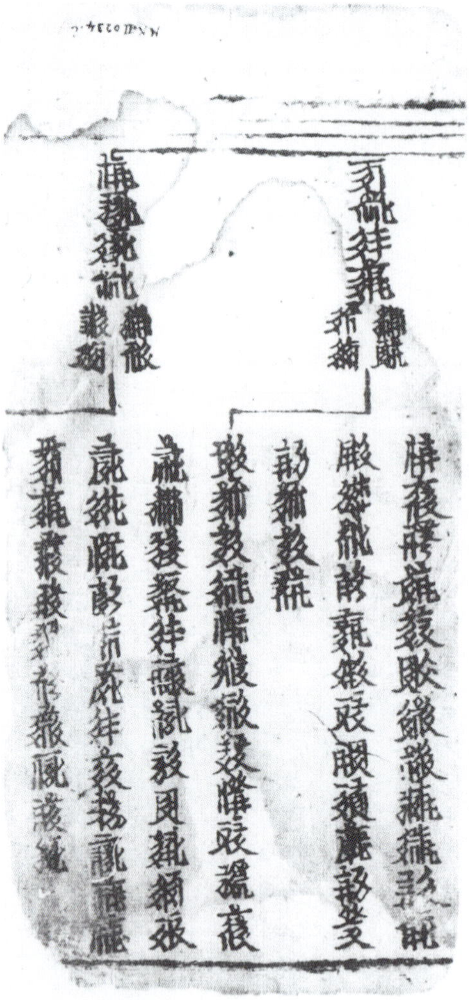

Or.12380/2291（K.K.II.0234.i）
17.5 釐米 × 10.5 釐米

	内墮應今此他輕賤以先世罪
一多佛供中具足福	業立便消滅後阿耨多羅三藐
	三菩提得
	須菩提我念過去無量阿僧祇
	劫中燈然佛於面前八百四千
二持經多中細分福	萬億那由他諸佛與得值悉皆
	供養事承乃爲空過未曾

是人先世罪業應墮惡道。以今世人輕賤故，先世罪業則爲消滅，當得阿耨多羅三藐三菩提。須菩提！我念過去無量阿僧祇劫於然燈佛前得值八百四千萬億那由他諸佛，悉皆供養承事，無空過者。（《大正藏》T08，p0750c–0751a）

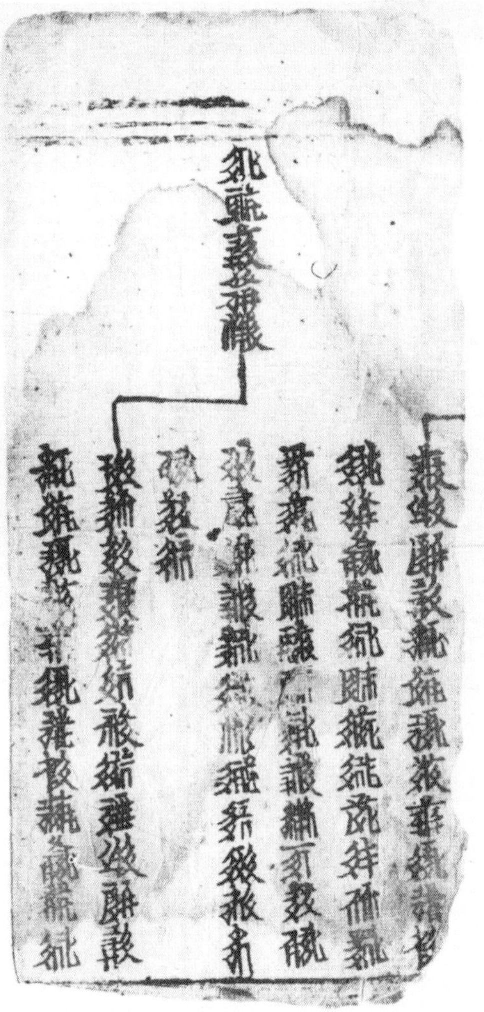

Or.12380/2291
17.5 釐米 × 10.5 釐米

	若人末世於此契經受持讀誦
	能則獲得功德者我諸佛之所
	供養功德超過百分中一不及
九具聞則信	千萬億分乃至算數譬喻以亦
	及不能
	須菩提若善男子善女人末世
	於此契經受持讀誦以獲得德

若復有人於後末世能受持讀誦此經，所得功德於我所供養諸佛功德百分不及一，千萬億分乃至算數譬喻所不能及。須菩提！若善男子善女人於後末世有受持讀誦此經，所得功德我若具説者。（《大正藏》T08，p0751a）

2292 聖勝慧到彼岸功德寶集偈卷中

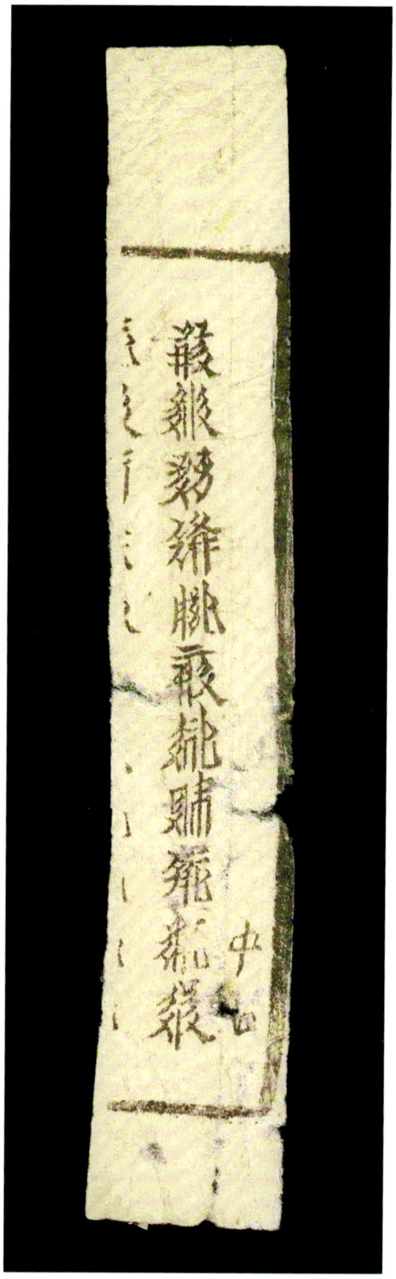

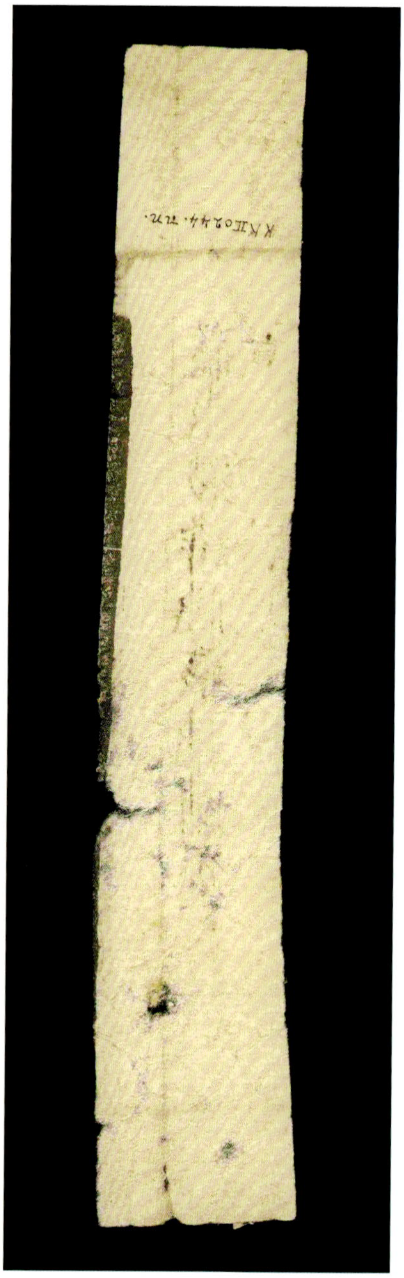

Or.12380/2292（K.K.II.0244.nn）
18.4 釐米 × 3.2 釐米

何故謂則善巧功德彼從生

爲何如是智慧功德從彼生，彼等善能隨順教示勝慧行。（北京房山雲居寺藏明刊本）

2293　金剛般若波羅蜜經科文

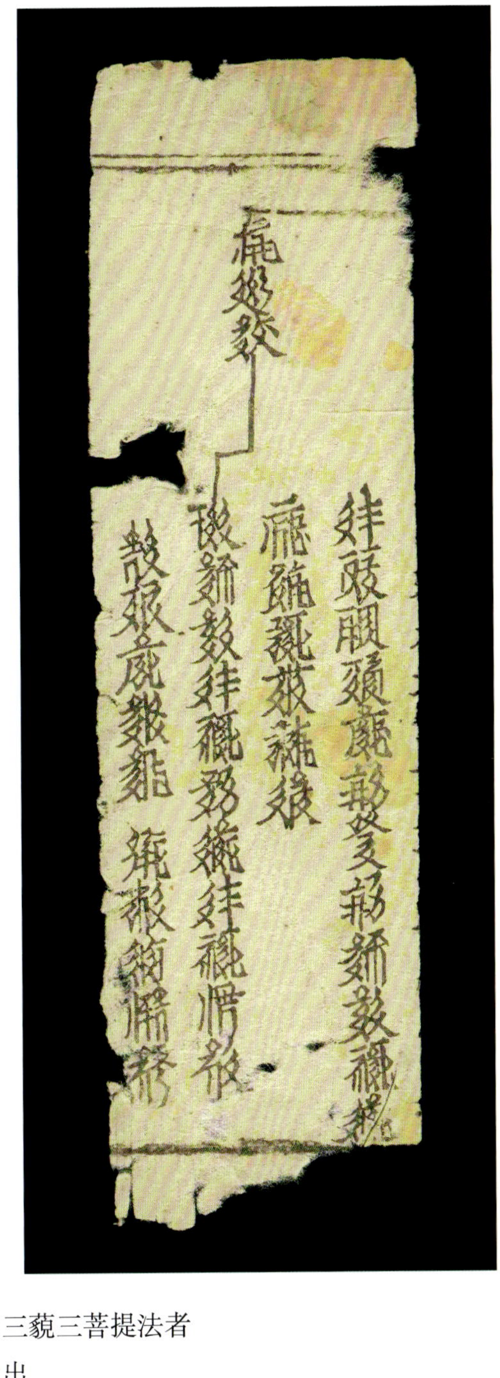

Or.12380/2293（K.K.II.0231.p）
20 釐米 × 5.6 釐米

佛阿耨多羅三藐三菩提法者

二重解　皆此契經從出

須菩提佛法謂者佛法非也

三千界寶滿　此以福田作

一切諸佛及諸**佛阿耨多羅三藐三菩提法皆從此經出。須菩提！所謂佛法者即非佛法。**

寶滿三千界，齎持作福田。（《大正藏》T85，p0003b）

2294 大方廣圓覺修多羅了義經科文

Or.12380/2294A
（K.K.II.0282.ddd）
18 釐米 × 12 釐米

□□二	善男子空實花……執
一前未頓喻	妄執由故唯此虛空……
二漸漸倒見	不有復彼實花生處……
三罪□故説	此故妄生死轉輪有則
三意屬	故無明謂
二宗□明三	善男子此無明者體實有非
	□夢中人夢時無非若醒□時

善男子！空實無花，病者妄執。由妄執故，非唯惑此虛空自性，亦復迷彼實花生處，由此妄有輪轉生死，故名無明。善男子！此無明者，非實有體，如夢中人夢時非無，及至於醒，了無所得。（《大正藏》T17，p0913b–0913c）

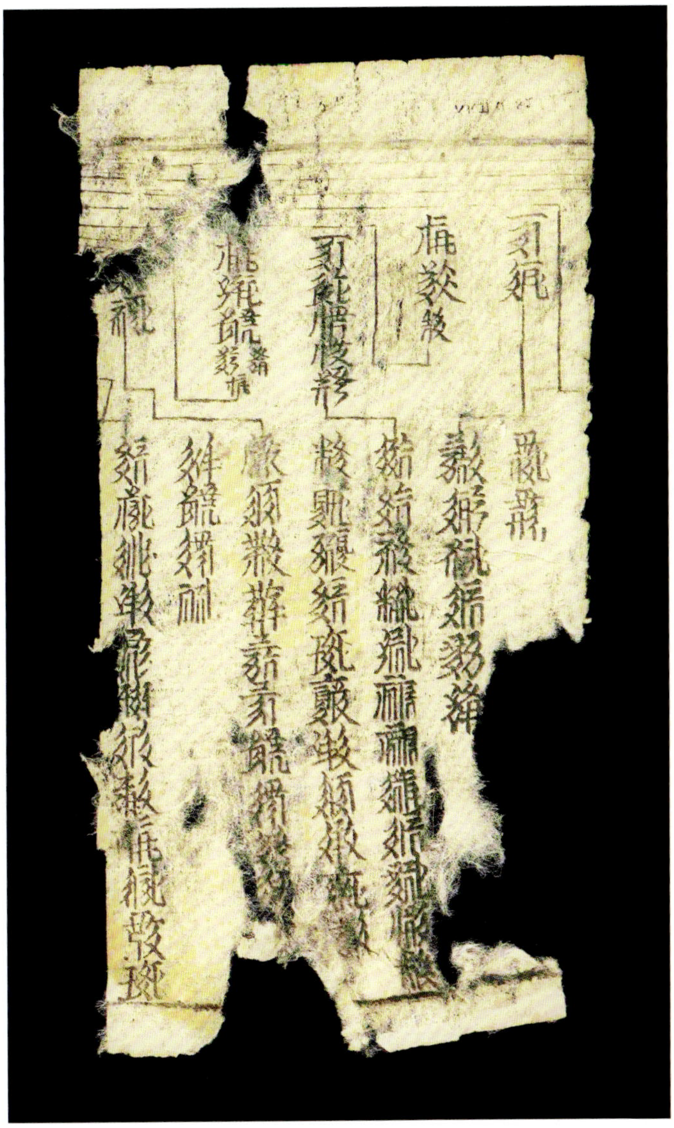

Or.12380/2294B
18 釐米 × 9.5 釐米

一問	道成
二解三	何云無明謂則
	善男子衆生一切無始乃來種
一非過定爲	種顛倒猶如迷人四方易也
二其相實説二	妄四大執自身相爲六……
心相爲令	
□法	譬病目人空中花及二月見如

永斷無明，方成佛道。云何無明？善男子！一切衆生從無始來，種種顛倒，猶如迷人四方易處。妄認四大爲自身相，六塵緣影爲自心相，譬彼病目見空中花及第二月。（《大正藏》T17，p0913b）

2295 金剛般若波羅蜜經科文

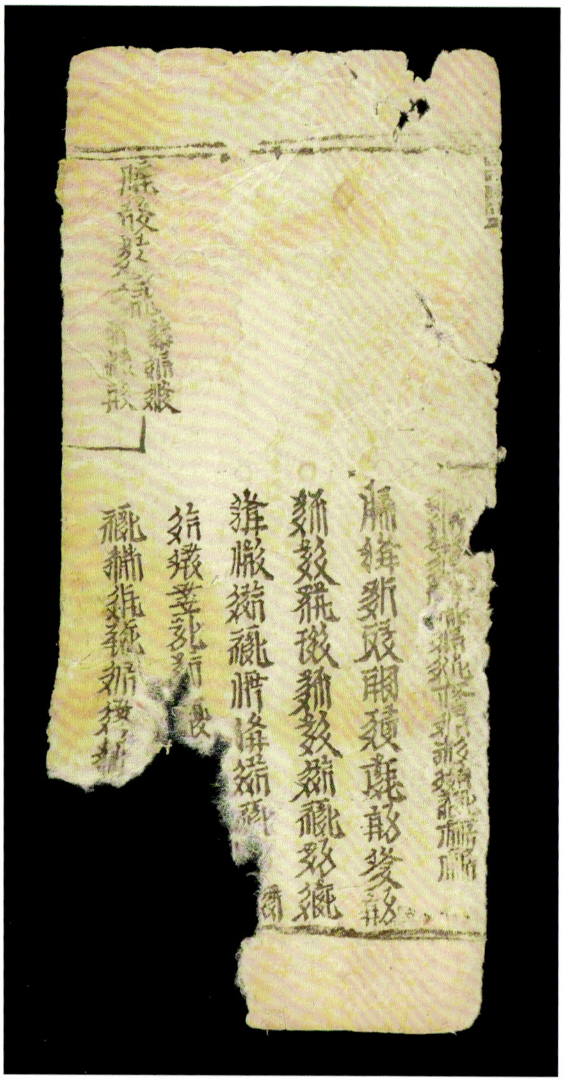

Or.12380/2295（K.K.II.0252.c）
18.5 釐米 × 8.5 釐米

	我無人無衆生無命者無以一切善法
	修則故阿耨多羅三藐三
	菩提得須菩提善法言者
	如來善法非説則善法□爲
無際緣	陸水真際同飛……
二十所説止非疑	法中彼此無理中……

是法平等，無有高下，是名阿耨多羅三藐三菩提。**以無我無人無衆生無壽者修一切善法，則得阿耨多羅三藐三菩提。須菩提！所言善法者，如來説非善法，是名善法。**

彌勒頌曰：

水陸同真際，飛行體一如。**法中無彼此，理**上豈親疏？（《大正藏》T85，p0007b）

2296　金剛般若波羅蜜經科文

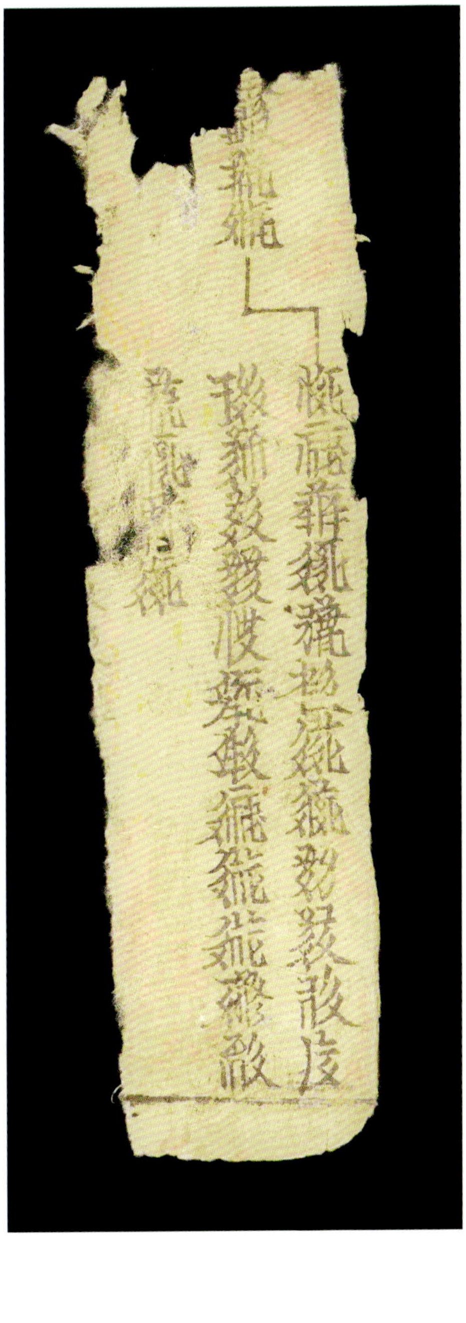

Or.12380/2296A（K.K.II.0264.a）
15.7 釐米 × 4.2 釐米

復盡受持讀誦能者謂可豈有
……明得利　須菩提必定是人最上上第希
有法成就

此處一切世間天人阿修羅皆應供養如佛塔廟，何況有人盡能受持讀誦？須菩提！當知是人成就最上第一希有之法。（《大正藏》T85，p0004a）

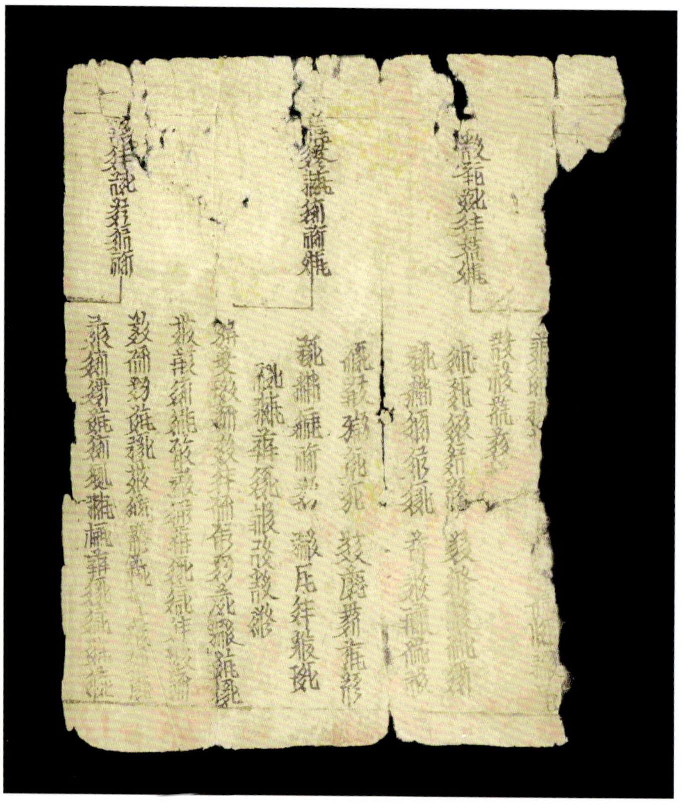

Or.12380/2296B
18.9 釐米 × 16 釐米

	若是經……有復尊上
	弟子有與……
三明彼處有佛	恒沙比量爲　分六種多爲
	經中四句取　七寶如多過
	法門游歷處　修羅供養爲
二依義顯勝名	經中最勝謂　尊高佛乃如
	法如受持分十三第
	爾時須菩提佛之白言世尊此契
	經何名我等何云奉持當佛須菩
三佛贊無勝説	提之謂是契經者金剛□若波羅
	蜜名爲是名字以汝受持當此者

若是經典所在之處，則爲有佛若尊重弟子。

彌勒頌曰：

恒沙爲比量，分爲六種多。持經取四句，七寶詎能過。

法門游歷處，供養感修羅。經中稱最勝，尊高似佛陀。

如法受持分第十三

爾時須菩提白佛言：世尊！當何名此經？我等云何奉持？佛告須菩提：是經名爲金剛般若波羅蜜，以是名字汝當奉持。所以者何？（《大正藏》T85，p0004a–0004b）

2297　殘片

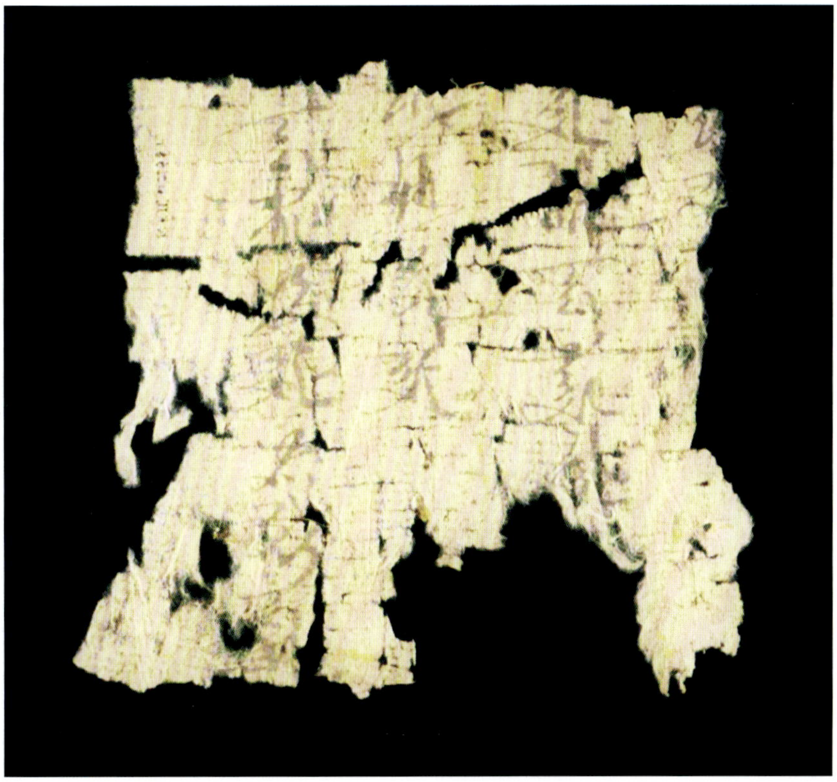

Or.12380/2297（K.K.II.0266.n）
10.7 釐米 × 11.8 釐米

2298　殘片

Or.12380/2298（K.K.II.0280.xxvii）
3.5 釐米 × 11.2 釐米

2299 殘片

Or.12380/2299（K.K.II.0281.qqq）
10.7 釐米 × 20.3 釐米

2300 殘片

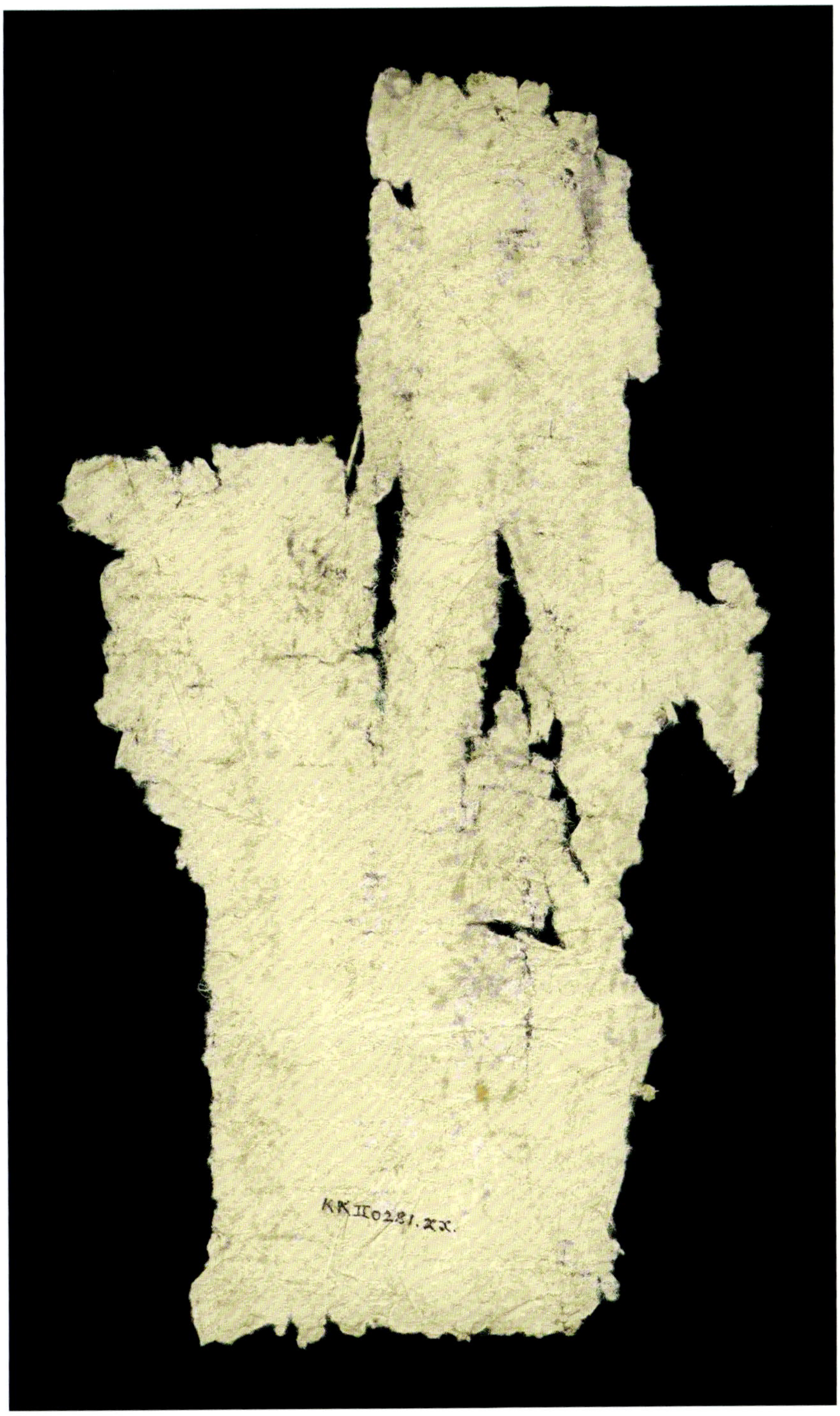

Or.12380/2300（K.K.II.0281.xx）

18.3 釐米 × 10.5 釐米

2301 殘片

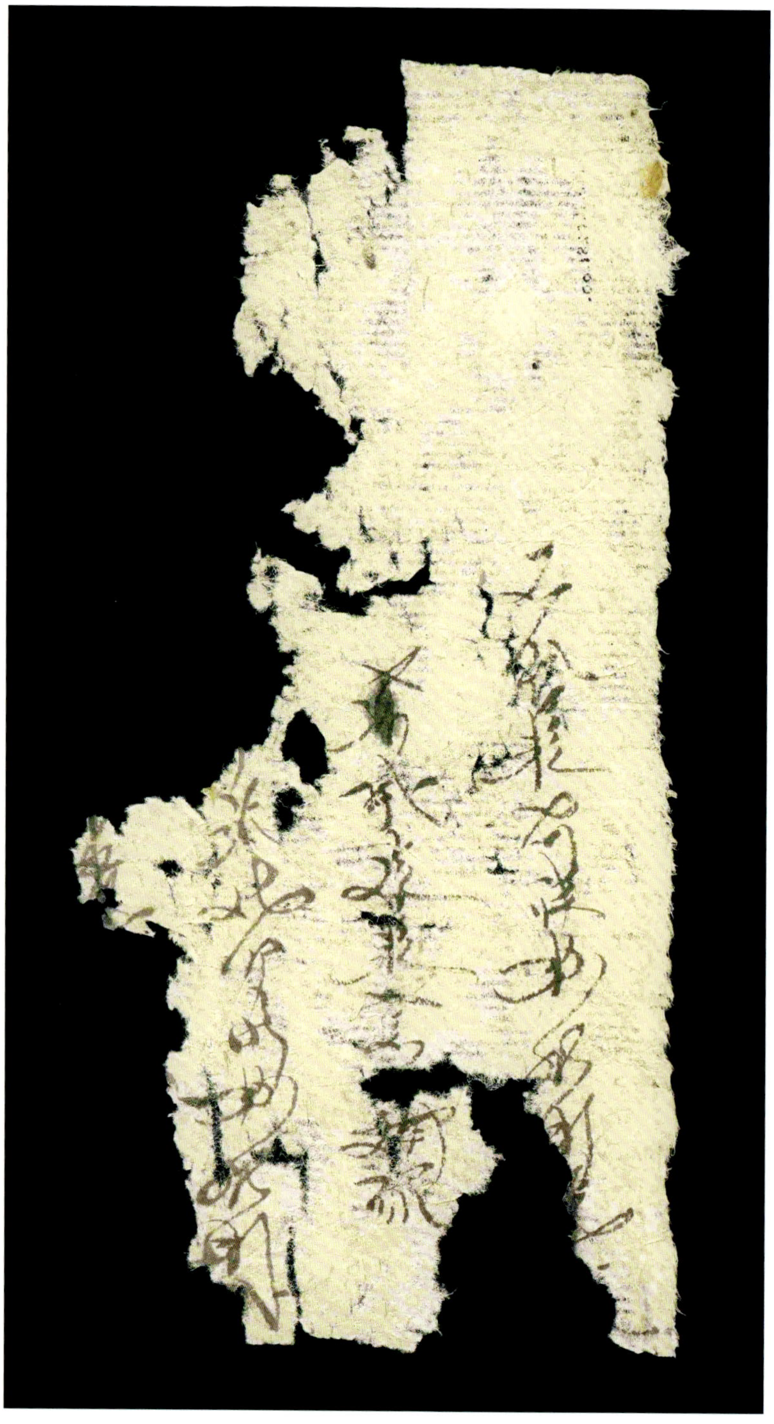

Or.12380/2301（K.K.II.0281.oo）
19 釐米 × 9.2 釐米

2302　殘片

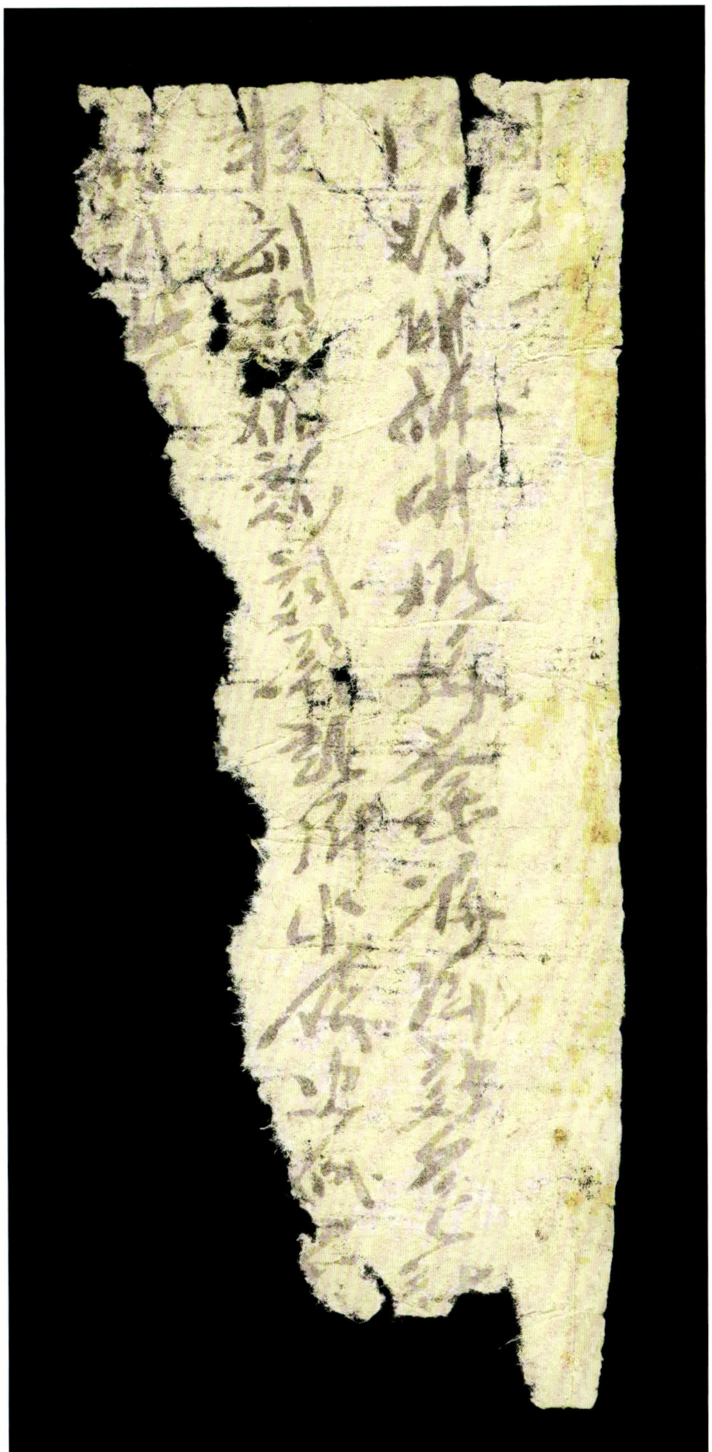

Or.12380/2302（K.K.II.0281.u）
19.8 釐米 × 8.4 釐米

2303 文契殘片

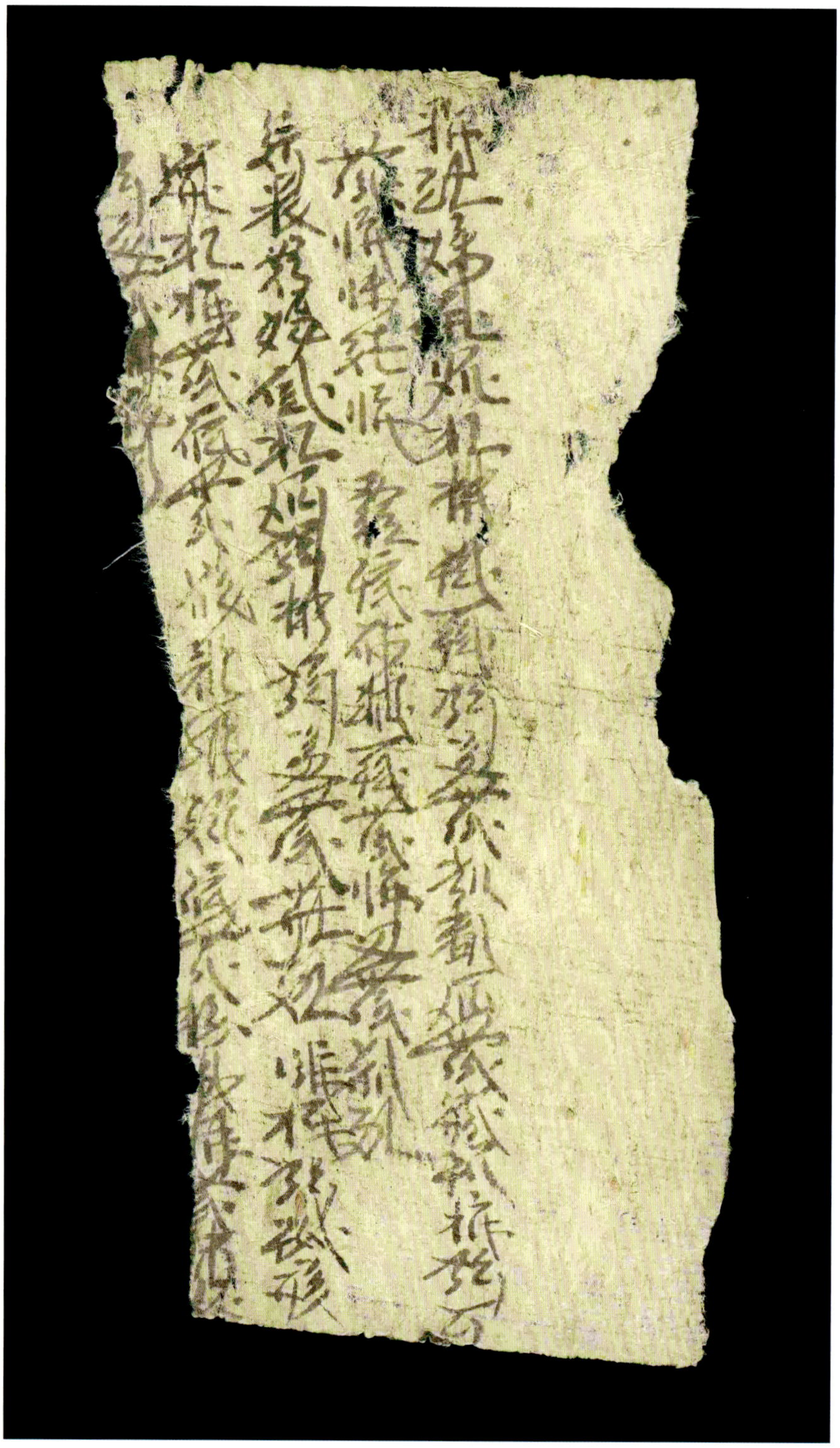

Or.12380/2303(K.K.II.0281.1)
19.5 釐米 × 10.5 釐米

2304 殘片

Or.12380/2304A（K.K.II.0281.f）
11.5 釐米 × 4.5 釐米

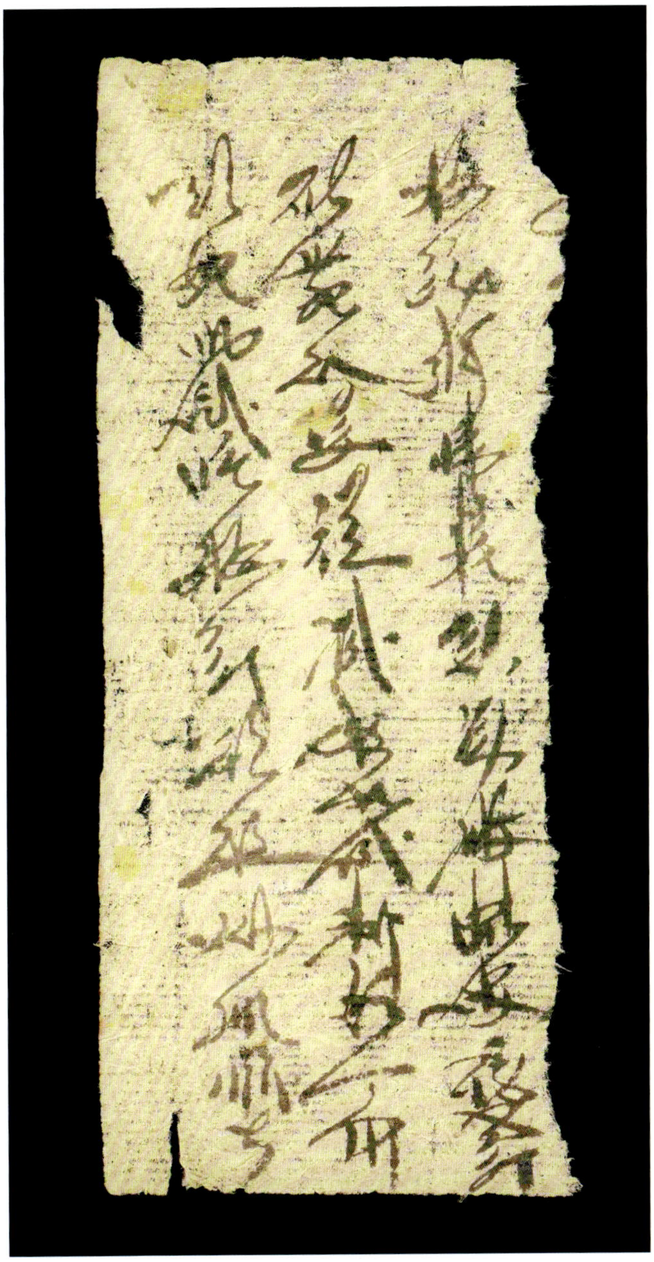

Or.12380/2304B
19.4 釐米 × 8.5 釐米

……顛倒諸神不樂如……

……判諸天福祐死義……

2305 殘片

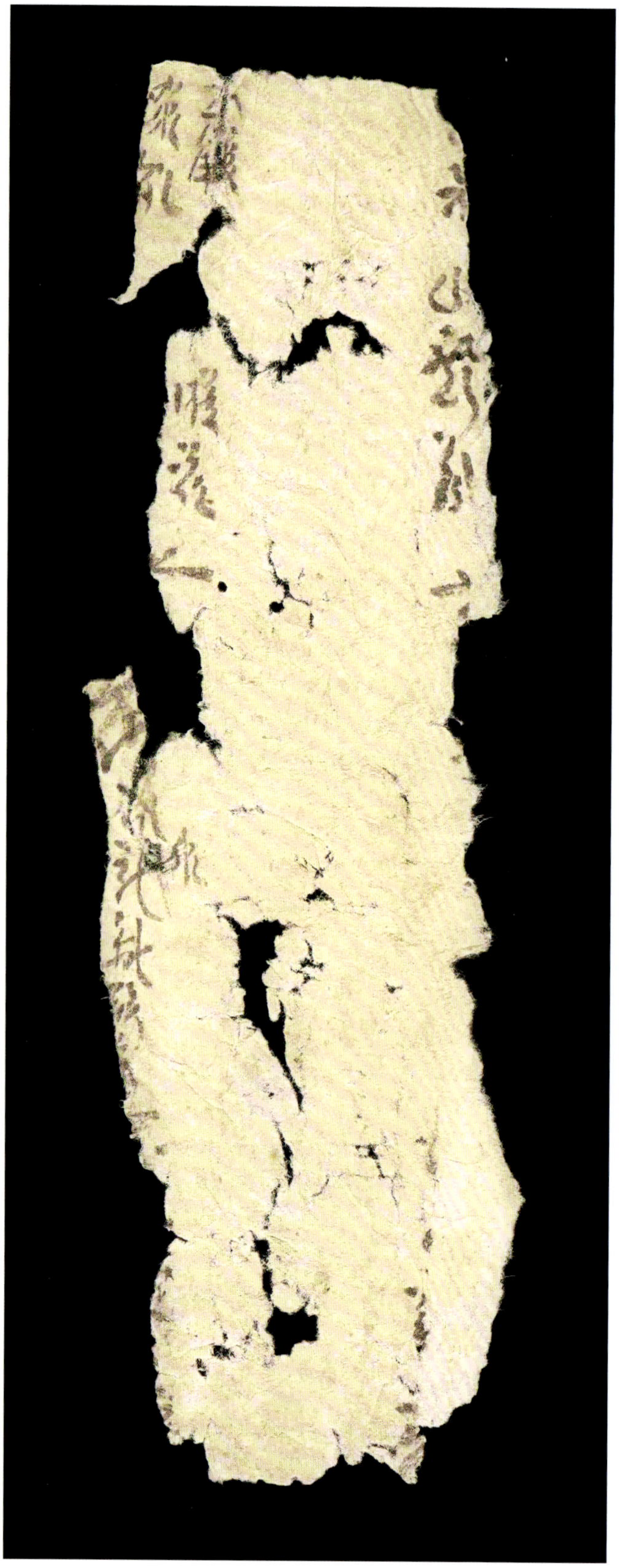

Or.12380/2305（K.K.II.0295.i）
19.7 釐米 × 6 釐米

2306　殘片

Or.12380/2306（K.K.II.0305.2?）
14.8 釐米 × 6.9 釐米

2307 殘片

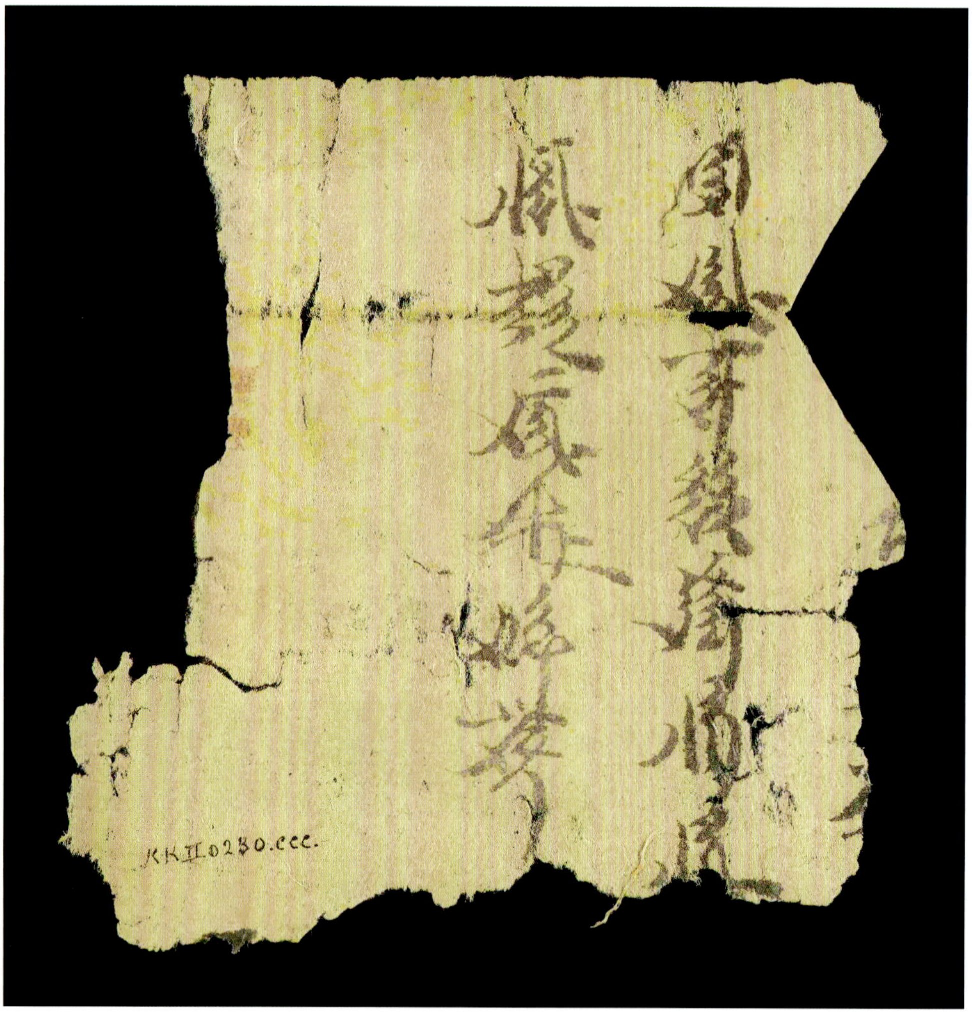

Or.12380/2307(K.K.II.0230.ccc)
9.5 釐米 × 9.4 釐米

八月一日聚集來……
不放應因心伏……

2308　文契殘片

Or.12380/2308A（K.K.II.0230.cc.2?）
9.6 釐米 × 9.9 釐米

Or.12380/2308B
7 釐米 × 9.9 釐米

2309 簿籍殘片

Or.12380/2309A（K.K.II.0270.vv.i）
12.8 釐米 × 9.3 釐米

Or.12380/2309B
12.6 釐米 × 9.3 釐米

2310　殘片

Or.12380/2310（K.K.II.0239.tt.2?）
7.4 釐米 × 8.5 釐米

2311　殘片

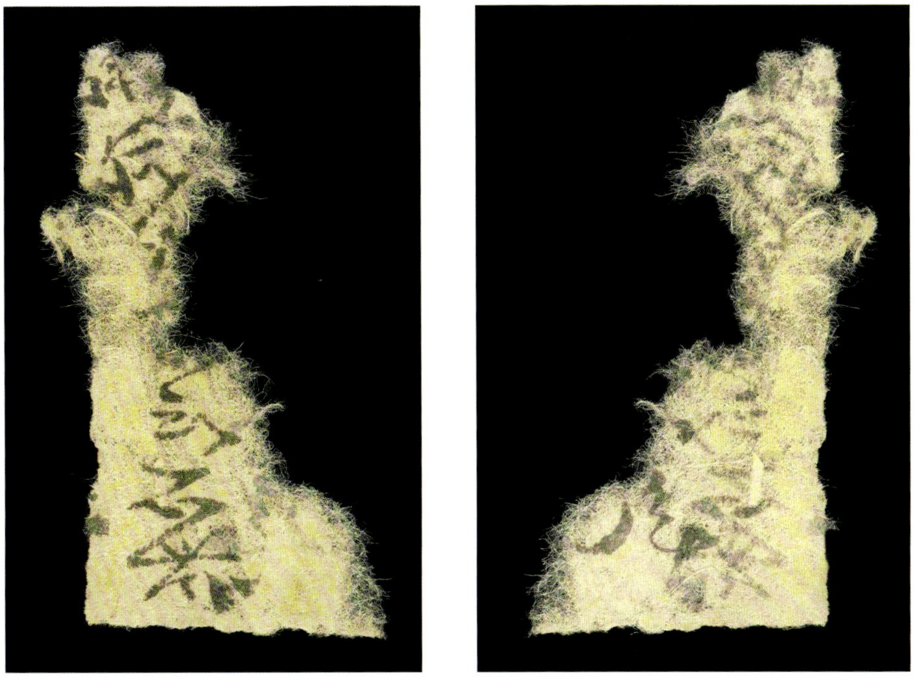

Or.12380/2311（K.K.II.0239.tt.3?）
6.4 釐米 × 4.2 釐米

2312 殘片

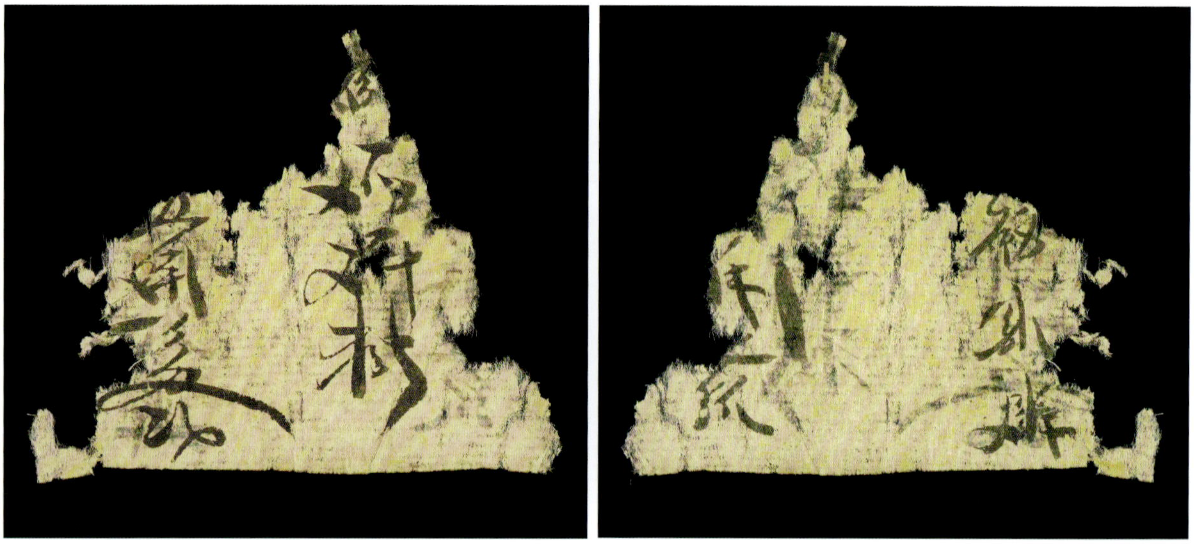

Or.12380/2312（K.K.II.0239.tt.1?）
7.1 釐米 × 8.9 釐米

2313 殘片

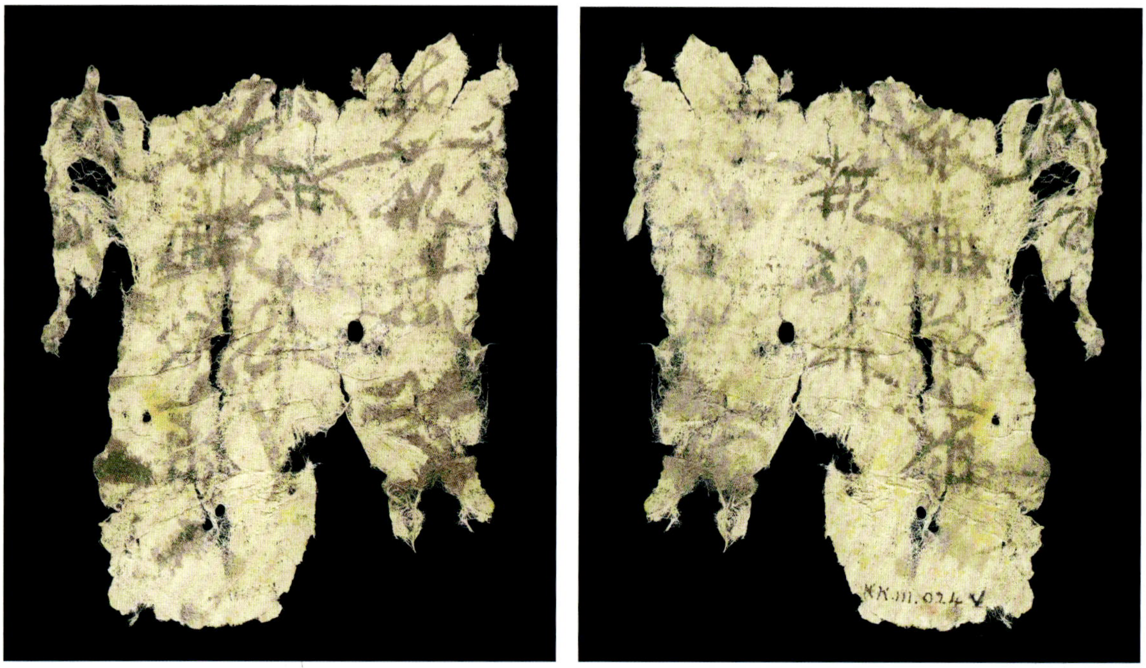

Or.12380/2313（K.K.III.024.v）
9.2 釐米 × 7.6 釐米

2314 殘片

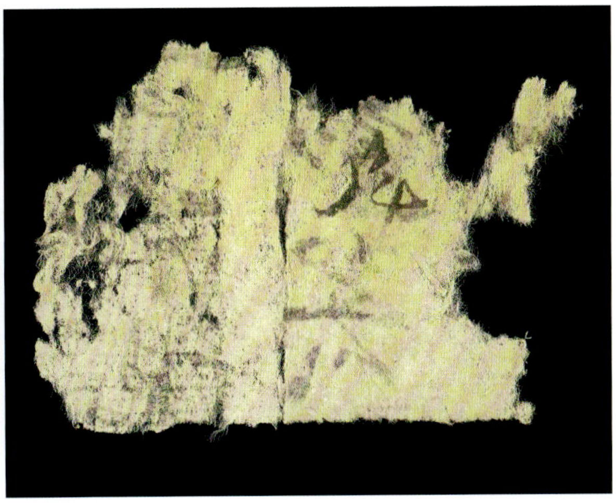

Or.12380/2314（K.K.II.0239.tt.6?）
5.3 釐米 × 7.5 釐米

2315 殘片

Or.12380/2315（K.K.II.0239.tt.4?）
14.7 釐米 × 9.5 釐米

2316 殘片

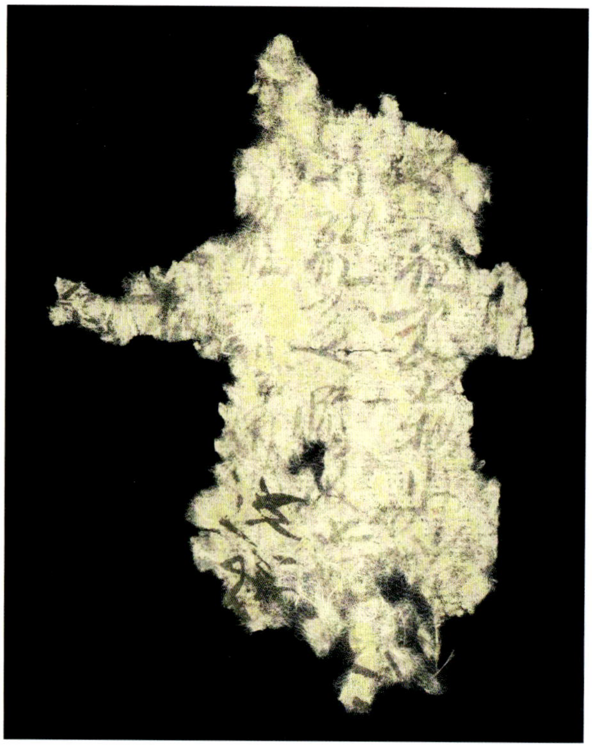
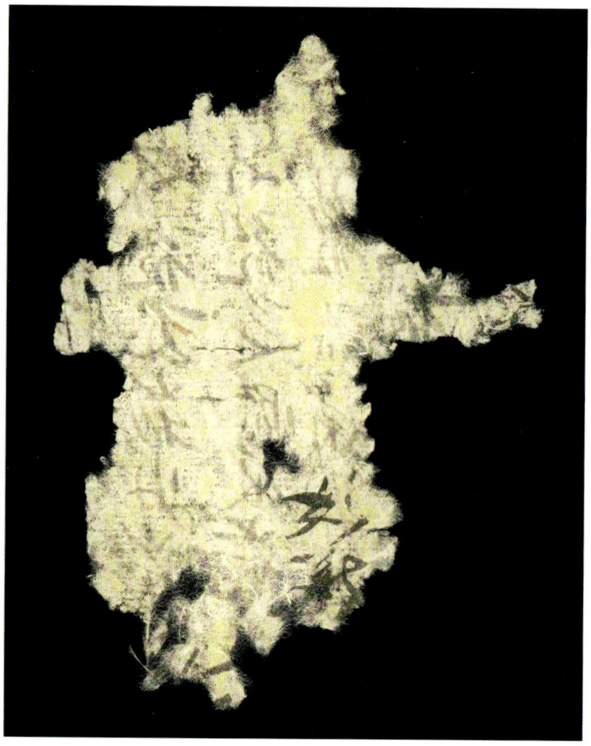

Or.12380/2316A（K.K.II.0239.tt.7?）
15.3 釐米 × 11.4 釐米

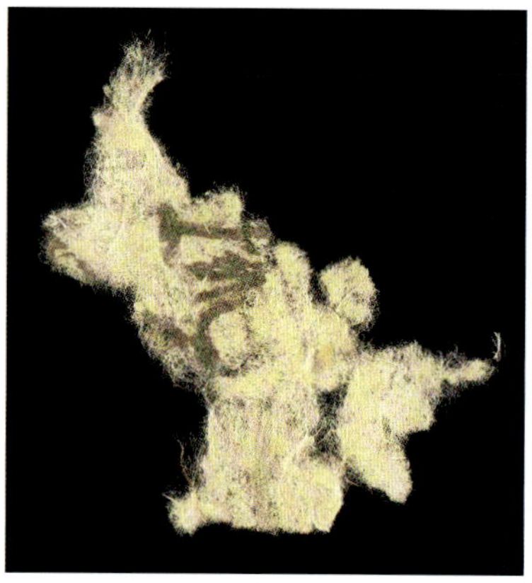

Or.12380/2316B
5.8 釐米 × 5.6 釐米

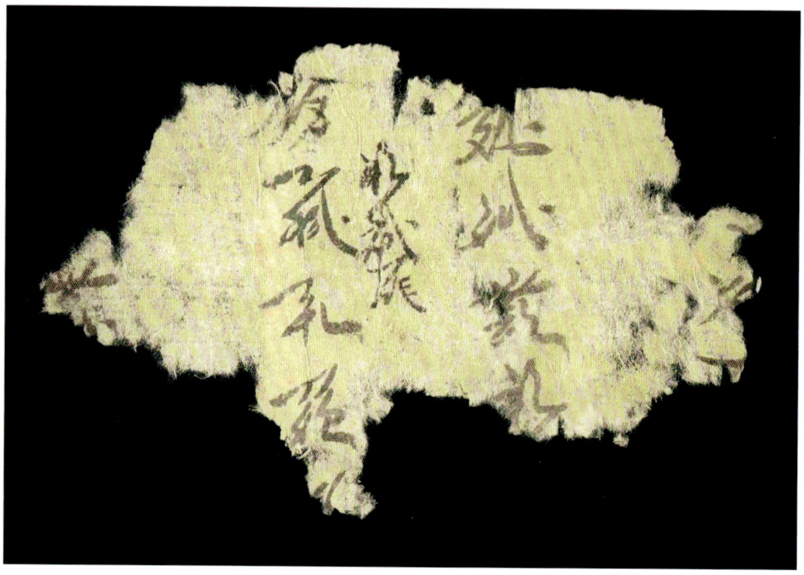

Or.12380/2316C
10.2 釐米 × 15.2 釐米

2317　文契殘片

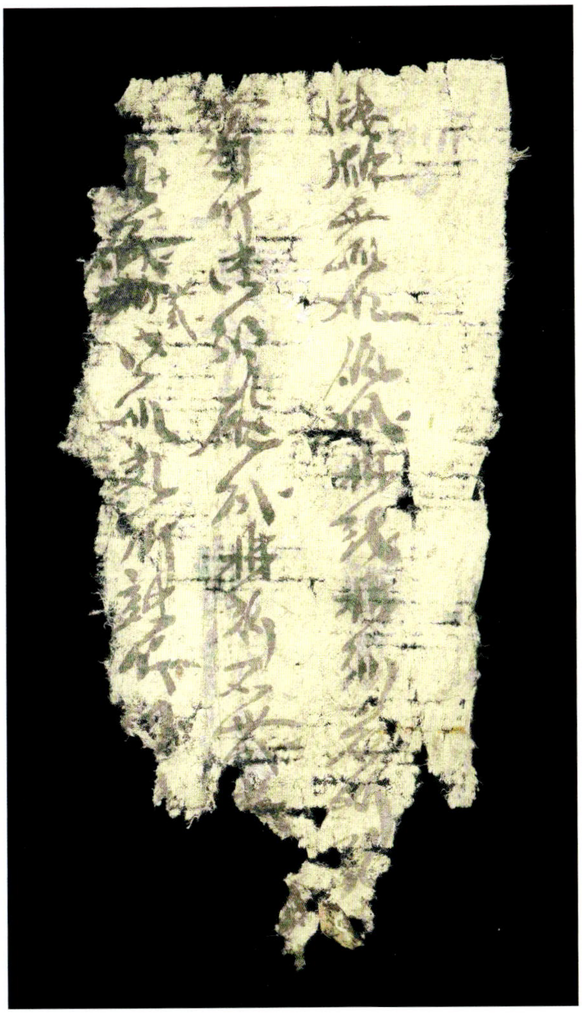

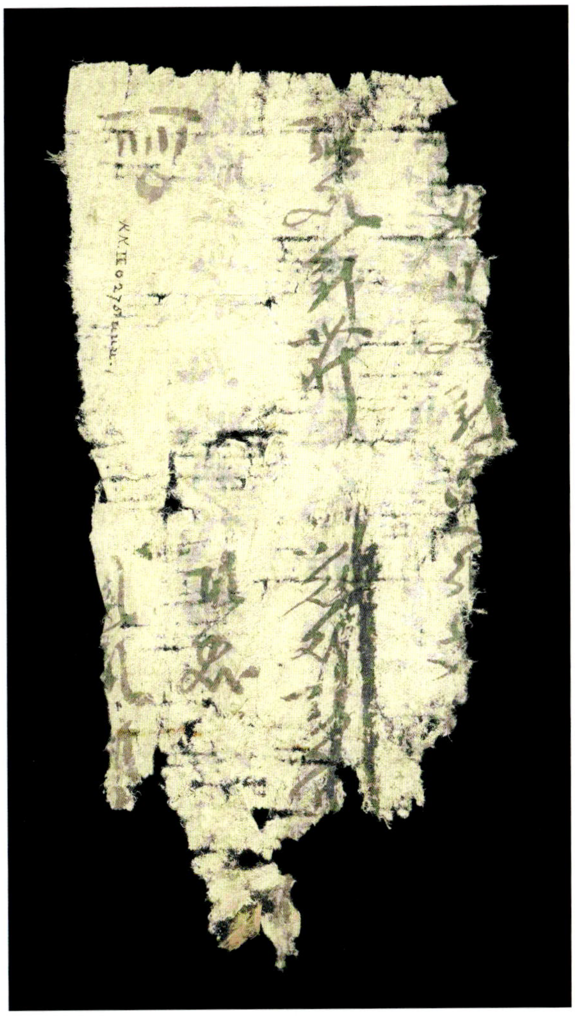

Or.12380/2317（K.K.II.0275.uuu）
15 釐米 × 7.6 釐米

2318 殘片

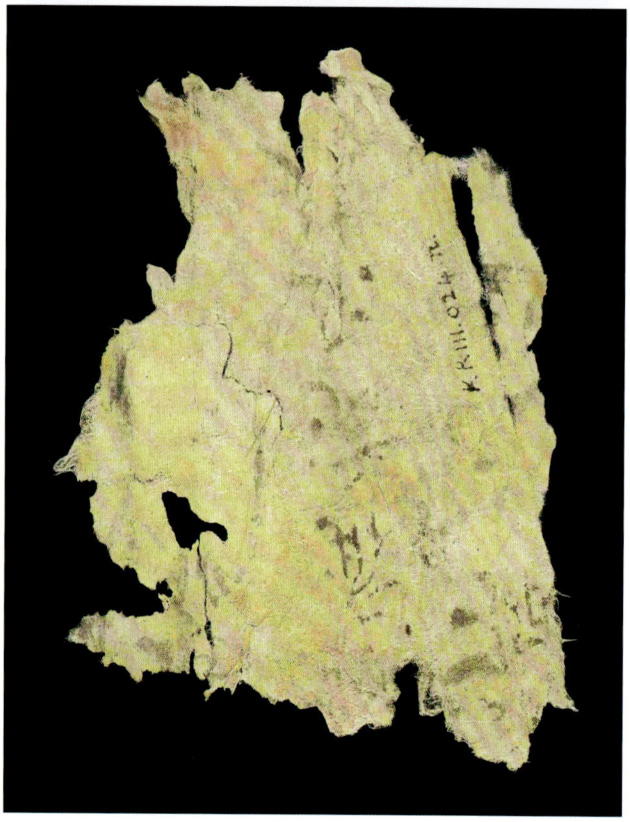

Or.12380/2318（K.K.III.024.n）
8.8 釐米 × 6.6 釐米

2319 簿籍殘片

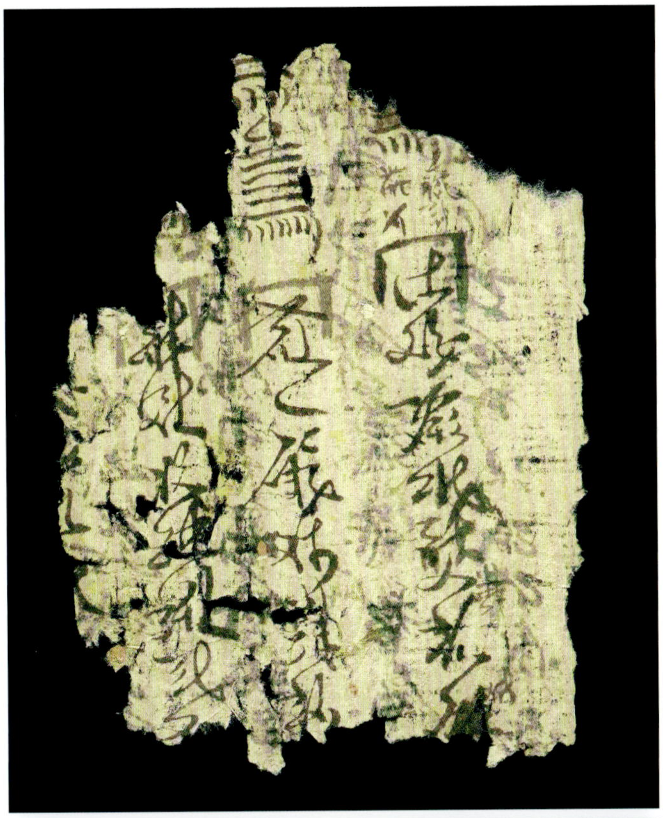

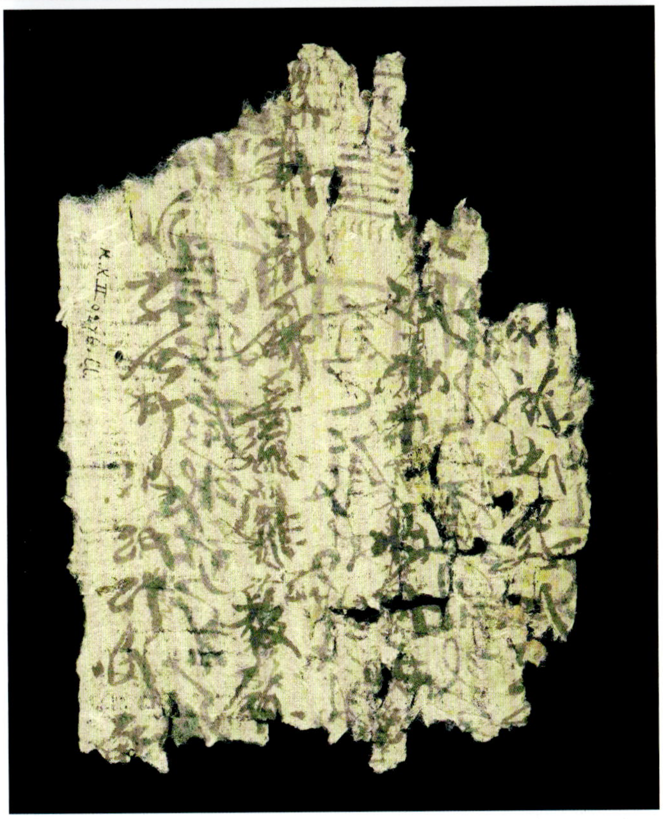

Or.12380/2319(K.K.II.0276.ll)
11 釐米 × 8.3 釐米

2320 殘片

Or.12380/2320
（K.K.II.0275.a.xviii.23?）
9.5 釐米 × 7.5 釐米

2321 經疏殘片

Or.12380/2321A（K.K.II.0275.www）
12.5 釐米 × 0.8 釐米

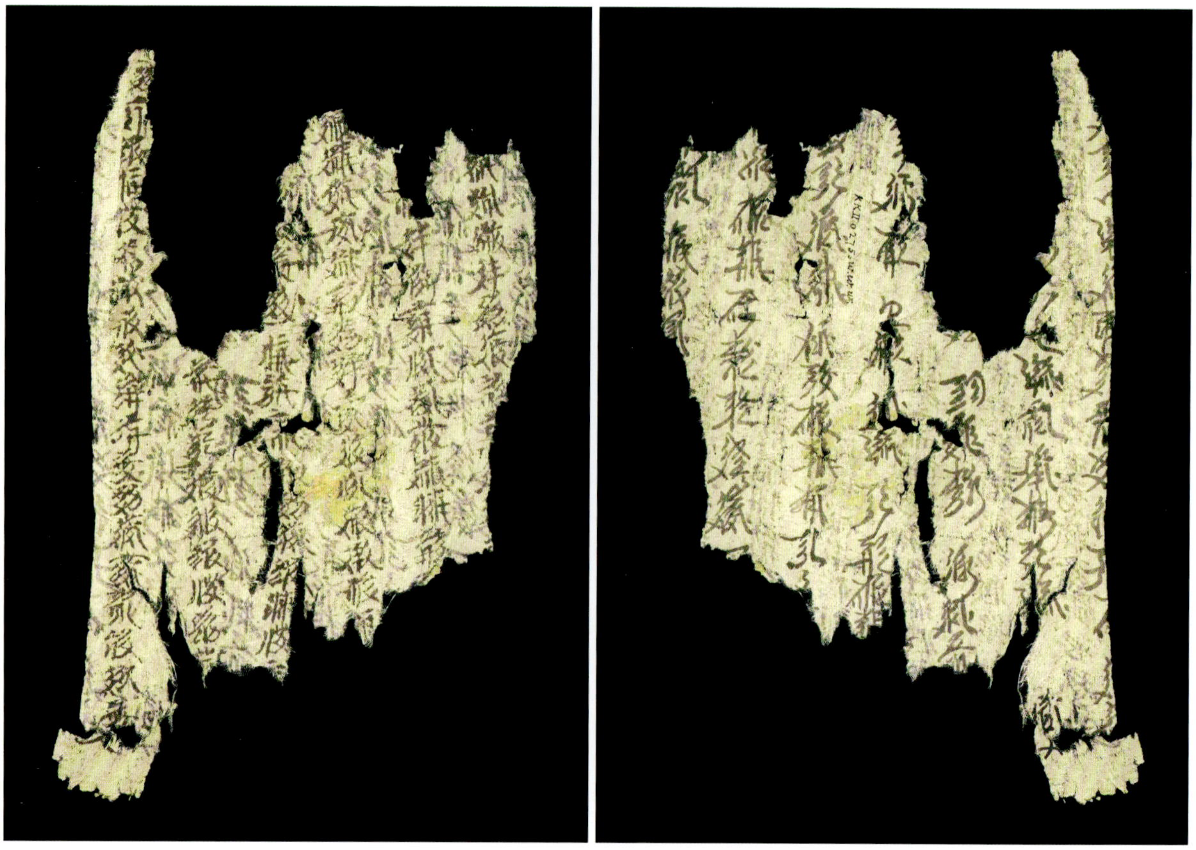

Or.12380/2321B
16 釐米 × 10 釐米

……乃至佛涅槃入……
……佛滅度後契經前依何……
……最初如是我聞乃有萬年後方永方傳……
……二立起□謂者戒依定……
……慧義説欲故戒定换……
……粉一戒二定明澈乃解爾時謂者林苑既住□

2322 文契殘片

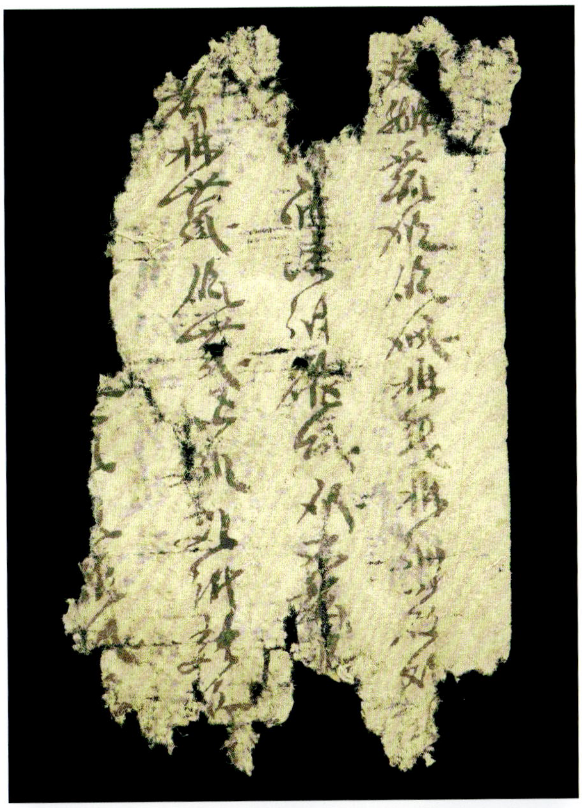

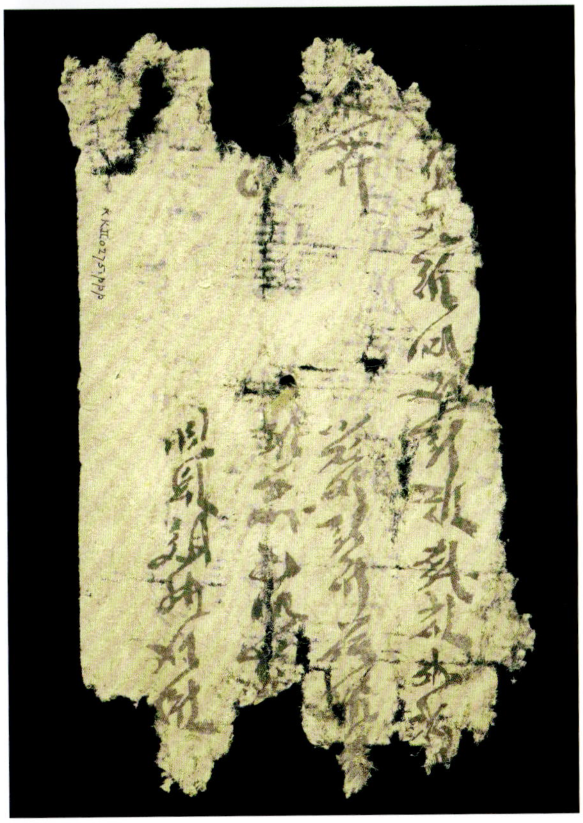

Or.12380/2322（K.K.II.0275.ppp）
15.2 釐米 × 10 釐米

2323 佛書殘片

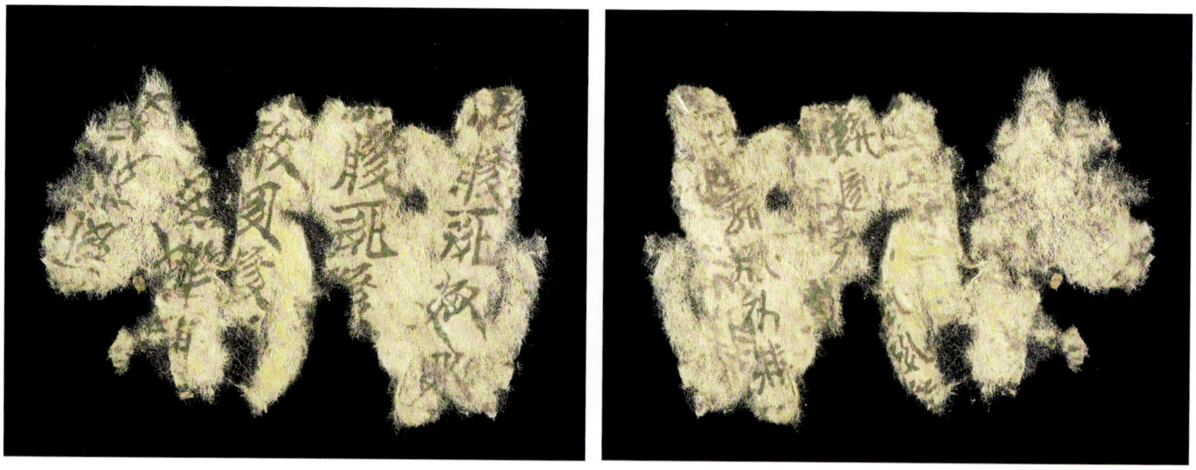

Or.12380/2323A（K.K.II.0276.iii.15?）
5.1 釐米×8 釐米

……天上住汝……
……天上……
……十八天……
……上應……
……天及……

……續應……
……自性謂因……

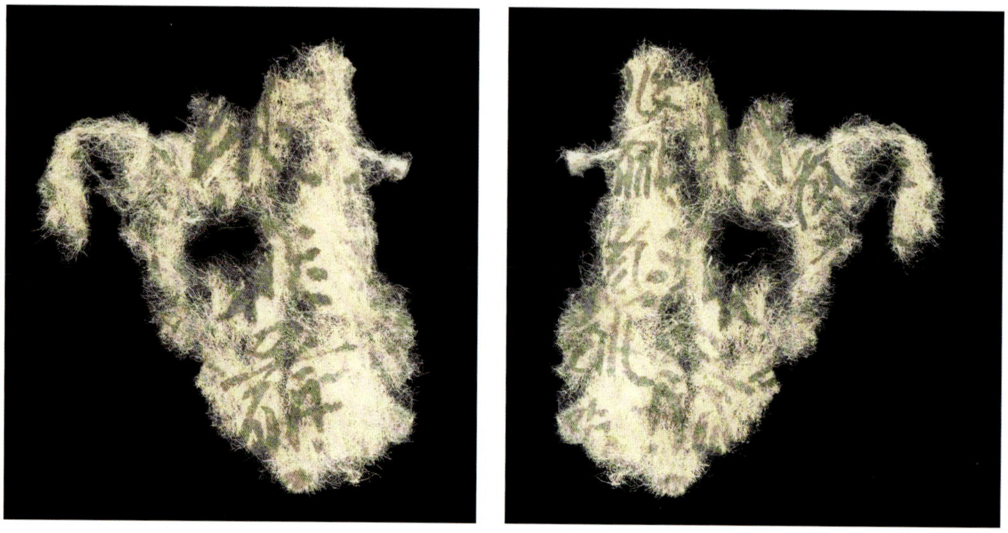

Or.12380/2323B
4.5 釐米×4 釐米

……報……

……界……
……令能時……

Or.12380/2323C
4.9 釐米 × 3.8 釐米

……識際無……
……思無……

Or.12380/2323D
5.5 釐米 × 3 釐米

……慮……

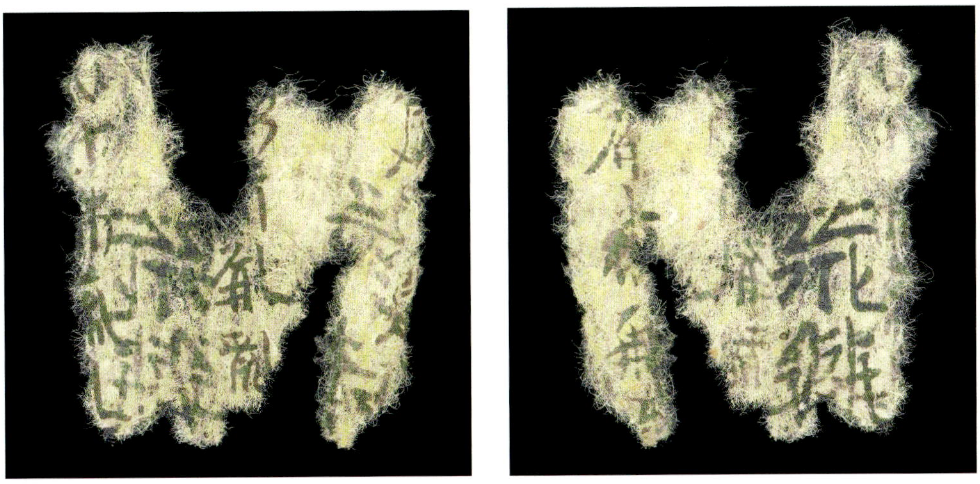

Or.12380/2323E
4.1 釐米 × 4 釐米

……解是……

彼因……
……樹下……

2324 佛書殘片

Or.12380/2324A（K.K.II.0276.jjj.25?）
12 釐米 × 2.5 釐米

Or.12380/2324B
11.9 釐米 × 2.4 釐米

Or.12380/2324C（K.K.II.0276.jjj.25）

10.4 釐米 × 2 釐米

2325 佛書殘片

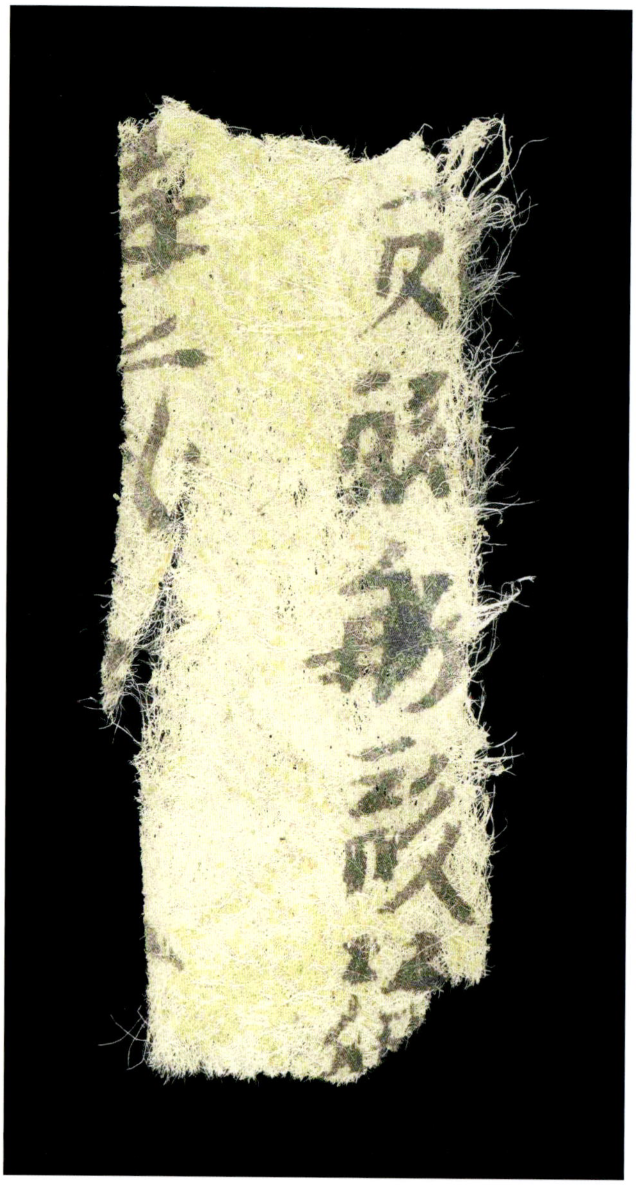

Or.12380/2325A（K.K.II.0238.j.xi.1?）
4.6 釐米 × 1.8 釐米

……阿鉢三悉……

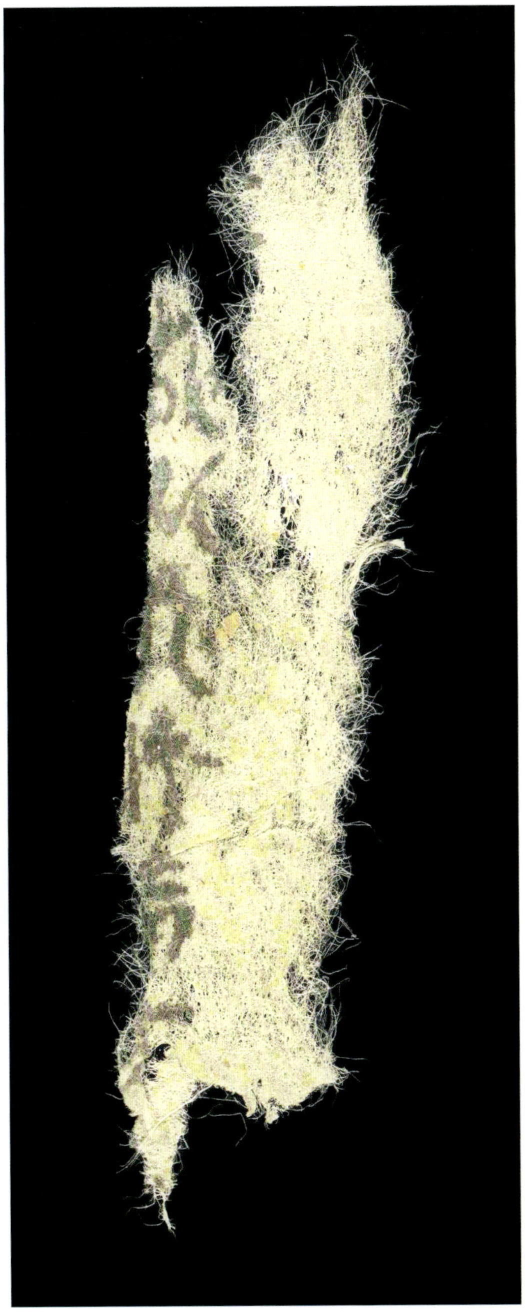

Or.12380/2325B（K.K.II.0238.j.xi.2?）
7 釐米 × 1.8 釐米

2326 殘片

Or.12380/2326（K.K.II.0238.j.xii）
4.5 釐米 × 2 釐米

2327　佛書殘片

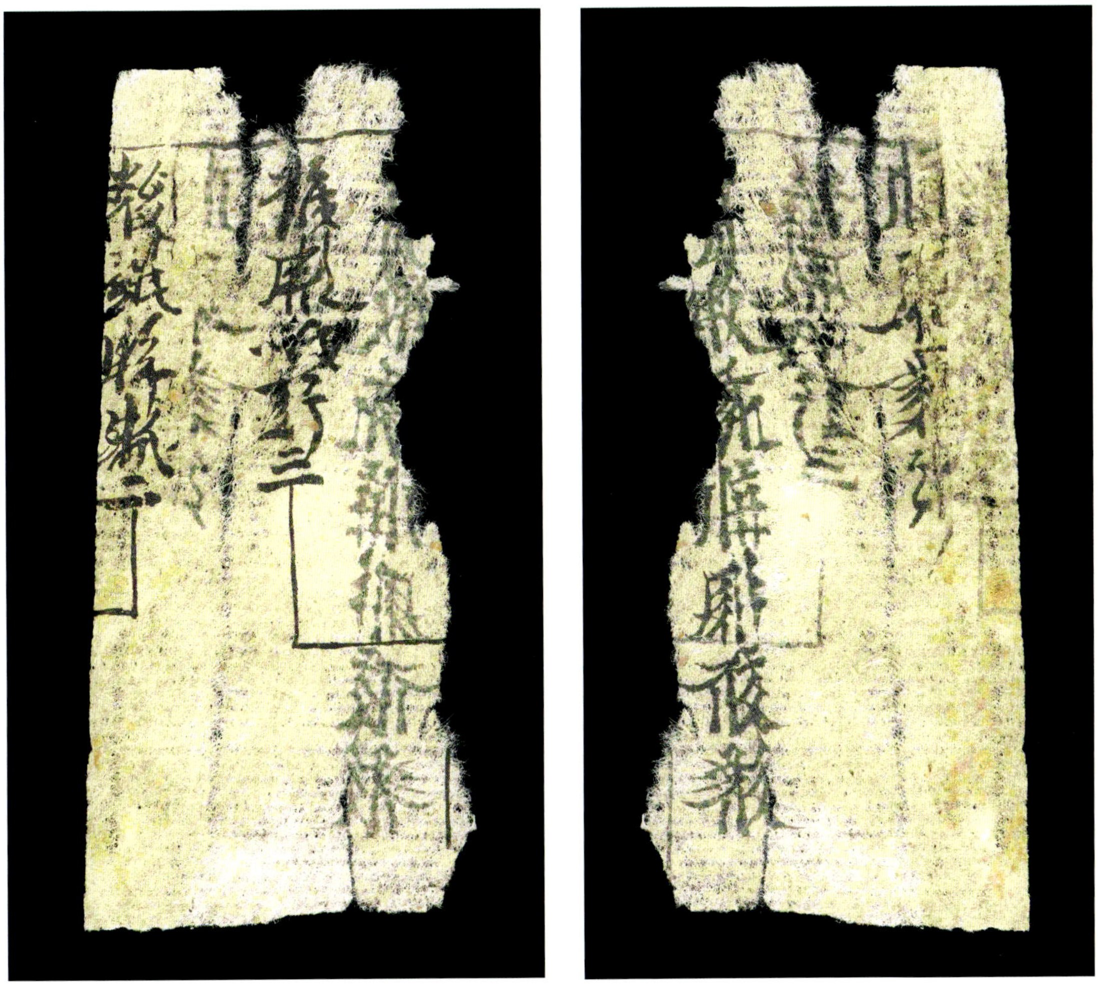

Or.12380/2327（K.K.II.0245.j.ii?）
9.2 釐米 × 4.3 釐米

二別依說
三苦心法

……
□方界內虛平數

2328 殘片

Or.12380/2328（K.K.II.0238.j.x?）
10.3 釐米 × 6.2 釐米

2329　文契殘片

Or.12380/2329（K.K.II.0238.j.vii）
5.5 釐米 × 10.5 釐米

2330 殘片

Or.12380/2330(K.K.II.0238.j.xvii?)
9.5 釐米 × 3.9 釐米

2331 經疏殘片

利益故名滿得願而殊勝乃……
分别亦大乘之這三身四智……
等敕及滅道二種了悟法論……
識大衆寶是○聲聞之者……

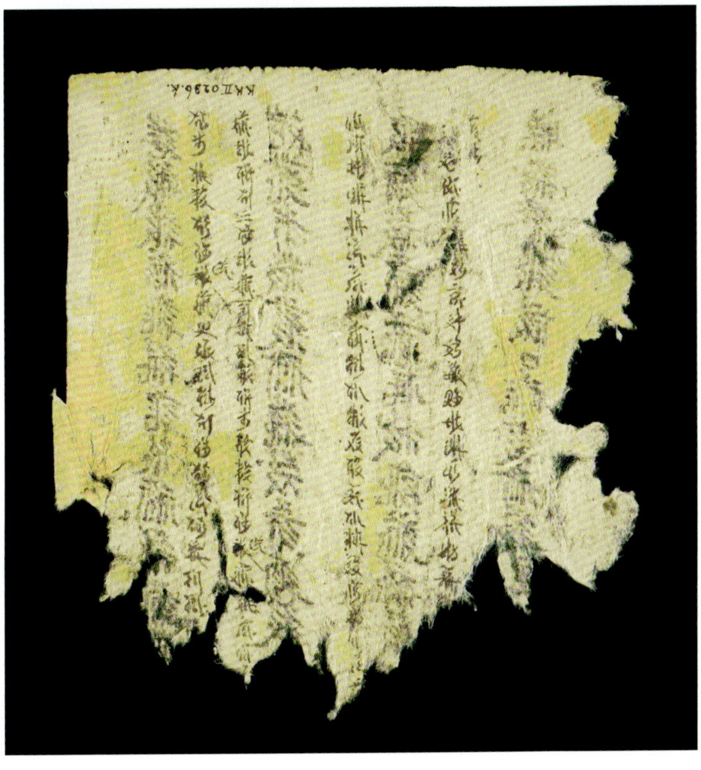

Or.12380/2331（K.K.II.0236.k）
11.6 釐米 × 10.8 釐米

2332 殘片

Or.12380/2332（K.K.II.0236.kk.ii）
8.2 釐米 × 7.1 釐米

2333　佛書殘片

……有體……
……我習量……

□偈

Or.12380/2333（K.K.II.0282.b.iv/3?）
4.7 釐米 × 4.8 釐米

2334 殘片

Or.12380/2334（K.K.II.0227.q.i.1?）
6.4 釐米 × 8.9 釐米

2335 殘片

Or.12380/2335（K.K.II.0227.q.i.2?）
4.6 釐米 × 8.9 釐米

2336　殘片

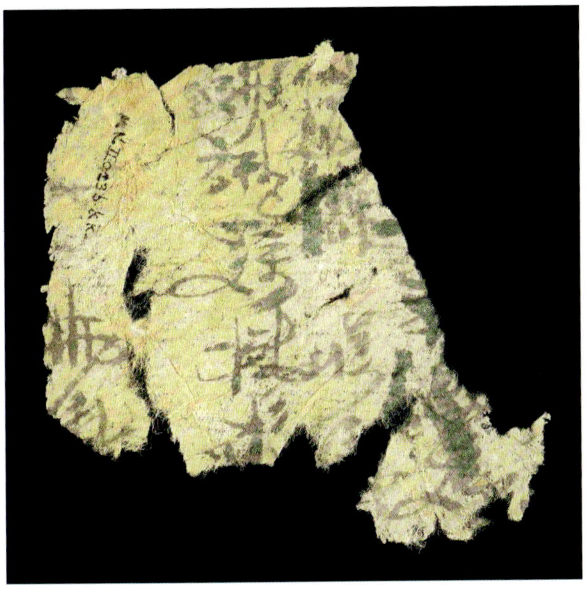

Or.12380/2336（K.K.II.0236.kk.i）
7.4 釐米 × 7.6 釐米

2337　殘片

Or.12380/2337（K.K.II.0236.kk.iii）
5 釐米 × 6.3 釐米

2338 殘片

Or.12380/2338A（K.K.II.0236.f）
6.2 釐米 × 4.6 釐米

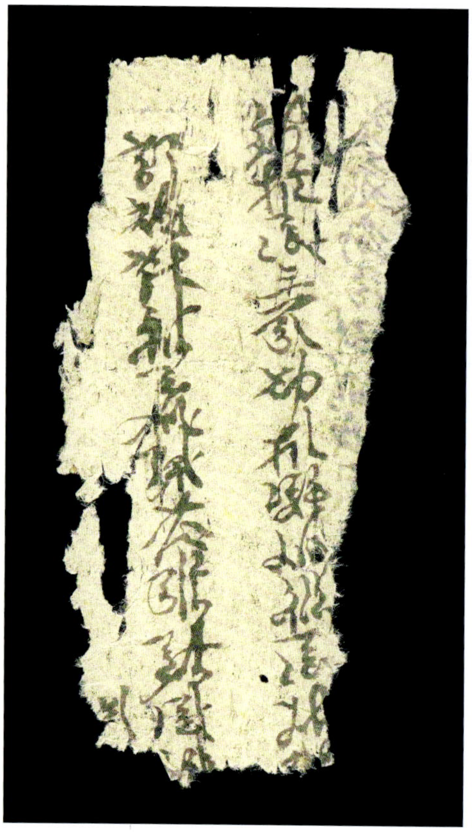

Or.12380/2338B
10.8 釐米 × 5.4 釐米

2339 殘片

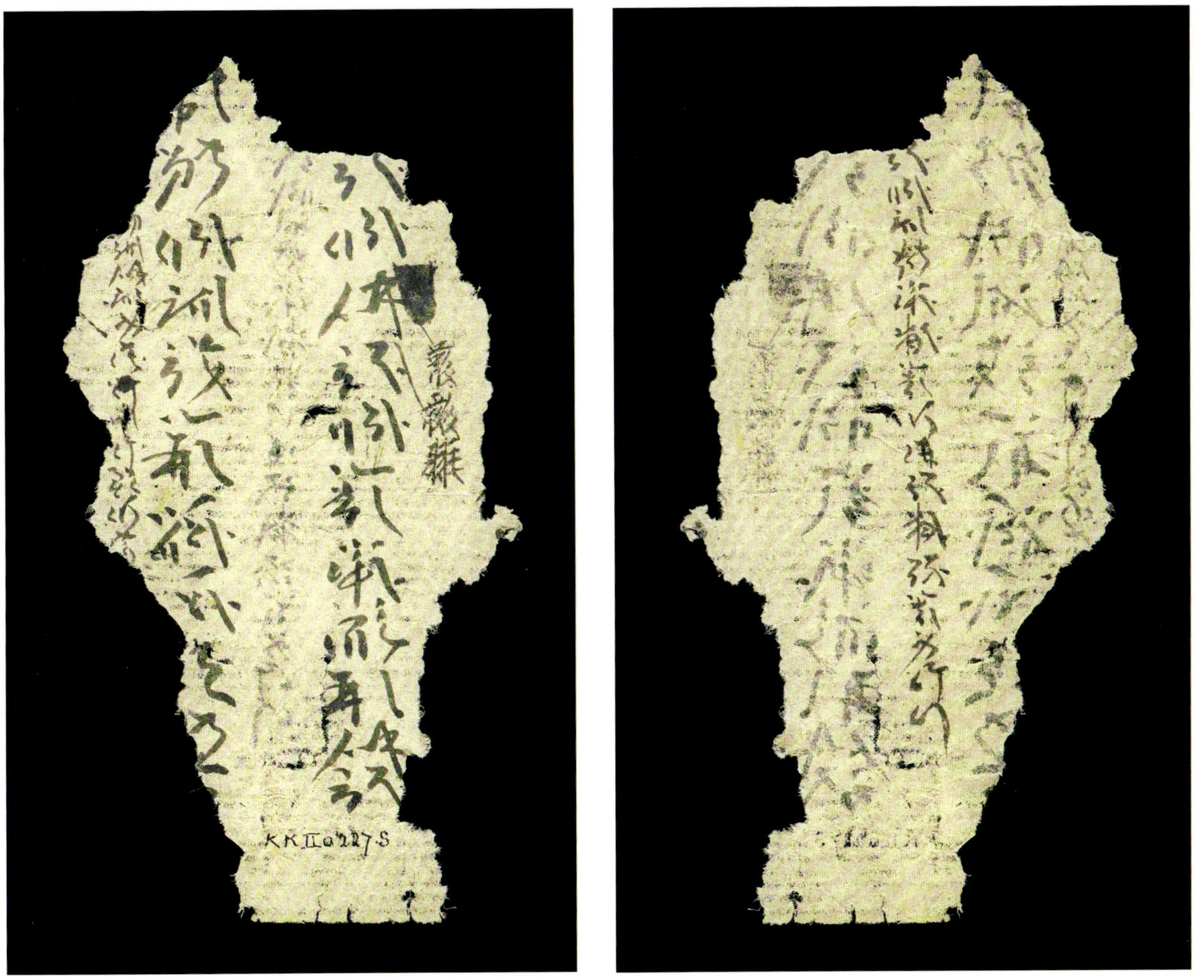

Or.12380/2339（K.K.II.0227.s）
10.2 釐米 × 5.6 釐米

2340 殘片

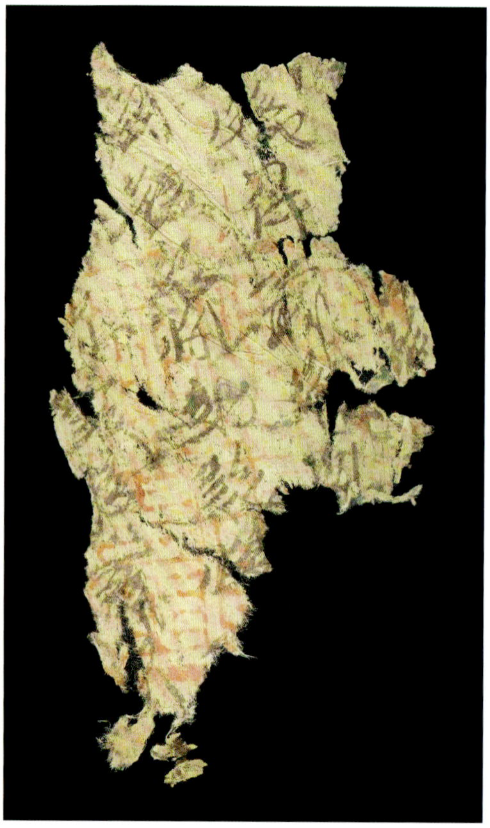

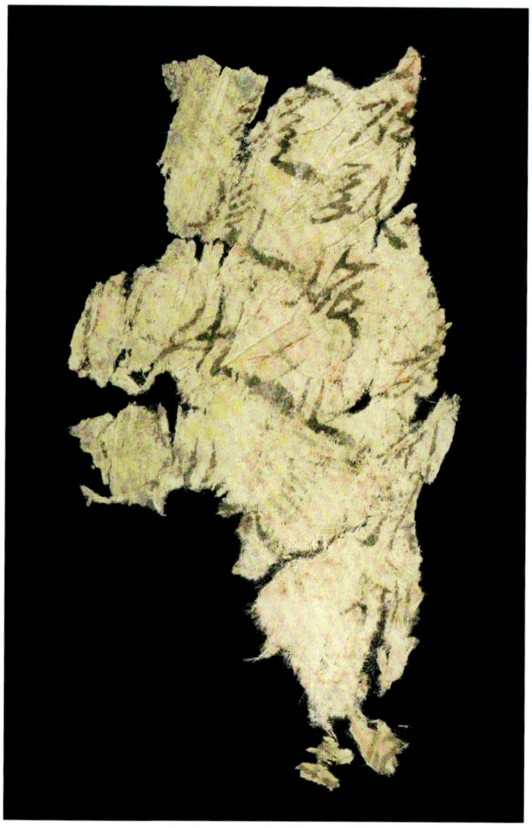

Or.12380/2340A（K.K.II.0236.pp.1?）
12.1 釐米 × 6.5 釐米

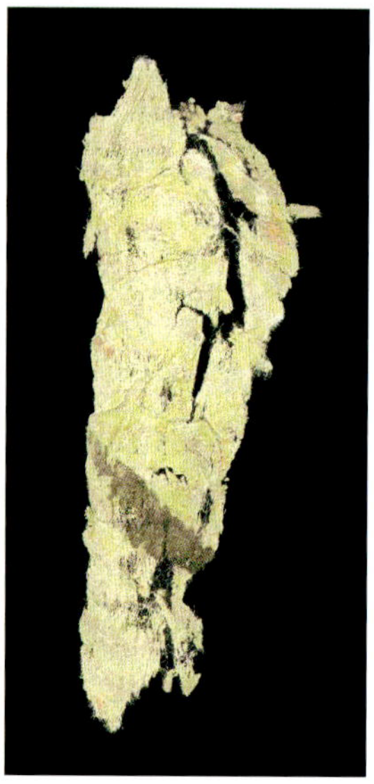

Or.12380/2340B
5.6 釐米 × 1.9 釐米

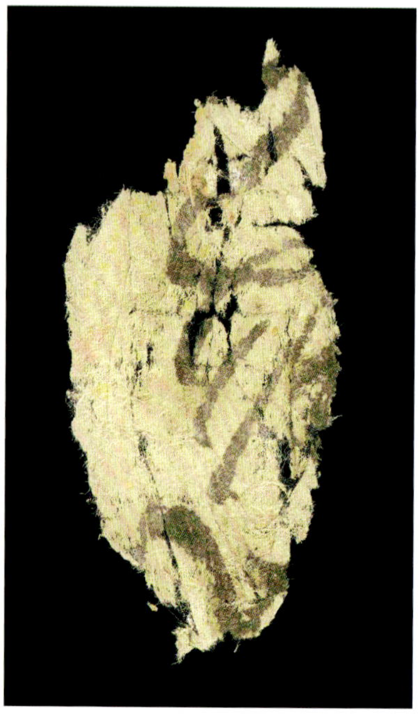

Or.12380/2340C
5.5 釐米 × 2.7 釐米

2341　殘片

Or.12380/2341（K.K.II.0236.pp.2?）
10 釐米 × 5.2 釐米

2342 殘片

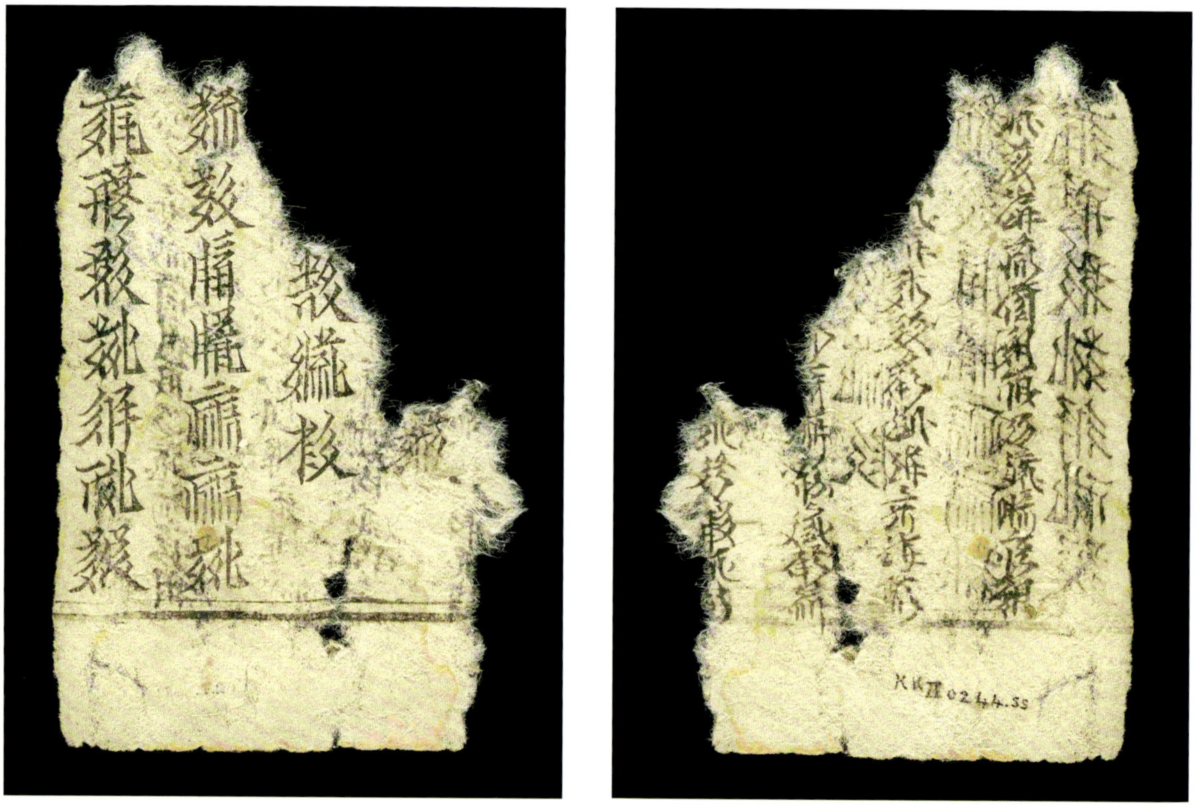

Or.12380/2342（K.K.II.0244.ss）

10.1 釐米 × 6.9 釐米

……察

……三時誦

……菩提勇識一切處

……應供等處恭敬禮

……不與則淨梵行行謂者修士行

……生逸樂受則自實樂

……缺持語孫

……能然塞□□

2343 殘片

Or.12380/2343A（K.K.II.0236.oo.1）
9.3 釐米 × 3.4 釐米

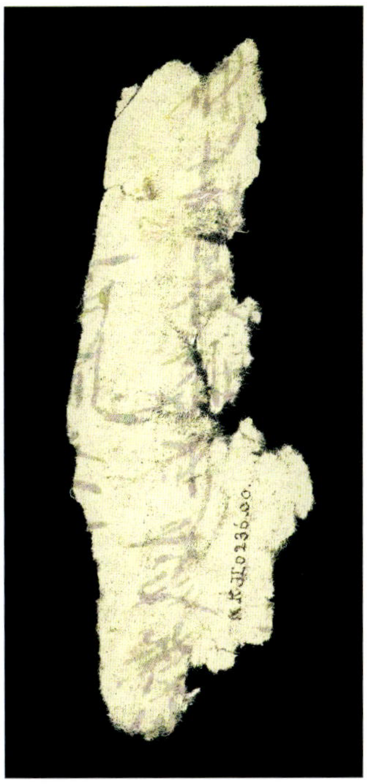

Or.12380/2343B
9.3 釐米 × 3.5 釐米

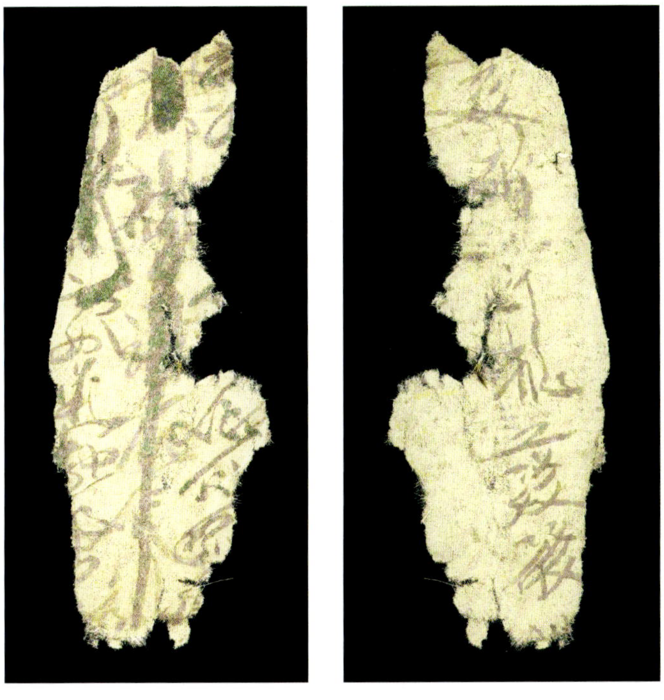

Or.12380/2343C
9.3 釐米 × 3.5 釐米

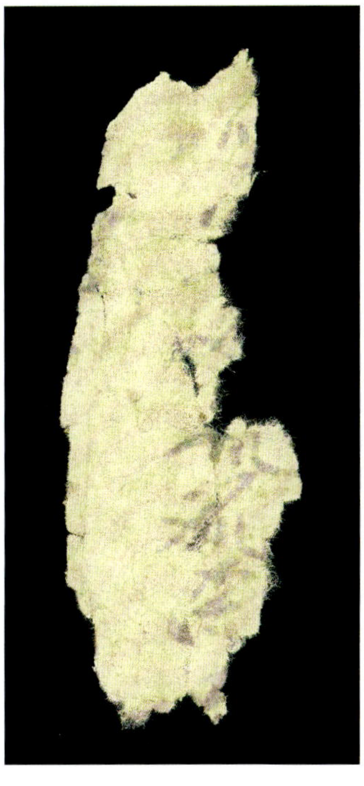

Or.12380/2343D
9.3 釐米 × 3.4 釐米

2344 殘片

Or.12380/2344A（K.K.II.0244/19?）
4.7 釐米 × 7.5 釐米

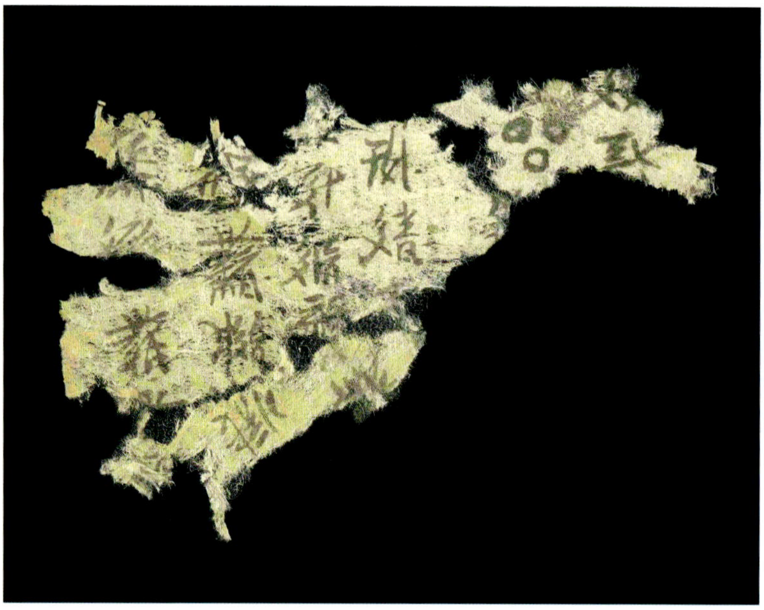

Or.12380/2344B
5.1 釐米 × 7.6 釐米

Or.12380/2344C
1.3 釐米 × 0.9 釐米

2345 佛書殘片

Or.12380/2345(K.K.V.b.015.y)
11.6 釐米×2 釐米

……行是復次法依修

2346 佛書殘片

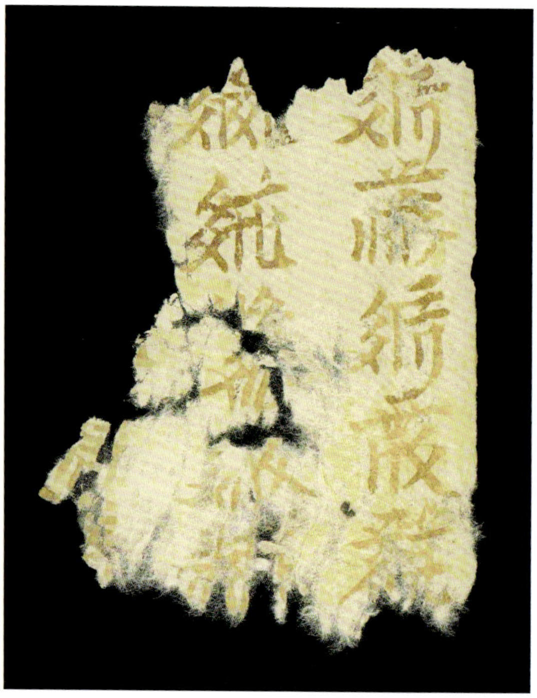

Or.12380/2346
(K.K.V.b.020.b.xi)
7.7 釐米 × 5.8 釐米

……無淨無見得……
……者思……

2347 佛書殘片

Or.12380/2347(K.K.II.0279.vvv.31?)
3.6 釐米 × 4.1 釐米

住……　　　　……
慧……　　　　……成

2348　大般若波羅蜜多經殘片

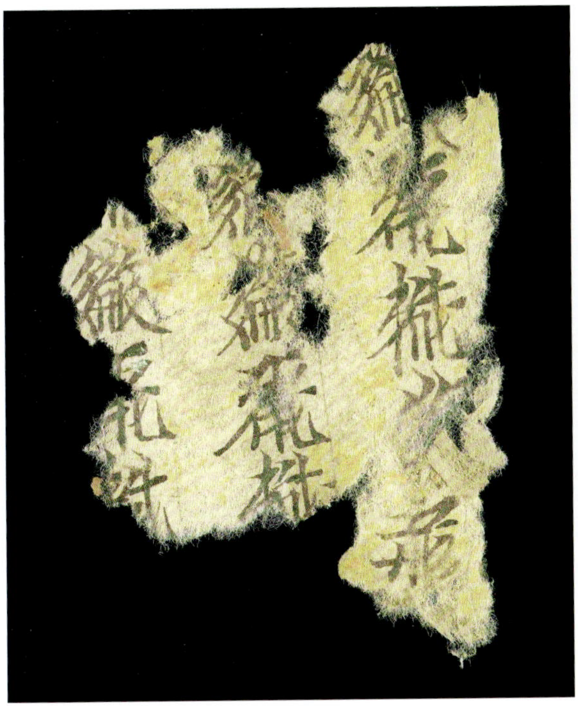

Or.12380/2348A（K.K.II.0277.lll.4?）
5.8 釐米 × 4.7 釐米

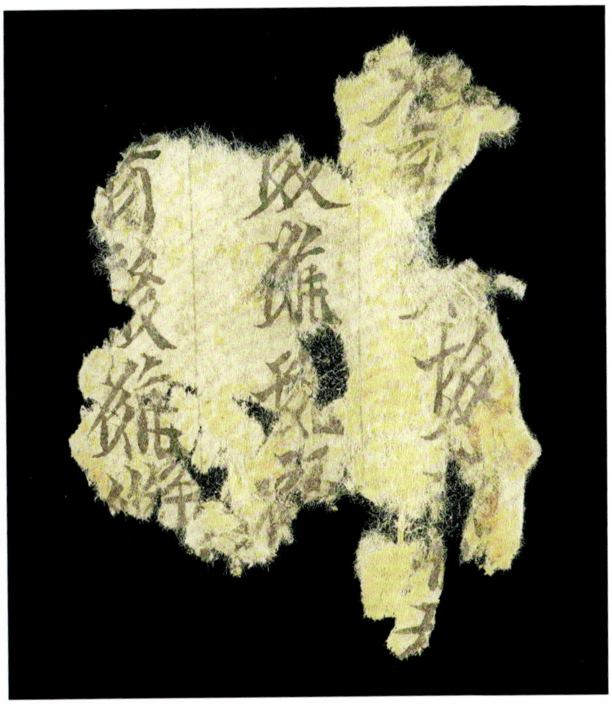

Or.12380/2348B
5.4 釐米 × 4.2 釐米

……至老死□嘆……
……乃至老死……
……至老死……

……薩……
……是如……
……利子是……

2349 天盛革故鼎新律令殘片

Or.12380/2349
（K.K.II.0272.o.3?）
11 釐米 × 9.4 釐米

2350　陀羅尼殘片（漢文）

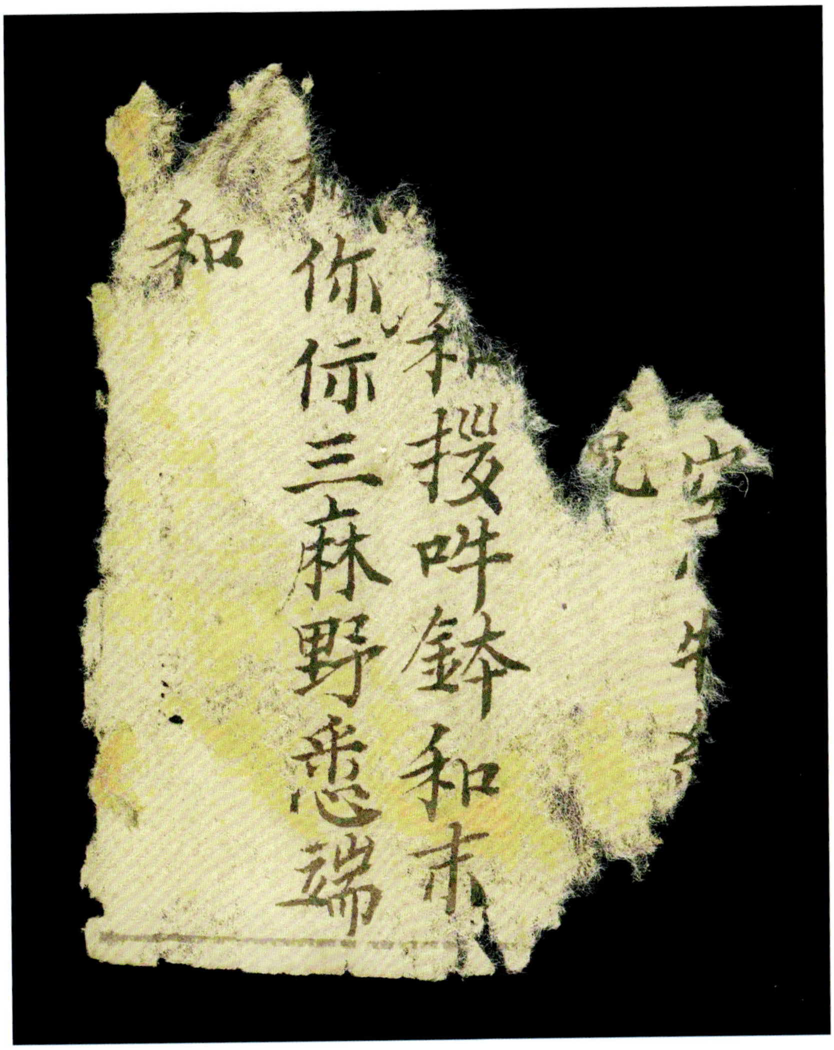
和撥吽鉢和末
伱伱三麻野悉端
和

Or.12380/2350（K.K.II.0279.ww）

9.5 釐米 × 7.4 釐米

2351 文契殘片

Or.12380/2351A（K.K.II.0274.bb.3）
15.3 釐米 × 7.8 釐米

各予爲則心伏
文契爲者……
說意相……

Or.12380/2351B
7.8 釐米 × 15.3 釐米

……穀五升……

2352 佛書殘片

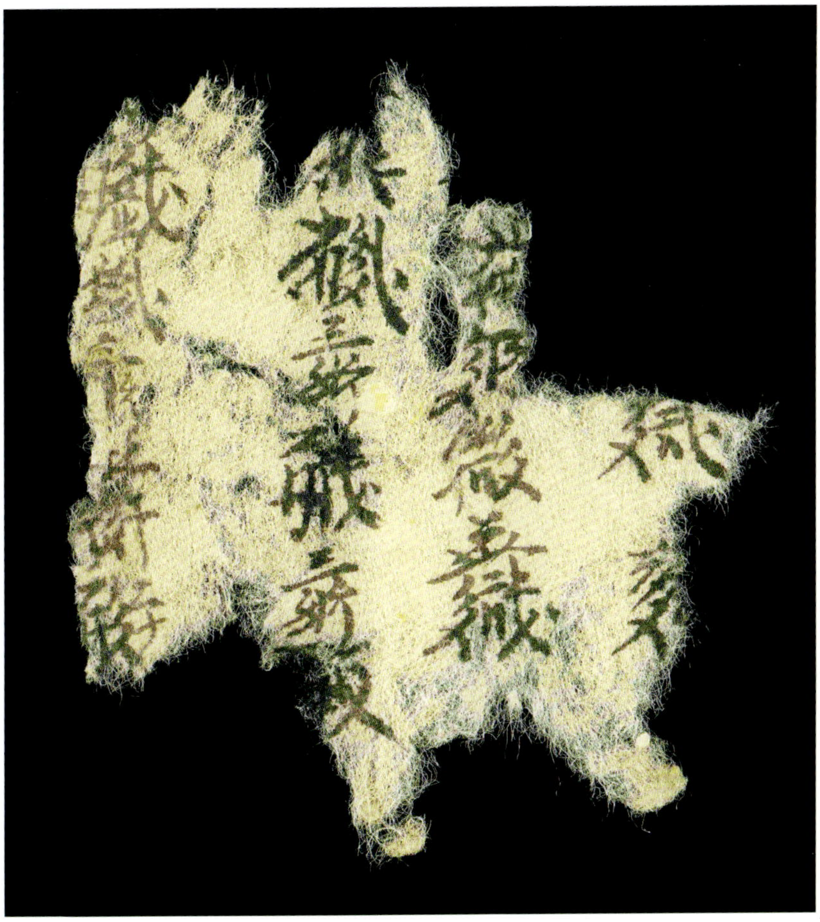

Or.12380/2352（K.K.II.0277.lll.26?）
7 釐米 × 6.4 釐米

……所□
……妙堅甲
……訶昂盧昂□
……醯那昂頂中……

2353 佛書殘片

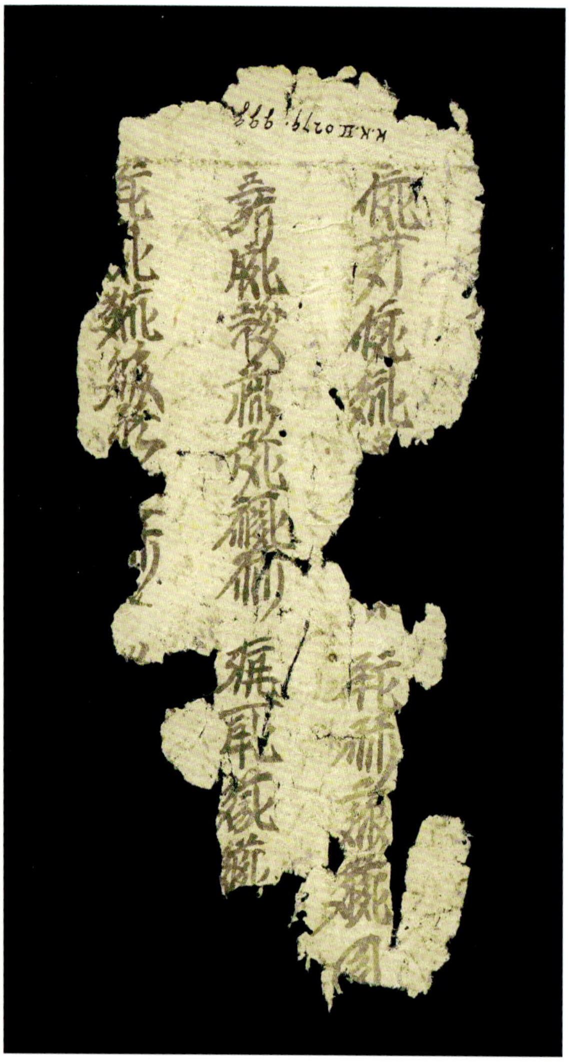
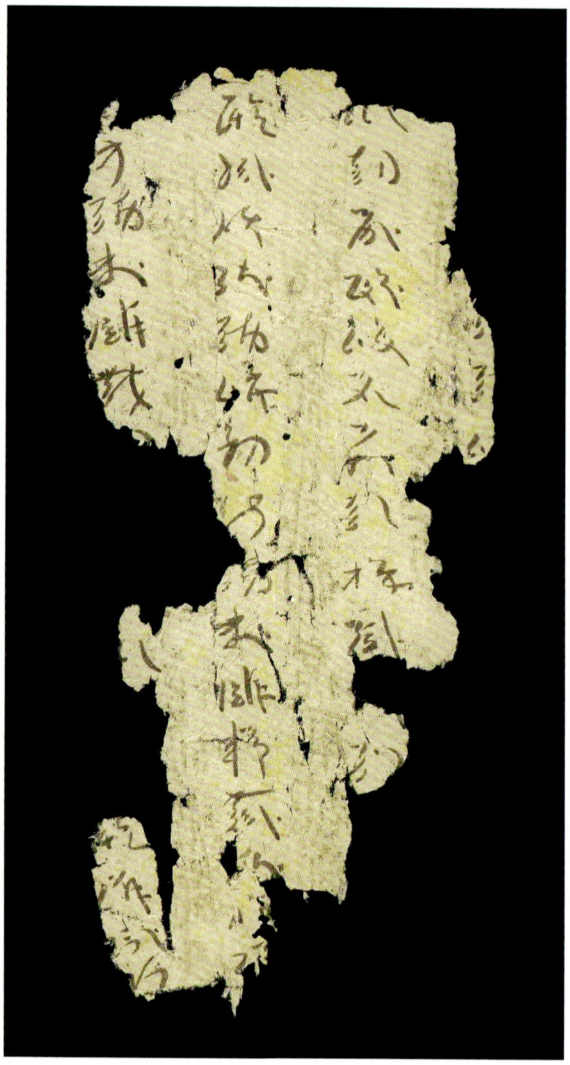

Or.12380/2353（K.K.II.0279.ggg）
12.7 釐米 × 5.6 釐米

五蘊五正……彼之害者八……
自性清淨諸法之　二頭視者……
彼□損害爲……

2354　殘片

Or.12380/2354（K.K.II.0274.bb.2?）
7.5 釐米×5.6 釐米

2355 修法殘片

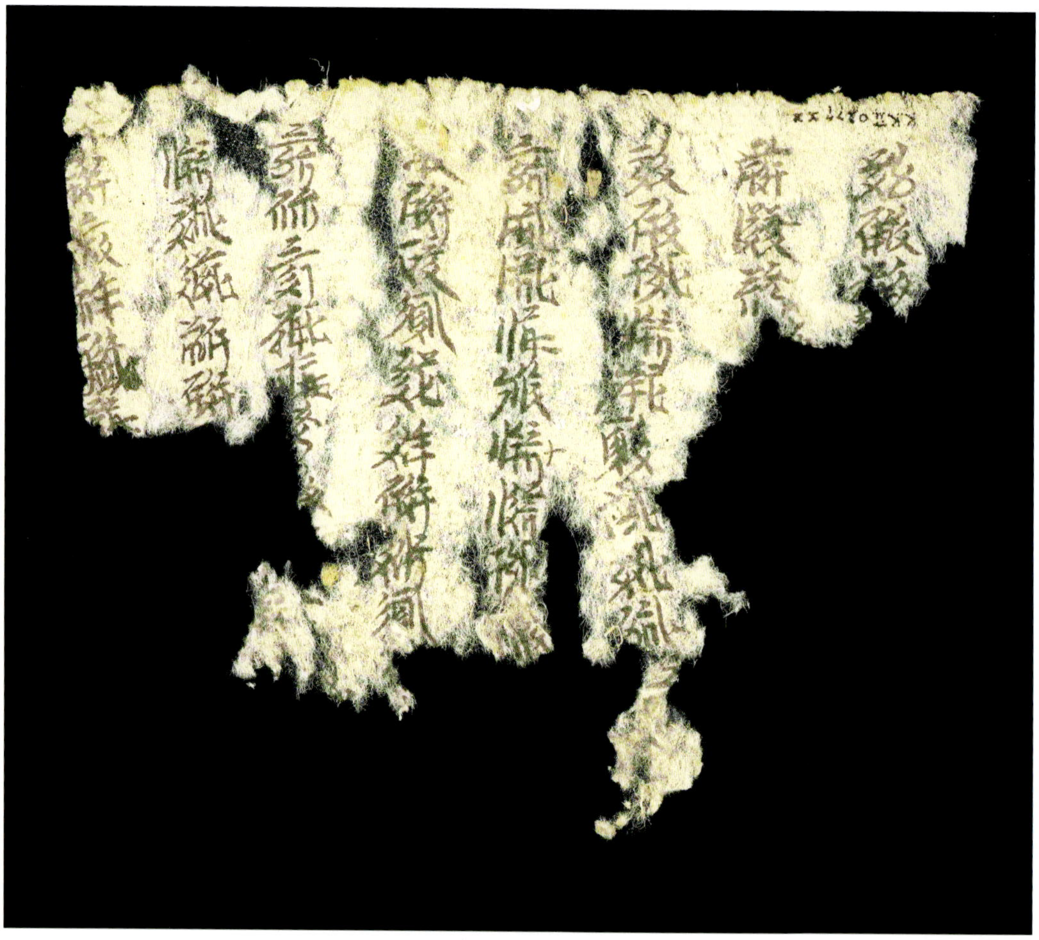

Or.12380/2355（K.K.II.0277.xx）
12 釐米 × 15 釐米

謂敕……

頂入定……

莊嚴如念彼天界處意……

自性捨内已歸如……

□中阿字紅心中吽字……

己之身上二……

念法者中心……

中色白醯……

2356 佛書殘片

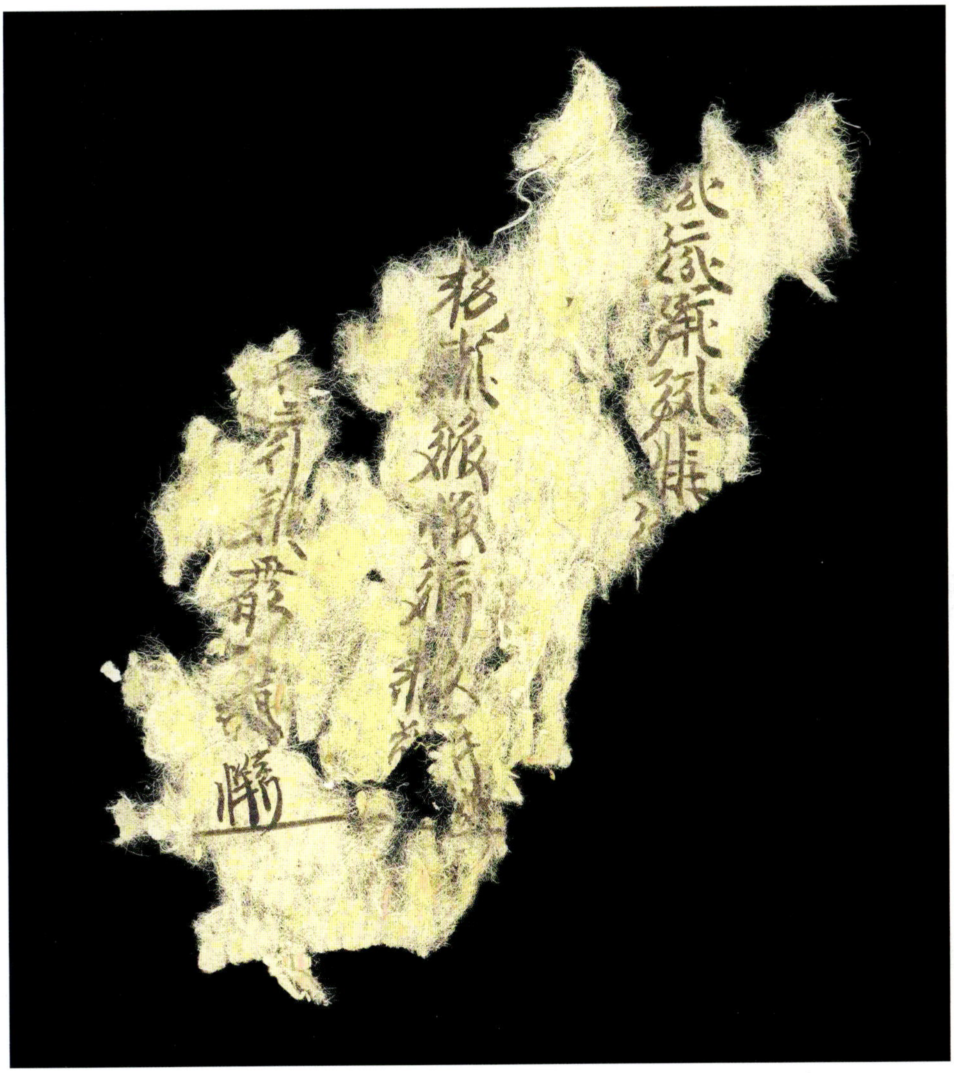

Or.12380/2356（K.K.II.0274.mmm.27?）
11 釐米×9 釐米

……應彼處顯……

……一并障礙無及中

……身滿樂生念

2357 殘片

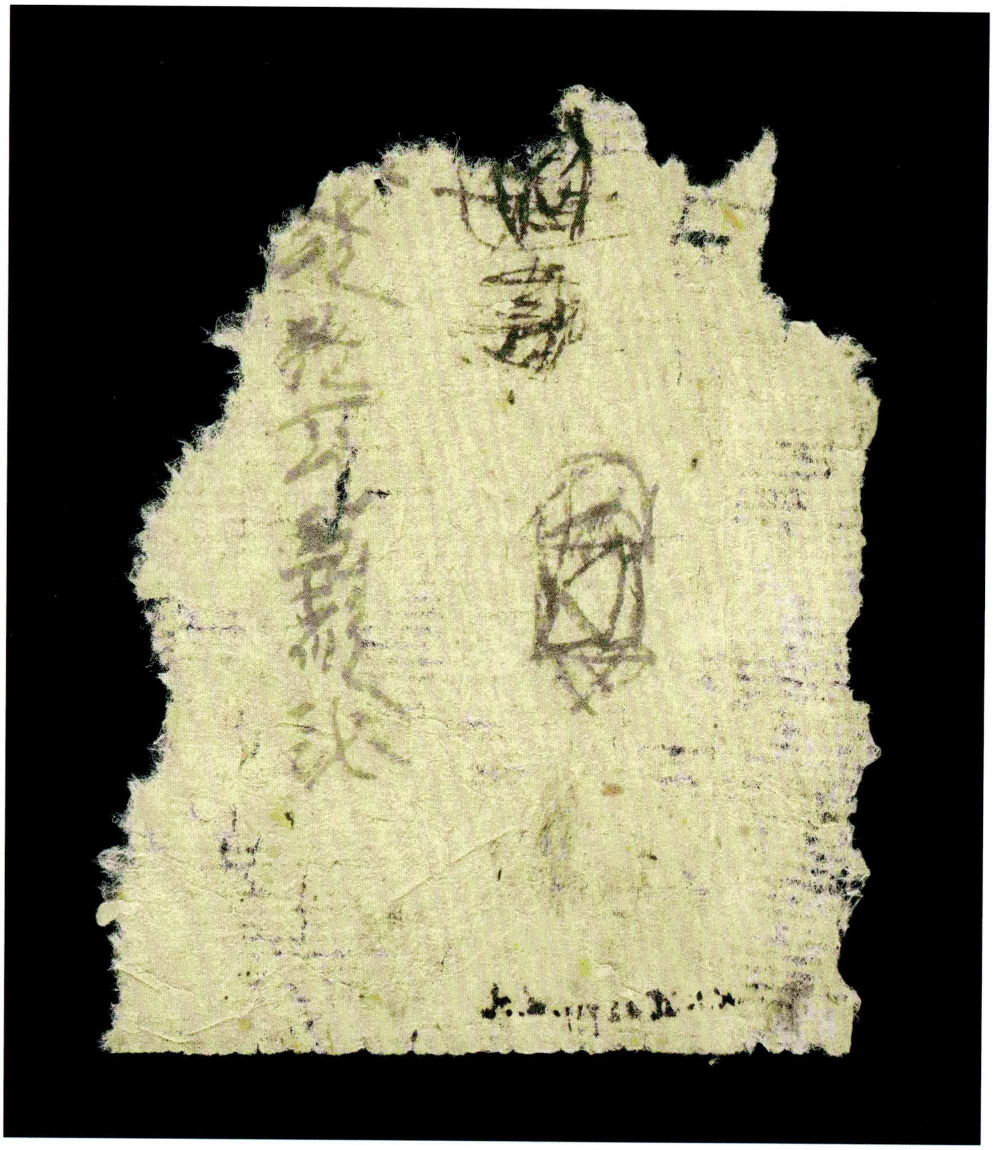

Or.12380/2357（K.K.II.0279.dd）
10.7 釐米 × 8.9 釐米

2358 殘片

Or.12380/2358（K.K.II.0265.p.7）
14 釐米 × 7.8 釐米

2359 佛書殘片

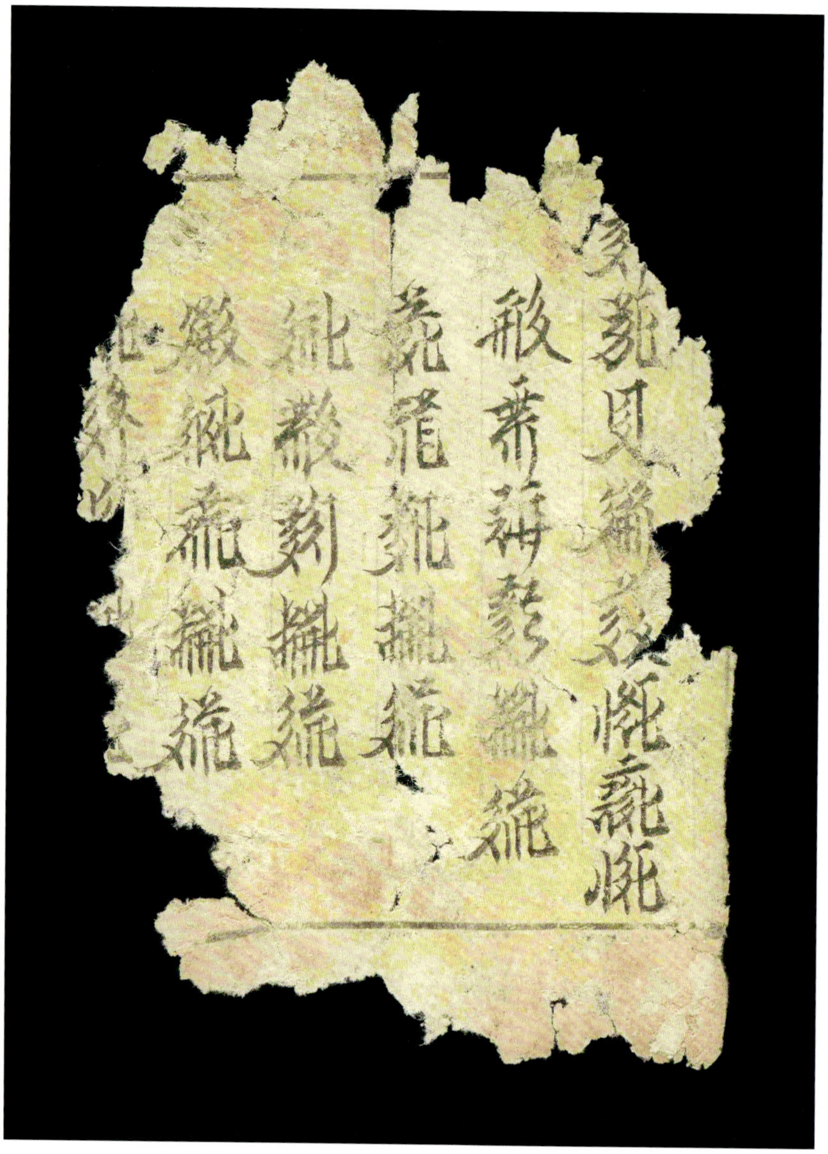

Or.12380/2359（K.K.II.0233.eee）
10.5 釐米 × 7 釐米

□各八灾與不逢後
文殊師利菩薩
觀世音菩薩
大勢至菩薩
常精進菩薩
□休□□□

2360 殘片

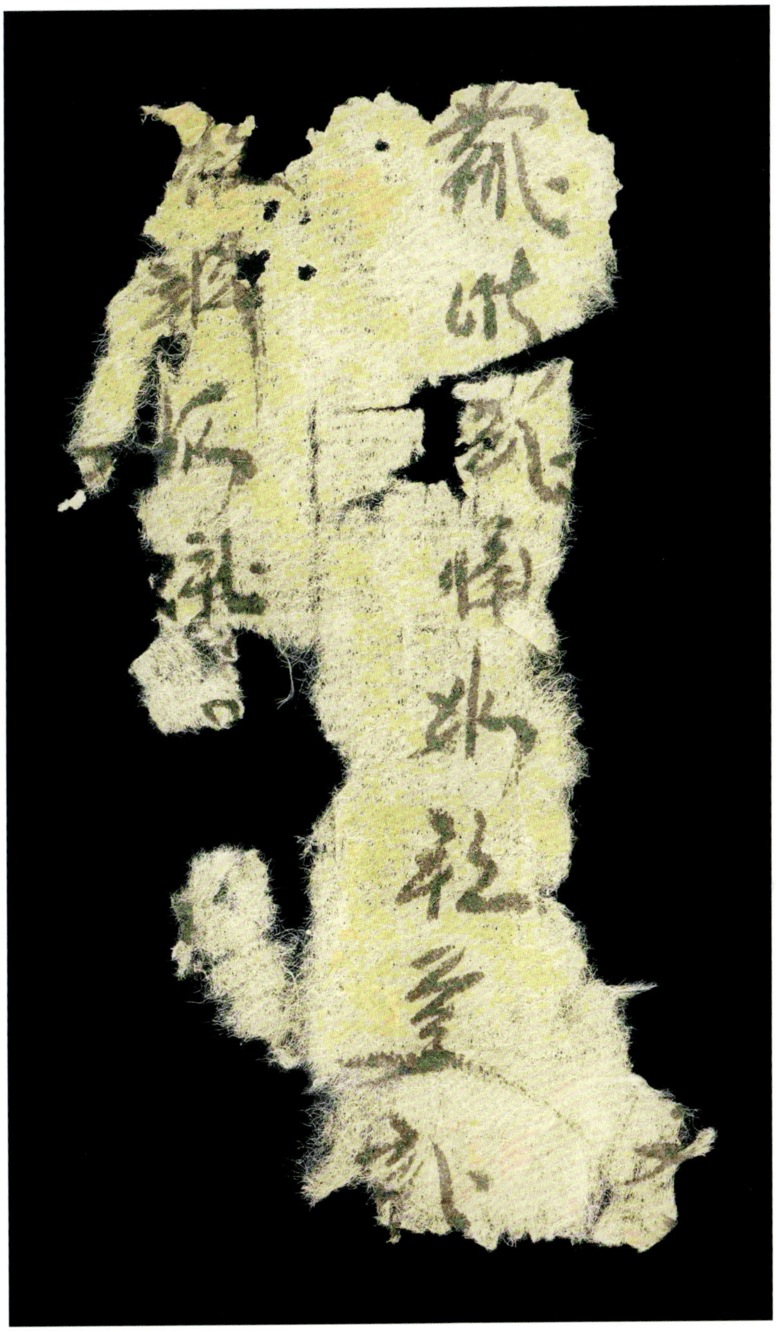

Or.12380/2360（K.K.II.0221.f.1?）

11.8 釐米 × 5.9 釐米

2361 大般若波羅蜜多經卷一百五十三

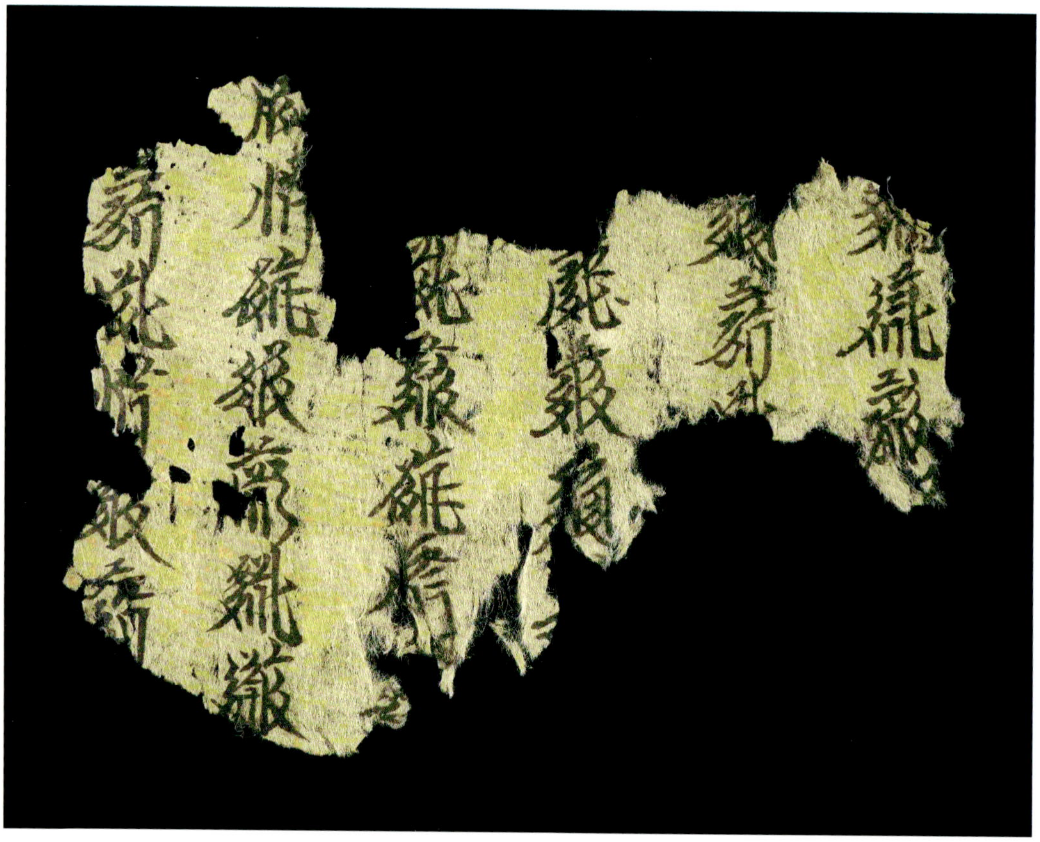

Or.12380/2361(K.K.II.0121.f.2)
7.3 釐米 × 9.8 釐米

……觀應何……
……多自……
……羅蜜多……
……性空是布……
……性非是戒淨乃至……
……自性非若自……

不**應觀**淨戒安忍精進靜慮般若波羅蜜多若樂若苦。**何**以故?布施波羅蜜多布施波羅蜜**多自**性空,淨戒安忍精進靜慮般若波**羅蜜多**淨戒乃至般若波羅蜜多自**性空**。**是布**施波羅蜜多自性即**非**自**性**,是**淨戒乃至**般若波羅蜜多自性亦**非自性**。**若非**自性,即是精進波羅蜜多。(《大正藏》T05,p0829b)

2362 佛書殘片

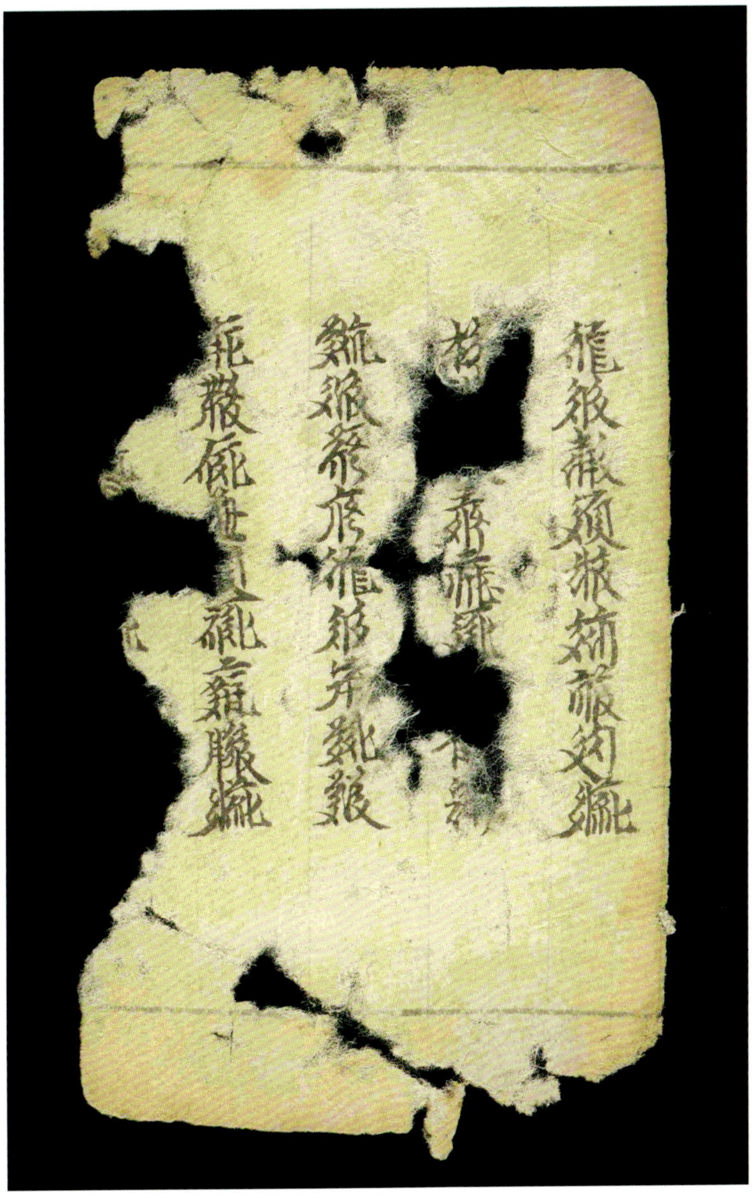

Or.12380/2362A（K.K.II.0240.y）
14.4 釐米 × 8 釐米

鬼神及咒怨敵撓亂時
阿□□吽總持□□則
傷害爲者鬼神彼處禮
彼大五濁八法滅毀時

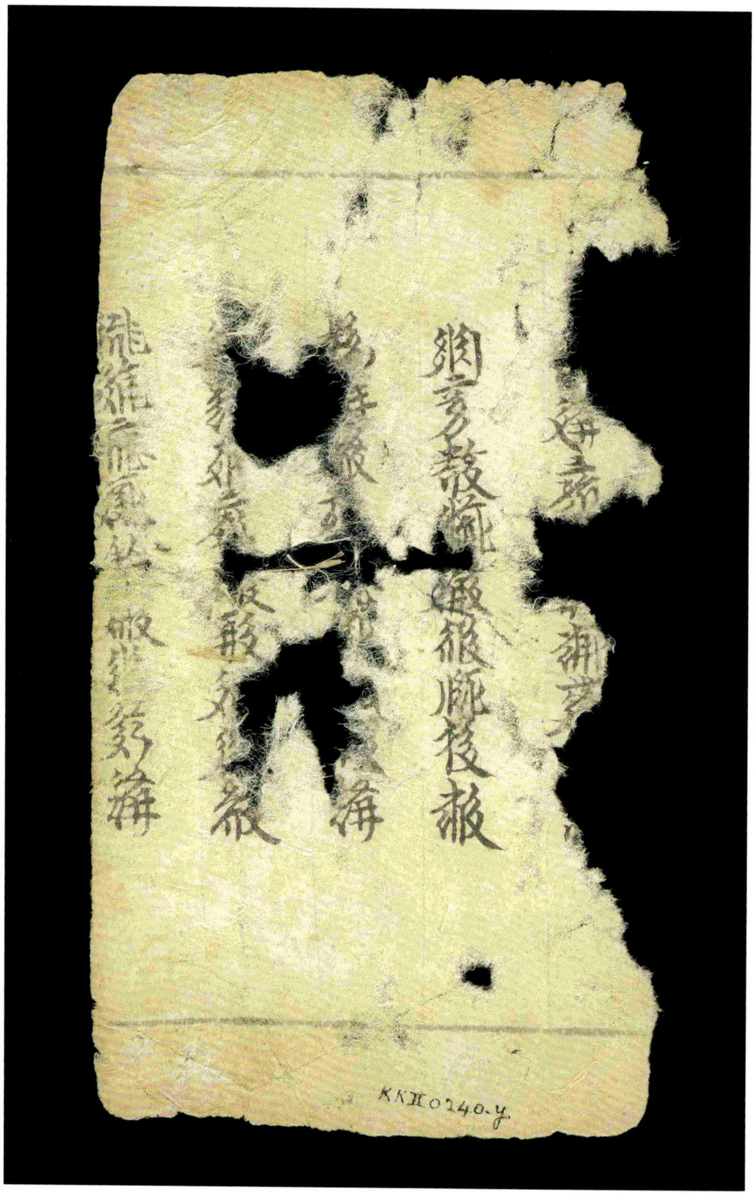

Or.12380/2362B
14 釐米 × 7.7 釐米

□妻自□□上□□□
晝夜三時常續不斷以
一心□□□□□□則
□□□樂□禁□□也
我此總持威力□説則

2363 聖勝慧到彼岸功德寶集偈第五

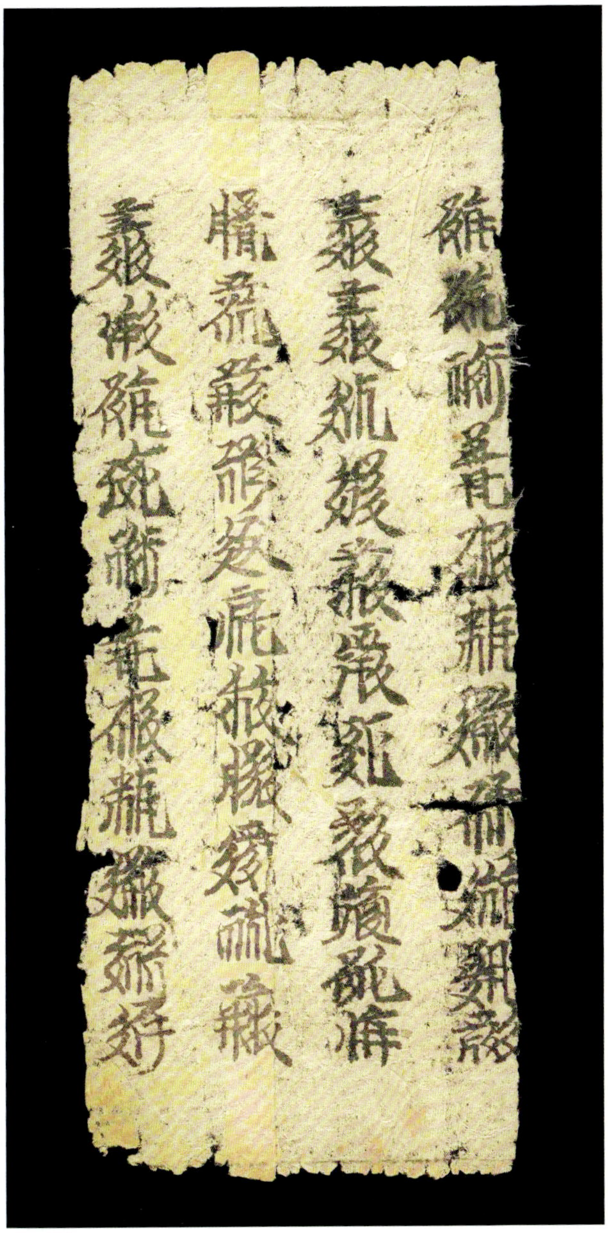

Or.12380/2363（K.K.II.0274.aaa）
15.7 釐米 × 6.2 釐米

是是勝慧彼岸到之上行是
或者殑伽河水沙數刹土中
有情何許住皆賊殺爲令如
或人是如勝慧彼岸到書寫

是行勝慧到彼岸之最上行，若有量等恒河沙數之刹土。
所有□生悉令證得應供養，不如有人書寫如是慧彼岸。（北京房山雲居寺藏明刊本）

2364 殘片

Or.12380/2364A（K.K.II.0282.b.xvi.10?）
7.3 釐米 × 10 釐米

Or.12380/2364B
0.9 釐米 × 1.1 釐米

2365 陀羅尼殘片

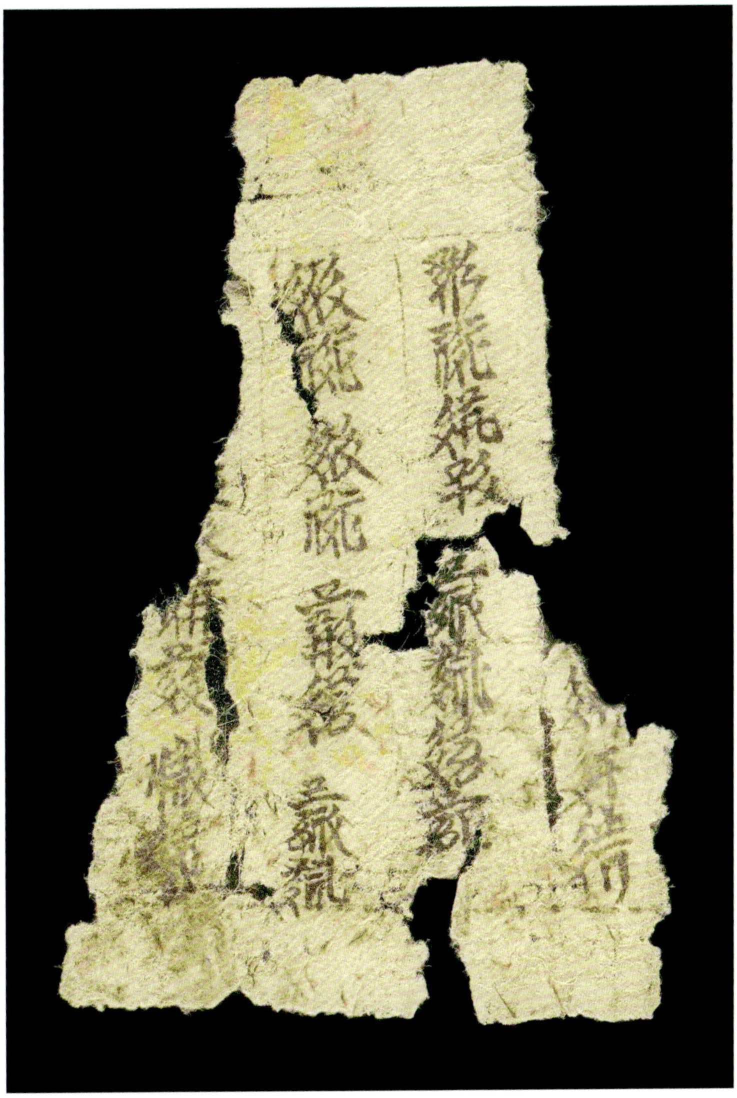

Or.12380/2365（K.K.II.0270.uu.2?）
9.6 釐米×6.2 釐米

……比祖
……波囉仡也　斡哩他你
……嘐囉　嘐囉　密他　斡哩
……吟　泠□

2366 簿籍殘片

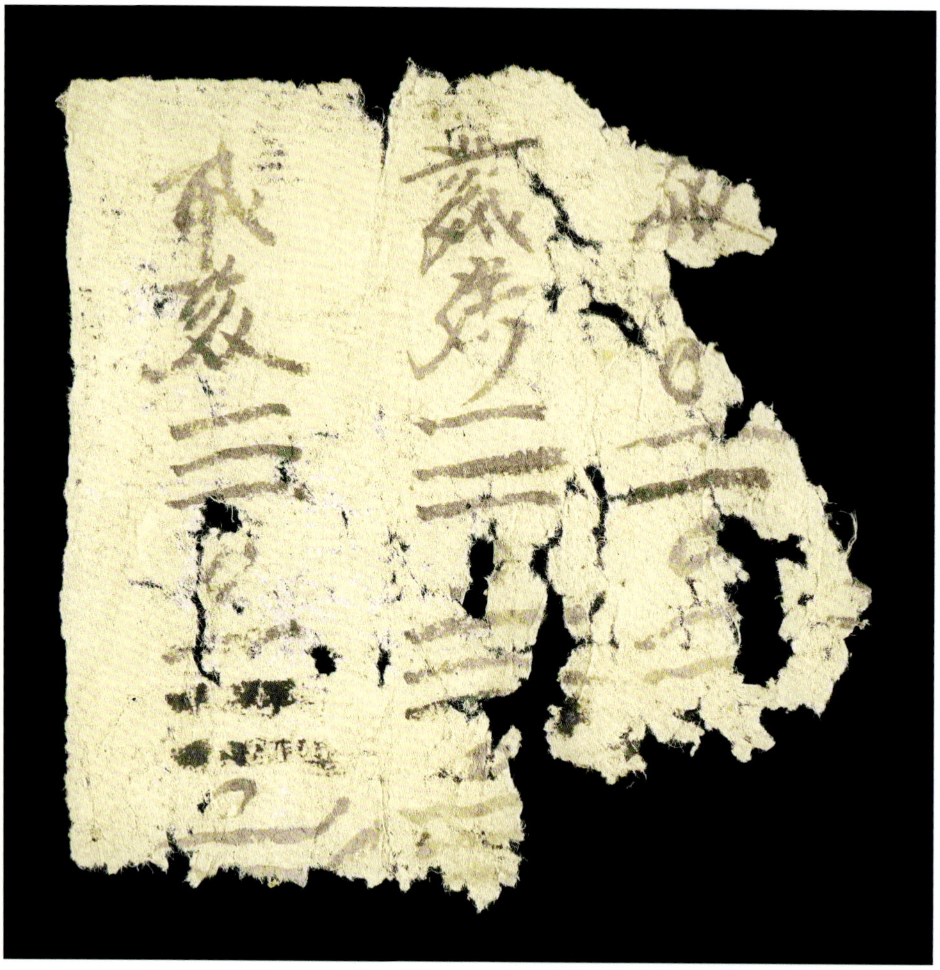

Or.12380/2366（K.K.II.0281.uu）
9.4 釐米 × 9.3 釐米

2367　文契殘片

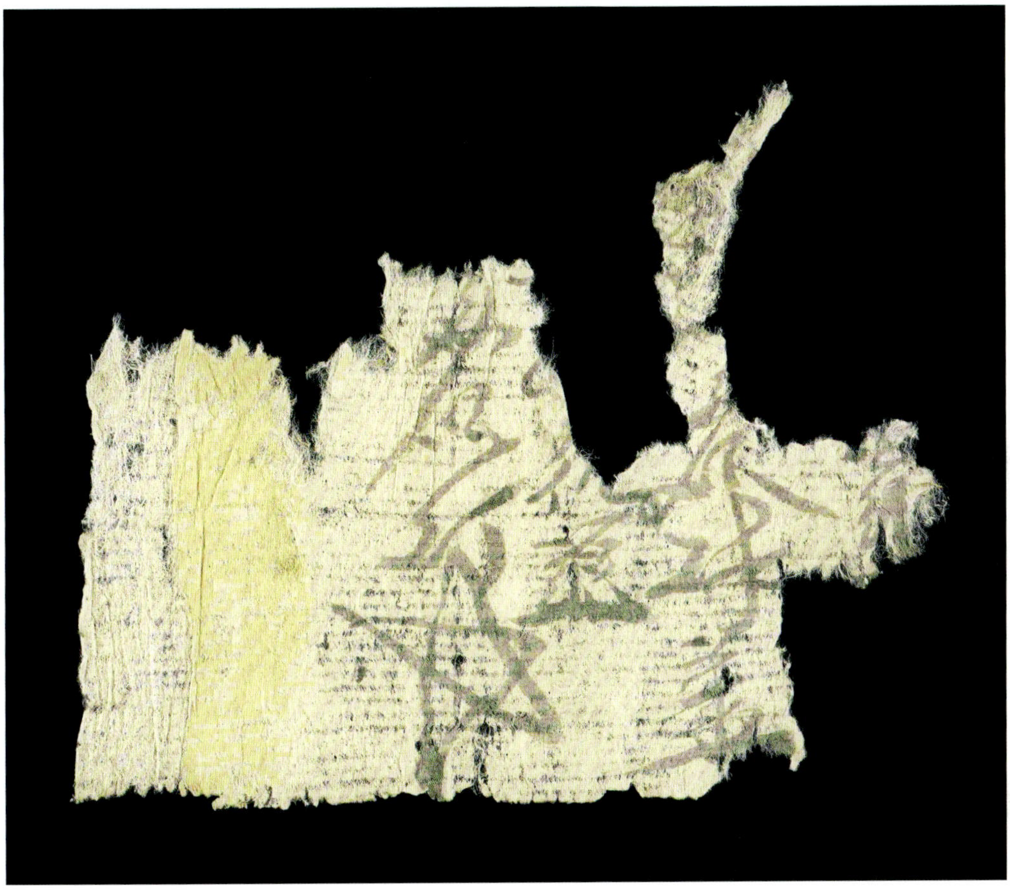

Or.12380/2367（K.K.II.0280.eee）
8.7 釐米 × 10.8 釐米

2368 廣大發願頌（漢文）

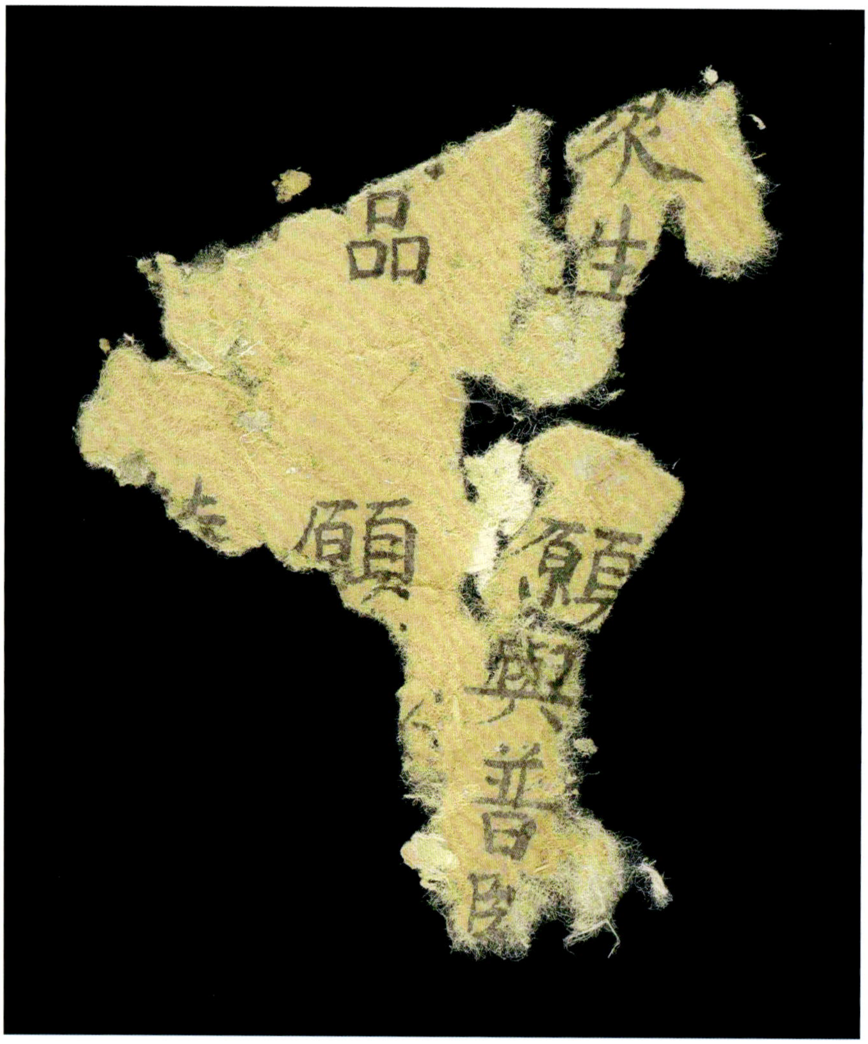

Or.12380/2368（K.K.II.0277.lll.23?）
7.6 釐米 × 6.1 釐米

賢善愛眼視**衆生**，**願與普賢**尊無异。
慈意善觀諸情**品**，願我常如慈氏尊。（《大正藏》T32，p0756c）

2369　廣大發願頌（漢文）

Or.12380/2369A（K.K.II.0277.lll.27?）
2 釐米 × 0.9 釐米

Or.12380/2369B
7.5 釐米 × 3.8 釐米

慈意善觀諸情品，願**我常如慈氏**尊。布施願如虛空庫，持**戒願如神通**慧。（《大正藏》T32，p0756c）

2370 佛書科文殘片（漢文）

Or.12380/2370A（K.K.III.022.d）
8.4 釐米 × 7.3 釐米

Or.12380/2370B
4.2 釐米 × 2.6 釐米

2371　殘片

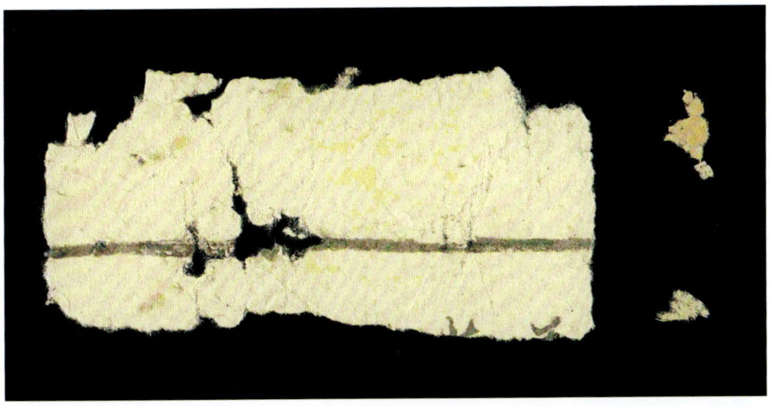

Or.12380/2371
（K.K.II.0277.lll.33?）
4 釐米 × 8.4 釐米

2372　殘片

Or.12380/2372
（K.K.V.b.028.d）
4.1 釐米 × 8.8 釐米

2373 佛書殘片

Or.12380/2373A（K.K.II.0267.k）
3 釐米 × 2.9 釐米

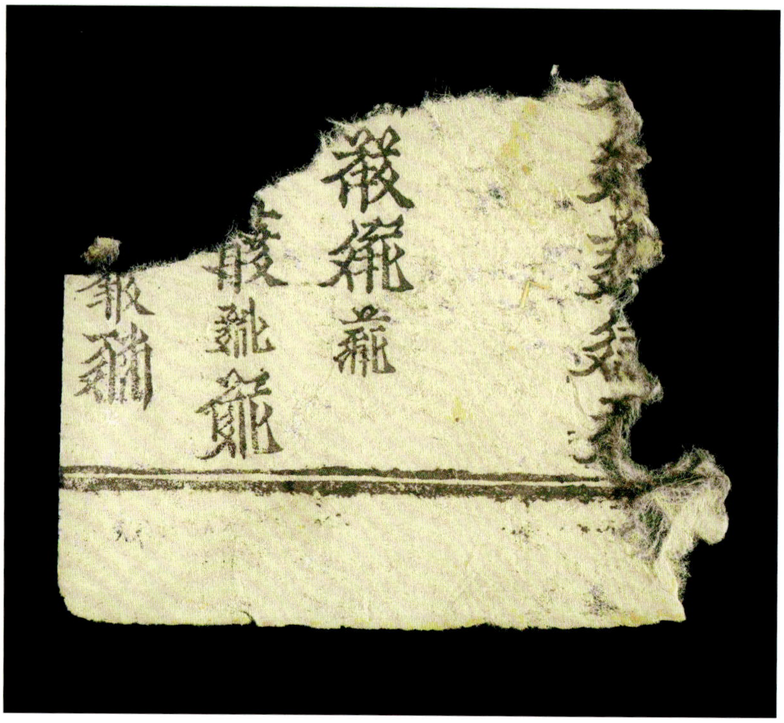

Or.12380/2373B
8.3 釐米 × 10.4 釐米

……
……侄他引
……陀哩舍
……那怛

2374 佛書殘片

Or.12380/2374（K.K.II.267.o）
6.5 釐米 × 7.2 釐米

……千世界
……發悉來
……梵天衆
……伴隨四

2375 佛書殘片

Or.12380/2375A（K.K.V.b.020.b.viii）
5.5 釐米 × 6.4 釐米

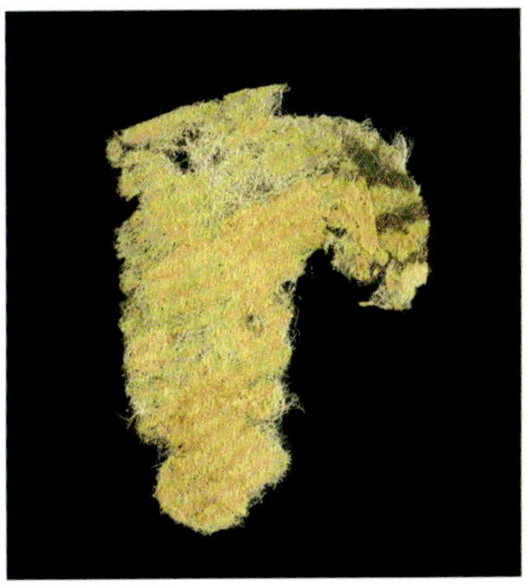

Or.12380/2375C
2.2 釐米 × 1.7 釐米

……發

2376 佛書殘片

Or.12380/2376（K.K.II.0244.dd）
6.5 釐米 × 6.7 釐米

……梵……

……説爲汝大……

……

……拶泠　麻……

2377　佛書殘片

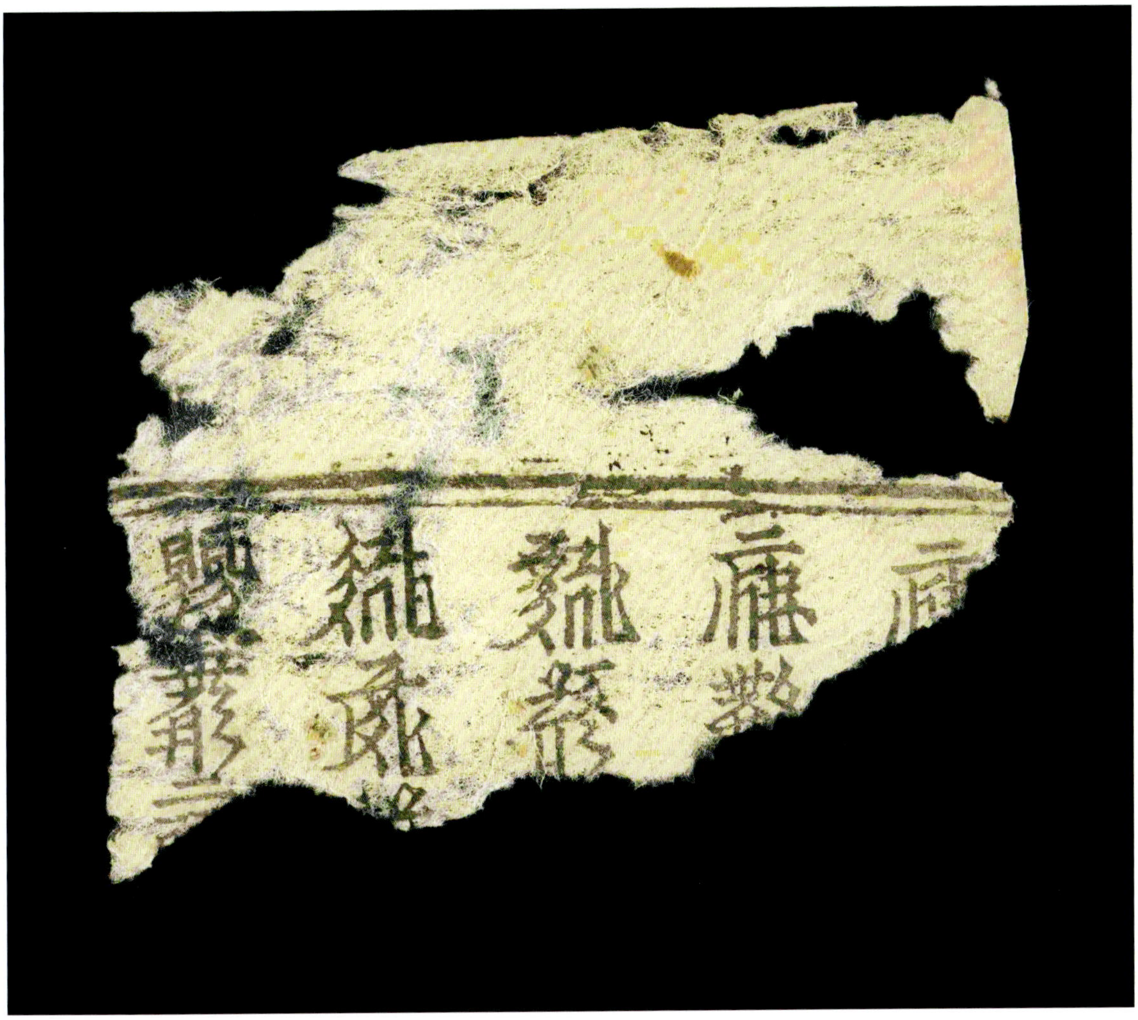

Or.12380/2377（K.K.II.0277.dd）
8.5 釐米 × 10 釐米

皆……
皆大……
所爲……
我諸……
喜樂生……

2378 佛書殘片

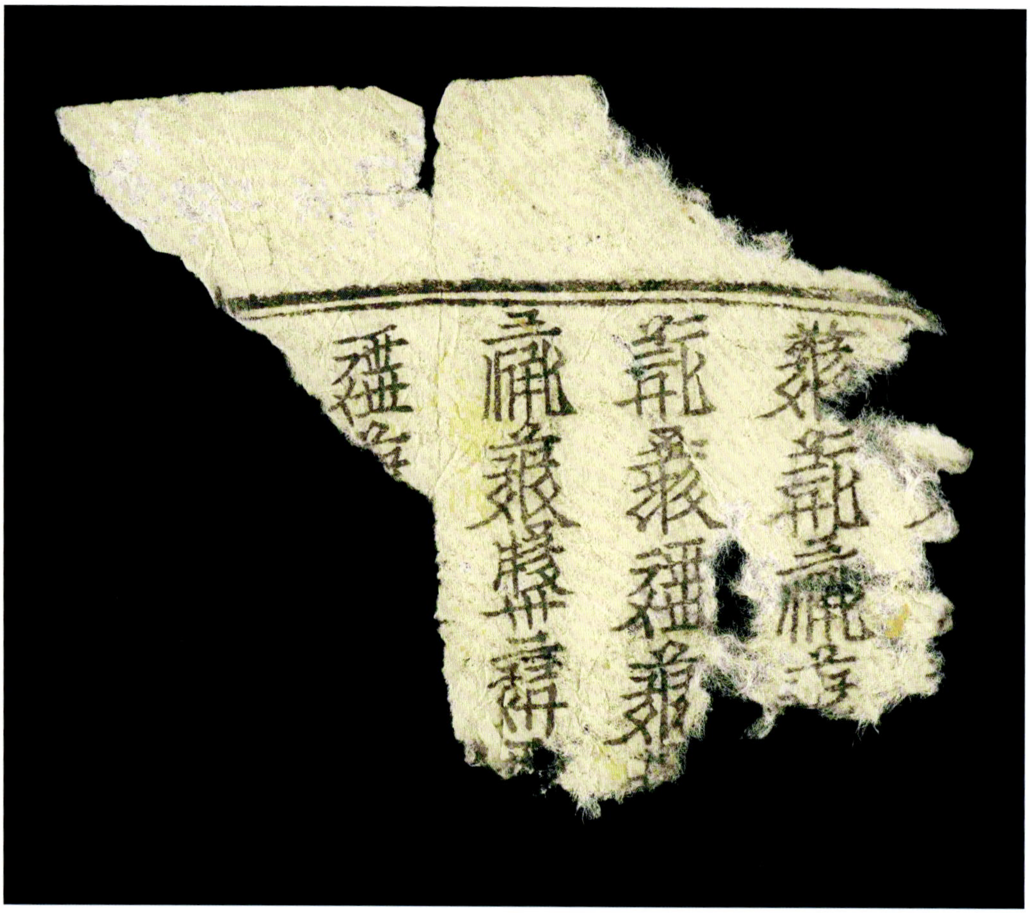

Or.12380/2378（K.K.II.0237.s）
9 釐米 × 11.5 釐米

囊瓶女若……
瓶侍女若……
女若腐爛……
女……

2379　佛書殘片

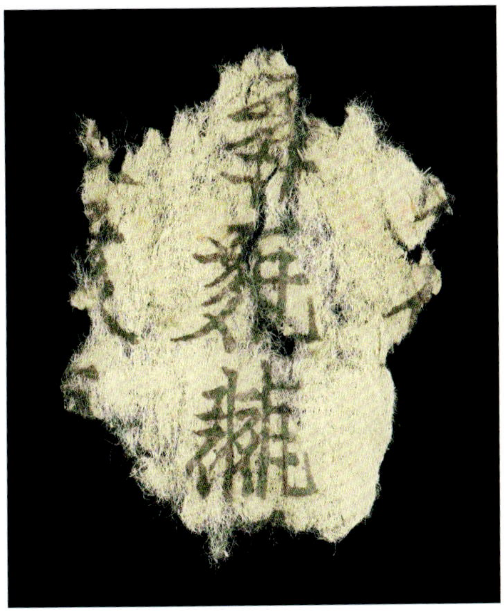

Or.12380/2379A（K.K.II.0237.u）
4.7 釐米 × 3.6 釐米

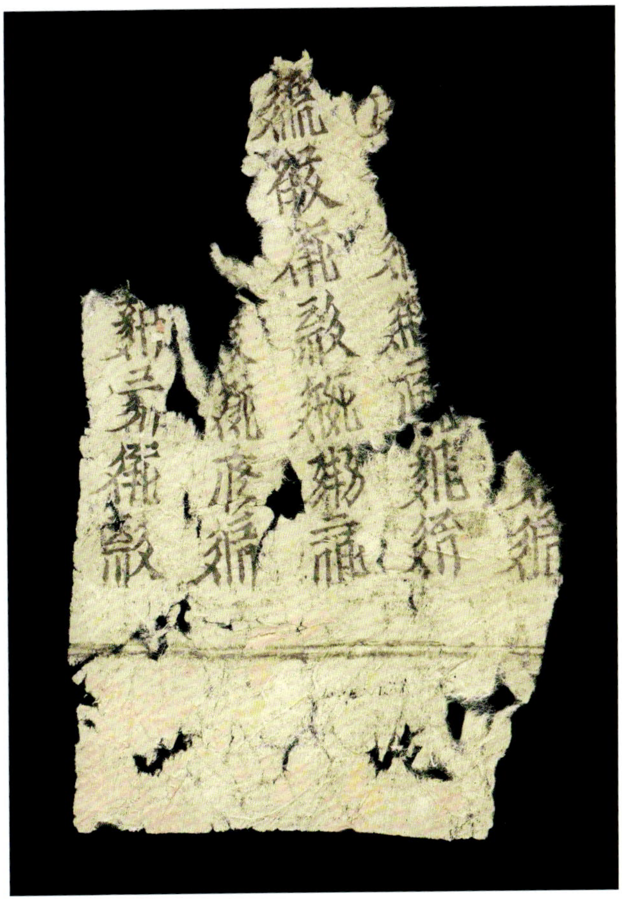

Or.12380/2379B
14.4 釐米 × 9.3 釐米

……瘦弱因……

……無
……皆滿足
……衆苦彼驅憂惱生
……持者無
……器身彼驅

2380 佛書殘片

Or.12380/2380（K.K.II.0275.a.xviii.35?）
9.6 釐米 × 6.5 釐米

……如
……富貴得見
……彼諸

2381　聖勝慧到彼岸功德寶集偈卷中

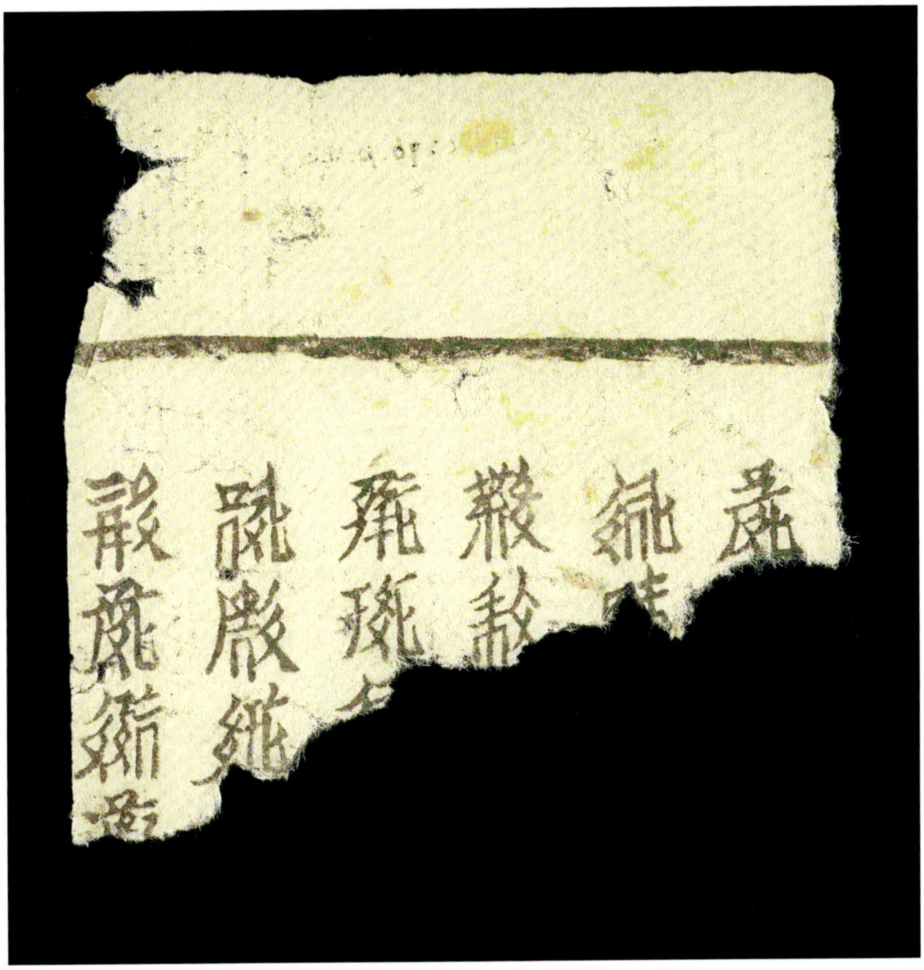

Or.12380/2381（K.K.II.0276.pp）
8 釐米 × 8.2 釐米

世……
功德……
大威……
是如……
差別思……
餘諸善……

尊者善現恭敬請問佛世尊，唯願演説具**功德**海無惑相。
諸**大威**德云何應知不退轉，**如是**功德勝勢願垂少分記。
離**差別**相所出之言應正理，不復依憑**諸餘**沙門婆羅門。（北京房山雲居寺藏明刊本）

2382 佛母大孔雀明王經卷上

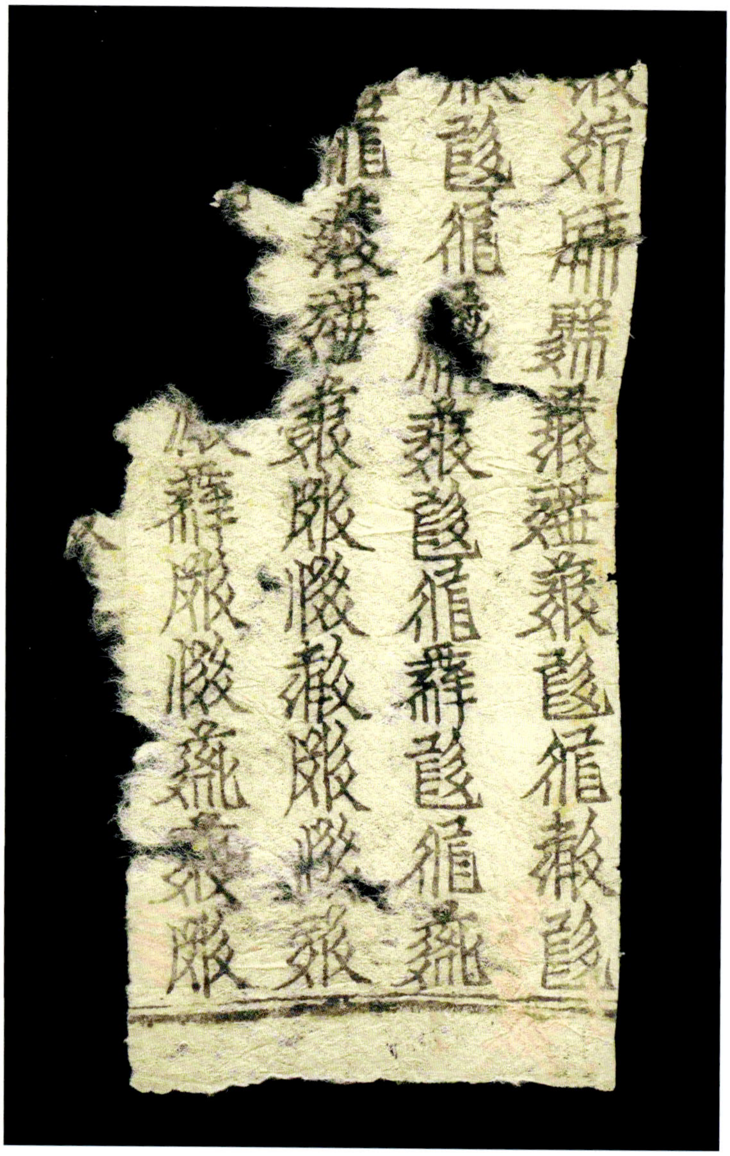

Or.12380/2382（K.K.II.0237.q）
14.7 釐米 × 8.5 釐米

……男厭魅侍女或魔鬼及魔
……魔鬼女或魔鬼祖魔鬼婆
……鬼侍女或肉食及肉食女
……祖肉食婆或肉（俄羅斯科學院東方文獻研究所藏本 инв. № 2）

2383　現在賢劫千佛名經

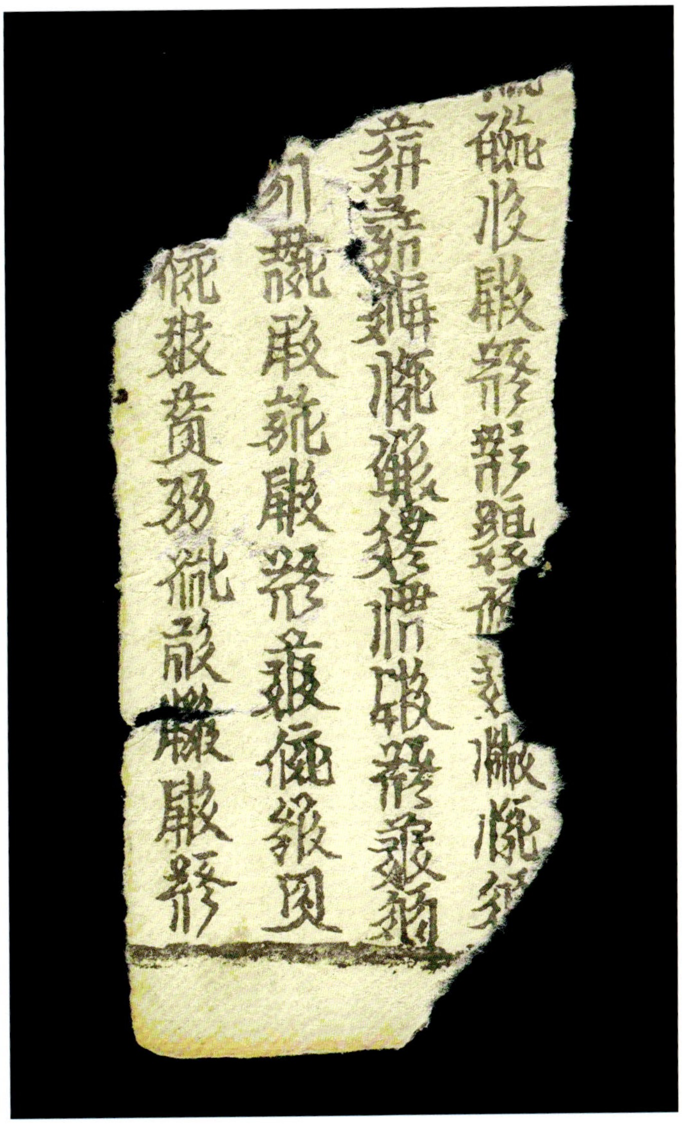

Or.12380/2383（K.K.II.0230.s）
13.9 釐米×6.5 釐米

……反戾業作師長之輕慢不敬
……友自共不信義非業作或四
……聖道障能業作或五戒八
……五篇七聚多犯缺業作

不孝二親**反戾之業**，**輕慢師長**無禮**敬**業，朋**友不信**不**義之業**。**或作四**重六重八重**障聖道業**，毀犯**五戒**破**八**齋業，**五篇七聚多缺犯業**。（《大正藏》T14，p0377b）

2384　佛書殘片

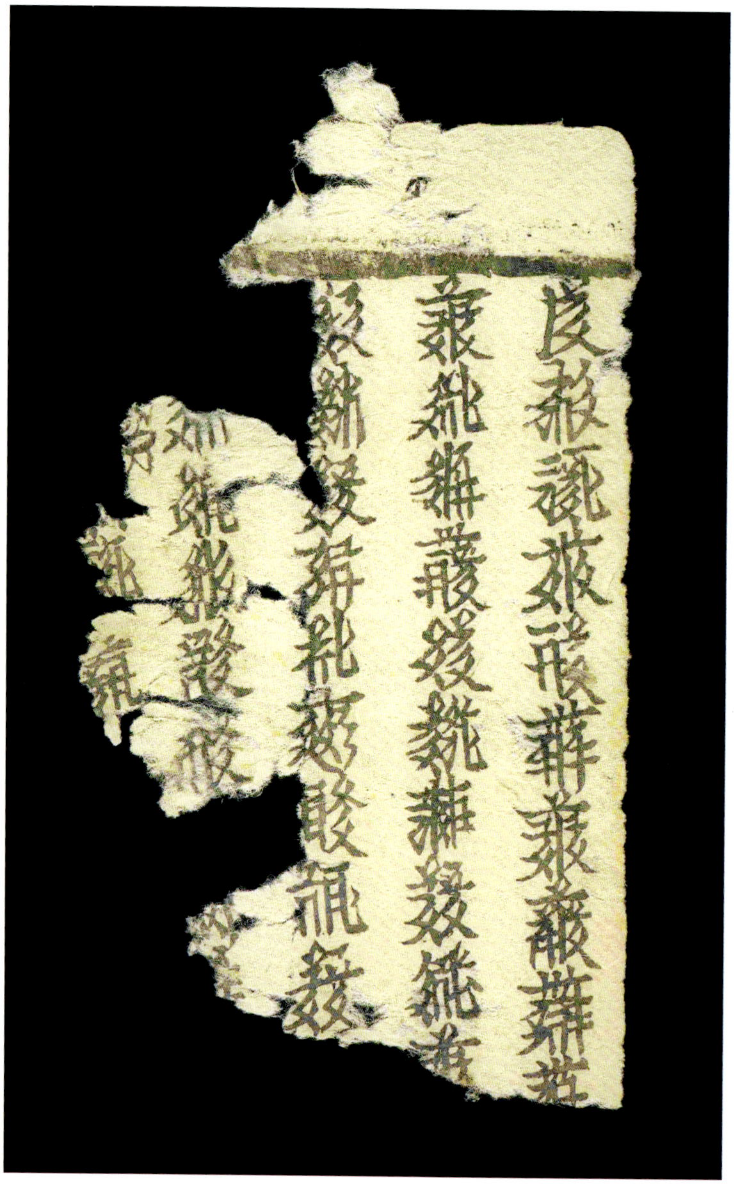

Or.12380/2384（K.K.II.0244.vvv）
14.3 釐米 × 7.7 釐米

手以契經取持或匭匣……
或首末進折次第不明或……
破損不爾整治傳行不……
□□此故弟子……
……滅……

2385　佛説佛母出生三法藏般若波羅蜜多經卷十六

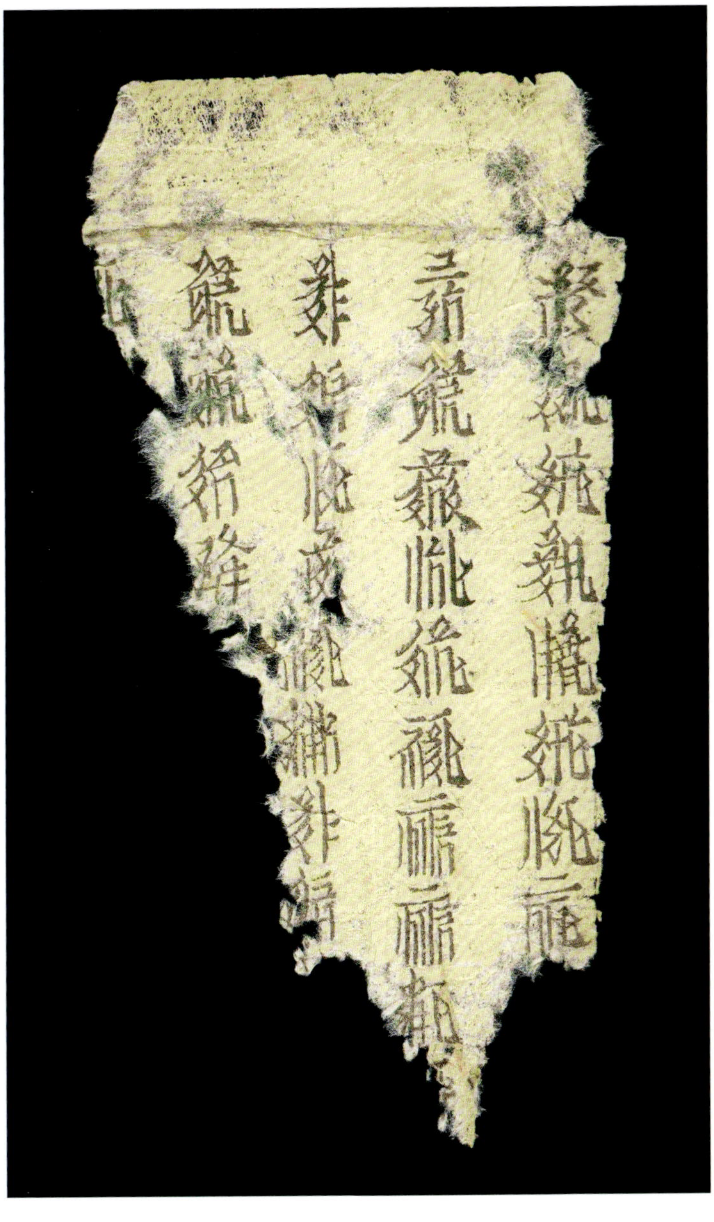

Or.12380/2385（K.K.II.0237.f）
16.9 釐米 × 8.7 釐米

作受想行識想不生……
自相空了知一切法於……
生無復諸法中生無……
相具足則……

彼不退轉菩薩摩訶薩於諸法中不作色想，不生色想，不**作**受想行識想，**不生受想行識想**。何以故？是菩薩**了知**諸法**自相空**故，**於一切法**畢竟無所得無作**無生**，於**諸法中**得**無生**忍。須菩提！若有**具足**如是**相**者，是爲不退轉菩薩摩訶薩。（《大正藏》T08，p0642b）

2386 佛書殘片

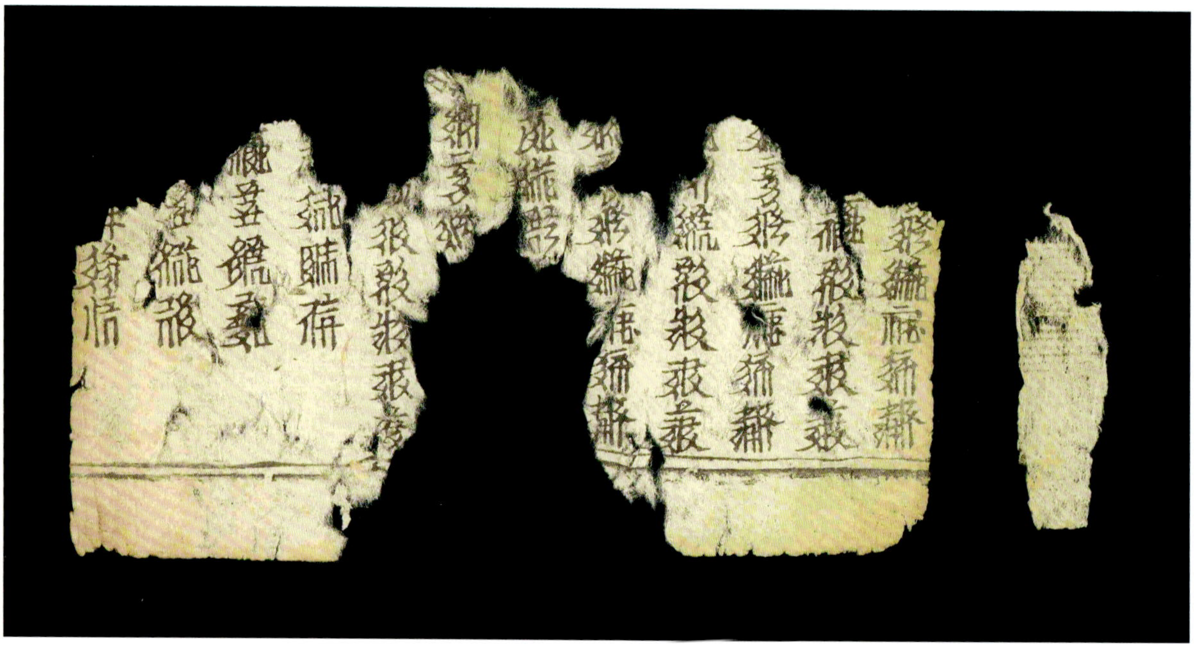

Or.12380/2386（K.K.II.0230.v）
10.2 釐米 × 18.5 釐米

……六時皆吉祥
……法等願守護
……夜六時皆吉祥
……衆等願守護
……日夜六時皆吉祥
……諸上師……
……日夜六……
……神等願守護
……功德海
……法實相離
……實多過
……聚集

2387　陀羅尼殘片

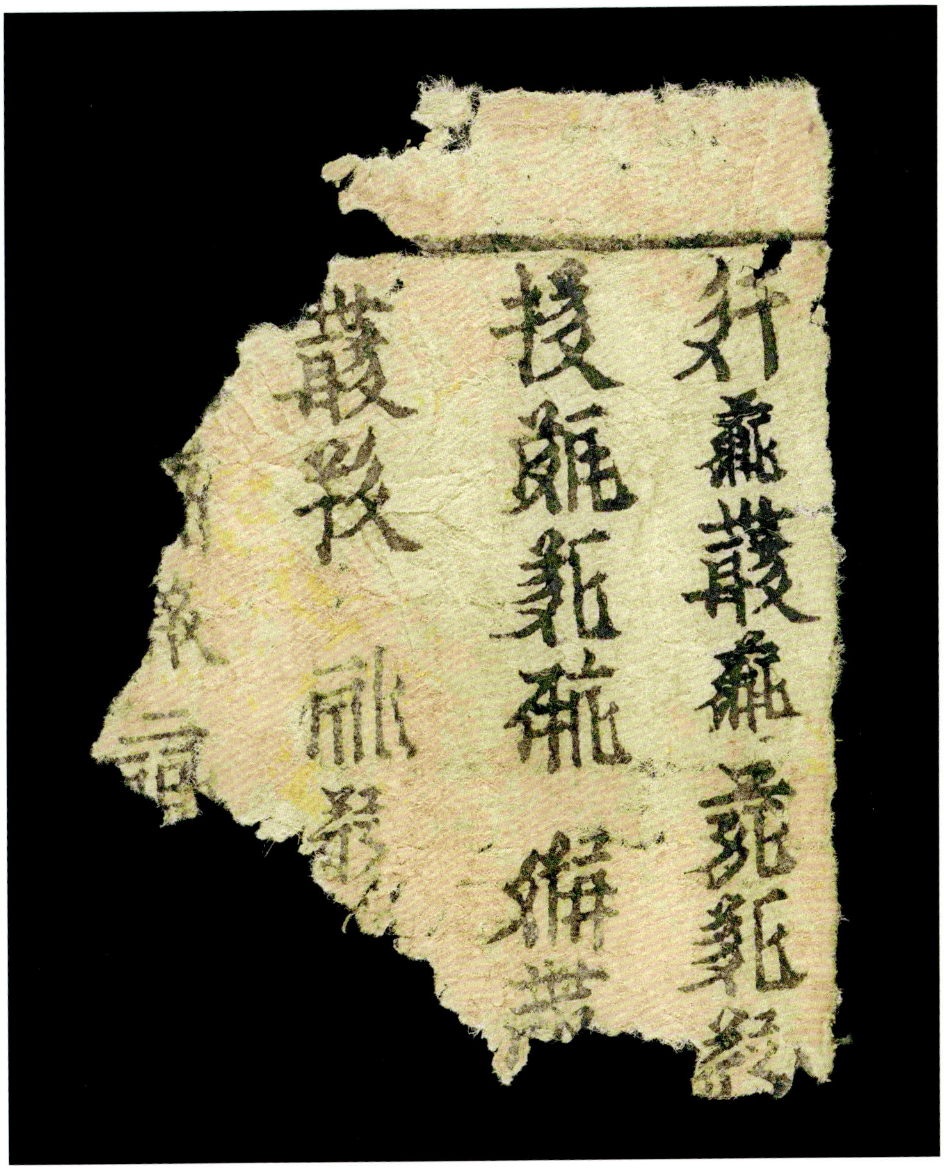

Or.12380/2387（K.K.II.0276.mm）
9.3 釐米 × 7 釐米

比引陀引　你斡囉……
薄俄婆帝　摩訶……
陀也　波囉……
……舍……

2388 金剛般若波羅蜜經

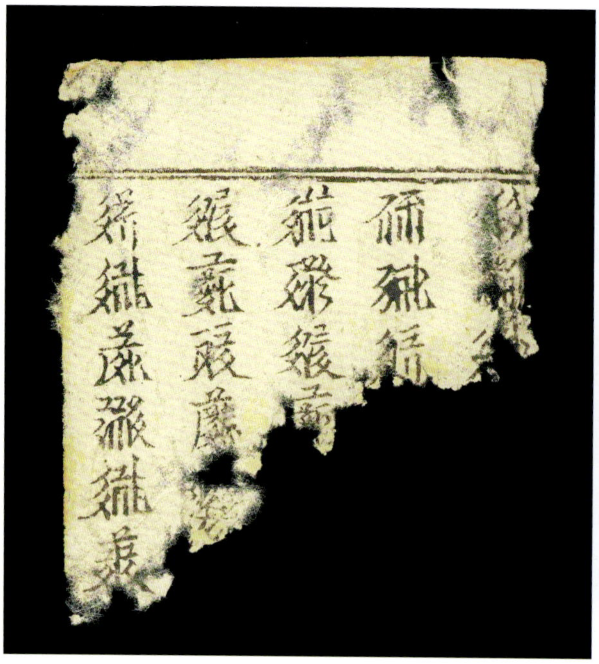

Or.12380/2388A（K.K.II.0241.d）
10.3 釐米 × 9.2 釐米

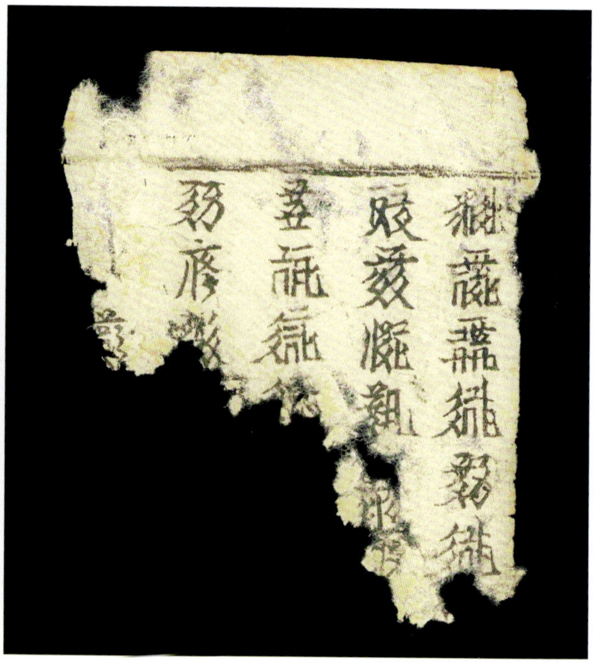

Or.12380/2388B
11 釐米 × 9.3 釐米

人……
之諍無……
上第欲離……
欲離阿羅……
作我世尊我若……

漢道得我謂我……
阿蘭那行樂……
實行所……
樂者是
　淨……

我得阿羅漢道，即爲著我**人**衆生壽者。世尊！佛説我得**無諍**三昧人中最爲第一，是**第一離欲**阿羅漢。我不**作**是念我是離欲阿羅漢。**世尊**！**我若**作是念**我得**阿羅**漢道**，世尊則不説須菩提是**樂阿蘭那**行者，以須菩提**實**無**所行**，而名須菩提**是樂**阿蘭那行。

莊嚴**淨**土分第十（《大正藏》T85，p0003c）

2389　佛書殘片

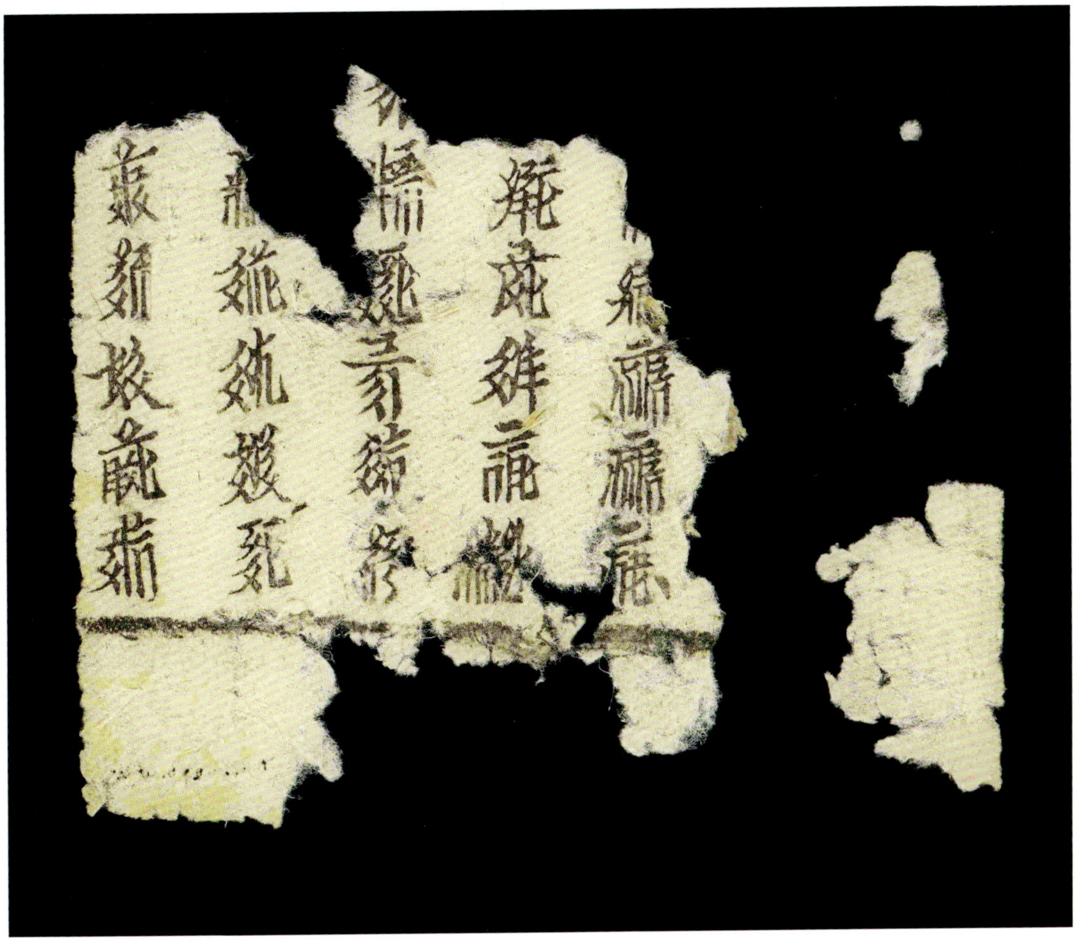

Or.12380/2389（K.K.II.0276.ww）
10.8 釐米 × 9.9 釐米

……有一切皆
……彼諸心發菩
……修持身善爲
……菩薩恒河沙
……若菩薩摩訶

2390 大方廣佛華嚴經普賢行願品

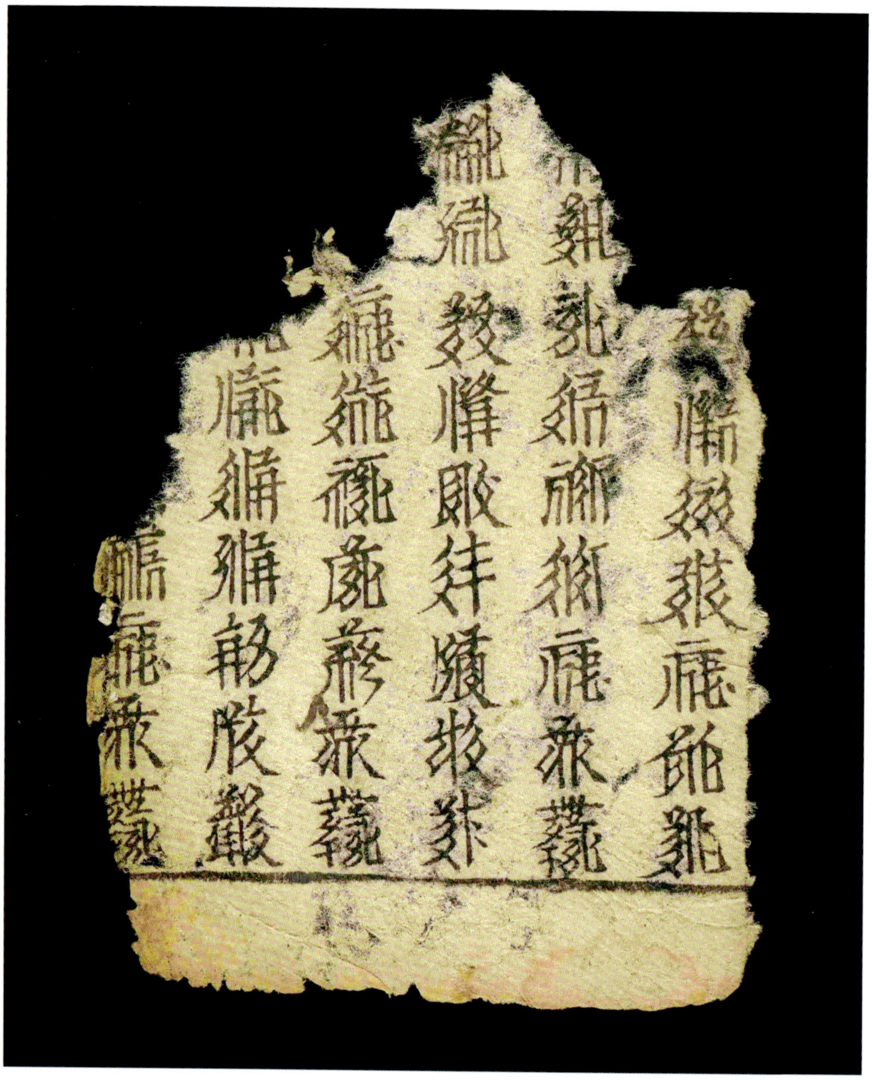

Or.12380/2390A（K.K.II.0260.d）
12 釐米 × 9 釐米

……一念之時皆圓滿
……行　邊無勝福皆回向
……衆生　無量光佛刹往生
……諦共同三昧印
……切皆回向

一念一切悉皆圓，成就衆生清淨願。我此普賢殊勝行，**無邊勝福皆回向**。普願沉溺諸**衆生**，**速往無量光佛刹**。（《大正藏》T10，p0848b）

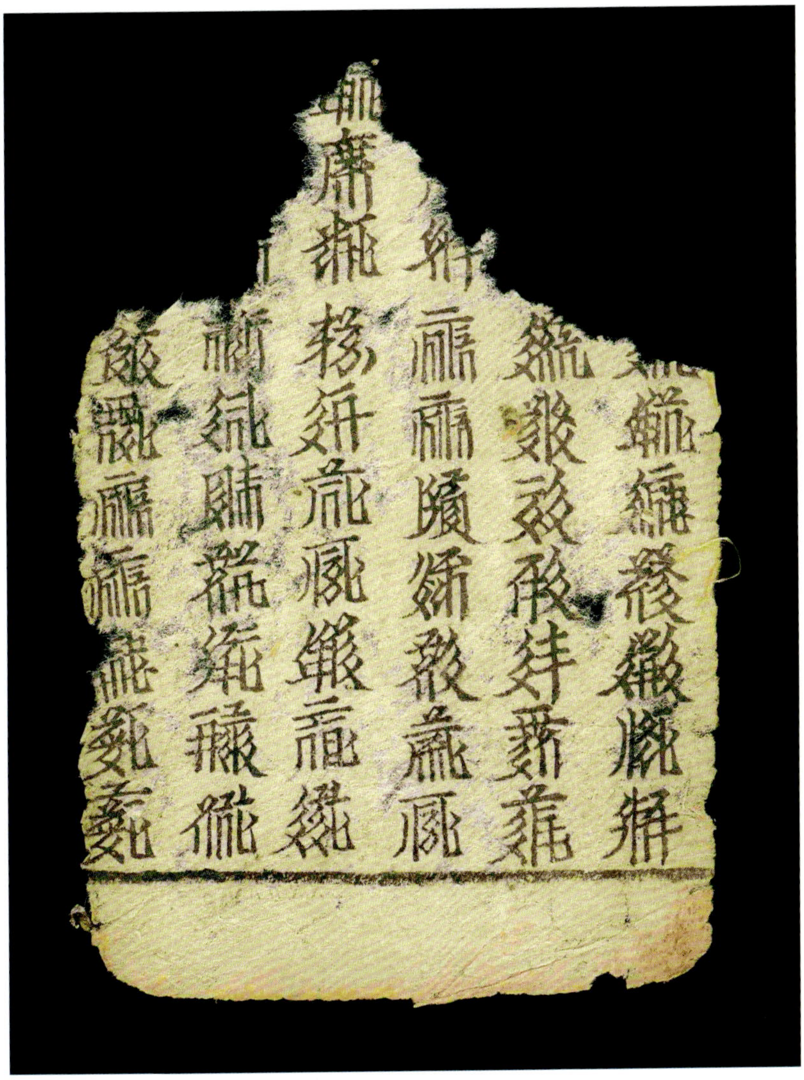

Or.12380/2390B
12.7 釐米 × 9.1 釐米

……願究竟恒不盡
……衆寶莊嚴佛供養
……施　一切剎塵數劫經
……願王於　一番耳經信生能
……勝功德獲彼過多
……惡道一切皆遠離

如是一切無盡時，我**願究竟恒無盡**。十方所有無邊剎，**莊嚴衆寶供如來**。
最勝安樂**施**天人，**經一切剎微塵劫**。若人於此勝**願王**，**一經於耳能生信**。
求勝菩提心渴仰，**獲勝功德過於彼**。即常遠離惡知識，**永離一切諸惡道**。（《大正藏》T10，p0848a）

2391 佛書殘片

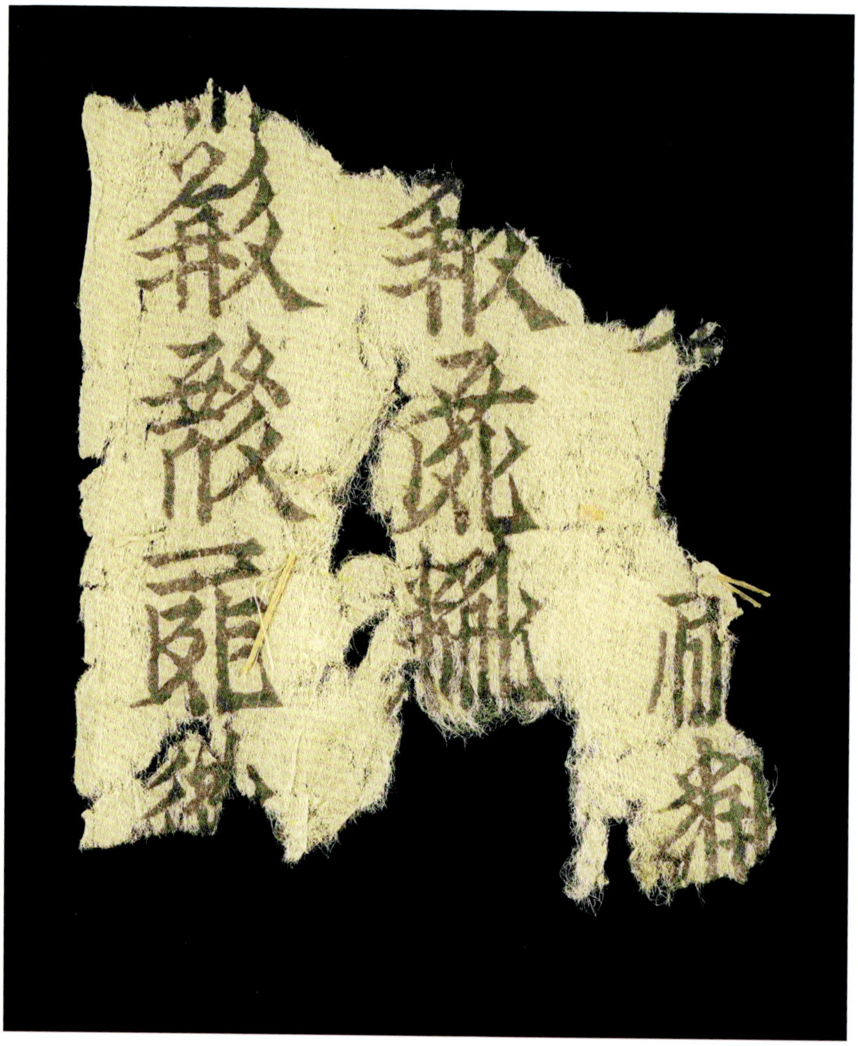

Or.12380/2391（K.K.II.0275.a.xviii.15?）
6 釐米 × 5.3 釐米

……切上……
……等諸菩……
……尋教導……

2392 佛書殘片

Or.12380/2392（K.K.II.0275.a.iii）
5.6 釐米 × 4.8 釐米

念……
悉見……
得……

2393 妙法蓮華經卷四

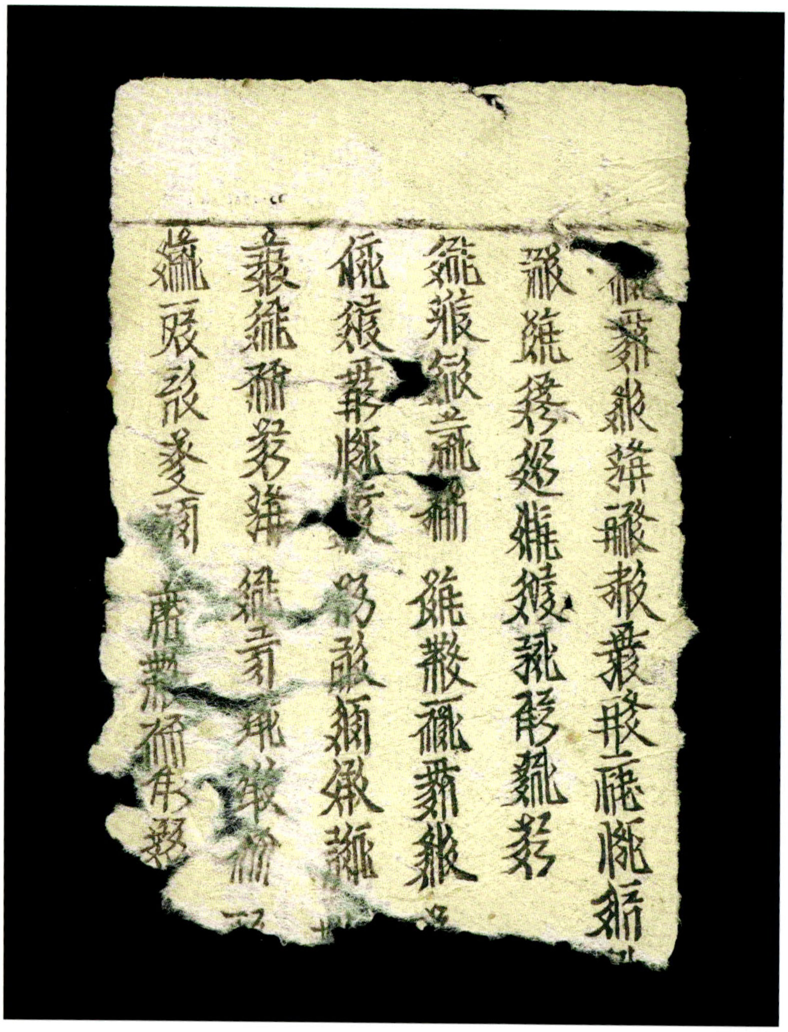

Or.12380/2393
(K.K.II.0240.cc)
14.9釐米×10釐米

法求於故勤以給侍悉不無……
尊此義重宣欲偈言乃説
我過去劫中　是大法求故……
五欲樂不□　鼓搥四方告……
若我之説故　我身彼人之……
時阿私仙一　王大之白言……

于時奉事經於千歲，**爲於法故**，**精勤給侍**，令**無所乏**。爾時世**尊欲重宣此義而説偈言**：
我念過去劫，**爲求大法故**，雖作世國王，**不貪五欲樂**。
搥鍾告四方，誰有大法者，**若爲我解説**，**身**當**爲**奴僕。
時有阿私仙，**來白於大王**：我有微妙法，世間所希有。（《大正藏》T09，p0034c）

2394 金剛般若波羅蜜經

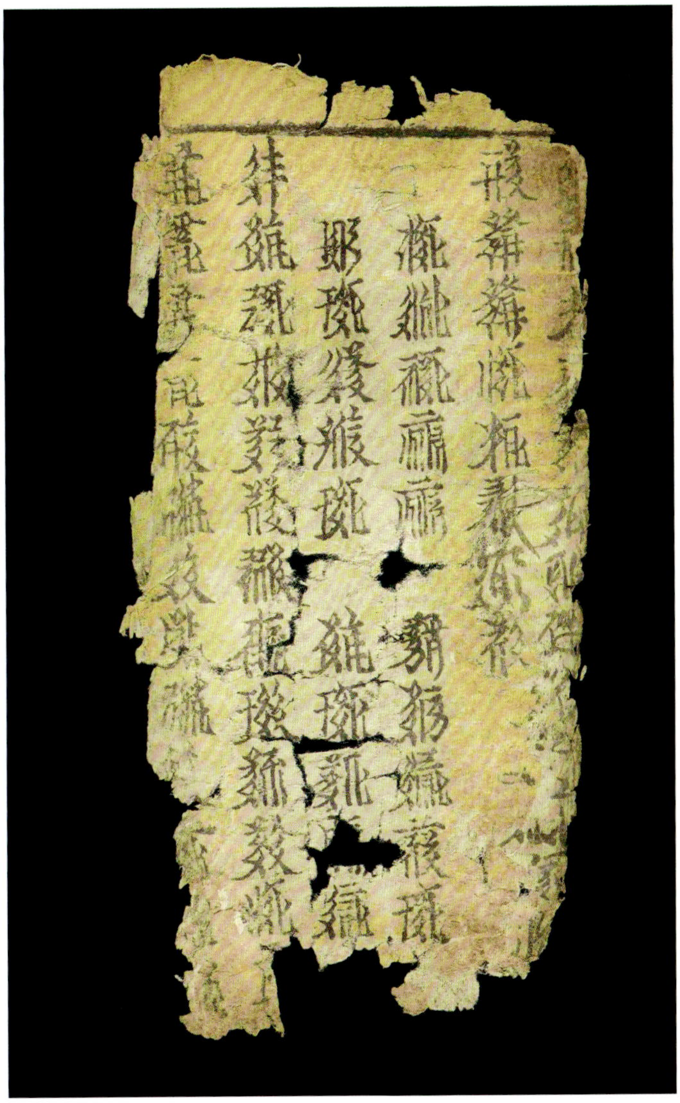

Or.12380/2394
（K.K.II.0232.o）
17.5 釐米 × 8.3 釐米

取如如不動何云也

　　爲有法一切　夢幻泡影如

　　露如電亦如　是如觀□應

佛是契經説已長老須菩提及□

比丘比丘尼優婆塞優……

云何爲人演説，**不取**於相**如如不動**。**何**以**故**？

　　一切有爲法，**如夢幻泡影**，**如露亦如電**，**應**作**如是觀**。

佛説是經已，**長老須菩提及**諸**比丘比丘尼優婆塞優**婆夷一切世間天人阿修羅，聞佛所説皆大歡喜，信受奉行。（《大正藏》T08，p0752b-0752c）

2395 佛説觀彌勒菩薩上生兜率天經

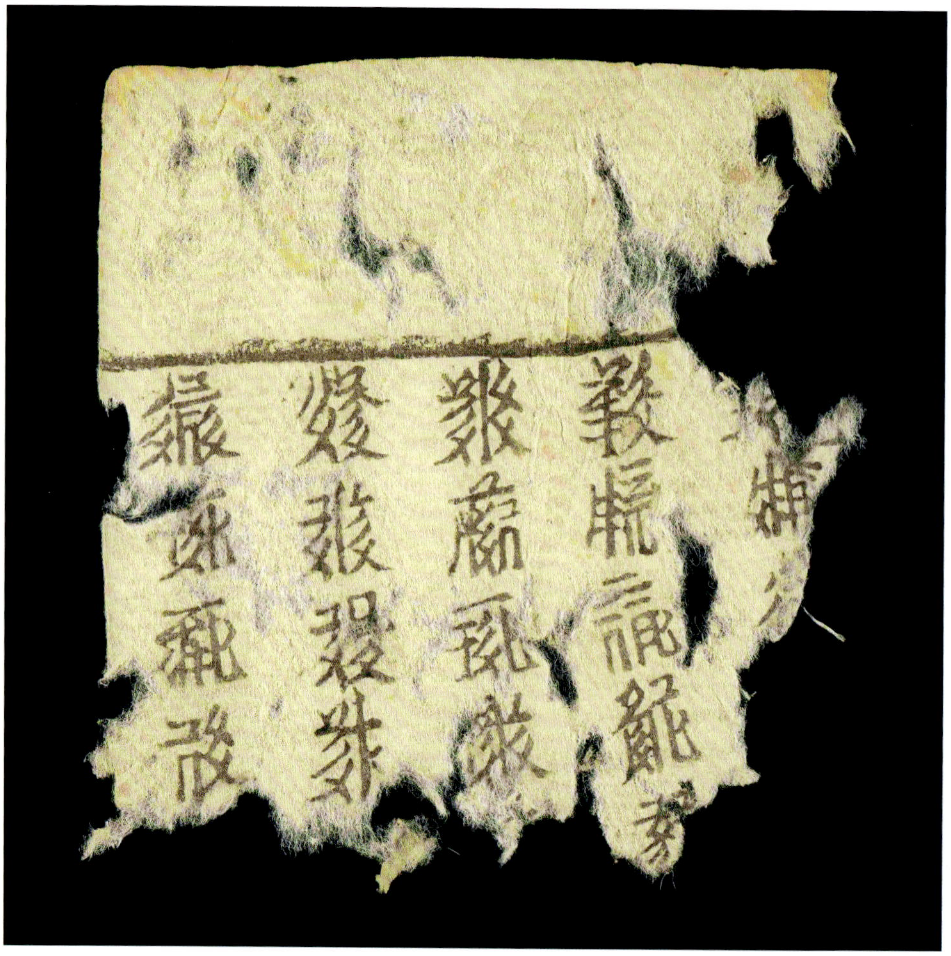

Or.12380/2395（K.K.II.0282.ii）
9.4 釐米 × 8.8 釐米

□炳……
塔修起舍利……
寶臺上摩……
閃時化生……
色如長十……

身圓光中有首楞嚴三昧般若波羅蜜，字義**炳然**。時諸人天尋即爲**起**衆**寶**妙**塔**，供養**舍利**。時兜率陀天七**寶臺**内**摩**尼殿上師子床座**忽然化生**，於蓮華上結加趺坐，身**如**閻浮檀金**色**，**長十**六由旬。（《大正藏》T14，p0419c）

2396　佛説佛母出生三法藏般若波羅蜜多經卷一

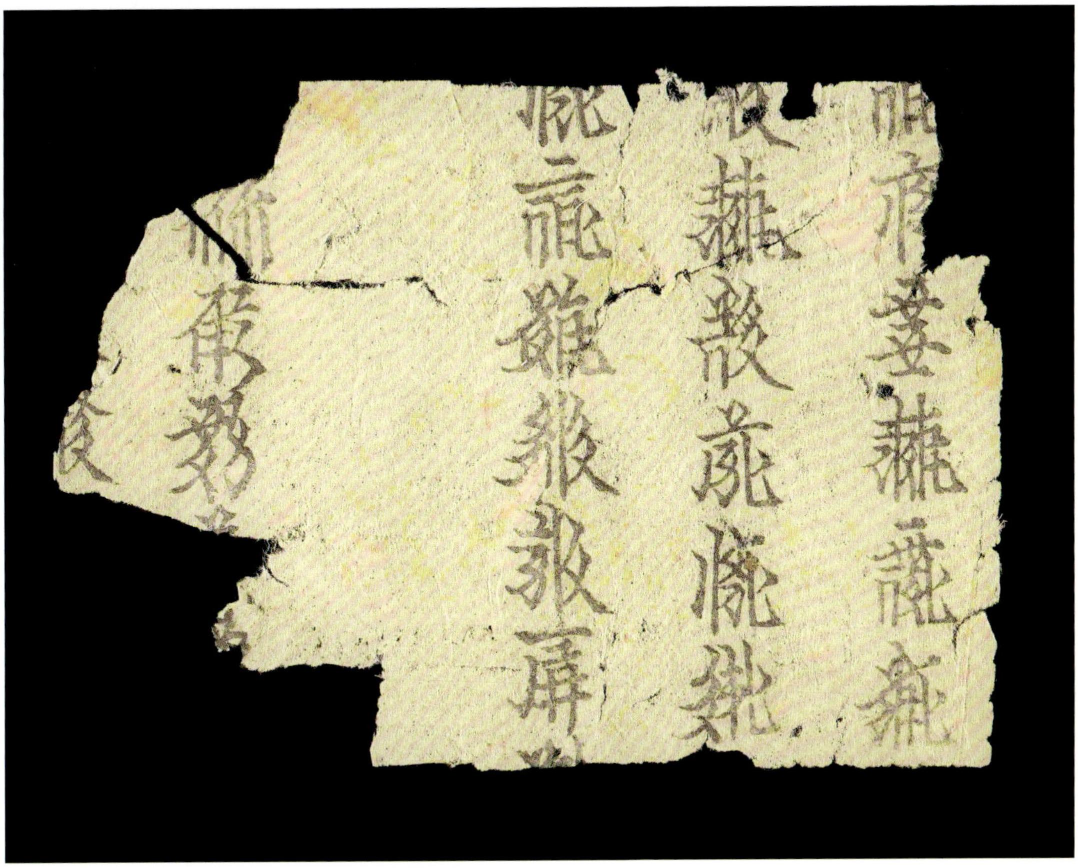

Or.12380/2396（K.K.II.0282.a.vi）
7.5 釐米 × 10.8 釐米

……起者實如道於……
……由三界不出……
……不生是故愚癡……
……
……之白言……

彼諸异生不了諸法無所有性**起**分别**者**，**於如實道**不能了知，亦不能見。**由**不知見，故**不出三界**，於實際法不能安住，亦**不生**信，**是故**墮彼**愚**異**生**數。

爾時尊者舍利子復白佛**言**：世尊！若菩薩摩訶薩如是學者是學一切智不？（《大正藏》T08，p0589b）

2397 佛說佛母出生三法藏般若波羅蜜多經卷十六

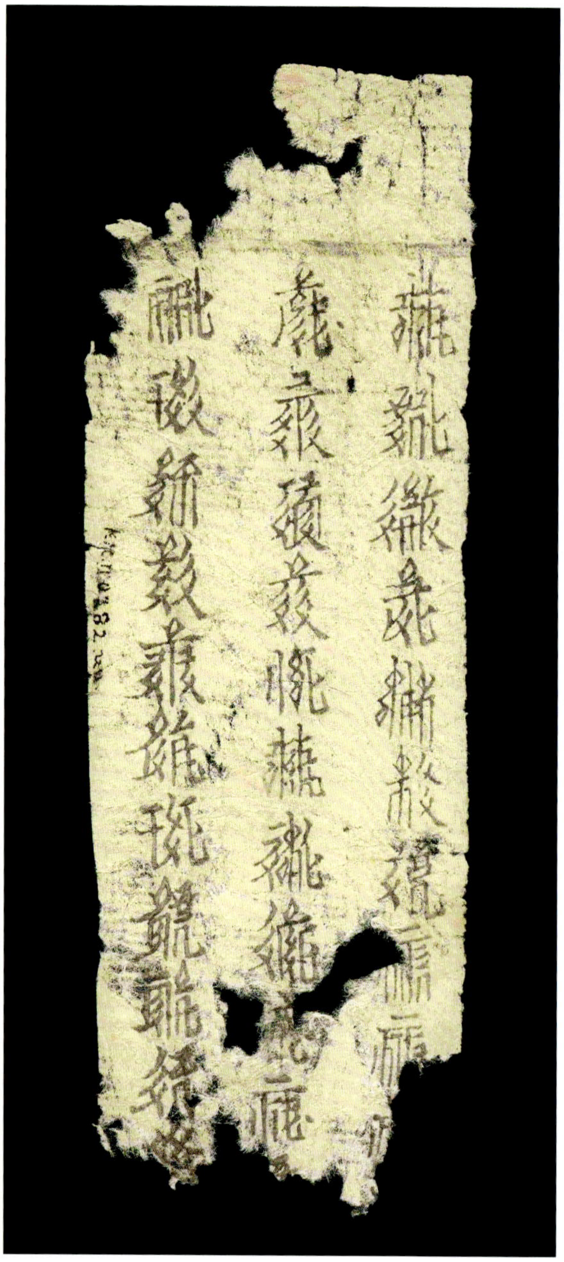

Or.12380/2397（K.K.II.0282.uu）
17.4 釐米×6 釐米

因乃至世間種事一切……
羅蜜多與不相應者□悉……
令須菩提若是如相具足……

菩薩**因**般若波羅蜜多故，**乃至世間一切種事**，而不見有**與**般若波**羅蜜多不相應者**，皆**悉**安住實相法中。**須菩提**！**若**有**具足如是相**者，是爲不退轉菩薩摩訶薩。（《大正藏》T08，p0641c）

2398　佛説佛母出生三法藏般若波羅蜜多經卷十六

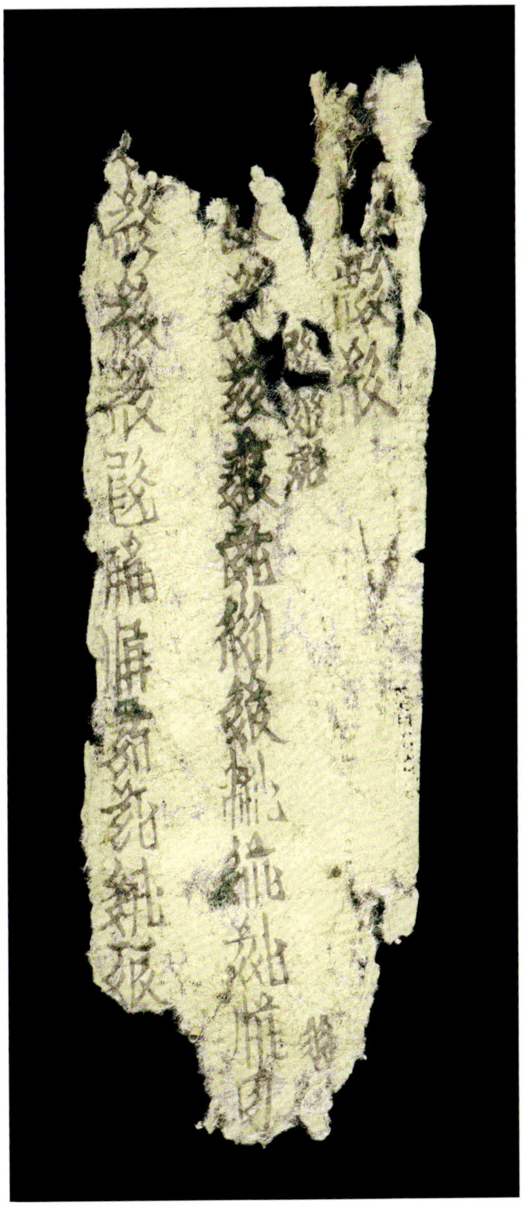

Or.12380/2398（K.K.II.0282.gg）
17.4 釐米 × 5.8 釐米

是也

第十六　　　　四

提若諸惡魔菩薩所來八……

作一一地獄中各自百千……

若有具足如是相者，是爲不退轉菩薩摩訶薩。

復次須菩提！有諸惡魔來菩薩所，化作八大地獄。一一地獄其中各有百千萬數不退轉菩薩。（《大正藏》T08，p0641c）

2399 佛説佛母出生三法藏般若波羅蜜多經卷五

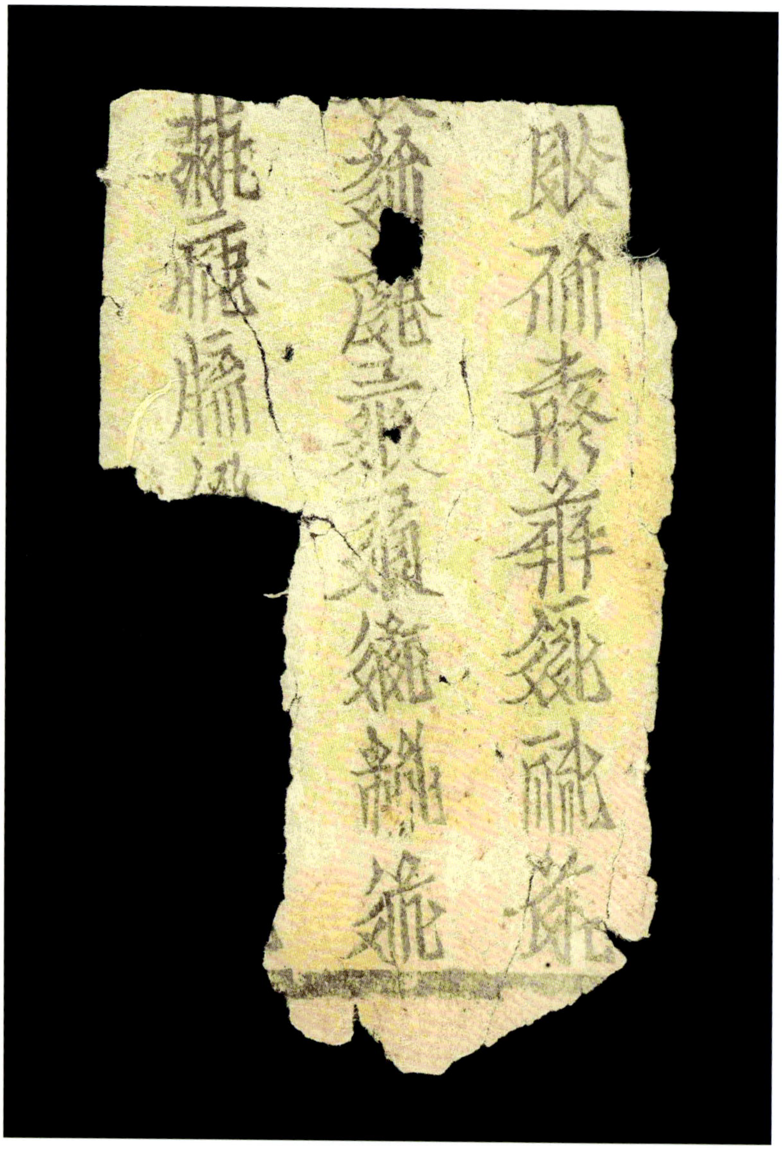

Or.12380/2399
（K.K.II.0282.a.v）
10.9 釐米×6.6 釐米

……他之勸受持使是
……波羅蜜多者菩薩
……如皆修……

轉**勸他**人，**使其受持**，作如是言：汝善男子！此般若**波羅蜜多**是**菩薩**道。汝於是中**如**所宣説，應當**修**學。（《大正藏》T08，p0604b）

2400　三才雜字

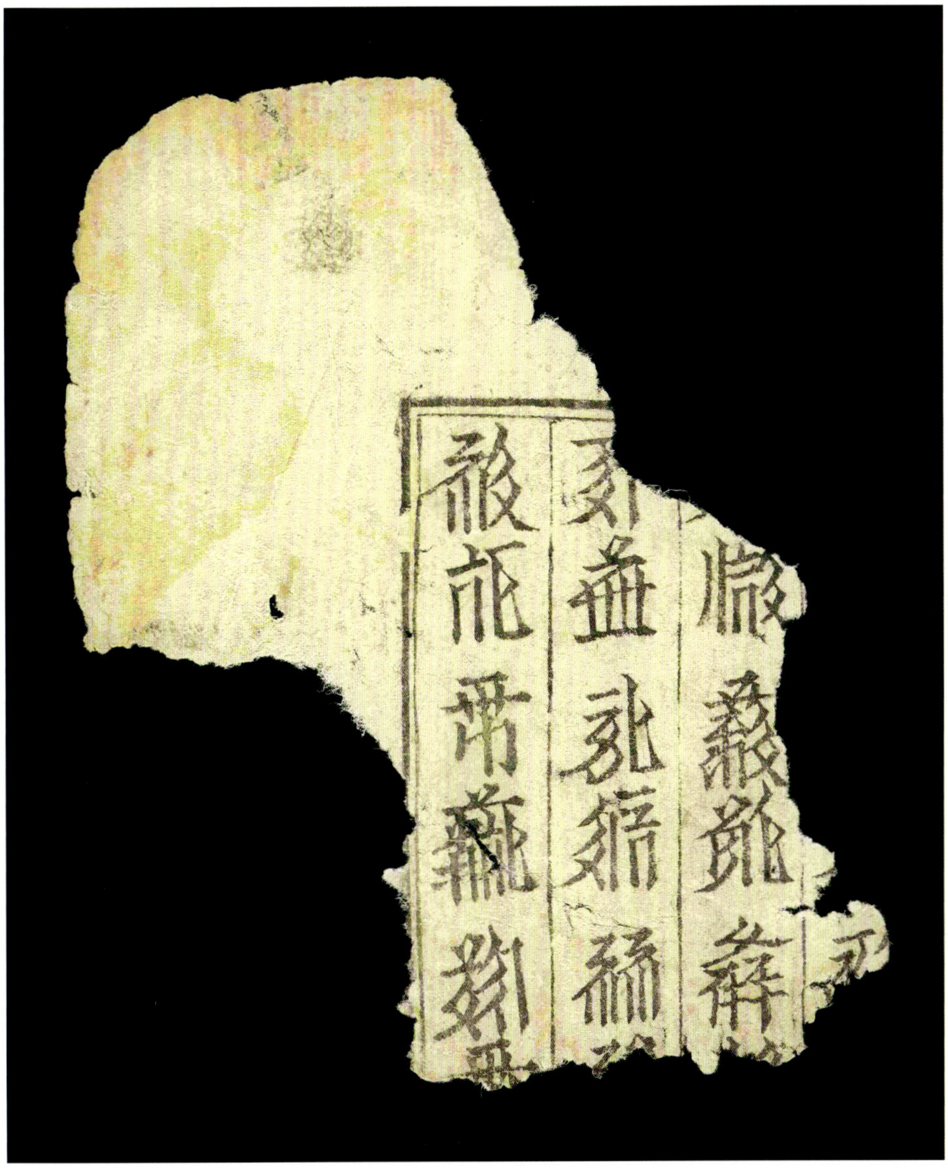

Or.12380/2400（K.K.II.0275.m）
13.5 釐米 × 11.1 釐米

□地　河洲　陸……
一濁　無際　險……
丘陵　疆界　帝……（《俄藏黑水城文獻》10，p41）

2401 三才雜字

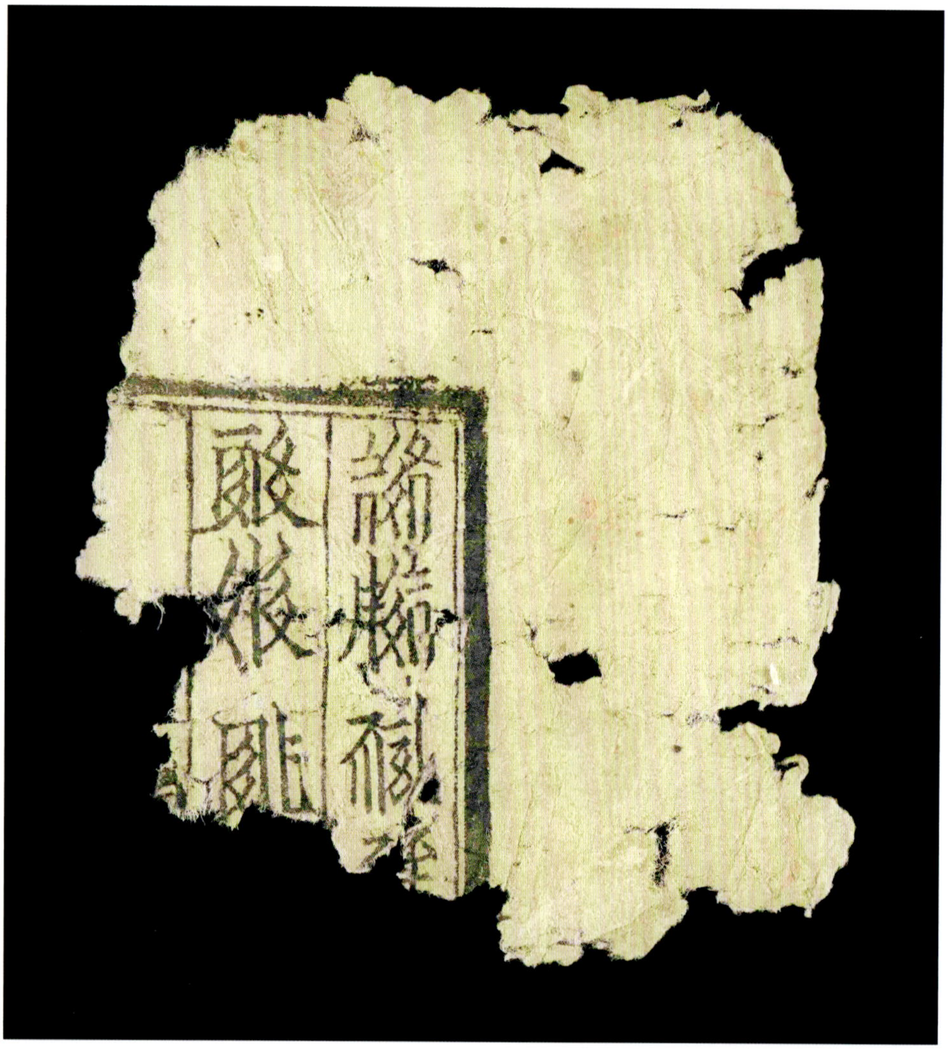

Or.12380/2401(K.K.II.0267.w)
10.8 釐米 × 9.8 釐米

天穹　霄……
天後　虛……（《俄藏黑水城文獻》10，p40）

2402 三才雜字，殘片

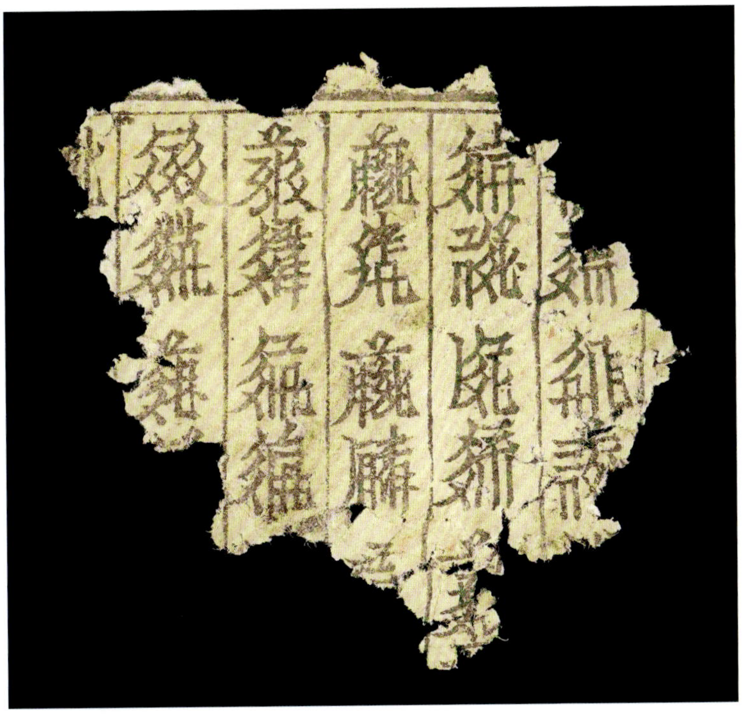

Or.12380/2402A
（K.K.II.0267.n）
9.8 釐米 × 10.5 釐米

□朱　播奚……
桑盧　咩玉……
夾尚　夾都……
塔末　尹娑……
吕良　實……（《俄藏黑水城文獻》10，p49）

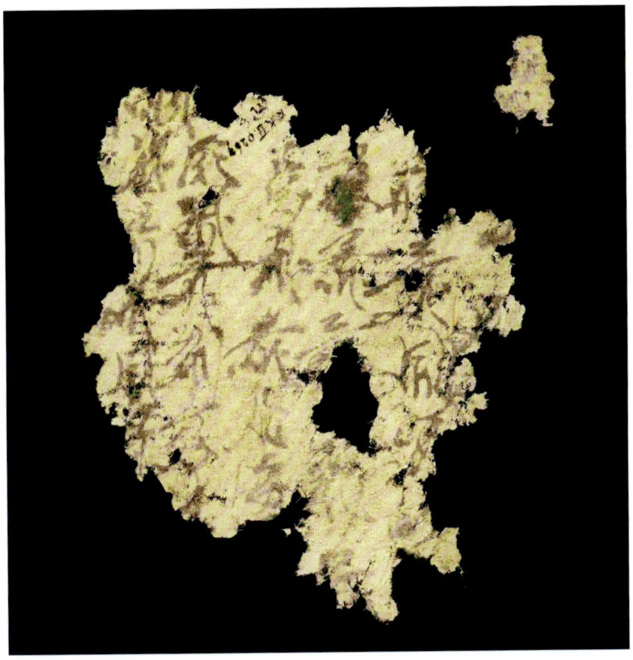

Or.12380/2402B
9.3 釐米 × 7.7 釐米

2403 殘片

Or.12380/2403（K.K.III.020.p）
10.8 釐米 × 6.3 釐米

2404　佛書殘片

Or.12380/2404A（K.K.III.020.h）
11.7 釐米 × 6.6 釐米

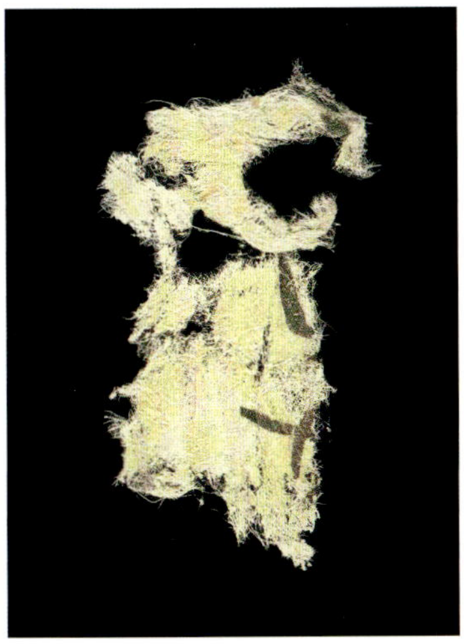

Or.12380/2404B
2.1 釐米 × 1.2 釐米

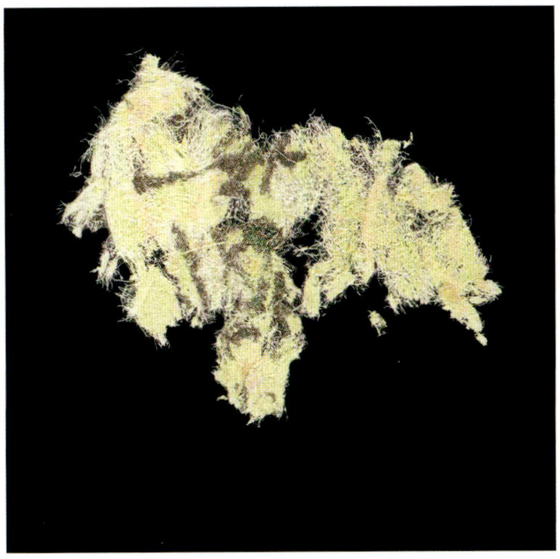

Or.12380/2404C
1.7 釐米 × 2.1 釐米

2405　佛書科文殘片

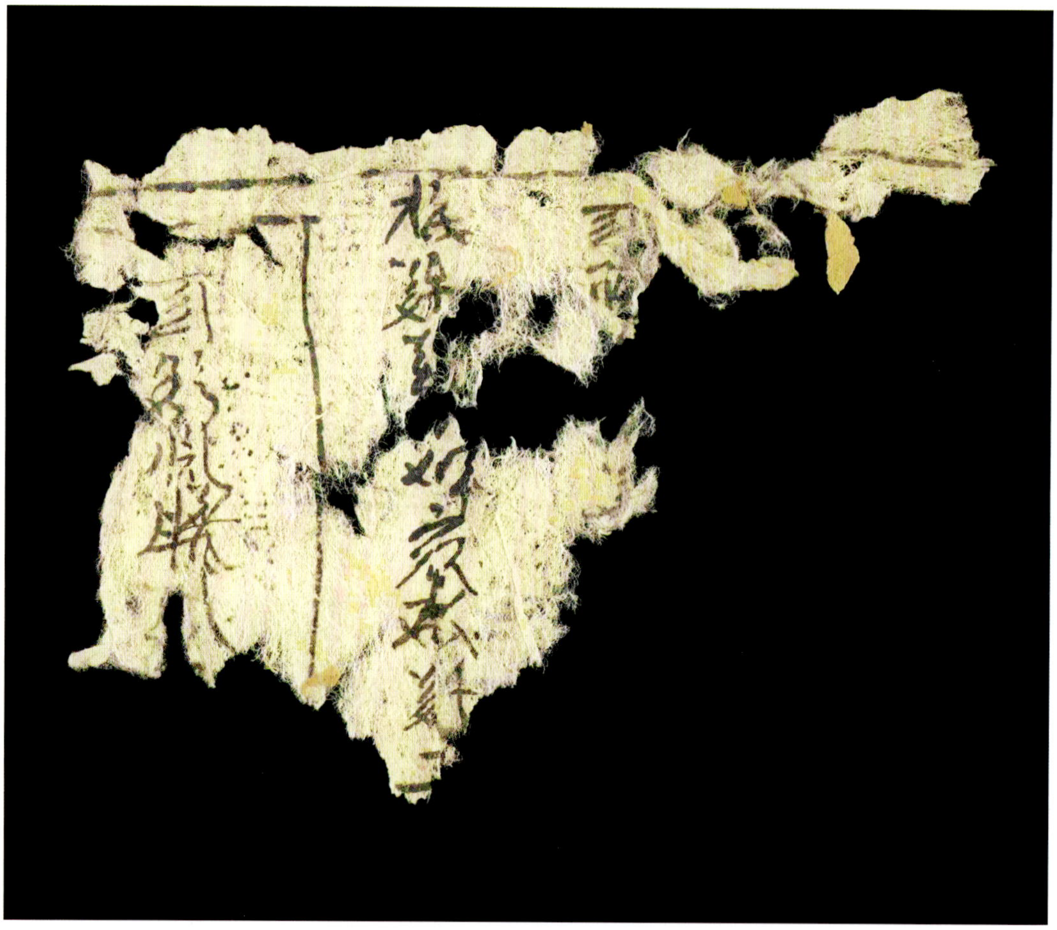

Or.12380/2405（K.K.III.020.i）
6.1 釐米 × 8.4 釐米

2406　佛書殘片

……阿羅

諸天……

Or.12380/2406（K.K.II.0240.ss/7?）
6.9 釐米 × 5.1 釐米

2407 殘片

Or.12380/2407
(K.K.II.b.08.b)
7 釐米 × 8.5 釐米

2408 殘片

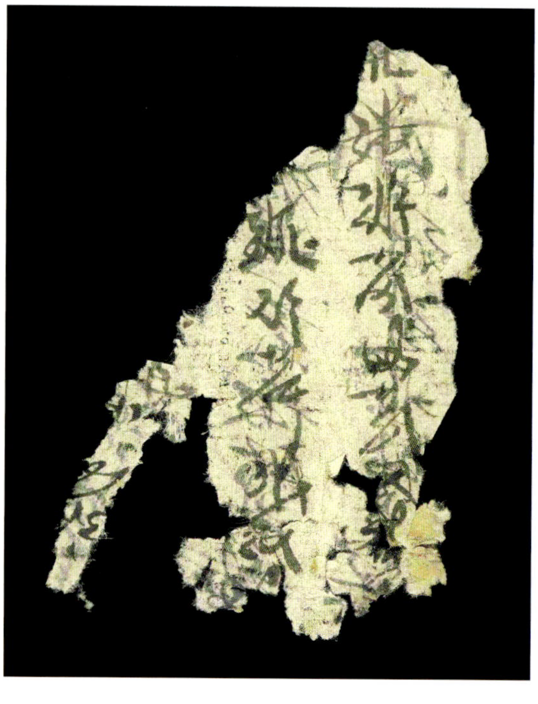

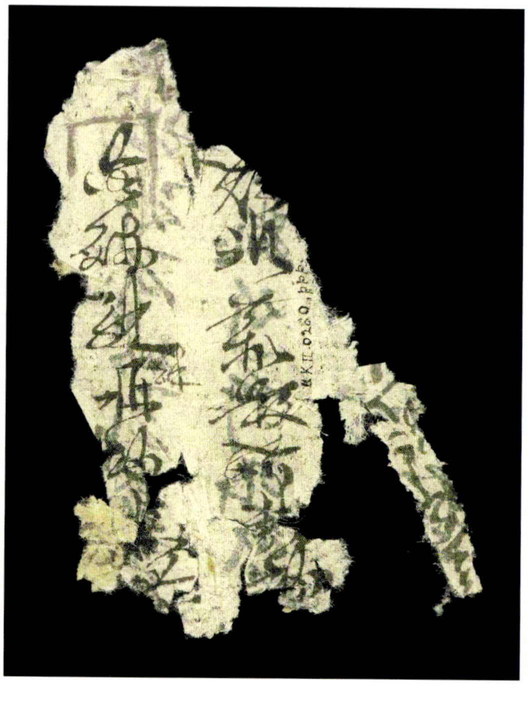

Or.12380/2408(K.K.II.0280.ppp)
9 釐米 × 6.7 釐米

2409　殘片

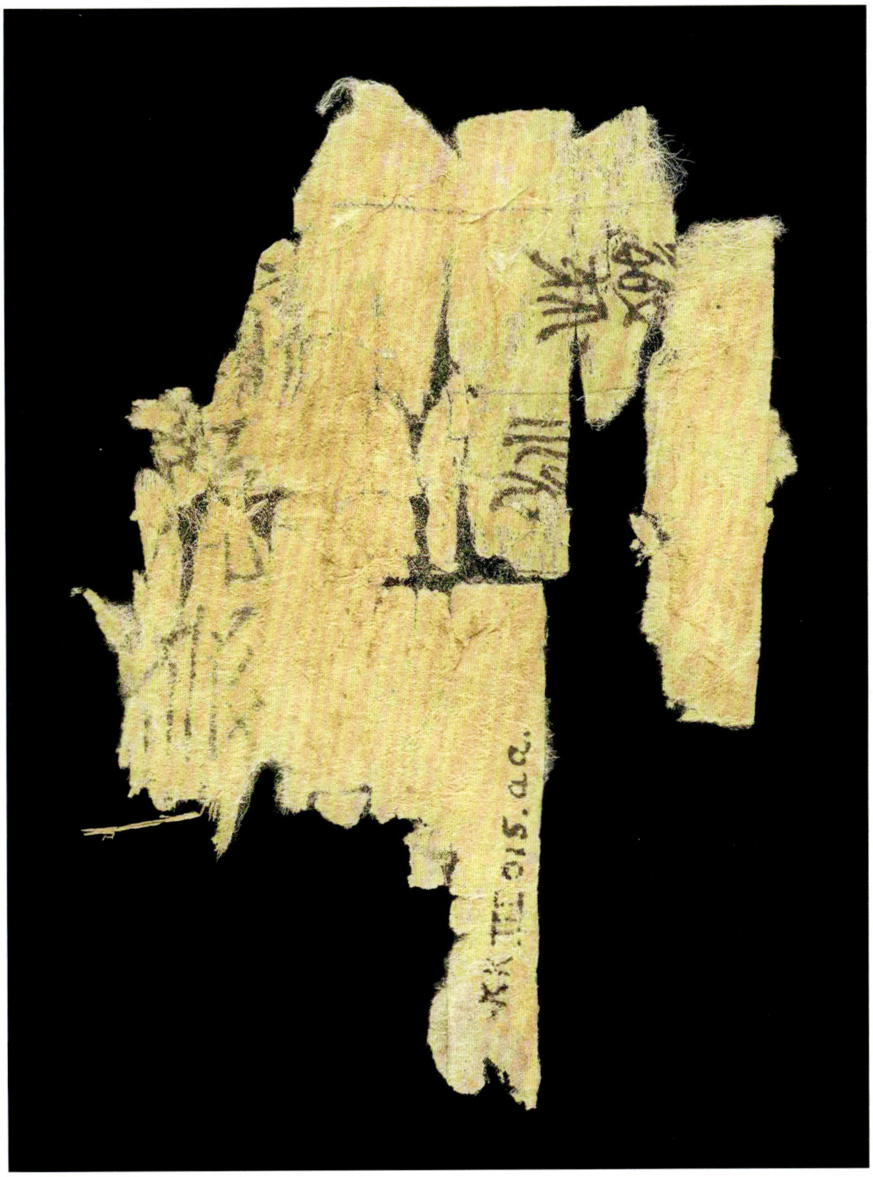

Or.12380/2409（K.K.III.015.aa）
7.7 釐米 × 5.4 釐米

2410 殘片

Or.12380/2410（K.K.II.0240.ss/9?）
6.8 釐米 × 3.8 釐米

……一種屬……

2411 佛書殘片

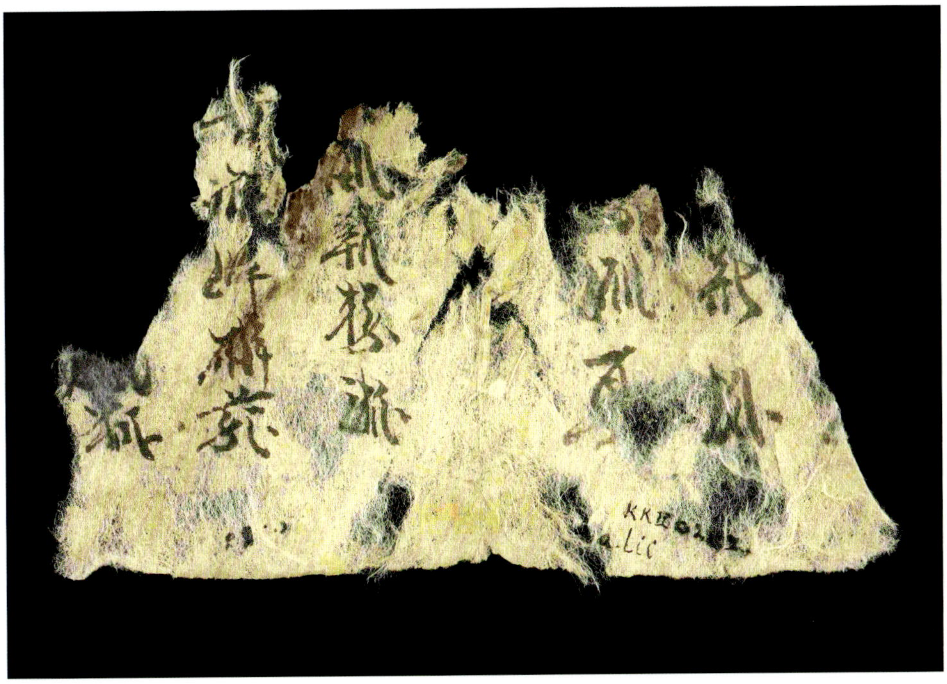

Or.12380/2411A（K.K.II.0282.a.lii）
6 釐米 × 10.1 釐米

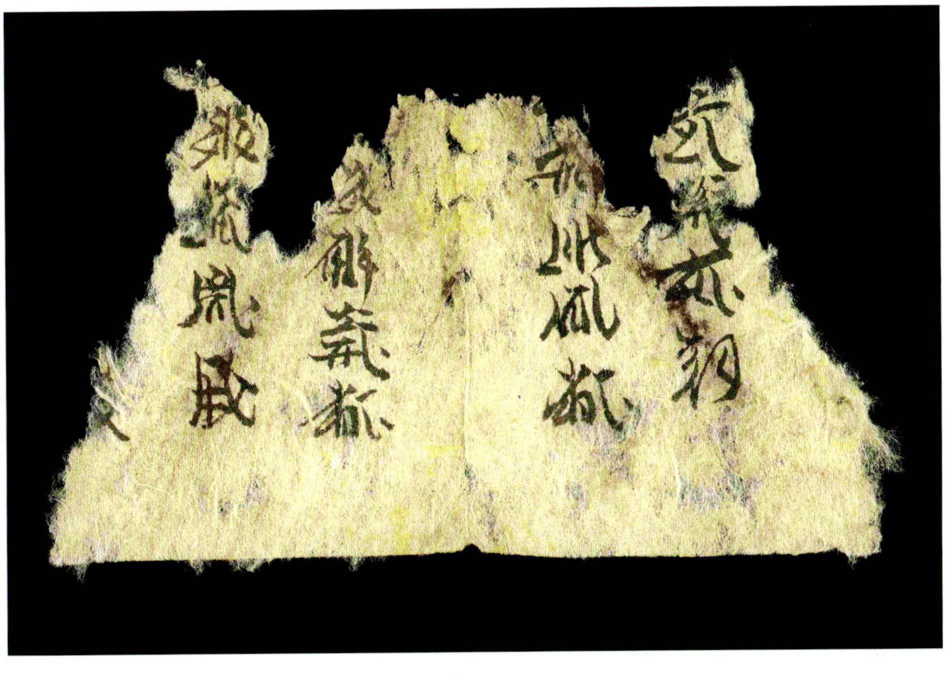

Or.12380/2411B
5.6 釐米 × 9.9 釐米

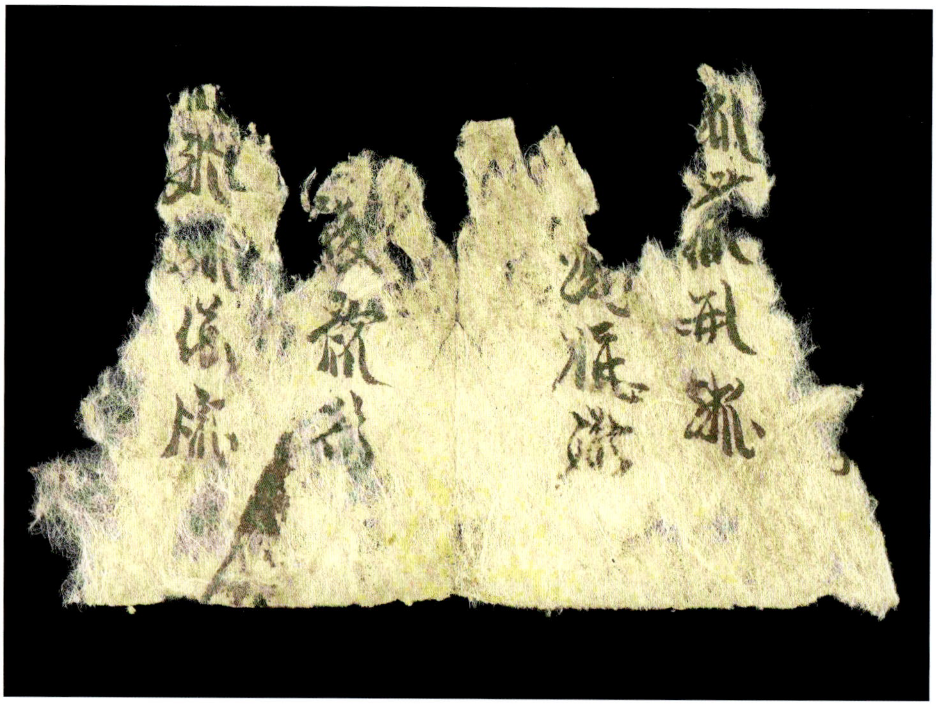

Or.12380/2411C
5.7 釐米 × 9.4 釐米

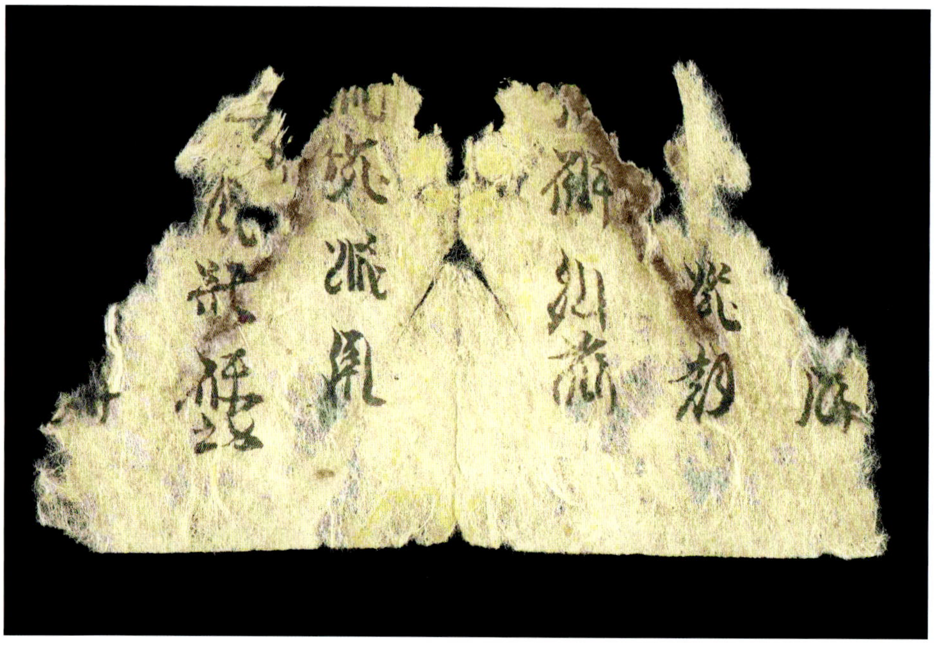

Or.12380/2411D
5.6 釐米 × 9.8 釐米

2412 佛書殘片

Or.12380/2412A［K.K.II.0270.uu（8）?］
15 釐米 × 11.7 釐米

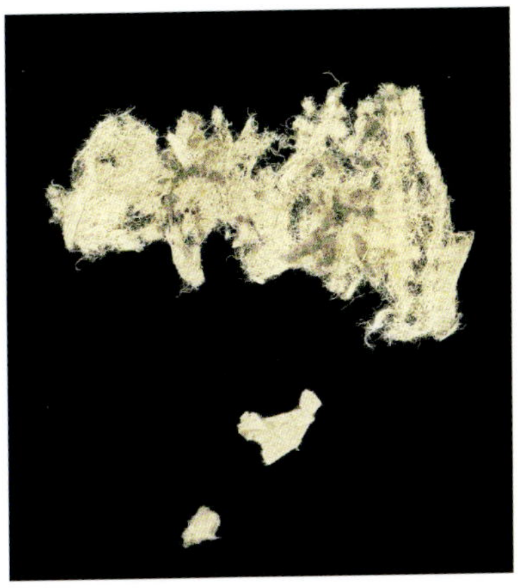

Or.12380/2412B
2.7 釐米 × 4.5 釐米

2413 佛書殘片

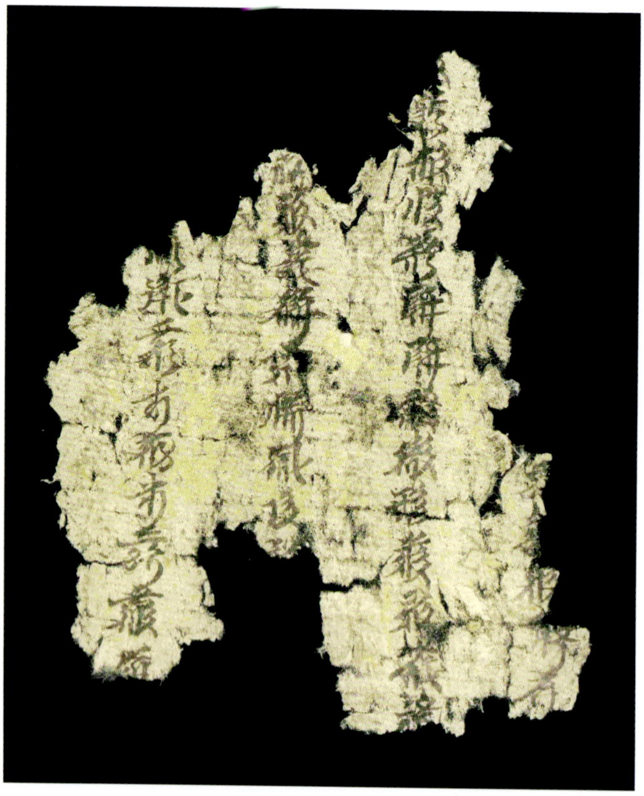

……近當……

……合而入定漸漸學堅增時女相……

……女相過□念多臂……

……其樂亦轉亦自空……

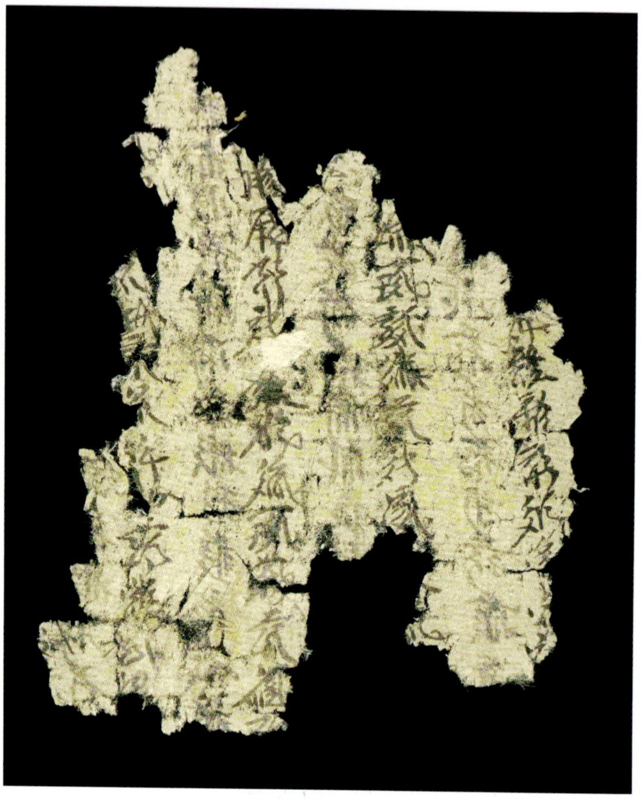

……弟子垢無……

……上夜初……

……近師……乃解上大始法……

……心□乃……

Or.12380/2413［K.K.II.0270.uu（39）?］

11.2 釐米 × 9.3 釐米

2414　殘片

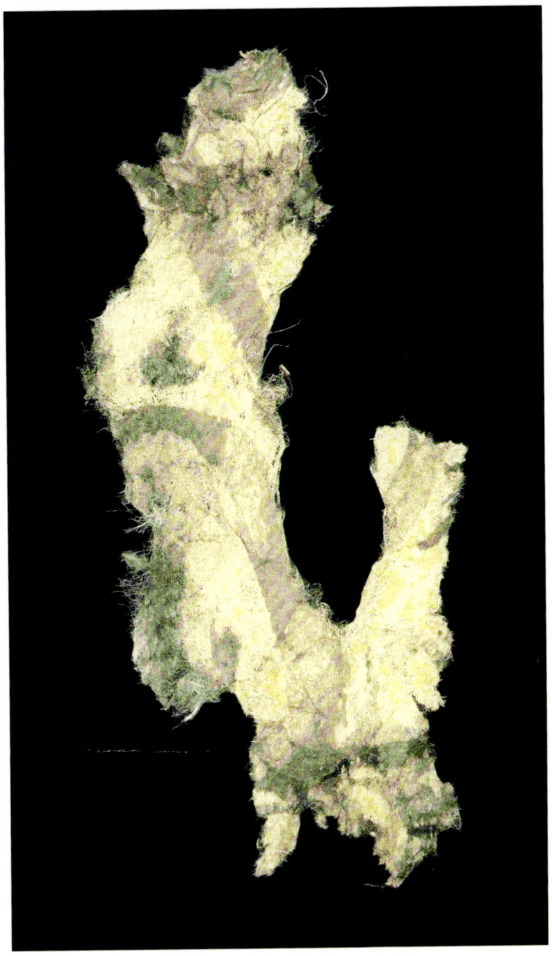

Or.12380/2414
［K.K.II.0274.mmm(41)?］
7.9 釐米 × 3.6 釐米

2415　殘片

Or.12380/2415
（K.K.II.0270.tt.iv）
5.3 釐米 × 4.7 釐米

2416 佛書殘片

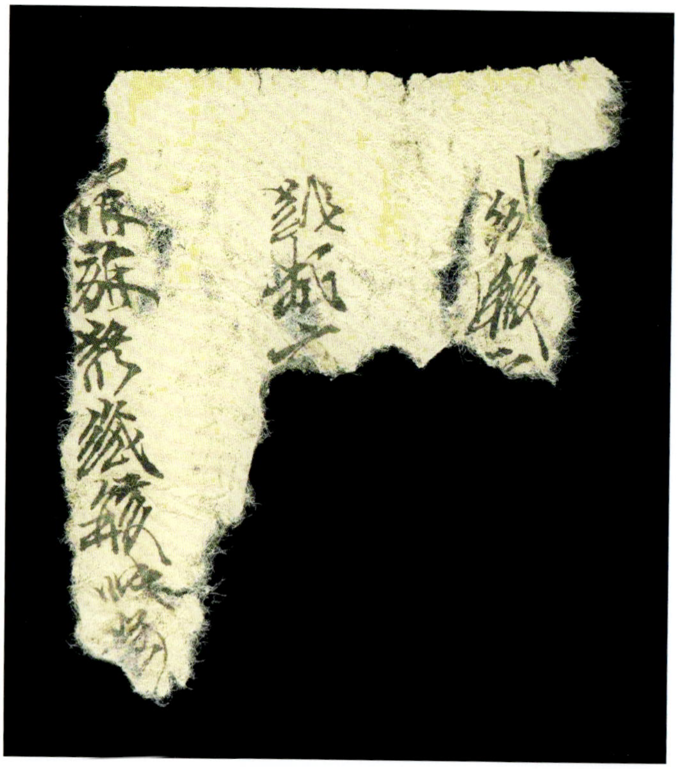

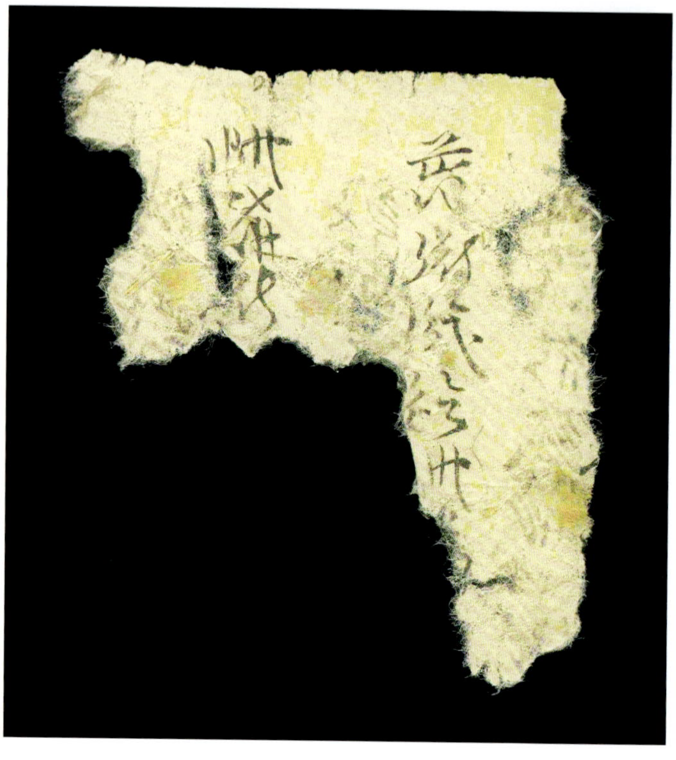

Or.12380/2416
［K.K.II.0274.mmm(11)?］
6.4 釐米 × 5.8 釐米

2417 殘片

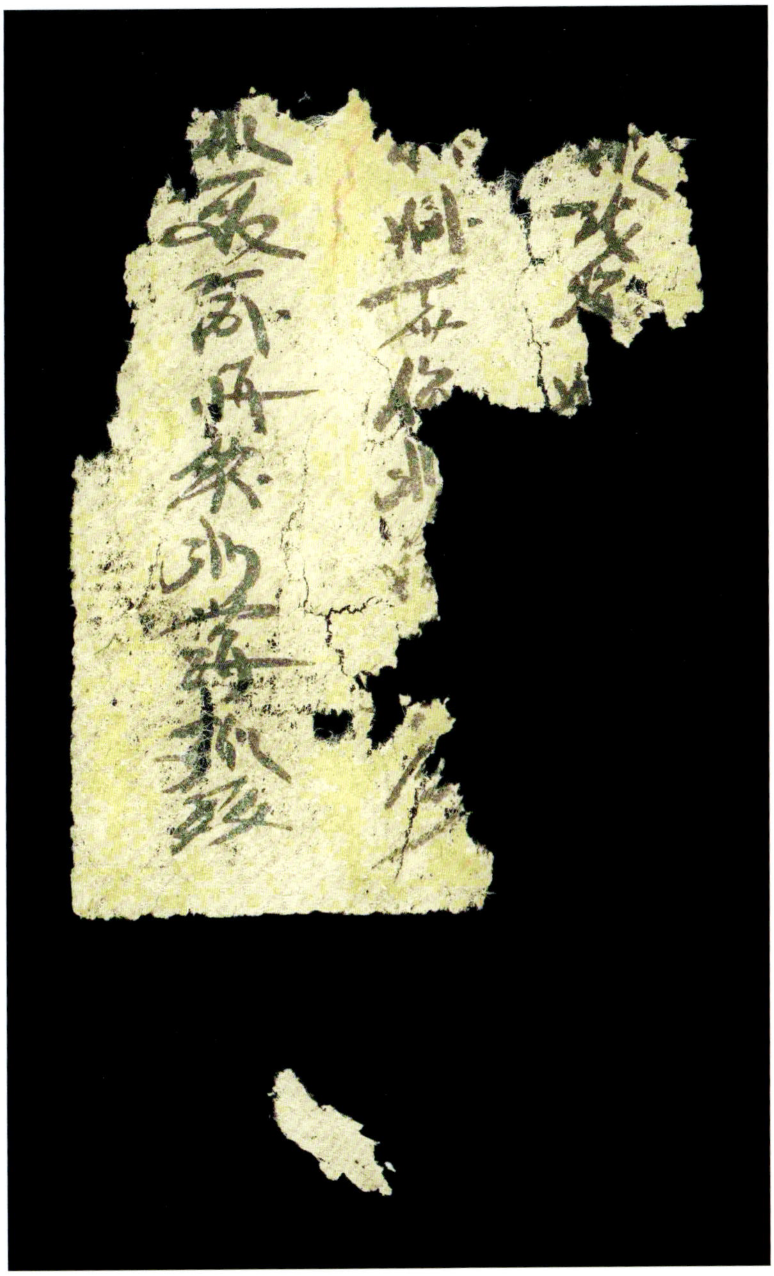

Or.12380/2417A（K.K.II.0256.a.10/4?）
6.7 釐米 × 5 釐米

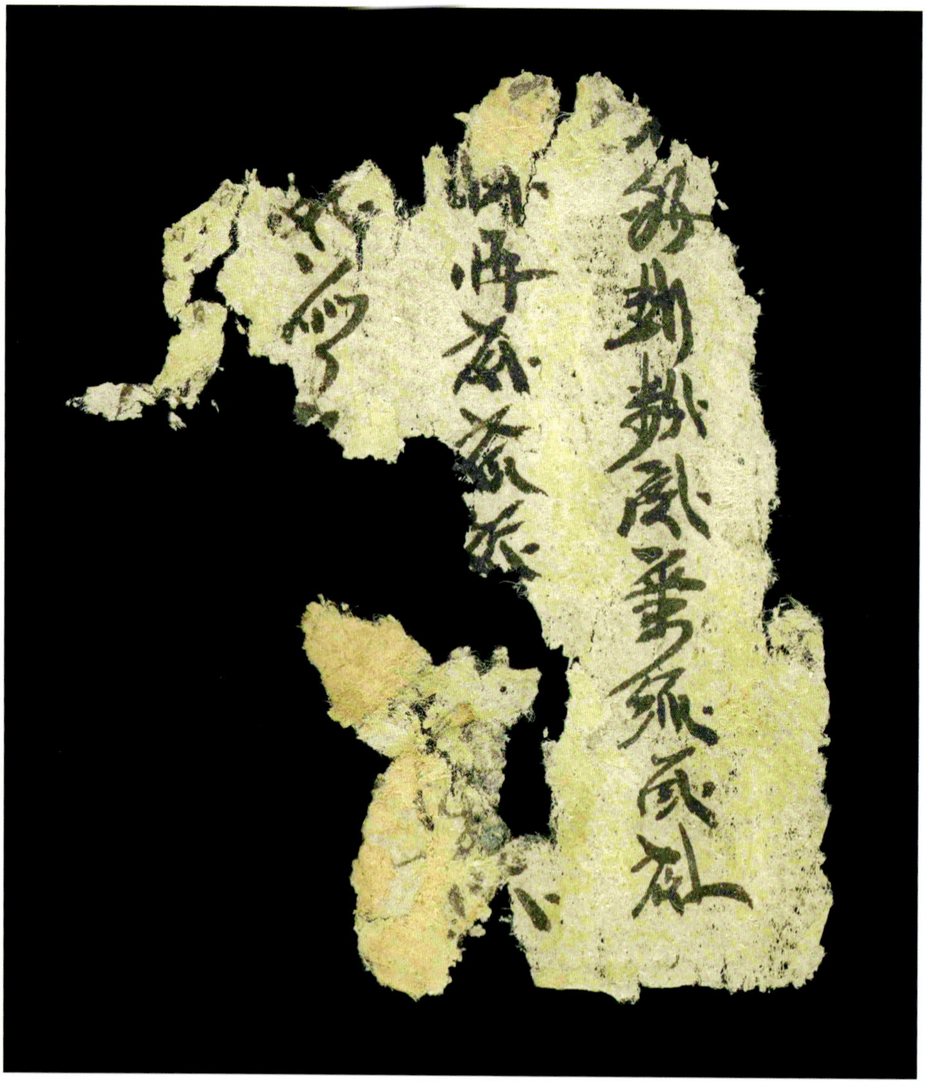

Or.12380/2417B
7.1 釐米 × 6 釐米

2418 殘片

Or.12380/2418
（K.K.II.0274.mmm.29?）
9.8 釐米 × 6 釐米

2419 佛書殘片

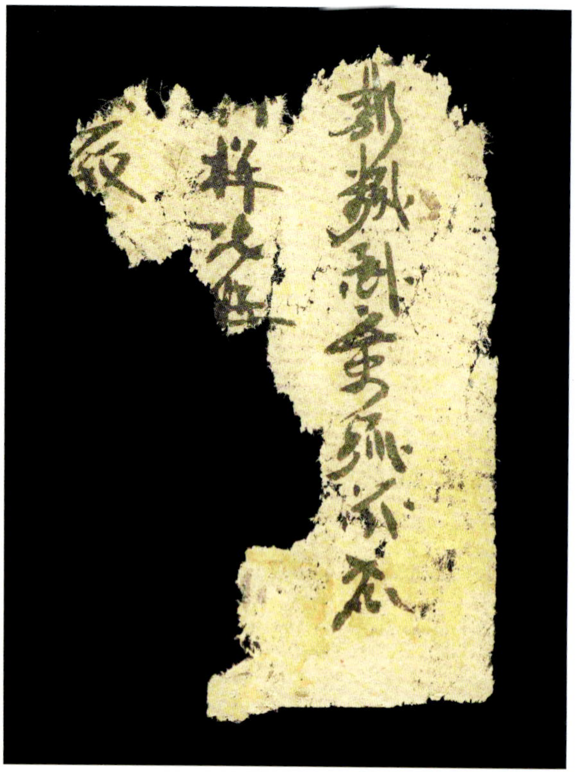

Or.12380/2419A（K.K.II.0256.a.10/3?）
6.5 釐米 × 4.3 釐米

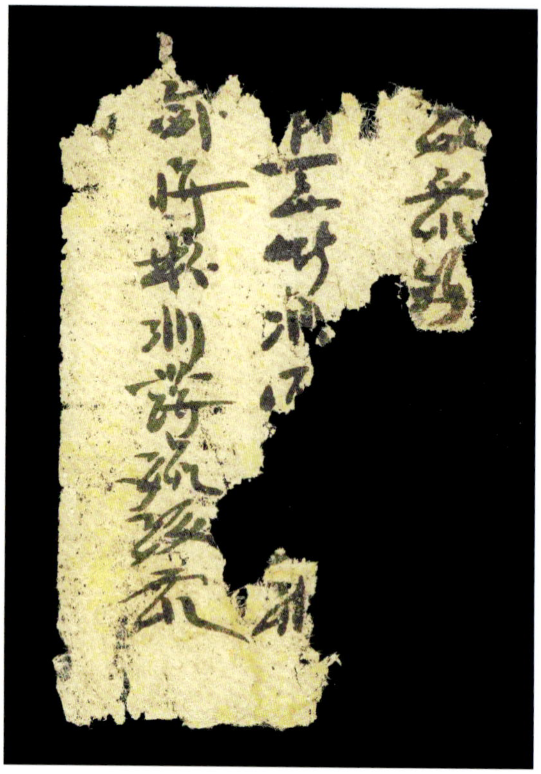

Or.12380/2419B
6.8 釐米 × 4.3 釐米

Or.12380/2419C
3 釐米 × 2.7 釐米

Or.12380/2419D
2.7 釐米 × 4.4 釐米

Or.12380/2419E
4.6 釐米×2.6 釐米

Or.12380/2419F
6.5 釐米×2.9 釐米

2420　佛書殘片

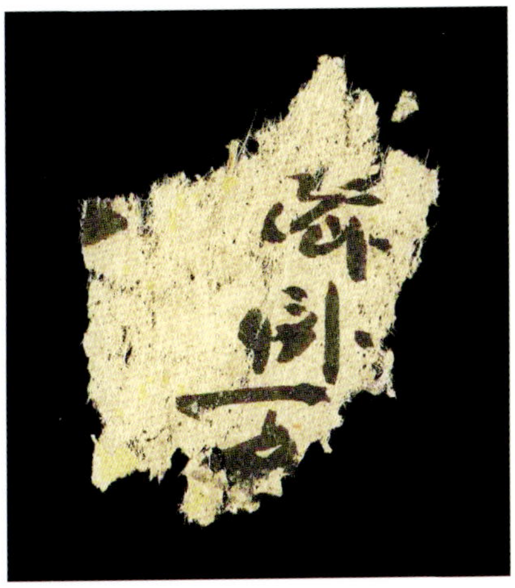

Or.12380/2420A（K.K.II.0256.a.10/2?）
2.8 釐米×2.1 釐米

Or.12380/2420B
2.6 釐米×2 釐米

Or.12380/2420C
2.8 釐米 × 1.9 釐米

Or.12380/2420D
2.8 釐米 × 2.2 釐米

Or.12380/2420E
6.5 釐米 × 1.9 釐米

Or.12380/2420F
6.7 釐米 × 2.2 釐米

2421 佛書殘片

Or.12380/2421A（K.K.II.0256.a.10/1?）
2.6 釐米 × 3.1 釐米

Or.12380/2421B
2.3 釐米 × 3 釐米

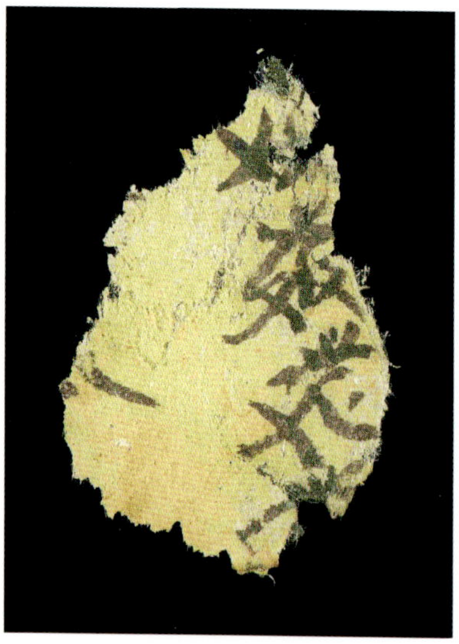

Or.12380/2421C
2.7 釐米 × 1.7 釐米

……時分……

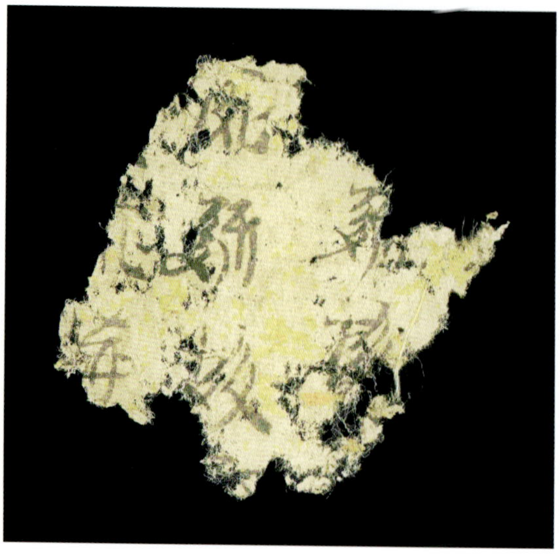

Or.12380/2421D
4.6 釐米 × 4.7 釐米

……

……諸菩薩……

……如……

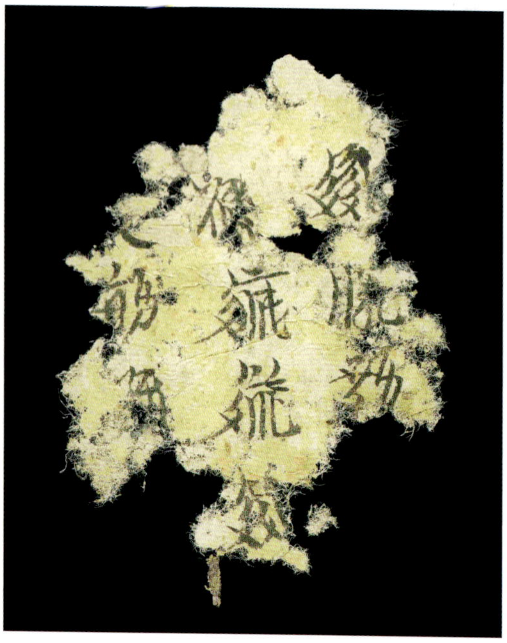

Or.12380/2421E
6.5 釐米 × 4.8 釐米

……持善謂……

……之無上善……

……三菩……

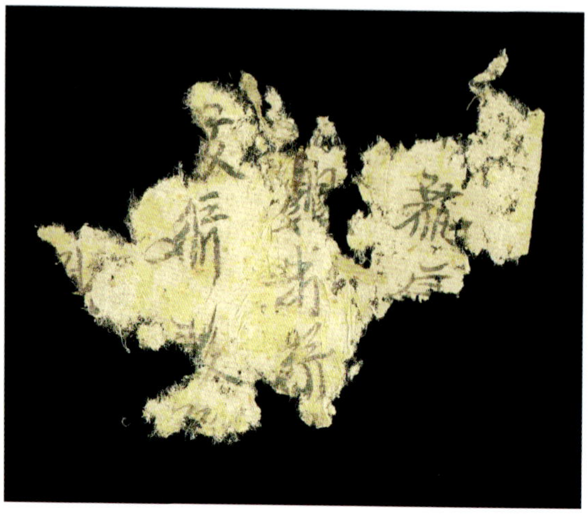

Or.12380/2421F
5.6 釐米 × 7 釐米

……得應……

……喜而做……

……無……

2422　簿籍殘片

Or.12380/2422［K.K.II.0279.VVV（27）?］
10 釐米 × 10.9 釐米

2423 佛書殘片

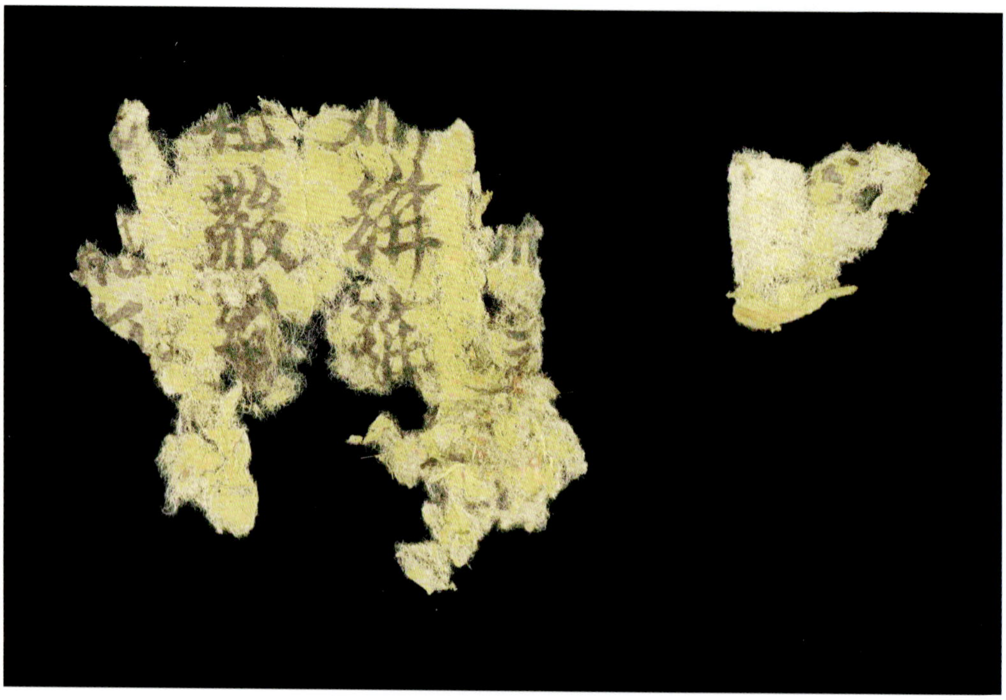

Or.12380/2423（K.K.II.0265./1?）
5.4 釐米 × 5.7 釐米

……故此……
……半大雲……

2424 聖觀自在大悲心總持功能依經錄

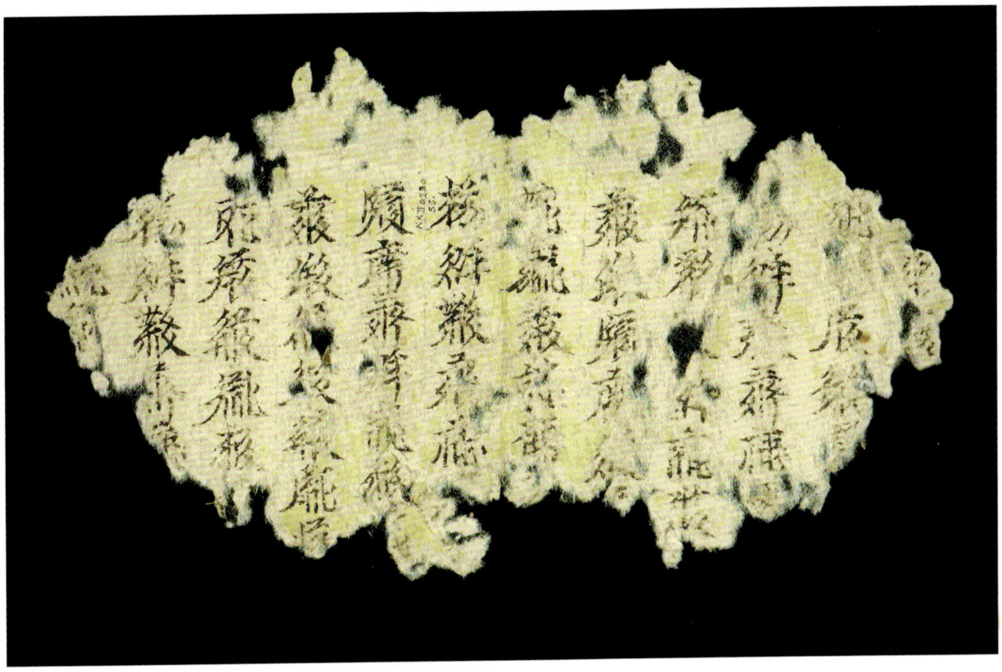

Or.12380/2424（K.K.II.0230.ss）
10.3 釐米 × 18 釐米

□□兇惡□□□
一心大悲總□□
彼等□心生時□
若人國王□□□
□禁枷鎖苦□□
一心大悲總□□
國王悲心起而□
若人鬼神毒家内
食水毒有而□□
一心大悲總□□
……

若逢軍陣怨敵遶，諸**惡**群賊欲劫財，
一心若誦**大悲**咒，**彼等**咸捨惱害**心**。
若人王法所收録，囚**禁**杻械及**枷鎖**，
一心誦此**大悲**咒，**王起慈心**得解脱。
若人鬼神行毒家，授以**毒食**欲相害，
一心稱誦**大悲**咒，變其毒食成甘露。（《俄藏黑水城文獻》4，p34）

2425 殘片（藏文）

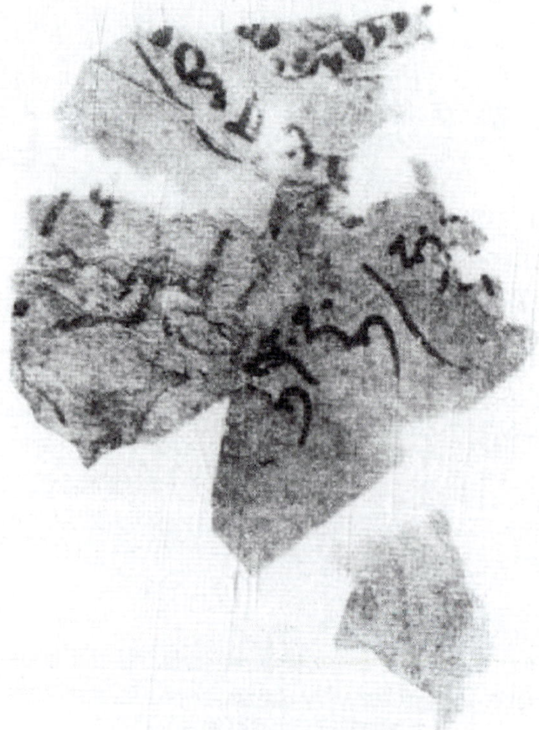

Or.12380/2425［K.K.II.0279.vv（17）］
3 釐米 × 3 釐米

……-u na dru, ha……

2426 陀羅尼殘片

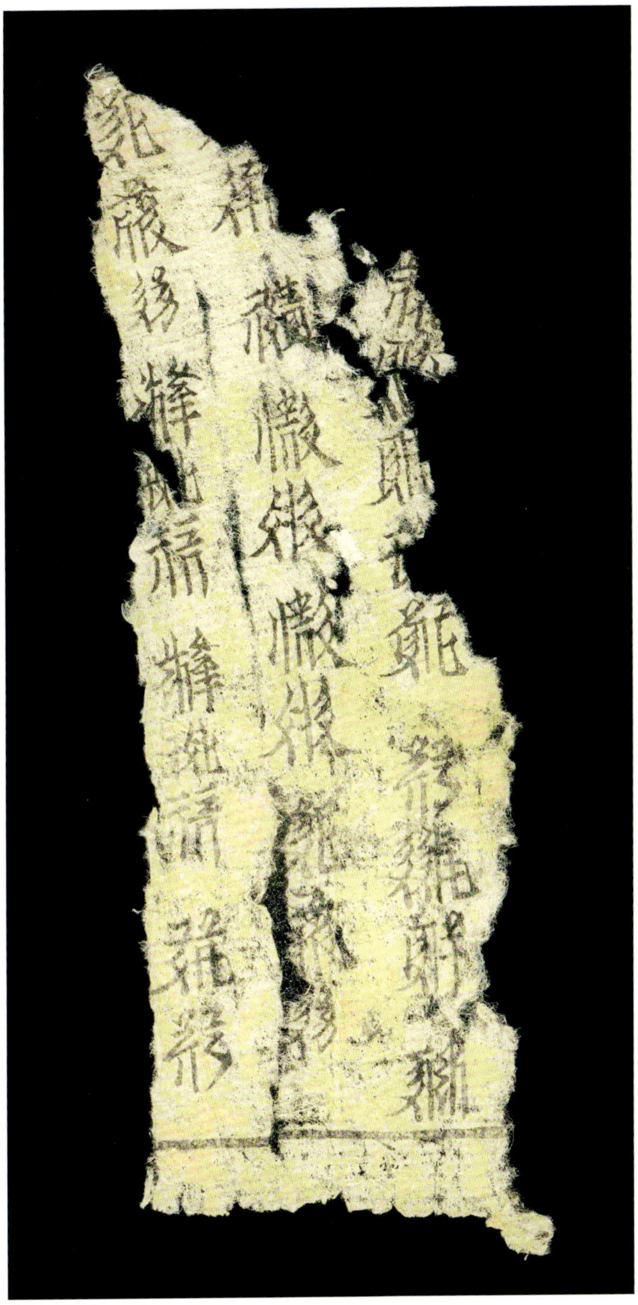

Or.12380/2426（K.K.II.0236.z）

17 釐米 × 6 釐米

……舍　囉濕婆　怛

……他　唵　菩提　菩提　嚩日哩

嚩日哩　鉢底銘　鉢底銘　薩囉

2428 殘片

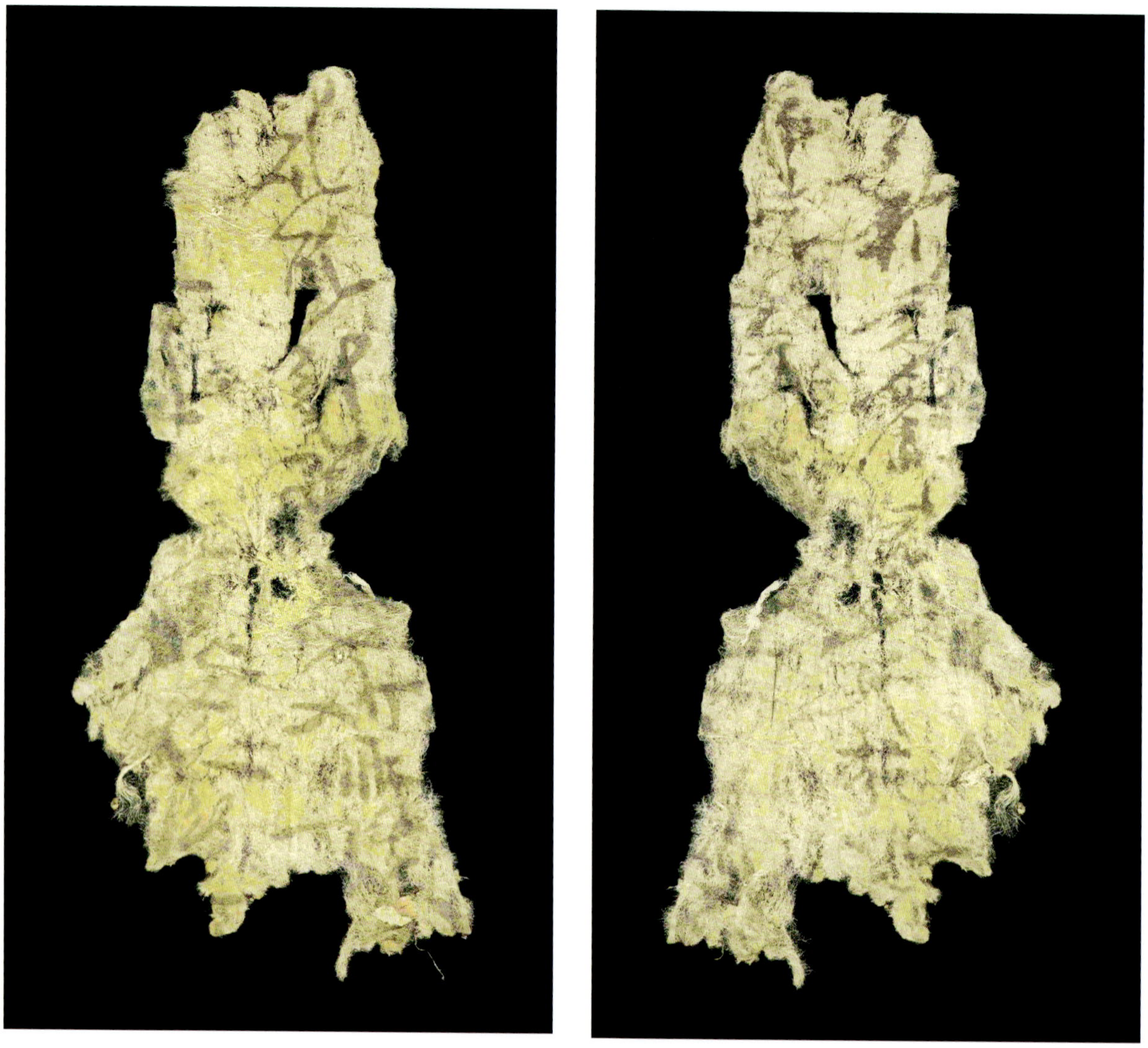

Or.12380/2428A［K.K.II.0272.aa（12）?］
12.2 釐米 × 5.5 釐米

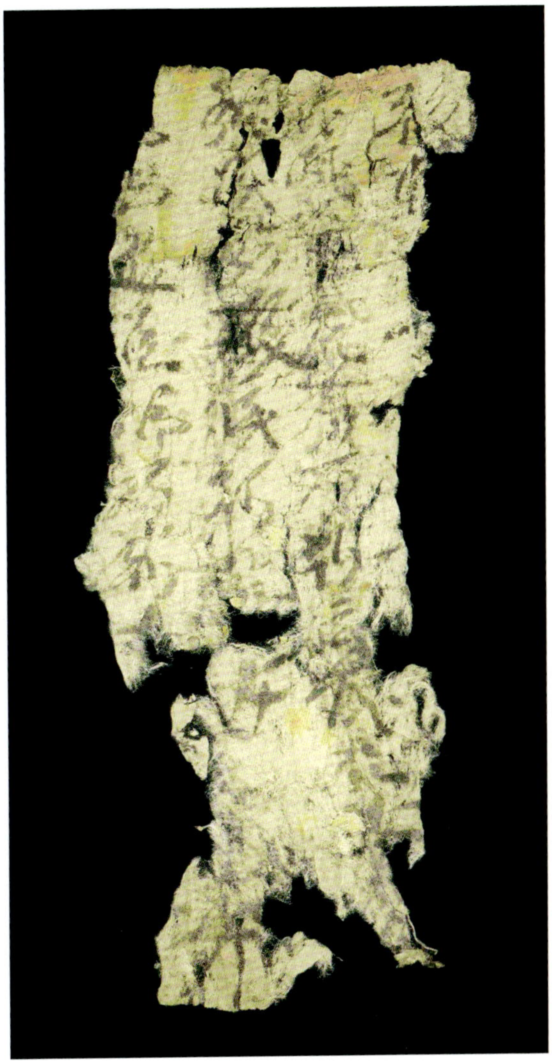

Or.12380/2428B
18.4 釐米 × 8.2 釐米

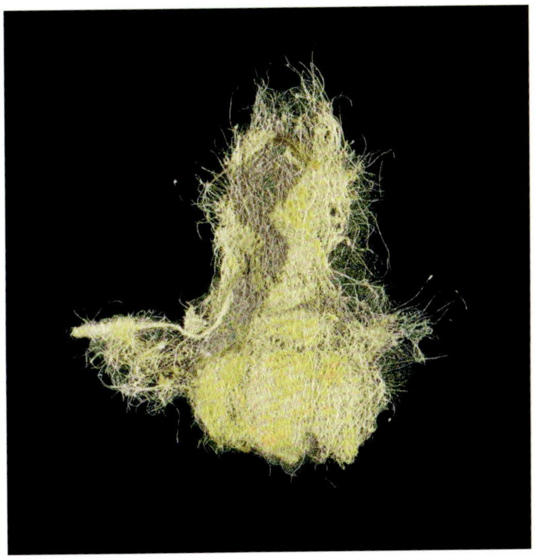

Or.12380/2428C
1.7 釐米 × 1.8 釐米

2429 佛書殘片

Or.12380/2429（K.K.II.0280.nn）
9.2 釐米 × 11 釐米

……爲也乛習續次第傳
……者龍樹師月名
……伽揭怛囉
……跋底句合習處乃傳跋
……依明了得也乛法
……爲〇二

2430 佛書殘片

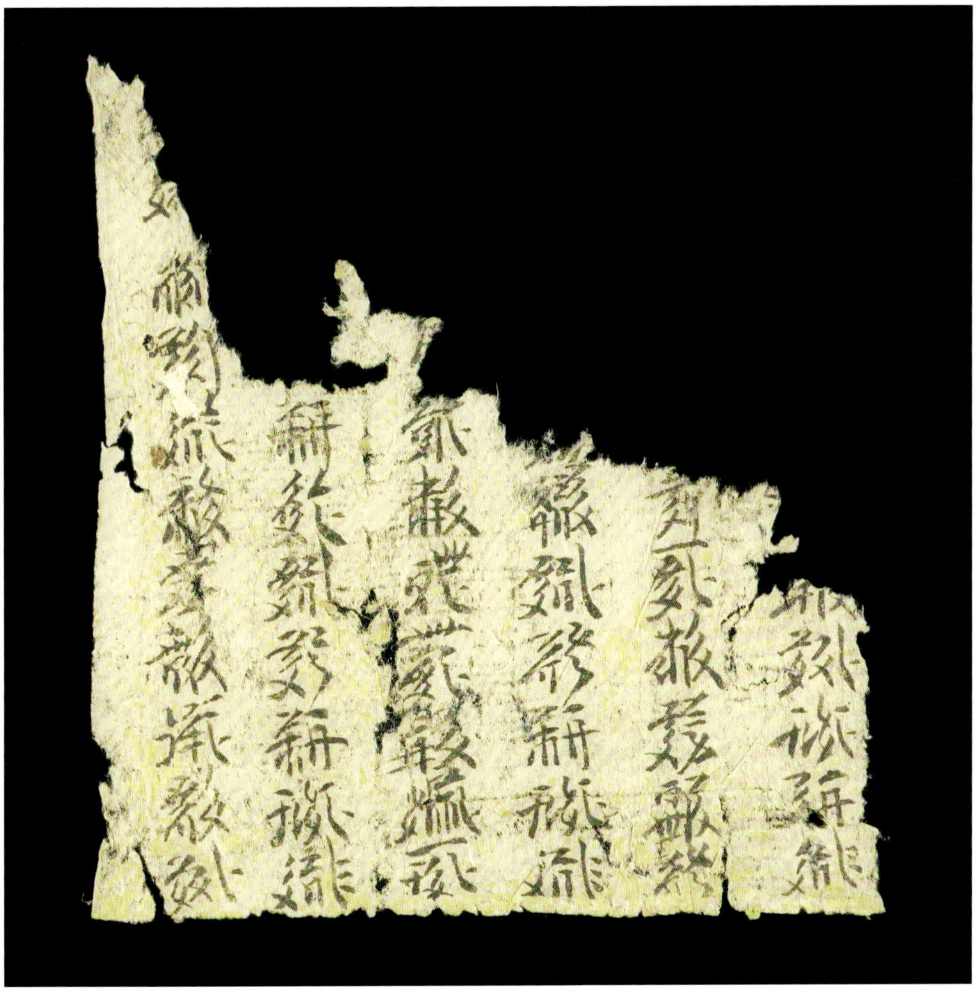

Or.12380/2430（K.K.II.0280.hh）
13 釐米 × 12.5 釐米

……處懺悔我

……身遇而他利爲

……滅令爲罪懺我

……獨及分别悟時上

……罪孽乃説罪懺我

……勝勢上子實是彼等處

2431 大般若波羅蜜多經卷一百五十

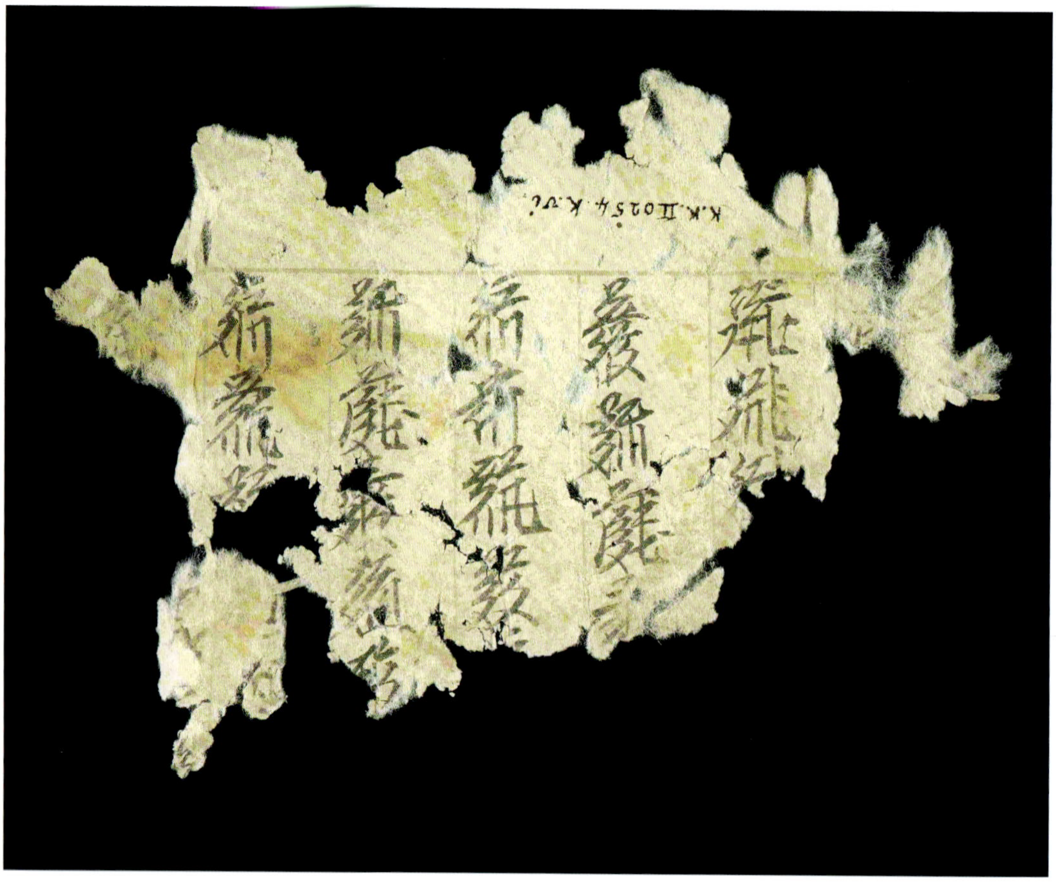

Or.12380/2431A（K.K.II.0254.k.vi）
8.5 釐米 × 11.5 釐米

彼我……
若波羅蜜……
無亦得可……
波羅蜜多等……
無有……

布施波羅蜜多不可得，**彼我**無我亦不可得，淨戒乃至般**若波羅蜜**多皆不可得，彼我**無**我**亦**不**可得**。所以者何？此中尚無布施**波羅蜜多等**可得，何況**有**彼我與無我？（《大正藏》T05，p0812a–0812b）

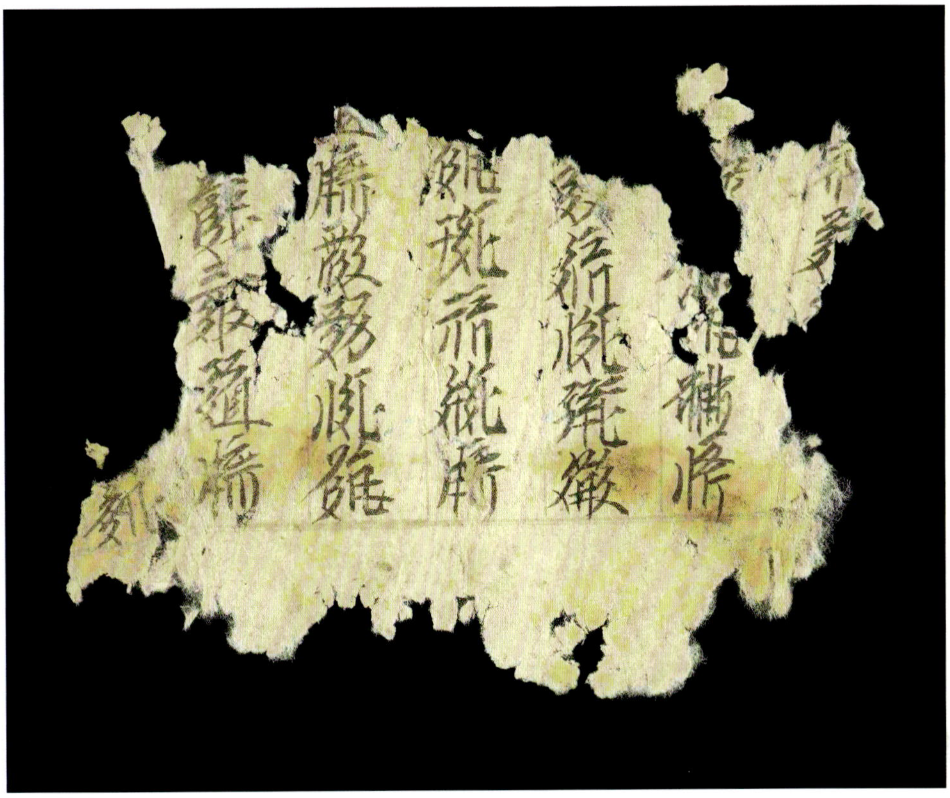

Or.12380/2431B
8 釐米 × 11 釐米

……此中布
……可無況彼常
……如是靜慮修
……修是謂復是
……羅蜜多修
……觀

此中尚**無布**施波羅蜜多等**可**得，**何況**有**彼常**與無常？汝若能**修如是靜慮**，**是修**靜慮波羅蜜多。**復**作**是**言：汝善男子應**修**靜慮波**羅蜜多**，不應**觀**布施波羅蜜多若樂若苦。（《大正藏》T05，p0812a）

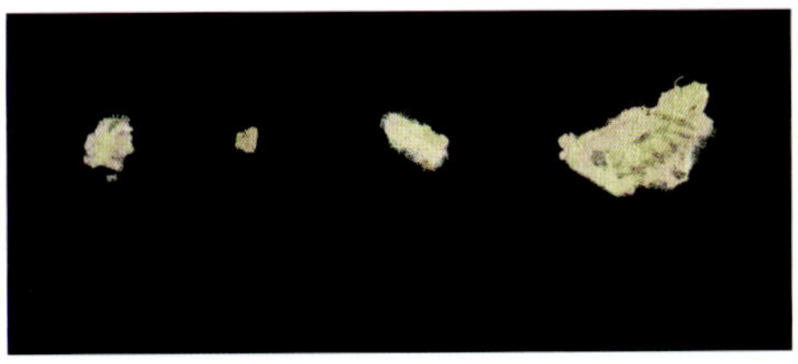

Or.12380/2431C
1 釐米 × 1 釐米

2432 殘片

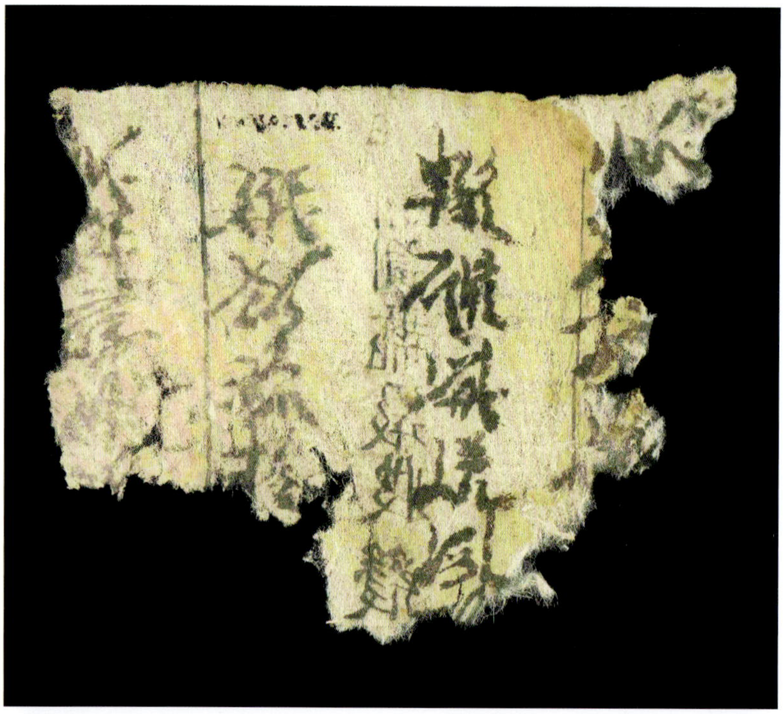

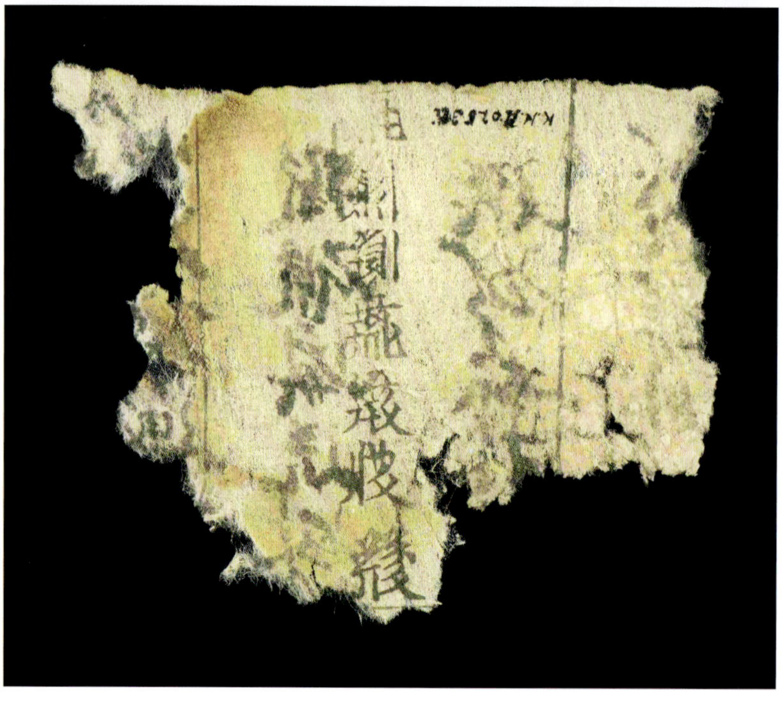

Or.12380/2432(K.K.II.0253.ii)
7.9 釐米 × 10.5 釐米

……此日壬辰水定　竟

2433 殘片

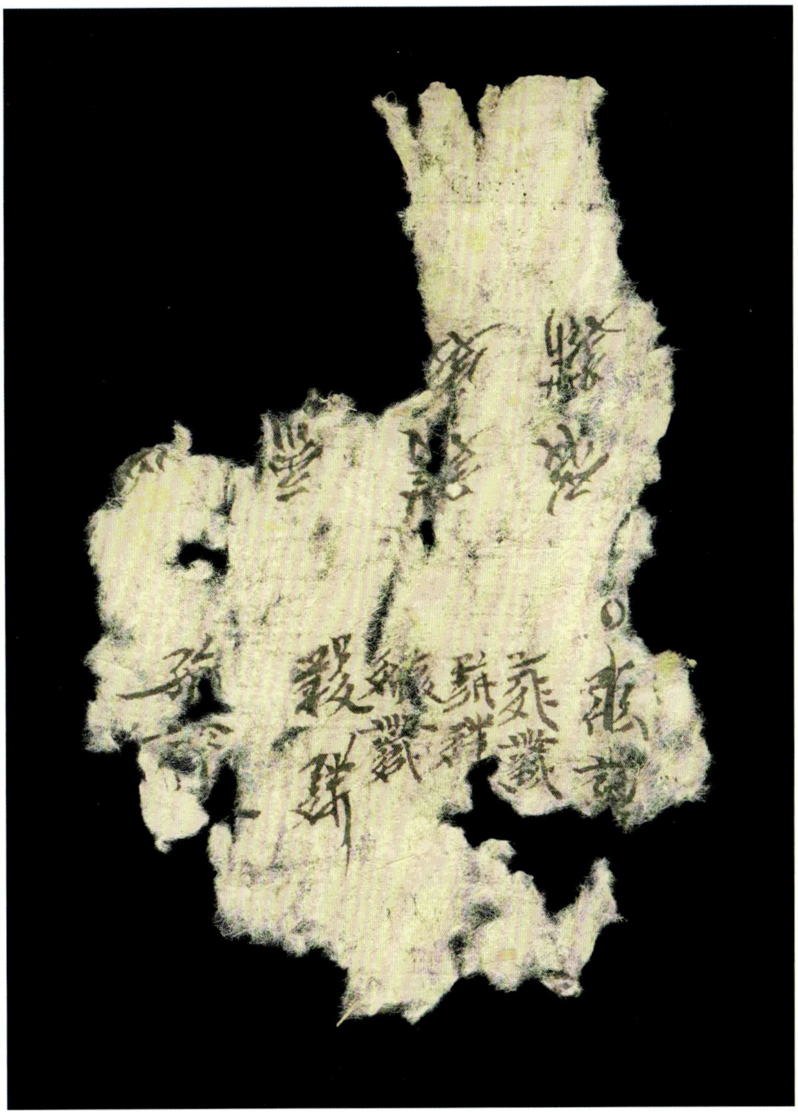

Or.12380/2433（K.K.II.0121.j）
13.2 釐米 × 9.5 釐米

柱	勸趣
敕著	引趣
近輕	能輕
	欲趣
	勸輕
	能□

2434 殘片（西夏文，漢文）

Or.12380/2434A（K.K.V.b.024.n）
3 釐米 × 5.4 釐米

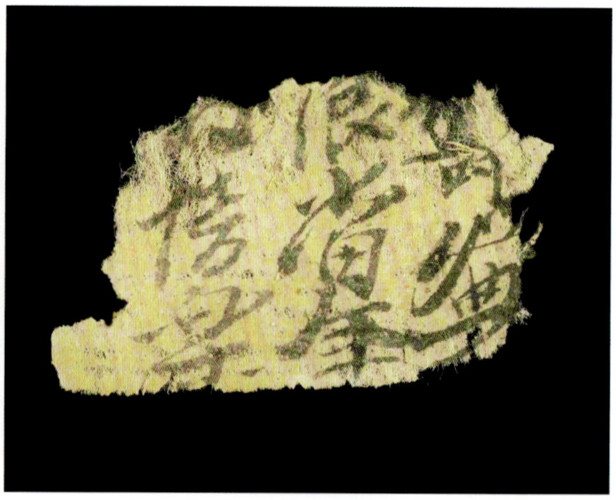

Or.12380/2434B
3 釐米 × 4.5 釐米

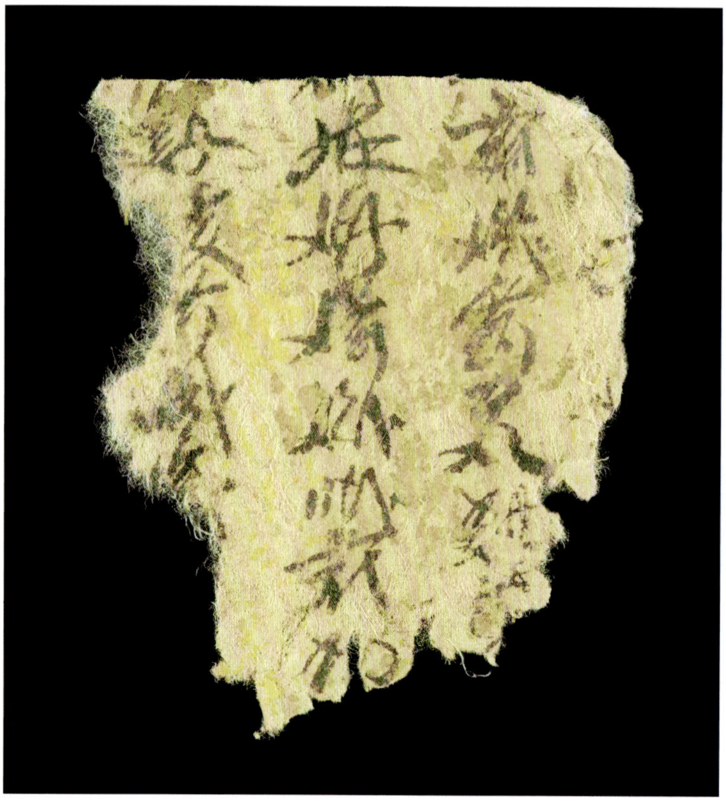

Or.12380/2434C
5.8 釐米 × 4.8 釐米

2435 殘片

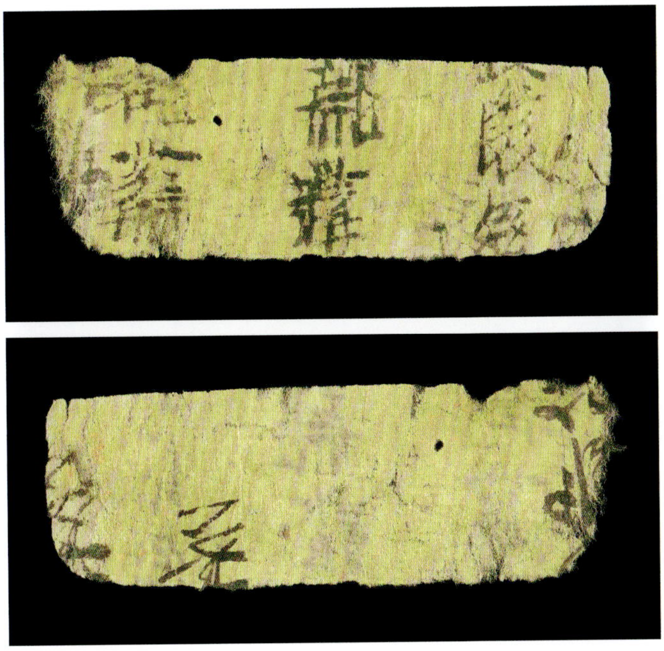

Or.12380/2435A
［K.K.II.0121.k(9–10)?］
3.2 釐米 × 9.5 釐米

……匀……
……門龍……
……蘆……

Or.12380/2435B
8.4 釐米 × 3.3 釐米

宮及舍空上……

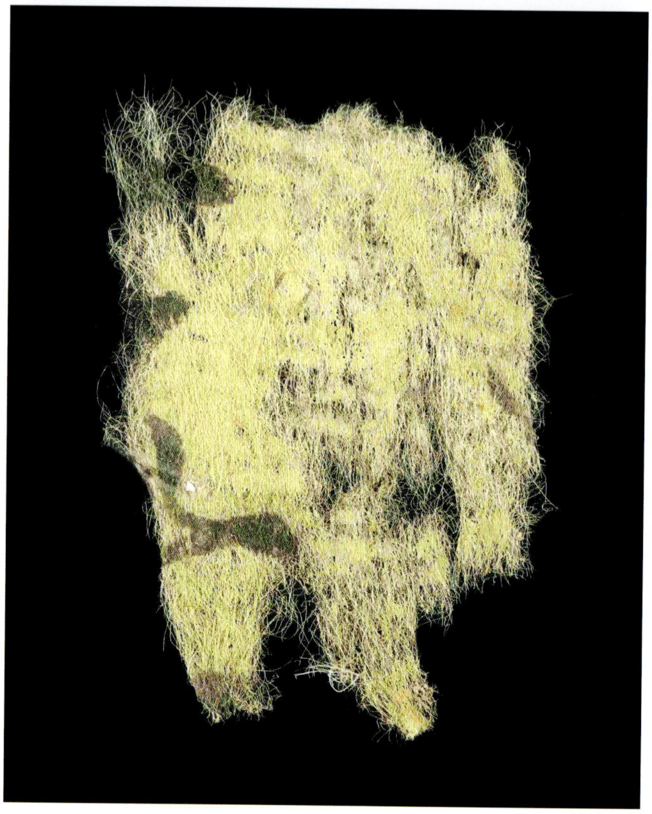

Or.12380/2435C
3.2 釐米 × 2.2 釐米

2436　三才雜字

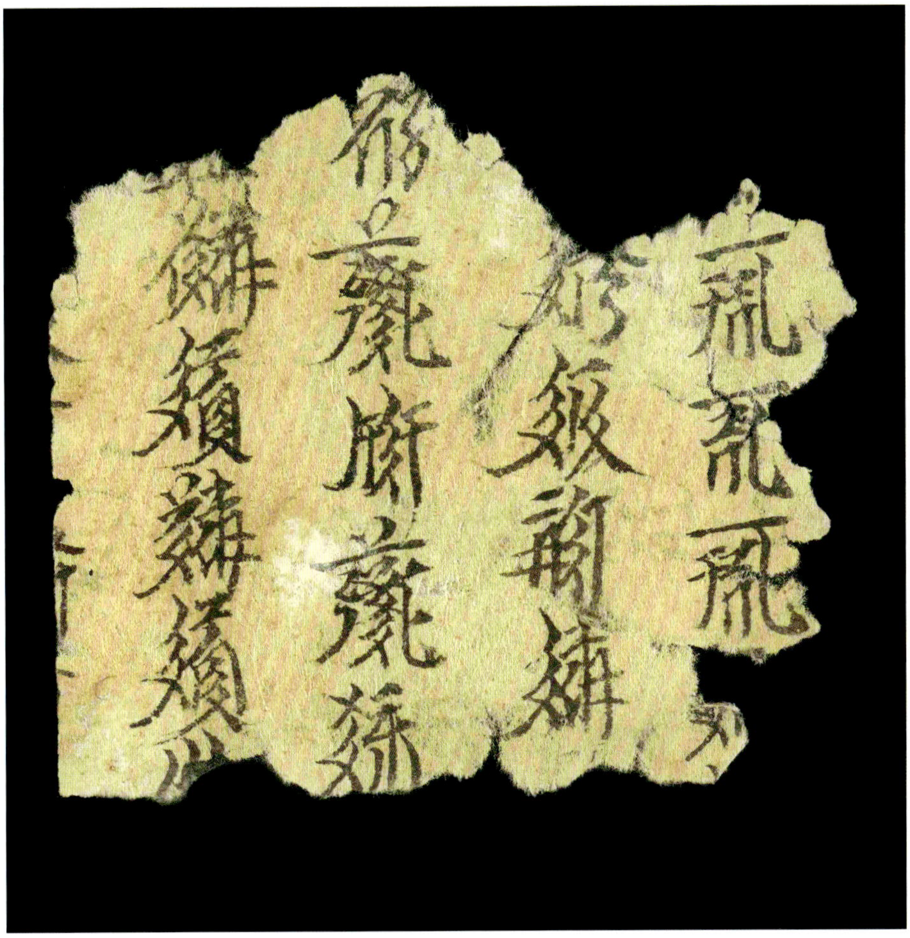

Or.12380/2436A（K.K.V.b.020.a.xlvi）
6.5 釐米 × 7.5 釐米

……蛇毒蛇……
……才番族姓……
……施育命育吉
……玉骨輕骨……（《俄藏黑水城文獻》10，p48）

2437　佛書殘片

……有數告問求……

穀四萬九千二……

Or.12380/2437A
［K.K.II.0121.k(6–8)?］
11.7 釐米 × 3.5 釐米

……顛倒諸神不樂過……
……判諸天福祐死應……

……一心歸依正等覺……

Or.12380/2437B
11.7 釐米 × 3.5 釐米

Or.12380/2437C
3.3 釐米 × 4.5 釐米

大供……

Or.12380/2437D
3.3 釐米 × 7.4 釐米

如來……
唵一……
□也……

2438 殘片

Or.12380/2438A（K.K.II.0121.k）
10.7 釐米 × 3.9 釐米

Or.12380/2438B
4.8 釐米 × 3.5 釐米

Or.12380/2438D
4.1 釐米 × 11.1 釐米

2439 殘片

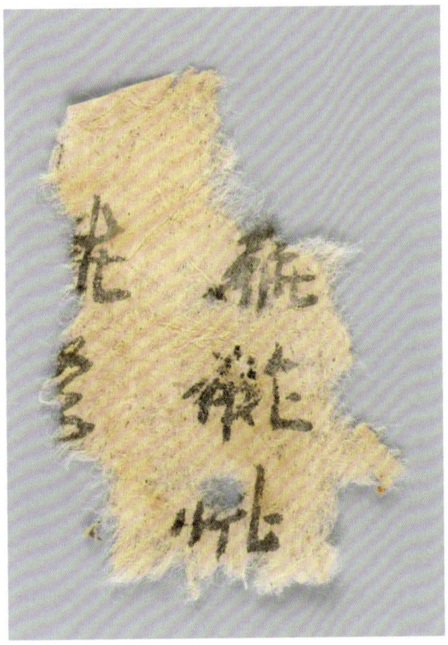

Or.12380/2439A（K.K.II.0121.o）
6.5 釐米 × 3.2 釐米

Or.12380/2439B
4.5 釐米 × 3.5 釐米

……得能……

……邪……

Or.12380/2439C
9.5 釐米 × 8.2 釐米

……上各自……

Or.12380/2439D
3.5 釐米 × 6.5 釐米

……故種……
……有能……
……時……

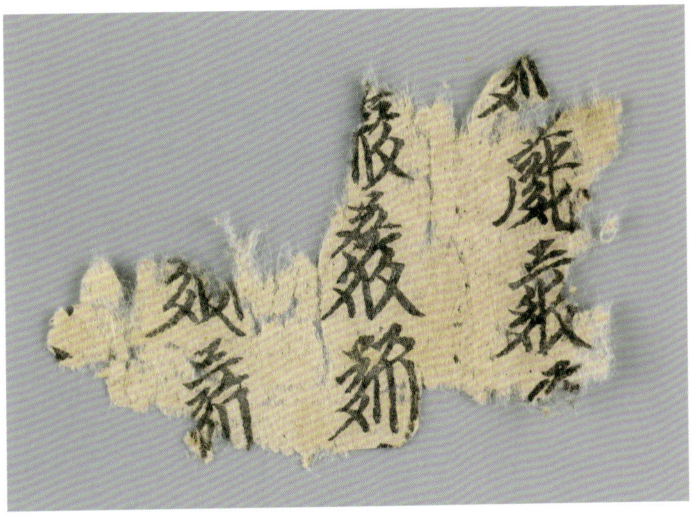

Or.12380/2439E
3.5 釐米 × 6.2 釐米

……羅蜜……
……般若波……
……多自……

Or.12380/2439F
5 釐米 × 7 釐米

……本……
……可無……
……安住
……性空内……

2440 佛書殘片

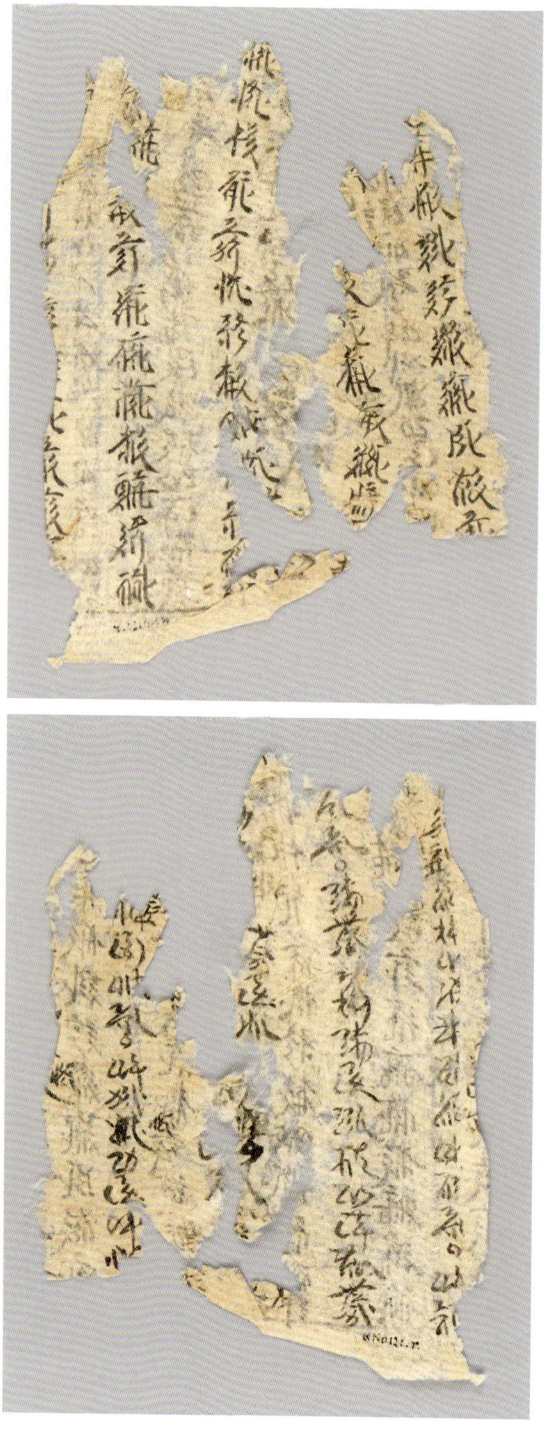

Or.12380/2440（K.K.II.0120.r）
13 釐米 × 9.5 釐米

……如來所說戒者正是……

……轉□慮修……

……不斷苦自不爲及他不爲……

……身彼五支以具足使……

2441　佛書殘片

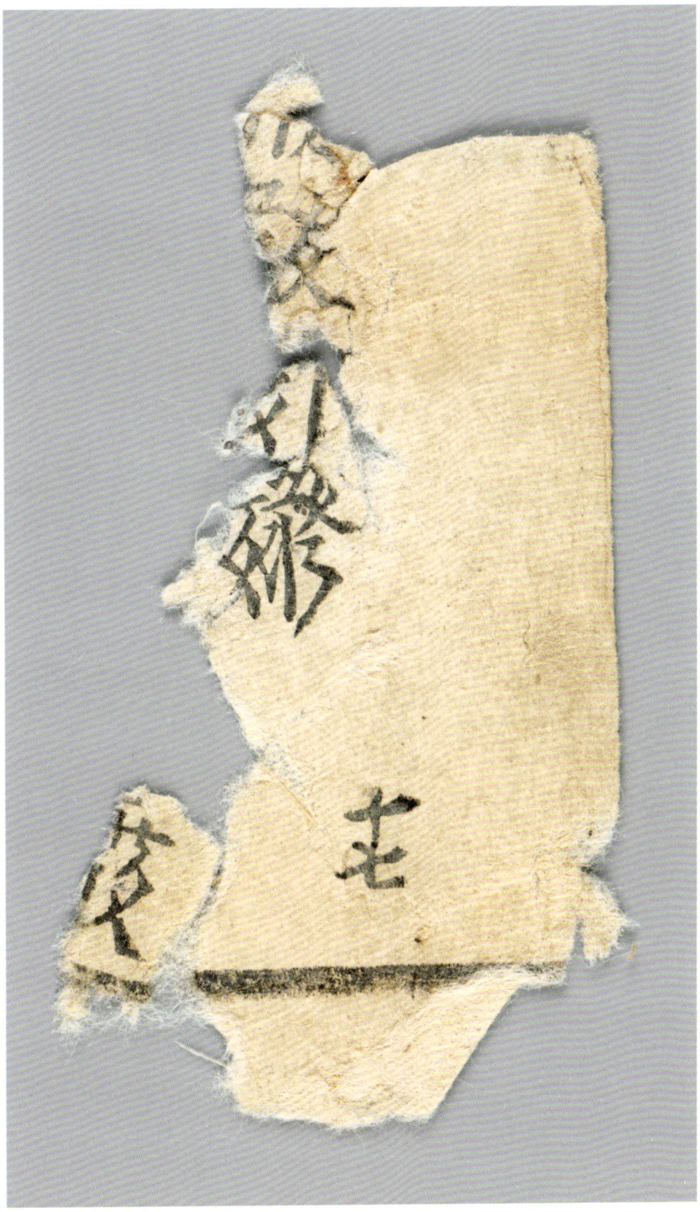

Or.12380/2441［K.K.II.0255.ee（8）?］
8.8 釐米 × 4.2 釐米

……十一第
……見

2442　殘片

Or.12380/2442A
［K.K.II.0121.z.iii(1)］
5.5 釐米 × 3.6 釐米

Or.12380/2442B
［K.K.II.0121.z.iii(2)］
5.5 釐米 × 3.6 釐米

2443 佛書殘片

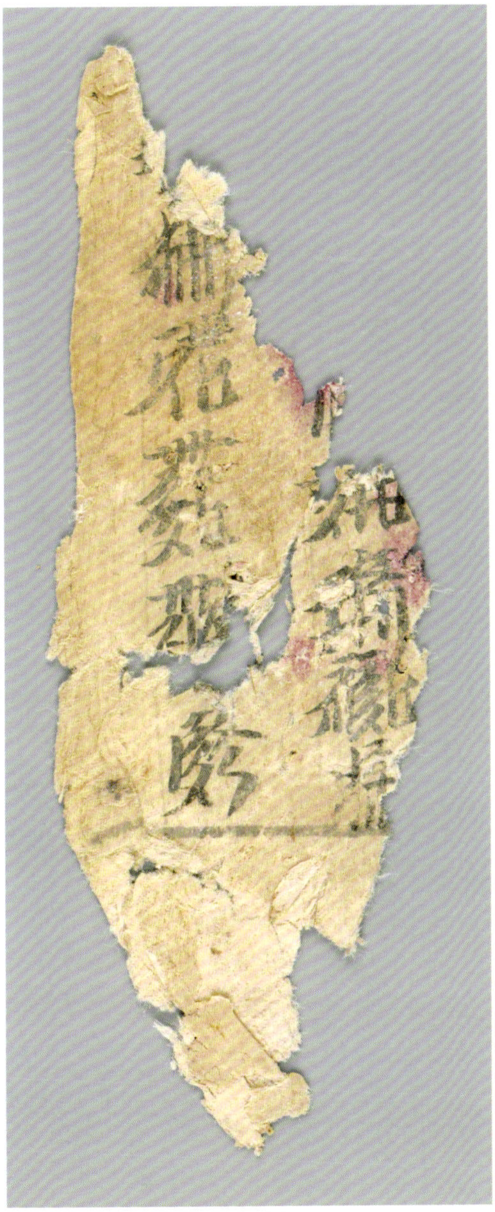

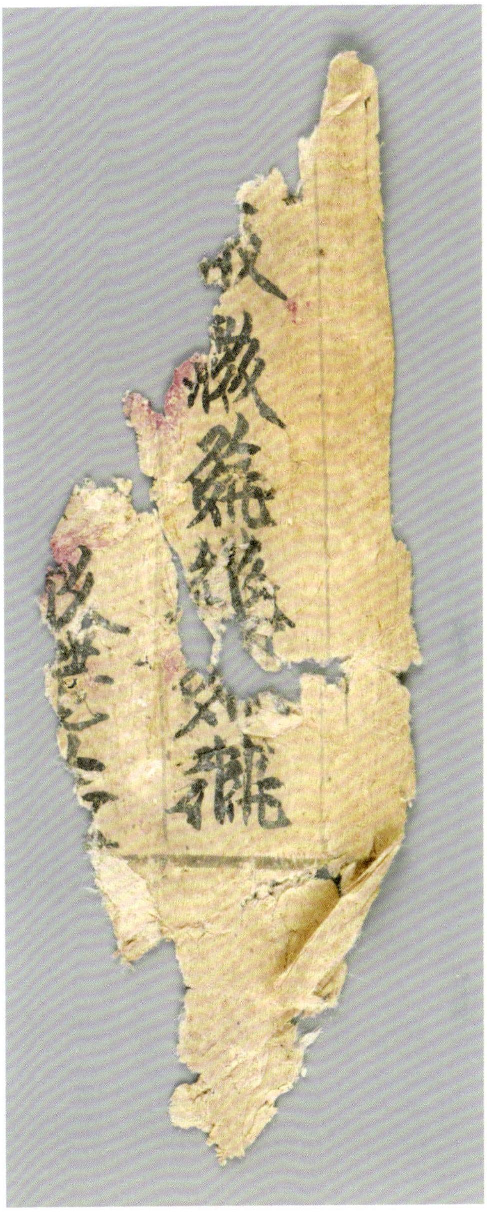

Or.12380/2443[K.K.II.0255.ee(37)?]
10.7 釐米 × 6.8 釐米

……念法□
……中分析執著

……是此故□依

2444 佛書殘片

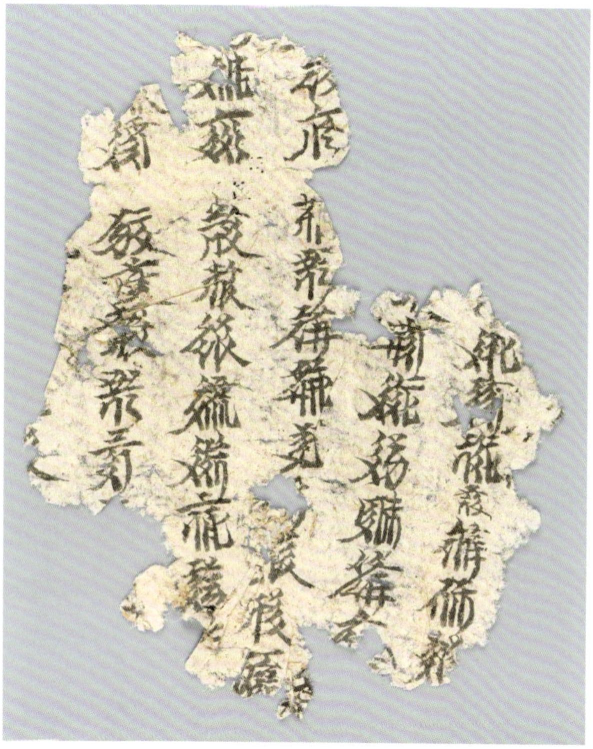

……出主囉吃巴之禮……

……成就功德寶……

……者　大師鳩丹怛□□贊嘆……

……病治　三種戒有始他……

……爲　嗽□□師身……

……鬼□起面前……

……相　舌巧辨才老口污……

……處無　草下蟲奔……

……兄弟安應雖無口……

……聚集財寶乃積工轉取……

……魚月下……

Or.12380/2444(K.K.II.0274.ii)

11.5 釐米×9.3 釐米

2445 佛書殘片

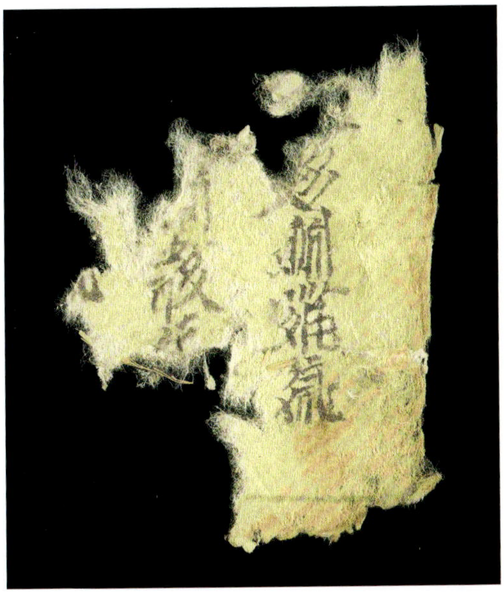

Or.12380/2445A［k.k.ii.0239.yyy（80）?］
6 釐米 × 4.7 釐米

……住速往應
……三……

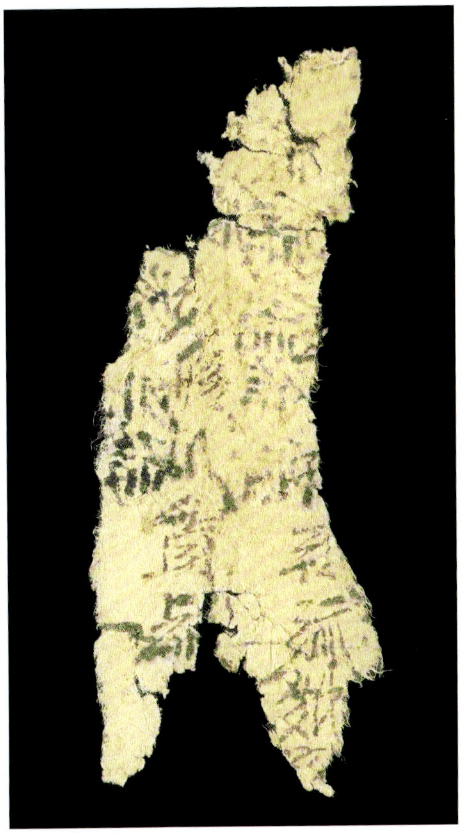

Or.12380/2445B
10 釐米 × 4 釐米

……國土海
……皆劫海過

……可遇……
……柔……

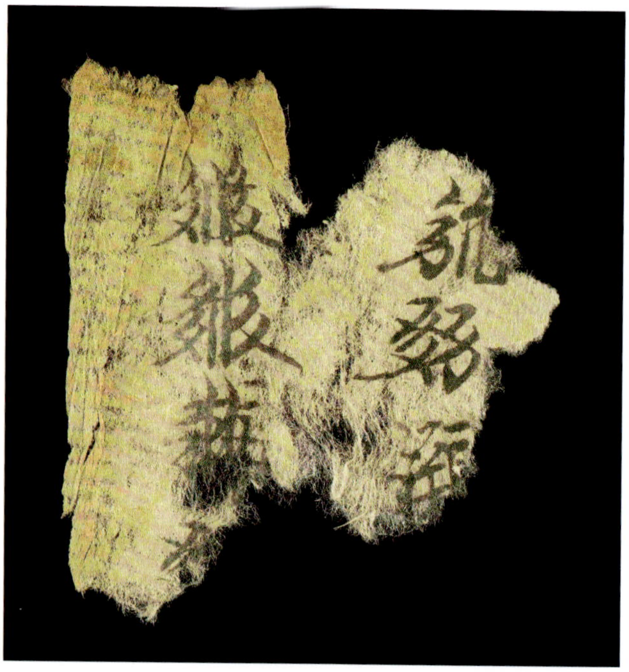

Or.12380/2445C
6 釐米 × 5.5 釐米

能謂彼……
因緣依……

Or.12380/2445D
7.7 釐米 × 4.7 釐米

……已聞□
……願此身上
……業毁壞能

2446 殘片

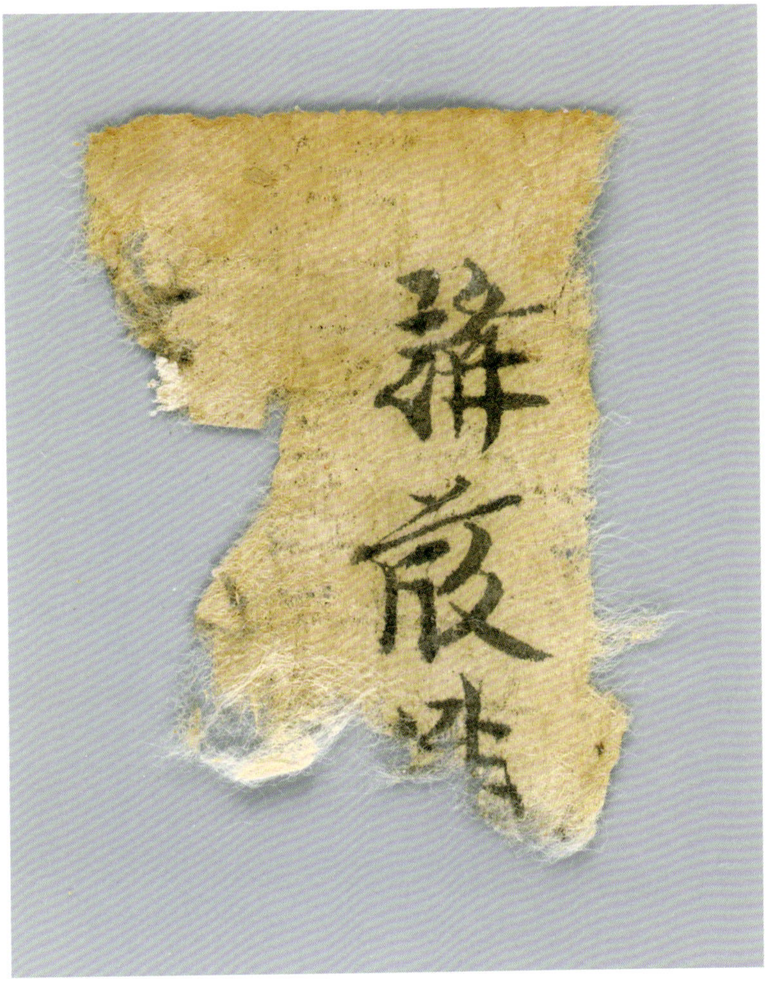

Or.12380/2446［K.K.II.0239.yyy（35）］
5 釐米 × 3.5 釐米

則見我……

2447 佛書殘片

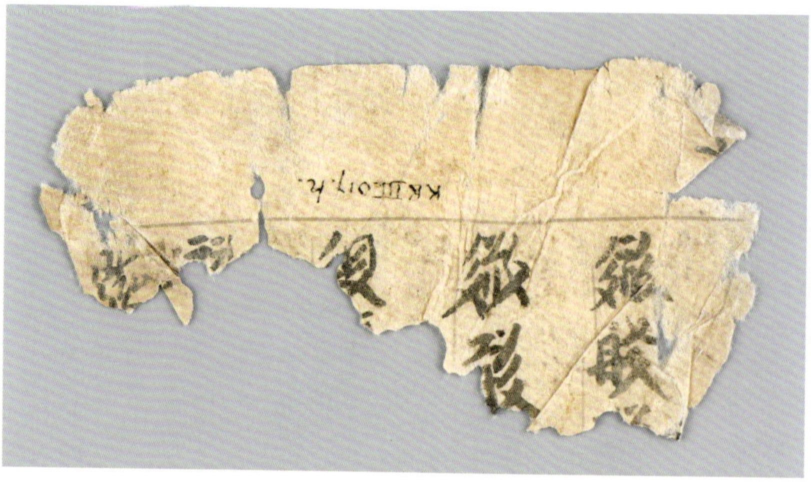

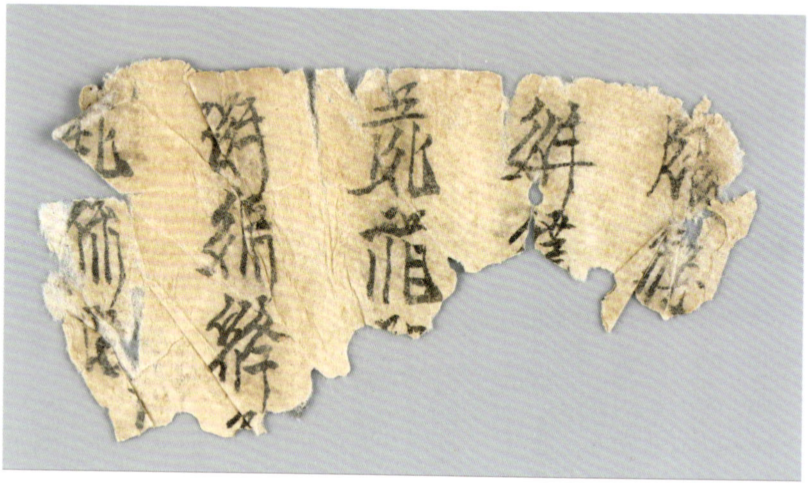

Or.12380/2447(K.K.III.017.h)
4.3 釐米 × 8.3 釐米

流傳……
惟智……
妙……

心歸……
世音……
怖無施……
彼之……

2448 殘片

Or.12380/2448A［K.K.II.0239.yyy（57）?］

3.4 釐米 × 2.6 釐米

……禮須……

……第斷……

Or.12380/2448B

4 釐米 × 2.6 釐米

受捨之

……共近

……及……

2449　殘片

Or.12380/2449A
［K.K.III.017.q（1–7）?］
4.4 釐米 × 5.2 釐米

……萼妙……
……之贊……

Or.12380/2449B
4.4 釐米 × 3.2 釐米

……性當是住所……
……别……

Or.12380/2449C
2.8 釐米 × 2 釐米

……等者

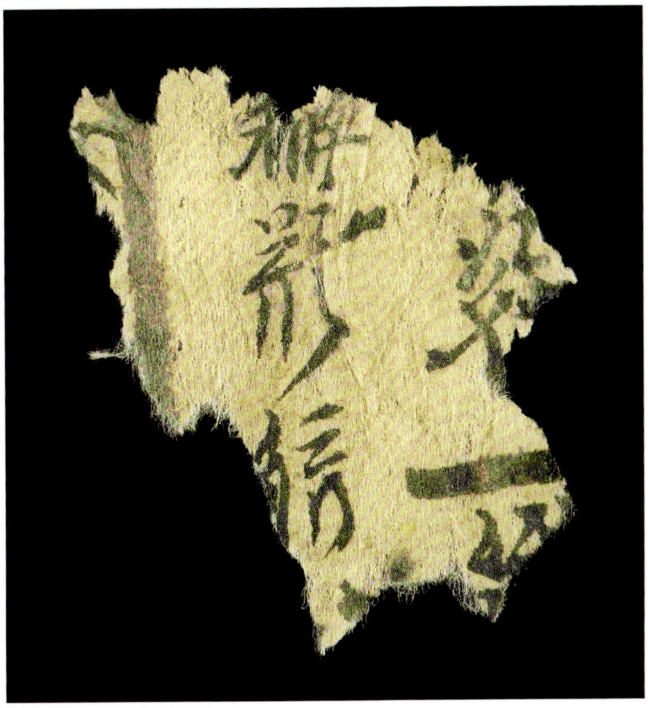

Or.12380/2449D
3.3 釐米 × 3 釐米

……説……
……許無……

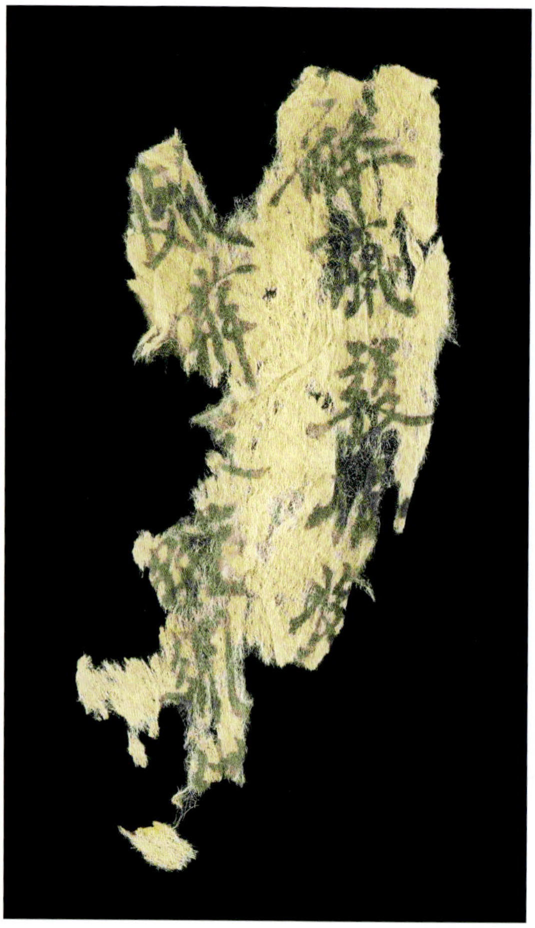

Or.12380/2449E
6.6 釐米 × 2.5 釐米

……白□可□復……
……肉執□食有……

Or.12380/2449F
1.9 釐米 × 1.1 釐米

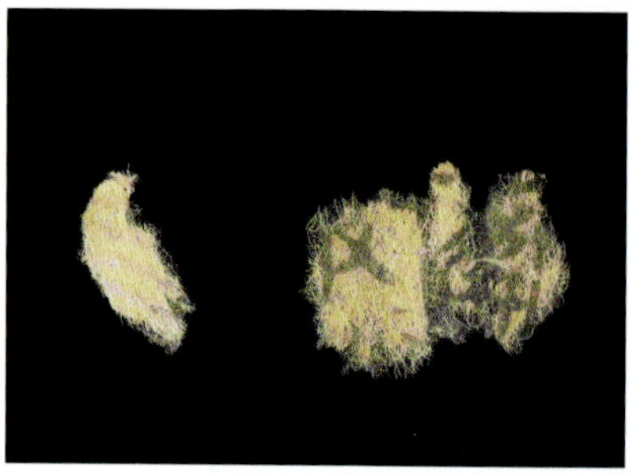

Or.12380/2449G
1.2 釐米 × 1.5 釐米

Or.12380/2449H
1.3 釐米 × 2 釐米

……此……

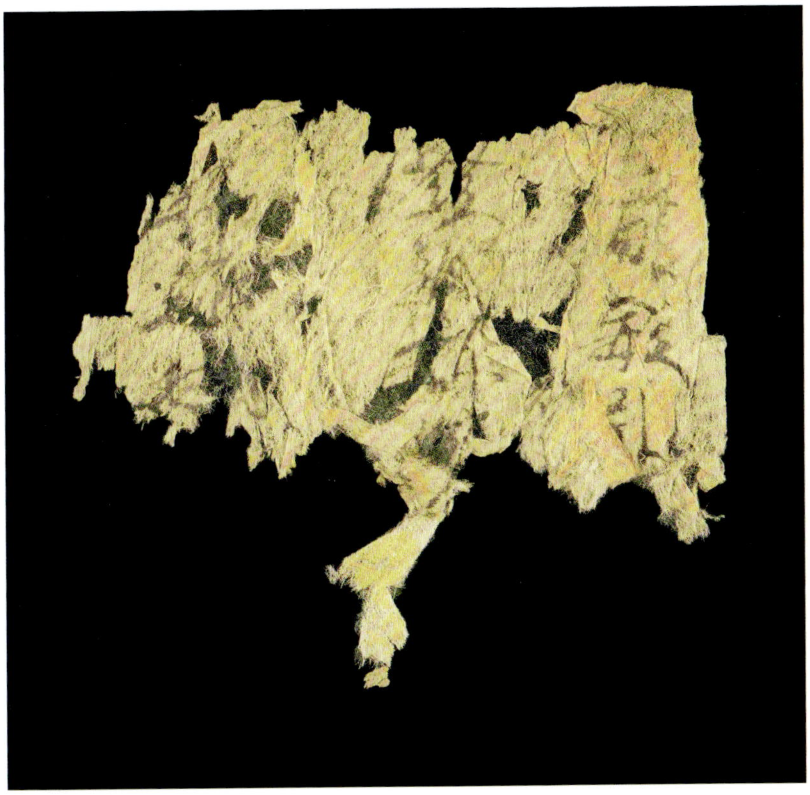

Or.12380/2449I
6 釐米 × 6.8 釐米

……他……

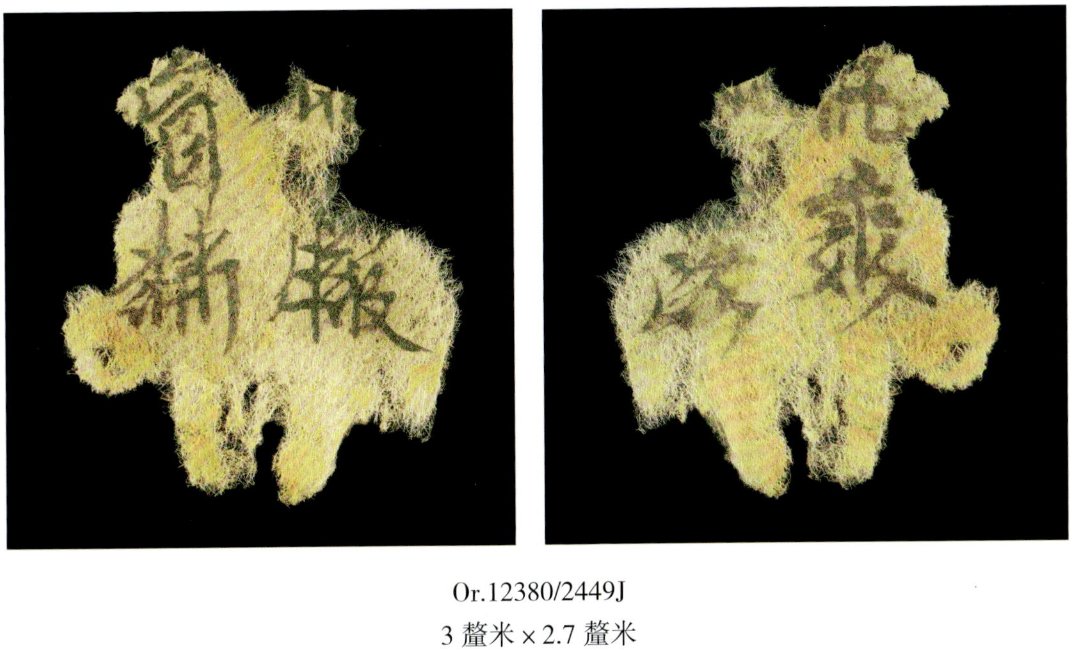

Or.12380/2449J
3 釐米 × 2.7 釐米

……壞
……國中

……若
……著

2450 佛書殘片

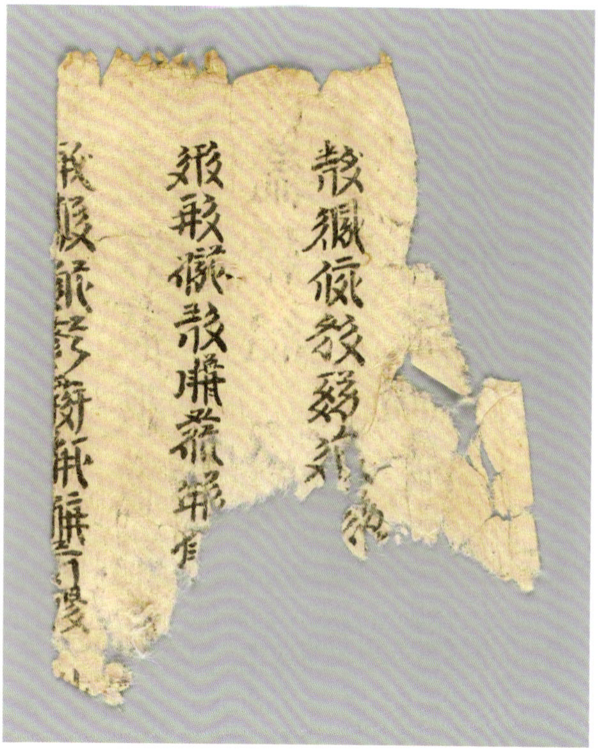

三月五日涅槃……
暗止明盛有情信……
撒燃舍利頂上二身化……

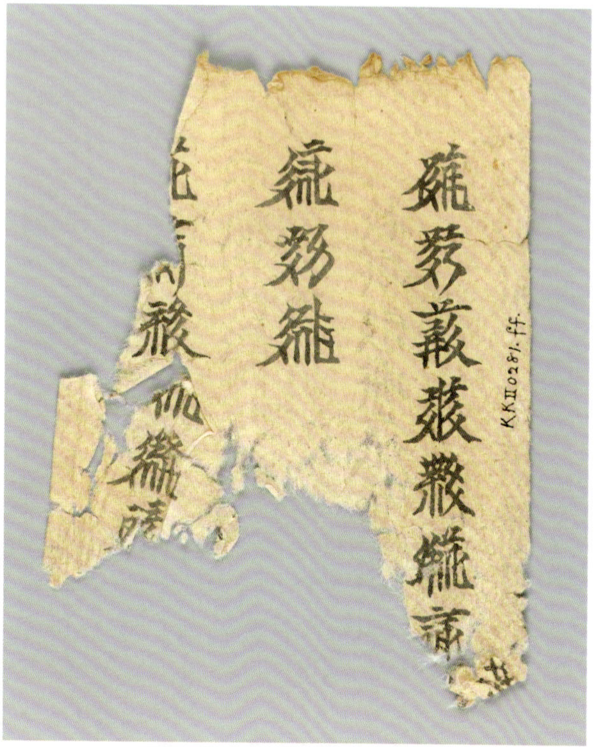

Or.12380/2450(K.K.II.0281.ff)
11 釐米 × 8.2 釐米

此語聞時大願發……
應謂我
□子□今阿……

2451　修法殘片

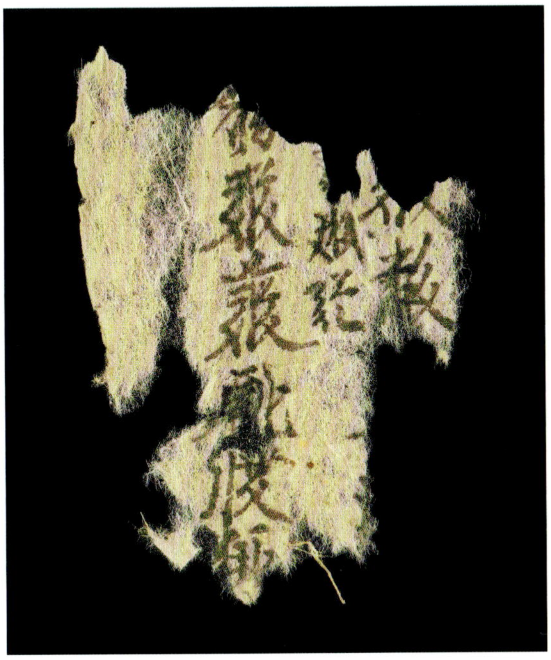

Or.12380/2451A（K.K.III.017.j）
6.2 釐米 × 4.5 釐米

……及……

斷已

……守護輪定上……

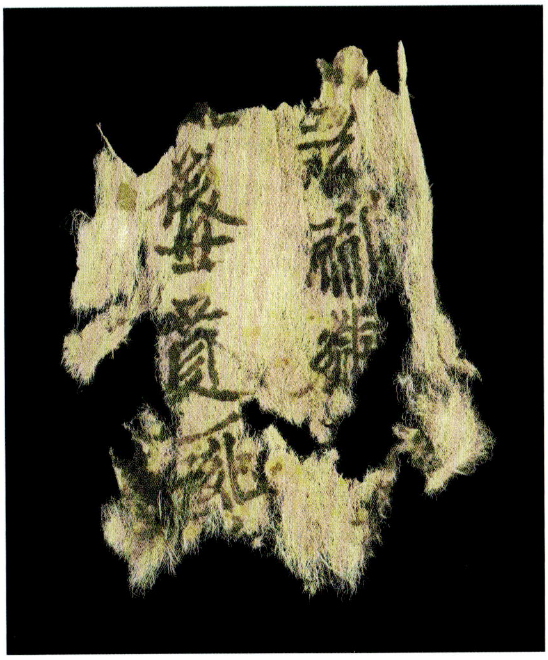

Or.12380/2451B
5.5 釐米 × 4.2 釐米

……令前……

……軟氈上……

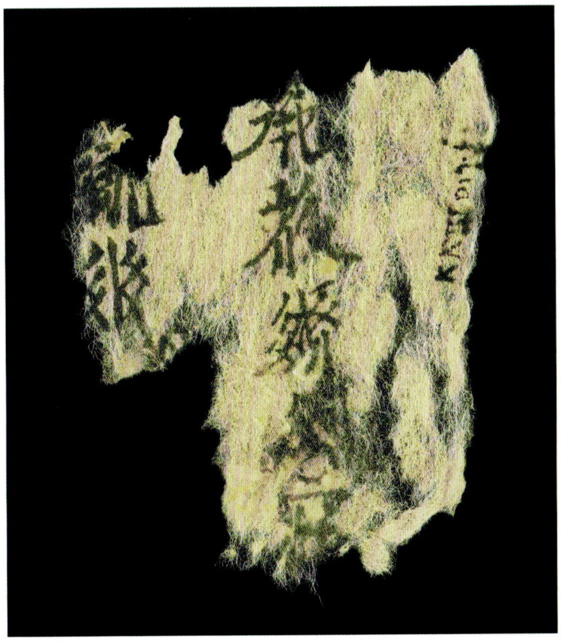

Or.12380/2451C
5.2 釐米 × 4.4 釐米

……彼等吽……

……

2452 佛書殘片

Or.12380/2452A（K.K.II.0281.kkk）
10 釐米 × 2.5 釐米

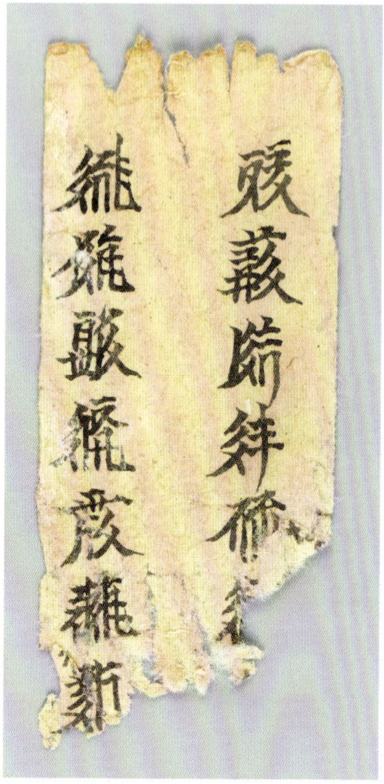

阿彌陀佛之……
我此利益見因故……

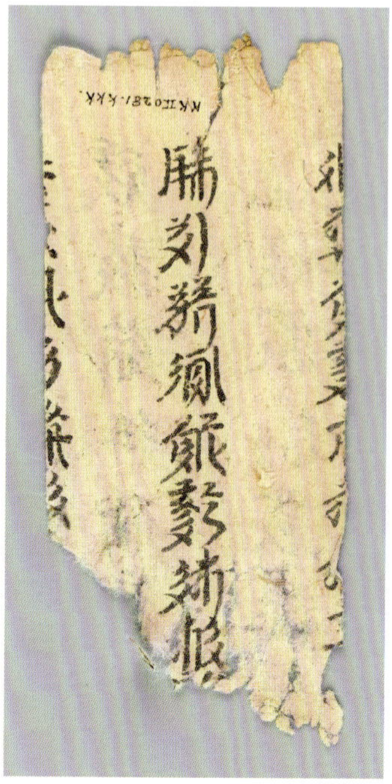

減指波字舍利小以……

Or.12380/2452B
10 釐米 × 4.5 釐米

2453 大般若波羅蜜多經殘片

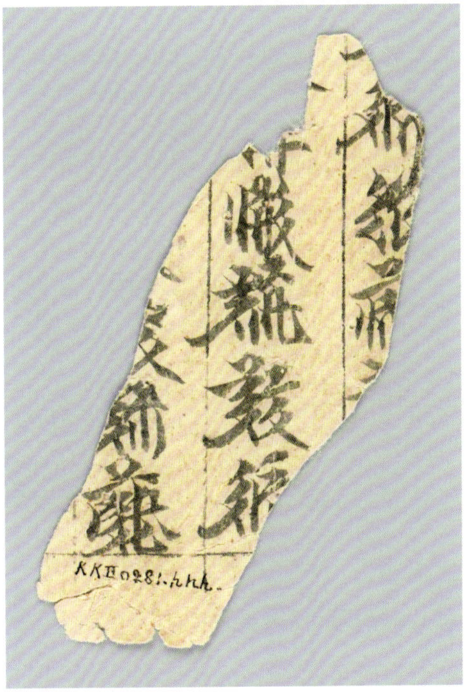

……來得可無
……波羅

……中四無量
……真如中如

Or.12380/2453（K.K.II.0281.hhh）
8.3 釐米 × 4.8 釐米

2454 佛書殘片

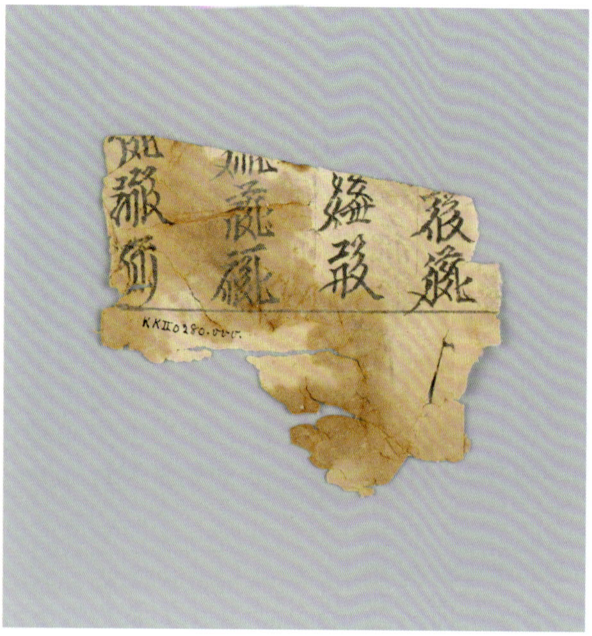

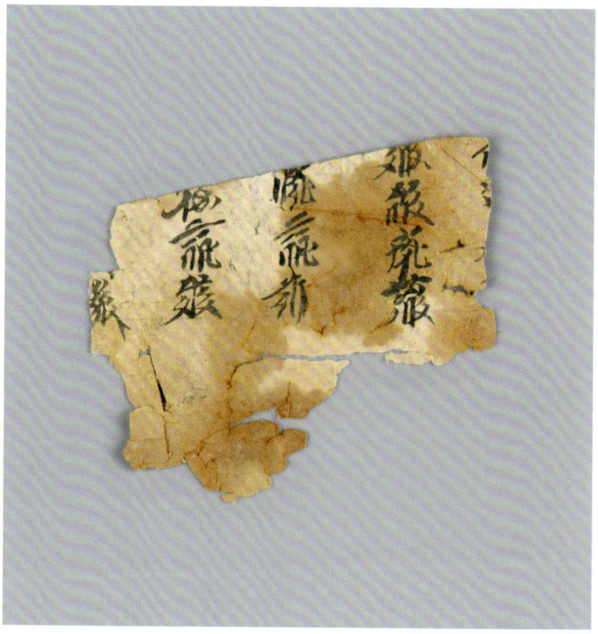

Or.12380/2454（K.K.II.0280.vvv）
7 釐米 × 8 釐米

……祇者
……通智
……深法
……世尊之

……心如現
……不生亦
……乃生時
……壞

2455　大般若波羅蜜多經卷二百三十一

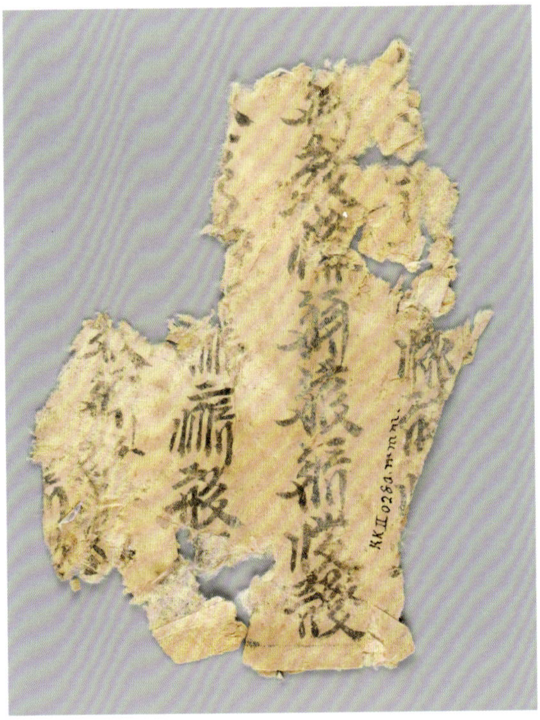 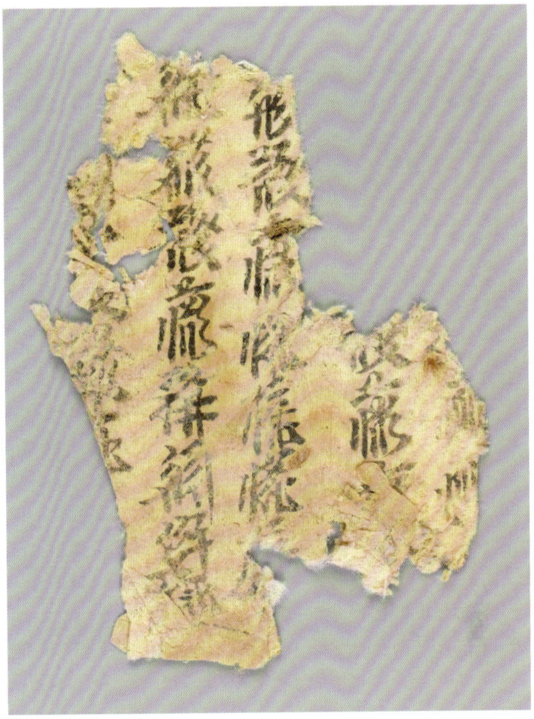

Or.12380/2455（K.K.II.0280.mmm）

11 釐米 × 9 釐米

……不別……

……四無量四色無定清

……一切智……

……四……

……一切……

……清淨……

……智清淨不二不二

……道支清淨故四畏所

無二無二分**無別**無斷故。八聖道支清淨故**四無量四無色定清**淨，四無量四無色定清淨故**一切智**智清淨。何以故？若八聖道支清淨，若**四**無量四無色定清淨，若一切智智清淨，無二無二分無別無斷故。（《大正藏》T06，p0162b–0162c）

佛十力清淨故**一切**智智清淨。何以故？若八聖道支**清淨**，若佛十力清淨，若一切智**智清淨**，**無**二**無**二分無別無斷故。八聖**道支清淨故四**無**所畏**四無礙解大慈大悲大喜大捨十八佛不共法清淨。（《大正藏》T06，p0163a）

2456 佛書殘片

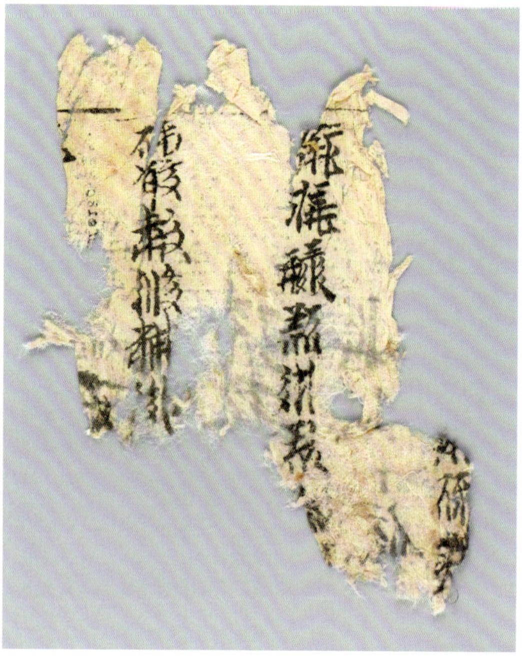

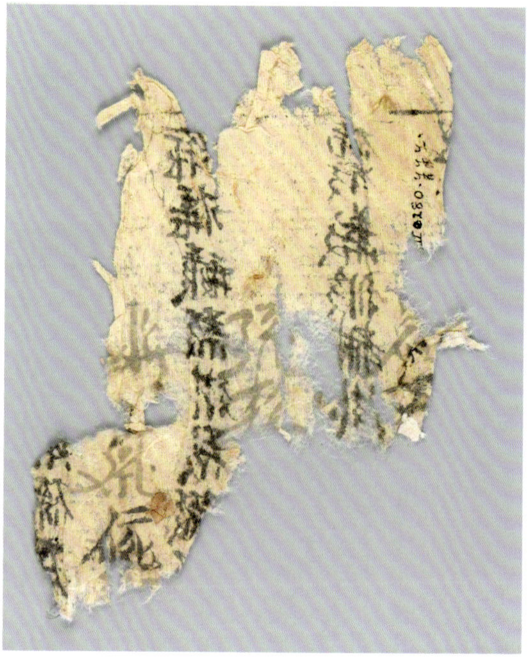

Or.12380/2456A（K.K.II.0280.yyy）
10 釐米 × 6.7 釐米

……之
……彼二如超出也
……之苦及因中……

五……

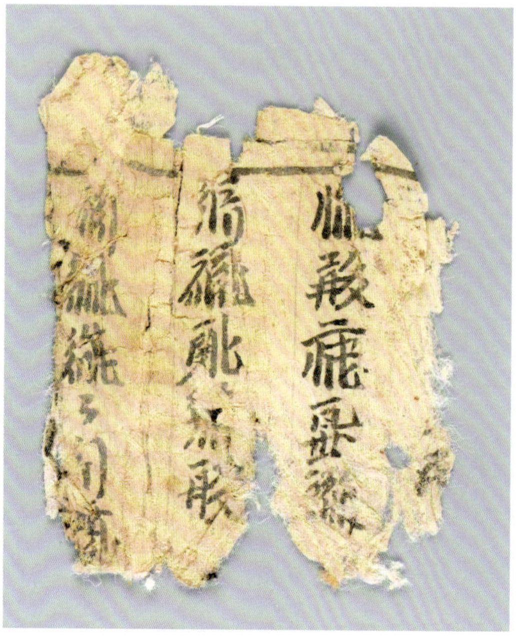

Or.12380/2456B
6.8 釐米 × 5.8 釐米

知覺皆種……
無法輪□轉……
□□先先聖道……

2457　佛書殘片，黄帝明堂灸經卷上

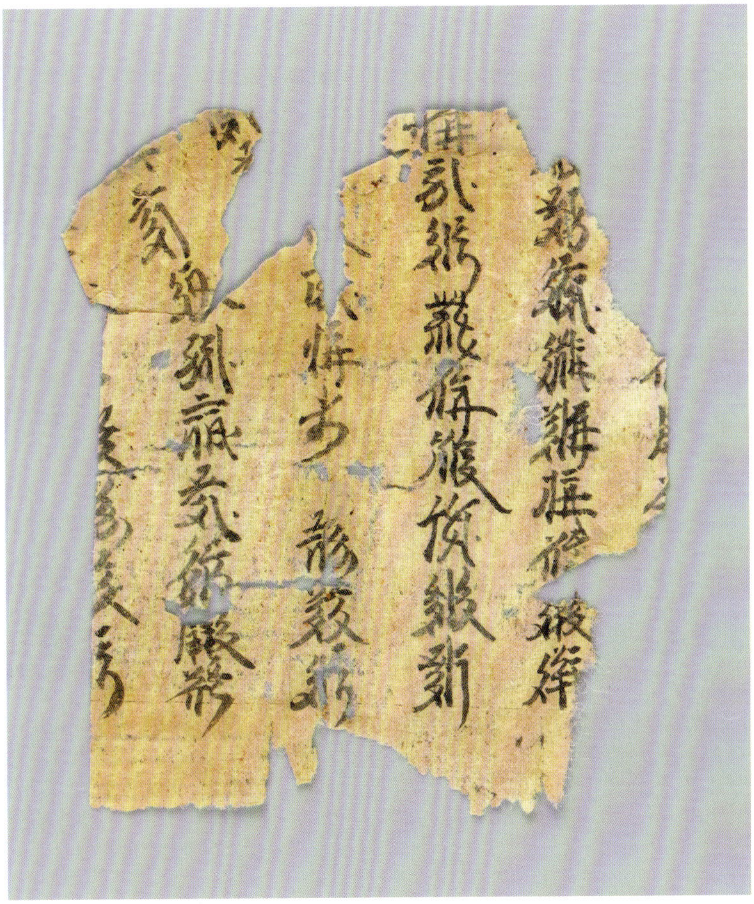

Or.12380/2457A（K.K.II.0282.cc.3）　佛書殘片
9 釐米 × 7.8 釐米

……謂者首尾二□□彼

……邊無大海猶如因故

……内亦　入可無

……身口意始諸惡也做

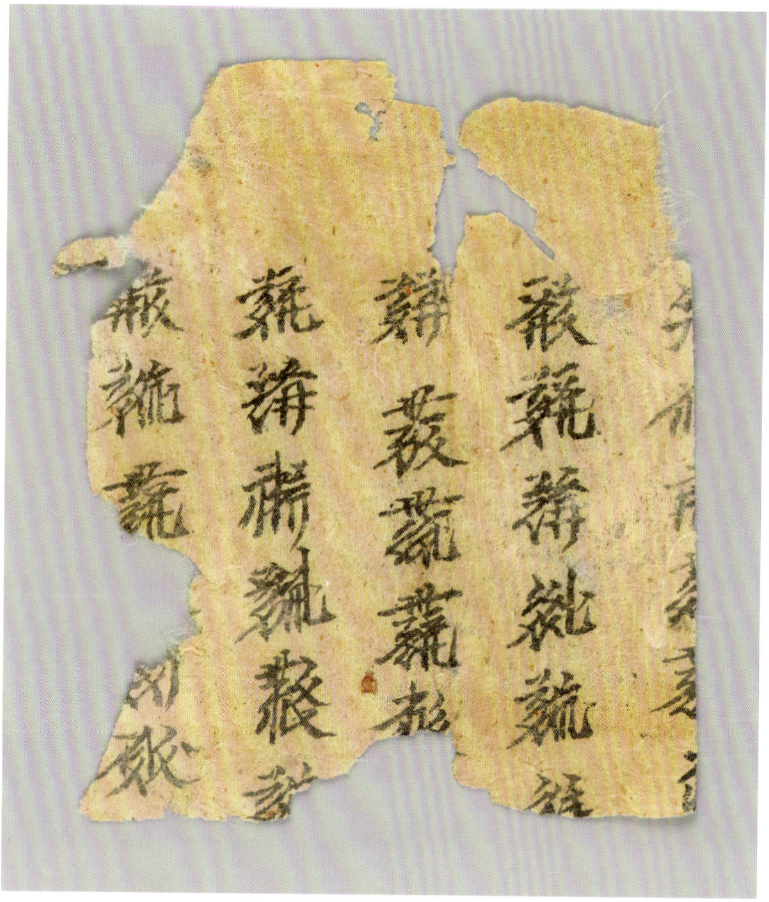

Or.12380/2457C（K.K.II.0282.cc.4） 黄帝明堂灸經卷上
9 釐米 × 7.8 釐米

點燒則骨傷心……
枯　棗木火以……
火則氣脉大傷……
絡傷火□日耀……

竹木火傷筋目暗，榆木火**傷骨**失**志**，桑木火傷肉肉**枯**，**棗木火**内傷吐血，枳木**火大傷**氣脉，楢木火**傷**榮衛經**絡**。有**火**珠**耀**日，以艾丞之，遂得火出。（《黄帝明堂灸經》卷上）

2458 明堂灸經殘片，陀羅尼殘片

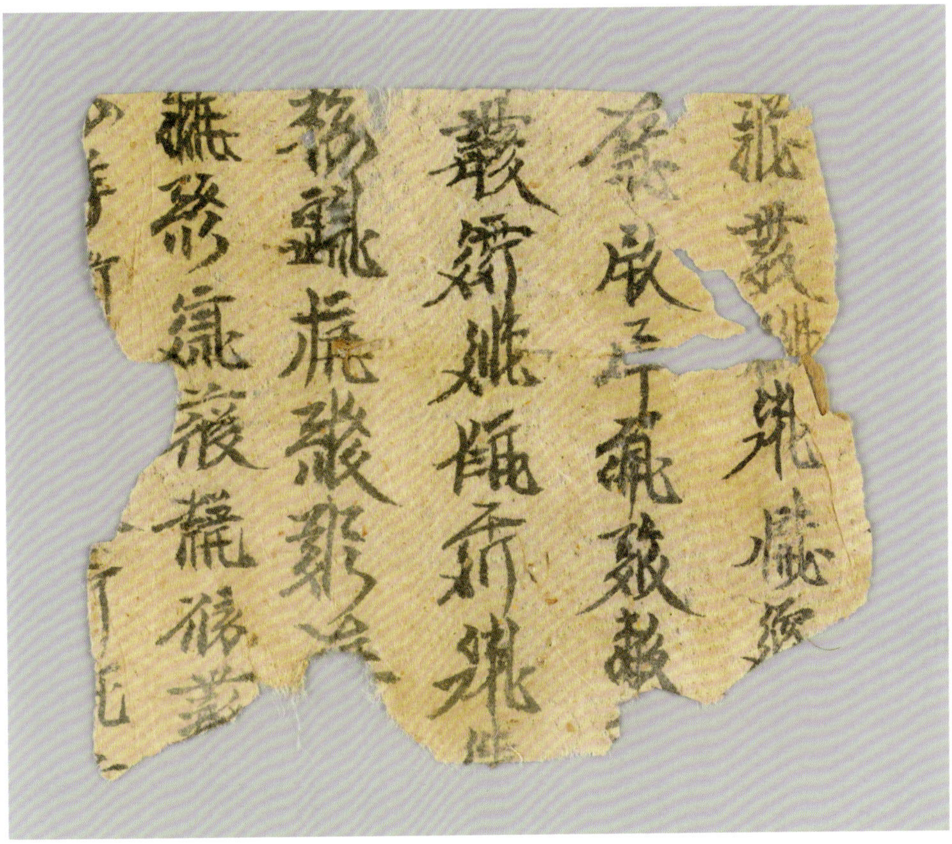

Or.12380/2458A（K.K.II.0282.cc.1?） 明堂灸經殘片
7.6 釐米 × 12 釐米

……少火病重愈者……
……同尺寸長短及……
……所爲病根微重……
……乃利二種説則……
……依爲應岐伯明堂……

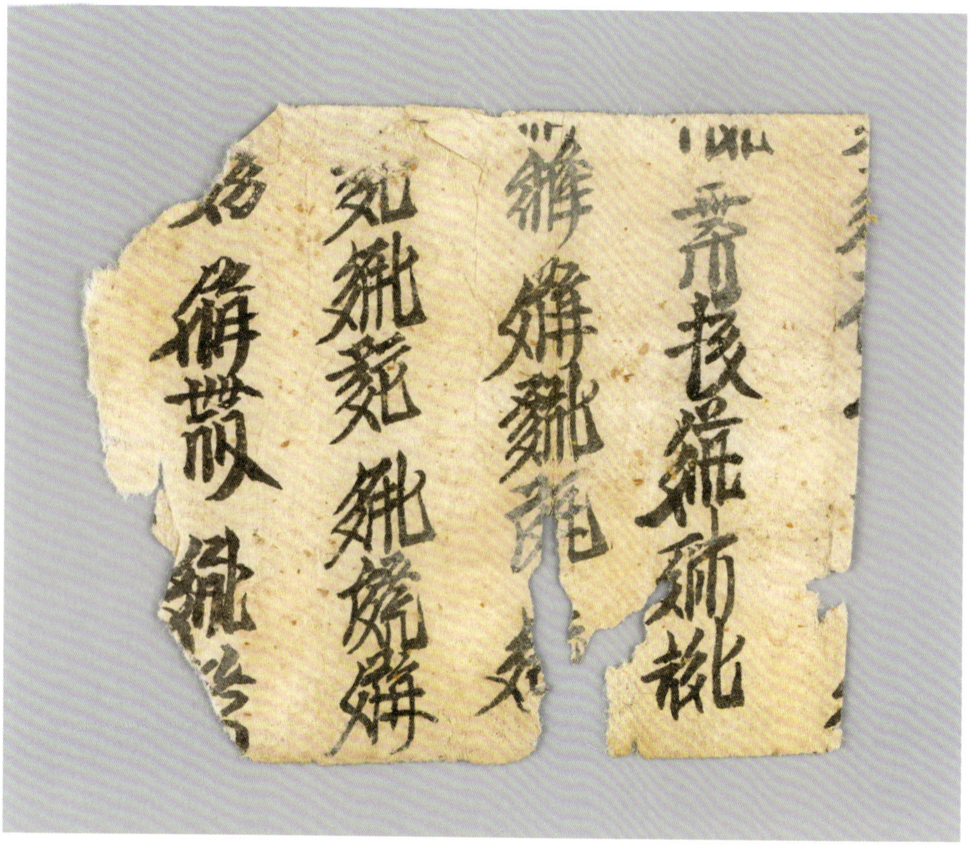

Or.12380/2458B（K.K.II.0282.cc.2?） 陀羅尼殘片
6 釐米 × 7.5 釐米

……輸婆虎怛那
……波　摩哩伽　□
……盧計　盧迦摩
……摩訶　屈□

2459 佛書殘片

Or.12380/2459A
（K.K.II.0280.xv）
10.5 釐米 × 9.5 釐米

佛説……

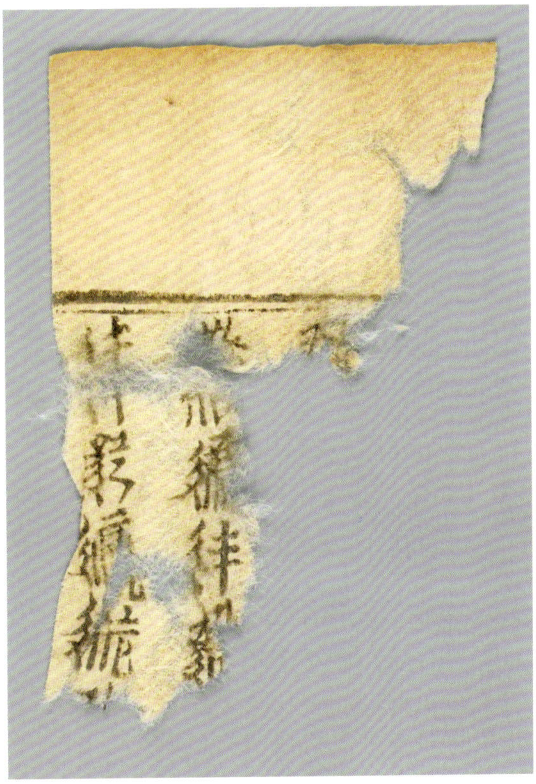

Or.12380/2459B
9.5 釐米 × 6.5 釐米

大衆佛所……
佛説最上……

Or.12380/2459C
8 釐米 × 12.5 釐米

怛侄他……
室哩……
悉那……

2460 佛書殘片

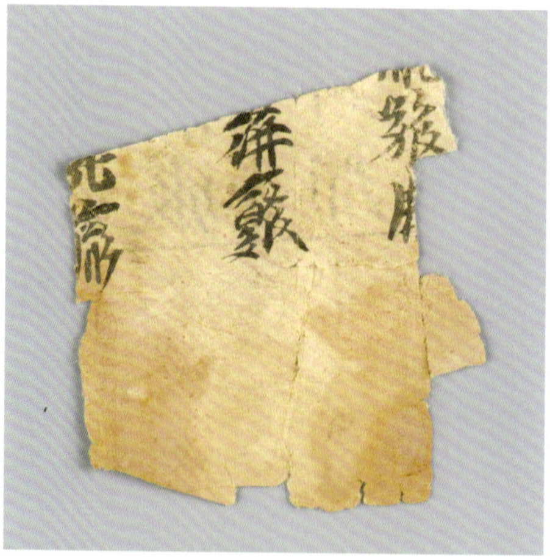

Or.12380/2460(K.K.II.0280.b.xvi.14?)
5.5 釐米 × 5.2 釐米

……摩
……無

……毁壞
……故迷
……淨

2461 大般若波羅蜜多經殘片

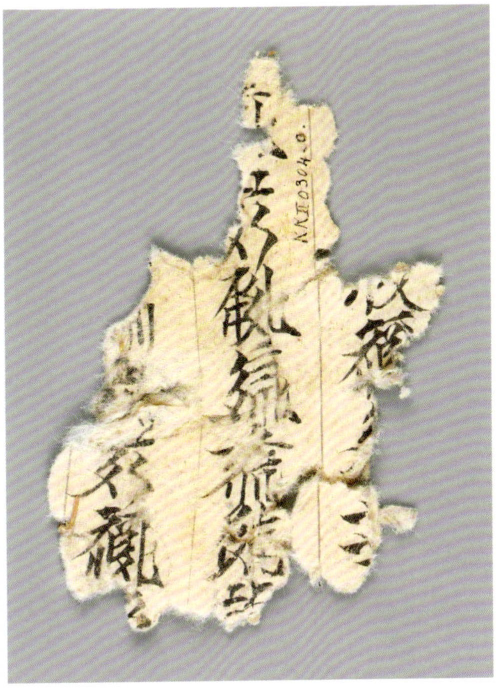

……法……
……安立應有是……
……説法……

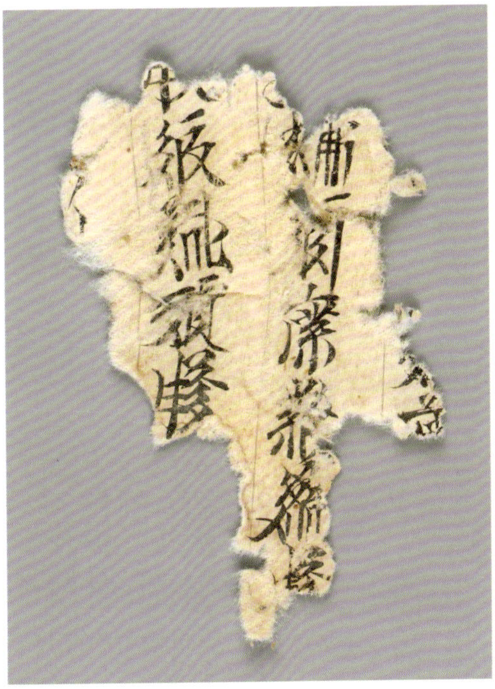

……中四大王衆天……
……天睹史多天……

Or.12380/2461（K.K.II.0280.b.xvi.8?）
6 釐米×7.2 釐米

2462 佛母大孔雀明王經卷下

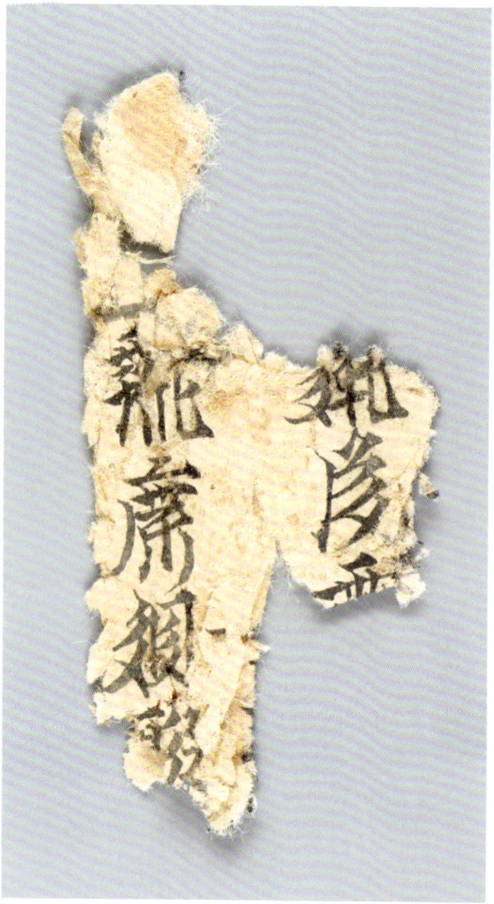

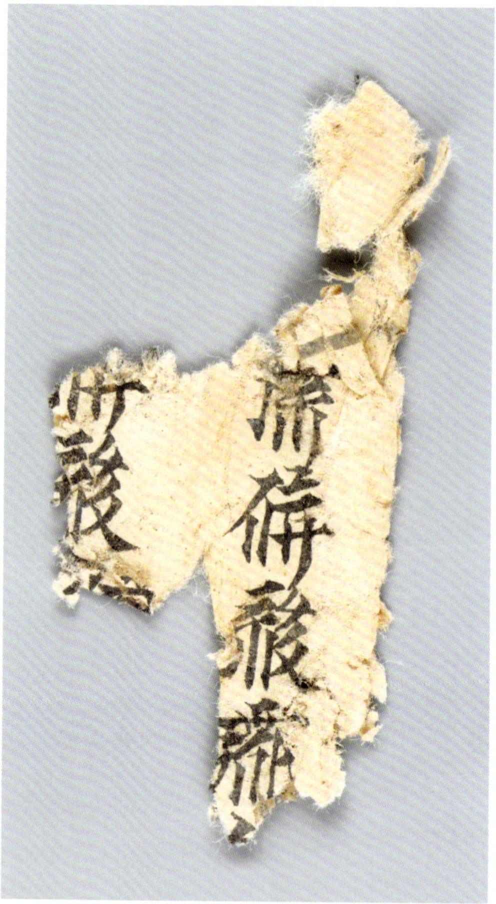

Or.12380/2462(K.K.II.0280.b.xvi.6?)
7.5 釐米 × 4 釐米

百臂龍……
龍王妙……
(俄羅斯科學院東方文獻研究所藏本 инв. № 29)

……王海子龍……
……子……

2463　佛書殘片

……九次依

……第

Or.12380/2463（K.K.II.0304.o）
7.3 釐米 × 4.6 釐米

2464 殘片

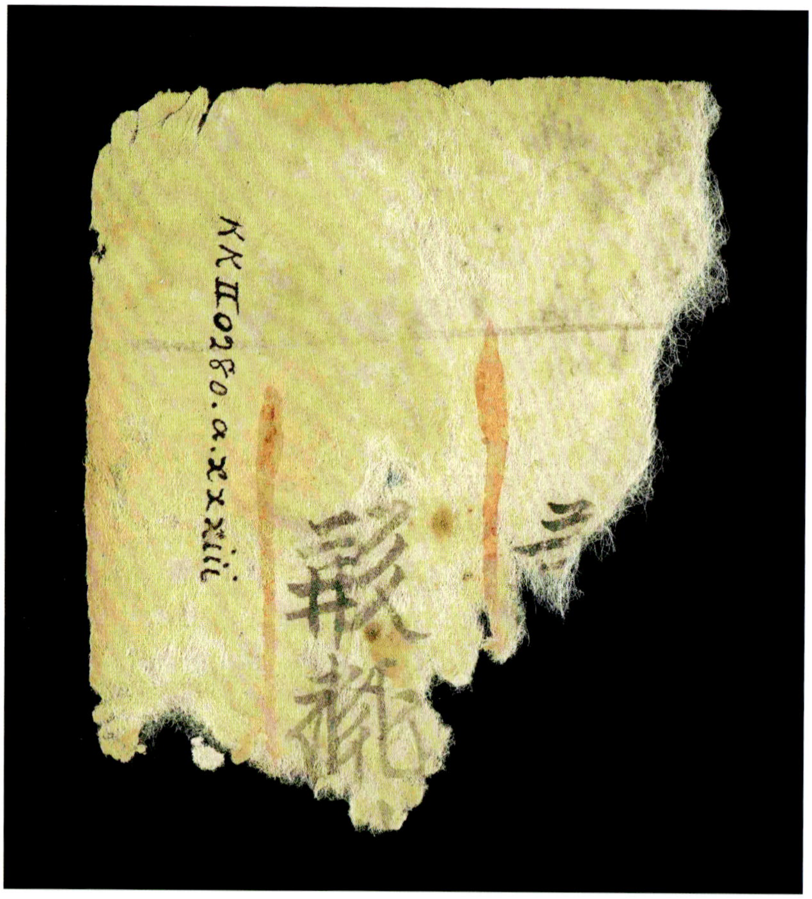

Or.12380/2464（K.K.II.0280.a.xxxiii）
5.4 釐米 × 4.7 釐米

异事……

2465　佛書殘片

他之……
爾時……

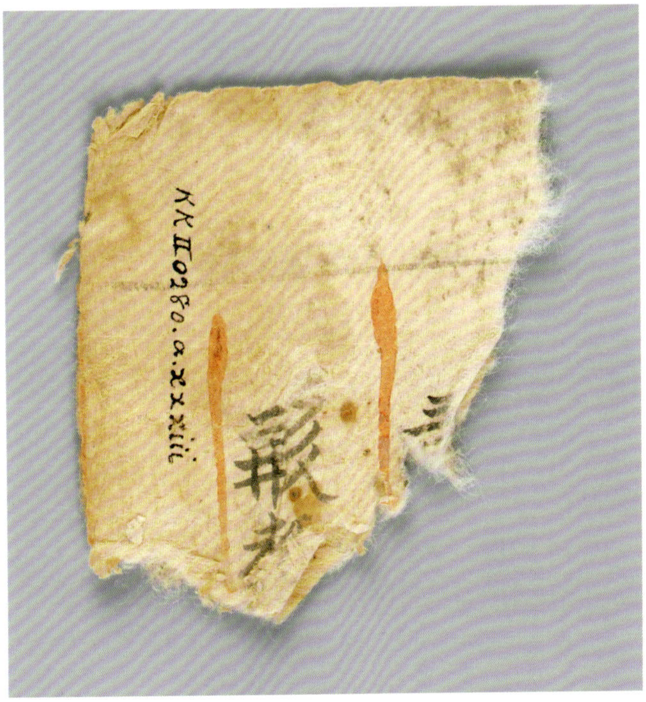

异……

Or.12380/2465（K.K.II.0295.j）
10.6 釐米 × 8 釐米

2466 大般若波羅蜜多經卷二百一

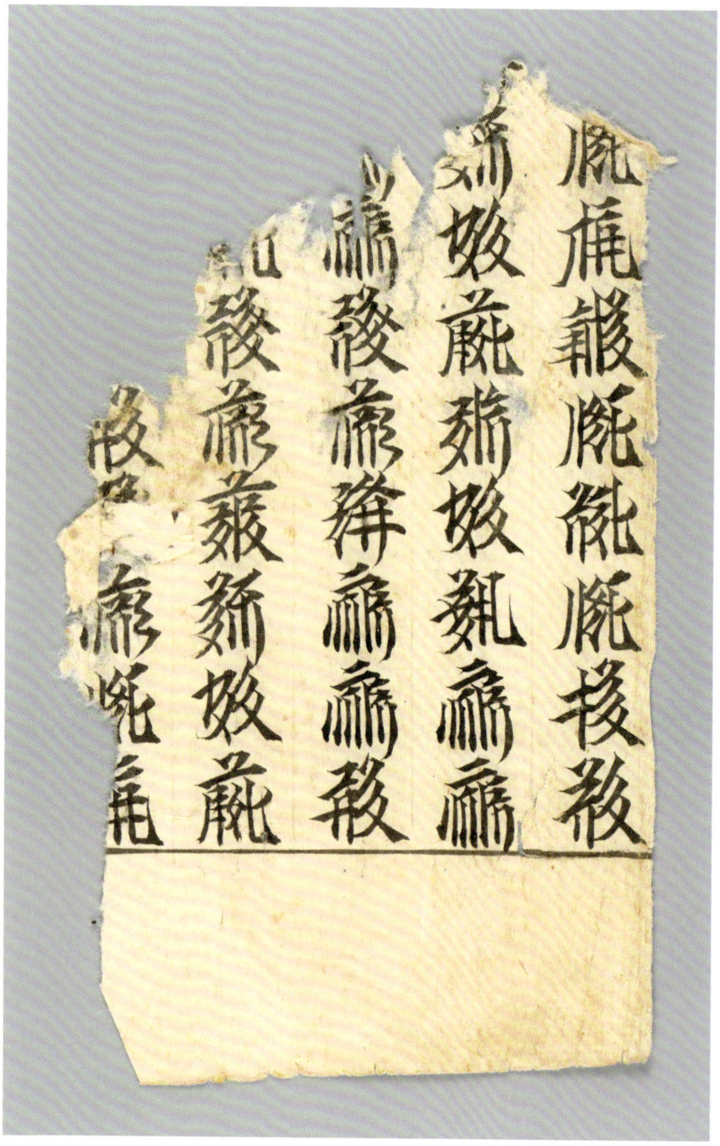

Or.12380/2466
(K.K.II.0282.g)
16.2 釐米 × 10 釐米

……不二分不別不斷也
……菩薩摩訶薩行一切
……切清淨故一切智
……清淨若菩薩摩
……智□清淨不二

若一切智智清淨。無二**無二分無別無斷故**。善現。見者清淨故**一切菩薩摩訶薩行**清淨。**一切**菩薩摩訶薩行**清淨故一切智**智清淨。何以故。若見者**清淨**。**若**一切**菩薩摩**訶薩行清淨。若一切智**智**清淨。**無二**無二分無別無斷故。(《大正藏》T06，p0003b)

2467 佛書殘片

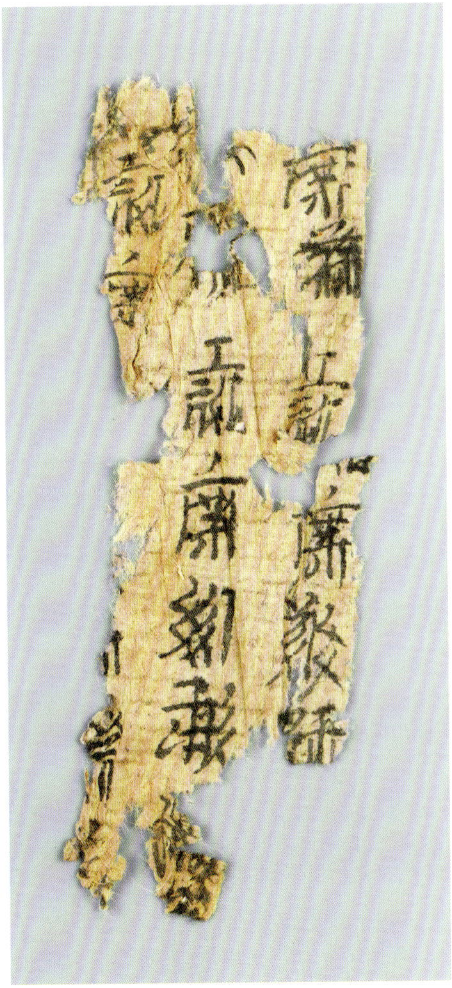

Or.12380/2467A（K.K.II.0280.a.xxxi）
10.5 釐米 × 3.8 釐米

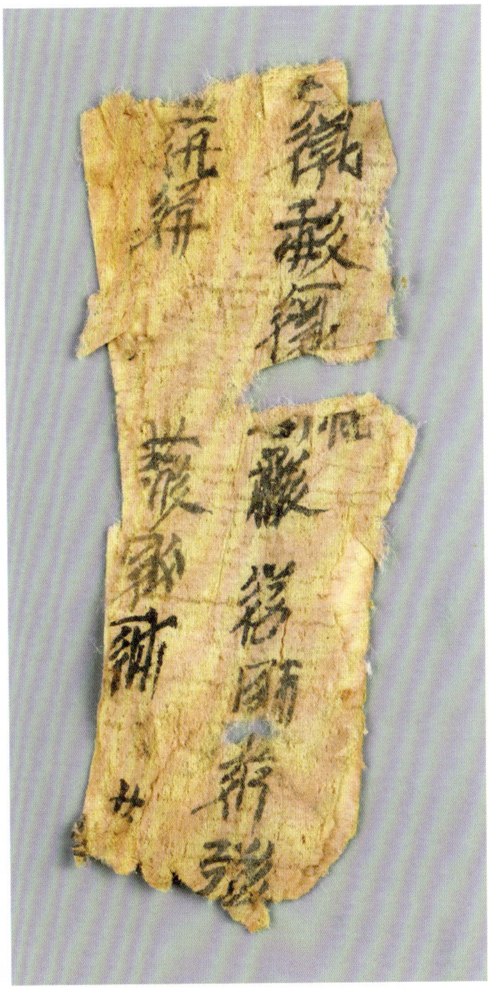

Or.12380/2467B
10.5 釐米 × 3.8 釐米

……王有　金剛寶之……
……金剛日及……
……金剛……

……持及持□是　功德句宣……
……薩嚩　舍毗多……

2468 殘片

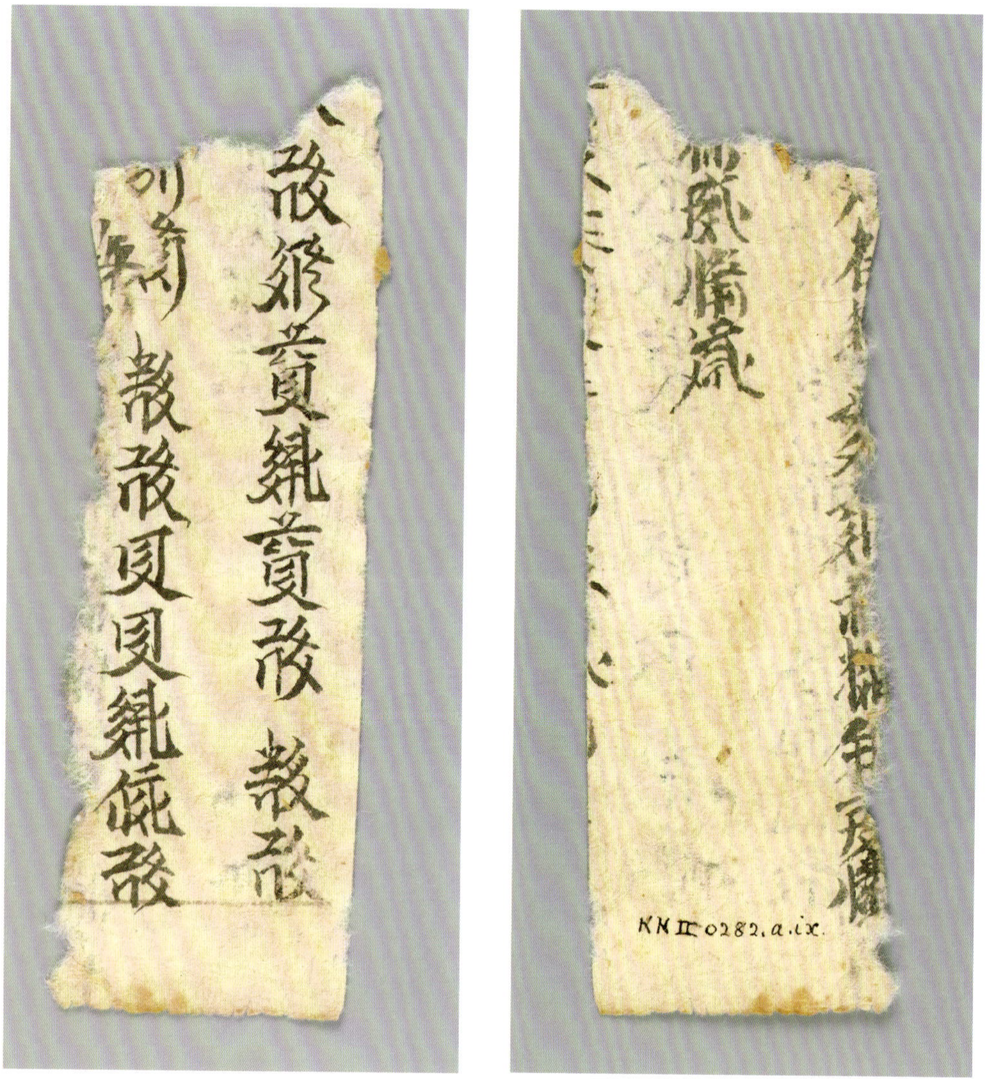

Or.12380/2468（K.K.II.0282.a.ix）
11.8 釐米 × 4.7 釐米

……十六七百七十　三十
……自在　三十八八百五十

……
……如念應

2469　佛書殘片

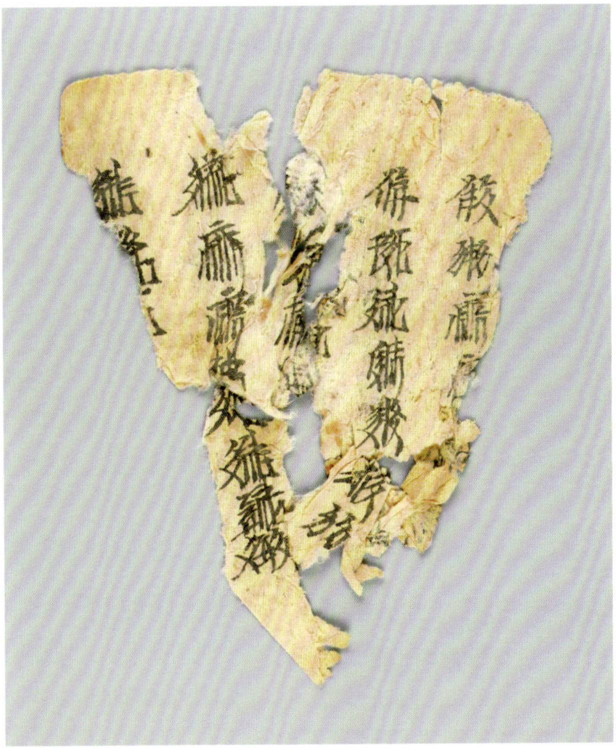

苦惱一切……
海如功德寶以聚……
……汝……
時一切中□我壽常
我……

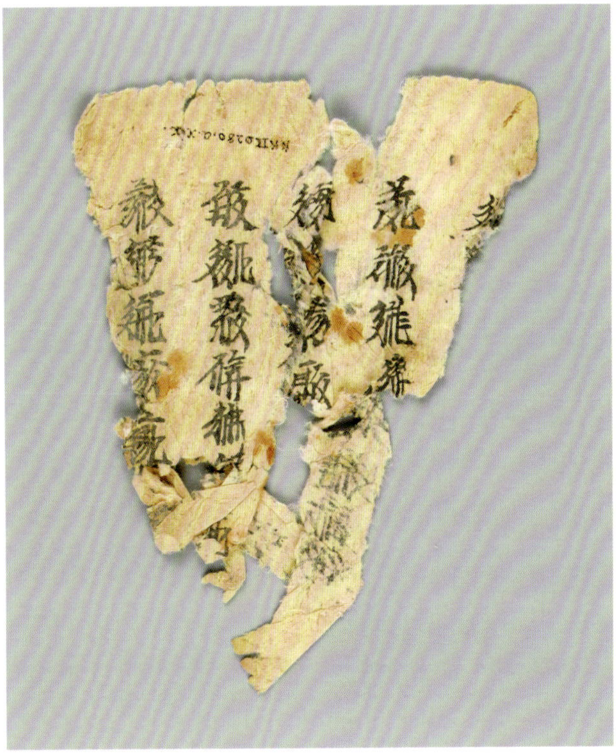

世尊我今……
弃□利益……
苦受大海中……
如何解脱得……

Or.12380/2469（K.K.II.0280.a.xix.）
10.8 釐米 × 8.8 釐米

2470 大方廣佛華嚴經普賢行願品

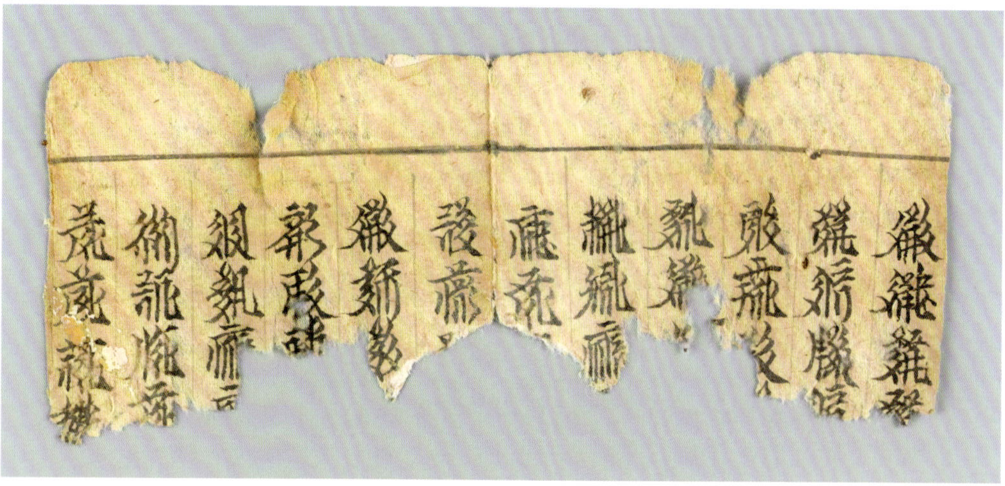

Or.12380/2470（K.K.II.0244.yyy）
6.5 釐米 × 15.75 釐米

常家出得□□□
垢無破無□□□
天龍夜□□□□
乃至□□□□□
衆生一□□□□
悉諸□□□□□
清淨□□□□□
恒菩提□□□□
障垢除□□□□
妙行一切□□□
魔境及諸□□□
世界道中□□□

常得出家修淨戒，**無垢無破**無穿漏。
天龍夜叉鳩槃荼，**乃至**人與非人等。
所有一切**衆生**語，**悉**以**諸**音而說法。
勤修**清淨**波羅蜜，**恒**不忘失**菩提**心。
滅**除障垢**無有餘，**一切妙行**皆成就。
於**諸**惑業**及魔境**，**世**間**道中**得解脱。（《大正藏》T10，p0847b）

2471 佛書殘片，文契殘片

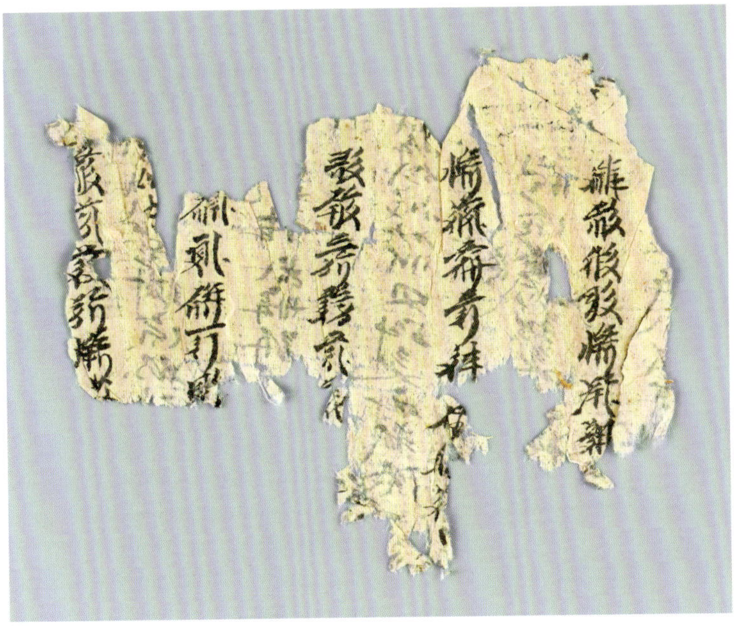

先微後著念其行……
念者報身佛……
盛等自他可……
□法輪中一……
空界與同念……

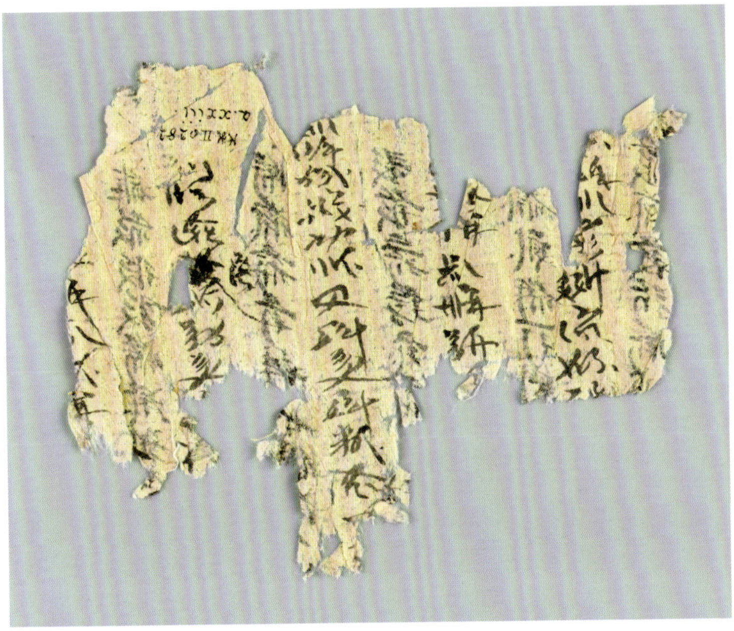

Or.12380/2471（K.K.II.0282.a.xxiii） 佛書殘片 文契殘片
8.8 釐米 × 10.2 釐米

2472　藥師琉璃光七佛本願功德經卷上

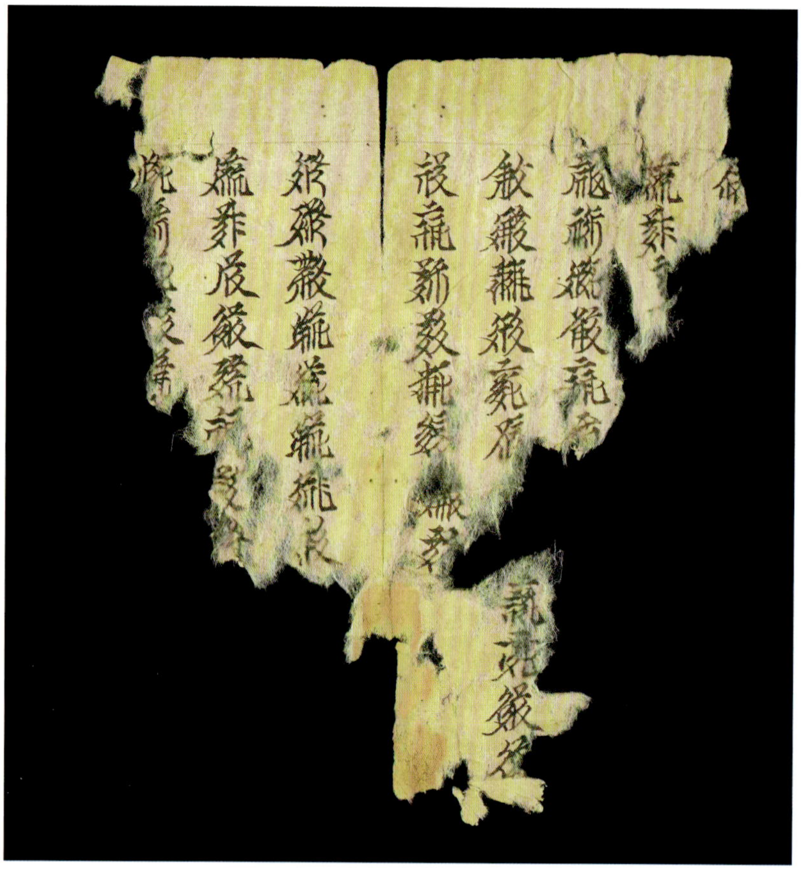

Or.12380/2472(K.K.II.0239.u)
14.85 釐米 × 6.7 釐米

五……
衆生……
亂極憂苦生暫……
威力由故闇離明遇諸惡鬼……
乃起菩提於乃至謂
第六大願者願我來……
衆生鄙惡事行三……
不修□力覺……

第五大願：願我來世得菩提時，若有**衆生**行於闇夜作諸事業，被惡鬼神之所惱**亂**，**極生憂苦**，**暫**聞我名，或復稱念，**由是力故**，**從闇遇明**，**諸惡鬼**神起慈悲意，**乃至菩提**。

第六大願：**願我來**世得菩提時，若有**衆生行鄙惡事**，不信三寶，智慧尟少，**不修**善法。根**力覺**道念定總持皆不修習。（《大正藏》T14，p0410b）

2473 殘片

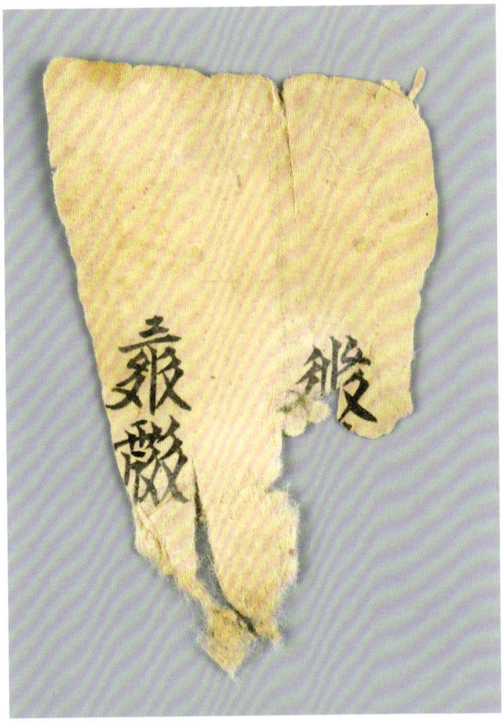

緣……
毫是……

……者惟……

Or.12380/2473（K.K.I.ii.02.u）
7.5 釐米 × 4.8 釐米

2474 佛説聖佛母般若波羅蜜多經附守護大千國土吉祥頌

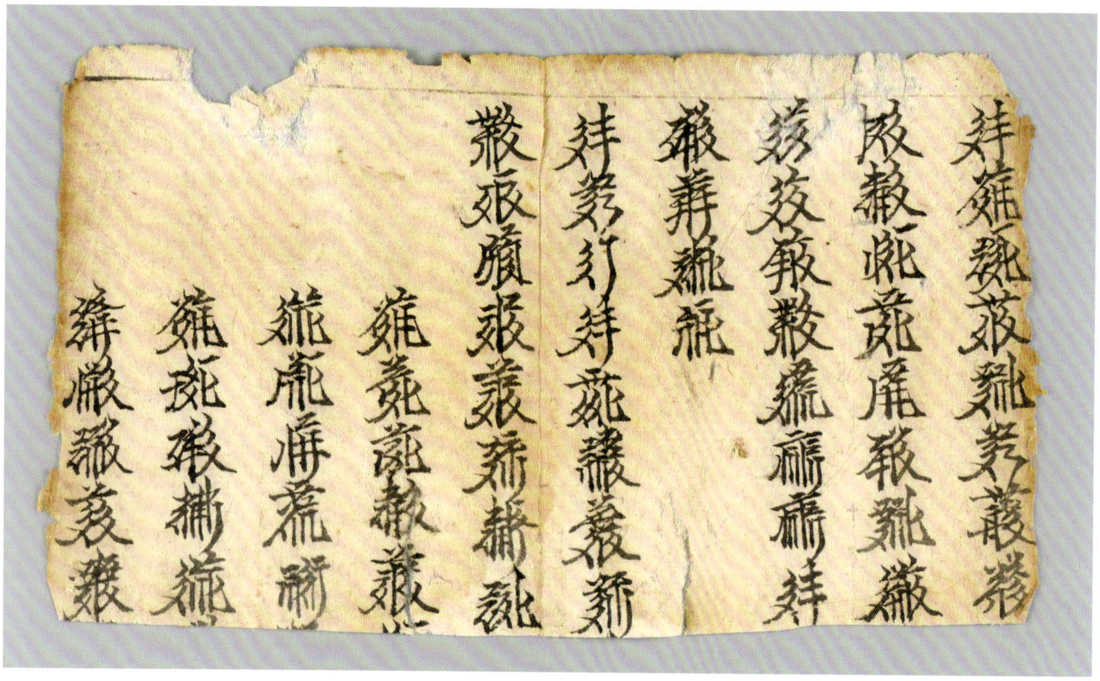

Or.12380/2474（K.K.II.0246.q）
10 釐米 × 17.6 釐米

佛此契經所説已畢……
薩并并諸苾芻至……
闥婆等大衆一切佛……
信受奉行
佛説聖佛母般若波……
大千國守護吉祥頌
　　此世界及護……
　　上宫内有勝……
　　是如人中上……
　　如來尊與等……

佛説此經已，觀自在菩薩摩訶**薩并諸苾芻**，**乃至**世間天人阿修羅乾**闥婆等一切大衆**聞**佛**所説，皆大歡喜，**信受奉行**。

佛説聖佛母般若波羅蜜多經。（《大正藏》T08，p0852c）

2475 佛書殘片

Or.12380/2475A
（K.K.II.0274.mmm.40?）
6.5 釐米 × 3.8 釐米

……界一在……
……此過……

Or.12380/2475B
9 釐米 × 4.5 釐米

2476 新集碎金置掌文

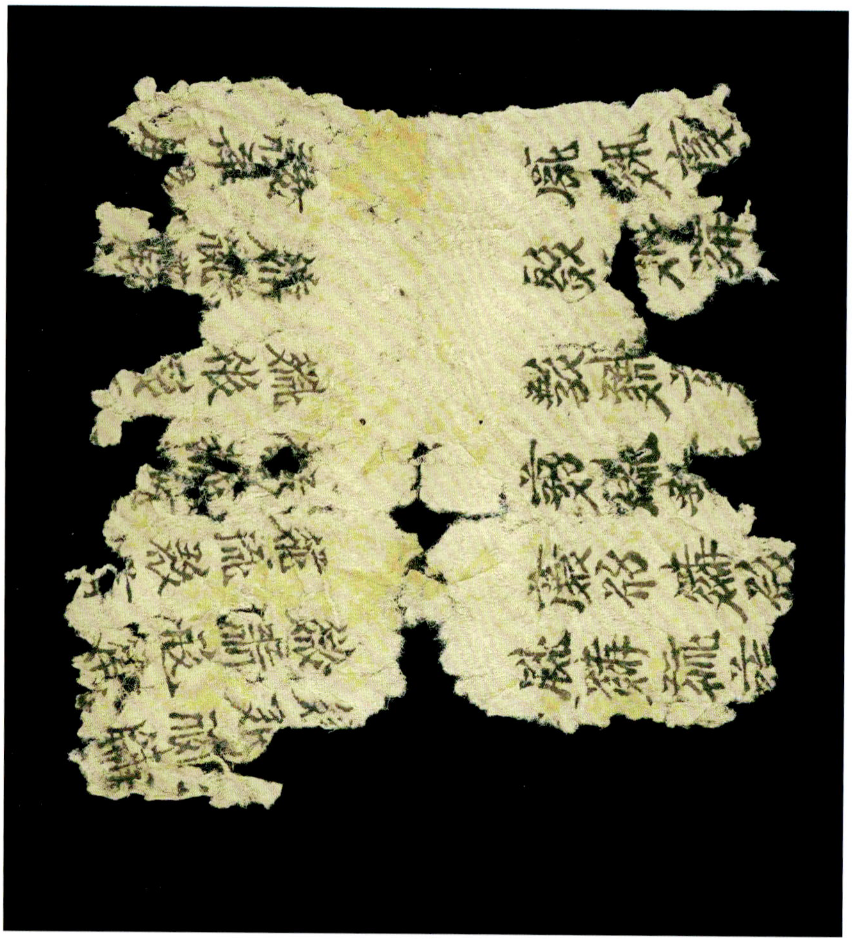

Or.12380/2476（K.K.II.0270.uu.1?）
6.5 釐米 × 11.5 釐米

□□西兀□　鋪藥迺□□
鋪主遏女□　味□□□□
特吴五□□　紐浪□□□
□□□□□　夜涓□□□
冷寧□□□　拽税頗熟□
桑羅耨□□　良玉來□□
播杯□□□（《俄藏黑水城文獻》10，p109-110）

2477 新集碎金置掌文

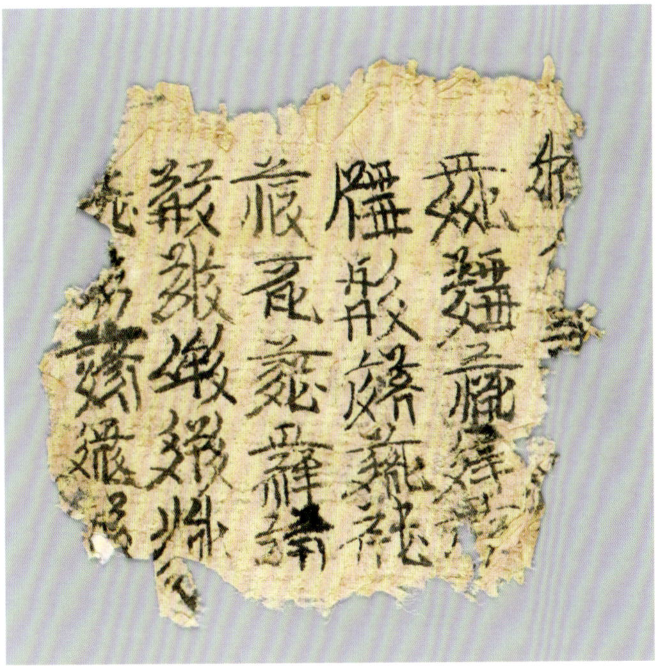

阿娘少女□
迎媳婆母安
得婿岳公喜
門下婦人知
□□夫君□

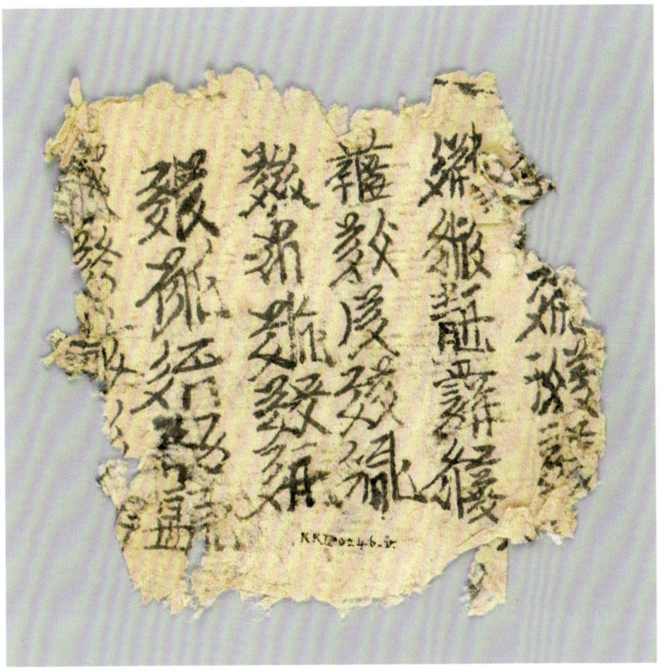

□□狗守護
户外盜賊離
貸支勿著手
禁亦不可偏
增者足加倍
(《俄藏黑水城文獻》10，p111)

Or.12380/2477(K.K.II.0246.v)
9.5 釐米 × 10 釐米

2478 新集碎金置掌文

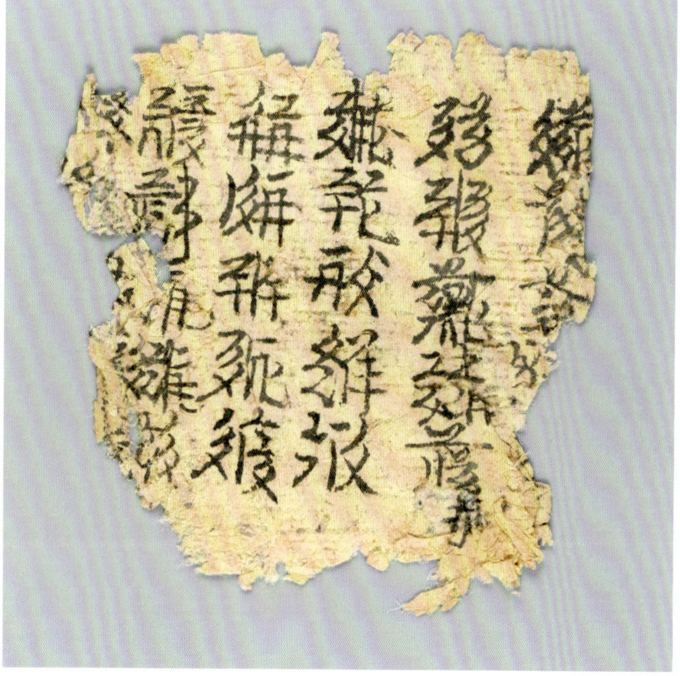

寇楊□□□
韋翟權薛安
吴九鄒聶丁
侯竇左米范
爲婚□儀□

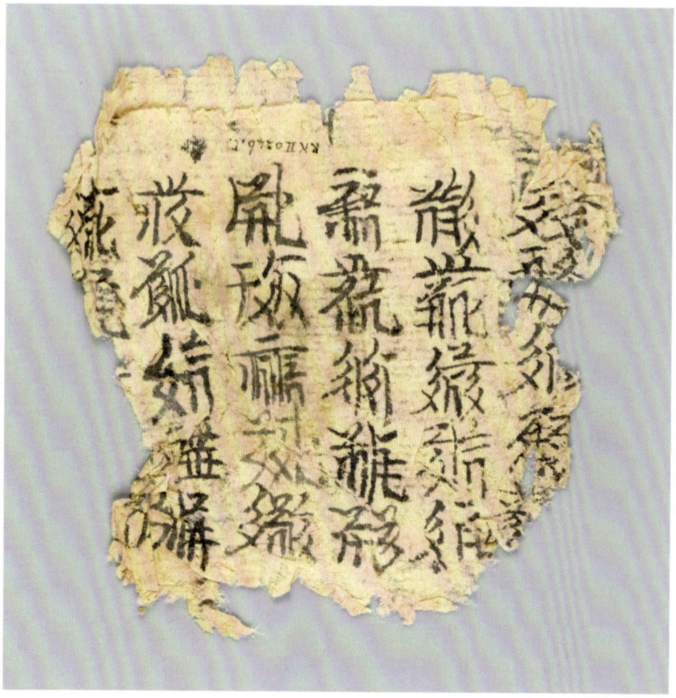

媒人□話□
集體問姿容
貧富福高低
吃穿各處至
民庶男女混
衣食□□□
（《俄藏黑水城文獻》10，p110）

Or.12380/2478（K.K.II.0246.t）
11.2 釐米 × 10.5 釐米

2479 佛書殘片

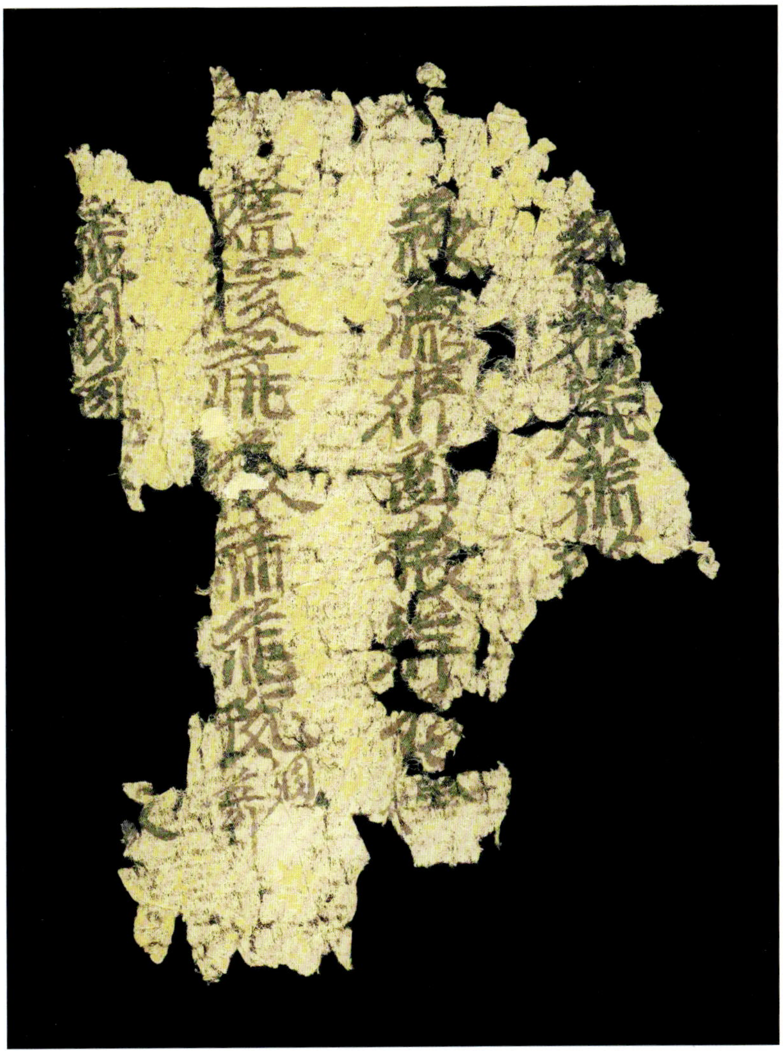

Or.12380/2479A（K.K.II.0230.uu.5?）
11.9 釐米 × 8.8 釐米

……旃陀彼善……
……清淨柔軟人心……
……迦陵頻伽音聲如妙真
……最妙法……

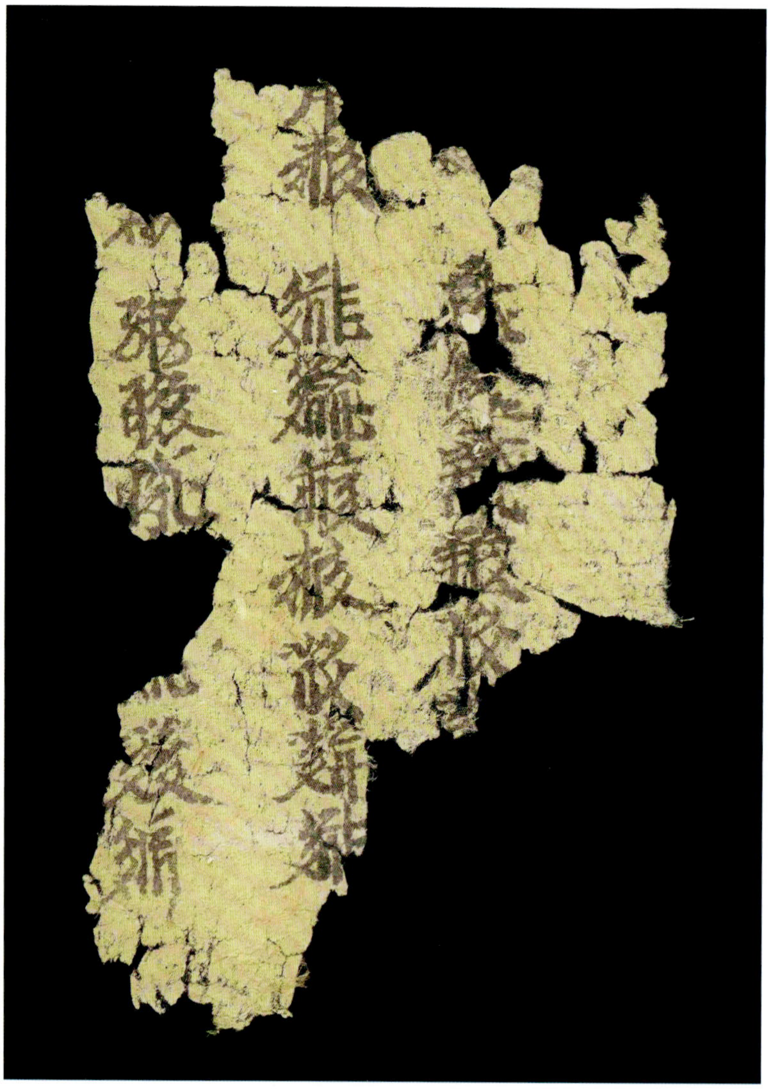

Or.12380/2479B
12.7 釐米×8 釐米

2480 佛書殘片

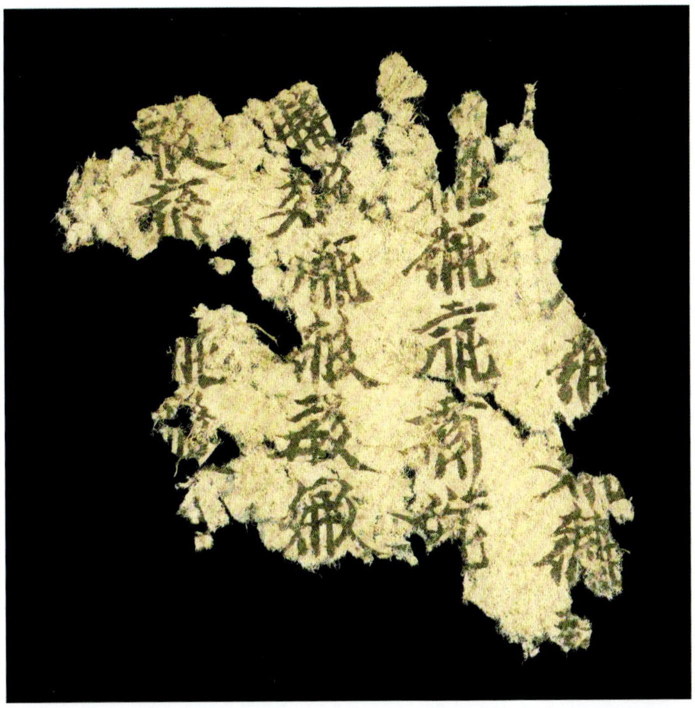

……依……

……上始成就……

……宫以他身……

……真……

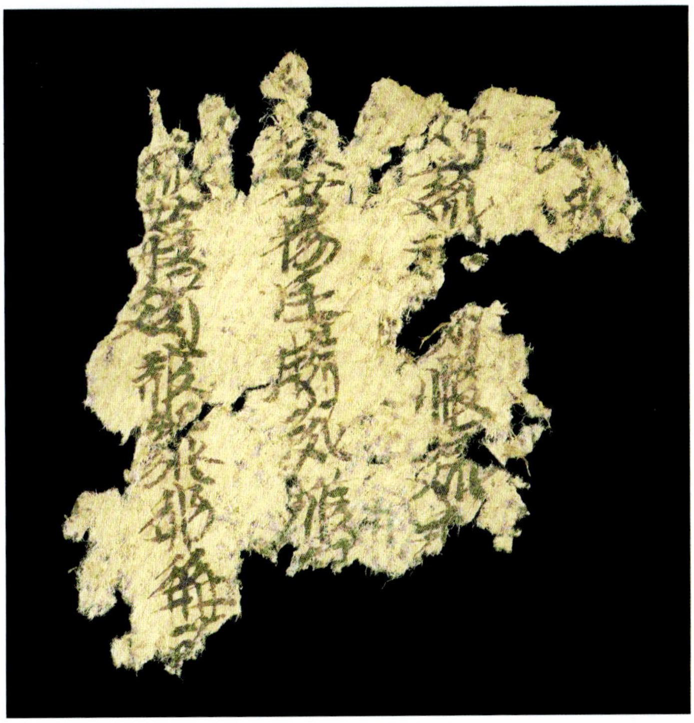

……婆□來應……

……坐一高宫城已……

……乃爲麋鹿草莽……

Or.12380/2480（K.K.II.0274.mmm.23/1?）

6.2 釐米×5 釐米

2481 佛書殘片（藏文）

Or.12380/2481（K.K.II.0274.mmm.23/2?）
4.1 釐米 × 6.6 釐米

myi ni chen po las kyi lha……
…… las grub
……dang po legs ldan nags……

人者大業之神
業成
第一具善林

2482 佛書殘片

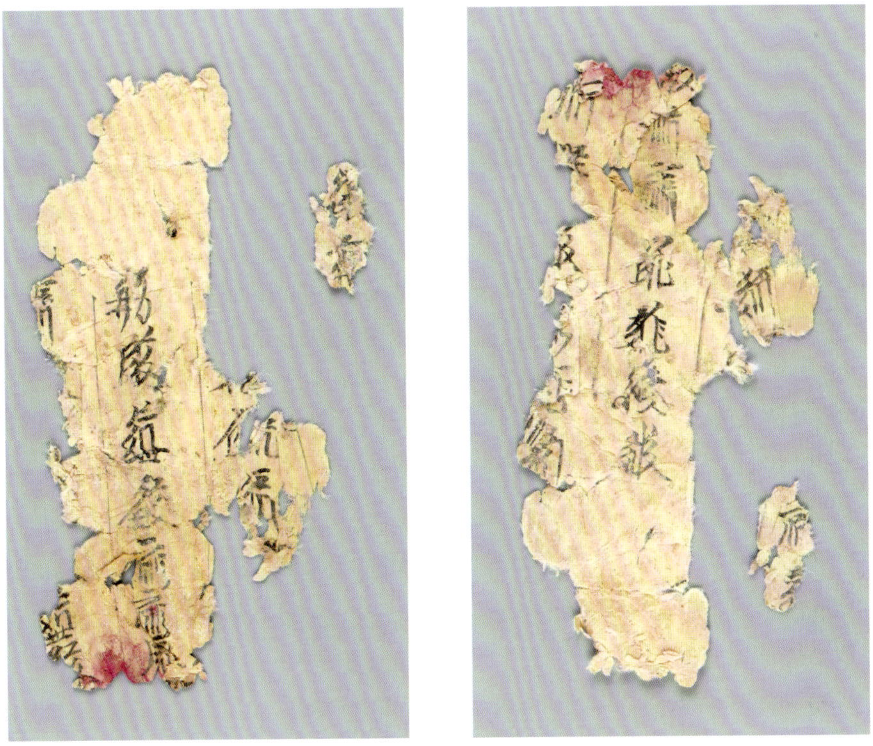

Or.12380/2482A（K.K.II.0274.mmm.3?）
11 釐米 × 5.7 釐米

……相無……
……三摩地門一切……
……地……

……波……
……一切圓滿已故
……

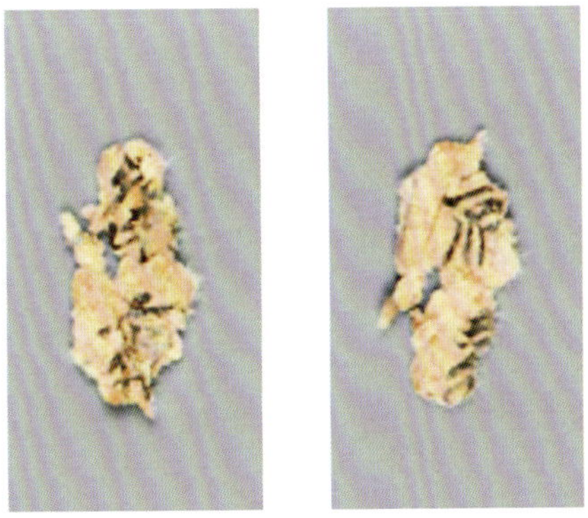

Or.12380/2482B
2.3 釐米 × 1.1 釐米

……皆……

2483 佛書殘片

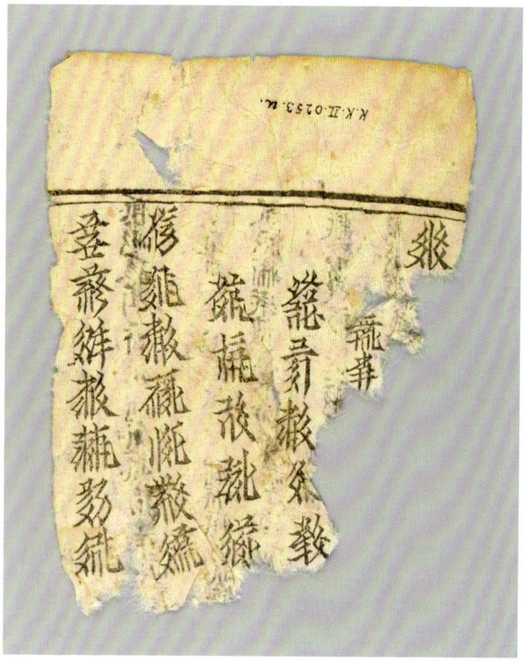 

Or.12380/2483(K.K.II.0253.u)
11.1 釐米 × 9 釐米

廣……
龍樹……
相身及□塔
此二十頌者
明滿及法外大衆
真實心以依置我

□犯墮爲○第七行者煩心犯墮……
手印上依止時上法律與依我本福宫……
行是彼依不爲則故犯墮爲……
依師處時時乃……
已尋中我……

2484　佛書殘片，字書殘片

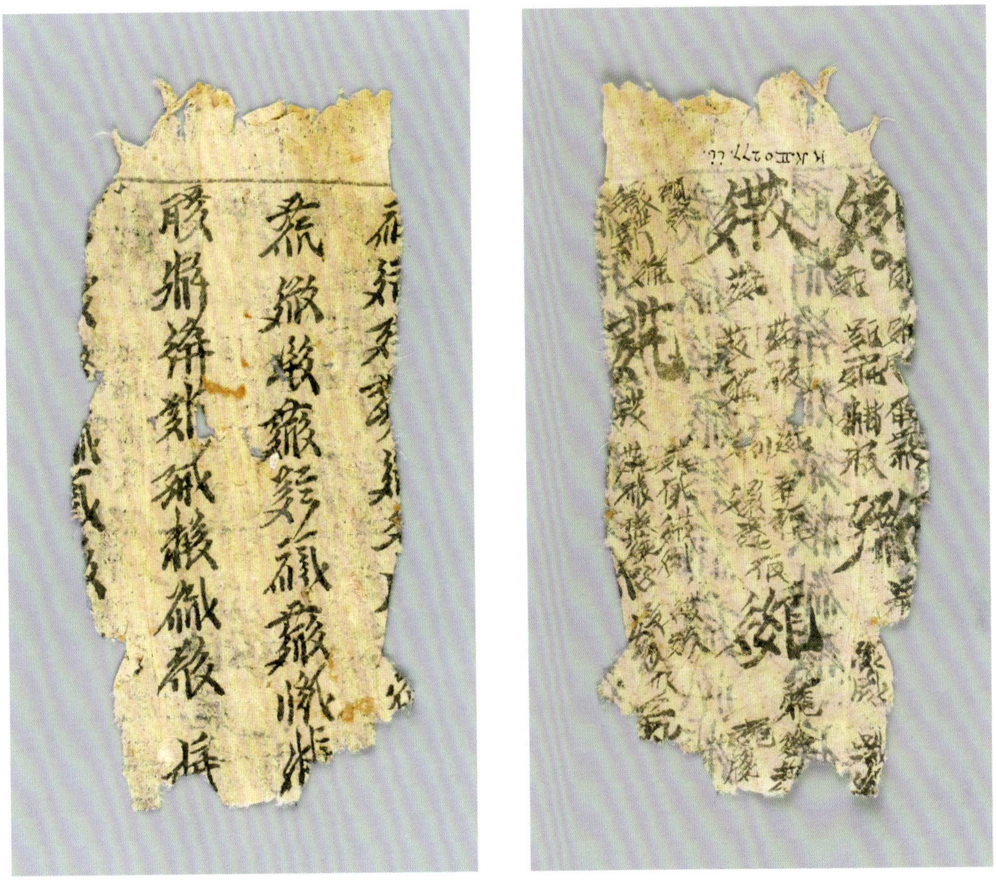

Or.12380/2484（K.K.II.0277.ii）　佛書殘片　字書殘片
10 釐米 × 4.6 釐米

有惟人空説法空不顯……
未盡則故意論議也　二……

2485 殘片

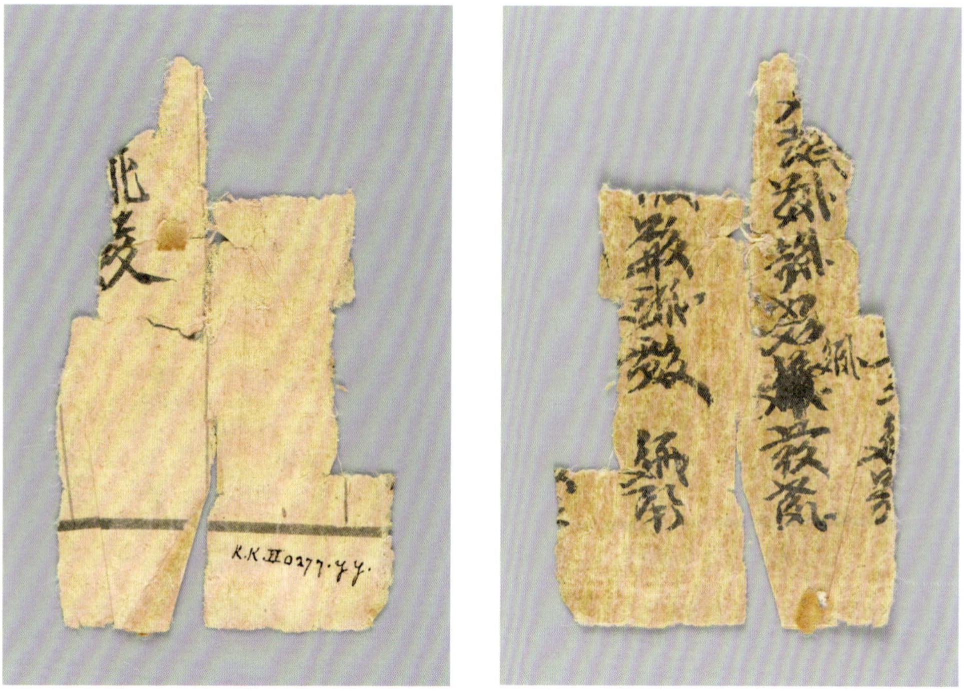

Or.12380/2485（K.K.II.0277.yy）
7.8 釐米 × 4.8 釐米

……誰處穀謂奉文諸
……尋法是　難曰

2486 殘片

Or.12380/2486A
（K.K.II.0280.rr.）
3.7 釐米 × 7.8 釐米

Or.12380/2486B（K.K.II.0280.rr）
8.5 釐米 × 3.8 釐米

Or.12380/2486C（K.K.II.0280.rr）
7.8 釐米 × 3.7 釐米

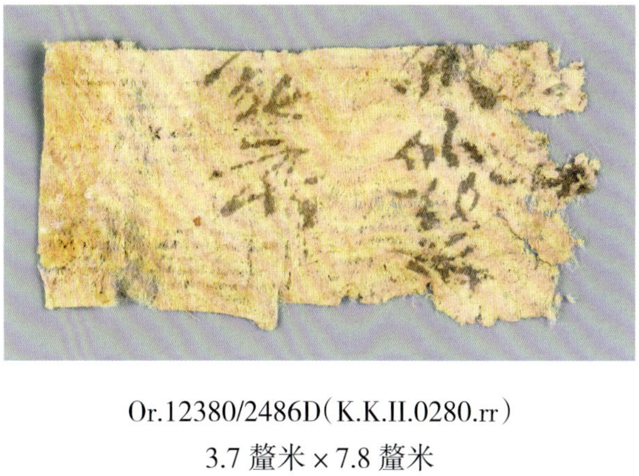

Or.12380/2486D（K.K.II.0280.rr）
3.7 釐米 × 7.8 釐米

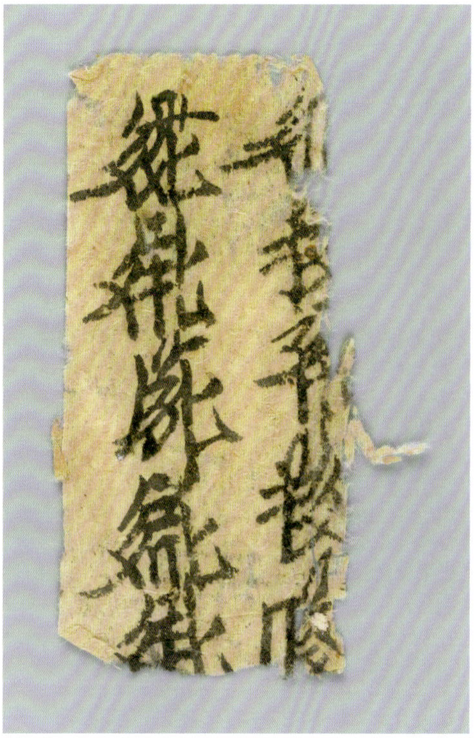

Or.12380/2486E
（K.K.II.0280.rr.5）
7.8 釐米 × 3.7 釐米

……
……其里部説里……

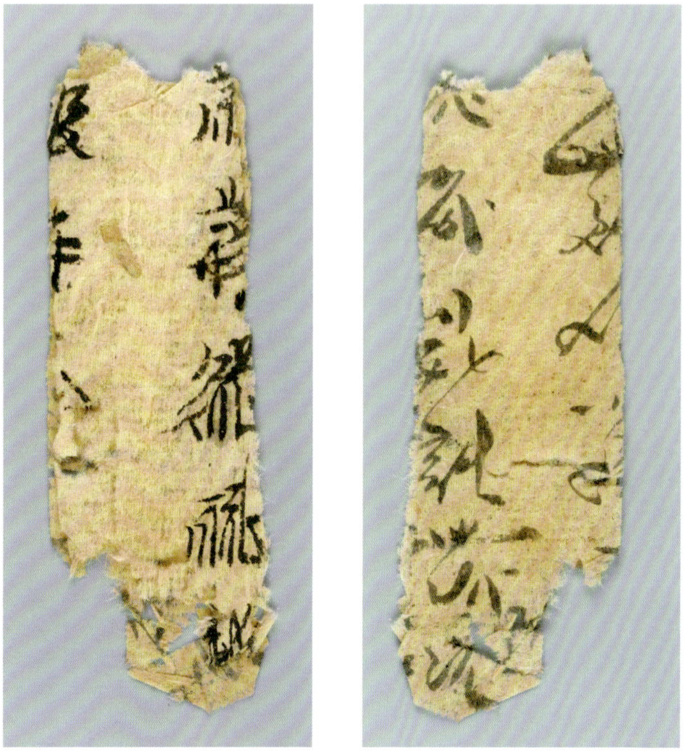

Or.12380/2486F
（K.K.II.0280.rr.6）
3.7 釐米 × 7.8 釐米

……明令……

2487　佛書殘片

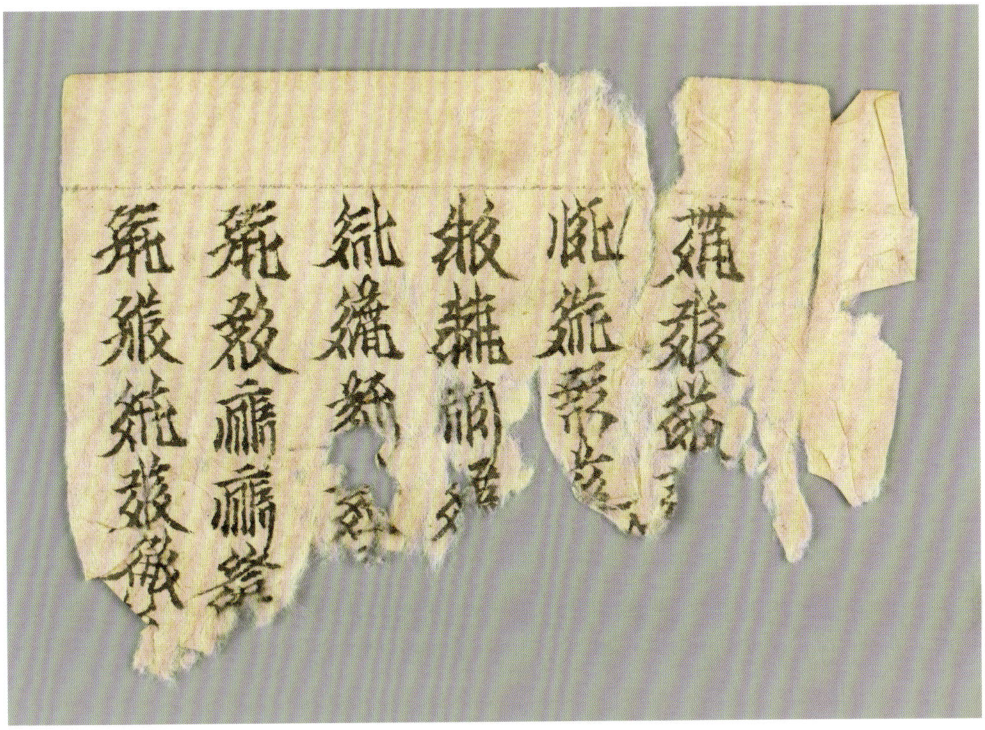

Or.12380/2487（K.K.II.0280.pp）
8.5 釐米 × 12.2 釐米

往時惡……

復上師與……

怖因福有……

正覺菩提……

彼等一切如……

彼已思時常……

2488 大般若波羅蜜多經殘片

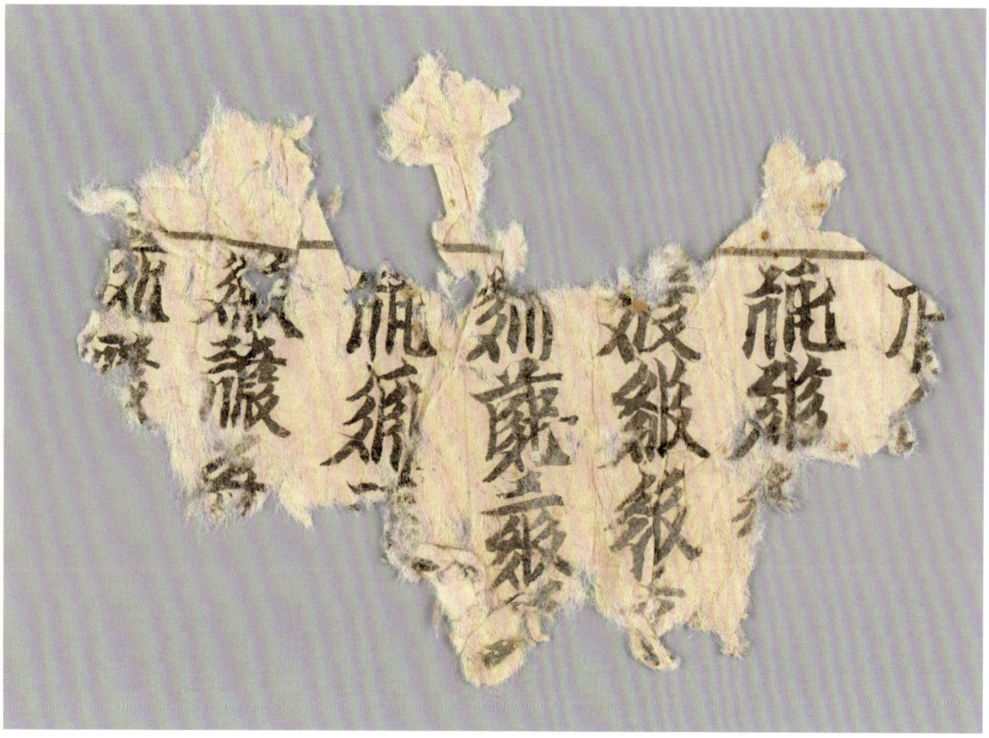

Or.12380/2488（K.K.II.0280.aaa）
8 釐米 × 11.5 釐米

行時……

□緣戒……

波羅蜜……

行四……

至般……

諸……

2489 殘片

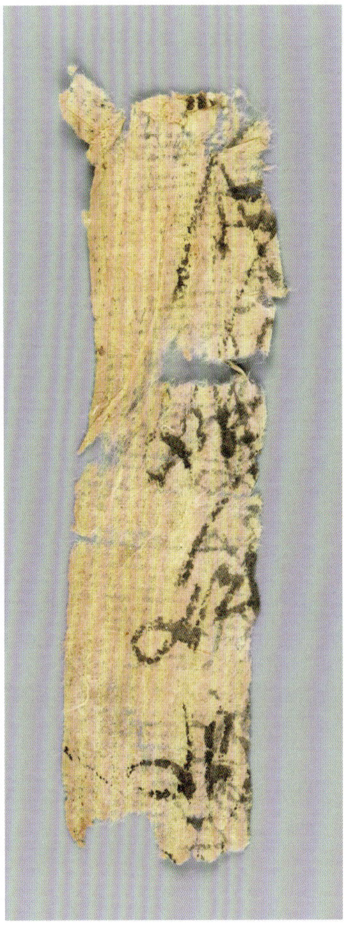

Or.12380/2489A（K.K.II.rr.）
12.2 釐米 × 3.4 釐米

Or.12380/2489B
3 釐米 × 12.2 釐米

2490 七佛中圍法事卷三四五護封

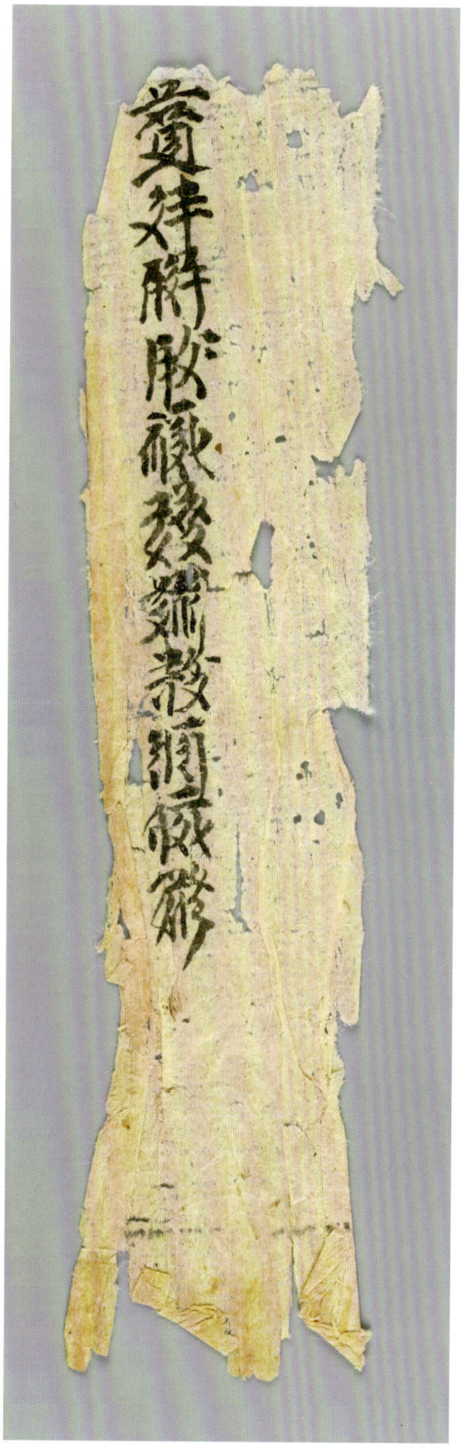

Or.12380/2490（K.K.II.0282.b.xvi.26?）
18 釐米 × 4.5 釐米

七佛中圍法事卷第三四五

2491　殘片

Or.12380/2491（K.K.II.b.08.c）
8.2 釐米 × 3.5 釐米

2492　殘片

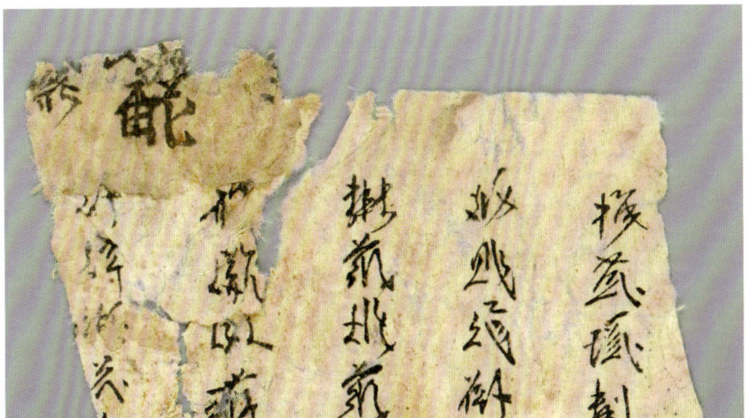

Or.12380/2492
（K.K.II.0280.b.xvi.16?）
12 釐米 × 3.5 釐米

2493 殘片

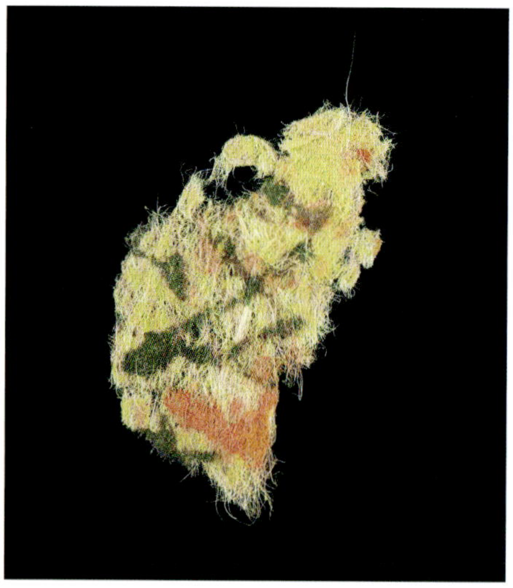

Or.12380/2493A（K.K.II.b.08.a）
2 釐米 × 1.4 釐米

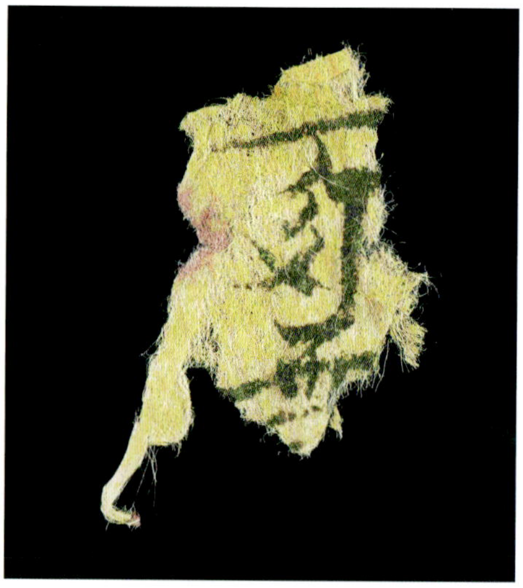

Or.12380/2493B
2.5 釐米 × 1.7 釐米

一……

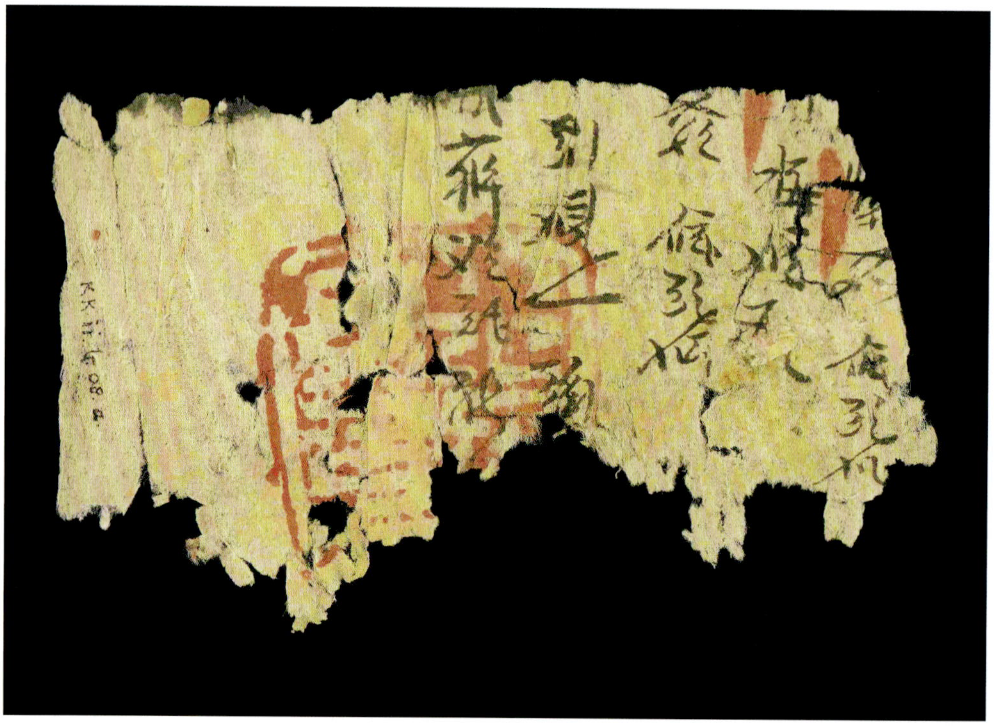

Or.12380/2493C
8.1 釐米 × 13.8 釐米

2494　大般若波羅蜜多經卷一百四十三

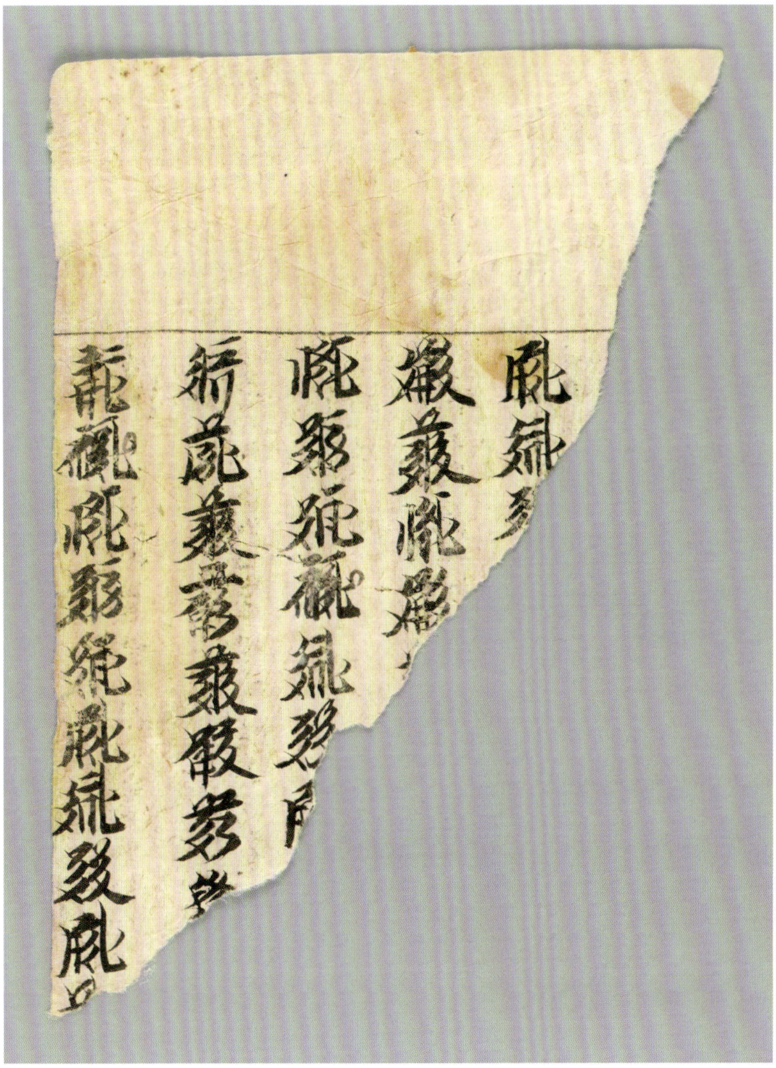

Or.12380/2494
（K.K.II.0246.s）
16.2 釐米 × 11.5 釐米

……性平等……
……常若不常……
……不變异性平等……
……無界若樂若苦説如……
……妄性不變异性平等性……

説法界法性不虛妄性不變异性平等性離生性法定法住實際虛空界不思議界若常若無常。説真如若樂若苦。説法界法性不虛妄性不變异性平等性離生性法定法住實際虛空界不思議界若樂若苦。説真如若我若無我。説法界法性不虛妄性不變异性平等性離生性法定法住實際虛空界不思議界若我若無我。（《大正藏》T05，p0775b）

2495 殘片

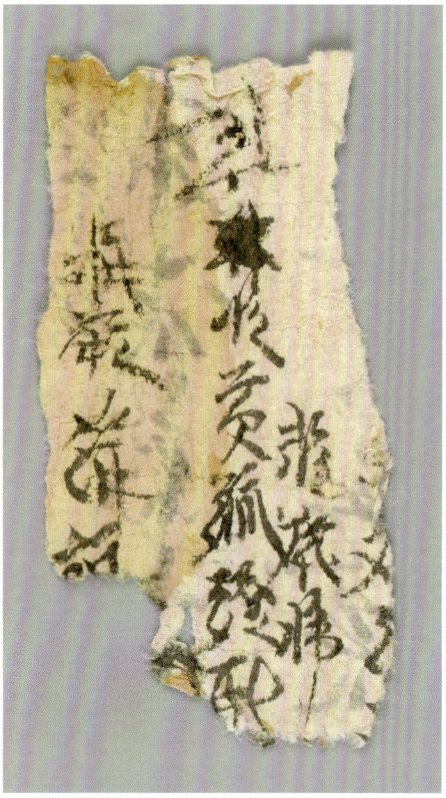

Or.12380/2495[K.K.II.0239.yyy(37)?]
8 釐米×4.2 釐米

2496　佛書殘片

Or.12380/2496（K.K.II.0267.y）
12 釐米 × 7 釐米

2497　殘片

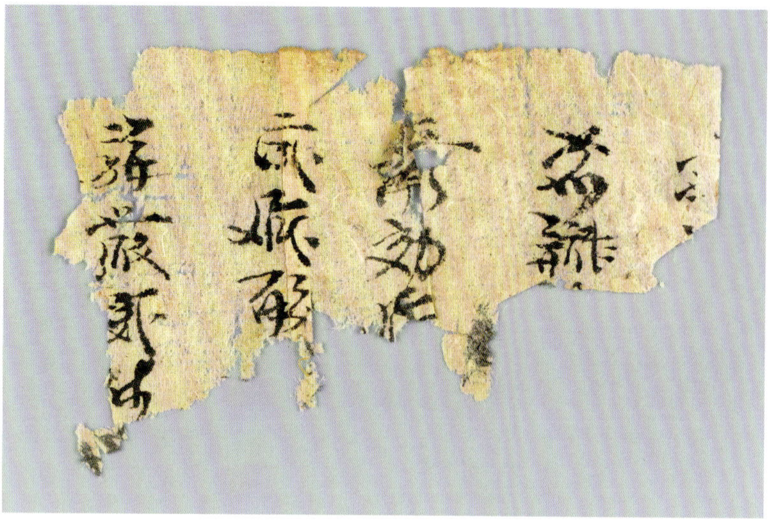

Or.12380/2497
（K.K.II.0256.a.2?）
6.2 釐米 × 9.8 釐米

2498　殘片

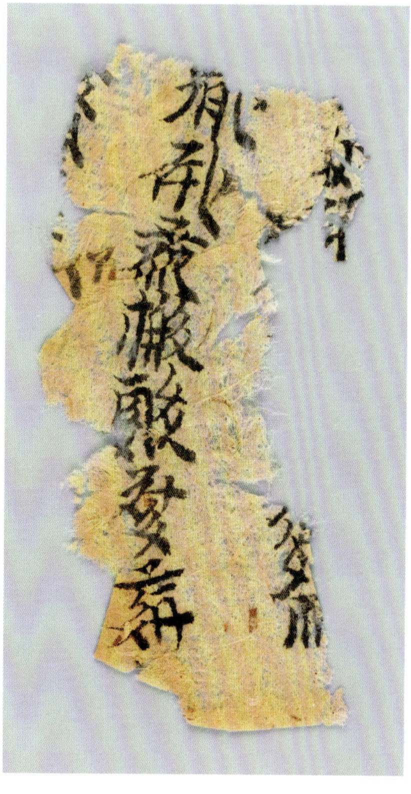

Or.12380/2498（K.K.II.0256.a.4?）
8 釐米 × 4 釐米

……馬純乘天仙相

2499　殘片

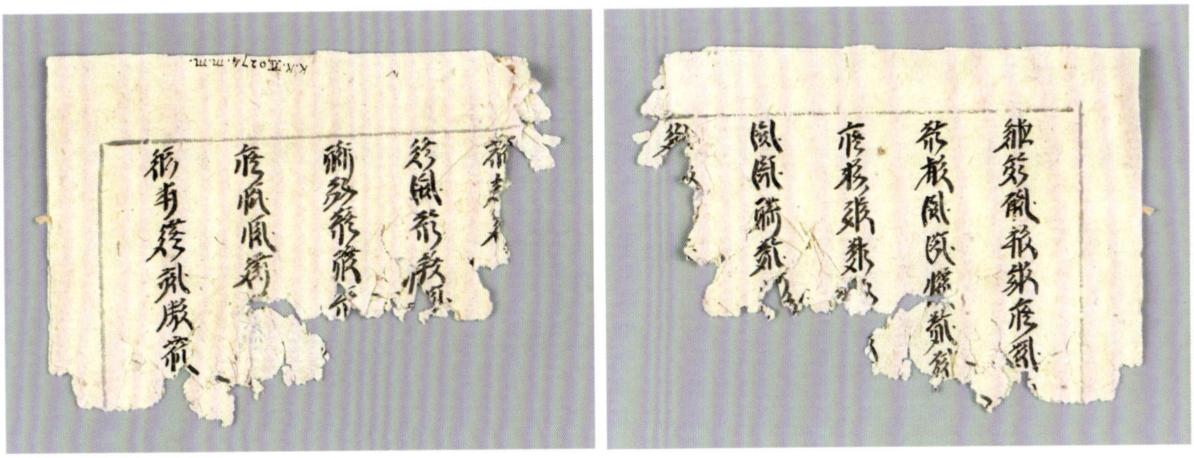

Or.12380/2499（K.K.II.0274.mm）
7.2 釐米 × 10.5 釐米

有……
然性氣以下……
福殊爲未爲……
者不復爲……
無亦義分别有……

故安立而愚人處……
氣及性宫還獨處……
者一時生……
性宫體獨……

2500　殘片

Or.12380/2500
（K.K.II.0269.h.1?）
7.7 釐米 × 5.5 釐米

……百種……

空白殘片數據表

Or.12380/2166B[K.K.II.0305(11)?]	2 釐米 × 3.2 釐米
Or.12380/2204B(K.K.II.0279.vvv.35?)	1 釐米 × 0.7 釐米
Or.12380/2230C(K.K.II.0253.b)	1 釐米 × 0.7 釐米
Or.12380/2375B(K.K.V.b.020.b.viii)	10.5 釐米 × 7.9 釐米
Or.12380/2420G(K.K.II.0256.a.10/2?)	碎片四枚
Or.12380/2427	原缺
Or.12380/2436B(K.K.V.b.020.a.xlvi)	7.7 釐米 × 6.6 釐米
Or.12380/2437E(K.K.V.b.020.a.vlvi)	4.1 釐米 × 11.1 釐米
Or.12380/2438C(K.K.II.0121.k)	5.5 釐米 × 3.2 釐米
Or.12380/2457B(K.K.II.0282.cc.3)	9 釐米 × 7.8 釐米